Maria Valtorta

Autobiographie

Mit einem Nachwort von Emilio Pisani

Übersetzung: Johannes Maria Höricht

CENTRO EDITORIALE VALTORTIANO
PARVIS-VERLAG

ISBN 3-907525-30-2

ALLGEMEINES INHALTSVERZEICHNIS
MIT INHALTSANGABEN

gespräch mit Christus zurück, der sie belehrt (97-99). Lektüren im Internat und erste Bekanntschaft mit der heiligen Therese vom Kinde Jesus (99). Erste Gelübde und Aufopferungen in dem heiligen Begehren, Christus nachzuahmen (99-101). Marienverehrung (101-102). Ihr Schlafen mit dem Kruzifix (102-103). Ihre kleinen menschlichen Leiden im Internat (103-104). Der große Schmerz über die Erkrankung ihres Vaters (104-108). Stürze, die zur Verletzung der Wirbelsäule führen (104-105 und 108). Vorankündigungen im Schlaf (108-109). Schmerzen im Rückgrat, die bei einer ärztlichen Visite als Einbildung abgetan werden, und ihr letztes Schuljahr im Internat (109-111).

111 *«Ich preise dich, Vater, daß du diese Dinge vor den Weisen und Klugen verborgen, den Kleinen aber geoffenbart hast»*

Die letzten Exerzitien im Internat im November 1912: verschiedene Reaktionen unter den Zöglingen; Theorie über den vollkommenen Liebes-Ablaß; Offenbarungen über die Zukunft ihres Lebens, in denen ihr gesagt wird, daß sie sich Gott nicht durch Aufopferung unschuldiger Liebe hingeben wird, sondern durch sühnende Liebe, wie Maria Magdalena; verborgenes Martyrium des Herzens (111-124). Ihre Berufung soll sich in der Welt verwirklichen, nicht im Kloster (126). Schweren Herzens verläßt sie am 23. Februar 1913 das Internat (127). Wieder zeichnet sich die harte Prüfung eines Lebens mit der schrecklichen Mutter ab (126-128).

3. TEIL

129 *Florenz*

Die Dankbarkeit einer Seele, der Gott verziehen und die er gerettet hat, muß größer sein, als die einer Seele, die vor dem Bösen bewahrt wurde (129-132). Ankunft in Florenz im März 1913: die neue Wohnung, Besuche in der Stadt, das tägliche Leben, die tapferen Werke der Barmherzigkeit; Beunruhigung wegen einer schlechten Freundschaft (132-136). Die anderen Bewohner des Hauses und die Familie Marios (136-137). Die Begegnung mit Roberto, ihre gegenseitige stille Liebe; Mamas Szene, durch die alles zerstört und beschmutzt wurde (137-145). Verwandlung in Gott während dieser so unglücklichen Zeit, in der sie sich sogar den Tod wünscht (145-147). Die Aufmerksamkeiten Marios, der wie ein Bruder ist (147-148). Von Dante beeinflußt, fühlt sie sich berufen, durch das gute Beispiel zum Guten zu führen (148-149). Zurückweichen vom Weg des Guten; abgleiten bis in die Verzweiflung, das traurigste aller Elende; Versuchungen des Fleisches und Selbstmordgedanken (150-153). Die Nachricht von Robertos Tod im Kriege; Roberto bleibt ihre einzige wahre Liebe; nach diesen menschlichen Erfahrungen

Hinwendung zu Gott (153-157). Die Bedeutung der Träume; Erzählung des grundlegenden Traumes ihres Lebens, in dem Jesus sie losspricht und segnet; wohltuende Auswirkung auf die Versuchungen (157-162 und 168). In Beantwortung eines Briefes von P. Migliorini geht sie auf die Begriffe des Verzeihens und des Richtens ein, bezeugt ihre Liebe zur Mutter und spricht von berechtigter Tierliebe (162-168). Jesus erscheint ihr in einer Vision; Abwesenheit menschlichen Trostes (169-170).

170 *Die Kusine und der Onkel*
Mit der Kusine Giuseppina und zwei kleinen Vettern, die bei ihnen in Viareggio zu Gast sind (170-171). Die unsichtbaren Präsenzen im Haus der Via Umberto I in Viareggio, wo Spiritismus getrieben wurde (171-173). Im November 1917 Samariter-Schwester in Florenz: ihre Tage im Militärspital und die Pflege der Verwundeten (173-176). Die Kusine und der Onkel verlassen nach einem Streit mit Mama das Haus (177). Rückkehr des aufmerksamen und frommen Mario, der sie Gott wieder näherbringt und beginnt, sie mit anderen Augen zu betrachten (177-179). Ihr leidenschaftlicher, vielmehr begeisterungsfähiger, aber nicht sinnlicher Charakter (180). Sie versucht Mario auch im Hinblick auf die mütterliche Ablehnung zu überzeugen, den Gedanken an eine Ehe fallenzulassen (181-182). Mario bemerkt ihre Bußübungen und drängt sie zum häufigeren Empfang der Sakramente (182-183). Nachdem sie mit Mama an der «Spanischen Grippe» erkrankt ist, opfert sie ihr Leben für die Erhaltung des Friedens auf, der am 4. November 1918 geschlossen wurde (183-184).

184 *Das Jahr 1919*
Sie spürt die Verschlechterung ihres Gesundheitszustands und begehrt aus diesem Leben zu scheiden. Sie muß den Spitalsdienst aufgeben (184-186). Die Kusine Klothilde kommt nach Florenz. Mit dieser begibt sie sich nach Turin und nach Monza (186-187). Hoffnungsvoll kehrt sie ins Internat zurück, wo sie aber kühl empfangen und schließlich geradezu abgewiesen wird (187-190). Die neuen schmerzlichen Schläge drängen sie zu Gott hin (191-193). Marios ausdrücklicher Heiratsantrag wird von Mama abgewiesen. Maria nimmt ihn jedoch an, nachdem sie mit dem Oberst und drei anderen Personen gesprochen hat (193-196). Ihr noch sehr menschliches Gebet und der Besuch Marios, der sich als ihr Verlobter betrachtet (196-197). Am 17. März 1920 erhält sie einen sehr heftigen Schlag auf die Nieren, und es geht ihr drei Monate lang sehr schlecht; sie ist bereit, den Tod anzunehmen, und vertraut auf die Barmherzigkeit Gottes; heute, wo sie sich der vollkommenen Liebe hingegeben hat, betrachtet sie das als überholt (197-202). Durch eine List gelingt es der Mutter, Marias Beziehungen zu Mario abzubrechen; bis

zur Abreise nach Reggio Calabria im September, bringt die Mutter sie nach Montecatini (202-205).

205 *In Kalabrien*

In Reggio Calabria, wo sie am 10. Oktober 1920 eintrifft und Gast in den Hotels ihrer Vettern ist, versenkt sie sich in die wundervolle Natur dieser Gegend; aber sie denkt an Mario und sucht, von schmerzlichen Erinnerungen ergriffen, Zuflucht in Gott (205-206). Die Vettern und ihre Auseinandersetzungen mit Mama (206-207). Klothildes Bücher; der große Nutzen, den sie aus der Lektüre des Romans *Der Heilige* von Fogazzaro zieht, der sie in die Fülle der göttlichen Barmherzigkeit einführt (207-209). Der Starrsinn des Vaters, die Rückkehr der Eltern nach Florenz; Marios Postkarte (209-212). Während sich ihr körperlicher Zustand verschlechtert, spürt sie eine Intensivierung ihres psychischen Lebens, soweit, daß sie eine seelische Verbindung mit Mario wahrnimmt; sie erhält einen Brief von Marios Tante (212-214). Die rückhaltlose Freude über Marios Besuch und ihre Heiratsabsicht (214-216). Sie teilt Mama dies brieflich mit, die sehr heftig reagiert und der es dann gelingt, mit List die Verlobung aufzulösen (216-218). Die Ankunft eines Marineoffiziers, der beiläufig auch von Marios körperlichem und seelischem Ruin berichtet (219-220). Schmerz über Marios Verrat, Erinnerung an die Briefe (220-225). Ihre Liebe zu Gott wächst, ihre Begeisterung für den heiligen Franz von Assisi flammt wieder auf; aus Scham tritt sie noch nicht in den Dritten Franziskanischen Orden ein; sie zieht es vor, vorerst ihr eigenes Herz zu bessern, wo Christus zu säen beginnt, bis er selbst bei ihr einzieht (225-229).

230 *Rückkehr nach Florenz*

Erzwungenermaßen verläßt sie Reggio Calabria, wo ihre Gesundheit wiedererblüht war, und kehrt am 2. August 1922 zu den Eltern nach Florenz zurück (230-232). Die übliche Art der Mutter, die ihr eine Arbeit suchen will, kommt wieder zum Vorschein, aber der Gesundheitszustand läßt das nicht zu (232-234). Zufällige Begegnung mit dem heruntergekommenen Mario. Sie versucht ihn in ihrem Inneren zu rechtfertigen (234-235). Ihr Weg zu Gott trotz der mütterlichen Einwände; die wohltuende Entdeckung des Lukasevangeliums führen zu den schönen Visionen und dem definitiven Eindringen in das Übernatürliche (235-239).

4. TEIL

241 *«Sich der Liebe Gottes als Opfer anbieten, heißt, jeden Schmerz annehmen»*

Unterschied zwischen menschlicher und göttlicher Liebe; die Taktik Jesu, da er von ihr Besitz ergreift; sie preist den Schmerz, der ihr den Frieden geschenkt hat (241-243). Die Unvollkommenheiten ihrer ersten Aufopferung im Jahr 1923 (243-244). Nachdem sie die Seele einer alten Frau gewonnen hat, zeichnet sich in ihrem Geist ein Sühneprogramm ab. Sie riskiert dadurch, in der Familie für verrückt gehalten zu werden (244-246). Im September 1924 Umzug nach Viareggio (247).

247 *«Um die vollkommene Liebe zu leben»*

Sich der Liebe aufopfern, heißt nach der Lehre der heiligen Therese vom Kinde Jesu, sich dem Schmerz aufopfern (247-248). Das neue Leben in Viareggio und die Gnade, ein Haus, wie sie es sich gewünscht hat (248-249). Nach der Lektüre der Geschichte einer Seele der heiligen Therese, vollzieht sie ihre Hingabe an die barmherzige Liebe; in ihrer Impulsivität ähnelt sie der Magdalena; in ihr wächst die Sehnsucht, sich aus Liebe aufzuopfern; sie spürt die Freude, Opferseele zu sein (249-251). Jesus wirkt in ihr (251-252). Sie möchte in die Paulus-Gesellschaft eintreten, aber ihre infolge der mühsamen Hausarbeit und der Selbstsucht der Mutter — um deren eingebildete Krankheiten sie sich kümmern muß — immer mehr zerrüttete Gesundheit hindert sie daran; daher muß sie sich mit den Krumen eines verborgenen Apostolats zufriedengeben, das aber reich an Liebe ist (252-254). Sie will in die Katholische Aktion eintreten, wird aber zurückgewiesen (255-257).

257 *«Die Kraft, die Himmel und Erde bewegt, ist der Schmerz, aber der liebende Schmerz»*

Am Palmsonntag des Jahres 11927 antwortet sie mit der Aufopferung ihrer Eigenliebe auf die Undankbarkeit einer Familie, deren todkranken Sohn sie gesund gepflegt hat. Sie wird dafür vom Herrn mit einer Flut von Liebe belohnt, die sie von den Überresten ihrer Menschlichkeit befreit und sie mit einem Durst nach Aufopferungen erfüllt (257-260). Sie entschließt sich, in den Dritten Franziskanischen Orden einzutreten (261). 1929 erhält sie in Cremona Informationen über die Katholische Aktion ihrer Pfarrei; ihre Herzbeschwerden nehmen zu (261-263). Der Wert des Opfers ist für die großmütige Seele eine Gewißheit, die sie ihre Leiden und Aufregungen leichter ertragen läßt (263-265). Schließlich wird sie in die Katholische Aktion aufgenommen, wo sie als Kulturreferentin für Jugendliche ihre ersten Erfolge erntet (265-266).

266 *Sommer 1930 — «Hier ist das Kreuz des Herrn, fliehet, feindliche Mächte»*

Ihre Verehrung der Leiden des Herrn und der Heiligen Dreifaltigkeit, besonders der ersten und der dritten Person (266-269). Der fürchterliche Anfall, den sie am Karfreitag des Jahres 1930 durchleidet (269-270). Ein Mann, den sie als Pensionsgast in ihrem Haus aufgenommen haben, betreibt Spiritismus; sie spürt das ganz klar und bekämpft ihn mit dem Kruzifix (270-277).

277 *«Ich will, daß du Opferlamm der göttlichen Gerechtigkeit seist, nicht nur Trost meiner Liebe»*

Sie lernt die Schriften Benigna Consolata Ferreros kennen (277-278). Ablegung der drei Gelübde trotz der Widerstände eines Priesters (sie spricht von den unheiligen Priestern) und ihrer Mutter, die absurde Eheschließungen für sie plant (278-281). Ihre Gewohnheit, die Meditationen aufzuzeichnen; die ihr streitig gemachte Tätigkeit als kirchliche Assistentin in der Katholischen Aktion; der für sie unersetzliche Wert der Evangelientexte (282-285). Sie vertieft ihre Bekanntschaft mit Schwester Benigna und entdeckt eine starke Wesensverwandtschaft mit ihr, wie auch mit der kleinen heiligen Therese (285-286). Ein wenig zitternd und unter Verrichtung von Bußübungen bereitet sie sich auf die zweite Aufopferung vor; sie spürt jedoch, daß Gott sie braucht (286-288). Widerstand der Leiterinnen der Katholischen Aktion, wo sie mit zunehmenden Erfolg Vorträge hält (288-292). Ankündigung einer Gefahr und Vorschlag, der jedoch zurückgewiesen wird, die Mitglieder der Vereinigung zu Opfern anzuspornen (292-295). Szenen, die sich anläßlich der Auflösung der Sektionen der Katholischen Aktion zutrugen (295-297). Wenige Tage nachdem sie einen Blutsturz, verbunden mit Vorankündigungen zukünftiger Ereignisse, erlitten hat, vollzieht sie am 1. Juli 1931 die Aufopferung an die göttliche Gerechtigkeit, wodurch sie zu «Maria vom Kreuz» wird (298-299).

299 *«Ich muß noch eine Taufe empfangen, und wie drängt es mich, bis sie vollzogen ist!»*

Die Gethsemani-Stunde, die zehn Jahre andauert, beginnt für sie; Voraussicht der zukünftigen Tragödie, Verschlimmerung ihres Gesundheitszustands, Schikanen in der Familie und Eifersüchteleien in der Vereinigung; ihr Schmerz ohne den göttlichen Trost, Unverständnis von seiten der Ärzte und der Priester (299-305). Am 4. Januar 1932 hat sie einen Erstickungsanfall und sieht ihren Engel; anschließend hält sie trotzdem ihren Vortrag im Vereinslokal (305-308).

5. TEIL

309 *«Wenn ich von der Erde erhöht sein werde, werde ich alles an mich ziehen»*

Ihre Rolle als «Mama» für die jungen Mitglieder der Katholischen Aktion und die Kunst, die Herzen zu verstehen; Ungerechtigkeiten, die sie von seiten der Leiterinnen erfährt, und Aufopferung der Eigenliebe (309-313). Marta Diciottis Mutter und die Bekanntschaft mit Gemma Galgani (313-314).

Ein Einschub, um Pater Migliorini zu antworten: über die Sühneseelen, die die Priester unterstützen; über das Wirken Jesu, der ihre Seele mit Sich erfüllt hat, um sie vor jeglichem Angriff des Bösen zu bewahren; über den Schmerz als von Gott zugelassene Prüfung und über den daraus erwachsenden Frieden; über die Hingabe an Gott (314-321). Schmerz Jesu über den Abfall der Seelen (322-323). Während sie den Vortrag über Jeanne d'Arc hält, fühlt sie sich sehr schlecht und wird nach Hause gebracht, wo sie verschiedene Schikanen erleidet; sie begreift, daß sich ihr Leiden anbahnt und daß sie noch mehr wird leiden müssen, da ihre Liebe gewachsen ist (325-330). Die letzte Messe, der sie in der Kirche beiwohnt, und die lang andauernde Entbehrung der Eucharistie (330-332). Liebe zu der und Sehnsucht nach der Natur (333-335). Am 4. Januar 1933 beginnt ihre Klausur, die auf ihr Verlangen nach Aufopferung zurückzuführen ist und zu der sie durch die Verheißungen des Herrn ermutigt wird (335-337). Sie beginnt Besuche zu empfangen; nach weiteren Widerwärtigkeiten und verfehlten Behandlungen wird sie ab 1. April 1934 endgültig ans Bett gefesselt (337-339). Zeit heftiger Ausbrüche der Gottes-Liebe (339-341). Die Skulptur des Kreuzes, die die ganze Fastenzeit über im Hause bleibt (341-342). Ihre eindringlichen Bitten um Leiden und Liebe und die furchtbaren Qualen am Karfreitag 1934 schlagen sie ans Kreuz (343-347).

6. TEIL

349 *«Wer sein Leben liebt, verliert es, und wer sein Leben in dieser Welt haßt, der wird es zu ewigem Leben bewahren... — Und was soll ich sagen? — Vater, rette mich aus dieser Stunde? Aber deshalb bin ich in diese Stunde gekommen»*

Erfahrungen verschiedener Reaktionen, wenn man vollkommen hilflos wird; die Faszination der Gemeinschaft der Heiligen; die Freude, mit der sie ihre vollkommene Hilflosigkeit annimmt (349-352). Versuchungen über den Nutzen ihres Betens; Abreise des behandelnden Arztes (352-353). Die Zuversicht in ihre Mission als «Veilchen» und «Werkzeug» (354-355). Der neue Arzt und die falschen Behandlungen; von

Gott zugelassene Quälereien durch den Dämon als Prüfung der Liebe und der Pakt mit Gott, Agonien zur Gewinnung von Seelen zu erleiden (355-361). Sie erleidet eine schwere Kongestion und bekommt die Wegzehrung; infolge der gegensätzlichen Diagnosen geht es ihr sehr schlecht, aber endlich findet sie doch den richtigen Arzt; sie verzichtet zugunsten anderer Kranker darauf, geheilt zu werden, denn ihre Mission ist, zu leiden (362-368). Eine innere Stimme belehrt sie über das, was sie schreibt (369-370). Die Mutter, die eine Lungenentzündung bekommt, ist wie immer unduldsam und quält den Gatten, dessen Beschwerden sich verschlimmern (370-372). Am 2. Februar 1935 zeigt sich Marias Lähmung; sie ist glücklich darüber und trifft eine feierliche Vereinbarung mit Gott, um Seelen zu retten (372-374). Die göttliche Vorsehung läßt sie einen Geldpreis gewinnen (374-375). Sie wird Leidensseele im Gebetsapostolat; sie erleidet fleischliche Versuchungen und versteht gewisse Perversionen kranker Frauen (374-376). Sie sieht im Traum Marta Diciottis Mutter; Marta wird in der Folge in ihr Haus aufgenommen (376-379). Sie beschreibt ihren Zustand infolge des Eierstockleidens und bereitet sich vor, über eine sehr schmerzliche Sache zu sprechen (379-380).

7. TEIL

381 *Der Tod meines Vaters*

Sie ruft die letzten Lebenstage ihres Vaters ins Gedächtnis zurück, der am 30. Juni 1935 stirbt (381-387). Ihr großer Schmerz, der sie an den Rand des Wahnsinns bringt, und die Reaktionen ihrer Mutter (387-391). Die Indiskretionen zweier Fräulein und deren Nachforschungen über Mario, dessen Tod sie aber geträumt hat (391-395). Das paranoide Verhalten der Mutter und das Testament des Vaters (395-398). Das mißglückte Buch; das Gebräu in der Suppe (398-399).

400 *«Leihet aus, ohne etwas zurückzuerwarten»*

Ihre vor allem von seiten der Mutter nicht erwiderten Wohltaten, die die Freunde vertreibt und die Tochter nicht liebt (400-403). Sie nimmt die Krankheit eines sterbenskranken Kindes auf sich, um den Vater vor der Verzweiflung zu bewahren (403-404). Die Liebe, die die Sünden zudeckt; die Leiden, die sie für die Kriegsereignisse aufopfert; die Gnaden der kleinen Tröstungen für das demütige Veilchen, das das Dorngestrüpp liebt (404-409). Die schlimme Zeit der nicht immer besiegten, doch nützlichen Versuchungen (409-412). Die kleinen Blumen sind die Lieblinge Gottes (412-413). Die Gethsemani-Stunden und der Dienst der Opferseelen: Gespräch mit dem gekreuzigten Christus (413-415). Eine Verheißung der Schmerzensreichen Madonna (416).

AUTOBIOGRAPHIE

Zum Leiden kommt der Mensch auf diese Welt, wie der Vogel zum Fluge
Hiob[1]

Welchen Titel soll ich dieser wahren Geschichte geben? Den Namen einer Blume. Welcher Blume?

Als ich das Licht der Welt erblickte, übersprühte der Weißdorn seine eben noch kahlen Hecken mit lebendigem Schnee, und die Blüten, zart und rein wie die einer vorbeifliegenden Taube entfallenen Flaumfedern, liebkosten die rotbraunen Dornen seiner Zweige. In manchen Gegenden Italiens wird der wilde Weißdorn «Christusdorn» genannt, und die Leute sagen, daß die Dornenkrone des Erlösers aus diesen Zweigen gefertigt wurde; diesen Zweigen, die dem Retter Qualen bereiteten, während sie den Vogelnestern, die sich Jahr für Jahr mit Gezwitscher und Liebe füllen, Schutz bieten.

Zu Füßen des Weißdorns verströmt das Veilchen, angetan mit seinem Fastenkleid und voll christlicher Demut, einen milden Duft... Es ist eigentlich mehr Duft als Blume... Der leichte und doch eindringliche Wohlgeruch eines bescheidenen, aber zähen Blümleins, das sich mit allem zufrieden gibt, um nur zu leben und zu blühen.

Ich möchte meinem Leben den Namen einer dieser beiden Blumen geben, am liebsten den des Veilchens, das im Schatten gedeiht, aber weiß, daß am Himmel die Sonne strahlt, die ihm Leben und Wärme schenkt. Das Veilchen weiß das, auch wenn es die Sonne nicht sieht; und es duftet und verströmt seinen Weihrauch der Liebe, um sein «Danke» zu sagen.

Wenngleich es nun scheinen mag, daß mich die ewige Sonne vergessen hat, so weiß ich doch — ja, die Seele gibt ihr königliches Geheimnis nicht preis —, daß Er, meine Sonne, über mir ist, und möchte Ihm mit aller Kraft mein Herz aufopfern, um Ihm zu sagen: «Danke, daß Du mich geliebt hast!»

1. Hiob 5,7: Die Jerusalemer Bibel übersetzt den Vers: «Fürwahr, der Mensch erzeugt das Unheil, wie Adler aufwärts fliegen.»

1. TEIL

«... Darum sage ich dir: Vergeben sind ihre vielen Sünden, denn sie hat viel geliebt; wem aber wenig vergeben wird, der liebt auch wenig»
(Lukas, 7,47-48)

Nicht mit meinen eigenen, sondern mit den Worten Jesu beginne ich diese meine Lebensgeschichte, die ich schreiben werde, um Ihrem[2] Wunsch zu entsprechen. Einem Wunsch, dem ich mich nicht widersetzen möchte, obwohl ich diese Geschichte nicht sehr nützlich und vor allem nicht sehr erfreulich finde, weder für Sie noch für mich. Aber Sie sind Seelenführer, und wenn Sie es für richtig erachten, daß ich Sie mit meinem Leben vertraut mache, dann wird es wohl so sein. Auf, also, in Aufrichtigkeit, Demut und Geduld...

Wenn ich jetzt mein Leben vor Ihnen aufrolle, wird mir dies zum Trost gereichen und zugleich Schmerz bereiten, denn Freud und Leid, Schuld und Verzeihung, Niedergeschlagenheit und Hoffnung werden sich wie die Perlen eines Rosenkranzes aneinanderreihen. Und die schwarzen Steinchen des Leidens werden zahlreich sein im Vergleich zu den goldenen der Freuden, wie auch die grauen Steinchen der Verfehlungen viel zahlreicher sein werden als jene strahlend weißen des Guten. Geduld, kann ich nur sagen. Indem ich die Bestandsaufnahme meines Lebens mache, werde ich in mir den Rest jenes menschlichen Stolzes ausrotten, der gleich einem hartnäckigen Unkraut immer wieder versucht, im Herzen Wurzeln zu schlagen.

Doch Sie können sich darauf verlassen, daß ich Ihnen eine aufrichtige Bestandsaufnahme liefern werde, unerbittlich gegen mich selbst, wie das Messer des Chirurgen gegen das kranke Fleisch... Und ich vertraue nur auf Ihre Güte, daß Sie mich nicht verstoßen, sondern die Worte des göttlichen Verzeihens wiederholen und erkennen, daß auch ich viel geliebt habe, ohne je die Opfer zu beachten, die mir meine

---

2. Pater Romualdo M. Migliorini (1884-1953) vom Orden der Diener Mariens (Serviten), von 1942 bis 1946 Seelenführer der kranken Valtorta.

Liebe abverlangte. Wegen meiner Großherzigkeit, die alles, auch mich selbst, mit Füßen trat, wird mir Gott vieles verzeihen.

«Siehe, in Sünde wurde ich geboren, in Schuld empfing mich meine Mutter», sagt der Psalm.[3] Dies ist das Los aller durch eine Frau Geborenen, und die Schuld, wiewohl sie durch die Taufe abgewaschen wird, hinterläßt doch eine gewisse Anfälligkeit in uns, wodurch das Böse immer wieder einbrechen kann, solange wir am Leben sind. Wie bei gewissen schrecklichen Krankheiten, die durch erfolgreiche Kuren besiegt, aber niemals gänzlich beseitigt werden können, so daß ständig Rückfälle möglich sind, wenn man nicht tausend Vorkehrungen trifft, um sie zu verhindern.

Ich wurde am 14. März 1897 in Caserta geboren. Eine Geburt, die von Anfang an sehr gefährdet erschien, so daß mein Vater sich schon damit abgefunden hatte, mich als Tote zu beweinen, noch bevor ich das Licht der Welt erblickte. Armer Vater! Ich habe ihm nie absichtlich Kummer bereitet, dies ist mein Trost und in diesem Bewußtsein erhebe ich die Augen zum Himmel, wo ich meinen lieben Papa im Frieden Gottes suche. Aber ich habe ihn bei meinem Eintreten ins Leben und bei seinem Scheiden aus dem Leben Tränen gekostet. Zuerst weinte er, weil man eine Totgeburt befürchtete. Und als er dann dem Tode nahe war, war ich bereits so schwer krank, daß dieses Leiden um mich sein Sterben gewiß beschleunigt hat!

Nach der Meinung der Ärzte sollte ich tot zur Welt kommen. Und siehe, ich war schon totgesagt, und man ließ mir keine Hilfe mehr angedeihen, da kam ich von selbst zu Kräften, begann zu atmen und stieß meinen ersten Schrei aus.

Meine Mutter kümmerte sich nicht um mich. Nein, das gemeinsame Leben zwischen ihr und mir erlosch im Augenblick meiner Geburt. Es setzte sich in den folgenden Monaten nicht fort durch die süße Bindung der Ernährung, die Milch, mit der die Mutter dem Kind Leben einflößt. Eine bezahlte Frau wurde meine Nährmutter.

Manche Physiologen behaupten, daß der Säugling durch die Milch nicht nur die Krankheiten, sondern auch die charakterlichen Neigungen seiner Ernährerin aufnehmen kann. Viele stimmen dieser Behauptung zu, andere lehnen sie ab. Ebenso gibt es ja gegensätzliche Meinungen darüber, ob unser Geburtsort uns unauslöschlich prägt oder nicht.

---

3. Psalm 51 (Vulgata 50), 7.

Ich möchte mich nicht in diese Pros und Kontras vertiefen. Ich glaube nur, daß ich nicht zufällig von lombardischen Eltern im Gebiet der «Terra di lavoro», im sonnenüberfluteten Kampanien, geboren wurde, einem blühenden Land, fruchtbar und reich an Tugenden und Mängeln wie wenige andere. Und als noch folgenträchtiger betrachte ich es, daß ich, wenn auch nur für wenige Monate, die Milch einer einheimischen Frau sog, einer Frau, die als Sinnbild jenes Landstrichs betrachtet werden kann, was ihre wild entfesselten Leidenschaften betrifft.

Ich kleines Küken hatte kaum die Augen geöffnet, da mußte ich beim Saugen, Verdauen und Schlafen den teuflischen, rhythmischen Lärm der von Kastagnetten oder Schellentrommeln begleiteten Tarantellas ertragen…, und meine sonst so autoritäre Mutter mußte schweigen und Teresa gewähren lassen, denn Teresa, die Amme, behauptete, wenn sie nicht singen, spielen und tanzen dürfe, würde sie Schwermut befallen und auch ihre Milch darunter leiden. Ich glaube, Teresa war der einzige Mensch, der sich je bei meiner Mutter durchgesetzt hat!...

Es wäre ja nicht schlimm gewesen, wenn sie sich auf die Tänze und die Musik beschränkt hätte. An diesen Jahrmarkt hatte ich armes kleines Ding mich schon bald gewöhnt. Aber da waren die Spaziergänge... immer der Milch wegen, natürlich. Und es handelte sich leider um keine platonischen Spaziergänge.

Gleich nach der Taufe, die sehr pompös gefeiert wurde (ich weiß nicht, wie viele Tage nach der Geburt, aber wohl nicht sofort, da Mutter sich zuerst erholen mußte), begann Teresa mit mir ihre Spaziergänge für die Gesundheit des «Kleinchens» zu unternehmen. Arme Kleine! Hätte Sie sprechen können, sie hätte wahrscheinlich merkwürdige Dinge erzählt.

Teresa schritt in großem Aufzug mit mir in den Armen die Via Giovan Battista Vico hinunter, am Palazzo Reale vorüber, und strebte über die Chaussee S. Nicola den offenen Feldern zu. Auf der Suche nach Luft und Sonne? Nein, eher nach etwas Unerlaubtem. Sie war sich sicher, daß Mama sie nicht überraschen würde, da diese sich wenig um uns kümmerte. Papa konnte sie nicht aufstöbern, da er mit dem Regiment beschäftigt war. Und so gab sich Teresa den Trieben einer Eva vom Lande hin.

Wenn ich im Mittelalter geboren worden wäre, hätten sich hier Legenden entspinnen können. Ich wurde in eine Furche zwischen dem rauschenden Getreide gelegt, in die glühend heiße Sonne der Terra di Lavoro, und dort verblieb ich ein bis zwei Stunden mit Eidechsen,

Bienen und Schmetterlingen als einzigen Spielgefährten und den Vögeln, die mir im Chor mit dem rauschenden Korn das Wiegenlied sangen. Es hätten Vipern, streunende Hunde und andere gefährliche Tiere kommen können, die sengende Sonne hätte mich zartes Geschöpf umbringen können. Doch es geschah nichts dergleichen. Der göttliche Schutzengel hielt mit seinen paradiesischen Flügeln die allzu heißen Strahlen von mir fern und verscheuchte durch seinen Anblick alle, die mir hätten schaden können. Es plagte mich nur ein großer Hunger, denn Teresa hatte aufgrund des Lebens, das sie führte, und seinen Folgen bald keine Milch mehr. Also stopfte sie mich wie ein Huhn mit Polenta, trockenen Früchten und ähnlichen Köstlichkeiten, die einen Kinderarzt hätten erschaudern lassen, voll. Schreiend kehrte ich nach Hause zurück. Aber was soll's..., an Hunger starb ich nicht.

So ging es vier Monate, von April bis Ende Juli, dann endlich wurde meine Mutter von einem guten Mann, einem Kutscher, der mein verzweifeltes Schreien gehört und mich mitten in einem Tomatenfeld gefunden hatte, auf die Situation aufmerksam gemacht. Meine Mutter tobte, die Amme schimpfte, und ein erzürnter Arzt stellte fest, daß Teresa schon bald ein uneheliches Kind zur Welt bringen würde. Ich hungernder, brüllender Säugling wurde indes zwei Zicklein anvertraut, die viel mütterlicher als Teresa zu mir waren.

Manchmal denke ich, daß die wenigen Tropfen, die ich an der Brust dieser unzüchtigen Frau gesaugt habe, Spuren der Leidenschaftlichkeit in mir hinterlassen haben. Wie gut, daß es nur einige Tropfen waren! Sicher ist, daß ich als Tochter eines überaus ruhigen Mannes und einer sehr kühlen Frau einen ganz anderen Charakter als meine Eltern entwickelt habe. Und wenn die Güte Gottes und die religiöse Erziehung in einem ausgezeichneten Pensionat nicht dafür Sorge getragen hätten, meine Natur zu zügeln, wäre vielleicht ein ungestümes Frauenzimmer aus mir geworden. Auf jeden Fall war und ist die Leidenschaftlichkeit, die durch die Geburt in einer bestimmten Region und die schlechte Pflege meiner Amme oder aber durch eine Abstammung von fernen Ahnen mit ähnlichen Charaktereigenschaften in mich gelegt wurde, Ursache vieler Kämpfe und Leiden für mich.

Zwei Naturen prallten sozusagen in mir aufeinander: die von meinen Eltern vererbte ausgewogene, ruhige, methodische, ganz lombardische, und die der südlichen Sonne, Luft und Milch entsprungene Natur. Die eine kühl und verschlossen, die andere glühend und überschäumend, rangen sie stets miteinander. Während die eine stärkere immer mehr den Verstand beherrschte, gestützt und ständig gefördert durch die familiäre Erziehung, drängte die andere im Herzen wie ein wahrer Hunger, ein wahrer Durst, wie eine wahre Sehnsucht nach Zuneigung und Liebe, wie ein Verlangen, leidenschaftlich in Treue und mit Hingabe zu lieben und geliebt zu werden. Ich kam mir vor wie ein Vulkan, dessen Abhänge ewiger Schnee bedeckt und dessen Feuer unter einer dünnen Eisschicht verborgen ist.

Von Zeit zu Zeit führte die zu sehr unterdrückte Glut des Herzens zu plötzlichen, unbezähmbaren Eruptionen, die die äußere eisige Schneeschicht aufwühlten, zum Erröten und Schmelzen brachten. Aber die eisernen Bande der familiären Erziehung und eine angeborene Sprödigkeit und Schüchternheit, die Scham über meine Neigungen halfen mir, Beherrschtheit an den Tag zu legen, so daß ich schließlich sogar kühl, gleichgültig und ruhig wirkte. Ruhig!...

Aber kehren wir zur Kindheit zurück.

Man sagt, daß sich die Charakterzüge schon von den ersten Lebenstagen an abzeichnen. Nun, ich zeigte sofort eine Seite meines Charakters, ich möchte sagen die wesentliche: meine Treue zu allem, was ich liebe.

Teresa hatte mir ziemlich wenig gegeben! Karge, verderbliche Tropfen Milch, die keine Milch mehr war, und das gefährliche Alleingelassenwerden zwischen den Ackerschollen. Durch ihr aufreizendes, schamloses Wesen und die dauernde Angst, ihr Mann oder ihre Arbeitgeber könnten ihre außerehelichen Verhältnisse entdecken, verursachte sie mir körperliche und psychische Leiden, Verdauungsstörungen und böse Träume. Und trotzdem hatte ich sie mit meinem kleinen, eben zum Leben erwachten Herzen gern. Eine elementare Liebe, wie sie das Junge zum Muttertier hat, von dem es Nahrung und Wärme erhält, aber halt doch Liebe. Und ich blieb dieser ersten Liebe treu. Als Teresa entlassen wurde, weigerte ich mich, eine andere Brust zu nehmen, und lief Gefahr, Hungers zu sterben… Erst dem besorgten Geblöke der beiden Zicklein gab ich nach… Fühlte ich schon damals, daß ich in meinem traurigen Leben nur in Gott und nach ihm in den Tieren und den anderen vom ewigen Gott geschaffenen Dingen Trost finden würde? Wer weiß! Sicher ist, daß ich nur wenige gute Beziehungen zu meinen Mitmenschen entwickelte, daß sie mir viel Leid und wenig Freude bereiteten, während ich aus den niederen Geschöpfen, den Blumen, dem Gras, der Sonne, den Sternen und dem Meer, die von Gott zeugen und sein Loblieb singen, immer viel Kraft und Frieden geschöpft habe.

Bis zu meinem achtzehnten Lebensmonat blieb ich in Caserta. Dann wurde mein Vater mit seinem Regiment nach Faenza versetzt. Von der südlichen Sonne in die eisige Romagna! In den ersten vier Monaten auf Erden hatte mich die herrliche Sonne geliebkost, genährt, am Leben erhalten... Und nun verlor ich mit einemmal sowohl diese Sonne als auch meine zwei Zicklein, und man erzählt, daß meine unablässige Suche nach diesen beiden Dingen wirklich rührend gewesen sei.

Bei dieser Gelegenheit gab ich einen zweiten Beweis meiner Treue, was die Zuneigungen betrifft. Ich nahm keine Milch mehr zu mir. Mein kleiner Magen wollte keine Milch verdauen, die nicht von Ziegen stammte, doch solche waren in Faenza nicht aufzutreiben. Da halfen weder Strafen noch gutes Zureden, denn es handelte sich nicht um eine Laune von mir. Es war wohl eine physische Notwendigkeit, die mich daran hinderte, die schwere Kuhmilch zu verdauen.

Die Kälte machte mir zu schaffen... Ich habe immer darunter gelitten und bin schließlich sogar in meinem Wachstum zurückgeblieben. Der Verlust meiner bevorzugten Nahrung machte mir zu schaffen und auch die allzu strenge Erziehung, die ich bereits in diesem so zarten Alter erhielt.

Meine Großmutter — die Mutter meiner Mutter, mein Engel — hatte uns verlassen, um zu ihrem Mann zurückzukehren, der nach dem Tod eines geliebten, innerhalb von achtundvierzig Stunden an Gehirnhautentzündung gestorbenen Sohnes zusammengebrochen war. Und ich blieb bei Mama und Papa.

Papa war mein Beschützer, mein Geliebter, der mich verstand und glücklich machte. Doch war er aufgrund seiner dienstlichen Verpflichtungen fast den ganzen Tag außer Haus. Ich sah ihn nur kurz zu Mittag, denn am Morgen, wenn er ins Standquartier ging, schlief ich noch; und wenn er abends heimkehrte und ich endlich meine Freude an ihm hätte haben können, mußte ich schon im Bett sein. Nur am Sonntag gehörte er mir den ganzen Nachmittag... Und so waren die Sonntage für mich immer sonnenerfüllt, auch wenn Wasser und Schnee Faenza in ein nordisches Städtchen verwandelten.

Meine Mutter hingegen war immer zu Hause. Sie hatte bereits damals eine schwache Leber und war wie die große Mehrheit der Leberkranken... Vor der Hochzeit war sie Lehrerin gewesen und blieb es auch danach mit allem, was zu diesem Beruf gehört: Disziplin, Autorität und Pedanterie. Sie war eine perfekte Frau, was ihre Pflichten als Ehe- und Hausfrau betraf, aber auch als Dame der Gesellschaft.

Doch milderte sie ihre Perfektion in der Pflichterfüllung nie durch jene Freundlichkeit, die das Zusammenleben erst angenehm macht. Sie war und ist: Pflichterfüllung.

Ich glaube, daß wir alle Gutes von ihr empfangen haben, denn sie hat sicher sehr viel Gutes getan. Ihr Mann, ich, ihre Mutter, der ihr verbliebene Bruder, die Schwäger, die Angestellten und die Freunde hätten jedoch gern auf vieles von dem verzichtet, was sie aus Pflichtgefühl gab, wenn das Verbleibende mit ein wenig liebevoller Nachsicht verbunden gewesen wäre. Aber liebevolle Nachsicht und meine Mutter sind zwei unvereinbare Begriffe, zwei beständige Feinde. Ich glaube, sie empfindet es als Erniedrigung, liebevoll und nachsichtig zu sein, d.h. offen zu lieben, ohne sich selbst und die anderen zu quälen, indem sie ihre Liebe als Tochter, Mutter, Ehefrau, Verwandte, Freundin und Herrin auf eine widerwärtige und abweisende Art knebelt. Wenn Sie zu diesem Charakter noch die Reizbarkeit infolge ihres schon sehr schweren Leberleidens hinzufügen, dann haben Sie eine präzise Vorstellung von den Beziehungen meiner Mutter zu ihren Mitmenschen.

Ich habe Lehrer kennengelernt, die nachsichtig und verständnisvoll waren, und auch schwer Leberkranke mit einem sanften Gemüt... aber sie bilden die Ausnahme. Die Regel ist eine ganz andere, und meine Mutter war nach der Regel. Ich konnte noch kaum Gegenstände unterscheiden und auf den eigenen Beinchen stehen, mühevoll brachte ich gerade die ersten Worte heraus, doch um mich herum war bereits alles durch eine Disziplin geregelt, der gegenüber mir die meines Pensionats wie ein Karneval erschien, obwohl es sich um ein strenges Pensionat handelte. Ich war noch keine zwei Jahre alt und sollte bereits Gut und Böse unterscheiden. Ich hatte ständig das Gefühl, in einen Abgrund zu stürzen, und ich zitterte, zitterte, zitterte. Wehe, wenn ich einen Fehler machte!...

Aber auch wenn ich keine Fehler machte, das «Wehe» lag immer in der Luft. Ließ ich ein Spielzeug fallen? Wehe mir! Rückte ich geräuschvoll einen Stuhl? Wehe mir! Stieß ich beim Spielen einen kleinen Schrei aus? Wehe mir! Wollte ich in den Garten, um mir ein wenig die Beine zu vertreten? Wehe mir! Wollte ich von Papa, vom Offiziersburschen, der mich so gerne mochte, oder von dem Dienstmädchen, das ein solcher Engel war, daß Gott sie zu sich ins Paradies rief, auf den Arm genommen werden? Wehe mir! Bat ich Mutter um einen Kuß? Wehe mir! Wollte ich wie alle anderen Kinder auf ihrem Schoß sitzen, anstatt wie ein bestrafter Schüler vor ihr zu stehen und mühevoll französische Wörter zu wiederholen, die ich zusammen mit den italienischen lernen mußte? Wehe mir! Flehte ich darum, nicht die Milch trinken zu müssen, von der mir so schlecht wurde? Wehe mir! Immer wehe, wehe! Was die Milch betrifft, griff schließlich der Arzt ein und verbot sie. Gott möge ihm Frieden schenken für seine barmherzige Fürsprache! Aber bei allen anderen Dingen blieb das «Wehe» bestehen.

Zum Glück gab es Papa. Wenn er konnte, nahm er mich in die Kaserne mit und zeigte mir die schönen, großen Pferde, die mir so sehr gefielen. Oder er ging mit mir auf den Landstraßen spazieren und öffnete meinen Geist dem Schönen und dem Lob Gottes, der, wie er sagte, alles zu unserer Freude geschaffen hat. Manchmal ließ er mich auch im Garten spielen.

Ich war in meinen Papa verliebt. Ich sagte ihm alles, ich fragte ihn alles, und er hörte mir immer zu und beantwortete alle meine Fragen geduldig und erschöpfend. Und das will etwas heißen, denn ich war von klein auf eine scharfe Beobachterin, dachte über vieles nach und gab mich nicht zufrieden, ehe ich das Gefühl hatte, eine der Wahrheit entsprechende, genaue Antwort erhalten zu haben. Ich habe so viel von meinem Vater gelernt, daß mir das Lernen später nie schwerfiel. Alles, Geschichte, Geographie, Botanik, Zoologie, die Gesetze der Bewegungen der Gestirne und des Wassers, Kunstwerke, die unsere Städte verschönern, die unsere Kirchen und Galerien füllen, nahm ich mit Leichtigkeit durch die Worte meines Vaters wie ein Märchen in mich auf.

Was die Intelligenz betraf, behandelte er mich nie wie ein Kind. Er war ein Lehrer von unübertrefflicher Güte. Bei ihm fühlte ich mich sicher, ihm, seinen Worten, seiner Liebe, seinem Verständnis, vertraute ich.

Schon sehr früh habe ich begriffen, warum wir Gott unseren Vater nennen. Ich brauchte ja nur meinen Vater zu betrachten. Er lieferte mir ein Maß für die Güte, die Weisheit und die Liebe Gottvaters, indem ich meinen irdischen Vater mit meinem himmlischen Vater verglich. Und ich habe Gott geliebt, weil ich verstanden habe, was es bedeutet, Vater zu sein.

Was meine Intelligenz betraf, behandelte Papa mich nie wie ein Kind, und das ärgerte Mutter, denn sie hatte eine andere Auffassung von Erziehung. Auf der anderen Seite behandelte er mich, selbst als ich schon eine erwachsene Frau war, in Bezug auf die Reinheit immer als Kind. Wie er mich achtete! Und welche Fürsorge er mir angedeihen ließ, damit ja nichts die Seele seiner Maria trübe! Armer Papa! Meine erste große Liebe!

Ich entwickelte eine für mein junges Alter fast übertriebene Anhänglichkeit an meinen Vater. Oft sagte ich zu ihm: «Ich werde immer bei dir bleiben!», und er erwiderte: «Aber du wirst doch heiraten und dann zu deinem Bräutigam ziehen» (für mich war von klein an ein Brautpaar etwas Königliches, etwas Himmlisches!...). Doch ich antwortete: «Nein, ich werde dich heiraten und stets mit dir zusammenleben.» Auf seinen verfrühten Haarausfall anspielend, der schon sein schönes dunkles, gekräuseltes Haar lichtete, sagte er dann lächelnd: «Aber wenn du groß bist, werde ich eine Glatze haben und du wirst mich nicht mehr zum Mann mögen.» Ich antwortete ihm mit einer Pirouette, einer stürmischen Umarmung: «Als Hochzeitsgeschenk wirst du von mir eine Perücke bekommen, damit man die Glatze nicht sieht.»

Damals war ich noch keine drei Jahre alt, doch ich erinnere mich dieser meiner Überlegungen, denn ich habe ein sehr weit zurückreichendes Gedächtnis. Kürzlich erinnerte ich Mama an Kleider, die sie in jener Zeit trug, und an unwichtige Ereignisse, die sie längst vergessen hatte. Ebenso erinnere ich mich sehr gut an Faenza, wie es im September 1901 ausgesehen hat, als wir es verließen, um nach Mailand überzusiedeln.

Aber bevor ich auf Mailand zu sprechen komme, muß ich noch sagen, daß mein Großvater mütterlicherseits im Dezember 1899 an einer tödlichen Bauchfellentzündung starb. Es war der 17. Dezember, ein Tag, der sogar für Rußland denkwürdig gewesen wäre. Wir hatten so um die 80 cm Schnee in den Straßen, und das Städtchen schwieg wie tot unter dem eisigen Sturm, während wir zu Fuß zum Bahnhof gingen. Papa trug mich auf dem Arm, sonst hätte mich der Schnee verschluckt. Mama, in Tränen aufgelöst, hatte sich bei ihrer ebenfalls weinenden Tante eingehängt. Eine traurige Fahrt nach Mantua, in der Hoffnung, Großvater noch lebend anzutreffen. In Codogno erlitt meine Großtante plötzlich ein Herzversagen... So kamen wir mit einer Sterbenskranken im Haus eines bereits Verstorbenen an. Infolge zweier so schmerzlicher Ereignisse erkrankte meine Mutter an Gelbsucht und schwebte schließlich sogar in Lebensgefahr. Ich fühlte mich fremd und verängstigt zwischen Särgen und Agonien, Tränen und Begräbnissen, während Papa sich geduldig und liebevoll um alles kümmerte.

Dann kehrten wir zusammen mit Großmutter, dem Engel, nach Faenza zurück. Sie sollte bis zu ihrem Lebensende bei uns bleiben.

Und so hatte ich nun zwei Geliebte und zwei Stützen, bis ich im September 1901 meine Kindheit in Faenza zurückließ und nach Mailand zog.

Die erste Begegnung

«Reiche deinen Finger her und siehe meine Hände; reiche deine Hand und lege sie in meine Seite!» (Johannes 20,27)

Nach unserer Ankunft in Mailand im September war die erste Sorge meiner Mutter, ein Institut für mich zu finden. Ich war inzwischen viereinhalb Jahre alt und sehr schüchtern, aus lauter Angst, Fehler zu begehen und das mütterliche «Wehe» zu hören zu bekommen. Ich befand mich bei guter Gesundheit, litt aber sehr unter dem rauhen, feuchten Klima Mailands. Es wäre vielleicht besser gewesen, mich noch eine Weile daheim zu behalten, zumal ich doch das einzige Kind war... und eigentlich niemandem zur Last fiel. Aber Mama, die davon träumte, einen weiblichen Pico della Mirandola aus mir zu machen, schickte mich in den Kindergarten, genauer gesagt zu den Ursulinen in der Via Lanzone.

Im Kindergarten war ich im Vergleich zu den anderen älteren Mädchen... ein Adler. Das war ja auch kein Wunder! Ich konnte schon das ganze Alphabet lesen, Vokale und Konsonaten schreiben, abgesehen davon, daß ich wie ein Wellensittich das Französische daherzwitscherte mit seinen vielen gutturalen «r», die mir damals so gefielen!...

Die Schwestern waren sehr lieb und auch... sehr schön. Lachen Sie nicht. Heute bewundere ich mehr das Innere als das Äußere eines Menschen, seinen Blick und seine Seele. Es reicht mir, daß die Seele und der Blick, in dem sich diese ja widerspiegelt, schön sind. Aber als Kind und sogar bis zu meinem zwanzigsten Lebensjahr war ich in dieser Hinsicht recht heidnisch und liebte nur schöne Dinge und schöne Menschen. Ich war schon ein Original, was meinen Sie?

Die Schwestern waren sehr schön, also liebte ich sie sogleich. Schwester Bianca, die Oberin, schien mir wie ein Alabastergefäß, das von einem inneren Licht der Liebe erleuchtet wird. Schwester Fulgenzia, meine Schwester, strahlte wie ihr Name. Und gut, gut, gut waren sie!...

Ich ging also gern in den Kindergarten... außer am ersten Tag. Denn trotz ihrer angsterregenden «Wehe» liebte ich Mama sehr und stand immer wie eine Bettlerin vor der Türe ihres Herzens in Erwartung einer Liebkosung... Als ich mich daher am ersten Tag von ihr trennen sollte... zog ich einen Höllenspektakel auf. Ich schrie und verteilte Fußtritte und Boxer, Bisse und Kratzer, was das Zeug hielt. Das ungestüme Wesen meiner Amme Teresa brach aus mir hervor. Aber am Abend hatte ich die Schwestern schon liebgewonnen und küßte sie liebevoll. Am nächsten Tag ging ich heiter und unbeschwert in den Kindergarten. Es war ein Vergnügen für mich, dorthin zurückzukehren, wo mich Liebkosungen, Lob und Belohnungen erwarteten und außerdem viele Kinder, mit denen ich spielen konnte.

Spielen, fast wie mit kleinen Schwestern! Welche Freude! Man muß ein Einzelkind gewesen sein und eine strenge Eziehung wie die meine erfahren haben, um verstehen zu können, was für ein Fluch es ist, das einzige Kind im Haus zu sein. Aber lassen wir dieses Thema, das nicht so wichtig für meine Erzählung ist.

Die Schwestern waren also schön und lieb. Das Institut hingegen war häßlich, düster und alt. Eingezwängt zwischen die Häuser der Mailänder Altstadt und die Basilika des hl. Ambrosius, bekam es nur wenig Licht. Ein kleiner, bis zwischen die Steine grünlich schimmernder Garten, klosterartige Höfe, finstere Gänge und eine Kapelle, die aus der Katakombenzeit zu stammen schien. Und dennoch ging ich gern ins Institut.

Oftmals begleitete mich meine Großmutter dorthin. Welch eine Freude, mit ihr zu gehen, die mich so sehr liebte und sich jedesmal vor dem Institut mit vielen Küssen verabschiedete, nachdem sie mir noch eine Frucht oder eine Süßigkeit zugesteckt hatte; eine Zugabe zum Pausenbrot, das ich von zu Hause mitbekam. Was mir diese Zugaben besonders kostbar machten, war die Tatsache, daß Mama nichts davon wußte und sie nicht verbieten konnte. Arme Großmutter! Ich habe sie nie verraten, indem ich Mama etwas von ihren... Unfolgsamkeiten gegen die Anordnungen der Tochter erzählte. Großmutter äußerte sich diesbezüglich nicht, aber ich begriff instinktiv, daß sie eine Zurechtweisung erhalten hätte, wenn ich geplaudert hätte. Also bewahrte ich das Geheimnis. Ich habe sehr früh gelernt, Geheimnisse zu wahren und darüber nachzudenken, was man lieber verschweigen sollte!...

Im Institut fand ich Gott. Papa und Großmutter erzählten mir von ihm, sie lehrten mich beten und führten mich in die Kirche. Aber dem Antlitz Gottes und seiner Liebe begegnete ich im Institut. «Gott sieht uns immer, Gott ist immer gegenwärtig, nichts bleibt Ihm verborgen, Er ist überall.» Wie oft habe ich diese Worte gehört!

In unserer Handarbeitsschule — und Handarbeit hieß bei uns, gewisse harte, fleckige Seile zu flechten, die so aussahen, als hätte man damit schon unzählige streunende Hunde eingefangen — in unserer Schule also hatten wir Strohsessel mit einer Rückenlehne aus Holz, die in zwei zapfenähnlichen Gebilden endete. Ich sehe sie noch heute vor mir! Nun, ich schenkte den Worten der Schwester, daß Gott in diesen Zapfen sei, einen absoluten Glauben und bat ihn um Verzeihung, daß ich ihm den Rücken zukehrte... Heilige Einfalt der Kindheit, die den Himmel lächeln läßt und vor der sich die Engel und Patriarchen ehrfürchtig verneigen. So stelle ich es mir zumindest vor.

Und der Schutzengel? In dem so düsteren, grünen Garten war eine Grotte mit dem Erzengel Michael drinnen. Ich glaube wenigstens, daß er es war, weil er ein Schwert in der Hand hielt. Ein Engel, der uns kleinen Kindern riesig groß erschien... Und die Schwester führte uns vor die Grotte und sagte uns, daß ein solcher, aber noch viel schönerer Engel immer an unserer Seite sei und daß wir brav sein sollten, weil er sonst sein Gesicht mit den Flügeln bedecken und weinen würde...

Mehr noch als diese ersten zwei Bekanntschaften mit dem Übernatürlichen verursachte mir die Kreuzabnahme in der Kapelle Herzklopfen vor dem unfaßbaren Geheimnis der Güte Gottes. Bei diesem sehr alten, wertvollen Kunstwerk, das sich unter dem Hauptaltar befand, handelte es sich um eine erschütternde, äußerst wirklichkeitstreue Darstellung. Genau so stellte ich mir Christus vor, als Joseph von Arimathäa und Nikodemus ihn vom Kreuze abnahmen, um ihn in den Schoß der Mutter zu legen. Die lebensgroße Figur zeigte die ermatteten Züge und die schlaffen Glieder eines Menschen, der eines qualvollen Todes gestorben war. Die Peitschenhiebe, die Stiche und die Schlagwunden zeugten von den Mißhandlungen, die der Heiland vor seiner Kreuzigung erlitten hat.

Ja, diese Darstellung war wirklich sehr beeindruckend, und viele meiner Kameradinnen begannen vor Angst zu weinen, wenn man uns zum Beten dorthin führte. Ich weinte nicht vor Angst, ich bebte vor Mitleid. Schon damals konnte ich niemanden leiden sehen, nicht einmal ein Huhn, und die Schwester wiederholte uns, daß dieser arme Körper der von Jesus sei und daß ihn unsere Sünden so übel zugerichtet hätten. Ich weiß nicht, ob es ganz richtig war, uns noch nicht einmal Fünfjährige gewissen Betrachtungen zu unterziehen. Sicher ist, daß ich im Gegensatz zu den anderen, die aus Angst vor dem Leichnam und vor allem vor der Strafe Gottes für unsere Sünden weinten, nur aus Mitleid mit ihm zitterte. Ich fühlte, daß es nicht so sehr die jüdischen Kreuziger, sondern seine Liebe zu uns gewesen war, die ihn so zugerichtet hatte, und ich hätte ihn trösten wollen... Den natürlichen Abscheu vor dem in beängstigender Weise mit Wunden bedeckten Körper überwindend, betrachtete ich ihn und wünschte mir, daß das Gitter geöffnet würde, um mich ihm nähern, sein dornengekröntes Haupt streicheln und ihn auch küssen zu können, damit er spüre, daß ich ihn liebte. Wie oft hätte ich die großen goldenen, roten oder grünen Süßigkeiten in seine durchbohrte Hand legen wollen, die mir Großmutter auf dem Schulweg kaufte und die ich so gern mochte, weil sie gut schmeckten und ein Zeichen der Liebe meiner Großmutter waren!

Vielleicht scheinen Ihnen dies Albernheiten, Pater. Aber vergessen Sie nicht mein Alter... Später, sehr viel später habe ich in die durchbohrte Hand des Herrn die Opfergabe meines Lebens gelegt; aber wenn ich es mir recht überlege... so hätte es mich damals mehr gekostet, mein Konfekt herzuschenken, als jetzt, mein Leben und Leiden aufzuopfern.

Wenn ich nach Hause kam, wiederholte ich... die Weisheiten, die ich bereits Großmutter erzählt hatte, Mama, Papa, dem Dienstmädchen und dem Soldaten. Dann ging ich zu Bett und dachte an Jesus, der dort allein und... krank war, wie ich mich ausdrückte. Und diese Vorstellung ergriff mich so sehr, daß ich nachts manchmal weinend aufwachte und meiner Großmutter, die bei mir schlief, oder Mama, die auf mein Weinen hin herbeigeeilt war, sagte, daß ich den «kranken» Jesus gesehen hätte, der weinte, weil er allein war. Die Meinen waren sehr besorgt und überlegten, ob sie mich nicht in ein anderes... nicht so mittelalterliches Institut schicken sollten. Sie fürchteten, ich könnte vor Angst krank werden. Aber nein, ich wurde vor Liebe krank.

Die erste Annäherung war erfolgt, und Jesus und Maria sollten nicht mehr aus meinem Blickfeld verschwinden, auch wenn es zeitweise zu einer schuldhaften Abkühlung meinerseits kam. Gänzlich habe ich mich nie mehr von ihm, dem Leidenden, dem Erlöser, dem Schmerzenskönig, trennen können. Und ich habe Christus stets nur als Träger dieses blutüberströmten Purpurgewandes angesehen und sehnlichst gewünscht, ihn zu trösten, indem ich ihm in dem freiwillig, aus Liebe erduldeten Leiden gleich würde.

Während die Meinen damit beschäftigt waren, ein neues Institut für mich zu wählen, wurde ich plötzlich von einem starken Keuchhusten befallen. Ich war wie üblich in die Schule gegangen, obwohl ich mich sehr schlecht fühlte. Man hatte mich schon früh daran gewöhnt, nicht auf alle Wehwehchen zu achten, und dafür bin ich meinen Eltern dankbar. Wenn sie mich nicht so abgehärtet hätten, wie hätte ich dann mein Leben ertragen können? Ich war also in die Schule gegangen, aber gegen Mittag bekam ich einen Hustenanfall, der keinen Zweifel darüber ließ, um welchen Husten es sich handelte. Ich hatte auch sofort hohes Fieber, wurde gleich von den Kameradinnen getrennt und verbrachte den Rest des Tages bis 17 Uhr im Arbeitszimmer der Oberin in deren Armen. In ihren Armen! Oh, was bedeutete der Schmerz in der Brust, wenn ich in den Armen jener so weisen und guten Schwester liegen durfte. Außer Großmutter und Papa nahm mich nie jemand in die Arme, und ich hatte ein so starkes Bedürfnis, gehätschelt zu werden!

Ich kehrte nicht mehr zu den Ursulinen zurück. Die Krankheit zog sich über Monate hin und wurde erst während unseres Sommeraufenthalts in der Toskana überwunden.

Im Oktober meldete man mich bei den Marcellinerinnen an.

Mein Pfingsten

Die Marcellinerinnen hatten damals, wenn ich nicht irre, neben ihrer Hauptniederlassung in der Via Quadronno, eine Zweigstelle in der Via XX Settembre. Eine herzige, kleine Villa, umgeben von einem sonnigen, blumenreichen Garten und mit einem Kirchlein, hübsch wie ein Maimorgen. Ganz das Gegenteil des Instituts der Ursulinen.

Auch die Schwestern waren anders. Mit ihrer Heiterkeit glichen sie großen Kindern, die Lust zum Spielen haben. Eine heilige Heiterkeit kennzeichnete überhaupt die Regel dieses kleinen Instituts. Nur die Oberin war... ein Wauwau. Sie war schwer nervenkrank — vor ihrem Tod verlor sie den Verstand — und hatte eigenartige Gemütsschwankungen. An einem Tag konnte sie uns alles verzeihen, am anderen war sie wieder von einer erschreckenden Strenge. Sie war groß und äußerst mager, hatte einen dunklen Teint, und ihre schwarzen, eher verstört wirkenden Augen flößten uns große Angst ein. Zum Glück war sie oft bettlägerig. An solchen Tagen fühlten sich die Zöglinge — und ich glaube, nicht nur sie — wie von einem Alpdruck befreit.

Ich ging in die erste Klasse und war intelligenzmäßig die Klassenerste, ein Geschenk Gottes. Andererseits lehrten mich zu Hause Mutter mit ihren schulmeisterlichen Methoden und Vater mit seiner Liebe so vieles, daß ich einfach gebildeter war, als es meinem Alter entsprach.

FOTOGRAFIEN

Maria Valtorta, 1 Jahr alt, auf dem Schoß der Großmutter mütterlicherseits und mit ihren Eltern

Im Alter
von 2 bis 5 Jahren

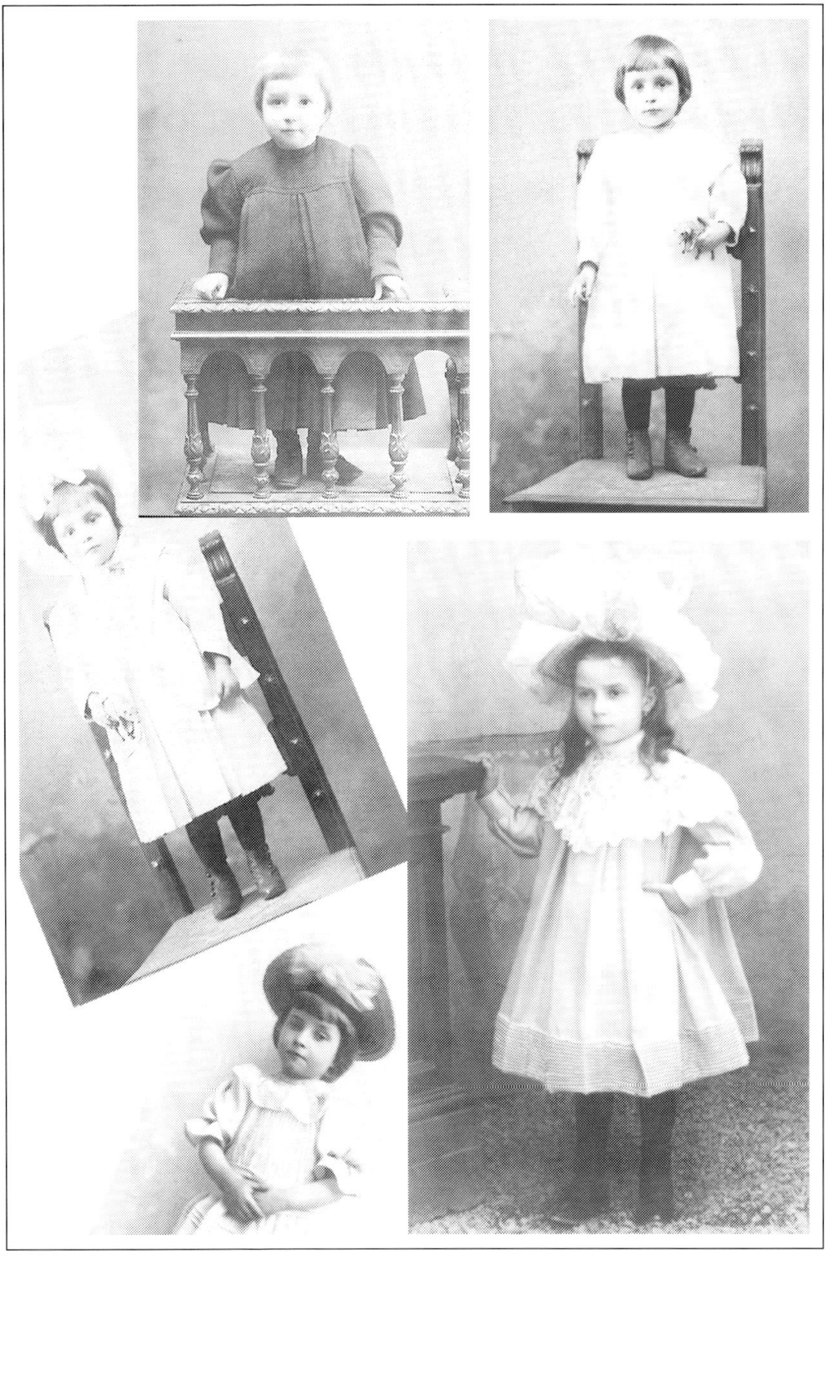

Die Mutter
Iside Fioravanzi

Der Vater
Giuseppe Valtorta

Am Tag ihrer Firmung
mit der Patin, einer Schwester ihres Vaters

Im Alter
von 7 bis 12 Jahren

Mit Schulkameradinnen des Internats Bianconi in Monza; Außenansicht des Kollegs

Als Internatsschülerin mit 15 Jahren;
Innenansichten des Kollegs

Mit 18 Jahren;
als Samariter-Krankenschwester mit 21 Jahren

Im Alter
von 19 bis 25 Jahren

Auf einem ihrer letzten Spaziergänge vor ihrer Erkrankung

Martha Diciotti als junges Mädchen mit ihrer Mutter und in den ersten Jahren ihres Lebens im Hause Valtorta

1943, in dem Jahr,
als sie ihre Autobiographie schrieb

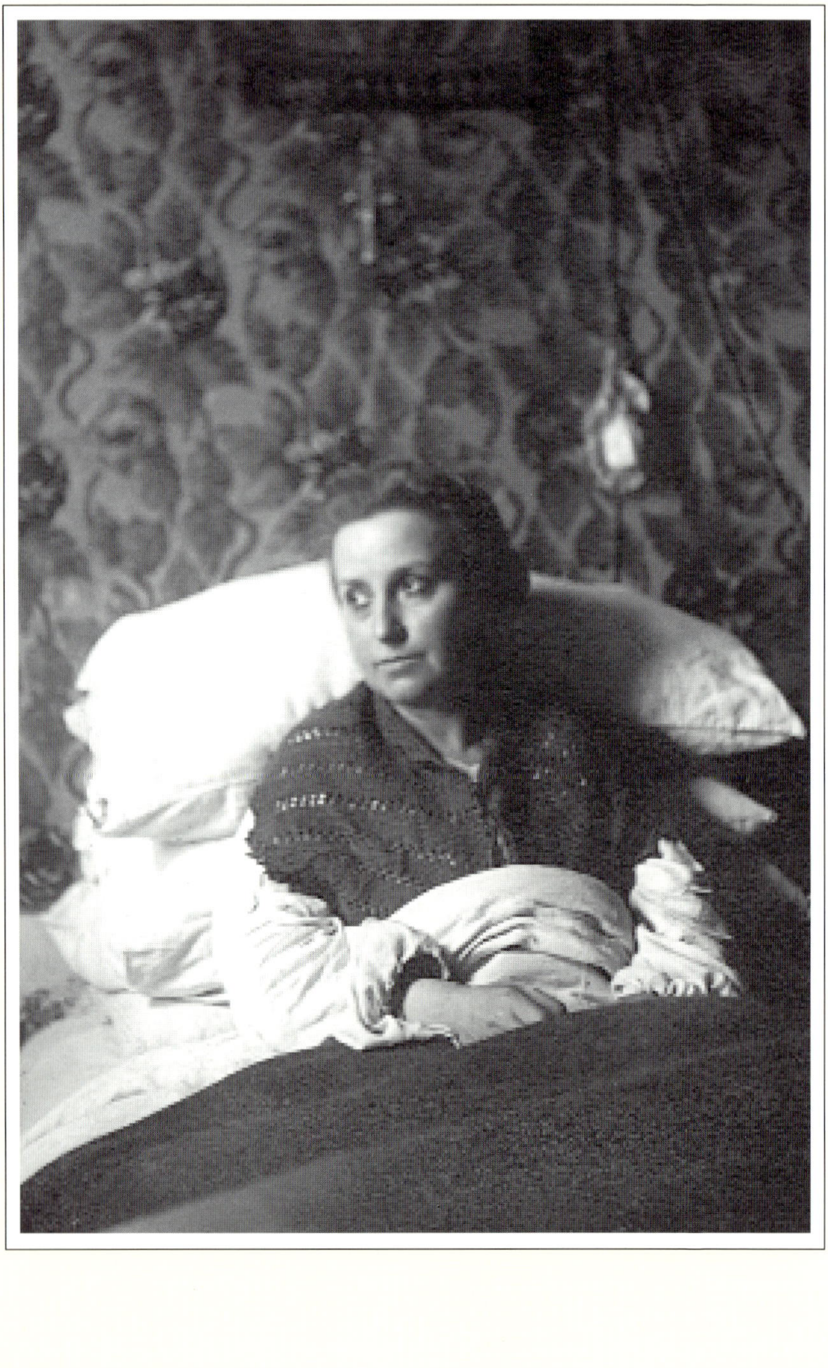

Die Via Antonio Fratti in Viareggio auf einer zeitgenössischen Ansichtspostkarte; Ansicht des Valtorta-Hauses

Ihr Zimmer in den Jahren nach ihrem Tode

Jeden Samstag brachte ich eine Belobigung nach Hause. Eine Belobigung, die mir die Küsse und Belohnungen meines Vaters, das Lob der Freunde und die Bewunderung des Dienstmädchens und des Soldaten einbrachte. Und da ich, wie alle Menschenkinder, meinen Teil an Stolz besaß, blieb ich dem Lob und der Bewunderung, wie auch den Küssen und Belohnungen Papas gegenüber nicht gleichgültig. Nur hätte ich allzugerne auch von Mama Ähnliches erfahren. Diese aber sagte immer zu mir, «daß ich mit den guten Leistungen nur meine Pflicht erfüllte und daher...». Das war ihre Art und davon war sie nicht abzubringen. Ich glaube, sie tat sich selbst Gewalt an, um nicht «bravo» zu sagen. Doch sie mußte ihrer Methode treu bleiben und hielt deshalb an der strengen Führung fest. Amen!

Ich weiß nicht, ob ich glücklich oder unglücklich war über den Institutswechsel. Vor allem fiel es mir schwer, mich von den Schwestern zu trennen, die ich bereits ins Herz geschlossen hatte. Dazu kam aber, daß mein Schulweg jetzt nicht mehr an den beiden wunderbaren Geschäften vorbeiführte, die soviel Anziehungskraft auf mich ausübten: das Südfrüchte- und das Süßwarengeschäft.

Ich war genäschig, wissen Sie? Oh, Sie werden beim Lesen meines Lebenslaufes merken, daß ich alle Hauptsünden in mir hatte. Das heißt, vielleicht nicht gerade alle. Geiz habe ich nie gekannt, weder den materiellen noch den auf geistigem Gebiet. Ich habe nie mit Gefühlen gegeizt, denn ich habe Gott und meinen Nächsten stets sehr geliebt, wenngleich ich von letzterem wohl mehr Bisse als Küsse erhielt. Ebenso habe ich nie mit meiner Intelligenz gegeizt und war immer froh, meinen weniger begabten Kameradinnen helfen zu können, selbst wenn dies für mich einen Verlust an Material für meine eigenen Italienischaufsätze bedeutete, und ich manchmal für solche Hilfeleistungen von den Lehrerinnen bestraft wurde. Auch hier erntete ich Undank, nicht Anerkennung. Undank, der so weit ging, daß man mich anklagte, «bei den anderen abzuschreiben». Derweil war es gerade umgekehrt. Denn wenn ich in Mathematik auch ein ausgesprochener Esel war und nie die Note 4 überschritten habe — die ich übrigens nur aus Barmherzigkeit erhielt, nachdem ich lange Zeit eine 5 oder gar eine 6 gehabt hatte —, so hatte ich doch für Italienisch eine unerschöpfliche Ader, was Vorstellungskraft und natürlichen, guten Stil betrifft. Es war für mich daher ein Kinderspiel, acht Aufsätze über dasselbe Thema zu schreiben. Auch in den anderen Fächern war ich wirklich gut, und es konnte ja gar nicht anders sein, wenn man bedenkt, welche Lehrerin ich zu Hause hatte. Wußte ich meine Lektionen nicht fehlerlos aufzusagen oder hatte ich meine Aufgaben nicht überdurchschnittlich gut gemacht, so gab es Strafen, und zwar sehr strenge.

Aber auch ohne diese Strafen hätte ich meine Pflicht getan, und zwar aus einem ganz einfachen Grund... aus Stolz. Sehen Sie? Da haben wir schon wieder eine Hauptsünde. Ich wollte nicht um Verzeihung bitten. Es schien mir, das könnte meine Würde als Schülerin oder Tochter verletzen. Später dann, als ich erwachsen war, habe ich für Fehler um Verzeihung gebeten, die ich gar nicht begangen hatte... Ich hatte das Gefühl, daß Jesus das Almosen einer solchen Demütigung von mir verlangte, und ich gab es ihm, selbst wenn das Bewußtsein der Ungerechtigkeit meiner Mitmenschen mich manchmal zu erdrücken drohte; denn ich hatte erkannt, daß ich vom menschlichen Standpunkt aus zwar als Dummkopf angesehen werden konnte, aus übernatürlicher Sicht aber durch diese Demütigung eine Stufe der Treppe erstieg, die zu Gott führt.

Ich erfüllte also meine Pflicht, um nicht um Verzeihung bitten zu müssen, aber auch, um meinem Papa und meiner Großmutter eine Freude zu bereiten. So war auch die Liebe einer der Beweggründe. Und wenn der Stolz tadelnswert war, so war die Liebe doch lobenswert. Und ich glaube, daß Jesus mir meinen Stolz verziehen hat, da ich viel geliebt habe, und daß er aus dem Gewirr meiner Gefühle die Fäden des Stolzes, die alles durcheinanderbrachten, herausgezogen und vernichtet hat, um mir aus den geschmeidigen Fäden der Liebe das Kleid des ewigen Friedens zu weben. Meinen Sie nicht auch?

Ich war nicht einmal geizig, was Spielzeuge und Süßigkeiten betrifft, wenn ich mit ärmeren Kindern zusammenkam. Spielzeuge und Süßigkeiten hatte ich in Hülle und Fülle. Wie gesagt, meine Mutter war streng aufgrund ihrer irrigen Auffassung von Autorität. Und sie hat oft gerade denen, die sie besonders gern mochte, dadurch sehr weh getan. Aber ich wiederhole: Amen. Ich müßte jedoch lügen, würde ich sagen, sie hätte mich Hunger oder Kälte leiden lassen oder nicht gepflegt, wenn ich krank war. Sie versagte mir auch nichts von dem, was Kinder so begehren: Spielzeuge und Süßigkeiten. Ich durfte nur auf keinen Fall darum bitten. Wenn ich etwas verlangte, bekam ich es nicht mehr, selbst wenn Mutter vielleicht kurz zuvor daran gedacht hatte, mir gerade das Gewünschte zu schenken.

Ich möchte Ihnen eine kleine Episode erzählen.

Auf dem Ambrosiusplatz in Mailand findet in der Zeit vom 1. bis zum 15. Dezember ein Jahrmarkt statt. Da gibt es viele Spielzeuge,

Naschereien und Antiquitäten. Zu den Letztgenannten drängten sich natürlich die Erwachsenen, die Liebhaber von Lampenschirmen, Geldschränken, Schmiedeeisernem und ähnlichen Dingen. Die Stände mit Spielzeugen und Naschereien aber waren die Anziehungspunkte für die Kinder, die aus ganz Mailand mit Papa, Mama, Großeltern, Onkels und Tanten herbeiströmten. Wie schön, wie schön war das alles. Mit den Träumen und Wünschen eines ganzen Jahres stand man nun vor diesen Verkaufsständen, so ungefähr zwei Wochen vor dem Christkindfest, eben Weihnachten, dem Tag, an dem die Mailänder Kinder ihre Geschenke erhalten. Ich bekam sie ja eigentlich zum Fest der heiligen Lucia, weil in Venetien und einem Großteil der Lombardei diese heilige Märtyrerin die Verteilerin der Geschenke ist.

Aber kehren wir zum Jahrmarkt zurück. Wie viele Träume und Hoffnungen und wie viele Gebete, damit das «Christkind» verstehe, daß man dieses oder jenes Spielzeug wollte! Man bat das «Christkind» um Verzeihung für alle Unfolgsamkeiten und Lausbubenstücke, die man im Laufe des Jahres begangen hatte und jetzt wirklich bereute, man versprach, es nicht mehr zu tun... Bleiben wir nicht unser Leben lang Kinder, die in besonderen Augenblicken bereuen und versprechen, sich zu bessern, um dann immer wieder dieselben Fehler zu begehen?

Die Papas, Mamas, Großeltern, Onkels und Tanten beobachten und studieren die Seufzer und Ausrufe der Kleinen, ihr plötzliches Innehalten vor einem Spielzeug, das sie bezaubert betrachten, um dann die gewünschten Schätze unter die Krippe oder den Weihnachtsbaum zu legen. Im Augenblick kaufen sie wohl irgendeine andere Kleinigkeit, doch zwei Stunden später, wenn es Abend geworden ist, kehren sie heimlich zurück, um den ersehnten Gegenstand zu erstehen, ihn nach Hause zu tragen und vor dem sechsten Sinn des Kindes zu verstecken...

Ich war also mit Mama, Großmutter und dem Dienstmädchen zum Jahrmarkt der «O bei, o bei!» (Oh, wie schön, wie schön!) gegangen. Es war im Dezember 1902, und ich war damals fünf Jahre und neun Monate alt. Wir streiften zwischen den Dutzenden von Ständen umher, und ich entdeckte auf einem derselben Messingwiegen für Puppen. Richtige Wiegen mit einem Unterbau, auf dem der Kinderkorb befestigt war und schaukelte, wenn man das Kleine wiegte, um es zu beruhigen und einzuschläfern. Auch eine Stange für die Vorhängchen war angebracht, damit das Licht die Puppe nicht aufwecke, und auf der kleinen Matratze lagen ein Polsterchen und Bettwäsche... Eine allerliebste Wiege, die mir aus Gold schien, weil sie gelb und leuchtend war. Ich blieb wie angewurzelt vor diesem Stand stehen. Seit langem wünschte ich mir schon eine Wiege für meine bevorzugte Puppe, die durch das viele Waschen weiß geworden war wie eine Lilie und die ich «Rosina» nannte. Dies war der Name unseres geliebten Dienstmädchens in Faenza, das an Schwindsucht gestorben war. Ein wahrer Engel, wie ihn die Welt nicht verdient.

Ich bilde mir ein, wenn ich an Mutters Stelle und sie an der meinen gewesen wäre, hätte ich sofort verstanden, was sich mein Kind wünschte; denn auf dem Ladentisch wurden nur Wiegen und Puppen feilgeboten, und Puppen hatte ich ja so viele, daß ich mir keine dazuwünschen konnte, eine Wiege aber besaß ich noch nicht. Doch meine Mutter hat absolut keine Beobachtungsgabe. Ja, daran mangelt es ihr, so daß ihr immer das Wichtigste entgeht oder sie alles falsch interpretiert.

Ich durfte nie etwas verlangen, denn Kinder dürfen nichts verlangen, am allerwenigsten teure Sachen. Nun, für mich war die Wiege aus Gold. Also verlangte ich nichts und bat nur meinen Schutzengel, er möge meiner Mama sagen, daß ich mir die Wiege wünschte. Doch an diesem Tag mußte mein Engel wohl ins Paradies geflogen sein, um dem Lamm das «Sanktus» zu singen. Er hatte Sehnsucht nach dem Himmel gehabt, und ich kann ihm deshalb keinen Vorwurf machen. Auch ich wäre in meinem Leben unzählige Male gern in den Himmel geflogen, um die Erde zu vergessen!

Mama blieb einige Minuten vor dem Verkaufsstand stehen, dann nahm sie mich bei der Hand und zog mich fort. Lange durchquerten wir den Jahrmarkt... und sie begriff nicht, daß ich jedesmal, wenn wir wieder zu jenem Stand kamen, wie gebannt stehenblieb. Sie bot mir andere Spielzeuge an, aber ich, der das Herz zerspringen wollte und die mit den Tränen kämpfte, erwiderte immer: «Nein, danke.» Ich hätte es Großmutter oder dem Dienstmädchen sagen können... Doch ich wußte aus Erfahrung, daß Mama, selbst wenn sie ihren Bitten zu meinen Gunsten nachgegeben hätte, ihnen später vorgeworfen hätte, mich zu verziehen. Und ich hatte zwar alle Hauptsünden in mir, aber kein hartes Herz, und litt lieber selber, als andere leiden zu sehen. Also sagte ich nichts.

Schließlich wollte Mama nach Hause gehen... Ich sah meinen Wunsch wie eine Glaskugel zerbrechen, die auf den Boden fällt, wie eine Seifenblase im Dezemberhimmel entschwinden, und fing an zu weinen. Mamas Miene verdüsterte sich ob meiner «Launen», wie sie es nannte, und sie sagte mir in einem Ton, bei dem sogar einem Helden das Wort im Hals steckengeblieben wäre: «Entschließ' dich, sag, was du willst. Wenn es möglich ist, sollst du es haben, sonst mußt du halt darauf verzichten.» Wie, wie sollte ich sagen, daß ich die goldene Wiege wollte, da ich Mutter doch von früh bis abends predigen hörte, wie wichtig die Sparsamkeit sei und daß man keine unerlaubten Wünsche haben dürfe? Ich weinte noch heftiger, bis Mutter mich schließlich in einen Hauseingang zog, der sich neben der Università Cattolica, damals noch das Militärhospital, befand, wo ich eine Tracht Ohrfeigen erhielt. Auf die Wiege warte ich heute noch...

So ist es in meinem menschlichen Leben immer gewesen. Nur Gott hat meinen Wünschen entsprochen. Die anderen zerschlugen meine Träume, weil sie nicht anders konnten oder wollten, und tadelten mich dann, weil ich über die Scherben weinte.

Ich habe weit ausgeholt, aber das ist unvermeidlich; denn in einem Bild braucht es außer den Hauptfiguren und -gegenständen auch einen Hintergrund, und diese meine Abschweifungen bilden den Hintergrund des Bildes, das mein Leben darstellt. Doch nun zurück zu meiner Geschichte.

In materieller Hinsicht fehlte mir also nichts, ja ich hatte teilweise sogar mehr als genug. Aber ich gestehe Ihnen, mir hätte viel weniger genügt, wenn man es mir mit offenkundiger Liebe gegeben hätte.

Mutter sein besteht nicht nur darin, den Kindern seinen eigenen Willen aufzuzwingen und die Macht darzustellen. Es bedeutet vielmehr, die erste Vertraute und Freundin der Kinder zu sein, welche rechtschaffen, aber auch liebevoll die zarten Geschöpfe beobachtet, führt, tröstet und sie ihre Liebe so fühlen läßt, daß sich die Herzen der Kleinen öffnen wie vom Sonnenschein geküßte Blumen.

Mein Herz verschloß sich unter dem Einfluß der mütterlichen Strenge wie eine Blumenkrone im eisigen Frost. Jedesmal, wenn ich versuchte oder auch heute noch versuche, etwas von ihrer Liebe zu erhaschen und ihr mein armes Herz zu öffnen, das soviel gelitten und geliebt hat, prallte und pralle ich gegen die unumstößliche, kalte Wand ihrer Strenge, ihres autoritären Wesens. Amen. Ich habe furchtbar darunter gelitten... Auch jetzt leide ich noch heftig darunter, doch ich weiß, weil Jesus es mir sagt, daß es einen Sinn hat...

Ich bin, wie schon erwähnt, nie geizig gewesen, und war auch niemals träge. Der Müßiggang und ich waren seit jeher unvereinbar. Der Müßiggang und die Verweichlichung. Ich wurde ein wenig militärisch erzogen, und so fiel es mir nie schwer, früh aufzustehen, zu essen, wann man konnte, und zu trinken, wann es möglich war. Infolge langer Reisen, zu einer Zeit, als das Reisen wahrlich noch kein bequemes Unternehmen war, hatte ich mich daran gewöhnt, Kälte, frühes Aufstehen, unbequeme Betten in den Herbergen, andersartige Nahrung oder auch das Fehlen von für mich verträglichen Speisen und Getränken ohne Gejammer zu ertragen. Im letztgenannten Fall mußte ich halt auf Essen und Trinken verzichten. Ebenso hatte man mich daran gewöhnt, das Steinchen im Schuh, den Hut, der auf dem Kopf drückt, und viele andere kleine, aber lästige Unannehmlichkeiten, wie zum Beispiel ein Spinnennetz im Gesicht, ohne viel Theater zu ertragen.

In den Ferien weckte mich Papa schon im Morgengrauen und ging mit mir am Meeresstrand entlang oder führte mich zu den Abhängen der Apenninen, um mich die Schönheit der Schöpfung schauen zu lassen, das Wunder des Lichts, das jeden Morgen wiederkehrt, um uns von Gott zu künden, der es erschaffen hat; und auch, um mich mit den Wellen beten zu lassen, die in den vom Ewigen zugewiesenen Grenzen gehorsam gegen die irdischen Strände brausen. Die Freude über das Ausgehen mit Papa und das viele Schöne, das ich mit allen meinen natürlichen und übernatürlichen Sinnen aufnahm, waren so groß, daß ich dieses frühe Erwachen wie ein Fest empfand und wie eine Belohnung schätzte. Es war mir so vertraut, daß es mir gar nicht schwerfiel.

Ich habe nachts immer nur wenige Stunden geschlafen. Doch es handelte sich um einen tiefen erholsamen Schlaf, ein wahres Ruhen des Körpers. Nur die Seele war in diesen Stunden wachsam.

Aber davon werde ich später erzählen. Kehren wir zum Ausgangspunkt zurück.

Es gab verschiedene Gründe, weshalb es mir leid tat, das Institut wechseln zu müssen. Der eine war animalischer Natur: meine Naschhaftigkeit; der andere affektiven Ursprungs: ich sollte die Schwestern verlassen, die ich so lieb gewonnen hatte. Außerdem aber litt ich darunter, jenen toten Jesus nicht mehr sehen zu können. Ich hatte das Gefühl, ihn zu verlieren und ihm dadurch Schmerz zu bereiten. In der Tat verlor ich ihn auch ein wenig aus den Augen. Bei den Marcellinerinnen war viel... wie soll ich sagen? Ich finde nicht den passenden Ausdruck. Tatsache ist, daß ich mich dort zerstreute. Aber mir fällt auf, daß ich ganz vergessen habe, von Großmutter zu erzählen.

Im Dezember 1903 starb meine Großmutter. Im Juli 1902 war ich mit ihr zusammen bei einem Onkel in Montecatini. Ich liebte diesen Ort voll von dem Glucksen des Wassers und dem Seufzen des Schilfrohrs, vor allem um die Mittagszeit, wenn nur die unermüdlichen Zikaden zirpen. Im Laufe dieses unseres Aufenthalts wurde Großmutter von einem bösen Jungen mit der Schleuder am Fußknöchel verletzt. Kaum hatte ich den ersten dumpfen Schlag gehört, drehte ich mich um und sah den Lümmel, der einen zweiten Stein in die Schleuder spannte. Großmutter wurde blaß, entblößte ihren Fuß und stellte ihn ins frische Wasser, das sich von ihrem Blut rot färbte. Meine Tränen trocknete sie mit Küssen. Arme Großmutter! Sie ist nie wieder richtig gesund geworden.

Im November wollte sie nach Mantua zum Grab ihres Gatten und ihrer Schwester fahren, die 1899 beide innerhalb von sieben Tagen gestorben waren. Als sie zurückkehrte, hatte sich ihr Zustand noch verschlechtert. Meine Mutter machte ihr Vorwürfe wegen der unnötigen Unvorsichtigkeit, wie sie sich ausdrückte. Aber sie hatte unrecht. Eine Vorahnung bedeutete Großmutter, daß es mit ihr zu Ende ging, und sie wollte ein letztes Mal das Grab des Gatten sehen, dem sie ein Leben lang eine vollkommene Gefährtin gewesen war.

Am 10. Dezember — es muß ein Donnerstag gewesen sein, weil ich nicht zur Schule gegangen war — erlitt sie einen Schlaganfall. Wir waren gerade mit dem Essen fertig, und Mama, die ja niemandem traute, war in den Keller gegangen, um den Soldaten und das Dienstmädchen zu überwachen, während sie Wein umfüllten. Papa las vor seiner Rückkehr in die Kaserne noch etwas Zeitung. Die gute Großmutter hatte sich in die Küche begeben und wollte ein wenig aufräumen, damit das Dienstmädchen, wenn es abends aus dem Keller heraufkam, nicht die von der Mahlzeit herrührende Unordnung vorfand. Ich begleitete Großmutter und tanzte um sie herum. Ich sah, wie sie sich niederbeugte, um einen Klotz aufzuheben und in die Brennholzkiste für den Kamin im Wohnzimmer zu legen. Ich bemerkte, wie sie erbleichte, das Gesicht verzog und konfuse Worte murmelte. Ich erschrak und schrie. Papa eilte herbei und kam gerade noch zurecht, um zu verhindern, daß sie auf den Boden fiel. Von da an habe ich nie mehr ohne zu zittern einen Schlafenden betrachten oder wecken können, weil das Gesicht im Schlaf oft veränderte Züge annimmt, die mich an die meiner Großmutter erinnern und in mir den Eindruck erwecken, daß man im Schlaf wie tot ist...

Großmutter lag zwei Tage im Todeskampf und starb am Morgen des 13. Dezember, genau sechs Jahre nach ihrem Sohn. Es war das Fest der heiligen Lucia, und unter meinen Geschenken befand sich eine kleine goldene Uhr, die an einer schleifenförmigen Anstecknadel befestigt war... Arme Großmutter! Ein letztes Andenken! Sie hatte es trotz aller Predigten Mamas gekauft, um mir eine dauerhafte Erinnerung zu hinterlassen.

Ich hänge nicht sehr an Gegenständen, besonders nicht an Wertgegenständen, und wenn wir infolge von Krankheiten in Not gerieten und Mama Gold verkaufen mußte, um das notwendige Geld aufzubringen, hatte ich nichts dagegen einzuwenden. Aber als ich zusehen mußte, wie Vaters Manschettenknöpfe, sein Kettchen und Großmutters Uhr veräußert wurden, hätte es mir fast das Herz zerrissen. Lieber hätte ich etwas anderes hergegeben. Aber was soll man machen!

Ich erinnere mich ganz genau, was an jenen Tagen alles geschah, aber ich möchte nicht darauf eingehen, da ich zu sehr darunter leiden würde und meine Kraft zum Schreiben brauche. Papas Rat folgend, unterdrückte ich meinen Schmerz, um meine Mutter nicht noch mehr zu belasten. Doch während ich meine Tränen hinunterschluckte, meinte ich, das Herz müsse mir zerspringen... Es war das erste Mal, daß ich mich durch dieses innere, dieses so bittere und unverstandene Weinen selbst kasteite. Und ich wurde wirklich nicht verstanden. Mama behauptete, ich hätte nicht gelitten und sei ein oberflächlicher Mensch... Der Herr verzeihe ihr! An diesem kalten Nachmittag des 10. Dezember 1903 habe ich zu sterben begonnen.

Papa begleitete Großmutters sterbliche Hülle nach Mantua. Wie trostlos waren die acht Tage seiner Abwesenheit! Ohne Großmutter, ohne Papa, allein mit Mama, die nur ihren *eigenen* Schmerz gelten ließ...

Was für ein Schmerz! Dann war Mama monatelang krank und demzufolge noch unzugänglicher und nervöser als gewöhnlich. Was für ein trauriger Frühling!

Am 18. März 1904 legte ich in der Kapelle, wo mein Jesus seinen Todesschlaf schlief, meine erste Beichte ab. Ich besitze noch das Andenkenbildchen, das mir Schwester Bianca, die Oberin, damals gegeben hatte.

Am Vorabend des St.-Josefs-Festes — es war in jenem Jahr ein recht trauriges Fest, weil Großmutter nicht mehr unter uns war — tauchte ich das erste Mal meine Seele in das Blut Christi, in jenes kostbare Blut, das ich so liebe und mit ganzer Kraft aus allen seinen Wunden in mich aufnehmen möchte; in jenes Blut, dem ich mich 27 Jahre später selbst weihte, indem ich darum bat, mich mit Ihm in einem einzigen Opfer zu verschmelzen, damit mein ganzes Blut zusammen mit dem seinen vergossen würde für die Zwecke, die Er kennt.

Und nun, da ich die Auslassung wiedergutgemacht habe, kehren wir zum Institut der Marcellinerinnen zurück.

Im Frühjahr bekamen ich und einige meiner Mitschülerinnen Firmunterricht. So blieben wir zum Katechismus zwei Stunden länger im Institut, nicht von 9 bis 16, sondern bis 18 Uhr.

Aus dieser Zeit erinnere ich mich an herzlich wenig. Ich war zu traurig und zu krank, bekam fast hintereinander Masern, Scharlach und Windpocken. Nur an die Mahlzeiten erinnere ich mich, wenn auch mit großem Mißbehagen. Sie sind immer eine Qual für mich gewesen, auch zu Hause. Wenn ich aber an den Geruch von gekochtem Reis und Kohl denke, der mich dreizehn Jahre lang verfolgt hat! Ich aß diesen zerkochten Reis nicht, doch schon der Geruch widerte mich an. Das war mein größtes Opfer in der Zeit der Vorbereitung auf die Firmung. Ich hätte es vorgezogen zu fasten, anstatt in den Speisesaal hinunterzugehen... Aber es war Pflicht, und ich mußte es zwei Monate lang ertragen.

Wie Sie sehen, erlebte ich eine Periode völliger geistiger Stumpfheit. Ich machte alles mit Unlust. Ich meine alles, was mit dem Geist zu tun hat. Im übrigen war ich die gleiche Tochter und Schülerin wie früher. Das heißt, nein. Ich war zu einer Schwindlerin geworden, ich, die ich mich aufgrund meiner vielleicht zu direkten Aufrichtigkeit in dieser Welt der Lügen nie zurechtgefunden habe.

Ich sagte bereits, daß ich in dieser Zeit viel krank war. Da bemerkte ich, daß mich Mama küßte und ganz anders behandelte, als wenn ich gesund war. Sie war plötzlich die Mutter, die ich mir immer gewünscht hatte. Also beschloß ich... krank zu sein. Ich nützte einen Sturz und die damit verbundenen Abschürfungen am rechten Ellbogen aus, die so arg waren, daß ich behandelt und verbunden werden mußte. Tag und Nacht kratzte ich die heilende Wunde wieder auf, damit mir die Freude erhalten blieb, von Mama geliebkost und angekleidet zu werden. Doch eines Tages deckte Schwester Erminia, die halbverrückte Oberin, das Spiel auf. Mama wurde benachrichtigt, und ich bestraft.

Ich verdiente es wohl, weil ich gelogen hatte. Aber die beiden Erzieherinnen, die Oberin und vor allem meine Mutter, hätten doch nach meiner ausführlichen und schmerzvollen Beichte die gute Ursache meiner Lüge erkennen müssen. Ich suche keine Entschuldigung. Ich gebe zu, daß es ein Fehler war. Aber warum wollte man mir nicht glauben, als ich meinen Fehler mit der Sehnsucht nach den mütterlichen Liebkosungen zu rechtfertigen suchte?

Man schenkte mir keinen Glauben und hatte kein Mitleid mit mir. Die Tür zwischen meinem Herzen und der Welt schloß sich noch ein bißchen mehr. Wenn sie sich einmal ganz geschlossen haben wird, am Ende meines Lebens, werde ich begreifen, daß es die Güte Gottes war, die dies zuließ, um mich von der Welt loszulösen und ganz mit Ihm zu vereinen.

Damals hatte ich aber sehr gelitten und — wieder brach das ungestüme Wesen meiner Amme Teresa durch — die Oberin, die mich verraten hatte, ohne vorher meine Beweggründe zu erforschen, zutiefst gehaßt. Dieser Haß war sehr hartnäckig, und als ich im folgenden Schuljahr erfuhr, daß eine neue Oberin Schwester Erminia, die in eine Nervenheilanstalt eingeliefert worden war, abgelöst hatte, freute ich mich darüber. Sehen Sie, was für ein Mensch ich war?

Am 30. Mai 1905 empfing ich die hl. Firmung aus der Hand S.E. des Kardinal-Erzbischofs Andrea Ferrari.[4] Man sagt von ihm, er sei ein Heiliger, und ich glaube das, denn die Berührung seiner Hände flößte mir wirklich den Geist der Liebe ein, dessen ständige Gegenwart, Beistand und süße Tröstungen ich seither spüre.

An jenem Morgen begaben wir uns um 7 Uhr in das große Institut der Marcellinerinnen in der Via Quadromo. Während wir uns alle in unseren weißen Kleidern und Schleiern anschickten, feierlich in die Kapelle einzuziehen, nahm ein unruhiges und ungehorsames Mädchen ihre bereits brennende Kerze von der einen in die andere Hand, so daß diese vom äußeren Rand in die Mitte der Reihe kam. Einige der leichten Schleier und Haarschleifen fingen Feuer. Welch ein Schreck und welch ein Durcheinander! Ich allein, obwohl ich mich mitten in dem brennenden Kreis befand, trug keine Spur von den Flammen an meinen Kleidern davon. Den unversehrten Schleier bewahre ich noch heute bei mir zu Hause.

Das Feuer hat immer Rücksicht auf mich genommen. Dreimal geriet ich in die Flammen. Das erste Mal mit sechs Jahren, als sich ein Kübelchen voll Harz entzündete, das unvorsichtigerweise in die Nähe des Feuers gestellt worden war. Das Dienstmädchen erlitt Verbrennungen, ich aber, die ich dicht neben ihr stand, trug keinen Schaden davon. Das zweite Mal kam ich bei der Firmung mit Feuer in Berührung. Das dritte Mal mit achtzehn Jahren, als ein Spiritusofen explodierte. Die Flammen schlugen bis zur Zimmerdecke hoch. Ich stand

---

4. Ein Heiliger: Andrea Carlo Ferrari (1850-1921); von 1894 bis zu seinem Tode Kardinal-Erzbischof von Mailand; 1987 von Papst Johannes Paul II. seliggesprochen.

wie angewurzelt mittendrin, die Hände vor dem Gesicht. Langsam ließ die Hitze nach, und als alles gelöscht war, stellte man fest, daß nicht ein Haar auf meinem Kopf, nicht ein Fädchen meiner Kleider verbrannt war. Man sieht, daß das Feuer mich gern hat. Eine nicht erwiderte Liebe, denn ich habe große Angst vor dem Feuer und kann nicht ohne Zittern ans Fegefeuer denken. Ich mag nur das Feuer der Liebe. Oh ja, es möge in mir brennen und mich in seinen Flammen ganz schmelzen lassen!

Ich empfing also den Heiligen Geist. Er stieg auf mich herab und hinterließ gewiß seine Saat. Doch an diesem Tag spürte ich noch nichts davon. Es wurde vielmehr ein sehr langweiliger Tag. Er begann schlecht, schleppte sich noch schlimmer dahin und endete in einem Theater, wo ein griechisch-römischer Wettkampf gezeigt wurde. Heute noch frage ich mich, warum meine Tante und Patin mich dorthin geführt hat... Es hätte ihr nichts Unpassenderes einfallen können. Erwachsene handeln oft wirklich viel widersprüchlicher als Kinder. Sie denken nicht daran, daß bestimmte Erinnerungen sich fürs ganze Leben einprägen und einen Geschmack von Asche und trübem Licht hinterlassen.

So verlief also meine Festigung in Christus.

Meine Freunde

Als Einzelkind hatte ich niemanden in der Familie, mit dem ich hätte spielen können. Mama erlaubte nicht, daß ich zum Spielen andere Familien aufsuchte, und so wuchs ich ohne Freundschaften mit Gleichaltrigen auf. Meine Freundinnen waren immer nur meine Mitschülerinnen. Kaum hatte ich das Institut verlassen, verlor ich sie bis zum nächsten Tag aus den Augen.

Ich hatte aber «große», das heißt erwachsene Freunde. Das waren Papas Freunde, fast alle Junggesellen, die uns zu Hause besuchten, um in ihrem einsamen Dasein als Unverheiratete ein wenig Familie zu erleben.

Allesamt natürlich Militärs. Sie waren sehr lieb und hatten mich gern, und auch ich mochte sie, wenngleich es mir im Grunde meines Herzens um den verdorbenen Spaziergang leid tat, wenn ich mit Papa unterwegs war und wir ihnen begegneten. Für mich war er verdorben, denn ich mußte in ihrer Mitte gehen und gut achtgeben, um nicht über ihre langen Kavalleriesäbel zu stolpern oder mir die Beine an ihren

Sporen zu zerkratzen. Und ich mußte ihren ernsten Gesprächen zuhören über Waffen, Taktiken, Ministerialdekrete, die letzte Sitzung in der Kammer oder die Vorbereitungen eines Staatsbesuches... sagen wir des Präsidenten der Republik Andorra. All das war für mich langweilig wie der Nebel. Aber ich mochte sie, weil sie mich und vor allem meinen geliebten Papa gern hatten. Damals liebte ich diejenigen, die meinen Vater gern mochten, mehr als mich selbst. Dann waren da noch Papas Vorgesetzte, Hauptleute, Majoren und Leutnants.

Papa gehörte dem 19. Flügel der Leichten Kavallerie an, und der war, wie alle Kavallerieregimente, voll von Würdenträgern und Reichen. Diese besaßen, weil sie Würdenträger oder reich oder beides zugleich waren, herrliche Rassepferde, aber auch reinrassige Hunde, Zicklein und sogar einen eritreischen Affen. Eine wahre Arche Noah, in der ich mich so richtig wohlfühlte, weil mich mit allen Tieren — außer den Katzen, die mir sofort in die Augen springen, wenn sie mich sehen — stets eine große, verständnisvolle Freundschaft verbunden hat.

Wenn mich Papa also am Sonntag in die Messe mitnahm — nach Großmutters Tod hatte er das übernommen — und anschließend zum Rapport in die Kaserne, war ich glücklich und alle die betreßten Uniformierten waren für mich Papas. Der eine ließ mir durch einen Soldaten ein Tierjunges bringen, das ich streicheln durfte. Ein anderer führte mich zu einem in derselben Nacht geborenen Fohlen, das begierig die Brustwarze des Muttertieres suchte und dabei ungeschickt mit dem Kopf herumstieß. Wieder ein anderer pfiff seine wunderbaren spanischen Windhunde herbei, die sich zu meinen Füßen hinstreckten, damit ich ihr seidiges Fell streicheln konnte. Der eine schwang mich auf den Rücken eines Eselchens, das so klein wie ein dänischer Hund war. Der andere drückte mir ein Stück Zucker in die Hand, das ich seinem Lieblingspferd reichen sollte. Und dann gab es noch zwei tibetanische Zicklein. Die waren schneeweiß, hatten ein feines Fell, das bis zum Boden reichte, und waren hochintelligent. Kaum sahen oder hörten sie mich, liefen sie blökend herbei, legten mir ihr rosiges Schnäuzchen in die Hand und suchten Salz. Sie waren meine Lieblingstiere.

Selbst jenes Original von einem Oberstleutnant, ein Piemontese aus ältestem zisalpinem Adel, konnte mich gut leiden. Er bediente sich im Gespräch immer des piemontesischen Dialekts und verlangte sogar von Neapoletanern, daß sie ihn im Nu begriffen. Er war einer jener Menschen, die zur Heiligung oder zur Qual ihres Nächsten zur Welt kommen, einer jener Offiziere, die gleich zu Beginn des Krieges, sobald der Tod durch eine Schußwaffe gerechtfertigt erscheint, von der ersten Kugel eines ihrer gemeinen Soldaten getroffen werden. Dieser äußerst schöne und reiche Mann hatte aufgrund des Majorats nicht geheiratet. Und er hatte natürlich alle Fehler jener, die sich gezwungenermaßen für den Junggesellenstand entschieden haben. Mir gegenüber war er jedoch sehr artig und übte die Zurückhaltung eines Seminarpräfekten. Er brachte mir immer Talmone-Schnitten mit, *die einzige Süßigkeit, die man Kindern geben kann*, wie er sagte. Und diese ausgezeichneten, mit knusprigen Waffeln überzogenen Schokoladeschnitten mußten dann auch gegessen werden. Außerdem stand mir sein Grammophon zur Verfügung, eines der besten damals, und dazu die schönsten Schallplatten. Wenn ich krank war, schickte er es mir sogar nach Hause. Für mich war auch sein herrliches Gestüt mit seinen drei stürmischen Pferden jederzeit zugänglich: ein lebendiges Kapital mit der alten Gina, einer schneeweißen Araberstute, die, als sie jung war, seine Lieblingsstute war. Nun war sie erblindet, und er hatte sie in Pension geschickt; doch nahm er sie auf seinen Umzügen durch Italien in einer gepolsterten Box mit, damit sie sich nicht am bloßen Holz wundstoße. Ja, denn dieser Mann, der seinesgleichen quälte, war voller Mitleid gegen die Tiere... Er besaß auch einen hinkenden Fuchs, den er während einer Jagd im Gebiet des Agro Romano gefangen hatte. Ein bissiges, wildes Tier, das nur seinen Herrn und ein klein wenig auch mich liebte.

Der Oberst dagegen war ein Heiliger. Auch er ein Piemontese und von hohem Adel, war er doch das ganze Gegenteil des Oberstleutnants. Der eine war wie das Unwetter, der andere wie der heitere Himmel. Der eine war der Vater seiner Soldaten, der andere deren Dompteur. Zu mir aber waren sie beide gleichermaßen freundlich.

Dann waren da die Soldaten. Manche stellen sich unter Soldaten halbe Verbrecher oder jedenfalls lasterhafte Kerle vor. Sie denken nicht daran, daß sich das Militär aus Söhnen italienischer Bürger zusammensetzt. Ich möchte hier nicht auf die Tugenden der Soldaten eingehen, besonders nicht *auf gewisse Tugenden*. Doch der Wahrheit halber muß ich sagen, daß ich in all den vielen Jahren, in denen ich Kontakt mit ihnen hatte, nie schmutzige Worte aus ihrem Mund gehört oder ordinäre Handlungen gesehen habe. Viel mehr hätte ich über die Frauen zu klagen. Doch darauf komme ich später zu sprechen.

Die Soldaten waren zu mir wie große, liebe Jungen. Sie freuten sich alle, wenn sie mich auf den Arm nehmen und mir ihr Pferd oder die haarsträubende illustrierte Postkarte, die sie morgens von ihrer Schönen aus der Ferne erhalten hatten, zeigen konnten. Sie baten mich, ich möge sie ihnen vorlesen und beantworten. Was für ein Vertrauen, was für eine Ehre für mich! Ich war «der gute Engel, die Hilfe»...

Wie freuten sie sich, wenn sie mir eine Frucht anbieten konnten, die sie aus ihrem fernen Daheim erhalten hatten! Wie bemühten sie sich, für mich einfache, geistreiche Spielzeuge zu basteln, kleine Figuren für die Krippe, kleine Sesselchen und ein Tischlein, das sich jetzt an der Seite meines Bettes befindet und das mir teuer ist, weil es mich an einen meiner guten Lieblingssoldaten erinnert. Manchmal kamen sie mit einem aus dem Nest gefallenen Spätzlein daher. Sie wußten, daß ich etwas für Vögel übrig hatte. Im September brachten sie mir dann das schönste Heu, fein und duftend wie Frauenhaar, *für das Eselchen der hl. Lucia.* Sie versicherten mir, daß es Heu vom Oberst sei... und das beruhigte mich; denn ich sagte mir, das Eselchen einer Heiligen könne wohl das Heu aus dem Gestüt des Oberst fressen, unseres Obersten, den ich für einen ganz besonderen Oberst hielt, weil er das Regiment, das die Farben der hl. Maria, Weiß und Himmelblau, trug, kommandierte.

Es ist klar, daß ich mich mit den Soldaten mehr unterhielt als auf diesen langweiligen Gesellschaften, wo die Damen von Geburten, Krankheiten usw. sprechen, ohne daran zu denken, daß die Kinder ihre Ohren immer weit offen haben, selbst wenn es manchmal nicht so scheinen mag, und daß es geboten wäre, ihrer Unschuld gewisse vorzeitige Enthüllungen zu ersparen. Wie wichtig wäre es, gegenüber den Herzen und Sinnen der heranwachsenden Kleinen gewisses hohles Geschwätz zu vermeiden, das die Salons während der «Besuchsstunden» erfüllt.

Wie habe ich sie *immer* gehaßt, diese Gesellschaftenl Da ich mit zunehmendem Alter sehr schüchtern geworden war, war es für mich eine Tortur, zu diesem und jenem Bekannten geführt und unter den strengen Blicken von Mama wie eine Puppe vorgestellt zu werden. Sie ärgerte sich, da ich wie ein Dummerchen wirkte, und begriff nicht, daß es ihr Blick war, der mich so einschüchterte und unbeholfen erscheinen ließ.

Auch das Gerenne von einem Geschäft zum anderen mit Mama konnte ich nicht leiden. Es langweilte mich zu Tode, von der Schneiderei zum Hutladen zu laufen, mit langen (nicht gerade geistreichen) Aufenthalten vor Stoffgeschäften usw. Da zog ich schon Spaziergänge in dem öffentlichen Park oder nach Affori (damals noch vollkommenes Ackerland) vor. Mama ging in diesen Fällen fast nie mit. Sie hatte stets irgendwelche Beschwerden, vor allem, weil sie ihren Wehwehchen immer eine ungeheure Beachtung geschenkt hat.

Also gingen nur Vater und ich aus. Welch herrliche Spaziergänge! An Sonnentagen blieben wir im Freien, in den Wintermonaten besuchten wir Museen. Was mein Vater nicht alles wußte! Manchmal unternahmen wir auch sogenannte Prämienreisen: an Seen, nach Cremona, Mantua, Verona und Venedig zu den Frühlingsfesten, im Sommer ging es in die Toskana. Da kam auch Mama mit. Und ich war so glücklich zwischen ihnen beiden... Aber es handelte sich um seltene Ausnahmen... Darüber werde ich später noch erzählen.

Andere Freunde hatte ich nicht, als ich noch klein war, außer einer alten Frau, die im selben Haus wohnte. Sie hieß Pace, und ihr Mann Romeo. Ihr Heim war wirklich eine Insel des Friedens. Wie die beiden sich liebten! Im Parterre hatten sie ein Papiergeschäft, das nun bereits ein Neffe führte, da sie selbst keine Kinder hatten: ihr einziger Kummer. Von ihnen bekam ich immer die schönsten Abziehbilder, Drucke und Schutzumschläge für die Schulbücher.

Frau Pace ging nie aus dem Haus, weil ihr das Stadtleben Schwindel verursachte — «es macht mich ganz dumm», sagte sie. Anläßlich der Mailänder Messe trieb ihre Liebe zu mir sie jedoch dazu, mich zu der Ausstellung zu begleiten. Und dort war ich es dann mit meiner winzigen Weisheit, die die gütige einfache Alte belehrte. Meine teure Seele, in vielem der Großmutter so ähnlich, wie sehr liebe ich dich noch immer.

Ich sagte, daß ich keine anderen Freunde hatte, aber ich habe mich geirrt. Da war noch ein altes Weiblein, das in der Mansarde wohnte. Sie half in den Zeiten, wenn Mutter wieder einmal ein Dienstmädchen entlassen hatte, halbtags bei uns aus. Meine Mutter unterstützte sie und pflegte sie, wenn sie schwer krank war. Dies möchte ich erwähnen, weil es mich freut, auch von den guten Seiten meiner Mutter berichten zu können. Arme Santina! Ihr Mann war ein alter Trunkenbold... Die einzige Tochter, die ihr geblieben war, inzwischen verheiratet und mit mehreren Kindern, verdingte sich im Haus gegenüber als Büglerin. Sie hatte ihre Mutter gern, aber auch sie war arm.

Ich stieg oft in die armselige, aber blitzsaubere Mansarde von Santina hinauf. Tagsüber war der Trunkenbold nicht zu Hause. Und ich fühlte mich dort glücklich, weil diese schmucke alte Frau mich so an meine Großmutter erinnerte. Sie nahm mich in die Arme... Und dann spielte ich mit ihrer Enkelin.

War ich auch zu stolz, *um Verzeihung zu bitten*, so fühlte ich mich doch stets zu den Bedürftigen hingezogen. Ich habe nie einfache, arme, ungebildete Leute verachtet. Vielmehr sind mir immer diejenigen aus meiner oder auch höheren sozialen Schichten auf die Nerven gegangen, die sich durch ihren Dünkel und ihre Wichtigtuerei hervortaten.

Ich konnte sie gut leiden, die arme Santa und ihre Enkelin, und ich freute mich, wenn ich ihnen eine Kleinigkeit mitbringen konnte. Wir spielten Puppen-Familie mit meinen Spielzeugen, und Santinas Enkelin wollte immer kochen, denn sie wußte genau, daß sie die üppigen Mahlzeiten, die sich aus frischen und getrockneten Früchten, Süßigkeiten und Schokolade zusammensetzten, dann selbst verzehren würde. Ich hätte lieber Mutter-Kind gespielt, da ich schon immer einen mütterlichen Instinkt und Sehnsucht nach Kindern hatte. Auch Verwundete interessierten mich sehr, und vielleicht hätte ich Krankenschwester werden sollen. Unser Hausarzt lächelte bewundernd über die perfekten Kopf-, Bein- und Augenverbände, die ich meinen Puppen anlegte. Sie waren alle «Kriegsverletzte, weil der Krieg ausgebrochen war», wie ich zu sagen pflegte. Eine traurige, wahre Vorahnung des Herzens! Aber ich gab dem Wunsch von Santas Kleiner nach, und wir spielten mit der Puppenküche.

Auch mit den Dienstmädchen verstand ich mich gut. Mit meinem gefühlsbetonten Charakter, immer um Liebkosungen bettelnd, die mir notwendiger waren als die Nahrung, und — ich muß dies erwähnen, weil Sie mir aufgetragen haben, von meinen schlechten, aber auch von meinen guten Seiten zu berichten —, mit meinem ruhigen Temperament, ohne Launen und Ansprüche, war ich beim Dienstpersonal sehr beliebt. Und auch ich mochte diese Leute gern.

Mama, die mich ja wie einen unter dem menschlichen Fuß niedergetretenen Grashalm hielt, hätte andererseits gewünscht, daß ich Dreikäsehoch ein herrschaftliches, stolzes Auftreten an den Tag legte. Aber dazu war ich nicht fähig, nicht nur von Natur aus, sondern auch, weil ich bereits einige Beobachtungen gemacht hatte. So hatte ich bemerkt, daß die Dienstboten Mama gegenüber zwar spurten — es blieb ihnen ja nichts anderes übrig —, sich aber bei der erstbesten Gelegenheit aus dem Staube machten. Bei Papa, der ihnen immer geduldig, freundlich und ohne Hochmut begegnete und der ein wahrer Vater der einfachen Leute war, lief alles ein wenig anders. Und mein guter Papa mußte sich immer etwas einfallen lassen, um einen Teil der vielen Soldaten loszuwerden, die sich nach Beendigung ihres Militärdienstes bei ihm bewarben, um ihren Vorgesetzten nicht zu verlieren. Ich bemerkte die wohlwollenden Blicke und die zuvorkommenden Handlungen, die diesen einfachen Herzen entsprangen. Sie fühlten sich geliebt und gehorchten den Wünschen, nicht den Befehlen; denn Papa war so gut, daß er nie Befehle erteilte, aber man liebte ihn auch so, daß sein geringster Wunsch sofort ausgeführt wurde. Und wie es die Liebe mit sich bringt, wurden seine Wünsche oft erraten, noch bevor er sie ausgesprochen hatte. Ich wollte wie mein Vater sein, schon aus dem Verlangen heraus, als Tochter den bevorzugten Elternteil nachzuahmen; aber auch weil ich dasselbe Herz wie er hatte... Nie hätte ich wie Mama werden können.

Ich war also gut und freundlich zu dem Dienstmädchen, zum Adjutanten und zu allen anderen. Ich suchte Zuflucht bei ihnen, um geliebkost zu werden und mit ihnen zu spielen... Wenn Mama ihren gesellschaftlichen Verpflichtungen nachging, nahm sie mich zu meiner großen Freude oft nicht mit. Ich habe Ihnen ja schon gesagt, was für eine Qual solche Besuche für mich waren. Ich blieb dann mit dem Dienstmädchen und dem Soldaten zu Hause.

Welch schöne, heitere Stunden! Wir haben gute Mädchen gehabt, die trotz ihrer ländlichen Herkunft wahre Schätze an Liebenswürdigkeit waren. Mit den schönen Märchen von Feen, den Geschichten aus ihren Dörfern und den Spielen, mit denen sie ihre kleinen Geschwister zu Hause unterhalten hatten, erfreuten sie nun auch mich.

Die Soldaten waren meine... geschätzten Chirurgen für alle reparaturbedürftigen Spielzeuge. Sie bauten mir auch neue Spielzeuge, sammelten Laubwerk und Heu für meine Krippe und halfen mir, meine kleinen Tiere aufzuziehen.

Wie schon erwähnt, läßt sich über die Soldaten nur Gutes sagen. Was hingegen die Dienstmädchen betrifft, so gab es unter den vielen, die ich erlebte, doch einiges auszusetzen, und wenn Jesus es zugelassen hätte, hätten mir manche sehr schaden können.

Die eine lehrte mich stehlen. Ja, wirklich. Sie wartete, bis Mama ausgegangen war, und sagte dann zu mir: «Nimm dies, nimm das und gib es mir. Aber sag niemandem etwas.» Es handelte sich um keine Wertgegenstände, denn diese hielt und hält Mama immer noch unter Verschluß. Vielmehr waren es kleine Wollsträhnen, Süßigkeiten, Trokkenobst und Liköre. Was sie damit machte, weiß ich nicht. Eines ist aber gewiß, sie leitete mich zum Stehlen an.

Eine andere erzählte mir aus purer Dummheit Dinge, die nicht meinem Alter entsprachen, und nur meine völlige Unschuld hinderte mich daran, das Gesagte gründlich zu begreifen. Ich begriff es später, als ich schon erwachsen war und mir ihre Gespräche wieder in den Sinn kamen.

Ich habe von «völliger Unschuld» gesprochen. Ja, ich war eine Unschuldige, obgleich keine dumme Gans. Ich besaß von klein auf eine scharfe Beobachtungsgabe und ein sehr gutes Gedächtnis. Sie können sich daher gut vorstellen, daß ich alles bemerkte, alles registrierte und mir über alles meine Gedanken machte.

Ich war meinen Altersgenossen in der Schule weit voraus — Sie müssen bedenken, daß ich im Alter von dreizehn Jahren und wenigen Monaten die Fachschule abgeschlossen hatte, doch darüber später — und konnte gar nicht anders als einen vertrauten Umgang mit dem Lexikon zu pflegen... Und ich versichere Ihnen, daß mich dieses Buch und die *Göttliche Komödie* über das wahre Animalische des Lebens belehrten. Doch Gott sei Dank erzeugten sie keine Verwirrung in mir. Die Natur unserer Triebhaftigkeit offenbarte sich mir in allen ihren verschiedenen Aspekten, ohne daß ich mich dadurch erschüttert fühlte. Die Entdeckung der Bedeutung eines physischen Gesetzes oder eines Organs brachte mich ebensowenig aus der Ruhe wie das Erblühen einer Blume.

Kürzlich habe ich in der von Ihnen erhaltenen Lebensgeschichte der allerseligsten Jungfrau Maria gelesen, daß der Ewige immer das Wunder wirkte, ihr alles zu verhüllen, was ihre jungfräuliche Schamhaftigkeit hätte verletzen können. Auch an mir hat die Güte dessen, der mich stets geliebt und über mich gewacht hat, das Wunder gewirkt, über alle finsteren Teile unseres menschlichen Daseins einen strahlenden Schleier zu breiten; so daß sie mir rein erschienen, selbst wenn sie unrein waren, und mich nicht erschreckten, selbst wenn ihre plötzliche Enthüllung meine keusche Unbefangenheit hätte schockieren können. Wuchs ich doch als Einzelkind ohne Brüder und kleine Freunde auf, ganz allein in einer Familie, in der meine Unschuld sehr wohl behütet wurde.

Ich erinnere mich an eine Episode im Pensionat, als ich bereits zwölf Jahre alt war. In jenem Jahr wäre in unserem ruhigen Pensionat beinahe eine kleine Revolution ausgebrochen. Ausgelöst wurde dieser Zwischenfall von einer Siebzehnjährigen, die eine ganze Schar jüngerer Brüder hatte.

Wir lasen gerade *Die Verlobten* und waren ungefähr zwanzig Schülerinnen in diesem Kurs. Keine von uns hatte Schwierigkeiten, aber bei dieser Armen, die meines Erachtens ein wenig schwachsinnig war, hatte das Kapitel der *Nonne von Monza* die Wirkung eines in ein Pulverfaß geworfenen, brennenden Zündholzes. Sie gebärdete sich wie eine Besessene! Sie fragte uns alle, ob es wahr sein könne, daß die Kinder von uns Frauen geboren werden, und wie das vor sich gehe. Ich erinnere mich nicht mehr, was meine Kameradinnen antworteten. Als ich, das Orakel der Klasse, gefragt wurde, erwiderte ich jedoch wörtlich: «Gewiß. Sagt es uns nicht auch das Ave Maria? Was ist da Besonderes dran? Wenn Jesus von Maria geboren wurde, so ist das ein Zeichen, daß auch wir von einer Mutter geboren werden!...» Damit hatte es sich.

Andere Vorstellungen hatte ich damals nicht. Sie müssen wissen, daß ich gewisse Einzelheiten erst lange nach Abschluß meiner Schulzeit erfuhr, ja daß sie mir eigentlich nur infolge dieser meiner Krankheit bekannt wurden. Mein Verdienst? Nein. Es handelt sich vielmehr um eine Gnade, die ich vom lieben Gott umsonst erhielt und derer ich mich nicht rühmen, sondern für die ich nur danken kann.

Aber um noch einmal auf die Dienstmädchen zurückzukommen. Ich dachte mir immer, daß ich mich als Mutter mehr um das Vertrauen meiner Tochter bemüht hätte, um zu vermeiden, daß sie Gespräche und Erfahrungen bei armen Geschöpfen suchte, die nicht immer die notwendige, einem heranwachsenden Kind entsprechende Vorsicht und Moral walten lassen.

Wieviel Fingerspitzengefühl braucht man bei den Kleinen! Es wäre gut, immer daran zu denken, daß «ihre Engel das Angesicht Gottes sehen»![5] Aber gerade in diesem Punkte habe ich bei den Erwachsenen, vor allem bei Frauen, viel Rücksichtslosigkeit erlebt. Ich meine gewisses gedankenloses Gerede, unachtsam liegengelassene Zeitungen und Bücher, Schauspiele, Moden und Kleiderwechsel in Gegenwart von Kindern. Kinder sehen, riechen und denken besser und schneller als Erwachsene! Das muß ich wiederholen.

Wenn ich bedenke, wie ich für die Unschuld der Kinder, die mir das Schicksal im Lauf der Jahre zugeführt hat, Sorge getragen habe. Vor kurzem mußte ich mich sogar meinem Arzt gegenüber durchsetzen, der mich in Gegenwart seines dreijährigen Sohnes untersuchen wollte. «Der versteht sowieso nichts», erwiderte der Arzt, auf den Kleinen zeigend, der mit seinen Bildchen beschäftigt war. «Ich will es trotzdem nicht», entgegnete ich.

---

5. Matthäus 18,10.

Vieles wird Gott mir vorwerfen können, aber nach einer guten Gewissenserforschung glaube ich doch sagen zu können, daß er mich nicht anklagen kann, auf diese oder jene Weise einem Unschuldigen Schaden zugefügt zu haben. Und diese Gewißheit, niemandes Reinheit verletzt zu haben, ist doch süß und beruhigend für mein Herz. Jetzt, da ich wohl bald den ewigen Hafen oder den Gipfel meines Lebens erreichen werde, glaube ich im Rückblick sagen zu können: «Ich habe niemanden verdorben.» Wenn ich Böses getan habe, so habe ich es nur mir selbst zugefügt und darauf achtgegeben, daß nichts davon nach außen drang; und zwar nicht aus Sorge um mein menschliches Ansehen, sondern aus Achtung vor der Seele meines Mitmenschen, einerlei, ob es sich um einen Erwachsenen oder ein Kind, einen Gerechten oder einen Sünder handelte. Ich habe die Seele stets als Werk Gottes geachtet und war der Überzeugung, daß kein Sterblicher vollkommen heilig, aber auch keiner völlig böse sein kann. Nur Gott ist in seiner Heiligkeit vollkommen. Daher war ich immer bestrebt, keine zusätzlichen Krümelchen des Bösen in die Herzen zu streuen oder gar das erste Krümelchen in noch unschuldige Herzen zu werfen.

Ich wurde durch die Unvorsichtigkeit anderer verletzt und beschmutzt und mußte mich mit eigener Kraft wieder erheben, heilen und läutern. Ja, ganz alleine, denn ich hatte keine menschliche Hilfe. Und wie Sie selbst sehen, ist Gott in seinem Werk meinen Neigungen entgegengekommen, ohne mir etwas aufzwingen zu müssen. Es handelte sich um ein langmütiges Werk, schwerer wahrzunehmen als das Eindringen einer Mikrobe in den Körper. Doch ich blieb vor weiteren Fehlern verschont, denn ich hörte auf den ersten Ruf.

Ich denke manchmal an die Lawine, die nicht entstehen kann, wenn die erste Schneeflocke nicht ins Rollen kommt und der Bergabhang nicht dazu geeignet ist. Ich und Gott, wir haben eine Lawine gebildet. Er war die erste Flocke, und ich habe den Anstoß gegeben... Und dann hat sich immer größer und schneller die Lawine, die Vereinigung, die Hinunterfahrt, die eine Auffahrt in den göttlichen Abgrund ist, verwirklicht. Und zwar durch die Erniedrigung und Demütigung, die den Menschen erneuert, indem er durch Liebe und Schmerz für Gott und zum ewigen Leben geboren wird.

Geliebte Dinge

In der Genesis liest man, daß Gott die Tiere schuf, damit sie dem Menschen dienen. Aber auch, damit sie ihn trösten und ermutigen, würde ich sagen.

Je mehr der Mensch durch den Willen Gottes eine Seele besitzt, mit der er sich von der Mittelmäßigkeit der Masse unterscheidet — jener Masse, welche zum Großteil aus eigenschaftslosen, verschlafenen Wesen zu bestehen scheint, die sich mit dem alltäglichen Dahinleben begnügen und nur danach trachten, eine Existenz ohne Erschütterungen und Anstrengungen zu führen —, um so mehr wird er dazu auserkoren sein, unter dem Unverständnis seines Nächsten zu leiden. Und so sucht er seine Zuflucht, was das irdische Leben betrifft, bei den Tieren, was das überirdische angeht, bei Gott. Zwischen diesen beiden Polen webt er seine Leinwand, ein dauerndes Hin und Her durch alles übrige... Ein Übriges, das noch borstiger und quälender ist als die Kardätsche, mit der sich die Weber bei ihrer geduldreichen Arbeit helfen.

Unser Nächster... Was für eine stachel-strotzende Distel ist er doch, und dies um so mehr, je liebevoller, bescheidener und sensibler wir von Natur aus sind. Er lacht uns aus, tritt uns mit Füßen, drängt uns an den Rand des Lebens, welches, menschlich gesprochen, die Hauptstraße der Anmaßenden, Hartherzigen, Leichtsinnigen und Arglistigen ist.

Was das Übernatürliche betrifft, stehen die Dinge natürlich anders. Da sind wir — die scheinbar vom Leben Besiegten, denen der notwendige Egoismus fehlt, um erfolgreich zu sein —, die wahren Sieger. Denn wir erobern auf Kosten unserer selbst nicht das kleine, beschränkte Leben, sondern die immerwährende Morgenröte, den immerwährenden Mittag, ja den vollen, seligen Mittag, der von Ewigkeit zu Ewigkeit in der Umlaufbahn und dem Licht der ewigen Sonne dahinfließt.

Aber wieviel Schmerz muß man ertragen, um dorthin zu gelangen! Wieviel Eiseskälte! Wieviel Einsamkeit, Bitternis und Tränen! Auf wie viele Arten müssen wir Stunde für Stunde sterben, uns selbst zu unserem Wohl ersterben, oder von anderen durch ihre Bosheit umgebracht. Eines moralischen Todes müssen wir sterben, wogegen der von Gott gesandte physische Tod, die Strafe Adams, viel, viel geringer ist!

Und so schauen wir uns mit bedrängtem Herzen und tränennassem Gesicht um und begegnen statt den zerstreuten oder feindseligen

Blicken unserer Mitmenschen den treuen Blicken der niederen Geschöpfe; statt dem versagten oder verräterischen Kuß dem *ehrlichen* Gruß eines Tieres. Und unsere Hände, die sich vergeblich ausgestreckt haben, zu umarmen und zu liebkosen, und die zurückgewiesen wurden, sie neigen sich, um die Tiere zu streicheln, die den, der lieb zu ihnen ist, nie zurückweisen und es ihm mit aufrichtiger Zuneigung vergelten.

Wer glücklich ist, weiß das nicht... Wer aber unglücklich gewesen ist, weiß sehr wohl, welchen Trost man durch ein Tier erfahren kann, wenn man unter der schlimmsten Einsamkeit leidet: jenen des Herzens.

Ich habe Tiere immer sehr geliebt, als Geschöpfe Gottes und als Trost in einem Leben, das, menschlich gesehen, nie glücklich gewesen ist. Zu viele Dinge hielten mich stets gefangen, denn man kann auch außerhalb der Gefängnismauern Gefangener sein. Und mit allen Gefangenen der Welt hatte ich die Liebe zu den Tieren gemein, die mir in vielen, in allen Stunden meiner Gefangenschaft Gefährten und Tröster waren. Glauben Sie nur nicht, daß ich übertreibe. Ich habe sehr viel gelitten und hoffe, Ihnen auf diesen Seiten eine kurze Beschreibung davon bieten zu können, da Sie dies von mir verlangt haben.

Ich habe viel gelitten. Auf den ersten Blick scheint dies unmöglich. Was konnte mir als einziger Tochter, ziemlich wohlhabend, bis zum zwanzigsten Lebensjahr gesund, beide Elternteile am Leben und — nach außen hin in guter Harmonie lebend, was konnte mir eigentlich fehlen? Scheinbar nichts. Und was fehlte mir in Wirklichkeit? Alles. Dieses *Alles*, nach dem ich so sehr verlangte: eine große, große Mutterliebe.

Was bedeuteten mir Spielzeuge, Süßigkeiten, Belustigungen, wenn diese mit Fanfaren angekündigt wurden, auf die eine eisige Strenge folgte, oder wenn sie mit widerlichen Szenen im Familienkreis verbunden waren? Wie habe ich die armen Kinder beneidet, die ich ihr Stück Brot im Arm der Mutter essen sah; die ich mit einer Lumpenpuppe spielen sah, welche Mama für sie angefertigt hatte. Sie wuchsen heran wie fröhliche Küken auf der sonnigen Tenne eines Zuhauses, wo die Liebe beider Eltern wie die Sonne strahlte und sich in Strömen über die Kinder ergoß! «Keine, die neben ihrem kalten Herd eine schaukelnde Wiege stehen hatte, beneidete sie um ihren Königspalast», heißt es bei Pascoli, wenn ich mich noch recht an den Vers erinnere, den ich vor so vielen Jahren gelernt habe. Von mir kann ich sagen: «Keiner würde mich um mein Leben beneiden, in dem es anscheinend an nichts fehlte, wenn in seinem armen Heim die Liebe herrschte und er sehen könnte, wie es bei mir zu Hause in Wirklichkeit aussah.»

Daher darf es nicht verwundern, wenn ich mich mit solcher Leidenschaft an die Tiere klammerte. Vögel, Hunde, Schildkröten, Hühner, Tauben, Kaninchen — meine Gefährten beim Spiel und in der Einsamkeit, Gefährten, die mir mehr Freude schenkten als die Puppen, weil sie «lebendig» waren, und mehr Schmerz bereiteten, weil sie sterben mußten. Jeder Tod war eine Tragödie...

Meine Mutter, die «Herrscherin» im Hause, die «Gebieterin», drohte jedesmal von neuem: «Wehe, wenn ihr wieder einen Hund oder einen Vogel daherbringt.» Also klammerte ich mich an die Hühner, die Tauben, die Kaninchen... Und die Folge waren doppelte Tränen, denn, sie waren ja für den Bratspieß oder die Pfanne vorherbestimmt!...

Dann brachte mir Vater, die ehelichen Zornausbrüche herausfordernd, wieder ein Hündchen: ein persönliches Geschenk des Offiziers Soundso für mich, oder aber: ein Vöglein, das der Oberst mich aufzuziehen bat. Armer Papa. Da er die Wahrheit liebte — in der er mich so gut unterwiesen hatte —, aber auch um sein Töchterlein und den häuslichen Frieden besorgt war, hatte er diesen Weg gefunden, um mein Verlangen nach Liebe, seine Freude, mich glücklich zu machen, und den Willen seiner Ehefrau in Einklang zu bringen!

Mama machte eine Szene, setzte für eine unbestimmte Zeit die Schmollmiene auf, Papa ertrug es geduldig, und ich weinte... Aber ich weinte auf dem Köpfchen eines jungen Hundes oder den Flügelchen eines Spatzen, und es waren nicht so bittere Tränen, denn das Tierchen trocknete sie mit seiner kleinen, weichen Zunge ab oder trank sie mit dem noch weichen Schnäbelchen eines Nestlings.

Man muß das am eigenen Leib erfahren haben, um es zu verstehen und nicht zu sagen: «Dummheiten!»

Nach den Tieren kamen die Blumen. Wie haben sie mir immer gefallen! Ob in der Vase vor meinem Fensterchen oder längs der grünen Landstraßen gepflückt, sie waren mir immer eine große Freude.

Auch hier war Papa mein Lehrer. Von ihm, der nicht gleichgültig an einer Blumenkrone vorübergehen konnte und das einfache Gänseblümchen wie die seltene Orchidee bewunderte, habe ich die Liebe zu den Blumen erlernt; zu diesen unzähligen Meisterwerken, die unseren Erdenschlamm mit Farben und Düften übersäen, wie die Sterne das Firmament mit Edelsteinen übersäen: Blumen der himmlischen Gärten, die Sterne, Sterne der irdischen Gärten, die Blumen.

Wie viele Blumen pflückte mein Vater, wenn wir über die Felder gingen! Er machte mir Blütenkränze, gab mir Sträuße in die Arme, und wies mich auf immer neue Herrlichkeiten hin, ob es sich nun um eine noch geschlossene Knospe, unberührt von Bienen und Tau, handelte oder um prächtige Blüten, die sich dem Kuß der Schmetterlinge, den Liebkosungen der Sonne, der Erfrischung durch den Regen oder dem phosphoreszierenden Licht der Sterne öffneten. Und in all dem Schönen, das Gott dem Menschen zu Füßen ausgestreut hat — dem Menschen, dem höchsten Geschöpf, das der Vater so sehr geliebt hat, daß er ihm seinen Sohn geschenkt hat — in all dem Schönen, das nur so wenige auf Erden sehen (sehen bedeutet für mich soviel wie lieben), zeigte mir Papa das Werk des Schöpfers. Wie oft zitierte er, zur Untermauerung seiner Worte und weil er meine spontane Künstlernatur ahnte, Prosastücke und vor allem Gedichte, welche die Schönheit der Schöpfung noch besser veranschaulichten und in ihr den Stempel des göttlichen Wesens erkennen ließen, das alle diese Dinge geschaffen hat!

Tiere und Pflanzen, Morgenröten, jungfräuliche, reine Mondnächte, Herzklopfen erzeugende Sternenhimmel; und ihr, Meeressymphonien mit eurem Flüstern im Kommen und Gehen der leichten Wellen, die ihr in den finsteren Nächten müde seufzt oder mit Getöse an die Felsklippen schlagt; und ihr, Seen, Hügel, Ebenen und Berge Italiens, die ihr in eurer Schönheit erstrahlt, weil ihr von Gott geschaffen wurdet, und die ihr mich geliebt habt, wie ich euch geliebt habe; die ihr mich in meiner seit Jahrzehnten andauernden Klausur immer wieder besuchen kommt, weil ich euch so sehr geliebt, betrachtet und studiert habe, daß ich euch mit meinem geistigen Auge vor mir sehe! Seid gesegnet für die Freude und den Glauben, die ihr mir geschenkt habt; seid gesegnet für die Hoffnung, die ihr mir eingeflößt habt, auf eine größere, ewige Schönheit, von der ihr nur ein schwacher Widerschein seid; seid gesegnet für die Liebe, die mir durch euch zuteil wurde und mich mit euch verbunden hat; für die Liebe, mit der mein Vater euch liebte und mich euch lieben lehrte; für die Liebe, mit der Gott euch erschaffen hat und erhält. Oh, seid gesegnet!

Und gebenedeit sei DER, der euch zur Freude der Menschen und als Trost für mich, seine arme Tochter, erschaffen hat. Er schenkte mir die Fähigkeit, euch so zu sehen, wie ihr seid: Vollkommenheit und Zeugnis Gottes, allgegenwärtiges Wort Gottes, das den Gehorsam, den Schönheitssinn, die Hilfsbereitschaft fördert...

Heute bin ich müder und kränker als gewöhnlich, und es fällt mir schwer, mich zu konzentrieren. Aber ich habe ja nicht die Absicht, ein literarisches Werk zu verfassen. Ich folge nur Ihrem Wunsch, Pater. Daher schenke ich dem Stil wenig Beachtung. Ich erzähle einfach, soweit es mein gegenwärtiger Gesundheitszustand erlaubt, und spreche von Dingen, die mich in meinem Innersten berührt haben.

Da ist noch die Schönheit in den Werken der Künstler. Die Kirchen Italiens, in denen das Leben Christi, Mariens und der Heiligen in Darstellungen von überirdischer Schönheit pulsiert. Da sind die Schlösser und Königspaläste, Kunstdenkmäler vergangener Jahrhunderte, deren Verfall oder bereits erfolgte Zerstörung meinem Herzen unsagbare Qualen bereiten. Ihr Museen voll prachtvoller Gemälde, Statuen und seltener Kunstgegenstände aus fernen Ländern, wie sehr habe ich euch geliebt, als ich noch gesund war und euch bewundern konnte; und wie sehr liebe ich euch auch jetzt noch in der Erinnerung, da ihr mir ein Echo seid aus jenen Tagen, als ich die vollkommene Bitternis des Lebens noch nicht kannte, die erst zur Süße wird, wenn man das eigene Ich zermalmt hat... Dies also sind meine Freunde unter den niederen Geschöpfen, die Freunde, die mich nie verrieten und durch ihr kaum wahrnehmbares Wirken das Werk meiner Erhebung zu Gott vollbrachten. Sicher hat Gott dies alles so vorgesehen und alle menschlichen Mittel benützt, um meine Seele für die Ewigkeit zu bereiten.

2. TEIL

«Jene, die weinen, wissen» (Ruysbroeck)[6]

Heute ist der 10. März, Aschermittwoch. Somit beginnt die Fastenzeit. Für mich ein Zeitabschnitt, der stets erfüllt ist von Ereignissen, welche unauslöschliche Spuren hinterlassen.

Im Grunde genommen haben alle wichtigsten Ereignisse meines Lebens in der Zeit zwischen Aschermittwoch und Ostern stattgefunden.

Zu allererst meine Geburt. Ich bin, wie das Veilchen, ein Fastenblümchen. Ich erblühte dem Leben und der Gnade in dieser Fastenzeit, die Ostern ankündigt, und meine Äuglein, die weinten, weil sie den Himmel verloren hatten, erblickten als erstes die Trauerparamente der Kirche...

In der Fastenzeit legte ich meine erste Beichte ab.

In der Fastenzeit trat ich ins Internat ein.

In der Fastenzeit verließ ich das Internat und kehrte in die Familie zurück.

In der Fastenzeit erwachte meine erste menschliche Liebe.

Und schließlich hatte ich in der Fastenzeit auch meine innigsten Begegnungen mit Gott, nachdem die menschliche Liebe, die wie ein vergängliches Blümlein, das nicht für meine Seele geschaffen war, ihren Platz der einzigen Liebe überlassen hatte, IHM, den ich schon seit meiner Kindheit mit seinem blutüberströmten Antlitz und seinen durchbohrten Gliedern geschaut und geliebt habe.

Da ich in dieser Zeit der Trauer und der Buße zur Welt kam und dazu bestimmt war, den leidenden Jesus zu lieben, ist es wohl recht, daß ich schon früh und zunehmend die Tränen kennengelernt habe. Gesegnet seien sie, da sie wie Tau den Durst des kleinen Liebespflänz-

---

6. Johannes von Ruysbroeck, flämischer Mystiker, Priester, Seliger (1293-1381). Das Zitat stammt aus seinem Werk «Der Schmuck der geistlichen Hochzeit», das Maria Valtorta besaß.

chens stillten und es zu «einem großen Baum werden ließen, auf dessen Zweigen sich die Vögel niederlassen, um sich auszuruhen».[7]

Das Senfkorn, das kleinste aller Samenkörner und Symbol für das Himmelreich, ist für mich die Liebe. Denn nur die Liebe kann uns so Unvollkommene befähigen, das Himmelreich zu erwerben.

Die Liebe, die Gott als winziges Samenkorn in die kindliche Seele gelegt hatte, war zusammen mit einer göttlichen Träne in diese eingedrungen, und sie brauchte Tränen und Schmerz, um Wurzeln zu schlagen, Laub zu bilden und sich bis zum Himmel zu erheben... Um aber zum Himmel zu gelangen, hat der Baum — nach stürmischen Kämpfen mit sich selbst und wiederholten Versuchen, sich vom Schmerz zu befreien — seine Äste zu einem Kreuz zusammenfassen und mich daran nageln müssen.

Ja, so ist der Baum, von Tränen genährt, von der Liebe erwärmt und durch den Schmerz beschnitten, riesig groß geworden, und ich hoffe, sein Laubwerk wird ewig dauern und meinem Engel die Zweige liefern für meine Siegeskrone und das Zeichen meines Martyriums.

Vaters Schmerz

Als ich ein kleines, aber bereits denkendes Mädchen war, sah ich meinen Vater eines Tages weinen. Diese Tränen trage ich noch immer in meinem Herzen.

Vater war hochintelligent. Er hatte verschiedene Waffen für unser Heer erfunden oder weiterentwickelt, und zwar aus Vaterlandsliebe — denn er liebte sein Vaterland und hat auch in mir diese Liebe erweckt — und nicht zuletzt, um seiner Familie, mir und Mutter, einen wachsenden Wohlstand zu bieten. Daheim haben wir noch die Patente, die Belobigungen, die Unterlagen seiner Studien: meist präzise und geduldige Nacht-Studien. Das glückliche Gelingen eines Projekts brachte Befriedigung und Freude mit sich — und dann den Verrat.

Wie es beim Militär Brauch ist, mußte jede Erfindung im Bereich des Kriegsmaterials der Prüfung durch hohe Artillerieoffiziere unterbreitet werden. Und bei diesen begegnete Vater seinem Judas. Eine kleine, unwesentliche Modifikation und die Bestechung des Waffenfabrikanten, wo Vater die dem Ministerium vorzulegenden Muster herstellen ließ, gaben den Ausschlag. Mein Vater, der niedrigeren Dienst-

7. Matthäus 13,31-32; Markus 4,30-32; Lukas 13,18-19.

grades war und sich auch nicht vom Militärdienst zurückziehen wollte, um seine Erfindung an Belgien, Frankreich oder Österreich zu verkaufen, die ihm einen Haufen Geld dafür geboten hatten, zog den kürzeren.

Man darf nicht vergessen, daß es sich um Zeiten handelte, in denen undurchsichtige Protektionen die Mitglieder besonderer Organisationen bevormundeten. Und mein Vater hat nie solchen angehört und wollte auch nichts mit besagten Cliquen zu tun haben. Daher unterlag er. Das Ministerium, die Generäle, die Presse, alle sprachen mit großen Lobesworten über ihn. Aber das Patent erhielt der andere, der Verräter, und natürlich auch den Gewinn.

Wie immer jedoch brachte dieser Verräterlohn nur Unglück. Glisenti, der für Geld falsches Zeugnis abgelegt hatte, traf der Schlag, und er führte dann jahrelang das elende Dasein eines Gelähmten. Der Verräter, ein Artillerieoffizier, schoß sich, nachdem er für kurze Zeit die Millionen seines verräterischen Handelns genossen hatte, eine Kugel aus der ihm ungerechterweise zugeschriebenen Pistole in den Mund. Seine Frau und seine Tochter gerieten in tiefste Not und mußten sich als Dienstmädchen verdingen.

Aber was geht mich die Schlechtigkeit der anderen an? Was mich noch heute bedrückt, ist der Schmerz meines Vaters... Dieser wäre schon an und für sich groß und unverdient gewesen für einen solch rechtschaffenen, arbeitsamen, guten Mann. Und wäre es der einzige Schmerz gewesen, er hätte ihn wohl leichter ertragen und sich nicht von ihm aufreiben lassen. Aber leider...

Ich bedauere es, immer zwei Glocken läuten zu müssen, die eine mit einem vollen, schönen, die andere mit einem grellen, quälenden Klang. Aber das Leben ist nun einmal so, und ich soll ja von dem Leben erzählen, wie es sich in mir und in den Menschen um mich herum abspielte.

Nach dem Tod ihrer Mutter war meine Mutter geradezu unausstehlich geworden. Sobald sie leichte Leberbeschwerden hatte und, wenn diese sich gelegt hatten, jene bekannte Frauenkrankheit, die Nervosität — die jedoch nur unter Frauen, welche sich diese Krankheit auf Kosten anderer leisten können, verbreitet ist —, ließen Mama zu einer Qual, zu einem Unglück für die ganze Familie werden. Wenn sie zehn Kinder, geringe finanzielle Mittel und keine Dienstboten gehabt hätte und sich von früh bis abends die Ärmel hätte hochkrempeln und abmühen müssen, um die Wohnung in Ordnung zu halten, hätte sie diese hysterischen Anfälle nicht gehabt, das versichere ich Ihnen. Es gibt Unglückliche, die tatsächlich nervenkrank und zu bemitleiden sind, aber meine Mama gehörte nicht zu diesen. Das beweist auch die Tatsache, daß sie glücklich ein sehr hohes Alter erreicht hat, während *alle* ihre Verwandten aus jener Zeit schon längst verstorben sind. Sie hatte nur ein an Egoismus, Stolz und Rechthaberei krankendes Ich.

Meine Großmutter hatte während der ersten zehn Ehejahre den Launen ihrer Tochter Zügel angelegt, ein Balsam für das verwundete Herz des Schwiegersohns, der ihr wie einer geliebten Mutter zugetan war. Sie waren zwei gute Menschen, und sie liebten einander. Nach Großmutters Tod brach die Hölle los. Mama hat es nie ertragen können, daß ihr jemand dreinredet. Sie ist *vollkommen* und *unfehlbar.* Ihr Wort ist *Gesetz,* ihr Wunsch ist *Befehl.*

Mein Vater hat auf solche Selbstbeweihräucherungen nie reagiert, um des Friedens willen... Um des Friedens willen und aus Liebe zu seiner Frau, für die er ein treuer, tadelloser Ehemann war, der wohl einen anderen Lohn verdient hätte! Und er reagierte auch nicht, weil er unfähig dazu war. Mein Vater war nicht rechthaberisch, er war nicht gewalttätig. Und um sich bei meiner Mutter durchzusetzen, hätte es wohl eines ihr an Rechthaberei überlegenen Mannes bedurft, der ihr notfalls ein wenig den Kopf zurechtsetzte... Wahrscheinlich hätte ein einziges Mal genügt. Aber in der Ehe ist halt immer einer der Tyrann und der andere das Opfer. Bei mir zu Hause war Vater das Opfer.

Dieser Mann ohne Laster hätte es verdient, bewundert und verehrt zu werden, dieser geduldige, gesunde und schöne Arbeiter, der meiner Mutter, dieser unbedeutenden Frau, Reichtum und ein bequemes Leben verschafft hatte; der sie von einer Lehrtätigkeit befreit hatte, bei der sie verkümmert wäre. Statt dessen wurde er gequält und mit Grobheiten, schlechten Worten und Zurückweisungen überhäuft...

Es begann mit den Szenen wegen der Verwandtschaft...

Mein Vater hatte zwei Schwestern und einen Bruder. Der Bruder und eine Schwester lebten in Bergamo, weshalb sie meine Mutter wenig störten, wenngleich sie es dennoch nicht unterlassen konnte, verächtlich von ihnen zu reden, was meinen Vater verletzte. Wenn Onkel Agostino zu Besuch kam, gingen mein Vater und ich immer mit ihm aus, um in Frieden miteinander plaudern zu können. Mutter blieb eigensinnig zu Hause und verzehrte sich in ihrer Wut... Dann folgte die Szene. Ich erzählte nichts, auch wenn ich gesehen hatte, daß Papa dem Onkel große Banknoten gegeben hatte. Ich habe schon sehr früh begriffen, daß es Dinge gibt, über die man sprechen kann, und andere, über die man besser schweigt... Die Vorsicht muß mir bei der Taufe eingeflößt worden sein.

Die andere Tante hatte sich mit ihrem Mann und der verheirateten Tochter in Mailand niedergelassen, nachdem sie jahrelang in Argentinien gelebt hatte. Ich will niemanden verurteilen und auch niemanden lobpreisen. Daher sage ich, daß Tante Angela gewiß ihre Fehler hatte. Aber wer außer Gott ist ohne Fehler? Ach nein, ich wollte sagen: *Wer außer meiner Mutter*? Als diese Tante die Herrschsucht meiner Mutter bemerkte, wagte sie es, für mich einzutreten. Dies war der Anfang der Feindseligkeiten. Und die andauernden Auseinandersetzungen bereiteten Vater viel Kummer, denn er war ein gerechter Mann und erkannte, daß die Schwester nicht an all dem schuld war, worüber Mama klagte. Außerdem ärgerte er sich über die vielen Kränkungen, die seine Frau der Schwester zufügte.

Als das nicht mehr reichte, arteten die Dinge noch mehr aus. Welch eine Hölle! Ich frage mich noch heute, wo Mama die Kraft, die Gründe, die Vorwände und das Gift hernahm, um Papa so zu quälen... Und ich denke manchmal an Salomon, der sagt, daß es drei Dinge gibt, die einen Mann aus dem Haus treiben können: ein qualmender Kamin, ein undichtes Dach und eine streitsüchtige Frau.[8] Was den Rauch und das Wasser betrifft, hat der Fortschritt dafür gesorgt, daß mein Vater nicht darunter zu leiden hatte. Aber betreffs der streitsüchtigen Frau... Armer Vater! Er war tapferer als der weise König Salomon, denn er ertrug sie, ohne die Geduld zu verlieren und zu fliehen, ja er liebte sie sogar weiterhin. Doch er hat sehr unter ihr gelitten.

In der Tat, nichts verletzt uns mehr, als wenn wir von unseren nächsten Verwandten, denen wir den ganzen Schatz unserer Liebe schenken, verkannt werden. Vater schenkte seiner Frau seine Liebe in reichem Maße... aber dieser Schatz wurde nur benützt, um ihn noch mehr zu verletzen. Sie war sich der Macht, die sie über ihren Gatten ausübte, bewußt und fühlte sich seiner Güte, Geduld und Liebe sicher, und anstatt diese Sicherheit zu ihrem und unserem Wohle zu nützen, machte sie daraus ein Instrument der moralischen Zerstörung.

Während der Woche ging es ganz gut, da Papa vormittags von 6 bis 12 Uhr und nachmittags von 14 bis 19 Uhr außer Haus war und nach dem Nachtmahl oft Freunde zu Besuch hatte. Sicher, es war kein ideales Familienleben, doch im großen und ganzen war es erträglich. Aber

---

8. Anspielung auf die Sprüche Salomons, z.B. 19,13; 27,15.

am Sonntag!... Möchten Sie wissen, wie unser Sonntag verlief, der Festtag, an dem Vater so viel lag, da er ihn mit uns beiden, die er über alles liebte, verbringen konnte? Nun, dann lesen Sie.

Nach dem Tod meiner Großmutter schlief ich bis zu meinem 10. Lebensjahr im Zimmer meiner Eltern. Am Sonntag morgen blieb Papa ein wenig länger im Bett als für gewöhnlich, und ich schlüpfte aus meinem Bettchen und kletterte in sein großes, um mir meinen Teil an Liebkosungen zu holen.

Mama, die bereits aufgestanden und damit beschäftigt war, das Dienstmädchen zu quälen, entdeckte uns so, eine in den Armen des anderen, und es verlangte sie, unser Glück zu vergiften. Jede Kleinigkeit war ein Vorwand, um zum Angriff überzugehen. Harmlose Sätze wie: «Heute nacht hast du gut geschlafen. Da wir ein prächtiges Wetter haben, könntest du mit uns ausgehen. Heute siehst du gut aus. Hat sich das Dienstmädchen von ihrem Schnupfen erholt? Gehen wir heute Angelina (die Schwester von Papa) besuchen?» genügten, um eine Szene auszulösen. Und nun ging es los, mit wachsender Boshaftigkeit, grausam, ungerecht, rücksichtslos. Vorwürfe, Anklagen und Drohungen folgten aufeinander, und nichts konnte dieser widerwärtigen sonntäglichen Szene Einhalt gebieten.

Ich sehe mich heute noch, wie ich aufrecht in meinem langen Nachthemd auf dem Ehebett stehe und weinend um Erbarmen flehe. Nachdem Mama meinen Vater, diesen guten Mann, durch falsche Anklagen beleidigt hatte, drohte sie ihm, sich scheiden zu lassen. Worauf Vater aufgebracht erwiderte: «Das halte ich nicht aus, ich erschieße mich!» Und schließlich verzog sich Mama in einen anderen Teil des Hauses, und Papa hielt mich weinend in den Armen und sagte: «Oh, Maria! Mama liebt mich nicht mehr, sie liebt uns nicht mehr...»

Ich habe jenen, die mich in meinem Leben gepeinigt haben, viel, sehr viel verziehen. Ich habe ihnen den Schmerz verziehen, den sie mir durch ihre Boshaftigkeit zugefügt haben. Aber diese Tränen meines Vaters... nein, die kann ich nicht verzeihen. Ich würde lügen, wenn ich behauptete, daß ich jenem Menschen vergeben kann, der sie ihm verursacht hat. Ich verzeihe die Schrecken, die man mir einjagte. Können Sie sich vorstellen, welch eine furchtbare Angst ich hatte, daß Vater Selbstmord begehen könnte? Wenn er aus irgendwelchen Gründen verspätet heimkehrte, dachte ich sofort, er habe sich umgebracht... Damals hat mein Herz begonnen krank zu werden... Ich verzeihe all die verlorenen Festtage, nachdem ich sechs Tage lang meine Pflichten als Schülerin erfüllt und mich auf den Sonntag gefreut hatte. Ich verzeihe die Zerstörung meiner Hoffnungen, meiner so hartnäckigen Illusionen. Ich verzeihe, daß man mir schon als Kind den Frieden der Seele und mein Lächeln geraubt hat. Ich verzeihe, daß meine Tage von den ersten Stunden an mit Tränen, Trostlosigkeit und Pessimismus erfüllt waren. Vieles verzeihe ich, alles verzeihe ich, was mir ungerechterweise an Leid zugefügt und egoistischerweise an Freude vorenthalten wurde, aber diese Tränen, die Tränen meines Vaters nicht. Ich bewahre sie als wertvollste Reliquie meines Vaters in meinem Herzen auf, das seit der Kindheit von ihnen wie von glühenden Bleitropfen gezeichnet wurde; doch ich habe nicht soviel Macht über sie, daß ich sie verzeihen könnte. Vielmehr schreien sie aus dem Innersten meines Herzens, aus den Narben, die sie hinterlassen haben. Sie schreien mit schluchzender, liebevoller, bittender Stimme: «Erinnere dich und sei gerecht.» Ich erinnere mich und bin gerecht.

Ich habe meine Mutter weiterhin geliebt, weil ich das Herz meines Vaters hatte... Hätte ich ein anderes Herz gehabt, wer weiß, ob ich sie dann noch geliebt hätte, nachdem ich hatte mitansehen müssen, wie sie diesen Mann quälte. Ich habe sie also aus natürlicher Zuneigung und aus Pflicht weiter geliebt... Oh, wie traurig ist es, aus Pflicht geliebt zu werden! Meinen Vater aber habe ich von mir aus und ihretwegen mit wahrer, großer Liebe geliebt... Sie werden noch sehen, wie wir uns bis zuletzt geliebt haben...

Ich deute dieses Thema nur an, weil es zu schmerzlich für mich ist. Da ich das Gefühl habe, daß unsere Toten mit uns in Verbindung stehen, um uns herumkreisen und über uns wachen, fühle ich noch heute die Arme meines Vaters um meinen vom Schluchzen geschüttelten Körper, und ich höre seine Stimme sagen: «Oh, Maria! Mama hat uns nicht mehr lieb!...» Es ist wie ein Schwert, das mir das Herz durchbohrt...

So verliefen also meine, unsere Feiertage, und dennoch, als hartnäckige Optimisten, die wir waren, übten wir uns die ganze Woche in Liebenswürdigkeiten, in der Hoffnung, der nächste Sonntag würde besser sein als der mißlungene vorhergegangene... Illusionen...

Wenn die großen Feste kamen, auf die Vater und ich soviel hielten: Weihnachten, Ostern, die Feste des hl. Josef und der hl. Anna (Namenstag meiner Mutter), mein Geburtstag und der meines Vaters, der Hochzeitstag, dann tauchten die Launen meiner Mutter unweigerlich schon vorher auf und verschwanden erst nach dem Fest, wenn alles zerstört war.

Wenn ich im Evangelium von den zahlreichen Wundern Jesu lese, verweile ich voller Bewunderung bei der Heilung der Besessenen. Das ist etwas anderes als die Heilung der Aussätzigen oder der Blinden, die Auferweckung der Toten. Das ist ein wahrhaftes Wunder! Denn unter allen Unglücksfällen ist jener, böse zu den nahestehenden Mitmenschen zu sein und diese zu quälen, der schlimmste. Das ist wie ein Aussatz, der die Seele zerfrißt, wie eine Blindheit, die blind macht; wie eine Taubheit, die die Stimme des Herzens nicht mehr vernehmen läßt, wie der Tod des Guten, ein Verbrechen gegen sich selbst und den Nächsten, eine Beleidigung Gottes.

Wer böse ist, ist schlimmer als eine Naturkatastrophe, die von ewigen Gesetzen zugelassen wird und der man sich nicht entziehen kann, die sich aber, gerade weil sie von ewigen Gesetzen zugelassen wird, nur in längeren Zeitabständen wiederholt. Man findet sich ab mit den Unglücksfällen, die uns von der Natur kommen oder von dem unabwendbaren Lauf der Geschichte der Völker. Vielleicht hängt dies damit zusammen, daß es sich um Dinge handelt, die seit aller Ewigkeit vom Ewigen festgelegt sind, die einen Teil unseres Lebens als Erdenkinder bilden und die durch eine besondere Gnadenzuwendung Gottes erträglicher werden. Ich habe in von Erdbeben oder Vulkanausbrüchen zerstörten Gebieten das Leben wieder aufblühen sehen. Ich habe aus den Ruinen und der Lava Blumen aufsprießen sehen. Die Vögel haben wieder Nester gebaut, die Frauen ihre Wiegenlieder gesungen, die Männer sind singend zur Arbeit zurückgekehrt, und Liebe und Hoffnung sind wie der Phönix aus der Asche der Zerstörung wiederauferstanden.

Aber die Verzweiflung, die ein menschliches Wesen über seinesgleichen bringt, die wegen der Bluts- oder Freundschaftsbande nicht aufbegehren können, ist schrecklich. Frucht eines Herzens, das Beute des Dämons der Herrschsucht, des Egoismus und des Stolzes ist, erfüllt sie mit einer Verbitterung, die uns wie ein Gift das ganze Leben begleitet. Eine Verbitterung und ein erfahrener Blick, der uns erlaubt, hinter die verlogenen Kulissen der gesellschaftlichen Konventionen zu blicken. Ein Mensch, der lebt, um uns zu peinigen, und ganz gefangen ist in seinem krankhaften, um nicht zu sagen boshaften Ich, kann unser Herz verdorren lassen. In seiner Umgebung sterben die Hoffnungen, brechen die Träume zusammen, und alle guten Werke werden zunichte gemacht. Ein böses Herz wirft alle Menschen um sich herum in Staub und Dreck und zermalmt alles: Intelligenz, Gesundheit, Zuneigung. Ja es schadet sogar dem Glauben in den Herzen, die an Gott zu zweifeln beginnen, weil er nicht eingreift, um soviel Schlechtigkeit ein Ende zu bereiten.

Wehe dem, der bereits in jungen Jahren die Macht der menschlichen Bosheit kennenlernt. Die bittere Verzweiflung, welche die Bosheit unserer Mitmenschen in uns hervorruft, ist so stark, daß wir sie ohne eine Hilfe von oben nicht ertragen könnten und uns zu einem Widerwillen gegen alles und alle verleiten lassen würden. Glücklicherweise greift Gott ein, und so stirbt die Seele nicht, auch wenn sie verletzt wird. Aber man verliert die Gesundheit, manchmal den Verstand, auf jeden Fall die Lebensfreude.

In meinem Vater starben all diese drei Dinge, und das kann ich nicht verzeihen. Mit zwölf Jahren wurde ich zum Waisenkind der Seele, der Intelligenz meines Vaters; von ihm blieb mir nur der wieder zum Kind gewordene Körper, und das soll ich vergessen? Nein, ich kann nicht. Wenn er nur das Unglück gehabt hätte, von einem Außenstehenden verraten zu werden, wäre mein Vater nicht so früh psychisch zugrundegegangen. Es war das Familienleben, das ihn wie eine Säure zerfressen und schließlich zerstört hat. Nein, das kann ich nicht vergessen. Das wäre auch gar nicht gerecht.

Meine Mutter ist nun schon seit fast acht Jahren Witwe, und immer noch findet sie keinen Frieden. Und warum? Was ist das für ein Schmerz, der sie sticht und quält? Es ist keine Sehnsucht nach Liebe, Pater. Es sind Gewissensbisse.

Wenn uns der Tod einen lieben Menschen wegnimmt, können unsere Herzen ganz verschieden reagieren. Wir können einen mächtigen, aber ruhigen Schmerz verspüren, wenn dieser von keinen Gewissensbissen gekennzeichnet ist; oder aber einen brennenden, unruhigen Schmerz, in dem wir anderen, vor allem Gott Vorwürfe machen wegen dem, was vorgefallen ist (in Wirklichkeit fühlen wir uns selbst schuldig, wenn wir dem Verstorbenen gegenüber viel zu bereuen haben). Oh, wie süß ist es, zum Himmel aufblicken und dem, der dort oben in Gott ist, sagen zu können: «Ich habe dir nie Tränen verursacht!»

Ich habe gesagt: «Ich kann nicht verzeihen.» Sie wissen, was ich mit «verzeihen» meine. Wir haben uns darüber schon unterhalten. Verzeihen will für mich heißen: «Das empfangene Leid vergessen.»

Ich habe es soweit gebracht, das Böse, das mir zugefügt worden ist, zu vergessen, weil mich dieses Böse wie einen Ball, der heftig auf den Boden geschleudert worden ist, in die Arme Jesu hat zurückspringen lassen. Und so ist das Böse für mich zum Guten geworden. Aber ich kann nicht und habe nicht das Recht, das Böse zu vergessen, das meinem Vater zugefügt wurde.[9] Und da ich es nicht vergesse, verzeihe ich es auch nicht. Ich kann mich nur bemühen, es der Schuldigen nicht vorzuwerfen und sie weiterhin zu achten, als hätte sie nichts Böses getan und wäre für den von Gott erhaltenen Ehegatten eine vollkommene Lebensgefährtin gewesen. Mehr kann ich nicht tun. Und mehr will ich mit Rücksicht auf meinen Vater auch nicht tun.

Von 1904 bis 1935, 31 Jahre, das ist eine lange Zeit! Und diese ganze Zeit hat Vater darunter gelitten. Sein Herz wurde mit Füßen getreten, seine edle Gesinnung mißachtet, seine Liebe verhöhnt, seine Gesundheit zerstört, seine Intelligenz zerrüttet, seine Menschenwürde bis zum letzten Augenblick verletzt...

Ach, welch ein maßloser Schmerz lastet auf meinem Herzen! Nur indem ich ihn auf die Schultern Jesu, meines Cyrenäus, lege, kann ich diese unbeschreibliche Bitternis ertragen, die stets meine Kindesgefühle verletzt und mir Bluttränen verursacht hat.

Sie sehen, wie gelassen ich meine qualvolle, langwierige, demütigende Krankheit ertrage... Was Sie nicht sehen können — denn damals wußten Sie noch gar nicht, daß es mich gibt —, ist mein herzzerreißender Schmerz über den Tod meines Vaters, der mich fast wahnsinnig werden läßt... Was Sie nicht sehen — denn nur Gott und mein Schutzengel können das sehen —, ist meine dauernde Sehnsucht nach Vater, mein Rufen nach ihm, meine Gedanken an ihn...

Wenn ich daran denke, wie er gelitten hat, ist es, als würde der Stachel nicht in mein Fleisch, sondern in mein Herz dringen. Und Sie wissen, wenn ich selbst mißhandelt werde, rufe ich zwei Namen an: «Jesus — Vater». Meine beiden Geliebten, meine beiden Tröster, die eine große Anziehungskraft auf mich ausüben und mir das Gutsein leicht erscheinen lassen und den Tod süß, da er mir den Weg zu ihnen öffnen wird...

Voghera

Im September 1907 zogen wir nach Voghera. Das Regiment war dorthin verlegt worden. Wieder einmal verlor ich die Schwestern und

9. *Ich... habe nicht das Recht:* wenn auch das einem angetane Böse zu verzeihen Christenpflicht ist, die Maria Valtorta sogar bis zum Vergessen desselben erfüllt, so würde das einem anderen angetane Böse zu verzeihen bedeuten, sich gleichsam ein Recht anzumaßen: «die Tränen meines Vaters... gehören mir nicht soweit, daß ich sie verzeihen dürfte» (S. 65).

meine Schulkameradinnen und wurde an der öffentlichen Schule angemeldet, da es in diesem Städtchen keine Mädchenanstalt gab. Damals war es jedenfalls so.

In der neuen Schule fühlte ich mich jedoch sehr wohl. Ich war absolut die Klassenbeste, einerseits, weil ich die einzige Tochter wohlhabender Leute war, vor allem aber, weil ich nicht zu den Einheimischen zählte. Schon allein die Tatsache, daß ich spontan Schriftitalienisch sprach, erhob mich weit über meine ortsansässigen Kameradinnen. Außerdem las ich viel, denn Mama sparte nicht mit Büchern und Zeitschriften. Damit förderte ich mein natürliches Talent als kleine Schriftstellerin. Ich hatte eine hervorragende Lehrerin, sie war eine richtige *Mama*, die ich in leuchtender Erinnerung bewahre.

Die Mitschülerinnen waren nett. Da gab es eine, ein süßes, hüftlahmes Geschöpf mit einem Madonnengesicht auf einem Rigoletto-Körper, mit der ich mich besonders gut verstand. Sie war sehr lieb. Ich habe sie immer gern gehabt und sie, als ich ins Internat kam, stets in den Ferien besucht.

Das Städtchen war arm und häßlich, wenigstens damals. Es hatte enge Straßen, die mit derart spitzen Steinen gepflastert waren, daß einem beim Gehen die Fußsohlen wehtaten. Dafür gab es wunderschöne Alleestraßen um die Stadt herum: ein grüner Gürtel, der Schatten spendete und voll von Vögeln und ihren Trillern war. Und jenseits begannen schon die Felder, denn das Städtchen war damals sehr klein. Schöne Dörfer, reich an Getreidefeldern und Weingärten, umgaben es, und ein Wildbach, die Staffora, erweckte bei Hochwasser oder wenn das Tauwetter einsetzte und die Eisblöcke aufbrachen, den Eindruck eines großen Flusses. An den Ufern entlang wuchsen kleine Akazienwälder voll von Nestern und Vogelgezwitscher.

Wie schön war es, mit Papa an den Ufern spazierenzugehen, entlang der Weißdornhecken, welche die Besitzungen begrenzten! Diese Sträucher waren im Frühling durch ihre unzähligen Blütenblätter ganz in Weiß gehüllt. Im Herbst leuchteten sie rubinrot wegen der gebüschelten roten Früchte, die sie wie kleine Äpfelchen zieren, und die Vögel und Kinder so begehren.

Wie schön war es, dort umherzuwandern, wenn der Schnee sich noch in schattigen Mulden hielt, und Veilchen zu suchen, von denen es so viele gab und die unter der Blätterdecke des herbstlichen Laubes hervorlugten. Die lieben, so bescheidenen und reinen Märzveilchen!...

Wie schön war es, zwischen den grünenden Weizenfeldern zu wandeln oder aber dem Wellenspiel der Ähren im Winde zuzusehen, die sich neigten, als wollten sie ja und nein sagen. Dazwischen, wie Blutstropfen, die Blüten des Mohns und die Kornblumen, Konfetti des Himmels!...

Wie schön war es, den rauschenden Bach entlangzugehen, unter den schneeweißen, duftenden Dolden der blühenden Robinien, im Röhricht, wo es immer raschelte, an zarten Bäumchen vorbei, die immerfort zu zittern schienen, längs der Weinberge, wo sich die Reben hochrankten mit ihren Trauben, die in der Sonne zu Topasen und Rubinen wurden!...

Wie schön! Wie schön! Wie viele schöne Dinge hast Du, o Gott, um uns herum verstreut für alle, die einen Sinn dafür haben!

Ohne die familiären Auseinandersetzungen wäre ich noch viel glücklicher gewesen, denn ich hielt nicht viel von Luxus, Besuchen, städtischem Leben und zog ein Dasein inmitten von Gottes Natur vor.

Ich war erst seit einigen Monaten in Voghera, als Mama, ich weiß nicht genau wie, erfuhr, daß jeden Donnerstag eine kleine Gruppe französischer Klosterschwestern aus dem benachbarten Casteggio zu uns nach Voghera kam, um Französischunterricht zu erteilen. Diese Schwestern gehörten zu den Anbeterinnen des Allerheiligsten Sakraments und hatten bei uns Zuflucht gefunden, nachdem sie infolge des Gesetzes von Combes aus ihren Ordenshäusern in Orléans vertrieben worden waren. Meine Mutter beschloß, mich an diesem Unterricht teilnehmen zu lassen. Ich hatte es eigentlich nicht nötig, denn ich besuchte bereits die vierte Klasse und war den anderen Kursteilnehmern voraus. Aber was soll's... Ich glaube, Jesus hat es so gewollt.

In Voghera hatte Papa weniger Gelegenheit, mich in die Messe mitzunehmen. Ich war schon zehn Jahre alt und wuchs wie eine kleine Heidin heran. Aber es begann für mich der Lebensabschnitt, in dem die Hilfe der Religion mehr denn je notwendig ist. Mama kümmerte sich nicht darum. Es schien ihr, daß ich auf diesem Gebiet schon genügend wüßte...

Ich ging also jeden Donnerstag zu den Französischstunden der Anbetungsschwestern. Wenn diese Stunden für mich auch nicht von großem Nutzen waren, da ich ja, wie gesagt, meinen Kameradinnen weit voraus war, so nahm doch meine Seele... die Verbindung zu Gott wieder auf. Diese Verbindung ruhte, wenn sie nicht überhaupt abgerissen war, unter Verkrustungen, seit ich meinen «toten Jesus» bei den Ursulinen verloren hatte.

Die lieben Anbetungsschwestern haben diese Verbindung wiederhergestellt... Aber sie haben den gekreuzigten Jesus durch den Jesus in der Eucharistie ersetzt. Er ist ja im Grunde genommen auch der blutende Jesus. Nach langem Drängen erreichten sie bei Mama, mich für die Erstkommunion vorbereiten zu dürfen.

Im September 1908 brach ich meine Sommerferien einen Monat füher ab und trat in ihr kleines Institut in Casteggio ein, um mich darauf vorzubereiten, Jesus zu empfangen.

Dort gab es fünf Schwestern: die Oberin, Schwester Johanna vom Kreuz, eine sehr gütige französische Adelige; die Vizeoberin, Schwester Johanna (ohne Zunamen); meine Bevorzugte, die mich auf die heilige Kommunion vorbereitete und auch in der französischen Sprache unterrichtete, hieß Schwester Maria. Sie war groß und sehr schön. Ihr Engelsgesicht schien ein himmlisches Licht auszustrahlen. Und sie war auch wirklich ein Engel. Als mir die Unione Cattolica Malati vor zirka einem Monat ein Heiligenbildchen mit Gebeten der heiligmäßigen Trappistin Schwester Maria-Gabriella[10] zuschickte, war ich eigenartig ergriffen, weil dieses Gesicht so sehr jenem der engelhaften Anbetungsschwester gleicht, die mich darauf vorbereitete, Jesus zu empfangen.

Einen Monat lang lebte ich bei diesen Schwestern, die mich gern hatten. Sie hatten wohl das Gefühl, in ihr geliebtes Frankreich zurückgekehrt zu sein, in ihr Kloster, das sie unter großen Schmerzen hatten verlassen müssen, zu ihren geliebten Schülerinnen... Wieviel Fürsorge, wieviel Liebe! Wenn ich nicht in Verzückung geriet, so hing das nur von mir ab, die ich seit Jahren in einer geistigen Lethargie erstarrt war, und nicht von ihnen, die nicht mehr hätten tun können, als sie bereits taten.

Sie hätten es auch gern gehabt, wenn das Fest meiner Erstkommunion feierlich begangen worden wäre... Aber Mama sah die Dinge anders. Und so trug ich dasselbe weiße Kleid und denselben weißen Schleier wie bei der Firmung.

Meine Mutter schenkte mir keinerlei Andenken an jenen Tag. Kein Buch, keinen Rosenkranz, keine Medaille. Nichts. Und sie erlaubte nicht einmal, daß Papa am Fest teilnahm. Sie hielt das für «überflüssig». Nur Jesus weiß, wie mich das schmerzte!...

Einige Tage vor dem großen Ereignis waren für die «Einkehr» bestimmt. Ich ging mit Schwester Maria durch den kleinen, fröhlichen Klostergarten voller Herbstblumen, während uns die anderen fünf

10. Maria-Gabriella Sagheddu (1914-1939), Trappistin aus Grottaferrata, 1983 von Papst Johannes Paul II. seliggesprochen.

Schwestern und die fünf Laienschwestern mit Liebe und heiligem Neid betrachteten... Auf dem Kopf trug ich ein Krönlein aus weißen Rosen zum Zeichen, daß ich «la petite fiancée de Jesus» war...

Am Vorabend der Feier fand ich mein Bett voller Liebesbriefchen: «Ich schlafe, aber mein Herz wacht», «Meine Kleine, ich bin Jesus und erwarte dich», «Wie ist die Nacht so lang, in der ich auf dich warte, meine geliebte Seele!» Schwester Maria sprach wie ein Seraph zu mir...

Am Morgen fand dann in der Kirche, einem hübschen Kirchlein in Weiß und Gold, wie ein Schrein, die Feier statt. Es war der erste Sonntag im Oktober, das Fest der Rosenkranzkönigin, und es zelebrierte der hochwürdige Pfarrer von Casteggio.

Die Schwestern sangen mit Engelsstimmen, von einem Harmonium begleitet:

«O saint autel qu'environnent les anges
…o jour heureux, jour céleste
et propice, à vous benir je consacre
ma voix…»

Und in dem Augenblick, als ich Christus das erste Mal in mich aufnahm, während mein Herz erbebte und Tränen, Freudentränen, in meinen Augen funkelten, ertönte das liebliche Kirchenlied:

«Devant Jésus, ployant leurs blanches ailes
les chérubins s'inclinent à genoux
et Lui, le Roi des splendeurs éternelles
se fait petit pour venir jusqu'à nous.

Heureux enfant, allez manger le pain des anges.
Tous les trésors d'en haut sont ouverts en ce jour.
Unissons nous aux celestes phalanges.
Chantons la foi, l'espérance et l'amour.

Au Golgotha, brisé par la fatigue,
votre Sauveur marcha sans s'arrêter,
de tout son Sang, pour vous, il fut prodigue.
Si vous l'aimez, vous devez l'imiter...»

Mama kommunizierte mit mir, so hatten es die Schwestern gewünscht.

Nachher wurde das sozusagen weltliche Fest gefeiert. Die Schwestern und der Priester machten mir kleine Geschenke, die mir sehr lieb waren. Dann folgte das Mittagessen, und schließlich am Abend, bevor ich mit Mama heimkehrte, fand die Weihe an Maria statt. Ich legte der Madonna mein Rosenkrönlein zu Füßen.

«O Marie, o ma vie!
A ton cœur maternel
j'abandonne ma couronne.
Garde-la pour le ciel!»

Meine Rosenkrone!...

Maria, die kleine, in den gekreuzigten Jesus Verliebte, sollte nie mehr eine Rosenkrone tragen. Ihre Krone sollte hier auf Erden von nun an aus Dornen geflochten sein. Und auf den Dornen bildet ihr Blut, das aus tausend Wunden sickert, die funkelnden Rosen des Schmerzes, die sich erst in der Ewigkeit in ewige Rosen verwandeln werden.

Er, mein Heiland, hatte für mich sein ganzes Blut hingegeben, wie die Anbetungsschwestern in ihrem Kirchenlied sangen. Ich sollte aus Liebe zu ihm mein ganzes Blut hingeben. Ich habe es hingegeben. Ich gebe es hin.

Aber glauben Sie nicht, daß es von diesem Augenblick an eine vollkommene Vereinigung ohne jegliche Verwirrung war. Oh, nein! Die Entwicklung von Maria, der Hostie Jesu, dauerte lange und war mühsam. Habe ich nicht schon zu Beginn dieser Lebensdarstellung gesagt, daß Gott sich mir nicht aufdrängte, sondern darauf wartete, daß ich mich ihm näherte? Von seiner Seite war es ein Werk des Anziehens und nicht des Aufdrängens. Er erweckte meine Liebe und wartete.

Ich glaube, daß jede Seele sich anfangs in einem ähnlichen Zustand befindet wie die der Jungfrau vor der Verkündigung. Denn jede Seele ist berufen, Christus zu bilden wie eine Neuvermählte ihr Kind. Die Empfängnis Christi in uns geschieht, wenn wir unser «Siehe, ich bin die Magd des Herrn» sprechen. Zuerst erfolgt die Einladung des Herrn, die uns sein Engel bringt, seine Eingebung. Das Ereignis vollzieht sich jedoch nur, wenn die Seele in einer Art Verzückung ihr «Ja, ich will» erwidert. Erst dann steigt der Geist in die edle, verliebte Seele herab und umhüllt sie. Er kommt mit seinem Feuer, seinem Licht, seinen Geschenken, und die Empfängnis erfolgt. Christus nimmt in uns Gestalt an. Nicht so natürlich, wie damals bei Maria, er wird in uns geistigerweise geboren. Er wächst heran und formt uns durch sein Wesen, und er wächst um so mehr, je mehr sich die Seele erniedrigt und verzehrt, um ihm Platz zu machen, damit sie in der

Stunde der höchsten Vollkommenheit, die ihr gewährt ist, in der Vereinigung mit Christus neu geboren wird; mit Christus, der in ihr so gewachsen ist, daß er alles in dem geliebten Geschöpf ausgelöscht hat und allein übriggeblieben ist, er, der Liebende.

Ich weiß nicht, ob ich mich verständlich ausgedrückt habe.

Am Tag meiner Erstkommunion habe ich meinen Kontakt zu Jesus wieder aufgenommen. Und er nahm das Werk seiner Anziehung wieder auf, welches man nicht sogleich erkennen konnte, so wie die Erde die verborgene Betriebsamkeit um das Samenkorn nicht wahrnimmt. Und doch keimt dies tief im Boden und schlägt Wurzeln, bis die erstaunte Welt eines Morgens das Wunder eines smaragdgrünen Halmes erblickt, der die dunkle Scholle durchbricht.

Ich war erst seit einigen Tagen nach Hause zurückgekehrt, als mein Onkel, ein Bruder Mamas, aus Frankreich eintraf. Er machte einen elenden Eindruck, war verarmt, krank und gottlos.

Ich schloß ihn sofort in mein Herz, weil er mich erbarmte. Er aber, glaube ich, mochte mich nicht so gern, oder zumindest liebte er mich auf eine sehr sonderbare Weise, seinem verschrobenen Verstand entsprechend, der ihm stets eigen war.

Ich muß ein wenig von der Geschichte dieses Unglücksmenschen erzählen, die ihn in den Ruin geführt hatte und Ursache vielen Schmerzes war.

Er war im wahrsten Sinne des Wortes ein Dickschädel. Seit dem zartesten Kindesalter war er der Rebell der Familie gewesen, und weder der väterlichen Strenge noch der mütterlichen Fürsorge war es gelungen, ihn zu zähmen.

Meinem Großvater, der dem Richterstand angehörte und wegen seiner rechtschaffenen, strengen, aber auch väterlichen Art fast ständig als Vormund für minderjährige Waisenkinder vorgeschlagen wurde, und der herrliche Erfolge bei seinen Pflegeempfohlenen erntete, da er es verstand, sie nicht nur mit Strenge, sondern auch mit großer Güte zu führen, meinem Großvater, dessen gutes Zureden viele Straffällige zur Einsicht geführt hat, da er nicht nur im Namen des Strafgesetzes sprach, sondern auch im Namen der Güte, die Tränen vergießt, wenn sie sich von den Menschen geschmäht sieht; meinem Großvater also war es nie gelungen, den Charakter seines Sohnes, seines Jüngsten, zurechtzubiegen. Dieser war und blieb ein Rebell.

Er war äußerst intelligent, aber träge. Was immer er anpackte, hätte er schaffen können, doch war er zu unbeständig. Er liebte den Luxus und die Unterhaltung, und um mit den reichen Freunden mithalten zu können, deren Gesellschaft er immer suchte, machte er Schulden, die dann meine Großmutter, meine Mama und mein anderer Onkel zahlen mußten, um meinen Großvater nicht zu betrüben und den Familiennamen nicht ins Gerede zu bringen.

Wieviel nächtelanges Abschreiben von Prozeßakten (damals mußten diese noch alle per Hand abgeschrieben werden) hat er die zwei Geschwister gekostet, der Lotterbube! Wie viele Unterrichtsstunden meine Mama, Privatstunden, deren Ertrag sie für sich selber hätte verwenden können und mit dem sie hingegen die Schulden ihres jüngeren Bruders tilgen mußte! Mein anderer Onkel ging mit 18 Jahren freiwillig zum Militär und machte dort Karriere. Auf diese Weise entfloh er dem Übel. Meine Mutter aber blieb in der Familie und mußte bis zu ihrem 32. Lebensjahr für diesen Taugenichts arbeiten.

Nach der Heirat meiner Mutter ging er sogleich eine Beziehung mit einer jungen Frau ein... Das wäre ja gar nicht schlimm gewesen, wenn der soziale Unterschied das einzige Fragezeichen in dieser peinlichen Beziehung gewesen wäre. Leider war diese junge Frau ein Ausbund an Untugenden... Er wollte sie dennoch heiraten... Ihre Ehe wurde das, was zu erwarten war: eine Hölle.

Sie gab sich wieder wie ein unvernünftiges Tierchen ihren leichten Liebschaften hin. Und wer wird jemals wissen, ob meine Cousine wirklich die Tochter meines Onkels ist?...

Da gab es Szenen in der Familie, weil er ihr ein solches ehebrecherisches Leben verbat. Da gab es Schulden außerhalb des Hauses, weil bei den Festessen mit den verschiedenen Liebhabern — während der Ehemann als Verwalter bei den Staatsbahnen im Büro saß —, die besten Weine und Liköre, Süßigkeiten und Fleischgerichte bestellt wurden... Es ging so weit, daß sie versuchte, den Ehemann durch Verabreichung kleiner Giftdosen langsam, langsam zu eliminieren... Als man dies entdeckte und ihr mit Anzeige drohte, drang sie in das Arbeitszimmer ihres Mannes ein und entwendete einige tausend Lire. Die ehelichen Bande waren zu einem Hindernis für ihr unzüchtiges Leben geworden, von dem sie sich befreien wollte. Er hätte sie anzeigen müssen, das wäre das einzig Richtige gewesen... Stattdessen — trotz aller Hörner, die sie ihm aufgesetzt hatte und die zahlreicher waren als jene einer ganzen Hirschherde — zog er es vor, weil er sie liebte, ins Ausland zu fliehen und schändliche Verdächtigungen auf sich zu laden. Seinem Vater überließ er die Aufgabe, die Unschuld des

Sohnes zu beweisen, was wie durch ein Wunder gelang, und mein Vater durfte die von diesem liederlichen Weib gestohlenen tausend Lire zurückzahlen...

Mein Vater zahlte alles mit einer telegraphischen Anweisung, aus Liebe zu seiner Frau und aus Achtung vor den Schwiegereltern, und er unterstützte auch weiterhin diesen verrückten Schwager, der, von einer Beschäftigung zur anderen wechselnd, halb Europa bereiste und scheffelweise Geld verdiente, um dieses dann sackweise auszugeben... Wenn es ihm gut ging, verhielt er sich still, wenn er Hunger litt, verlangte er Geld... Und mein Vater nahm sich auch der Tochter (?) meines Onkels an. Er schickte sie in ein Internat, um sie aus der lasterhaften Umgebung des mütterlichen Hauses zu entfernen, wo sich eine Tante aufhielt, die öffentlich der freien Liebe frönte, und außerdem ihre Mutter immer wieder von Hinz und Kunz Kinder bekam, welche meinem Onkel zugeschrieben wurden!

Das Leben, das dieser im Ausland führte, trug gewiß nicht zu einer Verbesserung seines gesundheitlichen Zustandes bei, welcher bereits unter dem von seiner lieben Frau Jahre zuvor verabreichten Gift gelitten hatte. Er wurde krank, und nachdem er alles bis zum letzten Pfennig und Kleidungsstück aufgebraucht hatte und völlig hilflos im Elend zu versinken drohte..., kam er zu seinem Schwager. Und dieser nahm ihn mit offenen Armen auf, denn mein Vater war ein herzensguter Mensch.

Es wäre ja nicht schlimm gewesen, ihn bei uns zu haben, wenn er sowohl körperlich als vor allem geistig ein wenig gesünder gewesen wäre. Aber mein Onkel widerte einen an durch seinen gotteslästerlichen Atheismus. Ich versichere Ihnen, es fällt mir nicht leicht, von ihm zu sprechen, ihm ab und zu zu schreiben und für ihn zu beten, so sehr ist seine Seele eine Lasterhöhle. Er macht den Mund nur auf, um Gott, die Religion, die Priester und die Gläubigen zu beleidigen. Letztere bezeichnet er als scheinheilig, falsch, lasterhaft, verrückt... Und dieser Mensch kam wenige Tage nach meiner Erstkommunion in meine Nähe!

Außerdem war er krank. Die Ärzte, die wieder einmal zeigen wollten, wie sehr sie der Situation gewachsen seien, diagnostizierten Tuberkulose im letzten Stadium. Wo hatte er die Tuberkulose? In der Lunge, in der Niere, im Darm? Nein, gewiß nicht. Es sind seither 35 Jahre vergangen, und mein Onkel ist inzwischen 75 Jahre alt und lebt immer noch. Die Mikrobe aber sitzt in seinem bösen Herzen, in seinem gotteslästerlichen Hirn. Und es handelt sich um keine Tuberkulosemikrobe, sondern um eine Mikrobe der Bosheit, der Gottlosigkeit, worin er den schlimmsten Volterianer übertrifft! Er ist krank, das stimmt. Sein Hundeleben sowie falsche Behandlungen haben zur Verkümmerung seiner Beine geführt. Er geht daher sehr langsam, denn seine Beine sind von der Hüfte bis zum Fuß steif. Er kann also keiner öffentlichen Beschäftigung nachgehen, während er die Verwaltungsangelegenheiten bei privaten Unternehmen und vor allem bei religiösen Instituten wirklich gut führt, denn er hat einen scharfen Verstand und eine ruhige Hand. Ja, er hat die wunderbare Handschrift eines weisen Lithographen.

Um es kurz zu machen, die stets *erleuchteten* (!) Ärzte, deren Erleuchtung (!) nie genug gepriesen werden kann, stellten in ihrem Ratschluß fest, daß mein Onkel krank und für mich in meinem zarten Alter gefährlich sei. In unserem Haus konnten also nur er oder ich leben, zusammen konnten wir dort nicht bleiben. Das bedeutete Todesgefahr.

In jenem Jahr war ich in die Fortbildungsschule gekommen, denn Mama träumte davon, daß ich als Krönung meiner schönen Bildung Lehrerin werden sollte... Gerade ich, die ich diesen Beruf immer gehaßt habe! Ich wäre als Lehrerin zum Gespött meiner Schüler geworden, denn aus Angst, sie könnten ebenso leiden wie ich unter meiner Lehrerin-Mutter, hätte ich ihnen alles gestattet, alles verziehen; denn aus Angst, den Kleinen gegenüber bissig, autoritär und abstoßend zu wirken, wie es meine Mutter war, das vollkommene Muster einer Lehrerin (mit allen negativen Tugenden, die aus ihr einen Wauwau machen), aus Angst davor wäre ich in der Nachsicht zu weit gegangen und hätte mich durch meine Schwäche schuldig gemacht.

In der Fortbildungsschule hatte ich eine unmögliche Leiterin nach der Art meiner Mutter. Sie war der Inbegriff aller Eigenschaften, die mir bereits als familiäre Geißel so viel Leid bereitet hatten. Ungerechtigkeit, Parteilichkeit, Autoritarismus, unerbittliche Strenge... Die Frau war der Schrecken der Schülerschaft!... Und die gesamte Lehrerschaft folgte ihr, denn die Leiterin war *dank höherer Protektion mächtig*.

Ich, die ich ihr keine Geschenke brachte — da meine Mama nicht auf diese Art Camorra-Zwang einging —, ich wurde zur Zielscheibe aller möglichen Schikanen. Und so mußte Mama, die gewiß nie nachsichtig war, sich für mich verwenden, da es alle Tage und in allen Fächern Zurechtweisungen und schlechte Zensuren hagelte, obwohl ich doch *bestens von meiner Mama vorbereitet zum Unterricht erschien!* Wie viele Tränen! Ich, die ich so gern lernte und für die das Studium eine Quelle jener Freuden war, die ich in meinem tristen Zuhause sonst nirgendwo fand, ich empfand gegenüber dem Studium nur mehr die Angst und den Ekel, die uns Dinge einflößen, von denen wir nur immer Leid und Schmerz zu erwarten haben... Entmutigt und niedergeschlagen, lernte ich jetzt ganz automatisch, ohne jede Freude, ohne jeden Sinn... Ich wurde ja sowieso immer getadelt.

Und als ob dies nicht genügte, die Schulleiterin und ihre Satelliten, hatte ich zu Hause noch den Onkel: ein erbitterter, spöttischer, ungerechter Mensch, der sich bei jeder kleinsten Äußerung über mich lustig machte und Mutter und sogar die französischen Schwestern gegen mich stellte!... Nur Papa war immer lieb zu mir!... Aber er war fast nie daheim... Ich sah ihn nur beim Nachtmahl, denn anschließend mußte ich zu Bett gehen, um möglichst wenig mit dem Onkel zusammen zu sein.

Eine Übersensibilität bemächtigte sich meiner, die mir viele Tränen verursachte: ich war eine einzige seelische Wunde. Meine angeborene Schüchternheit, die sich unter der eisernen Disziplin von Mama immer weiter steigerte, hatte nun einen wahrhaft krankhaften Grad erreicht. Sie lähmte mich. Wenn ich an die kleine Maria von damals zurückdenke, kommen mir jene armen herrenlosen Hunde in den Sinn, die vor Kälte zitternd, voller Angst und Wunden umherziehen und um einen entfleischten Knochen, eine Ecke zum Ausruhen, eine einzige Liebkosung betteln und die von allen mit Fußtritten behandelt, weggejagt und gequält werden. Arme Ausgestoßene, wessen Schuld müßt ihr büßen?...

Gerade so erging es mir. Ich drehte mich nach rechts und erntete Tadel. Ich drehte mich nach links und erntete Spott. Ich weinte und wurde bestraft. Ich lernte, und es wurde mir Nachlässigkeit vorgeworfen. Ich spielte und wurde gerügt. Ich schwieg und wurde gerügt. Ich redete und wurde gerügt. Zu Hause und außer Haus, es war immer dasselbe. Mama ärgerte sich über die Schulleiterin, welche durch die schlechten Noten, die sie mir gab, sie selbst, die Lehrerin Iside Valtorta, traf. Sie ärgerte sich also wegen dem Iside Valtorta zugefügten Unrecht und dachte nicht an mich. Im Gegenteil, sie trug dazu bei, das Übel noch zu vermehren. Ein Höllendasein.

Mein Vater hielt daran fest, daß er mich nicht von zu Hause entfernen wollte. Meine Mama hatte einerseits Gewissensbisse bei dem Gedanken, ihre Tochter zu opfern, wollte aber andererseits unbedingt ihren Bruder schützen. Sie wußte weder ein noch aus. Einen Vorwand brauchte es, um glaubhaft zu machen, daß ich Gefahr lief, ein Taugenichts zu werden, und deshalb zur Strafe und zu meinem Besten ins Internat gesteckt werden mußte. Dies war die einzige Entschuldigung, an die sie sich vor sich selber, dem Vater und allen anderen klammern konnte, um die Ungerechtigkeit zu rechtfertigen, daß ich einem Bruder, der alles andere als ein beispielhafter Verwandter war, geopfert wurde. Und dieser Bruder, schlau und durchtrieben wie er ist, wußte die Situation sehr gut für sich auszunützen.

Im Internat

Kurz, mein Vater mußte schließlich nachgeben. Ich wurde geopfert. Am 4. März 1909 um 9 Uhr morgens verließ ich mein Zuhause, um ins Internat einzutreten.

Ich war noch nie von zu Hause weggewesen, außer in jenem Monat der Vorbereitung auf die Erstkommunion. Aber die Entfernung von Voghera nach Casteggio war so gering gewesen, daß ich damals gar nicht das Gefühl hatte, von zu Hause wegzusein. Damals wußte ich auch, daß ich nur für einen Monat nach Casteggio gehen mußte — fast eine Art Ferien —, um Jesus zu empfangen. Nun erdrückte mich das Urteil, daß ich zur Strafe und für mehrere Jahre in ein Internat gesteckt werden sollte, welches drei Stunden Bahnfahrt von zu Hause entfernt war.

Diese Grausamkeit machte mir den Eintritt ins Internat und den Menschen, der ihn veranlaßt hatte, verhaßt. Ich war zu intelligent, um nicht den wirklichen Sachverhalt zu begreifen. Und es wäre mir lieber gewesen, wenn man die Wahrheit gesagt hätte, um mir mein Opfer zu erklären. Mein Opfer war nicht gerechtfertigt, denn nicht ich, sondern mein Onkel hätte das Haus verlassen müssen. Mit der Wahrheit hätte ich mich abgefunden. So aber konnte ich es nicht akzeptieren. Warum sagte man mir, ich verdiene eine Bestrafung, verdiene es, von zu Hause, von Vater weggerissen zu werden, obwohl dies nicht der Wahrheit entsprach? Warum überlegte Mama nicht, wieviel Unheil sie mit dieser Lüge, mit dieser Ungerechtigkeit anrichten konnte?

Bis zu diesem Augenblick hatte ich Mama gefürchtet, aber auch geachtet. Die Achtung verlor ich, weil ich sah, daß sie ungerecht und unehrlich war. Und um ganz ehrlich zu sein, auch meinen Vater schätzte ich nicht mehr so sehr, weil er es nicht verstanden hatte, sich durchzusetzen und mich zu verteidigen.

Ich war sehr *menschlich*, und die menschlichen Reaktionen waren sehr stark in mir. Aus Stolz reiste ich ab, ohne eine Träne zu vergießen.

Von klein auf war ich der Meinung, daß die Tränen, als Ausdruck unseres Innersten und Tiefsten, mehr noch als die Liebe nur dem geschenkt und gezeigt werden sollten, der es wert ist, uns in unserer tiefsten Tiefe zu gewahren. Alle anderen, die uns nicht in einer vollkommenen Liebe zugetan sind, haben kein Recht, unsere Tränen zu sehen. Deshalb habe ich nur vor Vater, Gott und wenigen anderen, die ich wie Vater achte und wie Gott verehre, geweint.

Ich reiste also ab, ohne eine Träne zu vergießen. Aus Stolz und *aus Verachtung*. Gewiß: aus Verachtung. Ich spürte, *daß man mich nicht liebte*. Schließlich hatte man mich ja für einen Tunichtgut geopfert. Deshalb schnürte es mir vor Verachtung das Herz zusammen. Ich habe nicht geweint. Ich meinte innerlich zerbrechen zu müssen, da ich, die ich die Tochter war, verstoßen und einem unwürdigen Bruder hintangesetzt wurde. Aber ich habe meine Empfindungen unterdrückt und meine Arme so fest verschränkt, daß sie mich schmerzten, um sie nicht meiner Mama um den Hals zu werfen und sie anzuflehen, mich an ihr Herz zu drücken... Natürlich hielt man mich für gefühllos!...

Um 11 Uhr kamen wir in Monza, am Tor des großen Internats der Barmherzigen Schwestern des heiligen Kindes Maria, an. Diese Kongregation war von der seligen Bartolomea Capitanio gegründet worden.

Ich erinnere mich noch genau der Qualen jener Stunde... Aber ich weinte nicht. Ich gab nur einen heftigen Schrei von mir, als ich von meiner Mutter getrennt wurde... Und als ich erkannte, daß mein Schrei, ein wirklich herzzerreißender Schrei, ohne Echo blieb... spürte ich, wie ein weiteres Band zwischen meiner Mutter und mir zerriß und sich der Graben zwischen mir und jener vergrößerte, *die mich empfangen und geboren hatte, ohne mich jemals verstanden zu haben*. Ohne jemals das Herz ihrer Kreatur begriffen zu haben.

Nach diesem Schrei, Stille. Vor vollendeten Tatsachen gibt es bei mir kein unnützes Klagen. Ich verhärte mich und ersterbe in einem Schweigen, das verderblicher und tödlicher ist als jeder Schmerzausbruch.

Die Schwestern waren sehr sehr lieb. Das Internat war schön, weiträumig, hell, mit vielen Höfen voller Sonne und Brunnen, lichten Arkadengängen und einem ausgedehnten, herrlichen Park. Um mich zu zerstreuen, führte man mich im ganzen Haus herum.

In der Zwischenzeit hatten meine Kameradinnen das Mittagmahl beendet, und ich wurde ihnen vorgestellt. Sie waren lieb und freundlich... aber ich, scheu wie ich war, litt sehr darunter, mich von so vielen Leuten beobachtet zu sehen: 150 Mädchen, 40 Schwestern und 40 Laienschwestern. Ich kam mir vor wie der enthäutete heilige Bartholomäus! Ich verbarg mich hinter meiner Schwester, antwortete einsilbig und oft nur durch ein Kopfnicken. Oh, meine Kameradinnen waren sehr lieb zu mir und hörten nicht auf, mich zu streicheln, trotz meiner Widerborstigkeit!

Man vertraute mich drei Zöglingen an. Die eine war Isabella Gilardi, eine heitere Blondine, Einzelkind wie ich, die sich wie eine Mutter um mich kümmern sollte und dies auch mit viel Hingabe tat. Arme Isa, sie ist so früh und voller Sorgen gestorben, umgebracht durch die Untreue des Ehemanns, der ihr das Zusammenleben mit der Geliebten im selben Haus aufzwang. Früh ist sie gestorben und verzweifelt darüber, Waisenkinder in zartem Alter zu hinterlassen! Die andere, Lina Cocini, klein wie ein Pfefferkorn, dunkelhäutig und mager, war eine meiner Klassenkameradinnen. Sie war ein unruhiger Geist und sehr redefreudig und hätte den Mund nicht einmal gehalten, wenn man ihr ein Schloß an die Zunge gehängt hätte. Arme Lina, auch sie ist bereits im Alter von 23 Jahren an einer tödlichen Bauchfellentzündung verstorben. Ich war ihr, vielleicht infolge unserer Gegensätzlichkeit, in aufrichtiger Freundschaft zugetan; denn ich war ruhig, sie ein Perpetuum mobile, ich schweigsam, sie geschwätzig wie ein Spatz, ich zurückhaltend, sie überschwenglich in ihren Äußerungen. Die dritte, Gina Ferrari, ein frommer Engel, lebt heute noch... Sie wurde mir für meine Aufgaben im Speisesaal, in der Kirche und im Handarbeitsraum zur Seite gestellt. Die liebe Gina, sie gehorchte immer in allem, um Jesus kleine Opfer darzubringen!

Aber auch die übrigen achtzehn der Klasse waren sehr nett. Die Erste Oberstufe war in eine Fach- und eine sogenante interne Schule aufgeteilt, denn damals gab es in diesem Internat noch keine Lehrerbildungsanstalt, sondern nur die Fachschule oder jene Schule für Allgemeinbildung, «intern» genannt, deren Programm aus einer Mischung von Fachschule und ergänzenden Fächern bestand und die den Töchtern der gehobenen Gesellschaft eine ihrem Stand entsprechende Bildung vermittelte, ohne mit einem allgemein anerkannten Studientitel verbunden zu sein.

Es fanden gerade die Trimesterprüfungen statt, und am folgenden Tag legte auch ich meine kleine Prüfung ab. Man hieß mich um 9 Uhr aufstehen, drei Stunden nach den anderen, denn dieser Engel von einer Oberin wollte niemanden durch eine übertriebene Disziplin erschrekken und führte uns ohne Zerreißproben in die Institutsordnung ein. Zu Hause war ich ja eigentlich im Winter spätestens um sieben, im Sommer schon um sechs oder noch früher auf den Beinen. Aber wer konnte dort ahnen, daß ein Einzelkind so militärisch erzogen würde?

Die Schwester, die mir beim Anziehen half, ließ mir meine Kleider von daheim, sogar die rote Schleife... Dann gingen wir in die Kapelle hinunter.

Ich erinnere mich, daß ich der Vizeoberin für die Studien begegnete, einer kleinen, lebhaften Schwester, die blaue Augengläser trug... Die Tatsache, daß sie Vizeoberin für die Studien war und zugleich Mathematik, mein gefürchtetes Fach, unterrichtete, ließ mich erzittern. Arme Schwester! Sie war so lieb zu mir, wenngleich sie es bedauerte, daß ich gerade in ihrem Fach nichts taugte!... Sie streichelte mich und nannte mich *Spätzchen*. Dies ermutigte mich ein wenig.

Wir betraten die Kapelle. Wie schön sie war! Ganz in Gold und Azurblau, so wie ich mir damals den Himmel vorstellte. Das Altarbild stellte die Madonna vom heiligsten Herzen Jesu dar.

An den Seiten waren der heilige Modestus und der heilige Tarsicius, die beiden Patrone, Kinder-Märtyrer: wunderschön. Dann mein heiliger Josef und das heiligste Herz Jesu. Und viele Blumen, Blumen und Sonne und der Garten, den man durch die großen, offenen Fenster sah, und Vogelgesang...

Schwester Franziska ließ mich beten und fragte mich dann, ob ich den Körper des kleinen Märtyrers Modestus unter dem Altar sehen wolle. Eingedenk meines toten Jesus, der mir durch die naturtreue Nachbildung seiner Wunden tief eingeprägt geblieben war, lehnte ich ab. Ich hatte Angst, weitere Wunden zu sehen. Die von Jesus konnte ich noch ertragen, aber andere wirklich nicht. Doch Schwester Franziska beruhigte mich. Und in der Tat, ich sah einen hübschen wächsernen Jüngling, vollkommen modelliert, auf einer purpurnen Unterlage ruhend. Er war als junger Römer gekleidet, trug Sandalen an den Füßen und ein langes, mit einem gestickten Mäanderband gesäumtes Gewand. Der wunderschöne Kopf lag in einer Haltung süßer Hingabe auf dem Kissen, und in der einen Hand hielt er die Ähre und die Weintraube, in der anderen die Palme. Er schien, in einem seligen Traum versunken, zu schlafen. Vom erlittenen Martyrium trug er ein kleines Zeichen am schneeweißen Hals, dort wo das Schwert die Vene geöffnet hatte, wo das Leben ausgetreten und die Seligkeit eingetreten war... Dies meine Begegnung mit Modestus, dem christlichen Märtyrer im Jünglingsalter.

Wir erreichten den Speisesaal, wo ich nichts zu mir nahm. Die Milch konnte ich wegen meines Magens nicht trinken, und so blieb ich für diesen Morgen nüchtern. Aber schon die Tatsache, daß mich niemand darob tadelte, machte mich glücklich und satt.

Nun gingen wir in die Klasse. Ich wurde zu meiner Bank geführt und machte wie die anderen meine schriftliche Prüfung. Es handelte sich um Französisch. Ich war schon beim Satzbau angelangt, während die anderen noch mit den ersten Lektionen beschäftigt waren. Ein Triumph also, der mich ermunterte und vor Freude lächeln ließ. Die Kolleginnen scharten sich voller Bewunderung um mich, die Französischlehrerin streichelte mich zur Belohnung. Oh, ein bißchen Freude tut auch gut!

Am nächsten Tag wurden wir in Italienisch geprüft. Ich erinnere mich noch an das Thema: «Schön ist der Schnee, der vom Himmel fällt, aber wenn man an die dächte, die leiden...»

Die Schwester, die Italienisch unterrichtete, war sehr jung. Sie war noch Kandidatin und stammte aus Venedig. Eine schöne Frau mit den großen Augen einer Spanierin, einer Pracht von Zöpfen auf dem Haupt, noch ohne Haube, und mit herrlichen Zähnen. Sie war freundlich, heiter und äußerst intelligent. Bald entdeckte ich, daß sie ein Engel auf Erden war. Sie hieß Angela und wurde nach der Einkleidung Schwester von der Unbefleckten Empfängnis genannt. Zwei Namen, die schicksalhaft für sie waren, denn ein Engel war sie stets, ein Engel auf Erden, der dauernd zu den Füßen Gottes hochstrebt; und rein wie ihr Name war sie ebenfalls, von einer Reinheit, die von ihrem ganzen Wesen ausströmte. Wenn er von Gott sprach, erglühte dieser Engel förmlich, wie Schnee im Purpur eines Sonnenuntergangs... Es war, als ob die inneren Flammen nach außen durchschienen... Sie starb sehr jung, ohne eine wirkliche Krankheit, infolge eines plötzlich einsetzenden Schwächezustands, der dieses gesunde, starke Geschöpf in wenigen Tagen in einer für die Ärzte unerklärlichen Weise dahinraffte. Und sie starb genau am 8. September, an dem Fest des Ordens vom Kinde Maria. Die Liebe nahm sie zu sich, die Liebe pflückte sie, die Liebe löschte sie aus, auf daß sie zur ewigen Blüte des Himmels werde.

Mein Aufsatz wurde als ein Meisterwerk bezeichnet. Ich wußte, daß ich in Italienisch gut war, aber eine Zehn (die beste Note) hatte ich wirklich nicht erwartet. Außerdem war ich es nicht gewohnt, gelobt zu werden. Zum ersten Mal erfuhr ich, daß es nicht wahr ist, wie meine Mutter behauptet, daß «wer seine Pflicht tut, kein Lob verdient». Hier hatte ich meine Pflicht erfüllt und wurde ausgezeichnet. Das erwärmte mir das Herz und gab mir neues Selbstvertrauen.

Beschreiben war meine Stärke. Es fiel mir daher sehr leicht, den Schneefall darzustellen. Ich habe den Schnee nie geliebt. Er ist weiß, aber so eisig! Da ziehe ich die Sonne vor. Man darf nicht vergessen, daß ich in einem Mittelmeerland zur Welt gekommen bin und aus der Sonne meine Lebenskraft gesogen habe, als ich als armer Säugling verlassen in der Ackerfurche lag...

Auch der zweite Teil, die Betrachtungen zum Thema, wo die anderen jämmerlich versagten, fiel mir leicht. Als stille Betrachterin, die ich war, hatte ich unzählige Male die Leiden der Armen und Entrechteten beobachtet... Wehmütig von Natur, und durch das Familienleben in dieser Neigung bestärkt, kannte ich das Leid in allen seinen Schattierungen. Wie oft, wenn ich an jenen öden Nachmittagen eines Einzelkindes, an jenen durch familiäre Streitigkeiten verpatzten Sonntagen mit plattgedrücktem Näschen hinter dem Fenster stand, bemerkte ich durch den Tränenschleier anderes, aber ebenso schmerzliches Leid, das im Treiben der weißen Schneeflocken vorüberzog!...

Ohne große Mühe und mit wenig Verdienst, denn die Arbeit war mir sehr leicht vorgekommen, wurde ich in Italienisch, Französisch und den mündlichen Fächern zur Klassenbesten erklärt.

In Mathematik blieb ich weiterhin meiner Dummheit treu. Als ich geschaffen wurde, hat man wahrscheinlich vergessen, mir die Mathematik-Zellen in den Kopf zu setzen. Da herrscht eine absolute Leere, die weder durch meine Anstrengungen noch durch die Bemühungen anderer je ausgefüllt worden ist. Was das Rechnen betrifft, bin ich völlig unbrauchbar.

Aber ich bedauere es nicht besonders. Ich glaube, daß auch Jesus kein guter Rechner ist. Wenn er einer wäre, dann wäre er nicht das, was er ist. Dafür ist er ein Dichter, das zeigt sein Evangelium; er ist ein geschickter Diplomat, auch das geht aus dem Evangelium hervor; er ist Arzt, Lehrer, Freund und Heiland, alles, nur kein Rechner. Und wie alle Nicht-Rechner ist er über alle Maßen großzügig, geduldig und gütig. Und daraus schöpfe ich große Hoffnung... Bei einem Idealisten kann man immer hoffen. Bei einem Rechner nie. Wenn Gott ein Mathematiker wäre, immer auf genaue Rechnungen bedacht, wer könnte dann auf Rettung hoffen? Aber Jesus ist kein Mathematiker. Er läßt nicht die Wissenschaft, sondern das Herz sprechen. Er überlegt nicht mit der Vernunft, sondern mit dem Herzen, oder besser gesagt, er überlegt einzig und allein mit der Vernunft des Herzens, und wer ihn von dieser Seite zu nehmen versteht, erhält von ihm alles.

Auch ich gebrauche im praktischen wie im geistigen Leben die Vernunft des Herzens. Ich bin eine Idealistin, eine Großzügige, die nie die Summen von Soll und Haben berechnet.

Ich gebe und gebe und kümmere mich um nichts anderes. Ich vertraue auf den Heiland, den Bruder, den Freund, den Lehrer, meinen König und setze meinen Weg fort, indem ich zu ihm aufschaue.

Aber kehren wir zum Internat zurück.

Nach zehn Tagen kamen Papa und Mama. Es war mein Geburtstag, und Papa hatte mich besuchen wollen. Als ich in den Besuchersaal gerufen wurde, bekam ich starkes Herzklopfen... Nun würde sich die Wunde wieder öffnen, die eben erst zu vernarben begonnen hatte.

Die Oberin, eine ausgezeichnete mütterliche Erzieherin, der es mit ihrem sanften Wesen gelang, sogar die Widerspenstigsten zum Gehorsam zu bringen, war mit einem unserer Familienfreunde, einem Militärarzt, verwandt. Einer jener Ärzte, die entschieden hatten, daß mein Onkel für mich gefährlich sei. Ein schöner Esel! Aber in einer gewissen Hinsicht muß ich ihm ja dankbar sein, da ich im Internat glücklich war. Nicht dankbar bin ich ihm dafür, daß er mich in den letzten Jahren, in denen Papa noch im Vollbesitz seiner geistigen Kräfte war, von ihm entfernt hat. Doch davon später... Die Oberin, die meinen starken Charakter bereits erkannt hatte, nahm mich also beiseite und bat mich um «das Ehrenwort, daß ich nicht weinen würde». Das Ehrenwort eines Kindes! Manche werden lachen, wenn sie das hören. Aber die Oberin hatte begriffen, aus welchem Holz ich geschnitzt war, und behandelte mich wie eine Erwachsene.

Ich überlegte einige Minuten, bevor ich ihr mein Wort gab, und dann gab ich es ihr kurz entschlossen und hielt es. So habe ich es in meinem Leben immer gemacht. Ich habe stets überlegt, bevor ich etwas anfing oder etwas versprach. Doch wenn mir mein Gewissen sagte: «Du kannst es versprechen, du kannst es beginnen», dann habe ich mein Wort gegeben, mir selbst oder anderen, je nachdem, und es auch immer gehalten, mannhaft, redlich und heilig; denn Heiligkeit bedeutet auch, den Versprechen treu zu bleiben, die wir uns selbst, anderen oder Gott gegeben haben.

Ich ging also in den Besuchersaal und sprach mit den Meinen. Und wie sehr ich auch innerlich meine Tochter-Tränen vergoß, äußerlich zeigte ich mich ruhig und heiter. Ich begleitete sie mit einem Lächeln zur Tür, wie die bewährteste der Pensionärinnen.

Nachher, ja, nachher weinte ich an dem einzigen Ort, wo wir Pensionärinnen wirklich allein waren. Kein poetisches Plätzchen, aber geheim wie kein anderes. Ich habe immer dort drinnen geweint, denn nicht einmal in der Kirche fühlte ich mich so alleine wie in diesem überaus menschlichen Winkelchen... In der Kirche war immer irgendeine Schwester, Laienschwester oder Schulkameradin da, und ich habe stets eine große Scham gegenüber meinen Leiden empfunden.

Ich wollte auch nie bemitleidet werden, wenn ich litt. Ich halte das Mitleidheischen, das Heulend-von-einem-zum-anderen-Gehen für würdelos, für einen Beweis moralischer Infantilität und eines nicht übermäßig großen Schmerzes. Denn der wahre, grenzenlose Schmerz ist würdevoll in seinen Äußerungen. Er weiß sehr wohl, daß kein menschliches Wort imstande ist, den Pfeil aus unserem Herzen zu entfernen... Nur Gott kann der brennenden Wunde übernatürliche Beruhigung schenken, indem er vom Himmel aus dem armen Geschöpf, das sich unter den Dolchstößen krümmt, seine Tröstungen zuwendet. Der Mensch kann das nicht. Die meisten Menschen erreichen mit ihren Trostworten vielmehr das Gegenteil von dem, was sie sich vorgenommen haben. Da ihnen diese Worte nur selten von wahrem Verständnis und echter Liebe eingegeben werden, verletzen und erregen sie mit ihrer häufig unzeitigen und übertriebenen Anteilnahme, anstatt zu heilen und zu lindern.

Manch einer besitzt durch eine besondere Gnade Gottes die geheimnisvolle Gabe zu trösten. Aber die Schar dieser wahren Tröster ist so spärlich, so spärlich!... Man findet sie unter den *wahren* Heiligen dieser Erde und unter *denen, die viel geweint und viel gelitten haben, ohne durch die Einwirkung des Schmerzes zu verbittern*; was zuweilen bei den weniger Guten passiert. Ja, denn der Schmerz, der Lehrmeister des Lebens, bessert die Besseren, die sein Wesen erkennen und begreifen, welch königliches Chrisam das Leiden ist und aus welcher Quelle dieses Chrisam träufelt; die Schlechteren aber verhärtet der Schmerz, er macht sie aufsässiger und egoistischer.

Es gibt viele Aphorismen, um den Menschen zu definieren, aber ich glaube, daß einer der treffendsten jener ist, der sagt: «Sage mir, wie du leidest, wie du zu leiden verstehst, wie du auf den Schmerz reagierst, und ich sage dir, was du für ein Mensch bist.»

Ja, Religion, Vaterlandsliebe, Kinderliebe, Gattenliebe, Mutterliebe, sozialer Einsatz, alles zeigt seine Wahrhaftigkeit im Schmerz.

Der *wahre* Gläubige küßt das Kreuz unter Tränen, drückt es an sein Herz und sagt: «Herr, ich danke dir, daß du mich leiden und so dir ähnlich werden läßt.»

Der *wahre* Patriot leidet mannhaft aus Vaterlandsliebe, und je mehr dieses Vaterland Ursache seines Schmerzes ist, um so mehr liebt er es und dient ihm voller Hingabe.

Ein Sohn, der dieser Bezeichnung *wirklich* würdig ist, liebt und leidet für die, die ihm das Leben geschenkt haben, und opfert sich für sie mit großer Demut, Gehorsam, Achtung und Liebe auf, ohne sich darüber den Kopf zu zerbrechen, ob die Eltern diese Zuneigung verdienen; ohne auf ihre Fehler zu achten, die er zwar sieht, die er aber nicht verurteilt oder gar bestraft, da er in seiner aufrichtigen Liebe das Geheimnis aller Vergebung oder besser *aller Nachsicht* findet.

Die Ehefrau oder der Ehemann, die *wahrhaftige* Gefährten ihres Gatten sind, ein einziges Fleisch mit ihm, das Gott vereint hat und das keine menschliche Macht trennen kann und darf, wird in der Liebe, die in einem Augenblick des Vertrauens erblühte und seither nicht verblüht ist, selbst wenn der andere sie verletzt hat, die Kraft finden, um mit Güte auf des anderen Bosheit, mit Treue auf des anderen Lieblosigkeit, mit Tugend auf des anderen Untugend, mit Hingabe auf des anderen Egoismus, mit Vergebung auf alle Beleidigungen des Lebensgefährten zu antworten, der das heilige und ewige Band des Sakraments und der Liebe mit Füßen tritt.

Und die Mutter und der Vater, die *wirklich* dieses Namens würdig sind, lieben sie nicht am meisten gerade das Kind, das ihr Herz Bluttränen kostet, weil es körperlich oder seelisch krank ist? Wie viele Opfer, wieviel Liebe, um das Kind dem physischen oder geistigen Tod zu entreißen! Wenn es wahr ist, daß ein gesundes, schönes, gutes Kind für die Seinen Beruhigung, Vertrauen und Zufriedenheit bedeutet, so ist es doch auch wahr, daß alle Mühe, alle Sorgen, alle Opfer noch verdienstvoller sind, wenn die Seele spürt, daß sie unnütz sind und für dasjenige unter den Kindern verschwendet werden, das Schmerz und Leid verursacht.

Jetzt bin ich aber weit vom Thema abgekommen. Doch ich habe das Gefühl, daß Sie mich verstehen. Sie sind einer der wenigen, die die seltene Verstandesgabe besitzen, die Herzen zu begreifen.

Ich weiß nichts aus Ihrem Leben, aber ich habe den Eindruck, daß Sie keine tränenlose Kindheit und Jugend gehabt haben. Sie begreifen die Leidenden zu gut, um nicht selber auch gelitten zu haben. Andernfalls müßte ich davon ausgehen, daß Gott mit seiner unendlichen

Fähigkeit zu verstehen und zu lieben Sie so sehr erfüllt hat, daß er Ihre menschliche Begrenztheit überwindet und durch Sie und an Ihrer Statt handelt, versteht und tröstet.

Aber kehren wir zum Internat zurück.

Meine Oberin sagte mir viele Jahre später, sie habe damals aus meiner Treue zum gegebenen Wort geschlossen, daß ich die besten Aussichten auf eine erfolgreiche moralische und geistige Entwicklung hätte, und mich von diesem Augenblick an noch mehr in ihr Herz geschlossen. Sie hatte begriffen, daß der «Valtortino» zwar klein, schüchtern, körperlich schwach und seelisch anscheinend mittelmäßig war, in Wirklichkeit aber gute Anlagen besaß, nämlich Großzügigkeit, Charakterstärke und Treue.

Ja, diese Tugenden habe ich immer besessen, wie einen Strauß von Blumen, die Gott in mein Herz gepflanzt hat und die ich gezogen und mein Leben lang an meine Brüder und Schwestern verteilt habe. Sie sind in mir, zusammengehalten durch das goldene Band der Liebe. Eine große Liebe zu Gott und zu meinem Nächsten. Letztere war stets sichtbar und tätig; jene andere, die Gottesliebe, wirkte manchmal ohne mein Wissen, dank einer ununterbrochenen, verborgenen Arbeit der Seele, die von dem Augenblick an, da sie durch die geistige Zustimmung zu seinem Liebeswunsch Christus empfing, nie aufgehört hat, in Liebe zu handeln und zu wirken. Mein Leben als Institutsangehörige nahm immer mehr Gestalt an, und ich liebte es immer mehr.

Wecken wochentags um 6 Uhr, an Sonn- und Feiertagen um 7 Uhr. Um 6.30 oder 7.30 Uhr hl. Messe in der Kirche und Gebete. Um 7.45 Uhr Frühstück, kurze Pause, Kenntnisnahme des Stundenplans in den Säulenhallen oder, in den Wintermonaten, im Theatersaal. Um 8.45 Uhr Beginn der Unterrichtsstunden, die jeweils eine Stunde dauerten. Um 12 Uhr Mittagessen. Von 13 bis 13.45 Uhr Pause. Anschließend jede zu ihren eigenen Verpflichtungen: Handarbeit, Studium, Musik, Malen usw. bis um 16 Uhr. Um 16 Uhr Vesper und Pause, dann die Aufgaben und Lektionen bis 18.30 Uhr. Anbetung in der Kirche und eucharistischer Segen zur Zeit der Novenen und in den Monaten Mai und Juni. Nachtmahl um 19 Uhr. Von 19.30 bis 20 Uhr Pause.

Nachdem wir vor der Muttergottes «Unter deinem Schutz und Schirm» gesungen hatten, mußten die Kleinen zu Bett. Die Großen blieben noch bis 21.30 Uhr, zu Prüfungszeiten auch länger auf. Dann gingen auch sie schlafen.

Donnerstag und Sonntag Spaziergang in der Stadt oder im Park, je nach der Jahreszeit. Im Sommer jeden Abend Spaziergang aufs freie

Land hinaus zwischen die goldenen Ährenfelder. Im Karneval Film- oder Theatervorführungen. Hin und wieder auch Veranstaltungen in anderen Instituten, die uns einluden, Konzerte im Konservatorium von Mailand und in anderen Sälen. Im Frühjahr die Belohnungs-Ausflüge in die Brianza und zu den Seen. Vom 10. Juli bis zum 10. Oktober Ferien daheim. Ausgezeichnete Verpflegung, regelmäßige Arztvisiten, Zentralheizung mit Heizkörpern und ein heiteres, schönes, vornehmes, liebevolles Ambiente.

Ich fühlte mich dort wirklich wohl. Ich bin vom 4. März 1909 bis zum 23. Februar 1913 in dem Internat gewesen: fünf Schul- und vier Kalenderjahre. Und es sind im wahrsten Sinne des Wortes sonnige Jahre gewesen. Meine Kameradinnen, die alle zu Hause geliebt und oft auch verwöhnt wurden, fanden die Disziplin sehr streng und jammerten darüber. Mir hingegen kam es vor, als hätte ich noch nie so wenig Disziplin erlebt wie hier. Das Studium machte mir Spaß, denn das Lob war ein ständiger Ansporn für die Eifrigen. So lernte ich mit Freude und Erfolg. Ordnung und Gehorsam bereiteten mir keine Schwierigkeiten, die Erziehung ebenfalls nicht. Daher wurde ich immer als Vorbild hingestellt. Und in all den fünf Jahre erhielt ich nicht eine einzige Strafe.

Ich habe Ihnen gesagt, daß ich mich als kleines Kind aus Stolz gut betrug, um nicht um Verzeihung bitten zu müssen. Ein weiterer Grund war, daß ich Papa Freude bereiten und die Strafen von Mama vermeiden wollte. Hier im Internat jedoch lernte ich eifrig und war ein tadelloser Zögling — das muß ich sagen, weil es der Wahrheit entspricht, und die Schwestern, die noch leben, können es bestätigen — *einzig und allein aus Liebe*. Ich hatte bemerkt, daß die Schwestern, diese Jungfrauen-Mütter, wahrhaftig jubilierten, wenn die Zöglinge ihren Bemühungen entsprachen, während sie traurig wurden und litten, wenn eines der Mädchen trotz ihrer liebevollen Anstrengungen lustlos, undiszipliniert und widerspenstig blieb. Ich wollte meine Schwestern nicht betrüben. Sie liebten mich, wie mich meine Mutter nie geliebt hatte, und ich empfand ihnen gegenüber eine große Dankbarkeit, die auch nach 30 Jahren nicht nachgelassen hat.

Schwester Rosa, die Vizeoberin für die Studien, pflegte zu sagen: «Über die Lehrer beklagen sich nur jene Schüler, über die die Lehrer viel zu klagen haben.» Eine große Wahrheit. Ich, die ich stets meine Pflicht erfüllt habe, hatte keinen Grund, mich über meine Lehrer zu beklagen, so wie auch sie keinen Grund hatten, über mich zu klagen, und sie gaben mir dies in jeder Weise zu verstehen.

Auch meine Kameradinnen mochten mich gern und sind mir noch heute freundschaftlich verbunden. Ich habe mich immer mit allen vertragen, und wenn mir auch gewisse Eigenarten, gewisse Anmaßungen oder Egoismen meiner Kameradinnen mißfielen, so habe ich sie deshalb immer bemitleidet und geduldig versucht, sie zum Nachdenken zu bringen, um die natürlichen Anlagen dieser reichen und glücklichen Kinder zu verändern. Ich war reich, aber nicht glücklich. Ich kannte den Geschmack der Tränen, und das Leben erschien mir daher in einem anderen Licht.

Wie viele Vertraulichkeiten, wie viele kleine Geheimnisse, und wie viele verborgene Hilfen gab ich meinen kleinen Herzensschwestern!... Ich besaß von Natur aus die seltene Gabe des Schweigenkönnens. Ich verstand es, zuzuhören, zu trösten und zu schweigen. Das Internat ist eine kleine Welt. Dort kann man von allem etwas finden: alle sozialen Schichten, alle Charaktere, alle möglichen Lebenserfahrungen: Schmerzen, Freuden, eigene Hoffnungen und solche, die uns das Leben draußen eingibt. Und alles ist gemeinsam in diesem kleinen Kreis: das Leid, das die eine trifft, wird mit den anderen geteilt; die familiären Trauerfälle und Katastrophen, von der die eine heimgesucht wird, rühren alle zu Tränen; Geburten und Hochzeiten, die die eine erfreuen, erfreuen alle.

Und auch die Schwestern haben ihre Lieben und ihre Kreuze. Die inneren der Gemeinschaft und die äußeren, die ihr Zuhause betreffen, das sie Jesus zuliebe verlassen haben. Wer sind diese Törichten, die behaupten, daß das Klosterkleid die Zuneigungen auslöscht? Wie habe ich meine Schwestern in gewissen qualvollen Stunden leiden sehen... Wie viele Tränen haben sie in meiner Gegenwart vergossen, weil sie meines Verständnisses und meiner Verschwiegenheit sicher waren... Manchmal suchten sie Zuflucht in meinem Studierzimmer — denn ich hatte einen kleinen Raum ganz für mich, aus Gründen, über die ich später sprechen werde — und schütteten mir ihr Herz aus... Arme, liebe Schwestern! Ich ließ sie weinen, hörte mir an, was sie mir sagten, erfaßte intuitiv, was sie nicht sagten, betete zu Gott, daß er sie tröste, und schenkte ihnen meine Liebe. Und ermuntert gingen sie von dannen.

Auch ich vertraute mich ihnen an. Nur selten, denn ich war sehr verschlossen, schüchtern und zurückhaltend, was meine Gefühle betraf. Doch man verstand sich auch, ohne viele Worte zu machen. Der Blick, das Glühen des Gesichts oder das Zittern der Stimme drückten das aus, was ich mich zu sagen schämte.

Ich war sehr beliebt. Eine angeborene Urteilsfähigkeit sorgte dafür, daß meine Überlegungen schwerlich irrig waren. Meine Oberin sagte immer zu Mama: «Ja, Maria ist ein sehr kluges Mädchen. Es entgeht ihr nichts, und sogar wir Schwestern müssen auf der Hut sein, denn wenn uns Fehler unterlaufen, sagt sie es uns mit großer Liebenswürdigkeit, und ich muß eingestehen, daß sie wirklich recht hat.»

Die Kameradinnen vergötterten mich und waren stolz auf mich wegen meiner Intelligenz. Viel stolzer, als ich selbst es war, denn ich fühlte, daß ich mich dieses Geschenkes Gottes nicht rühmen konnte, sondern Ihm dafür danken und es zum Wohle meiner Mitschülerinnen einsetzen mußte. Alle Briefe an Prälaten und Behörden, alle literarischen Versuche für die Akademien, alle Nacherzählungen stammen aus dieser Birne... Ich kam mir wie eine Seidenraupe vor, die ihr klebriges Sekret spinnt und spinnt und spinnt und ihr Meisterwerk flicht und flicht und flicht... Ohne Verdienst und ohne Mühe.

Aber das ist nur die *menschliche* Seite. Es tut mir leid, damit Zeit zu verlieren, auch weil ich dabei Gutes über mich selbst sagen muß. Aber Sie haben mir ja aufgetragen, das Gute und das Böse zu erzählen. Und das tue ich eben.

Aber nun werde ich zu einem anderen Thema übergehen, das Ihnen besser gefallen wird und das auch mir mehr zusagt. Zuerst will ich jedoch noch von meinen Studien berichten.

Im ersten und zweiten Jahr erhielt ich die internatsinterne Ausbildung. Im dritten Jahr dann, nach der Erkrankung meines Vaters im Frühjahr 1910, beschloß meine Mutter, die nun die *absolute Herrin* über alles war und sich nicht mehr im geringsten um den Willen meines Vaters kümmern mußte, mich in die Fachschule zu schicken.

Mama wollte eigentlich die Fortbildungsschule und dann die Lehrerbildungsanstalt, da ihr das Ideal der «Tochter als Lehrerin» vorschwebte. Die Schwestern gaben jedoch zu bedenken, daß ich in diesem Fall das Internat verlassen und als Privatschülerin die öffentliche Schule besuchen müßte, und daß im übrigen, da ich im Zeichnen völlig unbegabt sei, die Einschreibung in die Lehrerausbildungsanstalt nicht möglich sei. Daraufhin plädierte Mama für die Fachschule.

Schlimmer hätte es nicht kommen können! Sie müssen sich vorstellen, daß meine mathematischen Fähigkeiten sich nicht über die Bruchrechnung hinaus weiterentwickelt hatten... Wie ein starrköpfiger Maulesel hatte sich mein Gehirn auf einmal geweigert, weiterzurechen. Ich verstand nichts: die Stunden in Arithmetik, Geometrie und kaufmännischem Rechnen waren eine nutzlose Qual. Es kam soweit, daß mir schlecht wurde bei der Anstrengung, etwas zu verstehen. *Doch ich verstand nichts*. Mir kam es vor, als spreche man japanisch, afrikanisch oder eskimoisch zu mir! Und da sollte ich in die Fachschule geschickt werden! Im Grunde hatte ich es eigentlich gar nicht nötig, einen Beruf zu erlernen... Aber wenn ich unbedingt ein Abschlußzeugnis erwerben sollte, so wollte ich wenigstens die humanistischen Studien fortsetzen, in denen ich bisher so erfolgreich gewesen war.

Ich bat und flehte in diesem Sinne. Die Schwestern baten und flehten in diesem Sinne. Ohne Erfolg. Meine Mutter blieb unerbittlich, getreu ihrem «Was ich gesagt habe, habe ich gesagt».

Ich absolvierte also drei Fachschuljahre in einem Jahr und fiel in Mathematik, Geometrie und kaufmännischem Rechnen hoffnungslos durch. In allen anderen Fächern erhielt ich die besten Noten... Ich war vor Lernen krank geworden, hatte mich sinnlos in Tränen und Mühen verzehrt... Wie immer in meinem Leben hatte sich Mama mir in die Quere gestellt und mir geschadet... Ja, sie hat mir geschadet... Einen Teil meines glücklichen Internatlebens hat sie mir zerstört... Aber was soll's!

Schwerkrank kehrte ich zu den Oktoberprüfungen ins Internat zurück. Die Schwestern erwirkten, daß ich in den restlichen Unterrichtsmonaten das humanistische Programm absolvieren durfte. Aber was hat mir das gebracht? Was hat mir dieses wertlose Abgangszeugnis genützt, verdorben durch die schlechten Noten in den drei exakten Wissenschaften? Und was hat mir dieses mörderische Studium genützt, bei dem ich in weniger als 20 Monaten das ganze Programm des Gymnasiums absolvieren mußte? Ich hatte persönliche Genugtuungen, aber keinen wahren Nutzen. Aber was soll's! Was soll's! Und noch einmal, was soll's!

Das ist auch der Grund, weshalb ich in den letzten beiden Schuljahren ein Studierzimmer ganz für mich allein hatte, wo ich zwölf Stunden am Tag arbeiten, arbeiten und nochmals arbeiten konnte. Eigentlich waren es glückliche Stunden für mich, denn ich liebte die literarischen Fächer ja so sehr.

Und nun sprechen wir vom Geist, vom geistigen Leben.

In meinem Internat ging es mir wie einer Blume in einem fruchtbaren Boden, wie einer Pflanze, die aus dem Schatten in die Sonne verpflanzt wird, wie einer verwilderten Staude, derer sich ein erfahrener Gärtner annimmt: ich nahm an Körpergröße, Intelligenz und Wissen zu. Aber vor allem erblühte ich in Christus.

Wie ich schon zu Beginn dieser Schilderungen gesagt habe, erfolgte meine erste Begegnung in der Kapelle der Ursulinen, «als ich noch nicht der Kindheit entschlüpft war». Dort habe ich mit meinem unschuldigen, kindlichen Vertrauen den Jesus geliebt, der unter so großen Schmerzen für mich gestorben war. Dann habe ich meinen Gott aus den Augen verloren. Die Verbindung riß ab, wie ein Faden unter der übermäßigen Last unnützer Dinge zerreißt.

Die Anbetungsschwestern vom Allerheiligsten Sakrament haben den zerrissenen Faden wieder geknüpft. Aber die Verbindung war, gewiß aufgrund meiner Unfähigkeit, noch nicht wiederhergestellt. Zuviele Jahre geistiger Trägheit waren verstrichen, und die Seele war in eine Lethargie verfallen, aus der sie nur schwer herauskommen konnte. Jesus überforderte mich nicht. Er hätte mich durch irgendeinen Schmerz oder einen anderen Eingriff seines Willens erschüttern können. Aber er tat es nicht. Er wartete. Er liebte mich nur, mein lieber Jesus... Und es war recht, daß ich ihn liebte, ohne seine Liebkosungen zu spüren, denn ich war so lange dermaßen apathisch und betäubt gewesen, daß ich ihn gar nicht wahrgenommen hatte.

Als ich ins Internat kam, spürte ich von den ersten Tagen an, daß sich meine Seele ihm von neuem zuwandte. So ähnlich muß es dem Baum ergehen, wenn er aus seinem tiefen Winterschlaf erwacht. Von den im Boden versunkenen Wurzeln steigt neuer Lebenssaft auf, dank der Sonne, die die eben noch kalten Erdschollen mit ihren goldenen Strahlen leicht erwärmt. Der Saft steigt in dem kahlen Stamm empor, läßt die rauhe Rinde vor Glück erschaudern, dringt durch das halbtote Mark des kompakten Holzes in die Äste, hoch bis in den Wipfel, bringt die kaum erkennbaren Knospen zum Schwellen, läßt wunderbares neues Laub hervorquellen, übersät alles mit Blumenkronen, die durch den Blütenstaub befruchtet werden und neue Frucht hervorbringen. Und so wird aus dem eben noch trostlosen, kahlen Baum ein herrliches Stück nützlichen und reichen Lebens.

Auch ich fühlte, daß etwas in mich hinabstieg, das Eis in meinem Herzen zum Schmelzen brachte und neues Leben und Licht verbreitete, wo vorher Tod und Finsternis geherrscht hatten... Der heilige Josef, der mich auf seine Knie gesetzt und als erster meine Seele im Blute Christi gewaschen hatte, nahm mich nun an der Hand und führte mich zu Jesus. Ich war kaum sechs Tage im Internat, als die mir so liebe Novene zum heiligen Josef begann, und ich war kaum vierzehn Tage dort, als eine feierliche Messe zu Ehren dieses Heiligen stattfand, der auch der Heilige meiner Oberin war. Die Sonne Christi ging über meiner Nacht auf...

Feierliche Messen haben mir immer gut gefallen. Diese Pracht um den Heiligen aller Heiligen, diese sanfte, feierliche Kirchenmusik, dieser Duft der Weihrauchkörner, die vor dem Altar verbrannt werden, dieses Lob Gottes und seiner Heiligen im prunkvollen Rahmen haben mir schon immer ans Herz gerührt. Und sie haben mich ein klein wenig spüren lassen, wie einst von Ewigkeit zu Ewigkeit in den seligen Himmeln Gottes das Loblied des Lammes erklingen wird. Und schon damals haben sie in mir eine Sehnsucht nach den himmlischen Hymnen wachgerufen, ein Verlangen, mich dort hinauf zu begeben, um meine Stimme mit denen der seligen Scharen zu vereinen, die da die Heilige Dreifaltigkeit anbeten und in der Glückseligkeit dieser Anbetung aufgehen.

In meinem Internat teilte sich uns die Religion den ganzen Tag über mit. Aber es war eine lichte, offene, vertrauensvolle Religion. Nicht lange, zermürbende Gebete, sondern der ständige, kurze Anruf Gottes, nicht Zittern vor seinem Gericht, sondern Vertrauen in die Güte des Vaters wurden uns vermittelt. Die Religion wurde uns nie aufgezwungen; wir wurden dazu angeleitet, sie zu lieben, ohne daß wir es merkten, so sanft war die Art unserer Lehrerinnen, die für diese Religion lebten, und so anziehend war das fromme Leben, zu dem sie uns erzogen.

Der Tag begann mit der heiligen Messe, und das galt für alle; aber wenn eine sich nicht danach fühlte, die heilige Kommunion zu empfangen, stand ihr das vollkommen frei. Die Umgangsformen der Schwestern änderten sich auch nicht gegenüber der geistigen Trägheit einiger ihrer Zöglinge. Gewiß werden sie die Gebete für diese schlummernden Seelen verdoppelt haben, aber direkt äußerten sie sich ihnen gegenüber nicht.

Ich glaube, daß dies die beste, ja die einzige Methode ist, an die man sich halten sollte, wenn es um etwas so Delikates wie das Seelenleben geht. Gebet und Buße, um Licht für diese verfinsterten Seelen zu erlangen, aber nicht mehr als das. Religiosität bedeutet nichts anderes als ein Leben voller Liebe, und Liebe muß, um wahr zu sein, spontan sein. Wenn sie aufgezwungen wird, hört sie automatisch auf, Liebe zu sein, und wird zu einer drückenden, antipathischen Verpflichtung. Man muß es verstehen, die Herzen zur Liebe zu führen, ohne daß diese sich einer solchen Bemühung bewußt werden.

Meine Schwestern beherrschten diese erhabene Kunst hervorragend. Sie führten uns so sanft, durch so leichte, fast unmerkliche Eingriffe zu einem Leben im Glauben, daß wir uns von Religiosität durchdrungen fanden, ohne gewahr zu werden, welche fortwährenden Bemühungen in diesem Sinne unternommen wurden.

Und so wie sie uns nicht zur Frömmigkeit drängten, so förderten sie auch keine schwärmerische Frömmigkeit. Auch hier lenkten sie uns richtig und beschränkten sich darauf, die Neigungen unserer jungen Seelen zu überwachen, ohne in uns jene vergänglichen mystischen Rauschzustände zu erwecken, die so typisch für das Pubertätsalter sind; die das Herz in ein Delirium von heiligem Sentimentalismus versetzen, um es dann sehr bald wieder zu verlassen. Zurück bleiben, wie nach einem kurzen Strohfeuer, Asche und Kälte. Kälte gegenüber dem Leben, da solche Seelen in einem Augenblick — und zwar nicht in wahrer Liebe, sondern in einem lügenhaften Trugbild der Liebe — das bißchen Frömmigkeit und Barmherzigkeit verbraucht haben, dessen sie fähig waren. Ebenso ergeht es gewissen Pflanzen, die vom Gärtner durch widernatürliche Mittel zum Wachsen angetrieben werden und sich vorzeitig entwickeln und mit einer unnatürlichen Fülle von Laubwerk und Blüten bedecken, um dann — einzugehen. Arme, kurzlebige Pflanzen, die die Laune des Menschen einem Ende vor der Zeit zuführt, während sie doch jahrelang hätten Freude schenken können...

Das alles kam in meinem Internat nicht vor. Dem Glauben, dieser lebenspendenden Sonne, begegnete man dort überall. Doch wie es mit den Sternen geht, die immer am Himmel sind, während der Mensch seinen Tag lebt oder sich unter ihrem Kreisen zur Ruhe begibt, ohne an sie zu denken, so lebten auch wir, dem Lauf der Sonne des Glaubens folgend, ohne daran zu denken, daß dieses Gute, das wir in uns wachsen spürten, von dieser Sonne kam, die uns sachte, sachte durchdrang und Blut unserer Seele, Fleisch unseres Geistes wurde. Aber gerade weil es sich um ein langsames, konstantes Wirken handelte, hat es etwas Dauerhaftes in uns hervorgebracht.

Wenn der Himmel seine Schleusen öffnet und aus den Wolken der Regen auf die Erde herunterprasselt, die wie ein grenzenloses Tuch unter ihnen ausgebreitet ist, dann können die Auswirkungen ganz verschiedener Art sein. Ein sintflutartiger Platzregen hämmert, zerquetscht und entwurzelt; er reißt Astwerk, Früchte, Blüten und Samen mit sich. Als Erinnerung an das meteorologische Toben bleibt eine gelbliche Schlammasse zurück. Wenn aber ein feiner Sprühregen wie Apriltau sachte vom kaum verhüllten Himmel fällt, den Staub vom Laubwerk wäscht, Knospen und Fruchtknoten zum Schwellen bringt, die Schollen liebkost und bis zu den verborgenen Samen vordringt, um ihnen Nahrung aus der Luft zu bringen, dann sieht der Mensch mit erstaunten, freudvollen Augen, wie die Erde schön und fruchtbar wird und Leben aus all ihren Poren drängt, wie viele Stengel sich mit Blüten krönen und in einer klareren, reineren Atmosphäre die Hoffnung auf die bevorstehende Ernte verkünden.

Die Religion war in meinem Internat wie das sanfte Wasser, das bis in die Tiefe vordringt und lebensfördernde Säfte mit sich bringt.

Die Reaktionen der Seelen waren verschieden, wie ja auch die Seelen selbst verschieden waren. Einige von uns sind gut hineingewachsen in das übernatürliche Leben, andere sind geblieben, wie sie waren, wieder andere sind jämmerlich verlorengegangen. Aber diese verschiedentliche Ausbeute hatte individuelle und familiäre Ursachen, denn was die Schwestern betrifft, so wandten sie bei allen dieselben Erziehungsmethoden an.

Ich war der Gnade vielleicht etwas leichter zugänglich, da mein Leben nicht so glücklich war.

Es sollte eigentlich nicht so sein, nicht wahr? Man möchte meinen, daß die Glücklichsten jene seien, die die Güte Gottes vor Schmerz und Leid bewahrt, die Gott lieben und sich in Dankbarkeit an Ihn klammern. In Wirklichkeit geschieht aber für gewöhnlich das Gegenteil. Ich spreche hier natürlich von Herzen, die nicht gänzlich böse sind; denn in den gänzlich bösen hinterlassen ja Gut und Böse, Freude und Schmerz dieselbe gotteslästerliche Gleichgültigkeit gegenüber dem Schöpfer aller Dinge, wenn sie nicht sogar zu einer noch gottloseren Auflehnung führen. In den nicht vollkommen bösen Seelen jedoch ist der Schmerz eine Glocke... welche die Seele an Gott erinnert; in den liebesarmen Herzen ist der Schmerz der Wohltäter, der im Namen Gottes das Brot der Liebe reicht; bei den Einsamen, die mit weniger Liebe auskommen müssen als ein Mensch, der sich in der Wüste verirrt hat, führt der Schmerz zur Begegnung mit dem Einzigen, der einen nie verrät, enttäuscht oder verläßt.

«Jene, die weinen», wissen nicht nur die anderen Herzen zu verstehen, sie wissen auch das Herz der Herzen zu finden, auf das sie die brennende Stirn legen können; das blutende Herz, auf dem sie die Tränen vergießen können, die ihre Augen füllen und ihren Blick trüben; das Herz, in das sie die Liebe legen können, die niemand will und die doch verschenkt werden muß, um nicht zu einer drückenden Qual zu werden...

Maria, die kleine Maria, die schon so viel und alleine geweint, so viel und alleine geliebt hatte, hörte in dem strahlenden Frühling des Jahres 1909, während sie sich einsam in einer kleinen neuen Welt herumtrieb, eine Stimme, die in ihrem Herzen erklang und sie rief: «Maria». Und die kleine Maria erhob ihre jugendlichen Augen, die bereits zu ernst waren wegen dem vielen Leid, das sie geschaut, und ihr Blick begegnete einem süßen Antlitz, das sie voller Liebe und Mitleid betrachtete. Doch Maria erkannte es nicht sogleich... Sie fühlte sich nur angezogen von Dem, der sie so liebevoll anblickte, ihr seine Arme entgegenstreckte und zulächelte... Da wurde es Licht, und Maria erkannte Jesus, sie erkannte ihn wieder, den Meister, und warf sich ihm zu Füßen mit der Sehnsucht nach Liebe.

Aber der Meister, der wußte, daß die kleine Maria ihn in voller Erkenntnis und nach vielen, vielen Widerwärtigkeiten würde lieben müssen, sagte zu ihr, wie er bereits an jenem strahlenden Aprilmorgen zu Maria Magdalena gesagt hatte: «Berühre mich nicht. Du mußt vorher noch viel vollbringen. Nicht ich, sondern du mußt vorher auf das Kreuz steigen und dich als Hostie auf dem Altar des Leides aufopfern und dem Vater der Gerechtigkeit darbringen, meinen Kelch bis zur Neige leeren, die verschiedenen Gesichter der Versuchung, der Leidenschaft und der Liebe kennenlernen, das Beste auswählen und auf das verzichten, was eitle Verlockung ist. Erst mußt du dir in deiner jetzigen Persönlichkeit ersterben und mit einer neuen Seele wiedererstehen. Erst mußt du dein "Fiat" sprechen, dein "Ich bin die Magd..." und mich mit allem Leid, das das Los der Evas-Töchter ist, empfangen, mich in dir heranwachsen lassen und durch dich ernähren. Wenn du aus dir selbst einen Tabernakel gemacht haben wirst, um meine aus Liebe zu euch gegeißelte menschliche Gestalt in dich aufzunehmen, wenn du dich selbst als Opfer dargebracht haben wirst, eine kleinere Hostie, dann wirst du mich berühren, dann werde ich in dir sein und du in mir, verbunden in einer Liebe, die dir schon auf Erden, auf dem Kreuze Seligkeit schenken wird, denn ich werde deine Stärke, deine Freude, dein Alles sein. Einstweilen werde ich nur der Meister sein, denn du sollst keinen anderen Meister außer mir haben, da niemand dich auf den schweren Weg vorbereiten kann, auf dem ich dich in mein Reich führen will: den Weg des Leidens. Denn wisse, geliebte Seele, ich werde mit durch Schmerz gezeichneten Worten und einem solchen Antlitz zu dir kommen, um dich zur Glückseligkeit zu führen.»

So sprach mein lieber Jesus mit tonloser Stimme zu meiner Seele, die ihn in jenem milden Frühling gefunden und wiedererkannt hatte. Und meine Seele, mit einem höheren Denkvermögen ausgestattet als in der seligen Kindheit, schlug die Nachfolge des Meisters ein und spürte, daß ihr daraus alles Gute kommen würde, während ihr menschliches Leben so bar alles Guten war.

Von da an kannte ich die Freude des Herzens, die jene begleitet, welche Gott zum Mittelpunkt ihrer Liebe und zum Ziel ihrer Existenz machen. Diesen tiefen Frieden, der auch standhält, wenn die Oberfläche unseres Ichs von stürmischen Wellen aufgewühlt wird. Diese Zärtlichkeit, die die Bitternis unserer schwärzesten Stunden mildert und uns die Kraft gibt, der Verzweiflung nahe fortzufahren und diese auf dem Weg des Kreuzes, auf dem Wege Gottes zu überwinden.

Wie sehr habe ich Jesus in meiner frühen Jugend geliebt! Und wie Er mich liebte!

Ich weiß nicht, ob ein Schein dieses inneren Feuers meines Herzens nach außen gedrungen ist und es meinen Schwestern angezeigt hat. Ich war jedoch so verschlossen, verstand es so gut, über mein wirklicheres, geheimeres Leben zu wachen, daß ich daran zweifle. Wenigstens in der ersten Zeit, glaube ich, blieb meine mystische Verlobung mit Christus allen verborgen. Mir aber war sie wohl bekannt!

Es war keine unvorhergesehene, natürliche Liebe, wie gewisse Zuneigungen, die uns erst bewußt werden, wenn wir plötzlich auf sie verzichten müssen. Oh, nein! Ich wußte, daß ich ihn liebte, und ich war mir bewußt, daß ich ihn immer mehr lieben wollte. Diese Liebe war voller Erkenntnis, klar umrissen in allen Einzelheiten. Sie schenkte mir ein inneres Frohlocken und innere Liebestränen, sie gab mir Erleuchtungen und Ratschläge, Tatendrang und Willenskraft und die unendliche Sehnsucht, ihn immer mehr, tiefer und vollkommener zu lieben.

Und Jesus belehrte mich mit väterlicher Güte. Jesus, ja, wirklich Jesus. Nicht durch menschliche Worte bin ich seine kleine Maria-Hostie geworden, wenngleich mir viele heilige Worte vom Altar aus gesagt worden sind. Jesus war es, der mich belehrte, indem er mich leise rief, wann er wollte, daß das geistige Ohr der kleinen Maria aufmerksam Lebensweisheiten lauschte, über die er mich dann mit seinem göttlichen Licht erleuchten würde.

Ich erinnere mich... Ich erinnere mich an manch zärtlichen Aufruhr, den gewisse besondere Lebensgeschichten von Heiligen in mir hervorriefen.

Es war im Internat Brauch, im Advent oder auch in der Fastenzeit im Speisesaal Lesungen abzuhalten. Eine der «Großen» oder eine Schwester stieg auf eine Art Pult, das in der Mitte des sehr langen Speisesaals stand, und las zu Mittag und am Abend eine Viertelstunde aus dem Leben der Heiligen vor.

Als erstes hörte ich «Die Geschichte einer Seele». Damals war die hl. Therese vom Kinde Jesu, die erst 11 Jahre zuvor gestorben war, einfach Schwester Therese vom Kinde Jesu... Doch für mich war sie sofort die *Freundin...* Ihre Lehre der vertrauensvollen Hingabe, der selbstlosen Liebe, ihr schlichter, großer Weg der Heiligkeit beeindruckte mich sofort. Ich begriff, daß ich denselben Weg einschlagen mußte, um zu Jesus zu gelangen... Sie werden sehen, Pater, daß ich mich nicht geirrt habe und daß viele Jahre später, als ich mich Jesus als Hostie schenkte, diese liebe Heilige meine «Patin» gewesen ist...

Dann die Märtyrer... Auch während der Handarbeitsstunden las eine vor, hauptsächlich um meine schwatzhaften und unruhigen Gefährtinnen zum Schweigen zu bringen. Sehr oft war ich diese *eine*, da ich fließend las und eine gute Aussprache hatte. «Fabiola», «Die letzte Vestalin», «Ben Hur», «Unter dem Zeichen Roms», und ich weiß nicht, wie viele andere Bücher über die Anfänge des Christentums habe ich da mitangehört oder selbst vorgelesen. Wie viele Freundinnen hatte ich unter den jungfräulichen Märtyrerinnen! Wie viele Freunde unter den heiligen Tribunen, den heiligen Diakonen, den Sklaven und Plebejern des Roms der Katakomben!

Man bekommt von Jesus immer, worum man ihn in reiner Absicht und angespornt durch die Liebe bittet. Manchmal glaubt man, es sei nicht so, Gott schenke uns kein Gehör. Doch er läßt uns nur warten. Das aufrichtige Gebet um etwas, das mit Sicherheit unserem Wohle dient, wird von Gott stets erhört.

Ich habe darum gebeten, indem ich tausendemal das Gebet der heiligen Agnes wiederholte, daß mein Körper und mein Herz rein bewahrt bleiben sollten, damit sie vor Gott nicht verlegen wären. Ich habe tausendmal gebeten, meine Liebe durch das Martyrium bezeugen zu dürfen, denn ich konnte mich nicht mehr trennen von diesem Liebhaber, mit dem mich eine so innige Liebe verband.

Und habe ich nicht erhalten, was ich erbat? Ja, ich habe es erhalten, ganz und gar. Wenn die Not der Krankheit die schneeweiße Blütenkrone der jungfräulichen Unbescholtenheit gebeugt hat, bedeutet das nicht einen Märtyrer-Purpur, der sich noch leuchtender über alle Leiden des Fleisches ausbreitet? Denn es ist *ein Martyrium des Herzens*, zusehen zu müssen, wie einem die Frische der lilienhaften Jungfräulichkeit entrissen wird. Wenn ich im schönen Paradies auch nicht unter den Einhundertvierundvierzigtausend sein werde, die dem Lamm[11] folgen, der strahlenden Schar jener, deren Fleisch keine wie immer geartete Entwürdigung erfahren hat, werde ich dann nicht unter jenen vom Blut geröteten sein, die eine hohe und verständnisvolle Liebe auf einen Opferweg gedrängt hat, der blutig ist, wenngleich er dem Anschein nach nicht von Blut trieft, sondern nur vom Verlust der wahrhaften Reichtümer des Menschen, wie Gesundheit und Leben, gekennzeichnet ist?

Wenn Menschen, die von den tiefen Wahrheiten unserer Religion, nicht sehr überzeugt sind, erführen, daß ich armes weibliches Geschöpf mich in der Morgenröte des Lebens, als mich dieses Leben noch nicht gelehrt hatte, was Aufopferung bedeutet — wenn sie also erführen, daß ich mich bereits damals Gott dargeboten habe, dann würden sie sagen, daß ich eine Törichte, eine Wahnsinnige war.

Nein, Herr, weder töricht noch wahnsinnig war dein kleines verliebtes Veilchen, und auch nicht anmaßend. Das kleine Märzveilchen, das in der Fastenzeit zur Welt kam, das Veilchen, das vor deinem mit Wunden bedeckten Antlitz seine ersten Liebestränen vergoß, das Veilchen, das im Schatten und im Dunkel, in der Kälte und der Einsamkeit aufwuchs und sehnlichst nach deiner Sonne, deiner Liebe verlangte, um sein so betrübtes Köpfchen aufzurichten und deinem Kreuz zuzulächeln; dieses Veilchen wußte, daß Du seinen Wunsch nicht enttäuschen und ihm helfen würdest, für Dich zu leiden.

Du brauchtest den Simon von Cyrene, um dein Kreuz zu tragen; aber für deine kleinen Christen, die den Kalvarienberg hinansteigen und ihr Kreuz Dir und den Brüdern und Schwestern zuliebe tragen, um deine Passion fortzusetzen, bist Du der Cyrenäer. Und wenn der Mensch wankt und in seiner menschlichen Schwäche fällt, wenn er aufgrund

11. Apokalypse 14,1-5.

der vielen Leiden nicht mehr imstande ist, das Kreuz zu schleppen, dann trittst Du für ihn ein und schiebst deine göttlichen Schultern unter die Last des Kreuzes; denn Du erbarmst Dich der kleinen Hostien, Du hegst für sie eine eifersüchtige Liebe, ein heiliges Verlangen, sie zusammen mit Dir zum Gipfel zu erheben, zwischen Himmel und Erde, als lebende Opferaltäre, lebende Weihrauchfässer, denen sich das gütige Auge des Vaters zuneigt und von denen Gnadenströme ausgehen für die Mitmenschen, die ahnungslos vorüberschreiten...

Ich hatte also eine ganz eigene Welt, in die ich mich flüchtete, um das Leben meiner Sehnsüchte zu leben. Heiliger Wunsch der Vereinigung mit Christus, um den nur wenige wissen, und der Wohlgerüche des Paradieses mit sich bringt!

Aus dieser Zeit stammt meine Vorliebe für die Monate Mai und Juni, in denen die Lobpreisungen Mariens durch die Lobpreisungen des göttlichen Herzens abgelöst werden... Der Duft jener Monate ist in mir verblieben wie eine Essenz in einem versiegelten Gefäß. Ein Wohlgeruch, der nicht von dieser Erde, sondern wahrhaftig von einem himmlischen Beet stammt. Und alle Rosen, Lilien, Iris und Nelken, all die tausend und abertausend Blumen des milden Monats Mai und des sonnengetränkten Monats Juni können nicht die geringste Vorstellung geben von diesem Wohlgeruch des Himmels, den die Scharen der Engel in diesen schönen Monaten der Gottesmutter und ihres Sohnes in mein Herz brachten. Wenn sie zuende gingen, war mir zumute wie einer, die ihr Glück zuendegehen sieht...

In dieser Zeit wurde ich auch zu einer Tochter Mariens. Eigentlich hätte ich es vorgezogen, Tochter der Schmerzensmutter zu werden, weil ich mich dieser sehr verbunden fühlte. Ihr war die Kirche geweiht, die in den Sommerferien zu meiner Pfarrei wurde. Ihr war die erste wertvolle Medaille gewidmet, die ich trug. Ein Bild von ihr stand auf meinem Nachtkästchen. Doch mir scheint, daß die Schmerzensmutter mich weiterhin liebt — denn auch jetzt, am Ende des Lebens, hat sie meine Seele einem ihrer Diener[12] anvertraut und wünscht meine Werke für ihren Altar. Im übrigen ist es recht so. Die kleine Liebhaberin des leidenden und gekreuzigten Herrn kann nur die Schmerzensmutter zur Mutter haben.

---

12. Pater Migliorini gehörte dem 1233 gegründeten Orden der Diener Mariens (Serviten) an, der sich u.a. für die Verbreitung der Verehrung der Schmerzhaften Mutter einsetzt.
Maria Valtorta hatte eine Klöppelspitze für den betreffenden Altar in der St.-Andreas-Kirche in Viareggio angefertigt.

Ich hätte also das violette Bändchen der Töchter der Schmerzensmutter tragen wollen, das ich um den Hals der Mädchen des Dritten Externats sah, Mädchen aus dem Volk, die die Schwestern versammelten, um ihnen Handarbeiten beizubringen und sie sonntags im Speisesaal zu behüten. Dieses Dritte Externat lag ganz am Ende der ausgedehnten Anlage des Kollegs. Eine Anlage, die eine ganze Straße einnahm und zweckmäßigerweise in vier Komplexe aufgeteilt war, die nicht miteinander in Verbindung standen. Sie setzte sich zusammen aus dem eigentlichen vornehmen Internat, dem Ersten Externat, wo die jungen Damen aus Monza zum Unterricht kamen, dem Zweiten Externat für die Kleinbürger, wo die Schülerinnen ein wenig Bildung und viel Nähunterricht erhielten, und dem Dritten Externat, wo sehr arme Mädchen aus Barmherzigkeit aufgenommen wurden und von früh bis abends und an den Feiertagen nachmittags nähen lernten.

Es waren gute, den Schwestern zugetane Mädchen. Sie luden uns zu ihren Veranstaltungen ein, und uns schien es, eine andere Welt zu betreten, wenn wir dort ganz hinten anlangten, nachdem wir die gesamte Anlage durchquert hatten mit ihren etwa zehn Höfen, dem Park, dem sehr großen Gemüsegarten und den landwirtschaftlichen Gebäuden voller Kikeriki und Gegacker. Auch wir luden sie zu unseren Veranstaltungen ein, und vielleicht hatten sie ebenfalls den Eindruck, in eine andere Welt zu kommen, wenn sie unser wunderschönes Internat betraten mit seinen Vergoldungen, den Mosaiken, den spiegelnden Fußböden, Wandteppichen, Lüstern usw.

Aber um auf meinen Wunsch zurückzukommen: Die Schwestern erlaubten nicht, daß ich eine Tochter der Schmerzensmutter wurde. Ich wäre die einzige im Internat gewesen, und Besonderheiten wurden immer unterdrückt. So wurde ich also eine Tochter Mariens.

Auf diese Zeit geht mein Schlafen mit dem Kruzifix zurück. Wir hatten ein großes Messingkreuz am Kopfende unserer Betten. Ich empfand eine wahre Leidenschaft für mein Kruzifix und wendete immer meine ganze Kunst und Kraft auf, um es durch heftiges Reiben mit dem Tintenradiergummi und meinem schwarzen Wollkleid (den einzigen Werkzeugen, die ich zur Hand hatte) glänzend wie Gold zu halten. Mein Jesus leuchtete wie ein Kleinod vom Kopfende meines Bettes. Das will ich meinen, bei all dem intensiven Abreiben! Diejenigen meiner Gefährtinnen wirkten matt, waren von Grünspan bedeckt, das meine aber war schön wie das Kreuz eines Kardinals.

Doch der Glanz genügte mir nicht. Ich fand immer, selbst in den kältesten Monaten, ein Blümchen, manchmal auch nur ein Efeublättchen, das ich aus dem Schnee herausgrub, der mir die Finger vor Kälte erstarren ließ... Ja, da bedurfte es wirklich einer großen Liebe zu Ihm, um mich in den Schnee hinauszutreiben, den ich gar nicht ausstehen konnte, und unter der Eiskruste ein Zweiglein Efeu für sein Kreuz suchen zu lassen. Ich habe auch einen Weg gefunden, um diese Blümchen, diese Zweiglein frisch zu halten, indem ich unter dem Kreuz ein Federetui an die Bettstange band, in das ich mit Wasser getränkte Watte steckte. Wie ich stets darauf achtete, daß diese nicht austrocknete!...

Und dann in der Nacht... Ich konnte es nicht ertragen, daß Jesus dort oben ganz allein war, während ich mich unter warmen Decken befand und schlief. Also nahm ich ihn herunter und legte ihn mir mit vielen Küssen und lieben Worten aufs Herz. Und ich war so glücklich, mit Jesus am Herzen einzuschlafen, ihn an meinem Herzen erwärmen zu können.

Ich weiß nicht, ob die Schwestern es jemals bemerkt haben. Sie haben nie eine Bemerkung darüber gemacht, und ich habe ihnen nie etwas gesagt... Das waren meine geheimen Begegnungen mit Jesus!...

So vergingen meine Tage im Internat.

Glauben Sie nicht, daß die ständig zunehmende Liebe zu Jesus den menschlichen Teil in mir ausgelöscht hätte. Nein, gewiß nicht! Unsere Menschennatur, mit all dem, was sie von Adam ererbt hat, stirbt, so glaube ich, *drei Tage nach uns selbst*. Sie ist wie das Queckengras, das weder Feuer noch Hacke, noch Schafzähne je vollständig ausrotten können: wenn es abgeschnitten wird, wächst es wieder nach, wird es ausgerissen, keimt es von neuem, verbrennt man es, sprießt es schon bald wieder. Die Gottesliebe ist ihr größter Feind, aber dennoch stirbt sie nie vollkommen ab; irgendeine Hauptwurzel bleibt stets zurück, um uns zu quälen und im Staub niederzuhalten, damit wir nicht hochmütig werden.

Ich litt noch immer sehr unter dem Verhalten meiner Mutter, die weiterhin nichts von mir begriff.

Ich litt darunter, weniger Mittel zur Verfügung zu haben als meine Gefährtinnen, die ein Taschengeld erhielten, das zwar von der Assistenzschwester aufbewahrt wurde, von dem sie aber stets für kleine Geschenke, kleine Bildchen für die Schwestern und Gefährtinnen, für Wohltätigkeitszwecke und Lotterien abheben konnten.

Ich litt, weil ich nicht jene schönen illustrierten Postkarten, jene schönen Federhalter und Bleistifte, Pennale und Arbeitshefte hatte, die

die anderen besaßen. Alles kleine Dinge, unter deren Mangel man jedoch sehr leidet, wenn man ein Internat besucht.

Ich litt auch, weil diese Entbehrungen nicht unserer finanziellen Lage entsprachen, sondern einfach dem Willen meiner Mutter entsprangen, die nicht begriff, wie beschämend sie für ihr Kind waren.

Ich litt auch darunter, daß mich niemand besuchen kam. Keine Verwandten aus Mailand, infolge der Reibungen mit Mama. Keine von den weiter entfernt Wohnenden. Keine Familienfreunde, da Mama ihnen mitgeteilt hatte, daß «sie das nicht wünsche». Und so sah ich die anderen alle Augenblicke ins Sprechzimmer gehen, während ich nie dorthin gerufen wurde. Nur wenn die Meinen kamen. Und das war bis zur Erkrankung meines Vaters alle zwei Wochen, nachher alle zwei Monate der Fall...

Ich litt, weil ich nicht so schöne Wäsche hatte wie die anderen und weil, weil, weil..., viele kleine Gründe wie die winzigen Stacheln der Kaktusfeige, die man kaum sieht, und die einem doch so viel Ärger bereiten können!

Und dann — der große Schmerz.

Aber nein, vorher noch eine andere Pein.

Ich litt unsagbar, wenn ich meinen armseligen Erstkommuniontag, allein mit Mama und ohne meinen Vater, mit dem Erstkommuniontag meiner Gefährtinnen im Internat verglich. Wie war der schön und ergreifend gewesen: die ganz weißen Zöglinge unter den anderen in Grau, die Papas, Mamas, Großeltern, Onkel und Tanten, die vielen Geschenke und zahlreiche andere Dinge... Wie hatte ich gelitten, als ich hinter der Reihe der Erstkommunikanten die Reihe der Väter sah, die nach ihren Töchtern die heilige Kommunion empfingen... Gut, lassen wir das, sonst weine ich noch heute darüber. Das ist ein zu spitzer Pfeil, der mein Herz durchbohrt...

Und kommen wir zum großen Schmerz.

Ich habe Ihnen schon erzählt, wie sehr mein Vater darunter gelitten hat, daß man ihn um sein Erfinderpatent brachte. Ich habe Ihnen gesagt, wie er unter den Familienszenen litt, die ihn zum Weinen brachten wie ein kleines Kind, meinen geliebten Vater, der so gut war und so stark im Ertragen körperlichen Schmerzes und vieler anderer Dinge, aller Dinge, ausgenommen die familiären.

Aber solange seine Maria bei ihm war, brachte ein Balsam jenem Herzen Linderung. Jenem Herzen, das so ungerechterweise von einer gequält wurde, die ihm große Dankbarkeit schuldete. Auch ich war ihm weggenommen worden. Meiner Gesundheit zuliebe, hieß es, da

Vater nicht imstande gewesen war, den Schwager zu entfernen, um seine Frau nicht zu kränken. Aber er hatte nicht soweit nachgegeben, auch während der Sommerferien auf mich zu verzichten. Und er hatte das Zimmer des kranken Onkels räumen lassen und ihn in das Krankenhaus von Bergamo geschickt, wo er ärztliche Betreuung und gleichzeitig eine Beschäftigung als Bibliothekar und Übersetzer hatte.

Wie viele Streitereien, wie viele Vorwürfe, wieviel schlechte Laune wird mein Vater haben ertragen müssen, als er es durchsetzte, das Haus von seinem Schwager zu befreien, damit ich im Juli 1909 dorthin zurückkehren konnte? Gott allein weiß es. Ich erinnere mich nur, Papa abgemagert, müde und abgezehrt vorgefunden zu haben... Aber während der drei Sommermonate erholte er sich. Ich war sein Leben und sein Trost.

Es folgte das Schuljahr 1909/1910. Weihnachten, Ostern... Papa war sehr niedergeschlagen. Er lebte nur auf, wenn ich bei ihm war. Und obwohl ich ja fast noch ein Kind war, begriff ich, daß er viel litt, und ich wußte diesem Leiden auch den rechten Namen zu geben...

Ich war erst seit kurzem ins Internat zurückgekehrt, nach den Osterferien zu Hause, und litt unter den Folgen eines Sturzes in der Turnhalle, wo ich von der Sprossenwand gefallen war, deren Stangen zu dick für meine kleine Hand waren. Außer der Verstauchung eines Knöchels hatte ich, was viel schlimmer war, eine Prellung des Rückgrats davongetragen. Die erste einer Serie. Gerade zu dieser Zeit schrieb mir mein Vater, daß er nach Pinerolo fahren müsse zu einem Ausbildungskurs an Maschinengewehren, die in jenem Jahr in unserem Heer eingeführt wurden. Und er versprach, mich auf der Rückreise von Pinerolo zu besuchen.

Ich wartete gelassen, wußte ich doch, daß der Ausbildungskurs höchstens drei Wochen dauern würde. Ich hatte eine fast genau festgelegte Wartezeit und war beruhigt. Eines nur beunruhigte mich: daß Papa mir keine einzige Ansichtskarte aus Pinerolo schickte. Mama schrieb wie gewöhnlich.

Es verging über ein Monat, und niemand kam, weder Papa noch Mama. Da schrieb ich und beklagte mich, daß mich schon so lange niemand mehr besucht hätte. Es antwortete meine Mutter, die mir Vorwürfe machte ob meines Drängens. Von Papa kam nichts. Auch weiterhin nichts, während er früher den Briefen Mamas wenigstens einige Worte zugefügt hatte.

Ich begann unruhig und traurig zu werden. In meinem Innern warnte mich etwas vor dem Unheil, das sich über mir zusammenzog...

Ich weinte oft und hörte auf zu spielen. Dieses verrückte Herumrennen, die ausgelassenen Spiele, in denen meine Kameradinnen ihre überschüssigen Lebenskräfte austobten, hatten mir nie besonders gefallen. Ich zog es vor, in Gesellschaft der Assistenzschwester spazierenzugehen und zu plaudern. Nun aber hatte ich überhaupt keine Lust mehr zu spielen.

Die Schwestern waren noch freundlicher als gewöhnlich und empfahlen mir zu beten. Eine eigenartige Empfehlung, da sie ja an und für sich nie jemand drängten, wie ich Ihnen bereits gesagt habe.

So vergingen der ganze Mai und der ganze Juni, und es nahte der 10. Juli, der Beginn der Sommerferien. Zur Abschlußfeier, die damals an diesem Tag stattfand — später wurde sie auf ein anderes Datum verlegt —, kamen weder Mama noch Papa. Statt ihnen erschienen Tante Angela und ihre Tochter. So erhielt ich endlich die traurige Erklärung für jenes Verhalten, das mich so betrübt und in Sorge versetzt hatte. Papa hatte zwei Monate lang zwischen Leben und Tod geschwebt, und nur durch ein Wunder Gottes war er einem frühen Tod entgangen: er war damals erst 47 Jahre alt. Nun begann es ihm besser zu gehen...

Die Oberin empfahl mir eindringlichst, mich noch ruhiger als gewöhnlich zu verhalten und sehr lieb zu sein, um Papa bei seiner Genesung zu helfen.

Erst viel später erfuhr ich, daß die Oberin meine Mutter gefragt hatte, ob sie es für angebracht halte, daß eine Schwester mich in den schlimmsten Tagen der Erkrankung meines Vaters nach Hause begleite, als er nach Aussage der Ärzte an der Schwelle zur Ewigkeit gestanden hatte. Da die Krankheit nicht ansteckend war — eine Gehirnentzündung infolge geistiger Überarbeitung, wie die Ärzte sagten, aber in Wirklichkeit hatten diesen guten Mann viele Überanstrengungen niedergeworfen —, hätte ich mich sehr wohl in der Nähe des Kranken aufhalten können. Entgegen dem Dafürhalten aller anderen hatte Mama jedoch gemeint, ich solle nicht nach Hause kommen... Gott hat es nicht erlaubt, doch mein Vater hätte sterben und begraben werden können, ohne daß ich, seine nun bereits dreizehnjährige Tochter, dabeigewesen wäre; schlimmer noch: ohne daß ich etwas davon erfahren hätte. Meine Mutter hatte diese Entscheidung, die ich ihr nie verziehen habe, übernommen, ohne daran zu denken, daß *der Tod eines Vaters seinen Kindern heilig ist.*

Es war eine Zulassung Gottes, daß ich meinen Vater in der Todesstunde nicht sehen sollte... Aber es ist besser, wenn ich jetzt noch nicht davon spreche. Es wäre zu schmerzhaft, und das, wovon ich gerade erzähle, bereitet mir schon soviel Schmerz, daß es mir das Herz zusammenschnürt.

Im Zug berichteten mir Tante Angela und Tante Emilia (diese war zwar meine Kusine, aber da sie viel älter als ich war, nannte ich sie immer Tante), daß mein Vater schwer krank gewesen sei und ich ihn sehr verändert vorfinden würde.

Und so war es auch... Zu Ostern hatte ich einen Mann im besten Mannesalter verlassen, der durch seine herrliche Intelligenz faszinierte, nur ein bißchen müde, besorgt und traurig wegen seiner seelischen Leiden, denen er wegen seiner Güte kein Ende zu machen wußte... Nun sah ich einen armen gealterten, abgemagerten Mann und begriff sofort, daß er geistig völlig erledigt war. Mein Papa war ein Wrack. Ein armes großes Kind...

Nicht, daß er schwachsinnig gewesen wäre. Nein, das nicht. Er war wieder wie ein Junge geworden... Er war leicht zu beherrschen, gab in allen Dingen sofort nach, unfähig, sich auch im geringsten zu behaupten, wie es selbst der Gütigste im Familienkreis zu tun pflegt. Ein lahmes, begriffsstutziges, willenloses Hirn. Eine Katastrophe.

Da sehen Sie, was meine Mutter angestellt hat, als sie mich ins Internat schickte, um dem Bruder Platz zu machen und mich loszuwerden. Sie hat mich der letzten bewußten Liebkosungen meines Vaters beraubt...

Freilich liebte mich Vater immer noch, aber nun war es an mir, ihn zu schützen. Ich mußte ihm helfen bei seinen kleinen Streichen, die ihm die bittersten Vorwürfe von Mama einbringen konnten. Ich war es, die ihn trösten mußte, wenn er weinte, und er weinte so oft, denn er sagte: «Ich bin ein gebrochener Mann, und Mama gibt es mir zu verstehen.»

Ach Pater, Pater! Wissen Sie, was das für eine Tochter bedeutet? Wissen Sie, welch bitterer Kelch es ist, immer den Zusammenbruch des geliebten Elternteils vor Augen zu haben und sagen zu müssen: «Du hast niemand mehr, dem du dich anvertrauen kannst, den du um Hilfe bitten kannst. Du wirst zur Frau, aber Papa wird dich nicht mehr beraten können in den bangen Stunden der ersten Liebe; du wirst Kämpfe zu bestehen haben gegen den mütterlichen Egoismus, aber Papa wird dich nicht mehr verteidigen können»? Das ist eine Bitternis, die nur Gott in ihrem vollen Ausmaß erkennen kann. Ich mußte zusehen, wie Papa von nicht zur Familie gehörenden Personen wegen gewisser geistiger Ausfälle in seinen Handlungen kritisiert wurde. Ich hätte die Macht Gottes besitzen wollen, um seine Behinderung unsichtbar zu machen.

Wir verbrachten die Ferien in Andorno, nördlich von Biella in der Nähe von Oropa gelegen. Die Gegend war schön, und obwohl ich eigentlich das Meer den Bergen vorziehe, gefiel es mir dort. Doch für mich war bereits über alles ein Schleier von Tränen und Niedergeschlagenheit gebreitet, denn Papa in diesem Zustand zu sehen, war für mich eine unendliche Qual. Mama hat natürlich immer abgestritten, daß ich darunter litt, aber Gott weiß es. Und dann bemerkte ich auch noch, daß ich nunmehr vollkommen in der Gewalt meiner Mama war — und deshalb...

Ich erinnere mich noch an jenen Tag, als ich auf der obersten Stufe einer steilen Granitstiege ausrutschte und, mit dem Rückgrat aufschlagend, Stufe für Stufe hinunterkollerte. Seit dem Sturz im Internat waren meine Beine schwach geblieben, daher fiel ich leicht hin. Vielleicht hätte ich schon damals an der Wirbelsäule behandelt werden müssen. Aber wer dachte daran? Also purzelte ich eine ganze Stiege hinunter und prellte mir das Rückgrat, das nur von einem leichten Sommerkleid bedeckt war. Dennoch bekam ich Schläge, da ein Gegenstand zerbrochen war, den ich in Händen hielt, als ich stürzte.

Ich bin die Kreuzschmerzen nie mehr losgeworden, und wenn ich mich aus irgendeinem Grunde bückte, brauchte ich eine Hilfe, um mich wieder aufrichten zu können. Mama jedoch behauptete, das seien alles Flausen und Übertreibungen.

Es waren recht traurige Ferien. Ich kehrte verzagt ins Internat zurück. Dies war auch das Jahr, in dem ich die Fachschule absolvieren mußte...

Zu dieser Zeit begann ich außerdem unter jenen Gesichten zu leiden, von denen ich Ihnen schon mündlich erzählt habe. Im Schlaf sah ich zukünftige Ereignisse mit einer solchen Vielzahl von Einzelheiten, daß es zu einer Qual wurde.

Ich erinnere mich einer Episode. Es war Ende 1910. Damals wurde nirgendwo in der Welt ein Krieg geführt. Nicht einmal der zwischen Italien und der Türkei hatte begonnen, der, wenn man es recht betrachtet, die ganze Serie der nun schon seit über 30 Jahren andauernden blutigen Kriege eingeleitet hat. Ich träumte von Kriegen, sah Schlachten, den Rauch der Explosionen, die Kämpfe Mann gegen Mann, die Gefallenen... In einer Nacht sah ich ganz deutlich einen Angriff österreichischer Ulanen in den Straßen einer Kleinstadt, von der ich (im

Traum) wußte, daß sie in Venetien lag. Ich sah, wie die Feinde von ihren Pferden herab Säbelhiebe austeilten auf unsere Soldaten, die versuchten, dem Vordringen Einhalt zu gebieten. Ich sah einen jungen italienischen Offizier zusammenstürzen, der von einer Kugel an der Stirn getroffen worden war... Ich wachte mit einem Schrei auf und sagte zu den herbeigelaufenen Schwestern: «Der Krieg, der Krieg! Die Österreicher in Italien!»

Der Zufall wollte es, daß an demselben Tage in der Italienischstunde gerade ich aufgerufen wurde, um ein Stück von G.C. Abba über die Schlacht von Novara vorzulesen. Diese Erzählung, die identisch mit dem war, was ich im Traum gesehen hatte, erschütterte mich dermaßen, daß mir das Wort im Halse stecken blieb und ich in heftiges Schluchzen ausbrach.

Für mich war es bereits sicher, daß ein Krieg kommen würde und daß feindliche Soldaten durch mein Italien marschieren würden.

Und so ist es mir auch in vielen anderen Fällen ergangen.

Ich habe sehr viel zum lieben Gott gebetet, daß er diese Gabe von mir nehme, weil sie für mich eine Qual ist. Aber ich bin nie erhört worden, und zu allen meinen anderen Kreuzen hat sich auch dieses gesellt. Geduld!

So verging auch das Schuljahr 1910/1911, an dessen Ende ich mit Pauken und Trompeten durchfiel, wie ich Ihnen bereits berichtet habe.

Ich hatte mit den Nieren zu tun, die mich andauernd schmerzten; ich dachte, daß es sich um die Nieren handelte, aber es war die Wirbelsäule. Und dann litt ich seelisch sehr stark. Aber dafür gab es kein Heilmittel. Es war meine Bestimmung zu leiden. Den körperlichen Schmerzen hätte man Abhilfe schaffen können. Und die gute Oberin, die mich bei meiner Rückkehr zu den Wiederholungsprüfungen so erschöpft sah, riet meiner Mutter, mich einer ärztlichen Untersuchung zu unterziehen. Wir hatten den sehr tüchtigen Arzt des Internats. Doch Mama wollte, daß mich der Vetter der Oberin untersuchte, derselbe, der festgestellt hatte, daß mein Onkel an Tuberkulose erkrankt war(?!). Für meine Mutter war er eine medizinische Größe, da er sie bei ihrer Lebererkrankung behandelt und geheilt hatte.

Die Oberin fügte sich dem Wunsch meiner Mama, und es kam dieser Arzt. Und der, ich weiß nicht, ob er es aus Dummheit oder um meiner Mama Recht zu geben tat — sie behauptete immer, ich hätte gar nichts, denn sonst hätte ich viel blasser und magerer sein müssen — dieser Arzt also sagte, nachdem er mich untersucht und nach allen Seiten gedreht hatte, daß ich nur an Lustlosigkeit erkrankt sei und daß es eine Schande sei, meine arme Mama, die wegen Papa schon soviel zu leiden habe, durch eingebildete Krankheiten zu belasten!

Sehr gut! Nun glaubte sogar manche Schwester, daß ich log oder übertrieb. Leider sieht man heute, wie wenig ich gelogen habe! Noch immer haben meine Wangen Farbe, obwohl ich schon seit zehn Jahren bettlägerig bin und ununterbrochen furchtbare Schmerzen habe ertragen müssen; ohne all die vorangegangenen Jahre in Rechnung zu ziehen, in denen ich mich mühsam dahingeschleppt hatte. Mager bin ich nicht einmal jetzt, trotz des dauernden Fiebers, der geringen Nahrungsaufnahme, meiner fünf *großen Übel* und der anderen weniger großen. Wenn Gott mich so erhalten will, was kann ich dafür? Und darf sich ein Arzt auf das immer trügerische Äußere stützen? Muß er sich nicht an die Tatsachen der Untersuchung halten, wenn er nicht ein rechter Esel sein will?

Aber was soll's, mir ist es halt so ergangen. Zum Glück war die Oberin nicht nur intelligent, sondern hatte auch praktische Erfahrung mit Kranken und Krankheiten. Sie hatte viele Jahre das Krankenhaus Ciceri in Mailand geleitet und ist dann zu uns herübergekommen, nachdem sie infolge der zermürbenden Anstrengungen, die die Leitung jenes Krankenhauses erforderten, am Herzen erkrankt war. Daher schenkte sie mir mehr Glauben als dem Vetter und verteidigte mich gegenüber meiner Mutter. Nicht nur das, sie war auch voller Fürsorge für mich.

Dies sollte mein letztes Jahr im Internat sein, da ich bereits den Fortbildungskurs machte. Aber die Schwester erhielt schließlich die Erlaubnis, mich das ganze Programm des humanistischen Gymnasiums absolvieren zu lassen. Ich hatte, von den Schwestern unterstützt, so viel gebettelt, und Mama mußte nachgeben.

Wie glücklich war ich, daß sich mein Aufenthalt im Internat um ein Jahr verlängerte! Das Studium war, was immer auch der Arzt sagte, meine Leidenschaft. Keine Spur von eingebildeten Krankheiten, wenn es ums Lernen ging! Wenn schon, dann hätte ich Krankheiten erfunden, um weiterstudieren zu dürfen! Das Schlimme war nur, daß ich wirklich quälende Schmerzen hatte. Wenn ich mich im Waschraum bückte, mußte mir eine Kameradin beim Aufrichten helfen, denn wegen der Schmerzen im Rückgrat schaffte ich es nicht allein.

Ohne den Stachel um Papa im Herzen — ein Stachel, der noch mehr wehtat, seit am 5. Oktober der italienisch-türkische Krieg ausgebrochen war und ich immer befürchtete, Papa könne nach Afrika geschickt werden, was in seinem Zustand gefährlich gewesen wäre —

und ohne den Schmerz in der Wirbelsäule wäre ich glücklich gewesen. Mein Studium verschaffte mir viele Genugtuungen, und wie man weiß, hat ja jeder sein bißchen Stolz...

Inzwischen ging das Schuljahr 1911/1912 zu Ende, und es kam das von 1912 bis 1913 heran, welches mein letztes im Internat sein sollte und auch leider war. Es ist mir ein Bedürfnis, diesem Jahr ein eigenes Kapitel zu widmen, denn damals wurde ein neuer Ring in die Kette gefügt, die mich durch unsere gegenseitige Liebe mit Jesus verband.

«Ich preise dich, Vater, daß du diese Dinge vor den Weisen und Klugen verborgen, den Kleinen aber geoffenbart hast»[13]

Vielleicht könnten Sie jetzt zu glauben versucht sein, Pater, daß das Herz ihrer geistlichen Tochter nun für immer seinen Weg in der Gottesliebe gefunden hatte, in einer zwar gewiß selbstlosen Liebe, aber auch einer, wie soll ich sagen, Seelenruhe kann man es nicht nennen, und auch nicht Sicherheit, ich könnte eine pure Liebhaberin sein, die die Fangarme gewisser Ungeheuer niemals kennenlernen würde... Nein, so war es nicht.

Bis zum November 1912 glaubte auch ich fest daran, daß ich Gott stets mit demselben unschuldigen Vertrauen lieben würde wie meine heilige Freudin: Schwester Therese vom Kinde Jesu. Ich war überzeugt, daß die heldenhafte Zeit der Katakomben schon lange vorüber sei, und dachte nicht im geringsten daran, daß unser Europa nach einem zweitausendjährigen Christentum von den großen Verfolgungen heimgesucht werden würde, die wir heute tatsächlich erleben (Rußland, Spanien usw.). Ich dachte mit heiligem Neid an die süßen Märtyrertode der ersten Jahrhunderte und sagte mir, daß ich selbst Gott nur gemäß der Lehre der sanften französischen Karmeliterin lieben können würde. Vertrauen, Hingabe und Großzügigkeit in den kleinen alltäglichen Dingen mußten sich mit einer engelhaften Reinheit verbinden: so stellte ich mir mein Leben in Christus vor.

Aber wie jedes Jahr kamen Anfang November die Tage der heiligen Exerzitien.

Auch hier waren die Reaktionen der Zöglinge sehr verschieden. In einigen riefen sie nur große Langweile und Unruhe hervor. Sie können sich ja vorstellen: fünf Tage lang schweigen und beten und vier Pre-

13. Matthäus 11,25; Lukas 10,21.

digten am Tag... Die oberflächlichsten und lebhaftesten Mädchen waren erfüllt von Widerwillen, um nicht zu sagen von Abscheu.

Andere, äußerst sentimentale Mädchen, begaben sich zu dieser Einkehr in derselben Gemütsverfassung wie ein Fakir oder ein Fanatiker. Sie fielen in «Trance» — entschuldigen Sie den Vergleich — und schwärmten in einem gekünstelten Mystizismus, der sie zu Bußübungen und leidenschaftlichen Ausbrüchen verleitete, die antiken Anachoreten oder der ersten lebendig Begrabenen würdig gewesen wären!... Bußübungen und leidenschaftliche Ausbrüche, die am Ende der Exerzitien zerplatzten, um wieder der wahren Natur dieser Pseudofrommen Platz zu machen: einer Natur, die Gott gegenüber gleichgültig war und sehr an den weltlichen Dingen hing.

Wieder andere begaben sich demütig und bescheiden zu dieser Einkehr, ohne jede Voraus-Ekstasen oder Widerwillen zu empfinden. Sie gingen aus Pflicht dorthin und vertrauten sich Gott an, auf daß Er ihnen helfe, Ihn zu verstehen... In diesen schlichten und ausgeglichenen Seelen konnte Gott völlig frei wirken, und die Gnade Gottes schlug Wurzeln in den Herzen, die sich Ihm darboten.

Noch andere, von Gott erwählte Seelen, wahre Blumen eines mystischen Beetes, erstrahlten in einer wirklichen geistigen Seligkeit, sobald die Exerzitien angekündigt wurden. Ihre Seelen öffneten sich wie weiße Lilien, um das Wort Gottes in sich aufzunehmen und durch dieses befruchtet zu werden. Diese gnadenvollen Geschöpfe, deren Gesichter von einem inneren Licht, einer inneren Schönheit leuchteten, selbst wenn sie nicht als Modelle für einen Künstler geeignet waren, diese Geschöpfe zeichneten sich aus durch eine ganz besondere Freundlichkeit in Blicken, Worten und Werken, einen ständigen Frieden und einen ständigen Gehorsam. Es handelte sich selbstverständlich um Ausnahmen.

Ich gehörte nicht zu ihnen. Wie ich Ihnen bereits gesagt habe, bin ich in fünf Jahren nie bestraft worden, da ich stets meine Pflicht tat. Doch ich handelte aus menschlichen Gründen so: aus Liebe zu meinen Schwestern, um Papa glücklich zu machen und um Mamas Rüffel zu vermeiden. Diese außergewöhnlichen Geschöpfe hingegen taten alles einzig und allein, um Jesus zu gefallen.

Ich liebte Jesus sehr und strebte danach, Ihn immer mehr zu lieben. Doch ich war noch *sehr* weit davon entfernt, *einzig* für übernatürliche Zwecke zu handeln. Ich liebte Jesus, weil ich spürte, daß auch Er mich gern hatte. Ich liebte Ihn also noch auf eine menschliche Weise. Ich hatte mir noch nicht die Weisheit meines seraphischen Vaters, des heiligen Franz von Assisi, zueigen gemacht, die da lautet: «Wahrhaft selig ist der, der liebt, ohne Gegenliebe zu erwarten.»

Wenn man soweit ist, daß man um der Liebe willen liebt, ohne jegliche Berechnung, ohne eine sichtbare Erwiderung der Freude zu erwarten, wenn man vielmehr um so mehr liebt, je mehr man anscheinend vernachlässigt, vergessen und mißhandelt wird, dann erreicht man den Gipfel der Liebe und damit die Seligkeit. Ich mußte noch einen weiten Weg zurücklegen, um diesen Gipfel zu erreichen!

Ich gehörte zu der vorletzten Gruppe. Vielleicht war ich an der Grenze zwischen der vorletzten und der letzten, denn der Gedanke, mich fünf Tage lang nur mit meiner Seele zu beschäftigen, erfüllte mich bereits mit großer Freude. Aber sich nur mit der eigenen Seele zu beschäftigen, bedeutet noch nicht vollkommene Liebe. Es handelt sich um Egoismus. Einen heiligen, wenn man so will, aber es bleibt doch Egoismus.

Unser göttlicher Meister hat mit seinem Wort das Gesetz bestätigt und das Gebot wiederholt, das schon seit Jahrhunderten das Wichtigste unter den Geboten Gottes war: «Du sollst den Herrn, deinen Gott, lieben mit deinem ganzen Herzen, deiner ganzen Seele und deinem ganzen Denken, und deinen Nächsten wie dich selbst.»[14] Also dürfen wir nicht nur uns selbst und unsere Seele lieben, denn das ist immer Egoismus, auch wenn es sich um einen guten Egoismus handelt. Vielmehr sollen wir unseren Nächsten lieben wie uns selbst und ihm in allen seinen Bedürfnissen beistehen: den physischen, moralischen und geistigen. Wir sollen ihn in der Aufopferung und im Gebet lieben, damit seine Seele in Gott wachse oder Ihn wiederfinde, falls sie Ihn verloren hat, und damit Gott sich barmherzig über unsere Brüder und Schwestern beuge, die so vieler Dinge bedürfen und den Vater vielleicht nicht so zu bitten wissen, daß Er sie erhört; denn Er verweigert nie etwas, wenn es sich um etwas Gutes handelt.

Dies ist die zweite Stufe der Treppe, die zu Gott führt.

Die dritte aber ist: *Gott mit unserem ganzen Selbst zu lieben.* Ihn selbstlos zu lieben, um Ihn zu preisen und zu erfreuen, denn es ist Ihm eine Freude, von seinen Kindern geliebt zu werden.

Ich glaube, daß Gott den kleinen Seelen, die nur in der Selbstlosigkeit und der Liebe groß sind — aber Liebe bedeutet ja schon Selbstlosigkeit —, die ihren Nächsten auf eine vollkommene Weise lieben,

---

14. Levitikus 19,18; Deuteronomium 6,5; Matthäus 22,34-40; Markus 12,28-34; Lukas 10,25-28; Johannes 13,34-35.

also noch mehr als sich selbst, und Gott mit einer vollkommenen Liebe, soweit eine menschliche Liebe vollkommen sein kann, einer Liebe ohne Berechnung, ohne Hintergedanken, ohne Angst (vor einer möglichen Strafe, falls man nicht lieben sollte), einer Liebe, die alles vorbehaltlos akzeptiert und herschenkt und die auch dann Liebe bleibt, wenn es vom Himmel die verschiedensten Leiden regnet, ja die vielmehr unter dem Hagel der Kreuze immer kräftiger wird, erblüht und leuchtet — ich glaube, daß Gott diesen kleinen Seelen *den vollkommenen Ablaß* der Liebe gewährt, den größten unter allen: den, der die vierte Taufe ist, die letzte nach der Taufe mit dem Wasser, dem Blut und der Begierde; die vierte und dauerhafte in ihren Auswirkungen, da sie unserem Gewand wieder die ursprüngliche Fleckenlosigkeit verleiht, indem sie es in die erhabenste Lehre des Meisters taucht und in der Flamme der Liebe läutert.

Vielleicht ist meine Theorie nicht besonders rechtgläubig, aber ich glaube daran und stürze mich ganz in die Liebe; denn ich meine kein anderes Mittel zur Läuterung zu haben, da ich nach der Taufe viel gesündigt habe und die Restschuld nach der Beichte[15] auf keine andere Weise tilgen kann. Diese Liebe muß mir das Fegefeuer ersetzen, das ich tausendfach verdient habe. Und glauben Sie mir, die Liebe ist nicht nur unendliche Freude, sondern auch Martyrium...

Im Blute Christi wasche ich meine arme Seele, mit der Liebe gebe ich ihr ihre Unschuld wieder. Die Liebe muß mein Lebensinhalt sein, die Antriebskraft für all mein Handeln, meine Rechtfertigung gegenüber dem Vater, meine Seligkeit für die Ewigkeit.

Jetzt bin ich aber vom Thema abgekommen! Weit abgekommen... Das hängt damit zusammen, daß mich die vielen Fesseln, die mich von allen Seiten umschlingen und schmerzhaft drücken, glücklich machen. Ich fühle, daß mich der himmlische Freund umarmt und stützt, und ich elender Mensch ruhe auf Ihm, der mich ermuntert, *noch ein wenig zu leiden*, um dann an seinem nahen Tag der Befreiung in Ewigkeit glücklich sein zu können... Und diese Umarmung ist so wundervoll, daß sie mich dazu drängt, dem Gesang meiner liebestrunkenen Seele freien Lauf zu lassen...

---

15. Nach katholischer Lehre tilgt die sakramentale Absolution am Ende der Beichte die Sünde, nicht aber den angerichteten Schaden: Um die geistige Gesundheit wiederzuerlangen, muß man eine angemessene Wiedergutmachung als Sühne auf sich nehmen. Nach Maria Valtorta (ihre «Theorie» scheint hier vollkommen rechtgläubig zu sein) ist die Wiedergutmachung die Reinigung durch die Liebe, die «auch Martyrium», und daher Buße ist.

Aber kehren wir zu den Exerzitien von 1912 zurück.

Ich war also an der Grenze zwischen den Gruppen der schlichten und der auserwählten Seelen, und ich liebte jene Tage, an denen ich mich Gott, meinem Meister, näherfühlte.

Jedes Jahr kamen wahre Meister der Frömmigkeit, um diese Exerzitien zu halten. Unter diesen befand sich auch ein Priester, Don Corradi, der, als er starb, im Ruf der Heiligkeit stand. Zweimal hielt sie S.E. Monsignore Cazzani, damals Bischof von Cesena, heute Bischof von Cremona. Als Seelsorger mit einer tiefen Religiosität und gleichzeitig mit einer wahrhaft evangelischen Einfachheit, wußte er Worte an uns zu richten, die für lange Zeit Spuren in unseren Herzen hinterließen. Auch im Jahre 1912 leitete dieser heilige Bischof die Exerzitien.

Ich wußte, daß es für mich die *letzten* Exerzitien sein würden, da Mama unerbittlich daran festhielt, daß ich im Februar das Internat verlassen sollte.

Papa hatte überraschend einen Antrag auf Pensionierung gestellt, da er einsah, daß ihn nach jener schlimmen Krankheit die geistige Arbeit zu sehr belasten würde. In der ersten Zeit hatte sich der arme Papa der Illusion hingegeben, wieder der Valtorta von früher werden zu können. Doch nach dem langen Krankheitsurlaub, der beinahe ein Jahr dauerte, hatte er gemerkt, daß er am «Ende» war. Er hatte noch einige Monate durchgehalten und sich dann im September verabschiedet. Im März sollten wir nach Florenz umsiedeln, wo Mama sich im Einverständnis mit den Ärzten niederlassen wollte. Ich sollte noch bis Ende Februar 1913 im Internat bleiben und dann in die Familie zurückkehren.

Die Schwestern wußten, daß meine Eltern im Juni wieder nach Voghera fahren würden, um alle Angelegenheiten von Papa zu regeln, und hatten deshalb gebeten, mich bis dahin im Internat behalten zu dürfen... Sie sahen, wie traurig mich der Gedanke an die Trennung vom Internat stimmte — *und ich war tatsächlich traurig. Ich fühlte*, daß ich der Auseinandersetzung, dem Schmerz entgegenging und hätte mein Friedensnest nicht verlassen wollen; mein armes Herz ahnte, welch qualvolle Zukunft es erwartete und zitterte vor Angst und Schmerz... Doch Mama *hatte entschieden*, und wenn sie entschieden hat, muß diese Entscheidung durchgeführt werden, koste es, was es wolle.

Ich wußte also, daß dies meine letzten Exerzitien sein würden, und begab mich zu ihnen mit einem noch größeren Eifer als gewöhnlich;

denn ich wollte daraus Nutzen ziehen für mein künftiges Leben, ein Programm mitnehmen für dieses Leben. Ein Programm, dem ich die Treue schwören würde. Ich war noch immer die mit dem Ehrenwort!... Ich betete inbrünstig zum lieben Gott, er möge jene Tage der Vereinigung mit Ihm ein für allemal in mein Herz einprägen. Und Er, mein geliebter Jesus, hat es getan.

Jesus zog in mein Herz ein mit dem Vater und dem Heiligen Geist, und jeder von Ihnen brachte der kleinen Maria seine Geschenke mit, ihr, die nunmehr immer größeren Prüfungen und Leiden entgegenging. Der Vater kam in die jugendliche Seele und schenkte ihr den Anblick seiner Erhabenheit, seiner Macht; der Sohn brachte alle Schätze seiner Barmherzigkeit und seiner Weisheit; der Heilige Geist all sein Licht und die Flammen der wohltätigen Liebe.

Und all dies, nicht weil ich es etwa verdiente. Oh, seien Sie beruhigt, ich verfalle nicht in den Stolz, mich so vieler Gaben würdig zu befinden. Ich weiß genau, was ich wert bin, und ich weiß, daß einzig die unermeßliche Güte Gottes gewisse Einklänge der Seele mit dem Göttlichen, ein gewisses Verweilen des Göttlichen in mir und meiner in Ihm herbeiführen kann. Wenn Gott berücksichtigte, wieviel ich wert bin, würde er keine solchen Wunder tun. Aber habe ich Ihnen nicht schon gesagt, daß Gott kein Mathematiker, keine Rechenmaschine ist, sondern ein Idealist, ein Poet? Wehe uns, wenn Er über uns Buch führen würde... Wer weiß, wo wir dann alle enden würden! Es ist also kein Stolz. Ich preise nur die Güte Gottes in mir, denn ich meine, dies ist eine gebührende Dankeshuldigung.

Ich hatte Gott gebeten, diese Tage der Einkehr unauslöschlich in mich einzuprägen, damit sie mir als sichere Schienen für das ganze Leben dienen könnten, um nicht zu entgleisen oder vom rechten Weg abzukommen; damit ich mich nicht auf den gefährlichen Feldwegen verlöre, welche von der Hauptstraße abzweigten und in einem Gewirr von Schlingpflanzen endeten, die mich am Weitergehen gehindert, oder gar zu einem Sumpf geführt hätten, in dem ich ertrunken wäre. Und da es, wie die heilige Katharina von Siena sagt, der Herr ist, der uns die heiligen Wünsche ins Herz legt, unterläßt er es nie, diese sogleich zu erfüllen. Daher ging auch der Wunsch, den er selbst in mich gelegt hatte, sofort in Erfüllung.

Ich habe in diesen Tagen wirklich im Licht gelebt. Ein Licht, das mich über alles erleuchtete: Vergangenheit, Gegenwart und Zukunft; ein Licht, das mir alles erklärte; ein Licht, das mich entzündete; ein

Licht, das mich im tiefsten Sinne des Wortes begreifen ließ, welches mein Leben in Gott und in bezug auf Gott sein sollte, um das Reich Gottes zu erlangen.

Der belgische Mystiker[16], den ich so gern mag, weil ich ihn so gut verstehe, sagt: «Unser Vater im Himmel ist der Vater allen Lichtes. Er wünscht, daß wir sehen. Um zu sehen, bedarf es einer auf Ordnung bedachten Seele, die darauf vorbereitet ist, die Wahrheit und die Gerechtigkeit praktisch anzuwenden. Und dies soll der Seele eine Hilfe sein, keine Last. Um dazu fähig zu sein, muß man aber absolut frei sein. Man darf nicht einmal Sklave seiner eigenen Tugenden sein. Es ist außerdem notwendig, daß man in seinem Wirken in der Liebe Gott nachahmt: die brennende Liebe öffnet den Geist. Schließlich muß man sich in der heiligen Finsternis verlieren, wo die Freude den Menschen von sich selbst befreit, so daß er nicht mehr zu dem üblichen Lebenswandel zurückkehrt. Im Abgrund dieser Finsternis, wo dich die Liebe zum Absterben bringt, sehe ich das ewige Leben keimen und die Offenbarung Gottes. Dort entsteht und leuchtet ein gewisses unbegreifliches Licht, welches das ewige Leben erhellt, und wir beginnen etwas zu begreifen.»

Ich besaß als Geschenk Gottes — Ihm sei Lob und Preis dafür — eine auf Ordnung bedachte Seele, die darauf vorbereitet war, der Wahrheit und der Gerechtigkeit zu leben. Ja, ich muß zugeben, daß ich stets versucht habe, der Wahrheit und der Gerechtigkeit zu leben, das wahre Wesen der Wahrheit und der Gerechtigkeit besser zu begreifen und mein Leben dieser Erkenntnis anzupassen.

Der Meister, mein einziger Meister, belehrte mich darin, denn ich wiederhole: alles, was in mir erblüht ist, ist einzig und allein von Ihm gesät worden, und die Worte der Männer Gottes blieben dunkel und unbegreiflich in mir, wie Lampen ohne Öl, bis mein göttlicher Lehrer mit Sich selbst, dem Öl von erhabener Brennkraft, meine Lampe entzündete. Erst dann erkannte ich den Sinn der Worte, die ich zwar gehört, aber nicht verstanden hatte. Er hatte mich also bereits die Notwendigkeit gelehrt, viel in der «geistigen Zelle» zu leben, wie die Heilige aus Siena sagt, um «den Reichtum des Lichts» kennen und lieben zu lernen und «das Elend der Finsternis» zu zerstreuen. Wenn man so in einer wachen Andacht lebt, gelingt es, «mit der Wahrheit zu arbeiten, die wir in uns tragen».

16. Ruysbroeck, bereits auf Seite 59 erwähnt, wird uns auch später noch begegnen.

Diese Erkenntnis der Wahrheit und der Gerechtigkeit, die immer mehr in mir wuchs, lastete nicht auf meiner Seele, sondern beflügelte diese, so daß ich die Last des Fleisches weniger spürte. Den Reiz des Fleisches empfand ich damals kaum. Ich wußte mich, einzig aus Liebe zu Christus, selbst zu vergessen, mich von allem zu befreien, auch von meinen Tugenden, da sie nicht von mir stammten, sondern von Gott; ich wußte mich auch von jener *«eigenen Verzärtelung» zu befreien, die* — laut Katharina — *nichts anderes als eine überempfindliche Liebe ist. Eine überempfindliche Liebe, die die Wahrheit daran hindert, unser Herz zu erfüllen, und nur zu ungeordneter Liebe führt, die nichts anderes als Eigenliebe ist.»*

So war ich nicht einmal Sklavin meiner Tugenden. Erst viel später habe ich mich, der dominikanischen Mystik folgend, «mit meiner Sinnlichkeit gerüstet», um mir daraus ein Werkzeug für den Sieg zu machen; «denn wer nicht kämpft, kann auch nicht siegen, und im Kampf hat der Mensch Gelegenheit, sich aus der Trägheit zu erheben und auch die Schwäche seiner sinnlichen Leidenschaftlichkeit zu erkennen». Eine nützliche Erkenntnis, um demütig zu bleiben...

Ich versuchte Gott durch die tätige Liebe Folge zu leisten, oh, das schon. Er war meine Liebe, ja meine LIEBE, denn nichts war vollkommener als dieses Gefühl, das ich damals, jung wie ich war, für Ihn empfand. Mein Geist konnte sich also öffnen und immer mehr die Wahrheit und die Gerechtigkeit verstehen. Und soweit es mir damals in meiner Jugendlichkeit möglich war, wußte ich mich bereits in dieser Liebe zu verlieren, mich ihr ganz hinzugeben, mich auszulöschen, um nur Ihn wirken zu lassen. Ich fühlte mich verwirrt, fremd in dieser Welt, die Ihn nicht liebt und nicht durch Ihn lebt: menschlich gesehen ein Widersinn, wie auch alle jene widersinnig sind, die Gott zum einzigen Zweck ihrer Existenz machen.

Gott offenbarte sich mir also an diesem Vorabend meines Eintritts in die Welt, vor dem ich mich so fürchtete, da ich bereits ahnte, wie viele Leiden mich dort erwarten würden. Er erfüllte mich mit seinem Licht, und ich begann *etwas zu begreifen*. Gerade soviel, wie genügte, um den ersten Ton für das Lied zu haben, das ich auf meinem Kreuz singen sollte, das erste Wort meiner Selbstaufopferung, der erste Daumenabdruck in dem weichen Ton meiner Seele, die die Gestalt annehmen sollte, die Gott für mich ausgewählt hatte: die Gestalt einer Gekreuzigten, die fest an ihr hohes Kreuz genagelt ist.

Ihnen heute, nach über dreißig Jahren, alles zu erzählen, was Gott mir damals gesagt hat, wäre unmöglich. Wenn eine wertvolle

Ampulle, die einmal die feinsten Essenzen tausender Blumen enthielt, leer ist, kann sie dem menschlichen Geruchssinn nicht mehr sagen: «Hier war Rosenöl und dort Nelkenöl, hier waren die duftenden Tränen tausender Veilchen und weiter unten die weiße Seele hunderter Maiglöckchen.» Nein, man kann die verschiedenen Aromen nicht mehr unterscheiden. Unser Geruchssinn spürt einen intensiven süßen Wohlgeruch, in dem die ätherischen Moleküle aller Blumen der irdischen Gärten pulsieren.

So geschieht es auch mir, wenn ich mich über meine Seele beuge, über dieses geheimnisvolle Gefäß, in das es in jenen Tagen himmlische Blütenblätter regnete: ich kann die einzelnen Düfte nicht mehr unterscheiden, die manchmal stark und heroisch, manchmal mild und reumütig, andere Male aufheiternd wie der Wein oder beruhigend wie ein Balsam waren. Nein, ich spüre nur einen anhaltenden Wohlgeruch, den kein menschlicher Wind, so heftig er auch sein mochte, je hat zerstreuen können. Es ist der Wohlgeruch Gottes, unseres Gottes, unseres Herrn Jesus.

Ein Wort ist jedoch ganz klar in mir geblieben. Ein Wort oder besser gesagt ein Satz, von dem ich sofort begriff, daß es sich um den handelte, den ich in Demut und Vertrauen erbeten hatte. Der Programm-Satz, der Leit-Satz, der Mahn-Satz für mein ganzes zukünftiges Leben.

«Seele, die du mich liebst», sagte Jesus, «verzichte auf deinen Wunsch, mich zu lieben wie Agnes und Cäcilia, Agatha und Luzia. Du wirst nicht die unschuldige Liebe sein. *Du wirst die büßende Liebe sein.* Nicht die makellosen Jungfrauen, die beinahe nicht mit ihren Füßen durch die Welt schritten, sondern von den Engeln im Fluge getragen wurden, um den Schmutz des Lebens nicht einmal mit ihrem Gewand zu streifen, werden deine Führer sein, *sondern die Geschöpfe, die den Biß des Bösen kannten, die in der Stunde des moralischen Zusammenbruchs ins Gras bissen, die in den Menschen verliebt waren und den Schöpfer aus den Augen verloren, es dann aber verstanden, sich wieder zu erheben und mit einer neuen Seele voll Reue und Liebe zu neuem Leben zu erstehen.* Sie erreichten solche Gipfel im geistlichen Leben, daß sie eine nicht mindere Leuchtkraft errangen als die durch Gottes Gnade Reinen, und ihre Reinheit war *gewiß auch verdienstvoller*, da sie äußerst schmerzvoll und mühsam erkämpft werden mußte.»

Ja, die Siegespalme der Märtyrer, die vor den Feinden für Christus Zeugnis abgelegt haben, ist schön. Aber ebenso schön ist das Laubwerk, *das die Arme jener schmückt, die nicht nur vor den Feinden für Christus Zeugnis ablegten* — nur in dem einen Augenblick des Martyriums und unter Umständen, die zu diesem Glaubensbekenntnis beitrugen; ähnlich wie bei dem Soldaten, der sich von Kanonenschüssen, Trompetengeschmetter und Siegesgeschrei angetrieben fühlt, die Fahne weiterzutragen, um damit seine Liebe zum Vaterland zu bezeugen —, sondern *vor sich selbst, vor ihrem leidenschaftlichen, bestialischen Ich*, das sich zu jeder Stunde wieder erhebt und die Augenblicke der Zerstreuung, Müdigkeit und Schwäche ausnützt, um den Menschen zu überrumpeln, dem es bereits gelungen war, das Ich zu überwältigen.

Welch einen verborgenen, finsteren Kampf ohne jeglichen Trost müssen die Menschen bestehen, die die menschliche Sinnlichkeit kennengelernt haben, sie aber verleugnen müssen, sie verleugnen *wollen*, weil sie nunmehr in ihrem besseren Teil — dem Geiste — von einem Ideal, zu erlösen und zu lieben erfüllt sind! Nur die Engel Gottes sehen das. Nur sie betrachten voll Anteilnahme und Bewunderung das Geschöpf, das im harten Kampf gegen sich selbst Blut schwitzt. Nur sie zählen seine Klagen und Tränen. Nur sie sehen die übermenschliche Anstrengung, die die Nerven bis zum Zerreißen anspannt, an der Substanz zehrt und das Herz zerbricht wie eine Mühle, eine Ölpresse. Nur sie sehen die Einäscherung, besser gesagt die Auflösung einer ganzen Persönlichkeit, die im Feuer der Reue und der Liebe schmilzt, im Schmelzofen wie Metall kocht, von allen Schlacken befreit wird und wie ein stählerner Block ans Licht zurückkehrt, den keine minderwertige Ader mehr verunreinigt und kein Rost befallen kann.

Nur die Engel sehen das... Nein, auch Gott sieht es. Er sieht es sogar in einer Vollkommenheit, die von den Engeln nicht erreicht werden kann.

Und dann steigt Gott herab zu diesem seinem Geschöpf, das die Liebe erneuert hat und das, angespornt durch die Reue, unglaubliche Gipfel der Aufopferung erreicht hat. Er läßt sich in der reuevollen, liebenden Seele nieder oder nimmt vielmehr diese in sich auf, sammelt alle ihre Tränen im Kelch seines eigenen Herzens, zeichnet alle ihre Opfer in das große Buch des Lebens ein und flößt ihr fortwährend Kraft ein, da die Aufopferung sie sonst in kurzer Zeit vernichten würde. Und wenn Er sich so sehr in sie verliebt hat — weil Ihn ihre schmerzvolle Demut und ihre sühnende Großmut entzücken —, daß Er sie als seine liebste Perle betrachtet, dann erhöht Er sie auf sein eigenes Kreuz, auf diesen von seinem Blut triefenden Thron, und macht sie zur Miterlöserin der Menschheit, die in sinnlicher Begierde und Sünde versunken ist.

Von allen in jenen Tagen gehörten Predigten, die ich dank der Gnade Gottes verstand wie nie zuvor, schlug eine wie ein Blitz in meine Seele ein, so wie es Saulus auf dem Weg nach Damaskus erging. Es handelte sich um die über Maria Magdalena.

Sie werden sagen: «Welch seltsamen Einfall der Bischof da gehabt hat! Wie kann man über dieses Geschöpf zu jungen Mädchen sprechen!» Der Geist Gottes weht, wo und wie er will.

Zuerst waren wir alle ein wenig erstaunt, als seine Exzellenz vom kleinen Pult aus, das man neben dem Altar aufgestellt hatte, die Schwestern bat, alle Zöglinge außer den Großen hinauszuschicken, *da er nur zu letzteren sprechen wolle*. Und noch erstaunter waren wir, als wir hörten, daß er über Maria Magdalena reden wollte. Wir kannten damals noch nicht das Leben dieser Frau vor der Bekehrung in seinem ganzen Ausmaß. Aber das wenige, das wir wußten, genügte, um uns aus Verwunderung und Neugier die Augen aufreißen und die Ohren spitzen zu lassen...

Ich weiß nicht, was für eine Wirkung diese hervorragende Predigt auf die anderen hatte. Monsignore Cazzani, der ein vortrefflicher Prediger war, erreichte an jenem Tag den Gipfel seiner Redekunst. Was mich betrifft, glaube ich, Gott wollte, *daß ich jene Worte hörte*, und Er ließ sie sagen, *damit ich sie hörte*.

Pater Didon[17] sagt über Maria Magdalena: «Nichts wirkt stärker auf eine unter der Last der Schuld verzagte Seele, als die Sanftmut, die bemitleidet, und die Stimme, die verzeiht... Was ging in dem Herzen von Maria Magdalena vor? Wir wissen es nicht. Eines Tages öffneten sich ihre Augen, und sie erkannte in Jesus den Erlöser, der verzeiht. An diesem Tag zögerte sie nicht.

Solche Naturen machen nie auf halbem Wege halt. Ihre Größe ist es, im Guten wie im Bösen stets das Äußerste zu geben. Wer liebt, überlegt nicht: er gehorcht wie ein Sklave dem Gefühl, das ihn beherrscht... Nur Gott kann die Sünden vergeben. Nur der Glaube an Gott rettet die verlorenen Seelen, und es liegt nicht in der Macht des Menschen, Vergebung und Frieden zu schenken. Jesus sagt diese Dinge und vollbringt sie. Jene, die das empfunden und erfahren haben, wie die Magdalena, begreifen es im Innersten ihres Herzens... Von da

17. Henri Didon, französischer Dominikaner, Prediger und Schriftsteller (1840-1900), Autor einer *Vie de Jesus-Christ*.

an kann der Sünder Vertrauen fassen; sein Elend ist nicht mehr hoffnungslos. Das Böse hat einen Meister gefunden; um es zu besiegen, genügt es, daß der Mensch glaubt und bereut, weint und liebt. Wie tief er auch gefallen sein mag, ihm bleiben noch der Glaube und die Tränen. Er möge die Sünderin nachahmen und Christus zu Füßen weinen. Legionen von Seelen haben sich aus Schmach und Schande erhoben und sind der Sünderin aus Magdala gefolgt. Sie öffnet den Weg und führt den Zug der Bekehrten und Rehabilitierten an; sie personifiziert die dem Laster verfallene Menschheit, die zu Füßen Jesu Gott gefunden hat, den sie lieben sollte und dessen Liebe sie verwandelt und ihr Barmherzigkeit und Frieden schenkt.»

Mir ist es durch die Gnade Gottes erspart geblieben, in dieselben Abgründe wie Maria Magdalena hinabzusteigen, aber ich bin hinter vielen menschlichen Trugbildern hergeirrt. Ich werde es Ihnen nachweisen. Christus, dem ich Liebe geschworen hatte, ist von mir vernachlässigt worden, und wenn es nicht soweit gekommen ist, daß ich ihn verleugnet habe wie Petrus in einer Stunde der Angst, so habe ich mich doch gewiß so verhalten wie die zur Hochzeit Geladenen, die nicht kamen, weil sie zu sehr mit ihren eigenen Angelegenheiten beschäftigt waren...

Ich habe gesündigt, ja, mein Gott, ich habe gesündigt. Wenn nicht mit der Tat, so doch *in Gedanken, und dies sehr oft*. Und du, mein Meister, hast mir gesagt: «Es genügt nicht, das Böse nicht zu tun. Man darf auch nicht danach verlangen, es zu tun.» Mich verlangte danach, Böses zu tun, und so habe ich weitere Dornen in dein Haupt gebohrt und weitere Tränen aus deinen Augen fließen lassen...

Dann bin ich dir von neuem begegnet, und Du hast mich angeschaut — und mich nicht verurteilt. Kein Wort des Tadels wegen meiner Fehler... Du hast mich nur angeschaut, und mehr als irgendein Wort ist dein Blick für mich eine rettende Zurechtweisung gewesen.

Damals bin ich für immer zu dir gekommen und in die Fußstapfen der reuigen Seelen getreten, die in der Buße und der Liebe das Hochzeitskleid wiedergefunden haben. Ein durch dein Blut und unsere Tränen gereinigtes Hochzeitskleid. Und die ersten Tränen, die deine heiligen Füße benetzten, stammten von der Magdalena. Sie ist unsere Meisterin auf dem Weg der Buße, in der Schule der Liebe und der Reue. Sie ist für uns Quelle der Hoffnung, denn ihr, die viel geliebt hat, wurden alle Sünden vergeben, und *wenn wir viel lieben werden, werden auch uns unsere Sünden vergeben werden.*

Diese reinen, inbrünstigen Tränen der bekehrten Sünderin, ihre wortlose Anbetung, die sie den Zeitsinn verlieren und die Notwendigkeiten des menschlichen Lebens vergessen läßt — und Du, Meister, mußt eingreifen, um sie vor einer Welt zu verteidigen, die mitleidig den Kopf schüttelt, weil «Maria den besseren Teil gewählt hat, jenen, der ihr nie mehr genommen werden wird». Ebenso wirst Du sie vor dem Pharisäer verteidigen, der ihr einen verächtlichen Blick zuwirft. Du wirst sie verteidigen, wenn ihr alle vorwerfen, 300 Denare für ein kostbares Öl verschwendet zu haben. Ja, Du wirst sie immer verteidigen, da Du die Großmut dieser glühenden Seele erkannt hast. — Diese reinen, liebevollen Tränen haben mich gelehrt, wie ich Dir gefallen kann, wie ich Dich zu meinem Liebhaber, zu meinem Bräutigam machen kann, zu dem, der der Sinn des Lebens, der Ursprung der Freude und der Herrlichkeit ist. Sie haben mich gelehrt, wie ich das Böse auslöschen kann, das meine für Dich geschaffene Seele entwürdigt hat, und es durch das Gute ersetzen kann, indem ich meine arme Seele — die die Liebe zum Menschen, die ungeordnete Liebe zum Menschen so sehr erniedrigt hatte, daß sie zu einer vom Geist der Auflehnung und der Sinnlichkeit erfüllten Höhle geworden war —, in ein schönes und reines hochzeitliches Gemach verwandle, wo ich und Du Hochzeit feiern können...

Nun bin ich schon wieder vom Thema abgekommen... Kehren wir zum Ausgangspunkt zurück.

Gott wollte, daß ich diese Worte hörte, um mir einen Wegweiser für die Zukunft zu geben. Sie fielen wie Steine in den See meines Herzens und gingen unter. Das ruhige Wasser meiner unschuldigen Jugend bedeckte sie, und sie lagen dort unten auf dem Grund, ohne ein Zeichen von sich zu geben.

Doch als die Stürme des Lebens über den See fegten und ihn aufwühlten, den Schlamm und die Algen hochspülten, die das Wasser trübten und die Bewegung in demselben schwierig machte, da kamen auch jene Worte an die Oberfläche. Naß von den Wassern der Tiefe, funkelten sie unter der göttlichen Sonne und wurden zu rettenden, leitenden Leuchttürmen für mich.

Aber schon seit jenem Tag, da ich diese Worte vernahm, war mir klar, daß ich sie zu der von Gott gewollten Stunde wiederfinden würde und daß ich über das, was sie mich lehren wollten, nachdenken sollte; nachdenken mit meinen begrenzten Fähigkeiten, um sie im Lauf der Zeit immer vollständiger zu verstehen und sie bereit zu haben für die Stunde des Kampfes und der Erkenntnis.

Mir war außerdem klar, daß ich von Gott zu einem leidvollen Leben berufen war, daß die Tränen meine Lebensgefährten sein würden und das Kreuz mein Wappen; und daß ich von nun an auf den süßen Traum eines Märtyrertods, wie den der ersten Christen, verzichten und mich auf das verborgene Martyrium des Herzens, das außer Gott niemandem bekannt ist, vorbereiten sollte. Ein Martyrium, das ich ein Leben lang und in allen Lebenslagen üben sollte.

Ich begriff das so deutlich, als ob der Engel des Herrn das große Buch der menschlichen Geschicke offen vor mich hingehalten und mir erlaubt hätte, darin meine Zukunft zu lesen...

Am folgenden Tag gingen die Exerzitien zu Ende. Ich glaube, das war der Zeitpunkt, da die Schwestern etwas von meinem Geheimnis erahnten. Ich war so bewegt — wenngleich ich es wie immer verstand, meine Gemütsbewegungen sehr gut zu beherrschen —, daß die lieben Schwestern etwas witterten. Zu stark war der Widerhall der Stimme Gottes in mir, als daß die Eindrücke, die mein Herz erfüllten, nicht auf meinem Antlitz durchschimmerten. Zu sehr hatte ich mich bei dieser Offenbarung an Gott geklammert, um Trost und Zuspruch zu empfangen, und zu sehr litt ich nun darunter, mich davon lösen zu müssen. Es handelte sich nicht um eine Empfindung im übertragenen Sinne, sondern um einen richtigen körperlichen Schmerz. Diese Wunde, die mir zugefügt wurde, da ich nun notwendigerweise ins alltägliche Leben zurückkehren und die Zurückgezogenheit der Einkehrtage, wo ich in der Nähe Gottes geweilt hatte, aufgeben mußte, diese Wunde bereitete mir große Schmerzen. Und die Schwestern müssen das bemerkt haben.

Ich meinte, nicht mehr leben zu können... Ich habe viele äußerst schmerzliche Trennungen durchgemacht und kann daher aus Erfahrung sagen, daß diese schlimmer war als alle anderen.

Wenn die menschlichen Trennungen mir das Herz bis zur Erkrankung zugeschnürt haben, so bedrückte mich diese so arg, daß ich glaubte, ersticken zu müssen. Ich war trostlos, als ob man mir auf einmal alles weggenommen hätte: Freiheit, Licht, Reichtum, Gesundheit, Freundschaft und Verwandtschaft.

Aber warum viele arme menschliche Worte verlieren über diese meine Stunde geistiger Bangigkeit?

Wenn ich das Hohelied durchlese, finde ich dort ein, wenn auch schwaches, Echo dieser verzweifelten Suche auf Bergen und in Tälern nach Demjenigen, der das höchste Gut des liebenden Menschen ist. Aber die glühenden Ausdrücke der Dichtung Salomons sind gar nichts im Vergleich zu dem, was ich erlitten habe. Ich habe auch die inbrünstigen Seiten des heiligen Johannes vom Kreuz und der heiligen Teresa von Avila gelesen und dort ein vollkommeneres, aber immer noch geringeres Echo dessen gefunden, was ich selbst empfunden habe. So bin ich zu dem Schluß gekommen, daß man in menschlichen Worten nicht ausdrücken kann, was übermenschlich ist. Vielleicht könnte nur ein Seraph über die göttliche Liebe schreiben... Aber die Seraphim beten an und schweigen...

Meine Schwestern wagten sich mit viel Feingefühl gerade bis an die Schwelle meiner Seele, die voll von der himmlischen Sehnsucht war, priesen in ihr das Wirken Gottes und drangen nicht weiter vor. Sie hielten sich zurück... Das einzige, was man in solchen Fällen tun kann, denn jedartiges Eindringen, auch in lauterster Absicht, kommt einer Entweihung gleich. Die herrlichen, wundervollen Kontakte der Seele zu Gott müssen immer als etwas Heiliges respektiert werden.

In das als Andenken an die Tage der heiligen Exerzitien verteilte Büchlein machten sich meine Gefährtinnen und ich Notizen über unsere Überlegungen und Vorsätze. Während meine Gefährtinnen schrieben und schrieben und ihre Seiten mit naiven, sentimentalen Wortschwällen füllten, beschränkte ich mich auf einen Satz: mein Programm für mein zukünftiges Leben, die Regel für mein Verhalten gegenüber der Familie, mir selbst, meinem Nächsten und Gott. Ein einziger Satz, der aber so weit und so tief ist wie die Ozeane und der auch für das längste Leben reicht: «*Opferbereitschaft und Pflichterfüllung in allen Dingen, unter allen Umständen.*»

Diesem Vorsatz bin ich treu geblieben. Und wenn manchmal meine Menschheit über meinen Geist zu triumphieren schien, bin ich doch rasch wieder zu Opferbereitschaft und Pflichterfüllung zurückgekehrt. Und ich kann sagen, daß ich mich niemals völlig von ihnen abgewandt habe, trotz mancher Versuchungen und Einflüsterungen, diesen Vorsatz aufzugeben und mit dem Strom zu schwimmen.

Infolgedessen, was mein Gesichtsausdruck verraten hatte... Ich kann es nicht wissen, denn Spiegel gab es dort keine, und ich hatte an diesem Morgen ganz andere Dinge im Kopf, als mich in dem persönlichen Taschenspiegel zu betrachten, der uns gestattet war. Ich kann daher weder wissen, was mein Gesicht verriet, noch wie es sich verändert hatte. Kurz und gut, infolge dieses Gesichtsausdruckes beauftragte die Oberin die Schwester, die mich am besten verstand, in Erfahrung zu bringen, ob vielleicht auch ich Schwester werden wollte. Ich enttäuschte sie sofort.

Oh! Es wäre schön gewesen, diesen Weg einzuschlagen, für immer im Schatten Mariens, unter ihrem Mantel Zuflucht zu nehmen und so zu leben... Aber das war nicht mein Weg, nicht das Leben, das Gott für mich wollte. Das wußte ich ganz genau. Die Welt sollte mein Kampfplatz sein. Ich wußte nicht, was es für ein Kampf sein würde, *aber ich wußte, daß er in der Welt ausgetragen werden sollte* und nicht im Kloster.

Arme Schwestern, die bereits die rosigsten Vermutungen über mich angestellt hatten und mich schon mit dem Häubchen auf dem Kopf sahen! Gott weiß, daß ich diese Berufung vorgezogen hätte!... Aber sie war nicht für mich bestimmt. Ich wußte, daß ich dem Leid entgegenging, aber ich mußte dem Leid entgegengehen.

Weinend und verzweifelt sah ich die Zeit immer kürzer werden, die mich noch vom Schmerz trennte, aber ich konnte es nicht verhindern. Ich kam mir wie eine zum Tode Verurteilte vor, die den Tag des Strafvollzugs nahen sieht. Je mehr die Schwestern und die Gefährtinnen ihre Aufmerksamkeiten mir gegenüber vermehrten, da ich sie doch bald verlassen und so weit weggehen würde, daß wir uns schwerlich jemals wiedersehen würden, um so mehr wuchs in mir, zusammen mit der Dankbarkeit für ihre Zuneigung, mein Kummer.

Manchem mag es eigenartig erscheinen, aber es ist die Wahrheit: ich habe, als ich das Kolleg verließ, viel mehr gelitten, als bei meinem Eintritt. Vielleicht hing das auch damit zusammen, daß ich in vier Jahren natürlich erwachsener geworden war und in mir jene Sensibilität zugenommen hatte, die eine meiner Haupteigenschaften ist, vielleicht die wichtigste, meine Mitgift und meine Qual. Denn wenn es eine Mitgift ist, ein freundliches Gemüt zu haben, empfindsam für all die kleinen Nuancen in den täglichen Ereignissen zu sein, so ist es doch auch eine große Qual, denn die Freuden sind im Leben sehr dünn gesät, während die traurigen Dinge immer zahlreich und gegenwärtig sind.

Die Sensibilität, die ich soweit als möglich verborgen hielt — habe ich es doch stets gehaßt, meine Gefühle vor Menschen zur Schau zu stellen, die fast immer gleichgültig, wenn nicht gar höhnisch reagieren —, diese Sensibilität also, die zunahm mit dem Alter und der Entwicklung des Verstandes, flößte mir immer mehr Angst vor der Zukunft ein. Ich ahnte, daß für mich das wenige Gute, dessen ich mich bis dahin erfreut hatte, zuende ging, und wie das Sinnkraut[18], das die Hand

18. Sinnkraut: Pflanze der Mimosazäengattung.

nahen spürt, erschauderte ich in allen Gliedern und zog mich ganz in mich selbst zurück.

Oh, welch ein trauriges Geschöpf, dem es beim Verlassen der Stätte, wo es nur heitere Stunden und freundliche Zuneigung erlebt hatte, fast das Herz zerriß, überschritt am Nachmittag des 23. Februar 1913 die Schwelle des Kollegs, um ins Leben hinauszutreten!

Die Schwestern brachten mir in der letzten Zeit eine schier grenzenlose Freundlichkeit und Aufmerksamkeit entgegen. Sie wollten mir zu erkennen geben, wie gern sie mich hatten, mich sozusagen mit Liebe überfüttern in Gedanken an die bevorstehenden Entbehrungen, die mein Herz erstarren lassen und es mit viel brennender Sehnsucht erfüllen würden. Mit Tränen in den Augen rieten sie mir, gut zu Mama zu sein, um sie soweit zu bringen, daß auch sie gut zu mir wäre.

Ach, das brauchten sie mir nicht nahezulegen! Ich stand immer als ewige Bettlerin an der Tür des Herzens meiner Mutter, um ein Scherflein an Verständnis und Liebe zu erbitten. Aber diese Tür blieb immer verriegelt, mit eisernen Lanzenspitzen besät, so daß ich mich nicht einmal daran lehnen konnte...

Ich weiß, daß die Schwestern auch in diesem Sinne zu Mama gesprochen haben... Aber ihre Worte blieben unbeachtet, ja sie erreichten das Gegenteil von dem, was die Schwestern beabsichtigt hatten. Mama begann sofort, mir vorzuwerfen, ich hätte sie den Schwestern als gefühllos und unnachgiebig dargestellt.

Aber mein Gott! Es war gar nicht notwendig, daß ich sie so darstellte. Alles in ihr verriet, wie sie war: mehr Stiefmutter als Mutter. Ihre Umgangsformen, ihre Schreiben, ihre Gleichgültigkeit, was meine Gesundheit betraf, ihre Engherzigkeit in bezug auf die kleinen Bedürfnisse eines Zöglings, kurzum, viele Dinge hatten die Schwestern belehrt, und zwar sehr gut. Die Schwestern hatten ja durch ihre ständigen Kontakte zu hunderten von Mamas und Papas genügend Erfahrung gesammelt. Es war nicht nötig, daß ich mich äußerte, was ich im übrigen nie tat, denn man schämt sich ja gewissen Elends wie einer Blamage oder einer schändlichen Krankheit. Wenn ich in den darauffolgenden Jahren manchmal darüber sprach, so nur deshalb, weil andere, *die sich bereits ein Bild gemacht hatten*, sich über die Beziehung zwischen meiner Mutter und mir erkundigten. Dies war für mich so schmerzlich, als gösse man Säure auf eine Wunde. Bedenken Sie, daß verschiedene Personen mich gefragt haben, «ob sie meine wirkliche Mutter oder eine zweite Mutter» sei... Das sagt Ihnen alles, Pater.

Aus eigenem Antrieb habe ich kaum davon gesprochen und *nur mit Personen, die mein volles Vertrauen hatten.* Und dieses gewähre ich nur sehr selten. Außerdem müssen die Personen durch das Kleid, das sie tragen, und den gesunden Menschenverstand, der sie auszeichnet, derart sein, daß sie mir die Gewißheit geben, mein schmerzliches Geheimnis sei bei ihnen gut aufgehoben und werde nicht zum Gegenstand des Spottes und Geschwätzes gemacht.

Einer der ganz wenigen Menschen, denen ich frei von der Seele weg erzählt habe, wie die Dinge stehen, sind Sie, Pater, und zwar aus den vorgenannten Gründen. Außerdem bin ich, da Sie in dieser äußersten Stunde meines Lebens zu meinem Seelenführer ausersehen sind, verpflichtet, Ihnen die Wahrheit zu sagen über Dinge, die mir so-viel Leid und Beunruhigung verursacht haben.

3. TEIL

«Wenn ich meiner Vergangenheit gedenke, komme ich mir wie ein Vogel vor, dem man die Flügel bricht» (Teresa von Avila)

Florenz

Die liturgischen Gebete von heute, dem 18. März, sind im Introitus in folgende Worte gefaßt: «Gut ist's, den Herrn zu preisen und Deinem Namen Hymnen zu singen, Allerhöchster.»

In vieler Weise kann man dem Herrn lobsingen, denn so wie die Wohnungen des Vaters im Himmel und auch die Grade der Verherrlichung der Seligen zahlreich und verschieden sind, kann man hier auf Erden Gott in verschiedenster Art dienen und Ihn preisen, wenngleich man damit stets demselben Ziel zustrebt: der Belohnung durch das ewige Leben.

Schön ist es, den Herrn durch ein rechtschaffenes Leben in Reinheit und Gehorsam zu preisen; ein Leben, das unentwegt auf Ihn ausgerichtet ist. Aber es ist auch schön, Gott durch ein Leben der Wiedergutmachung zu loben, indem man sich, all seiner Mängel bewußt, sozusagen bis *unter* den Staub erniedrigt. Denn da wir mit Vernunft ausgestattet sind, können wir mehr gegen Gott fehlen als die unvernünftige Materie, die für einen Augenblick nicht der vom Schöpfer gewollten Ordnung entspricht.

Schön ist es, denn wir bezeugen damit ein für alle Male, daß wir *nichts* sind. Dies erfahren wir in unserem erbärmlichen Versagen, kaum daß uns Gott uns selbst überläßt. Da erkennen wir, daß in unserem Auferstehen die Stimme Gottes wirkt, die uns armen Lazarusse, die wir der Gnade erstorben, im Dunkel begraben, vom Gestank der Sünde und der Verwesung umgeben sind, voller Macht und Erbarmen gebietet: «Lazarus, komm heraus.»

Und dann kommen wir heraus, wir armen Lazarusse, aus dem Gefängnis unseres moralischen Grabes. Noch sind wir an Armen, Beinen und dem Körper bandagiert und behindert durch vergängliche Bande, die getränkt sind von den Ausdünstungen unserer seelischen Krankheiten. Noch ist unser Gesicht vom Schweißtuch bedeckt, unsere Zunge lahm von der Totenstarre. Wir versuchen die ersten, unsicheren Schritte, stammeln die ersten Lobpreisungen, bis Jesus, «der noch in seinem Herzen bebt» ob der Feststellung des Todes dieses Geschöpfes, das er durch sein Blut zurückgekauft und durch seine Tränen dem Tod entrissen hat — bis Jesus also ein zweites Mal gebietet: «Löst ihm die Binden und laßt ihn gehen.» Und nun, da wir vollkommen von diesen Todesbanden befreit sind, singen wir Auferstandenen zusammen mit Jesus, dem Sohn Gottes, dem Vater im Himmel unser Loblied: «Vater, ich danke Dir!»

Ich bin der Ansicht, wenn der dankbar sein muß, den die Güte Gottes immer vor dem Bösen bewahrt hat, dann muß jener andere noch viel dankbarer sein, der erkennt, daß Gott ihn errettet hat.

In diesem Punkt stimme ich nicht mit Therese vom Kinde Jesu überein. An einer bestimmten Stelle ihrer «Geschichte einer Seele» sagt sie, daß jene Seele das höchste Maß an Dankbarkeit empfinden müßte, der Gott wie ein liebevoller Vater alle Gefahren aus dem Weg geräumt hat.

Ich bin der Meinung, daß dem nicht so ist. Hat uns denn Gott einen Verstand gegeben oder nicht? Besitzen wir nicht die Fähigkeit, uns selbst zu entscheiden? Hat Gott uns schließlich nicht ein Herz gegeben, das zu lieben fähig ist? Nun, wenn Gott uns mit der Fähigkeit ausgestattet hat, uns moralisch zu entscheiden, und wenn Er uns ein Gesetz gegeben hat, um uns die Entscheidungen zu erleichtern, so ist es unsere Pflicht, tugendhaft und rechtschaffen zu leben, seinem Gesetz und dem Ruf der Liebe zu entsprechen.

Der Mensch *weiß*, daß Gott ihn liebt. Wie könnte er auch daran zweifeln, da Er uns doch aus lauter Liebe seinen Sohn gesandt hat, damit er für uns sterbe? Der Mensch weiß, daß seine Auflehnungen, sein Versagen, sein Verharren im Bösen Gott Schmerz bereiten. Beachten Sie, daß ich die Beleidigung nicht in Betracht ziehe. Mir geht es hier nur um die Liebe. Die Beleidigung bringt eine künftige Strafe mit sich. Das ist gerecht. Aber mit dieser Strafe ist die Sache zwischen dem Richter und dem Schuldigen, zwischen dem Gesetz und dem Übertreter desselben erledigt. Das Leid aber, das wir dem Herzen unseres Gottes durch unsere Lieblosigkeit verursachen, tilgt man in *keiner* Weise. Hundert Höllen wären nicht imstande, dieses Leid auszulöschen, nichts kann es wiedergutmachen, *nichts, was Strafe wäre.*

Nur unsere Rückkehr zur Liebe, zum liebenden Gehorsam, unsere liebevolle Reue, die nicht über die verdiente Strafe betrübt ist, sondern *darüber, Gott Schmerz verursacht zu haben*, kann das Lächeln in die Augen des Schöpfers zurückbringen; in die Augen jenes Schöpfers, der uns so sehr geliebt, daß er sich für uns hingegeben hat.

Wenn sich daher eine Seele der übergroßen Langmut Gottes bewußt wird, seiner äußersten Geduld, seiner so gütigen Vaterschaft, die ihr alle Zeit und Mittel zur Umkehr schenkt; wenn ein Geschöpf aus dem Schlamm, in dem es Gott gelästert und sich selbst besudelt hat, obwohl es doch als Ebenbild Gottes geschaffen wurde, sehnsüchtig den Blick zum Himmel erhebt, und Er herbeieilt, um ihm aufzuhelfen, es an sein Herz zu drücken, es zu ermutigen, an die eigene Heilung zu glauben, und ihm zu versichern, daß Er ihm bereits verziehen hat und es doppelt liebt, da es ja ein armes, krankes Geschöpf ist, geschwächt durch die erlittene Infektion, — wie kann dann dieser Mensch nicht noch mehr Dankbarkeit empfinden als einer, der sich nie unwürdig erwiesen hat und daher selbstverständlich geliebt wird?

Man wird sagen: «Ja, aber letzterer muß Gott gerade deshalb dankbar sein, weil Er ihn vor der Sünde bewahrt hat.» Darauf entgegne ich: Um wieviel mehr wird nicht jene Seele voller Dankbarkeit sein, die sich doppelt geliebt sieht? So sehr geliebt, daß man ihr sogar die empfangene Beleidigung verzeiht.

Der Meister hat gesagt: «Wem aber wenig vergeben wird, der liebt auch wenig.»[19] Nun, jene, die Gott, mehr durch Unvollkommenheiten als durch wahre Verfehlungen, nur ganz leicht verdrossen haben, erhalten natürlich eine viel geringere Vergebung als jene, die schlimm und hartnäckig gesündigt haben. Und daher sind letztere dem göttlichen Verzeiher auch einen unendlichen, wohltuenden Dank schuldig.

«Dein Glaube hat dich gerettet, geh' hin in Frieden», sagt der Erlöser zu der sündbefleckten Seele, die sich an Ihn wendet, den einzigen, der sie von der Sünde befreien kann. Groß ist der Glaube dieser Seele, die begriffen hat, wo die Medizin für ihre Lepra zu finden ist. Groß ist in der Folge das Erbarmen des göttlichen Arztes, der sich zu ihr herniederbeugt, um ihre Wunden zu heilen. Es handelt sich um ein Fließen und Zurückfließen von Großherzigkeit zwischen der Seele und Gott. Die Seele gibt sich bedingungslos hin, angespornt durch die Reue und die Dankbarkeit. Gott, der in allen Dingen Vollkommene,

---

19. Lukas 7,47 (36-50). Für den anschließenden Gedankengang ist die ganze Episode, die Lukas 7,36-50 berichtet, heranzuziehen.

kann da nicht zurückstehen hinter dem menschlichen Geschöpf. Daher schenkt er seine vollkommene Großzügigkeit im Verzeihen, *das die höchste Form der Liebe ist.*

Wackere Maria, schau, wie du dich von deinen eigenen Worten hast hinreißen lassen! Auf einer Kanzel bist du gelandet, du, die du nicht einmal würdig bist, unter der Kanzel zu stehen! Verzeihen Sie mir, Pater.

Die dankbare Liebe ist wie ein Wind, der einen sehr weit und sehr hoch trägt... Wenn der Heilige Geist — ich denke, es ist der Paraklet, der diese Kräfte in den Herzen wachruft — uns seinen göttlichen Hauch einflößt, so erfüllt uns dieser und reißt uns in einem übernatürlichen Wirbelsturm zu den Höhen, wo Gott lebt und von wo die wunderbaren Erleuchtungen kommen, welche die arme, in eine sterbliche Hülle eingeschlossene Seele erhellen. In gewissen Augenblicken muß die Seele singen, um nicht unter dem Druck und der Glut der Liebe zu zerspringen. Und wenn das menschliche Wort auch nie ausreicht, um das Göttliche auszudrücken, so ist es doch immer ein Ventil für das übernatürliche Feuer, das uns mehr als ein Fieber zum Glühen bringt... Ja, es handelt sich wahrhaftig um ein geistiges Fieber, nicht weniger verzehrend als das körperliche.

Solange wir nicht im schönen Paradies das *vollkommene Alter* erreichen, sind wir kleine Kinder, die sich mühen, die ersten Worte hervorzubringen. Wären wir doch auch im Glaubensleben wenigstens Kinder!... Aber wir bleiben nur im Guten Kinder. Was das Böse betrifft, werden wir sofort erwachsen. Ja, da werden wir bedauerlicherweise wahre «Doktoren des Bösen». Und dadurch erweisen wir uns als unwürdig, ins Himmelreich einzugehen, wo nur jene Eintritt finden, die ohne Bosheit sind wie die unschuldigen Kinder.

Aber kehren wir zu meiner Lebensgeschichte zurück.

Wir kamen also am 1. März 1913 morgens in Florenz an. Am 4. März zogen wir in die neue Wohnung ein.

Die Fassade des sehr schönen und weiträumigen Hauses blickte auf die Blumenbeete von S. Gallo, damals noch nicht verunstaltet durch das häßliche Gebäude, das viele Jahre später dort für die Handwerksmessen errichtet wurde. Auf der anderen Seite hatte man einen Ausblick über eine Anzahl von Gärten, die bis zum Viale Regina Vittoria reichten. Ich nenne die Namen von damals, denn heute, bei der Phobie für alles Englische, hat man andere Bezeichnungen eingeführt, die ich nicht kenne. Unter diesen Gärten war auch der des Jesuitenklosters mit zugehöriger Kirche. Wir sahen die Patres dort spazierengehen und sonntags mit den Kindern des Jugendheims spielen.

Da unser Haus sich nahe der Ecke Via Pancani und Via Madonna della Tosse befand, waren wir auf der Straßenseite in nächster Nähe der antiken Kirche Madonna della Tosse. Von den Fenstern aus konnte man in die Kirche sehen. Ich erinnere mich, daß ich mich in den Monaten Mai und Juni ans Fenster stellte und so dem eucharistischen Segen beiwohnte. Ich sah, wie die segenspendende Monstranz mit der allerheiligsten Hostie emporgehoben wurde, schneeweiße Sonne inmitten des goldenen Strahlenkranzes über der andächtigen Menge; und der Wohlgeruch des Weihrauchs und die Worte der Gesänge drangen bis zu mir... Auch von der Jesuitenkirche her, die, wenn ich nicht irre, Maria vom guten Rate geweiht war, kamen Weihrauchduft und Gesänge herüber. Ich befand mich in dem mystischen Kraftfeld zwischen zwei der Madonna geweihten Kirchen.

Da wir im dritten Stock wohnten, sah ich alle Hügel von Fiesole, Vincigliata und auf der einen Seite den Monte Morello, auf der anderen das Bergland des Casentino, dessen weiche, bewaldete Hügel, die je nach Tageslicht Farbe wechselten, sich am Horizont verloren. Man sagte mir, daß in einer gewissen Richtung La Verna liege. Und da ich schon damals von dem seraphischen Heiligen und seiner Lehre entzückt war, schaute ich immer in diese Richtung, und das schenkte mir großen Frieden.

Kunstbegeistert und sensibel, wie ich war, fühlte ich mich in Florenz sofort sehr wohl. Seine Kirchen und Bauwerke, seine Museen und Gärten, diese so verklärten Hügel — man verzeihe mir das Adjektiv —, die von S. Miniato an die Landschaft prägen — S. Miniato mit der Fassade aus weißem und schwarzem Marmor, wie die Kutte eines Dominikaners —, die von Gott sprechen und mit den nahen heiligen Pforten daran erinnern, daß wir aus Staub sind, daß wir mit einer Puppe vergleichbar sind, aus der der «engelgleiche Schmetterling» hervorgehen soll, der in die «überflutende Gerechtigkeit» fliegt, wenn wir ihn nicht durch die Sünde töten; diese Hügel, die sich bis hinunter zur Porta Romana ziehen, zwischen franziskanischen Olivenbäumen mit ihrem raschelnden Geflüster in den silbergrün flimmernden Baumkronen, von Winden liebkost, die den Duft apenninischer Wälder herüberbringen, aber auch den feuchten Wohlgeruch der Auen entlang des Flusses, der dem Meer zu immer breiter wird. Diese Hügel mit den wegweisenden, ehernen Federbüschen der Zypressen, die im wahrsten Sinne des Wortes der Baum der Toskana sind, der Baum, der sich in sehnsüchtigem Gebet zu erheben scheint mit der einer Pfeilspitze gleichenden Krone, die den geraden Stamm umschließt. Diese herrlichen Hügel mit ihren Gärten, die von Blüten überquellen; mit ihren Abhängen voller Gezwitscher, Pfeifen und Trillern; mit ihren schönen in Grün und Blumen eingebetteten Villen. Und die Cascine mit ihren hundertjährigen Bäumen und der Fluß mit seinem vollen Rauschen, wenn er viel Wasser führt, und dann wieder wie ein Bächlein zwischen den Steinen des Flußbettes in den wasserarmen Monaten. Und der Boboli-Garten und der Park des ehemaligen Museums Stibbert... So viele grüne Oasen, wo ich gern mit meinem Vater spazierenging.

Die Bewohner sagten mir weniger zu: sie waren ganz anders als die Lombarden, unter denen ich bisher gelebt hatte. Sie verwirrten mich mit ihrer Art. Aber ich hatte ja relativ wenig mit ihnen zu tun.

Ich ging viel mit meinem Vater aus. Es waren die schönen, so heiteren florentinischen Frühlingsmonate, und wir nützten die Jahreszeit aus, um zusammen die Orte aufzusuchen, die uns am meisten gefielen. Ich hatte diese Zerstreuung dringend nötig, um nicht zu sehr unter der starken Sehnsucht nach dem Kolleg zu leiden. Und mein Vater brauchte die Zerstreuung, um seine Pensionierung zu vergessen... So legten wir unseren Kummer zusammen und versuchten einander bei der Anpassung an das neue Leben zu helfen.

Im übrigen lebte ich weiterhin ungefähr so wie im Kolleg. Ich stand früh auf, betete, sonntags ging ich zur Messe und empfing die heilige Kommunion. Ich hätte das gern öfter getan, aber Mama machte mir sofort klar, daß es nicht notwendig sei, öfter zu beichten und zu kommunizieren, und daß diejenigen, die öfter in die Kirche gingen, nur Scheinheilige seien, schlimmer als die anderen, die überhaupt nicht hingingen usw.

Wie oft in diesen 20 Jahren, von 1913, als ich in die Familie zurückkehrte, bis 1933, dem Beginn meiner gegenwärtigen Krankheit, habe ich mir diese Gratis-Lektionen religiöser Indifferenz anhören müssen!

Wenn es wahr ist, daß es ein Zeichen der Gottesliebe ist, kein menschliches Ansehen zu genießen, so muß ich sagen, daß ich auch in meinen schlimmsten, trostlosesten Momenten eine große Geliebte Gottes war. Ich habe *nie* nach menschlichem Ansehen gestrebt und bin meinen Frömmigkeitsübungen treugeblieben, auch wenn ich verhöhnt, angegriffen oder beleidigt wurde. Ich bin darin fortgefahren, ohne auf das ironische Lächeln und die Vorwürfe zu achten, die ich mir damit zuzog. Später dann habe ich mir die heilige Freiheit genommen, in den Monaten Mai und Juni anläßlich der schönsten Novenen in die Kirche zu gehen und während dieser Zeit jeden Morgen zu kommunizieren. Aber anfangs gehorchte ich *schmerzerfüllt* und kommunizierte nur an den Sonntagen, am ersten Freitag des Monats und an den Hauptfeiertagen.

Der erste Freitag des Monats! Sie werden noch sehen, was für Augenblicke der Auflehnung und der moralischen Verwirrung ich durchgemacht habe. Aber nicht einmal in den schlimmsten Zeiten habe ich es unterlassen, den ersten Freitag des Monats einzuhalten. Seit 1909, als ich in das Kolleg eintrat und von dieser frommen Übung erfuhr, habe ich nur im Krankheitsfall darauf verzichtet. Aber es mußte eine ernsthafte Erkrankung sein, die mich wirklich daran hinderte, das Haus zu verlassen... Und mich daran zu hindern — die ich unbeirrt auch mit 39 oder 40° Fieber umherging, mich um das Haus, das Spital und die Vereinigung der A.C.[20] kümmerte, als ob nichts wäre —, mußte mich wirklich eine sehr schwere Krankheit erwischen...

Wenn ich trotz allem meine Seele gerettet habe, so verdanke ich das meiner Meinung nach der Einhaltung des ersten Freitags im Monat. Hat Jesus nicht zur heiligen Margaretha Maria[21] gesagt, daß die Sünder in seinem Herzen ein Meer des Erbarmens finden und daß seine Liebe denjenigen die Gnade einer endgültigen Reue gewähren werde, die dieser Bußübung treubleiben würden? Ich blieb ihr auch in den Zeiten der Untreue in vielen Dingen treu, und die unendliche Barmherzigkeit Jesu hat mich von den geistigen Krankheiten geheilt: sie hat mir die Sehkraft der Seele wiedergegeben, um seinen Weg zu erkennen, das Gehör der Seele, um sein Wort zu vernehmen, die Bewegungsfähigkeit der Seele, um zu Ihm zu gelangen. Seine Barmherzigkeit hat mich von dem Aussatz, den Fiebern, den erniedrigenden Gebrechen des Geistes geheilt. Sie hat dem Bösen befohlen, mich in Frieden zu lassen. Ich habe von seinem Herzen das Leben erhalten. Soll ich Ihm nun nicht mein Leben schenken, um seinem Herzen «danke» zu sagen?

Aber kehren wir zu meinem Tagesablauf zurück...

Nun, ich stand frühzeitig auf, betete, brachte mein Zimmer und den Empfangssaal in Ordnung — mein Anteil an der Hausarbeit — und half auch in der Küche. Damals arbeitete ich nicht viel, ich lernte fleißig, spielte Klavier und las viel. Außerdem ging ich mit Papa spazieren, manchmal mit ihm und Mama ins Kino. In den kalten Monaten

---

20. A.C.= Azione Cattolica.
21. Die hl. Margaretha Maria Alacoque (1647-1690), die aufgrund ihrer Visionen die Herz-Jesu-Verehrung verbreitete. Die liturgische Feier der Herz-Jesu-Freitage geht auf ihre Anregungen zurück.

gingen wir selten ins Theater, im Sommer recht oft. Wenn wir abends keine Gäste hatten und nicht eingeladen waren, was nicht oft vorkam, ging ich früh zu Bett.

In Florenz fanden wir alte und neue Freunde. Eine dieser Familien, deren Oberhaupt wie Papa technischer Leiter beim Militär war, setzte sich zusammen aus dem Ehemann, einem Heiligen im wahrsten Sinne des Wortes, der Gattin, einer leichtsinnigen, unglückseligen Person, die nur dieser Heilige ertragen und entschuldigen konnte, und einem elfjährigen Mädchen. Später kam noch ein Junge zur Welt...

Obwohl ich unschuldig wie ein Baby war, konnte mir nicht entgehen, das diese schändliche Frau vor den Augen des Gatten, der Tochter, von uns selbst und mit Beihilfe der Kellner Liebesbriefchen mit ihren Anbetern austauschte, wenn wir in einem Lokal waren. Ich machte Mutter darauf aufmerksam und sagte ihr, daß ich keine Lust hätte, als Deckmantel für gewisse Machenschaften zu dienen. Daraufhin wurde ich scharf getadelt, da Mama ja, wie ich Ihnen bereits sagte, immer das Gegenteil von dem sieht, was in Wirklichkeit ist. Für sie war ihre Freundin ein Musterstück weiblicher Rechtschaffenheit! Die Tochter dieser... Dame (!) war eine würdige Schülerin ihrer Mutter. In einer solchen Umgebung und mit solchen Neigungen bereitete sie sich auf die Erste Kommunion vor... Stellen Sie sich vor, daß mein Hausmädchen, ein Mädchen vom Lande ohne allzuviele Skrupel, ihr eines Tages zu schweigen gebot mit den Worten: «Schweig' und schäme dich. Ich erlaube dir nicht, mit meinem Fräulein über solche Dinge zu reden!» Ich war damals sechzehn Jahre alt und jene Arme elf.

Ich fühlte mich in Gesellschaft jener Unglückseligen entwürdigt, verletzt. Aber Mama duldete meine Einwände nicht, und ich mußte mitgehen. 1915 und in den folgenden Jahren dann, als es zum öffentlichen Skandal kam, mußte Mama zugeben, daß ich recht hatte... Ja! Aber wissen Sie, Pater, wie mich der Kontakt mit dieser Person beunruhigt hat? Das Böse, das uns streift, hinterläßt immer Spuren in uns. Irgendetwas dringt ein, und wenn es ihm auch nicht gelingt, völlig von uns Besitz zu ergreifen, was vor allem der Gnade Gottes und auch unserer Natur zu verdanken ist, so stört es uns doch, insbesondere wenn wir noch jung sind.

Eine andere Familie bestand aus einem Oberstleutnant, der wegen der Unverträglichkeit der Charaktere von seiner Frau getrennt lebte. Mit dem Vater lebte der Sohn, der in meinem Alter war; mit der Mutter, die zu ihrer Mutter nach Rom zurückgekehrt war, die Tochter, die etwas jünger als ihr Bruder war. Im Sommer kam die Tochter zum

Vater und der Sohn fuhr zur Mutter. Unglückliche Familie und unglückliche Kinder!

Der Oberst wohnte im ersten Stock unseres Hauses und hatte einen ausgedehnten Garten ganz für sich, während ein anderer kleinerer Garten den Mietern des Erdgeschosses gehörte. Es handelte sich um zwei alte Eheleute, von denen der eine, der Mann, blind war. Sie waren gute Menschen, immer geplagt von den vielen liederlichen und armen Enkelkindern, die bei ihnen Zuflucht suchten. Im zweiten Stock wohnte ein Ehepaar, das die Hälfte seiner Wohnung an Offiziere oder Herren, die in Florenz überwinterten, vermietete. Ich habe Ihnen diese Beschreibung gegeben, weil sie für meine Erzählung wichtig ist.

Ich ging oft in die Wohnung des Oberst hinunter, um in seinen Garten zu gehen und auch, weil er fand, daß ich die *einzige* war, die es verstand, seinen Sohn zum Lernen anzuhalten. Dieser war zwar intelligent, aber zerstreut wie die große Mehrzahl der Knaben. Armer Junge, dem die Fürsorge der Mutter gefehlt hatte! Armer Junge, der immer den Dienstmädchen überlassen war, welche ihn je nach Laune entweder verwöhnten oder ärgerten und ihn sogar wegen irgendwelcher Kleinigkeiten vom Vater bestrafen ließen!

Mario, der Junge, hatte uns sofort sehr liebgewonnen. Wenn er zu uns heraufkommen und sich von Mama hätscheln lassen durfte, war er überglücklich. Auch wenn wir zu ihm hinuntergingen, freute er sich. Dann lernte er und war brav. Armer Mario, der den Egoismus der Seinen an sich abbüßte!...

Ach, wieviel wäre diesbezüglich zu sagen! Die Kinder haben ihre Pflichten den Eltern gegenüber, schön, aber auch die Eltern haben ihre Pflichten den Kindern gegenüber... Wenn man an die Folgen gewisser «*Unverträglichkeiten*» denken würde, die nichts anderes als Egoismen sind, an die Folgen für die unschuldigen Kinder, dann würde man Trennungen vermeiden. Aber das hat nichts mit meiner Geschichte zu tun.

Nachdem ich nun die wichtigsten Personen aus jener Zeit vorgestellt habe, will ich von dem Menschen sprechen, der damals eine große Rolle in meinem Leben spielte.

Ich habe Ihnen schon gesagt, daß die Eheleute im zweiten Stockwerk die halbe Wohnung vermieteten. In jenem Jahr hatten sie sie an einen jungen Mann aus Bari vermietet. Er war schön, reich und kultiviert. Ein Doktor der Literaturwissenschaften, der keinen Beruf ausübte, weil er es nicht nötig hatte, und der nach Florenz gekommen war, um in den Bibliotheken Nachforschungen für eine Arbeit über die ersten italienischen Schriftsteller zu betreiben. Er war sehr freundlich, ernst und ruhig.

An einem der ersten Tage, in denen ich in dem neuen Haus wohnte, begegneten wir uns auf den Treppen. Er hatte einen dunklen Teint, braune Haare und trug einen braunen Anzug. Ich dagegen hatte ein rosiges Gesicht und blonde Haare und wirkte durch die große Schürze, die ich umhatte, noch kindlicher.

Wir sahen uns an und waren uns sofort sympathisch. Ich erfuhr nachher, daß er sich sogleich über mich informiert hatte. Meine Schüchternheit und die Überzeugung, ein Ungeheuer zu sein — es war eine Spezialität von Mama, mir einzureden, daß ich häßlich, dumm und unsympathisch sei, und schließlich glaubte ich es selbst — das alles und meine Erziehung, sowohl in der Familie wie im Kolleg, hinderten mich natürlich daran, meine Sympathie zu zeigen.

Im Jahre 1913 wußten die Frauen, wenn sie nur ein wenig Verstand im Kopf hatten, jene Zurückhaltung zu üben, die zu den schönsten weiblichen Eigenschaften zählt und die heutzutage eine Erinnerung geblieben ist.

Er war mit dem Respekt der Südländer für die Frau ausgestattet; einem Respekt, der in anderen Regionen manchmal als ein Rest von Barbarei aus der Zeit der arabischen Vorherrschaft angesehen wird, der aber doch so schön ist. Und da er auch eine erlesene Erziehung genossen hatte, wußte er seinerseits seine offenkundige Sympathie hinter einem schlichten, korrekten Benehmen zu verbergen. Ich sage «offenkundige Sympathie», denn wenn auch außer den lakonischen Grüßen und den Redensarten guter Nachbarschaft keine Worte gewechselt wurden und es nur Blicke waren, die den banalsten Worten eine besondere Bedeutung verliehen, müßte ich lügen, wenn ich behauptete, ich hätte nicht begriffen.

Gewisse Dinge versteht eine Frau immer, selbst wenn sie eine dumme Gans ist. Man gibt zwar vor, nicht zu begreifen, weil die Erziehung und die Schamhaftigkeit uns dazu drängen, aber man versteht. Jene, die sagen: «Oh, ich habe nie etwas bemerkt. Ich hatte nicht erkannt, daß Herr Soundso Sympathie für mich hegte», lügen schamlos. Ein sechster Sinn, der den Verliebten eigen und in der Frau wegen ihres sensibleren Wesens noch viel stärker ausgeprägt ist, kündigt immer an, wenn zwei Seelen oder zwei Körper sich gegenseitig angezogen fühlen.

Ich sage zwei Seelen oder zwei Körper, denn unter den Zuneigungen gibt es solche, die sich ausschließlich auf das fleischliche Ich beschränken, und solche, die auch die geistige Liebe miteinbeziehen oder sich auf diese beschränken. Und letztere dürften die dauerhafteren Zuneigungen sein, da sie von unserem besseren, ewigen Teil empfunden werden und dort entspringen. In Wirklichkeit ist es leider schwer, eine entsprechend edle Seele zu finden, die imstande ist, die Sinne zu beherrschen. Daher kommt es, daß man unserer von Sinnlichkeit freien Zuneigung überdrüssig wird und wir als gefühllose, kalte Menschen verlassen werden, da man uns für unfähig hält, in der Art zu lieben, die allgemein als Liebe angesehen wird. Ideal wäre es, gleichermaßen geistig und körperlich zu lieben. So würde man vollkommen lieben. Aber wann sind wir Geschöpfe schon vollkommen?

Wir beide mochten uns also gern. Eine stumme, geduldige, respektvolle Zuneigung. Er hielt mich für sehr jung — sah ich doch noch wie ein Kind aus — und unterdrückte seine Gefühle, um mich in meiner Jugendlichkeit nicht zu verwirren. Er behielt sich vor, zu gegebener Zeit vorzusprechen. Ich, die ich genau verstanden hatte, wartete geduldig und errichtete meiner reinen Liebe einen Altar.

So vergingen Monate, und der Sommer zog ins Land.

Wir mußten zu unserem Badeaufenthalt nach Viareggio fahren, der immer drei Monate dauerte. Mir gefiel unser Häuschen in der Via Umberto I° mit seinem Garten, dem grünen Orangenbaum, dem Pfirsichbaum voller Früchte, dem Zitronatbaum, der Laube...

Wenige Tage, bevor wir abreisten, reiste *er* ab, um zu seiner Mutter nach Bari zurückzukehren... Er war das einzige Kind, und die Mutter, die früh Witwe geworden war, vergötterte ihn. Ich habe ihn nie so viel und so laut reden hören wie in jenen Tagen. Seine liebe, schöne Stimme drang von seinem offenen Fenster zu meinem offenen Fenster herauf, und so erfuhr ich, daß er wiederkehren würde. Er erneuerte schon im voraus den Mietvertrag der Wohnung für den Herbst und reiste ab.

Ich litt sehr, weil ich ihn gern hatte, wirklich gern... «Eine kindliche Zuneigung, wie es sich für mich ziemte», hätte ich mit der kleinen Cho-Cho-San[22] sagen können. Denn tatsächlich war meine Liebe rein und ruhig wie die Zuneigung eines Kindes.

Aber sie war auch stark und tief in ihrer Reinheit...

Ich weinte viel in meinem kleinen Zimmer, als ich ihn weggehen sah. Mir war, als ob alles um mich herum farblos geworden wäre und eine große Stille sich über die Welt ausgebreitet hätte. Ich hörte seine

---

22. Aus der berühmten Oper *Madame Butterfly* von Giacomo Puccini.

schöne volle und männliche Stimme nicht mehr, seine perfekte Aussprache; denn er stammte zwar aus Bari, war aber in den Kollegs Mittelitaliens erzogen worden und sprach daher ein vollkommenes Italienisch.

Vielleicht werden Sie sich wundern, daß ich mich so sehr an einen hängte, der für mich nur respektvolle Grußworte und liebevolle Blicke hatte. Aber bedenken Sie, wie mein Leben war: mit dem Vater in jener Verfassung und einer so harten Mutter, ohne Brüder und Schwestern und mit einem Herzen wie dem meinen, das sich so sehr nach Liebe sehnte... Wie konnte ich nicht Zuneigung fassen zu einem, der mir respektvoll und ernsthaft zeigte, daß er mich gern mochte? Nichts an ihm konnte eine Frau abstoßen, weder die Herkunft, noch die stattliche Erscheinung, der Stand, die Erziehung oder die Kultur. Er besaß alle Eigenschaften, um geliebt zu werden.

Die Ferien gingen vorüber. Trotz der Zerstreuung durch die Bäder dachte ich viel an ihn. Und er, die Ereignisse bestätigten mir dies später, dachte an mich.

Dieses Jahr kehrten wir Mitte Oktober nach Florenz zurück. Die Frau vom ersten Stock, die etwas geahnt haben mußte, sagte unauffällig zu mir, daß er gegen Ende November zurückkehren werde. Er habe die Rückkehr verschoben, da seine Mutter, die er über alles liebte, am Herzen erkrankt sei.

Ich war ihm weiterhin zugetan. Bei mir zu Hause hatte keiner etwas von dieser Zuneigung gemerkt, die ich in der Tiefe meines Herzens verwahrte. Und auch im Haus wußte niemand davon, außer der Besitzerin der Wohnung, in der er sich eingemietet hatte. Die aber war eine ernsthafte Frau, die nicht tratschte.

Es ging nicht nur der November, sondern auch der Dezember vorüber. Ich aber war beruhigt, denn ich wußte, daß die Wohnung für ihn bereitgehalten wurde.

Am 5. Januar 1914 kam er zurück. An diesem Tag war Mama ausgegangen, um Besuche zu machen. Ich war mit einer starken Verkühlung zu Hause geblieben, und das war mir ganz recht, denn mein Widerwille gegen die «Besuche» wuchs von Jahr zu Jahr. Um die Melancholie des nebligen, grauen Wintertages weniger zu spüren, hatte ich begonnen, Klavier zu spielen. Ich war allein zu Hause, denn das Hausmädchen war weggegangen, um Lebensmittel einzukaufen.

Da läutete es. Ich ging die Tür öffnen, *nicht ohne vorher die Kette vorgelegt zu haben*, denn seit wir in Mailand den Besuch gewisser

Rowdies gehabt hatten, öffneten wir nicht mehr sofort, besonders wenn eine von uns allein zu Hause war.

Da stand *er* vor der Tür. Um sein Läuten zu rechtfertigen, fragte er, ob ich wüßte, wohin seine Vermieterin gegangen sei. Er sagte, er könne nicht in die Wohnung, da niemand da sei.

Eine kleine Lüge, denn die Frau war zu Hause. Ich hörte Geräusche von unten heraufkommen... Aber was konnte er anderes sagen, um mir nicht unvermittelt ins Gesicht zu sagen: «Ich bin sofort an deine Tür gekommen, weil ich dich zu sehr liebe, als daß ich noch eine Minute länger hätte warten können»? Daher sagte er eine kleine Lüge. Aber sein Gesicht, seine Augen sagten die Wahrheit.

Ich antwortete, daß ich nicht wüßte, wo seine Hausherrin sei, daß mir aber vorkomme, ihre Schritte zu hören. Also fragte er mich, wie es mir und den Meinen gehe. Ich fragte ihn, wie es seiner Mutter gehe. Und *das war alles*.

Er grüßte mich wie immer überrespektvoll und ging. Ich schloß die Tür und lief in mein Zimmer, um Gott zu danken für die Freude, die er mir geschenkt hatte.

Das Dienstmädchen kam nach Hause, ein tüchtiges, uns sehr zugetanes, treues Geschöpf, das nun schon seit Jahren bei uns war, und ich erzählte es ihr. Papa kehrte heim, und ich erzählte es ihm. Als Mama zurückkam, *erzählte ich es auch ihr. Wohlgemerkt, ich erzählte allen unschuldig und ehrlich, daß er zurückgekehrt war.*

Das Dienstmädchen und Vater machten keine Bemerkungen. Sie beschränkten sich auf ein: «Ach ja? Dann geht es seiner Mutter wohl besser.» Meine Mutter aber, der ich beim Ausziehen half, wurde furchtbar wütend. Mamas Schlafzimmer befand sich genau über seinem Zimmer, wo er gerade die Koffer auspackte. Unglücklicherweise diente ein Ofenrohr, das von seinem Zimmer ins Zimmer meiner Mutter hochführte, als Sprachrohr...

Meine Mama, ach, wie schwer fällt es mir, mich noch einmal daran erinnern zu müssen, wie wenig sie mir in jener Stunde Mutter war und wie sehr sie mir bei jener Gelegenheit bewies, ihr Kind nicht zu kennen... Es fällt mir schwer, aber gleichzeitig erkenne ich, *wie weit ich schon in Gott gewachsen bin*. Denn während sich jahrelang, wenn ich dieses Thema berührte, mein Herz aufbäumte und ein Gefühl des Grolles sich mit dem Schmerz verband, — Groll gegen meine Mutter, die mich an diesem Tag so arg beleidigt und verletzt hatte — kann ich jetzt feststellen, daß der Groll verflogen und nur der Schmerz geblieben ist.

Wer hat dieses Wunder gewirkt und mir diesen Groll gegen meine Mutter vom Herzen genommen? Mein Gott ist es gewesen. Mein Vater, der im Himmel ist; mein Jesus, der zu mir sagt: «Verzeihe, und du wirst mir ähnlich sein»; der göttliche Geist, der mir die Gnade des Lichtes schenkt und mich erkennen läßt, daß alle Schmerzen des Lebens, alle zerschlagenen Hoffnungen, alle Enttäuschungen in der menschlichen Liebe, alle Einsamkeit, die sich immer mehr um mich herum ausbreitet, von einer ganz besonderen Liebe Gottes gewollt sind. Gott hat, ich will es so ausdrücken, alle meine Zweige beschnitten, die Äste abgesägt, damit ich in seinem Garten kräftig in die Höhe wachsen kann. All dies ist ein Werk der einzigartigen Liebe meines Gottes, der mich für sich selbst bestimmt hatte und mir *alles* genommen hat, damit ich nur noch bei ihm Trost suchte.

Meine Flügel, die ich sehnsüchtig ausgebreitet hatte, um dem Glück des menschlichen Lebens entgegenzufliegen, sind mir vollkommen beschnitten worden, damit ich nicht da- und dorthin flüchtete, sondern mich daran gewöhnte, im Vogelhaus Gottes zu leben. Macht man es nicht auch mit den Vögeln so? Mit den erwachsenen Tauben, um sie zu zwingen, in unseren Käfigen zu bleiben, bis sie mit der Zeit das weiche Geburtsnest, die grünen Wälder, die freien Flüge, die ungezwungenen Liebschaften im Laubwerk und unter Gottes Sonne oder den blinkenden Sternen vergessen? Ja, man macht es so.

Aber wie weh tut die erlittene Verstümmelung! Aber wie lange dauert es, bis sie vernarbt ist und weniger schmerzt! Wie viele Tränen um das verlorene Gut! Wieviel Umsichschlagen, bis man sich mit dem Gitter des Käfigs abfindet! Wie viele Tage müssen vergehen, wieviel Nachdenken und Gebet sind notwendig nach den Schreien der Auflehnung und den Verzweiflungsausbrüchen, bis wir begreifen, welche Wohltat uns Gott durch die Befreiung von allem erwies, und bis wir soweit sind, unsere menschliche Armut zu lieben, die übernatürlicher Reichtum ist; unsere menschliche Witwenschaft, die Verlöbnis mit Christus ist, unsere Pein, die der Weg in die zukünftige Seligkeit ist!

Nun begreife ich und sage: «Dank sei dir, mein Gott, der Du mich für Dich wolltest!» Aber in den ersten Jahren!... Fast fünf Jahre lang habe ich die Hölle der Verzweiflung erfahren... Genug! Reden wir nicht mehr davon.

Meine Mama wurde wütend. Alle Anklagen und Schimpfworte stürzten wie ein Wasserfall auf ihn, unser Dienstmädchen und mich hernieder... Oh, besonders auf mich!...

Er sei ein unwürdiger Schurke, der den geeigneten Augenblick genützt habe, um das Ansehen einer rechtschaffenen Familie zu ruinieren (?!). Unser Hausmädchen nannte sie eine... (ich erspare Ihnen den Ausdruck, den sie gebrauchte), sie vermittle strafbare Liebschaften (?).

Ich sei eine... (eine weitere Bezeichnung, die ich Ihnen erspare, die Sie sich aber vorstellen können), die in Abwesenheit der Eltern ihre Liebhaber empfange (?!). Ich solle reden und gestehen — da ich mich ja bereits verraten hätte —, wie weit ich gegangen sei (?); was ich im Mai des vorhergehenden Jahres getan hätte, als Papa und sie für vier Tage nach Voghera zurückgefahren waren. Ich solle nur sagen, wie weit ich bei den heimlichen Stelldicheins gegangen sei. Ihrer Meinung nach war es unmöglich, daß ich nicht die Grenzen des Anstands und der Schamhaftigkeit überschritten hätte usw.

Ich schwor, ich schwor hoch und heilig, daß außer den Grußworten, die man ja niemandem verweigert, kein anderes Wort zwischen uns gewechselt worden war. Doch je mehr ich schwor, hoch und heilig schwor, daß in ihrer Abwesenheit weder *er* noch Mario, der ja noch ein Knabe war, zu mir heraufgekommen seien und daß ich, wie es mit ihr vereinbart worden war, meine Zeit im Garten des Oberst verbracht hatte — alle konnten dies bezeugen —, um so mehr verharrte sie in ihrer beleidigenden, ungerechten Wut.

Das Hausmädchen eilte infolge des Geschreis von Mama herbei. Als sie die Anschuldigungen hörte, kündigte sie sofort. Das hat sie gut gemacht. Man bleibt nicht dort, wo man nicht geschätzt wird, wenn man woanders hingehen kann.

Ich mußte natürlich bleiben. Ich war die Tochter und minderjährig. Wo hätte ich hingehen sollen? Wenn ich gekonnt hätte, hätte ich sofort dieses Haus verlassen, wo man mich unwahrer Dinge beschuldigte.

Kein wahres Wort war daran, kein wahres. Ich schwöre nicht gern, erstens, weil ich der Meinung bin, dem Menschen sollte auf sein Wort geglaubt werden, und zweitens, weil Jesus es nicht will. Aber ich bin bereit, Pater, Ihnen zu schwören, daß ich die Wahrheit sage und die Dinge so gegangen sind, wie ich sie erzählt habe.

Zusammen mit diesen Anschuldigungen, durch die sie meine Seele wundschlug und ein für allemal mein Vertrauen verlor, riß mir meine Mutter grausam den Schleier von meiner jungfräulichen Unschuld als unberührte Frau. *So erfuhr ich, daß Mann und Frau Schlechtes tun können. Bis zum Abend jenes 5. Januar wußte ich das nicht.* So entblößte sie erbarmungslos, ohne Rücksicht auf meine ahnungslosen sechzehn Jahre die Gemeinheiten des Lebens. Das hat mich am tiefsten getroffen und mich für *immer* endgültig von der getrennt, die mich zur Welt gebracht hat.

Ich glaube, daß sich die Trennung zwischen Mutter und Tochter dann vollzieht, wenn die Tochter begreift, daß sie bei ihrer Mutter kein Verständnis mehr finden kann. Es bleibt die Liebe, denn die bleibt. Aber es handelt sich um eine instinktive Liebe, vielleicht vergleichbar mit der Anhänglichkeit, die den Hund, das Pferd oder die Taube an den Herrn bindet, der sie versorgt. Der Einklang ist *zuende*. Es bleiben zwei Individuen, die nebeneinander leben, aber eines vom anderen unabhängig. So ähnlich, wie wenn ein Bauer einen Ableger vom Weinstock nimmt. Er schneidet den Rebling, der nun schon selbständig gedeihen kann, vom Hauptstock ab. Die beiden bleiben sich nahe, waren sie doch einmal eins, sind aber jetzt zwei voneinander unabhängige Dinge. Und es ist schon viel, wenn die jüngere Pflanze sich nicht rächt, indem sie die ältere überwuchert.

Ich habe meine Mutter nicht «überwuchert». Ich diente ihr weiterhin, aus Pflichtgefühl und auch, weil ich sie trotz allem gern hatte. Aber mein Herz hatte sich ihr verschlossen wie eine Austernschale... Sie verstieß mich, weil sie mich wegen einer Schuld verdammte, die ich nicht begangen hatte. Und ich zog mich mit gebrochenem Herzen in mich selbst zurück. *Aber ich zog mich für immer zurück.*

Und mein Papa? Armer Mann! Er tröstete mich weinend... Mehr konnte er nicht tun.

Und er? Er hatte den ganzen Auftritt mitbekommen, wegen des Ofenrohrs, aber auch wegen der schrillen Stimme meiner Mutter, und er begriff, daß *nichts*, kein Beweis meine Mutter zur Vernunft bringen und sie davon überzeugen würde, daß *keine* ihrer Verdächtigungen der Wahrheit entsprach. Es war ja nichts Unehrsames, Unerlaubtes vorgefallen, und sie ging so weit, von einer dämonischen Machenschaft zu sprechen. Er wußte sich also keinen anderen Ausweg, als sofort, am selben Abend noch, abzureisen. Ich erfuhr dann von seiner Ex-Hausherrin, daß er sich vorgenommen hatte, viele Monate später zurückzukehren, um mich als Achtzehnjährige zu besuchen, in der Hoffnung, meine Mutter könnte bis dahin ihre Meinung geändert haben... Armer Junge! Was machte er sich für Illusionen! Meine Mutter und die Änderung ihrer Meinungen sind zwei unvereinbare Gegensätze.

Stellen Sie sich vor, Pater, was für Tage ich verbrachte, von meiner Mutter immer wieder zurückgewiesen, obwohl sie sich zwei Tage nach der abscheulichen Szene auf der Straße einen Arm gebrochen hatte und daher meiner Hilfe bedurfte. *Meiner Hilfe*, denn das Dienstmädchen war sofort weggegangen, und daher waren wir ohne Haushilfe.

Nicht zufrieden damit, mich immer wieder abzuweisen und zu beschimpfen, demütigte mich Mama noch, indem sie eine Art Untersuchung einleitete; in Wirklichkeit fing sie eine Tratscherei an, die dem Ansehen ihrer Tochter schadete...

Es ist wahr, daß alle Leute des Hauses und vor allem der Oberst beteuerten, ich hätte mich während der Abwesenheit der Meinen immer zu Hause oder im Garten des Oberst aufgehalten. Doch man konnte annehmen, daß bereits etwas gegen mich vorliege, wenn Mama mich für fähig hielt, auf den Stufen der weiblichen Ehrbarkeit so tief hinabzusteigen. Schließlich wohnte ich doch erst seit wenigen Monaten dort. Wer weiß, was ich anderswo getrieben hatte! Alle konnten annehmen, daß ich anderswo bereits von mir reden gemacht hätte.

Meine Mutter, die von ihrem Egoismus geblendet wurde — ich begriff erst viel später, daß es sich um *Egoismus* handelte; denn um nicht einen Beistand zu verlieren, den ihr kein Dienstmädchen mit derselben Liebe und Geduld gewährt hätte, vertrieb sie mir alle Freier — von ihrem Egoismus also geblendet, sah meine Mutter noch nicht einmal, daß ihre Handlungsweise meinen Ruf ruinierte…

In dieser Situation lebte ich also: von meiner Mutter verstoßen, beschimpft und gedemütigt und voller Schmerz, in der Überzeugung, daß mein Traum sich für immer in Nichts aufgelöst hatte. Ihm in weiter Ferne tat es sicher leid, daß er mir soviel Schmerz verursacht hatte, während er doch vorgehabt hatte, mir Freude zu bereiten.

Ich weinte viel und dachte nach über das, was Mama mir grausam enthüllt, indem sie mir dunkle Seiten des Lebens aufgezeigt hatte, von deren Existenz ich bis dahin nicht das geringste wußte. Ich begriff nicht einmal ganz, wie schmutzig und häßlich diese sein konnten... Natürlich war da jemand, der sich die Mühe machte, mich aufzuklären. Es handelte sich um die Haushälterin des Oberst, die durch das taktlose Herumfragen meiner Mama über alles auf dem laufenden war. Da sie ein böses Herz hatte, machte es ihr Spaß, das Feuer zu schüren und mich über alles aufzuklären, was ich Böses hätte tun können.

Und dennoch, glauben Sie mir, hat es die Güte Gottes nicht zugelassen, daß ich die ganze Gemeinheit gewisser Dinge erfaßte. Wie infolge einer geistigen Unfähigkeit verstand ich vieles nicht. Mein guter Jesus wollte nicht, daß meine arme Seele schon so früh alles Böse der Fleischeslust kennenlernte, und nicht nur das Böse, sondern auch die Gesetze der Fortpflanzung, die in sich nicht böse, da sie ja für das Fortbestehen des Menschengeschlechts notwendig sind, deren plötzliche Mitteilung aber Verwirrung stiften kann.

Gott verbarg mir viel von dem Bösen, das meine Mama und Marios Haushälterin mir unter die Nase rieben, die erste aus Unbedachtheit, die zweite aus Bosheit. Gott möge ihnen verzeihen und einmal von seinem Wort absehen, das klar die Bestrafung *derjenigen verkündet, die in einem seiner Kleinen, die an Ihn glauben, Ärgernis erregen.*[23]

Denn das bißchen, das ich begriff, reichte bereits aus, um in mir Ärgernis zu erregen und mich zu verwirren. Es war, wie wenn eine brutale Hand mich über eine Mofette (vulkanische Qualmspalte) gebeugt hielte, über einen Abgrund, aus dem giftige Dämpfe emporstiegen. Selbst wenn wir versuchen, nicht zu atmen, dringt doch etwas in uns ein, das dem Körper schadet. Und mir hat es geschadet.

Es gibt nichts Schlimmeres für ein junges Geschöpf, als von den Dingen nur die Hälfte zu erfahren und sich dann durch den wißbegierigen Geist angestachelt zu fühlen, über diese Hälfte nachzugrübeln; vor allem, weil es sich noch dazu um die minderwertigere Hälfte handelt, die ein junges Herz sehr verwirren kann, wenn sie mit unlauteren Absichten geoffenbart wird. Im übrigen war der Schaden, den mir meine Mutter durch ihre Unnachgiebigkeit und ihren Egoismus verursachte, nicht allein darauf beschränkt. Aber dort haben alle Nöte begonnen, die mein Leben und beinahe auch meine Seele zerstört haben.

Ich wiederhole: Jetzt verstehe ich das, was mir sieben Jahre lang als ungerechte Schicksalsschläge, als unverdientes Verlassensein von Gott erschien. Ich weiß, daß es sich vielmehr um die Erfüllung eines Gotteswunsches handelte, wenn auch gegen meinen Willen. Es war kein Verlassensein, sondern eifersüchtige Liebe Gottes, der mein Alles sein wollte. Er mußte so handeln, um meine Gefühle zu kanalisieren, die versuchten, sich auf die Menschen zu erstrecken, und sie in den Kanal leiten, der allein zu Ihm führte.

Wenn Mama, nachdem sie mir so wehgetan und den zur Hochzeit führenden Weg abgeschnitten hatte, wenigstens lieb zu mir gewesen wäre... Ich hätte aufgehört, soviel über das verlorene Gut zu weinen.

23. Matthäus 18,6 und 10; Markus 9,42; Lukas 17,1-2.

Ich hätte mich an sie geklammert und mich mit meinem Schicksal abgefunden. Aber sie steigerte sich in ihrer Unnachgiebigkeit und Überspanntheit. Sie fuhr fort, mir immer wieder vorzuhalten, was ich gar nicht getan hatte, und eine Verachtung zu zeigen, die ich nicht verdiente. Dies äußerte sich in vieler Weise. Sie ließ mich auf meinen Wegen bespitzeln, sogar wenn ich in die Kirche ging, um zu beten. Sie öffnete meine Post, auch jene, die von meinem ehemaligen Kolleg kam und die guten Ratschläge meiner lieben Schwestern für die arme, weit entfernte, unglückliche Maria enthielt. Das machte mich immer trauriger.

Manchmal gelang es mir, den Schwestern heimlich zu schreiben. Mit großem Herzklopfen brachte ich den Brief zum Briefkasten, in der Angst, daß mich Mutter überraschen könnte. Doch mußte ich die Schwestern bitten, ihre Antwortschreiben den Umständen entsprechend zu formulieren, da Mama mir alle Briefe öffnete. Kriegszensur ist nichts dagegen! Und so mußten die lieben Schwestern sich darauf beschränken, allgemeine gute Ratschläge zu geben und nicht solche, die ich in meiner besonderen Situation gebraucht hätte.

Mein Gesundheitszustand begann sich zu verschlechtern. Zu den nun bereits chronischen Schmerzen der Wirbelsäule gesellte sich eine Schwere in den Gliedern, eine Schwellung an den Halsschlagadern. Ich hatte Mühe, die Treppen hinaufzusteigen. Wenn ich von diesen Störungen sprach, antwortete meine Mutter wie gewöhnlich, daß es sich um Einbildung, um Sentimentalität handele, daß ich zu viel Zeit hätte, mich damit abzugeben usw.

Daher schwieg ich und sagte nichts mehr. Im übrigen betrübte mich der Gedanke an den Tod nicht. Ich dachte, dies wäre der einzige Weg, um aus dieser so unglücklichen Situation herauszukommen, von der mir klar war, daß sie sich nie ändern würde. So freute ich mich sogar, wenn ich merkte, daß mein Zustand sich verschlechterte.

Wie Sie sehen, Pater, hatte der Tod vom Morgenrot meines Lebens an für mich ein vertrautes Gesicht. Ich ersehnte den Tod, um Frieden zu finden; im Grunde einen menschlichen Frieden, denn ich wollte den ewigen Angriffen meiner Mutter entfliehen. Es ist also verständlich, daß ich nicht gezögert habe, die volle Aufopferung zu ersehnen, als ich begriff, daß diese uns Zugang zum Reich des wahren Friedens verschaffe. Wenn ich aus Liebe zu den Menschen, die mir weggenommen worden waren, zu sterben wünschte, wie sollte ich mich dann nicht um so mehr nach dem Tod sehnen, um zu meinem Jesus zu gelangen, der mich liebte, wie nur Er lieben kann, und der mir die Gnade geschenkt hatte, Ihn über alles zu lieben?

Sie werden sehen, von nun an ist diese Idee des Todes das Grundmotiv meiner Symphonie. Einer Symphonie, die anfangs Elemente einer sehr menschlichen Menschlichkeit aufweist und in der dann immer erhabenere Harmonien erklingen, die ins Reich des Übernatürlichen führen.

Ja, die arme, ganz menschliche Maria, die ich vom siebzehnten bis zum vierundzwanzigsten Lebensjahr war, hat sich Schritt für Schritt in ein neues Geschöpf verwandelt. Gott hat ihre Liebe zu den Menschen und ihr Verlangen nach irdischen Freuden durch die Sehnsucht nach übermenschlicher Aufopferung ersetzt. Aus dem Schmerz hat Er ihre Freude gemacht, denn «wer liebt, will dem Geliebten ähnlich sein», und Marias Geliebter war Jesus, der König der Schmerzen.

Neben meinem Vater, der zwar lieb, aber mich zu verteidigen unfähig war, waren die einzigen, die in dieser furchtbaren Zeit gut zu mir waren, der Oberst und sein Sohn. Der eine liebte mich wie ein Vater, und der andere wie ein Bruder. Sie nahmen mich öfter auf Spaziergänge und in Theateraufführungen mit. Mama billigte zwar ihre Ansichten nicht... aber sie hielt sich zurück, denn der Oberst wußte ihr Respekt einzuflößen. Er ist, nach meiner Nährmutter, vielleicht der einzige gewesen, der es verstanden hat, meiner Mutter die Stirn zu bieten.

Mario war voller Aufmerksamkeiten für sein «liebes Schwesterchen», wie er mich nannte. Sie wiederum brachte ihn dazu, brav zu sein und zu lernen, und ersparte ihm so die Bestrafungen seitens des Vaters. Außerdem verhalf sie der Wahrheit zu ihrem Recht, wenn die Haushälterin ihn aus Launenhaftigkeit ungerechterweise beim Vater verklagte. Der Oberst schätzte mich sehr, was ich bei meiner Mutter nie erlebte, und er glaubte das, was ich ihm sagte.

Ich war also Marios gute Fee. Und, wie er sich dadurch ermuntert fühlte, so war mir diese brüderliche Freundschaft, frei von allen Hintergedanken, ein Trost. Wir waren wirklich wie zwei Geschwister.

Im September 1914 trat Mario in die Marineakademie ein, und ich verlor seine brüderliche Gesellschaft. Wir schrieben uns jedoch auf Wunsch des Oberst, der begriffen hatte, welch wohltuenden Einfluß ich auf seinen Sohn ausübte.

Im Mai 1915 brach dann *unser* Krieg aus, und auch der Oberst reiste ab. Es blieb nur die Haushälterin zurück, die immer glücklich war, wenn sie jemand schaden konnte. Diese Kunst beherrschte sie auf so raffinierte Weise, daß sie es verstand zu verletzen, dabei aber selbst unbehelligt zu bleiben. Beinahe, ja beinahe mußte man ihr noch dankbar sein wegen der Art, wie sie mit einem umging!...

Ich wurde immer trauriger und leidender, und Mama immer anmaßender. Die einzigen Oasen der Freude waren Marios Urlaube. Da kam er nach Hause und kümmerte sich auch wieder um «sein liebes Schwesterchen».

Bei Mama erregte Mario keinen Verdacht. Er war so jung: achtzehn Jahre alt, und noch ein großes Kind! Ja, er kam ihr sogar gelegen für ihr machiavellistisches Spiel, das ich erst viel später in seiner Raffiniertheit durchschaute. Sie hielt ihn mir in der Nähe, wie der Jäger es bei den Lerchen mit dem Lockspiegel macht. Sie blendete mich so und lenkte mich von eventuellen anderen jungen Männern ab. Sie hatte verstanden — das ist das einzige, was sie je von mir verstanden hat —, daß ich, wenn ich von einer Aufgabe ganz in Anspruch genommen bin, diese um jeden Preis erfüllen will und für nichts anderes Augen habe. Und ich hatte mir vorgenommen, Mario ein wenig Freude zu schenken; diesem Jungen ohne Mutter, den der Vater zwar liebte, freilich mit einer männlichen Liebe, und in seiner durch Gemütsschwankungen geprägten, ziemlich nervösen und rauhen Art. Ich wünschte, daß Mario ein guter Junge und ein tüchtiger Offizier würde.

Ich habe immer die Berufung verspürt, «Licht», «Wegweiserin», eine kleine «Beatrice»[24] für jene zu sein, die mir am Herzen lagen. Ich habe mich immer angestrengt, lieb, ernsthaft und lerneifrig zu sein, um andere dazu zu bringen, ebenso zu sein.

In der «Vita Nova» sagt Dante, und es ist die schönste Anerkennung, die der liebende Mann seiner Dame schenken kann: «Sobald sie sich zeigte, entzündete sich jählings eine Flamme der Liebe in mir, die mich alles empfangene Unrecht verzeihen und meine Feinde lieben ließ.» Und in der «Göttlichen Komödie» erhebt Dante dieses Geschöpf zur Miterlöserin, weil sie ihn dazu gebracht hat, «das höchste Gut zu lieben», dieses Geschöpf, das ihm mit seinem bloßen Erscheinen das größte aller Geschenke macht: ihm eine so erhabene Liebe einflößt, die ihn befähigt, seinen Feinden zu vergeben und sie zu lieben.

---

24. Dantes in der «Vita nuova» engelgleich gefeierte Frauengestalt, die in seiner «Divina Commedia» geradezu Züge der Jungfrau Maria annimmt und ihm zur Rettung seiner Seele aus dem Paradies gesandt wird.

Seit ich begonnen hatte, über diese Worte nachzudenken, hatte ich mir vorgenommen, meinem Nächsten eine «Beatrice» zu sein. Dieser Vorsatz verpflichtete mich, gut zu sein und mich selbst zu bessern, um den anderen ein Beispiel zu sein; denn ich begriff instinktiv, daß in der Schule der Tugend das gute Beispiel der einzige Lehrer ist.

Habe ich Ihnen nicht in einem Brief geschrieben, daß Gott sich aller erdenklichen Mittel bedient hat, um mich zum Guten anzuleiten? Auch die «Vita Nova» und die «Göttliche Komödie» haben diesem Zweck gedient. Denn es ist keine Kleinigkeit, sich redlich vorzunehmen, andere zum Guten zu führen, indem wir zuerst selbst Jünger des Guten werden. Es handelt sich um ein menschliches Ziel, das jedoch zu dem Aufstieg ins Übermenschliche vorbereitet. Man beginnt damit, nach den menschlichen Moralgeboten gut zu sein, um schließlich nach den Lehren der christlichen Moralgebote gut zu werden.

Wenn ich nicht diese Berufung in mir gehabt hätte, die gewiß Gott in mein Herz gelegt hat, dann hätte ich mich aufgrund all dessen, was ich durchmachen mußte, sicher in «einem finsteren Wald» verirrt; in einem Wald, der noch finsterer gewesen wäre als jener, der den Dichter umgab, bevor Beatrice sich für ihn verwendete. Wie eine Asbestverkleidung gegen die Wirkung des Feuers schützt, wie der Taucheranzug den Taucher vor dem Wasser und den Bissen der Fische bewahrt, so ist das Bestreben, gut zu sein, um andere ebenfalls dahin zu führen, das sicherste Bollwerk gegen die Angriffe des Bösen.

Und Gott allein weiß, wie sehr ich eines solchen Bollwerks bedurfte! Je mehr ich einsam und allein mit meiner Erinnerung an das Liebeserlebnis und meinem Groll war, je mehr Mama mich verletzte und in Abwesenheit meiner Entlastungszeugen ihre absurde Strenge verschärfte, um so mehr zog ich mich zurück und entfernte mich von jenen Geboten der Güte und der Liebe, die jahrelang meine Lebensregel gewesen waren.

Sie werden sagen: «Ja, aber haben Sie denn nicht behauptet, Ihren christlichen Verpflichtungen stets treugeblieben zu sein?»

Ja doch, ich glaubte und achtete die Gebote. Die Liebe zu Gott, die für so lange Zeit meine Antriebskraft gewesen war, trieb mich ohne mein Wissen weiterhin an und bewirkte, daß ich nicht alle Brücken zu Gott abbrach. Ich ging weiterhin in die Kirche, kommunizierte am ersten Freitag des Monats. Gewiß! Wo hätte ich mich denn ausweinen können, wenn ich nicht in die Kirche gegangen wäre? Und wo hätte ich einen Balsam für meine Qualen gefunden, der wie ein Beruhigungsmittel bei einer Karies wirkte, wenn ich nicht beim Tabernakel Zuflucht gesucht und Gott in mein armes, aufgewühltes Herz aufgenommen hätte?

Aber es waren arme Gebete und Kommunionen. Es waren nicht mehr die vertrauensvollen Gebete, in denen man um himmlische Hilfe bittet, aber gleichzeitig sagt: «Herr, tu, was du für richtig hältst». Es waren nicht mehr die liebevollen Kommunionen, Vereinigungen der Seele mit dem Herrn, wo man sein göttliches Antlitz, seine heiligen Hände küßt, auch wenn dieses Antlitz kurz zuvor ein schmerzliches Urteil gefällt hat und diese Hände einen Dorn, einen seiner Dornen, in unser Herz gebohrt haben. Es waren Befragungen, Untersuchungen, es waren, ich will nicht gerade sagen Diskussionen, denn Jesus führt keine Streitgespräche — es waren Klagen gegen Ihn.

Machen wir es nicht fast immer so mit dem lieben Gott? Wenn der Herr einen Schmerz zuläßt, dessen Grund wir erst im anderen Leben begreifen werden, fragen wir endlos nach dem «Warum». Solange wir uns darauf beschränken, nach dem «Warum» eines Schmerzes zu fragen, bleiben wir noch leidlich auf dem rechten Weg. Das Schlimme ist, daß nach dem «Warum» richtige Plädoyers folgen, bei denen wir den lieben Gott auf die Anklagebank setzen und uns in der Rolle des Staatsanwalts an den Richtertisch begeben. Von dort donnern wir unsere Vorwürfe herab und halten unsere Anklagereden gegen Jesus. Jesus antwortet nicht, wie damals vor Pilatus; er beschränkt sich darauf, uns mit unendlichem Erbarmen anzublicken.

So glitt ich langsam in die Verzweiflung ab.

Wie ein Stier in der Arena — der Vergleich ist vielleicht nicht ganz passend, da von einem jungen Mädchen die Rede ist, doch er bietet ein eindrucksvolles Bild von meinem damaligen Zustand — wie ein Stier in der Arena, der verfolgt, geschlagen, gereizt, verhöhnt und mit unzähligen Wunden bedeckt wird, stampfte ich und versuchte den Kranz der «banderillas», die man mir ins Fleisch bohrte, abzuschütteln mit dem Ergebnis, daß sich meine Qualen nur noch verschlimmerten. Eine Folter, die von außen auf mich zukam, eine Pein, die aus meinem Innern nach außen drang.

Ich war ein Meer von Qualen. Die äußeren, die mir von meinen lieben Mitmenschen zugefügt wurden, mit meiner Mutter an der Spitze, die allein für zehn galt, trieben mich in der einen Hinsicht zur Verzweiflung. Die inneren, die aus meinem Herzen hervorsprudelten, trieben mich in der anderen Hinsicht dahin. Erstere erweckten in mir die Versuchung, Selbstmord zu begehen, um aus dem Netz der tägichen Leiden auszubrechen. Die anderen verursachten mir sinnliche Versuchungen und hatten ihren Ursprung in den unglücklichen Worten, die Mama an jenem Abend gebraucht hatte, und in den darauffolgenden boshaften Erklärungen der Haushälterin des Oberst.

Welch eine Verzweiflung! Wievieles hätte ich diesbezüglich zu sagen! Wieviel über diejenigen, die ihre Mitmenschen zur Verzweiflung bringen. Das sind die zynischsten Morde, denn ohne sichtbar zu verletzen und sich mit Blut zu beflecken, töten diese Menschen auf raffinierte Weise; sowohl weil sie ihren Zweck erreichen, ohne in das Netz der menschlichen Justiz zu geraten, als auch wegen der Grausamkeit, mit der sie ihr Werk vollbringen. Sie morden. Und sie töten nicht nur den Körper, sondern auch die Seele, indem sie sie zum Selbstmord treiben, der eine Auflehnung gegen das Gebot Gottes ist.

Wieviel hätte ich über die Verzweifelten zu sagen! Die Bedauernswertesten der Bedauernswerten unter den Menschen! Was ist schon die Armut, was die schrecklichste Verstümmelung, die qualvollste Krankheit oder der betrüblichste Trauerfall, wenn die Hoffnung weiterhin das Herz des Menschen stärkt? Solange diese himmlische Tugend als erhabenes Licht das Herz erleuchtet und ihn das Antlitz Gottes, sein ewiges Gut, schauen läßt, sind Armut, Verstümmelung, Krankheit und Trauerfälle alles Schmerzen, die man ertragen kann. Wenn aber die Hoffnung stirbt, wenn die Verzweiflung, diese mächtige Blutsaugerin, die Seele umklammert und alle positiven Kräfte lähmt, wenn dieses Ungeheuer uns in den tiefen Strudel, in die schreckliche Finsternis des Nihilismus lockt, dann können wir die Schmerzen nicht mehr ertragen: sie erdrücken uns, und wir fühlen uns unter ihrem Gewicht zusammenbrechen, und wir fallen nieder, das Leben, und nicht nur das Leben allein verdammend.

Ach, ich konnte die Leiden meines Vaters gut verstehen, indem ich sie mit den meinen verglich; Leiden, die ihn ausgehöhlt und schließlich ein armes Kind aus ihm gemacht hatten!...

Die Verzweiflung tötet, auch wenn wir uns nicht umbringen. Sie tötet allein schon durch die Anstrengung, mit der wir uns widersetzen müssen, damit sie uns nicht übermannt und zum Selbstmord führt...

Man muß für die Verzweifelten beten und sie lieben, diese Unglücklichen, die manchmal durch Ereignisse, die wir nicht abwenden können, in einen moralischen Wahnsinn getrieben werden. Oft, allzu oft handelt dabei ein Mitmensch in vollem Bewußtsein zu unserem Schaden!

Wenn die Möbel meines Zimmers sprechen könnten, könnten sie Ihnen von gewissen Stunden dieses schrecklichen Kampfes gegen die Versuchung der Verzweiflung erzählen, die mich zum Selbstmord drängte. Manchmal war ich so wütend auf mich selbst, weil ich es nicht fertigbrachte, an dem Schmerz zu sterben, und auch nicht, mir das Leben zu nehmen (denn ich hatte Angst, daß es mir nicht gelingen und die Leute mich dann auslachen würden), daß ich mir solange wilde Faustschläge gab, bis ich benommen zu Boden sank.

Wie Sie sehen, beschreibe ich mich erbarmungslos, so wie ich war... Aber bei solchen Darstellungen muß man immer aufrichtig sein, ob man nun Gutes oder Böses erzählt, sonst hat es gar keinen Sinn zu schreiben. Meinen Sie nicht auch?

Ich hatte einen heftigen und leidenschaftlichen Charakter. Vergessen Sie nicht, wer mich gesäugt hatte, und die Theorie gewisser Wissenschaftler über den Einfluß der Muttermilch auf den späteren Charakter des Säuglings. In jenen Jahren brach, angestachelt durch äußere und innere Kräfte, die Psyche meiner tollen Amme hervor. Die äußeren Kräfte habe ich Ihnen schon beschrieben; welche die inneren waren, habe ich angedeutet.

Der Meister sagt: «Aus dem Herzen kommen die bösen Gedanken, Mord, Ehebruch, Unzucht, Diebstahl, Lüge und Lästerung. Dies ist es, was den Menschen verunreinigt.»[25]

In meinem Herzen, in das man ohne Rücksicht auf meine Unschuld gewisse Kenntnisse über unser animalisches Wesen hineingeworfen hatte, die man mir hätte ersparen können, erwachten Versuchungen der Begierde.

Wer solche nicht gekannt hat, kann das nicht verstehen und daher auch nicht richten. Es ist sehr leicht, jemanden, der fällt, zu verdammen; doch derjenige, der verdammt und richtet, sollte selbst einmal an sich den Biß der Versuchung erfahren. Dann würde er begreifen. Ach, mein Jesus, wie recht Du hast, wenn Du sagst: «Richtet nicht!» Diejenigen, die die immerwährende Güte Gottes vor gewissen Kämpfen bewahrt hat, sollten sich darauf beschränken, Gott Tag und Nacht zu loben und zu preisen, anstatt ihren Atem zu verschwenden und die den Versuchungen ausgesetzten Brüder zu verdammen...

Ich habe sehr viel gelitten.

Gerade in jener Zeit hatte ich einen Traum, von dem ich sicher bin, daß ihn mir Gott zu meinem Wohle eingegeben hat.

---

25. Matthäus 15,10-20; Markus 7,14- 23.

Gestern abend habe ich an dieser Stelle haltgemacht, da ich mich zu elend fühlte, um fortzufahren. In den langen, elenden Nachtstunden kam mir in den Sinn, daß ich ein Detail vergessen habe, welches dazu beitragen kann, meinen vorher beschriebenen schmerzlichen Seelenzustand besser zu begreifen. Nun will ich dieses Versäumnis nachholen, das auf die vielen Unterbrechungen durch Familienangehörige, Besucher und meine eigenen Leiden zurückzuführen ist; Unterbrechungen, die meine Geduld auf eine harte Probe stellen.

Seit sechs Monaten war der italienisch-österreichische Krieg im Gange, da sagte man mir, daß Roberto, mein so ehrbarer Liebhaber, im Kampf gefallen sei... Der Tod setzte meinem Liebestraum, den Hoffnung und Beharrlichkeit immerfort genährt hatten, ein definitives Ende.

Ich litt unsagbar und *glaubte, das Höchstmaß an Leidensfähigkeit erreicht zu haben*! Jahre später erfuhr ich, daß man noch ärger leiden kann; denn es gibt tragische Augenblicke in der Leere der menschlichen Einsamkeit, die noch mehr Schmerz verursachen können als der Tod. Aber damals kannte ich diese noch nicht. Ich litt ungemein und sagte mir: «Mehr kann man nicht leiden.»

Ich fühlte, wie mein Leben in Stücke ging, und es zerbrach in der Tat für immer. Später dann — ich war erst achtzehn Jahre alt, als mich dieser Schlag traf — in den folgenden Jahren versuchte ich wiederaufzuleben, aber es waren vergebliche Anstrengungen. Die gebrochenen Flügel konnten mir keinen Halt mehr im Himmel der menschlichen Freude und Liebe bieten. Nur wenn ich meinen Blick und meine Sehnsucht den übernatürlichen Bereichen zugewandt hätte, hätten meine gebrochenen Flügel die Kraft wiederfinden können, sich zu bewegen; sei es, weil sie von der Seele beflügelt worden wären, sei es, weil die Atmosphäre dort reiner und dünner ist und das Fliegen erleichtert; vor allem aber, weil die Hand des ewigen Meisters die Flügel durch liebevolles Streicheln wieder geheilt hätte. Alles in der Welt verblaßte für mich und nahm eine traurige, gräuliche Farbe an.

Ich sollte nie mehr die Liebe, im Sinne von Lebensfreude, kennenlernen. Ich erlebte später vielleicht, nein, ganz gewiß, eine tiefere Zuneigung als meine erste Liebe; eine Zuneigung, die auch heute, nach so vielen Jahren, noch besteht und die sich in mir bis zum Ende meines Lebens erhalten wird. Aber es handelte sich mehr um eine freundschaftliche, *mütterliche* Zuneigung als um Liebe. Die Erregung der Liebe, die Freuden der Liebe im menschlichen Sinne waren für mich ein für allemal dahin. Danach war ich *eine Seele, die einen Mann liebte*, und das trug wahrscheinlich dazu bei, ihn mir zu entfremden; denn der Mann will eher eine Frau, einen Körper, als eine Seele... Aber ich konnte mit dem Körper nicht mehr lieben. Meine Körperlichkeit war mit Roberto zusammen gestorben, als ich achtzehn Jahre alt war.

Sie werden sich vielleicht wundern, wie sich aus so geringen Kontakten mit Roberto — Blicke, Grüße und wenige, so wenige Worte — eine so starke Liebe entwickeln konnte.

In verlassenen Gegenden, wo sich im Laufe der Jahrhunderte zwischen den Steinen felsiger Küsten oder auf den über dem Meer hängenden Riffen ein wenig Humus angesammelt hat, sprießt zuweilen die Agave, deren siebenarmige Blüte an den Armleuchter im Tempel des Salomon erinnert. Sie wächst um so kräftiger, je karger der Boden und je rauher die klimatischen Verhältnisse sind. Der starke, ich würde fast sagen metallische Schopf ihrer Blätter, der sich wie ein Strahlenkranz um die säulenartige Blüte öffnet, spreizt seine fleischigen und stacheligen graugrünen Lanzen auseinander. Prächtig hebt sich der Leuchter-Blütenstand mit seinen sieben Armen gegen den Himmel, die an den Spitzen anstelle der zuckenden Flammen die gelbroten, duftenden Blütenkronen tragen. Und weder die Glut der Sonne noch die Geißel des Windes, die peitschenden Wellen oder der trommelnde Hagel können dieser Blume etwas anhaben. Nicht einmal der Mensch mit seinen Todeswerkzeugen kann sie dem Erdreich entreißen, in dem sie sich eingenistet hat, um zu wachsen und zu blühen. Nur der Blitz kann sie einäschern und ihre so zähe Lebenskraft vernichten.

Meine Liebe glich der einsamen Agave. Sie sollte dort, wo es nur Tränen und Einsamkeit gab, die Freude einer Blüte schenken. Sie schlug tiefe Wurzeln und gab meinem Leben einen Sinn. Die Widerwärtigkeiten, denen sie ausgesetzt war, führten nur dazu, daß sie immer tiefere Wurzeln schlug und den Blütenstand, den kräftige Blätter schützten, immer weiter in die Höhe trieb.

Es waren alle Voraussetzungen gegeben für das Sprießen einer solchen Blume. Meine Familienverhältnisse waren so traurig: Ich lebte zwischen einem behinderten Vater und einer despotischen Mutter, ohne Geschwister und Verwandte, und man hatte mich der heiligen Freundschaften meines Kollegs, nach dem ich mich so sehr sehnte, beraubt. Vom Temperament her hatte ich ein größeres Verlangen nach Liebe als nach Brot, Kleidern oder Zerstreuungen. Meine Überlegungen waren darauf gerichtet, wie ich dieser feindlichen, bedrückenden

Umgebung, die mein Zuhause war, entrinnen könnte. Aber auch die Gedanken über meine Zukunft, die Tatsache, daß ich nach dem Tod der Meinen allein in der Welt zurückbleiben würde, drängten mich dazu, die eigentliche Liebe — mehr als den Menschen an sich — zu lieben.

Roberto hatte alle Eigenschaften besessen, um geliebt zu werden: Güte, Schönheit, Vermögen und Kultur; aber ich meine, auch wenn Schönheit und Vermögen gefehlt hätten und er nur gütig und kultiviert gewesen wäre, hätte ich ihn gleicherweise geliebt.

Lieben war für mich eine unabdingbare Voraussetzung, um leben zu können.

Wenn ich damals schon erkannt hätte, «was meinem Frieden dienen würde», hätte ich mein Bedürfnis nach Liebe anderswo befriedigt und wäre nicht enttäuscht worden. Aber der gute Gott wollte, daß ich Ihn sozusagen aus Erfahrung liebte; daß ich Ihn nicht durch die von Ihm empfangene Gnade liebte, sondern aus eigener Überzeugung, aus spontanem Antrieb.

Ich sollte mich Ihm zuwenden, nachdem ich erfahren hätte, wie hinfällig die menschlichen Zuneigungen sind; nachdem ich die Bitternis geschmeckt hätte, die sich unter der vermeintlichen Süße der menschlichen Freuden verbirgt. Ich sollte in Ihm Ruhe suchen, nachdem ich mich überzeugt hätte, daß mich anderswo nur stechende Dornen unter rosigen Lügen erwarteten; nachdem ich festgestellt hätte, daß ich statt der gesuchten Freundschaft allerorten nur öde Leere finden würde und Er allein mir Treue, Süße, Ruhe, Wärme, Freundschaft und Trost schenken könne.

Mit menschlichen Maßstäben gemessen sieht das wie eine Grausamkeit aus. Nun aber, da ich auf einer übernatürlichen Ebene lebe, betrachte ich es als einen Beweis der Hochschätzung Gottes und eine ganz besondere Auserwählung.

In der Schule der Erfahrung hat Er mich unterwiesen in der Erkenntnis des Guten und des Bösen; Er hat mir, indem Er sie mich mit Händen hat greifen lassen, den Unterschied zwischen vergänglichen Freuden des Lebens und ewigen Freuden des Geistes gezeigt. Ich erinnere mich in diesem Augenblick nicht, wem ein Seraph die Zunge mit himmlischem Feuer von allen menschlichen Geschmäcken gereinigt hat[26], auf daß er den Geschmack des Wortes Gottes vollkommen erkennen und seine Herrlichkeit preisen könne. Aber ich finde, daß

26. Jes 6,1-7.

Gott, anstelle des Seraphs, auch mir durch das Feuer des Schmerzes Herz und Lippen gereinigt hat, um sie darauf vorzubereiten, überirdische Dinge zu kosten.

Und ich preise Dich, o Vater, für dieses starke Verbrennen, für diese mächtige Ätzung, durch die Du als Arzt die von zerstörerischen Krankheiten befallenen Teile vernichtet hast, um Leben zu schenken. Ich preise Dich für deine Liebe, die mich gegen meinen eigenen Willen gerettet hat, für deine Geduld, die auf mich gewartet hat; für deine uneingeschränkte Barmherzigkeit, der keine Zurechtweisung und keine Schuld unsererseits etwas anhaben kann und die ein solch großes Erbarmen mit mir gehabt hat. Ich preise Dich dafür, daß Du mich von neuem bekehrt und mich in Dich verwandelt hast, sobald ich gesagt hatte: «Ich will dein sein!»

Selbst wenn ich mein ganzes Leben auf den Knien verbringen wollte, mit zum Dank und Lobpreis gegen den Himmel erhobenen Armen, würde dies nicht genügen, um Dir für alles zu danken, was Du mir geschenkt hast. Alle Schmerzen, um die ich Dich gebeten habe und die ich Dir aufopfere, da ich Dir in meiner Schwäche und meinem Elend nichts anderes als Leiden schenken kann, — all dies ist nur ein Almosen, ein sehr unbedeutender Tribut, im Vergleich zu dem, was Du mir gegeben hast.

O Herr, o guter Meister, o unermüdliche Barmherzigkeit, für mein Nichts, das ich Dir schenke, das aber zu den Dingen des Lebens auf dieser Erde gehört, die alle Menschen wie einen großen Schatz zu bewahren suchen — für meine Gesundheit, mein Leben, meine Opfer und meine Leiden — für all das, Heilige Dreifaltigkeit, für all das, mein Jesus, gewähre anderen, unendlich vielen anderen, die schuldig sind, wie ich es früher war, was du auch mir gewährt hast. Führe sie durch die Reue und die Liebe mit Dir in den Himmel.

Kehren wir nun zu meiner Geschichte zurück.

Ich sagte also, daß Gott mir gerade damals einen Traum schickte, als ich mich im tiefsten Dunkel herumschlug und von tausenden wie wilde Schlangen zischenden Versuchungen umgeben fühlte.

Ich weiß sehr wohl, daß man nicht so an Träume glauben darf, wie es die abergläubischen Weiblein tun. Aber ich weiß auch, daß es ebenso unratsam ist, gar nicht an Träume zu glauben. Es kommt darauf an, wie man glaubt. Wenn man in Bestürzung gerät, weil man von einer Katze geträumt hat, die sicheren Verrat bedeutet, oder von weißen Weintrauben, die sichere Tränen bedeuten usw., dann ist das einfach Aberglaube. Wenn man jedoch einen Traum als das akzeptiert, was er ist, als überirdisches Zeichen, so ist das etwas ganz anderes. Im Schlaf, der unseren Körper betäubt, ist die ewig schlaflose Seele frei und wird nicht abgelenkt. Sie ist dann ganz darauf ausgerichtet, die Stimmen zu empfangen, die aus anderen Welten zu uns Unwissenden herabsteigen. Die Heilige Schrift ist, sowohl im Alten wie im Neuen Testament, voll von Träumen, die Hinweise des Ewigen an seine auf der Erde pilgernden Kinder sind. In der christlichen Hagiographie finden wir ebenfalls zahlreiche solche Träume — ich will sie *Wegweiser* nennen —, die den Vorherbestimmten den Weg weisen sollen, den der Schöpfer für sie ausgewählt hat.

Viele sagen: «Ach, ich habe nie solche Sachen geträumt.» Mag sein. Möglicherweise sind es aber ihre psychische Schwerfälligkeit oder ihre Oberflächlichkeit, die sie soweit abgestumpft haben, daß sie die Mahnungen, die uns aus den Reichen des Geheimnisses kommen, nicht erfassen.

Ich hingegen habe solche Träume gehabt, und zwar verschiedene, die Weissagungen oder Richtlinien fürs Leben waren. Ich behaupte nicht, daß diese einfach dort oben bereit waren, um mit derselben Leichtigkeit in meinen Schlaf einzudringen, mit der man eine Suppe in die Suppenschüssel schüttet. Nein, um Gottes willen! Ich träumte viel, aber unter den tausend Träumen, die nur Zerstreuungen waren, die mir schöne Landschaften, Meeresufer usw. zutrugen, waren auch *bedeutungsvolle Träume*. Wenn ich aufwachte, wies mich etwas Unaussprechliches darauf hin, auf *diesen* Traum zu achten. Es war, als ob mich eine leichte Hand berührte und eine Stimme mir ins Ohr flüsterte: «Gib acht! Denk darüber nach und vergiß das nicht!»

Damals war es gerade so.

Es war im vorgeschrittenen Frühling des Jahres 1916 — auch nach so vielen Jahren erinnere ich mich noch genau an das Datum —, es war in der Nacht vom 17. zum 18. Juni. Ich machte eine furchtbare Zeit der Verzweiflung und der Begierde durch... Von allen Frömmigkeitsübungen hatte ich, glaube ich, einzig die Kommunion am ersten Freitag des Monats beibehalten. Meine Seele war vergiftet und rebellisch. Stellen Sie sich vor, ob ich da noch Gott im Sinn haben konnte. Nein, was mich betrifft, war keinerlei Vorbereitung auf *diesen Traum* da. Ich war vielmehr am anderen Ufer, weit entfernt von Gott.

Im Traum sah ich eine schöne Landschaft. Über die grünen Wiesen strich ein milder leichter Wind, so daß die winzigen Grashalme wogten und die vielfarbigen Blumen einander küßten. Da und dort standen einige Bäume, die wie Riesen wirkten, die miteinander redeten. Ein bläulicher Fluß mit niederen Ufern und ruhigen Wassern teilte die schöne Landschaft in zwei Teile. In der Ferne verloren sich die Hügel... Ich bin mir heute wie damals sicher, daß ich während meiner vielen Reisen durch ganz Italien *nie einen solchen Ort gesehen habe*. Ich lief über das smaragdgrüne Gras und bückte mich, um Blumen zu pflücken.

Plötzlich sah ich an meiner Seite einen jungen Mann. Er war wunderschön, groß, von dunklem Teint, mit gekräuseltem Haar, sehr dunklen Augen, die wie Sterne strahlten, und einem vollen, lächelnden Mund. Er war mit einer langen Tunika bekleidet, die bis zum Boden reichte, und schien mir ein Orientale zu sein, so zwischen Beduine und antikem Römer. Er kam immer näher zu mir heran und erkundigte sich höflich, was ich täte. Schließlich begann auch er, Blumen für mich zu pflücken. So schöne hatte ich noch nie gesehen, denn kaum berührte er etwas, so wurde es wunderschön. Es machte mir Freude, mit ihm zu sprechen und ihn in meiner Nähe zu haben. Er war so schön und freundlich!... Er war geradezu verführerisch, und ich war glücklich, ihm begegnet zu sein.

Doch — doch da tauchten im Hintergrund, fast am Horizont, auf der anderen Seite des Flusses, drei Personen auf. Auch sie trugen ein locker herabfallendes Gewand und einen Mantel. Sie schritten rasch und doch mit großer Würde auf uns zu. Ich betrachtete sie wie bezaubert, denn es ging etwas Geheimnisvolles von ihnen aus, das zunahm, je mehr sie sich uns näherten.

Der schöne junge Mann an meiner Seite sagte mir: «Nicht hinschauen, komm weg!» und legte mir eine Hand auf die Schulter, um seinen Willen durchzusetzen. Ich erhob den Kopf, um ihn anzuschauen, denn er war viel größer als ich, und ich war verblüfft über die Veränderung seiner Gesichtszüge. Ein aus Angst und Zorn gemischter Ausdruck hatte sich auf seinem Gesicht ausgebreitet und es entstellt. Ich erschrak fast und antwortete, indem ich versuchte, mich aus seinem Griff zu befreien: «Laß mich sehen, dann komme ich mit.» Aber der Jüngling, der immer unruhiger wurde, wiederholte: «Komm weg, komm weg. Diese drei sind dir feindlich gesinnt und wollen dir Böses tun.» Ich erwiderte: «Das ist nicht möglich! Sie haben zu gute Gesichter.»

Nun konnte man bereits die Gesichtszüge der drei unterscheiden. Einer war ein älterer Mann mit einem strengen Gesicht, eher aus dem Volk. Er trug einen mehr grau als schwarzen Bart, der ihm Wangen und Kinn bedeckte und nur die kräftigen Backenknochen freiließ, die von einigen leichten Falten gefurcht waren.

Die Haare waren ziemlich kurz geschnitten, aber nicht so, wie sie die Männer jetzt tragen, ein Mittelding zwischen längerem und zeitgenössischem Schnitt. Seine sehr lebhaften und strengen Augen wanderten immer von mir zu seinem Gefährten in der Mitte, mit dem er sich angeregt unterhielt. Der andere war ein Jüngling im Alter von ungefähr zwanzig, höchstens fünfundzwanzig Jahren. Während der erste ein graues Gewand und einen tabakbraunen Mantel anhatte, trug der zweite ein rotes Gewand mit einem etwas dunkleren Mantel derselben Farbe. Letzterer war ziemlich groß und schlank, hatte ein sehr schönes, bartloses Gesicht mit einem frischen, rosigen Teint, sehr sanfte, gütige, hellblaue Augen und fahlblondes Haar, das bis zum Hals reichte und leicht gewellt war. Auch er sprach mit dem in der Mitte, aber mit großer Gelassenheit, und betrachtete mich voller Mitleid.

Der Mittlere, der mich mehr als alle anderen anzog, überragte seine beiden Gefährten um eine Hals- und eine Kopflänge. Er trug einen weißen Mantel, während das Gewand darunter zartrot, fast rosarot war. Eine große Majestät ging von ihm aus, von seinen Bewegungen, seinem Gang, der Art, wie er sich seinen Gefährten zuwandte, und seinen Blicken, die eine übermenschliche Liebe ausdrückten. Sein Gesicht war sehr blaß, aber nicht erdfahl. Er hatte dunkelblaue Augen, eine sehr schöne, hohe, glatte Stirn, ein langes, feines ovales Gesicht, das der rotblonde Kinnbart noch verlängerte. Das schulterlange Haar, das, von einem Scheitel geteilt, links und rechts in weichen Strähnen herunterfiel, war mehr rot als blond. Die Maler nennen diese Farbe Tizian-Blond. Er hatte sehr schöne, lange, weiße Hände. Sein Körper war schlank, eher mager, sein Blick ein Gedicht von Güte: ein bißchen traurig, wenn auch von einem Lächeln durchzogen. Ein Blick, der die Bitte ausdrückte: «Liebe mich.»

Ich betrachtete ihn immer faszinierter und fühlte mich zu ihm hingezogen.

Mein Gefährte packte mich mit beiden Händen, um mich wegzuziehen. Er war nunmehr wütend und häßlich, mit einem wilden, tückischen, verzerrten Gesichtsausdruck. Von Minute zu Minute nahm seine Häßlichkeit zu. Er zitterte und fletschte die Zähne. Aber ich widerstand ihm. Ich kämpfte nun mit ihm, kratzte und biß ihn.

Während ich so kämpfte, bemerkte ich, daß die drei den Fluß überquert hatten; ich weiß nicht wie, denn weit und breit war keine Brücke zu sehen. Sie waren jetzt bereits ganz nahe bei uns. Da begriff ich, wer sie waren: Jesus, Petrus und Johannes, der Apostel. Mit einer letzten Anstrengung befreite ich mich von meinem Gefährten, der mir nun wie ein Feind erschien, lief zu Jesus und warf mich ihm zu Füßen. «Herr, rette mich!» schrie ich, indem ich den Saum seines Gewandes ergriff.

Der Feind — ich könnte eigentlich FEIND schreiben, denn nun hatte ich ganz klar begriffen, wer er war, da sein Gesicht teuflische Züge angenommen hatte — lief noch einmal auf mich zu. Er war derart außer sich, daß er sogar den Ekel überwandt, den ihm der Anblick Jesu verursachte, und faßte nach meiner Schulter. Ich spürte seine Hand, die zur Kralle geworden war, in mein Fleisch dringen.

Weinend wiederholte ich: «Herr, rette mich!»

Jesus schwieg. Er schaute mich an und schwieg. Ein großes Erbarmen lag in seinem Blick, aber seine Lippen blieben verschlossen und seine Hände hingen reglos an dem weißen Gewand herab.

Der heilige Petrus... Ja, der heilige Petrus war alles andere als gütig und sagte zu Jesus, daß ich kein Erbarmen verdiene. Der heilige Johannes hingegen trat für mich ein. Mit tief betrübter Stimme und traurigem Blick sagte er: «Meister, hab Erbarmen mit diesem armen Geschöpf. Befreie es, Du, der Du es vermagst! Im Grunde hat sie Dich immer geachtet. Einst liebte sie Dich, dann hat sie sich einer Täuschung hingegeben... Hilf ihr, Meister!»

Der Feind heulte: «Nein, sie gehört mir. Ich lasse sie nicht los. Ich habe sie mir genommen und behalte sie!»

Jesus schwieg.

Da hob ich den Kopf und die Arme, umfaßte Jesu Hände, bedeckte sie mit Küssen und sagte: «O Herr, Herr! Wie kannst Du mir nicht helfen? Schließlich habe ich Dich immer geliebt! Erinnerst Du Dich nicht mehr daran? Ausgesprochen Böses habe ich nie getan. Warum befreist Du mich nicht von dem, der mich mit sich fortschleppen will?»

Nun sprach Jesus... Diese Stimme werde ich nie vergessen! Wer könnte auch diesen Tonfall nachahmen, der noch heute in mir nachklingt und wohl weiter nachklingen wird bis zu dem seligen Augenblick, da ich ihn im Himmel wieder vernehmen werde? Jesus sagte *«Maria, du mußt wissen, daß es nicht genügt, das Böse nicht zu tun; man darf auch nicht begehren, es zu tun.»*

Während Petrus mich von Jesus loslöste und zurückdrängte, und Johannes mich streichelte und für mich flehte, während der Feind sich unter Flüchen und entsetzlich höhnischem Gelächter mit seiner Krallenhand noch stärker an meine rechte Schulter klammerte, hörte ich Jesus noch zweimal jene Worte wiederholen. Dann legte er seine Hand auf meinen Kopf zum Zeichen der Vergebung und des Segens. Noch heute spüre ich die zarte Berührung jener langen Finger auf meinem Haar...

Ich begriff, daß mir verziehen war, daß ich gerettet war. In einer Aufwallung des Dankes warf ich mich schluchzend an seine Brust und vergoß Tränen der Dankbarkeit, der Reue und der Freude. Es war wie eine Waschung, die mich vollkommen läuterte. Der Feind floh mit einem verzweifelten Schrei, und ich wurde von Jesus umarmt.

Ich erwachte, die Seele durch etwas Unirdisches erhellt.

Seit dieser Nacht sind sechsundzwanzig Jahre und neun Monate vergangen, aber der Traum steht noch lebendig vor mir, wie in dem Augenblick, als ich erwachte. Ich sehe ihn in allen kleinsten Einzelheiten vor mir. Wenn ich Malerin wäre, könnte ich jene Gesichter und alle Phasen des Traumes malen. Ich habe kein Wort verändert, nichts mit der Phantasie hinzugedichtet. Ich habe Ihnen getreu erzählt, was ich geträumt habe.

Später habe ich in allen möglichen Kunstläden ein Antlitz Jesu gesucht wie jenes, das ich im Traum geschaut hatte, ohne es je finden zu können. Auf einem Bild stimmte das Oval des Gesichtes, aber nicht der Blick, auf einem anderen der Blick, aber nicht der Mund, auf einem dritten der Mund, aber nicht die Wangen. Ich bin zur Überzeugung gelangt, daß Menschenhand dieses Antlitz nicht darstellen kann... Jesus ist mir dann noch viele Male im Traum erschienen, und immer hatte er dieses Antlitz, diese Gestalt und diese Hände. Seit einiger Zeit wird mir etwas mehr als ein Traum zuteil; aber ich sehe Jesus immer mit demselben Antlitz, derselben Gestalt und denselben Händen. Als Sie, Pater, mir jenes Buch über das Leichentuch Christi gegeben haben, hat es mir einen Schlag versetzt; denn ich erkannte, trotz der Veränderung durch das erlittene Leid, jenes Antlitz, jene Gestalt und jene Hände wieder...

Die Zeit der schlimmsten Versuchungen war vorbei. Ich kann nicht behaupten, daß ich keine finsteren Stunden der Auflehnung mehr erlebte. Nein, ich erlebte deren noch viele. Aber wenn der Dämon der Auflehnung, der Sinnlichkeit und der Verzweiflung mich bestürmte und mir unheilvolle Gedanken eingab, gelang es mir dank der Worte Jesu, *das Verlangen, Böses zu tun*, zu überwinden.

Heute morgen, den 23. März, haben Sie mir die heilige Kommunion gebracht, die unter allen Dingen im Himmel und auf Erden das ist, wonach es mich am meisten verlangt. Und gleichzeitig haben Sie mir einen Brief gebracht.

Ich will die Antwort auf den Brief hier einschieben. Aufgrund meines erbärmlichen körperlichen Zustands muß ich mit meinen Kräften gut haushalten. Darum antworte ich Ihnen auf diesem Weg, um nicht hier zu schreiben und dann die Dinge nochmals in einem Brief wiederholen zu müssen.

Ich glaube, ich habe Ihnen schon gesagt und geschrieben, was ich unter wahrer Vergebung verstehe; was für mich die grundlegenden Voraussetzungen sind, damit die Vergebung wirklich eine Vergebung ist und nicht eine schlechte Imitation derselben, die nur eine schlimme Heuchelei darstellt, weil wir uns damit selbst täuschen. Gott können wir nicht betrügen, aber uns selbst, indem wir uns unserem Ich als barmherzige, religiöse Menschen darstellen... Ein jämmerliches Theater, mit dem wir nur unseren menschlichen Stolz verführen, während das Gewissen uns der Unehrlichkeit anklagt.

Für mich vergibt einer wirklich, wenn er spürt, daß ein gewisses Erlebnis, das er einst als Beleidigung empfand, *nicht mehr schmerzt.*

Wenn ein Organ unseres Körpers nicht weh tut oder aufhört, weh zu tun, vergessen wir es. Einer, der gesund ist, merkt nicht einmal, daß er eine Lunge, ein Herz, eine Leber, ein Gehirn usw. hat. Wenn aber eines dieser gebenedeiten Organe, die uns zu so vollkommenen und komplizierten Lebewesen machen, krank wird und zu schmerzen beginnt, oh! dann achten wir darauf und wissen genau, wo es sich befindet!

So geht es auch, wenn uns unsere Mitmenschen beleidigen oder uns auf eine andere Weise schaden. Wir können sagen, daß wir wirklich vergeben haben, wenn wir keinen Schmerz mehr empfinden, wie bei einer Verbrennung oder einem Messerstich. Es überkommt uns dann eine Gleichgültigkeit, die das Ende der Liebe, aber auch des Grolles ist... Ohne mehr daran zu denken, vergeben wir vollständig. Aber es handelt sich um eine Vergebung von nur relativem Wert.

Ich kann nämlich für mich selbst Gleichgültigkeit, ja Unempfindlichkeit gegenüber einer gewissen Beleidigung, die für mich einen großen Schmerz bedeutete, erlangt haben. Das hängt vielleicht damit zusammen, daß andere, größere Schmerzen diesem gefolgt sind und mich von ihm abgelenkt haben.

Es kann auch damit zusammenhängen, daß eine große, erlesene Liebe mich mit übernatürlichen Gaben für alle menschliche Erbärmlichkeit entschädigt hat. Ich weiß es nicht. Ich weiß aber, daß ich für mich selbst Unempfindlichkeit gegenüber früheren Wunden erlangt habe. Es gelingt mir jedoch nicht, dieselbe Unempfindlichkeit gegenüber den Schmerzen meines Vaters zu erlangen.

Ich richte niemanden. Ich erinnere mich und denke darüber nach, das ist alles. Ich erinnere mich und berichte, denn auch dieser Haufen schwarzer Steinchen ist notwendig, um das Mosaik meines Lebens zusammenzustellen. Und damit hat es sich. Ich richte nicht. Wenn ich aber richte, lasse ich Barmherzigkeit walten; denn es ist schmerzlich zu sehen, daß ein Mensch es vorzieht, jemandem Leiden zu verursachen, statt ihm Trost und Liebe zu schenken; daß ein Mensch nicht gut ist, während er gut sein könnte und sollte.

Reich, schön und intelligent können wir nicht allein durch unseren Willen werden. Der Reichtum hängt von vielen Faktoren ab, die im Zusammenhang mit unserer Arbeit, unserem Erwerb stehen. Bei der Schönheit und der Intelligenz, ja, da ist es noch schwieriger! Wenn wir körperlich oder geistig behindert zur Welt kommen, kann uns nichts zu einem Apoll oder einem Genie machen. Aber gut kann man werden, *wenn man will.* Jeden Tag ein wenig, jede Stunde ein Krümelchen, so gelingt es uns, unsere moralischen Neigungen zu verbessern.

Ich richte nicht, und wenn ich richte, so lasse ich Barmherzigkeit walten. Ich bin nicht blind und nicht stumpfsinnig. Ich sehe die Taten der anderen und weiß sie einzuschätzen. Aber vielleicht bin ich inzwischen eine solche Philosophin oder, besser gesagt, eine solche Christin geworden, daß mich gewisse Tatsachen nicht mehr verwirren können. Ich sehe sie und sage mir: «Das sind die Früchte unseres menschlichen Stammbaums, der durch die Sünde unserer Stammeseltern an den Wurzeln verdorben ist.» Und ich wiederhole über den, der Leiden verursacht und Böses tut, die barmherzige Bitte meines göttlichen Meisters, die meinem Jesus in seinen letzten Stunden über die heiligen, ausgedörrten Lippen kam: «Vater, verzeihe ihm, denn er weiß nicht, was er tut!»

Ja, denn ich bin überzeugt, daß einer, der Böses tut und seinem Nächsten Leid zufügt und, was noch schlimmer ist, Gott damit betrübt, — daß ein solcher Mensch nicht weiß, was er tut. Er ist eine Art Schwachsinniger, was das Gute betrifft. Nun, auch das menschliche Gesetz verdammt die Schwachsinnigen, die Unzurechnungsfähigen, die Verrückten nicht. Man schließt sie höchstens in eigens dafür geschaffene Anstalten ein. Wenn einer ein perfektes psychisches Gleichgewicht besitzt, erniedrigt er sich nicht zu gewissen Bosheiten, die ihm keine Freude bringen und ihn in der Achtung vieler und seiner selbst herabsetzen.

Denken Sie nicht auch so, Pater? Ja, Sie werden es mir nicht sagen, aber ich glaube, auch Sie sind der Meinung, daß gewisse Neigungen zum Sadismus das Ergebnis psychischer Störungen sind.

Daher verdamme ich sie nicht. *Aber ich erinnere mich daran.*

Und wenn es unvermeidbar ist, daß die Guten wegen der weniger Guten leiden müssen, wie mein Vater gelitten hat, so wehe dem, der grundlos Leiden bereitet! Schon auf dieser Erde hat er seine Strafe, die sich zumindest als innere Unzufriedenheit äußert und ihm keine Ruhe läßt...

Ich, das können Sie mir gern glauben, Pater, *hasse niemanden*, und am allerwenigsten diejenige, die mir und Papa viele Tränen verursacht hat. Mein ganzes Leben zeugt davon. Ich kann mit Jesus ausrufen: «Und wer von euch kann mich einer Sünde überführen?»

Getreu meinem Vorsatz habe ich — auch in den schlimmsten Augenblicken meines Lebens — gegenüber meiner Mutter, meinem Vater, meinen Verwandten, Freunden, Bekannten und Fremden stets Opferbereitschaft und Pflichtbewußtsein geübt. Ich wußte, daß dies, was meine Mutter betraf, keine Veränderung bringen würde. Aber ich war eine Idealistin, wie alle Dichter, und habe immer gehofft, sie durch meine Liebe zu gewinnen. Ich bin versucht zu sagen, daß ich immer hoffte, ihr Liebe einzuflößen, indem ich sie mit Liebe umgab. Ich wurde beleidigt, beleidigte aber nicht, wurde gepeinigt, peinigte aber nicht, wurde vernachlässigt, vernachlässigte aber nicht. Ich habe ihr gedient, wie es kein treuer Sklave hätte tun können. Ja, ich habe sie so sehr verwöhnt, daß nun *niemand* mehr sie zufriedenstellen kann. Das will ich meinen! Wo könnte sie auch eine solche Geduld, einen solchen Beistand, einen solchen Selbstverzicht finden? Ich muß das zugeben und erwähnen um der Wahrheit willen und aus Liebe zu meiner Seele, die das vierte Gebot gehalten hat, wie es wohl nur wenige tun.

Ich kann Ihnen nicht alles erzählen, Pater. Aber eines kann ich Ihnen sagen: daß ich nämlich sogar die Freiheit meiner Nachtstunden, wo ich in aller Stille in meinem Zimmer hätte beten können, ohne verspottet zu werden, meditieren können, ohne gestört zu werden, weinen und leiden können — daß ich auch diese Stunden geopfert habe, um ihr in ihren Wehwehchen besser beistehen zu können, obwohl doch eigentlich ich selbst krank war. Von 1924 bis zum 1. August 1934 habe ich bei ihr geschlafen: zehn Jahre lang. Als ich dann meinen jetzigen Krankheitsgrad erreicht hatte, zog sie es vor, in einem anderen Zimmer zu schlafen und überließ mich anderen Menschen. Glauben Sie, daß dies kein Schmerz für mich gewesen ist?

In einem Gedicht, das ich in der Nacht des 19. März 1935, einer qualvollen Nacht, geschrieben habe, spreche ich von meiner Nacht als Kranker:

Flackernd wacht mir zur Seite eine Flamme, wechselt zuckend Worte mit mir... Sehnsüchtig verlangt mich nach Mamas Küssen... Warum steht sie mir nicht bei, wie es sich gehörte, zitternd wie eine Flamme, tröstend wie eine Sonne?

Zaghaft meldet der neue Tag sich mit seinem weißen, lauteren Licht. Sein Kommen zerstreut die düsteren Träume; die Morgendämmerung, mit Frische bekränzt, bringt mir die Liebkosungen einer Mutter…

Es wird kein Meisterwerk der Dichtung sein, aber es ist ein Aufschrei meiner Seele, *nur für mich selbst geschrieben* und daher aufrichtig wie eine Beichte. Gewisse Dinge schreibt man nicht, wenn man sie nicht fühlt.

Bei aller Liebe, die ich für meinen Vater empfand und empfinde, ist mir kein Reim für ihn eingefallen. Aber der Hunger nach der Liebe meiner Mama, ein nie gestillter Hunger, hat mein Gemüt aufgewühlt, und so ist dieses Gedicht entstanden. Gedichte können die stärksten Gefühle überzeugender ausdrücken, als die schönste Prosa es vermag.

Ich war sehr krank. Gott und die Ärzte können einschätzen, was das Hinauf- und Hinuntersteigen der Treppen für mich bedeutete. Zigmal am Tage tat ich das für meine Mutter, die *gesund* war, um ihr für gewisse menschliche Bedürfnisse die Treppen zu ersparen... Soweit die körperlichen Belastungen.

Was aber das Seelische betrifft, war ich da nicht tief betrübt (und bin es immer noch), meine Mutter so unzufrieden und herrschsüchtig zu sehen, daß sie von allen gemieden wurde? Und warum nehme ich mir das so zu Herzen? Weil ich denke, daß sie nach meinem Tod *allein* bleiben wird. Alt und allein. Jetzt halte ich noch die Verbindungen zu vielen Leuten aufrecht. Aber wenn ich einmal nicht mehr da bin, werden sie sich alle zurückziehen. Glauben Sie, daß mir das keinen Kummer bereitet? Das ist das einzige, was mich, ich will nicht sagen mit Furcht, aber doch mit Sorge auf mein Ende blicken läßt. Ihretwegen, nicht meinetwegen.

Was das Seelische betrifft, Pater, müssen Sie wissen, daß ich immer für meinen Vater und meine Mutter gebetet habe, auf daß Gott ihnen in allen ihren materiellen, finanziellen, moralischen und geistigen Bedürfnissen beistehe. In meinem Akt der restlosen Hingabe als Sühneopfer an den Herrn ist unter den verschiedenen Anliegen, deretwegen ich mich zu verzehren wünsche, auch dieses: daß meinen Eltern durch mein Opfer alles erdenkliche Gute auf dieser Welt und auch danach zuteil werde. Und da mir mein gesunder Menschenverstand sagte, daß von den beiden Mama diejenige sei, die mehr Hilfe von oben brauche, so betete ich natürlich mehr für sie als für den Gerechten, der mein Vater war.

Sie sagen, daß eine schlechte Behandlung dazu führen kann, daß im betroffenen Opfer eine unüberwindbare Abneigung gegen den Unterdrücker entsteht, so wie die Schafe eine unüberwindbare Abneigung gegen den Wolf hegen, der sie, seinem Instinkt folgend, zerfleischen möchte. Das ist wahr, aber nur zum Teil.

Was mich angeht — vielleicht bin ich einfach dümmer als viele andere —, habe ich immer vor meiner Mutter gezittert. Und ich zittere noch heute und lebe stets in der Angst, sie könnte mir weiteres Leid zufügen. *Aber ich habe nie eine feindselige Abneigung gegen sie gehegt.* Ich hatte oft Gelegenheit, mein Zuhause zu verlassen. Verwandte und Bekannte hatten mich eindringlich gebeten, zu ihnen zu ziehen, um ihnen meinen ungewöhnlichen Tatendrang und meine Intelligenz zur Verfügung zu stellen. Ich habe immer abgelehnt, obwohl ich spürte, daß ich damit meinen Frieden und die Verwirklichung meiner Interessen beeinträchtigte, *um Mama nicht mit Papa, der zu nichts mehr taugte, allein zu lassen.*

Ich glaube, all dies zeigt, daß ich gegen Mama keinen Haß und nicht einmal Gleichgültigkeit empfinde, obwohl ich mich *aller* Leiden erinnere, die mir Mama ungerechterweise verursacht hat. Ich hege eine große Liebe für sie, *denn nur eine große, vollkommene Liebe ist fähig, weiterzulieben, ohne jemals Gegenliebe zu erfahren.*

Sie haben ganz recht, Pater, wenn Sie sagen: «Die Zeichen sprechen, und wer hört, der begreift.» Ja, so ist es, aber nur, wenn der Zuhörer nicht statt eines Herzens einen Kieselstein und statt eines Gehirns ein Stück Bimsstein hat. Wer ein gutes Herz besitzt, gut gesinnt und vernünftig ist, wie Sie sagen, versteht viel von den Schmerzen seiner Mitmenschen. Ich kann daher sagen, daß es die Güte des Herrn gewesen ist, die mich mit Ihnen zusammengeführt hat. Und ich preise Ihn dafür.

Die Beschreibung Ihrer Tätigkeit als Großzieher am Ende Ihres Briefes hat mich erfreut. Auch ich war eine gute Aufzieherin zweibeiniger Haustiere. Ich schenkte ihnen viel Fürsorge und Liebe, verfiel aber nicht in den dummen Sentimentalismus hysterischer Damen, der diese daran hindert, ein Huhn oder eine Taube zu schlachten und zu verzehren. Ich schlachtete sie nicht, weil ich nicht dazu fähig war; aber ich ließ sie schlachten, wenn sie zu nichts mehr nütze waren, und aß sie ohne Skrupel. Das ist im übrigen ihr Schicksal, und wenn man bedenkt, wie viele Menschen in den grausamen Kriegen unserer Zeit dasselbe Schicksal erleiden, nur daß sie nicht gegessen werden...

Es tut mir leid, ein Leben auszulöschen. Auch das Leben einer Blume ist mir heilig, weil sie von Gott erschaffen ist. Wenn aber Notwendigkeit und gesunder Menschenverstand es verlangen, kann ich ohne Ohnmachtsanfälle und neurotisches Stöhnen ein Leben auslöschen, das zu nichts nütze ist und vielleicht sogar eine Behinderung für anderes Leben darstellt. Als ich ein Kind war, konnte ich das nicht. Damals begann ich zu weinen, wenn ein mir liebes Huhn zum Tode verurteilt wurde. Aber Sie wissen ja...

Meine Einfügung ist beendet. Nun nehme ich meine Erzählung wieder auf, wo ich sie unterbrochen hatte.

Ich sagte also, wenn mich nach diesem Traum auch Selbstmordgedanken oder Versuchungen der Sinnlichkeit überfielen, war ich imstande, sie zu überwinden.

Das ist schon viel. Es ist der erste Schritt auf dem Weg zur Erlösung. Ja, es ist nicht einmal ein Schritt, es ist einfach ein Sichwiederaufrichten, nachdem man in den Schlamm gefallen war und darin gelegen hat. Man steht wieder auf den Beinen und bemüht sich, den klebrigen Schlamm zu entfernen.

Ich hatte noch finstere Stunden, in denen mich schwere Versuchungen heimsuchten, aber besonders wenn es sich um sinnliche Versuchungen handelte, *wünschte ich nicht mehr, das Böse zu tun*. Der Dämon sang mir sein behexendes Lied vor, das unbekannte Wonnen heraufbeschwor, die mein sein könnten, wenn ich nur wollte. Aber es gelang mir bereits, sogar den Wunsch, sie kennenzulernen, zurückzuweisen. Weder die Seele, noch der Wille ließen sich auf die larvenhaften Traumbilder seiner Beschwörungen ein. Und wenn meine arme Seele — noch müde und schwach war von der großen seelischen Krankheit, die sie durchgemacht hatte — spürte, daß sie dem Abgleiten nahe war, erklangen die Worte Jesu in meinem Herzen und stärkten mich wie ein Herzmittel.

Schwieriger war es, die Selbstmordgedanken zu überwinden, weil sie von früh bis abends durch andauernde, zersetzende Erfahrungen, wie ein steter Tropfen den Stein höhlt, genährt wurden... Wie sehr wünschte ich zu sterben! Wie freute ich mich über die Zunahme meiner Atemnot und meinen beschleunigten Herzschlag! Ich glaubte, das Leiden, das sich in mir verstärkte, würde mich bald ins Grab bringen. Armer Mensch, wie leicht gibst du dich irrigen Vorstellungen hin! Das Herzleiden nahm zu, das stimmt, und andere Krankheiten kamen noch hinzu, aber nach einem Vierteljahrhundert voller Leiden lebe ich immer noch.

Nun glaube ich, daß ich dem Ziel nahe bin. Ich höre ein Hymnengeflüster, das immer deutlicher wird. Es ist eine süße Einladung. Dieselbe, von der Sie gestern sprachen... Surge, propera, amica mea, columba mea, formosa mea, et veni. Jam enim hiems transiit; vox turturis audita est in terra vostra... Surge, amica mea, speciosa mea, et veni...[27]

Wann aber wird die Stunde der Befreiung kommen? Wann wird Er kommen, der süße Jesus, den ich heute so gut sehe...

Ich habe es Ihnen heute morgen nicht gesagt, denn sonst wären Tränen geflossen, und ich wollte bei meiner argwöhnischen Mutter keinen Verdacht erregen. Aber seit heute morgen erscheint mir Jesus. Er steht vor mir und streckt mir lächelnd die Hände entgegen. Er ermutigt mich durch sein Lächeln, weiterzuleiden...

Aber wann wird Er einen Schritt weitergehen und meine Seele küssen, um sie mit sich fortzutragen? Vielleicht ist das Egoismus, der sehnliche Wunsch, vom Kreuz herabzusteigen.

Nein, Maria, das darfst du nicht tun. Es gibt noch soviel zu beten für die, die nicht beten, für die, die Sorgen haben. Es gibt noch soviel zu leiden, bevor der Kelch voll ist... Jesus hat Durst, und man muß Ihm zu trinken geben...

Die Seelen haben Durst, und man muß ihnen zu trinken geben. Das einzige Mittel, um den Durst Christi zu stillen, ist die Liebe. Und das einzige Mittel, um den Durst der Seelen, den Durst ihrer Bedürfnisse zu stillen, ist der Schmerz. Liebe und leide, meine Seele, um den Kelch zu füllen, um den göttlichen Durst Christi zu stillen und den menschlichen Durst der Seelen, auf daß sie die Kraft haben, zu Gott emporzusteigen. Das ist notwendiger als die helfenden Gnaden für die Sorgen des Alltags, mit denen sich alle herumschlagen...

---

27. Hohel 2,10-13: Mach dich auf, meine Freundin, meine Schönste, so komm doch! Denn sieh, der Winter ist vorüber — und der Ruf der Turteltaube erschallt im Lande... Mach dich auf, meine Freundin, meine Schönste, so komm doch!

Von meinem inneren Kampf hatte im übrigen niemand die geringste Ahnung.

Mit wem hätte ich auch sprechen sollen? Mit Papa war es unnötig. Mit Mama war es nicht nur aussichtslos, sondern gefährlich. Mit meinen Freundinnen aus dem Kolleg und den Schwestern war es ebenfalls unnötig. In Briefen kann man gewisse Dinge nur schlecht ausdrücken — und dann war da ja die Zensur der Antwortschreiben.

In Florenz hatte ich keine Freundinnen, auch keine lieben, älteren Menschen, die mich hätten verstehen können und von denen ich Ratschläge erwarten konnte. Und außerdem hätte ich sowieso nicht gesprochen. Ich bin sehr eifersüchtig auf meine Gefühle, auch wenn es sich um gute handelt, aber erst recht, wenn sie tadelnswert sind.

Mario war weit weg, und er war inzwischen ein Jüngling von fast zwanzig Jahren, mit dem ich gewiß nicht über derartige Dinge hätte reden können. Er hatte begriffen, daß ich sehr traurig war und mich nach dem Tod sehnte, und er versuchte mich durch seine aufrichtige Zuneigung zu erfreuen. Aber er war weit weg und wußte nicht, wie sehr seine liebe Schwester litt, die sich ihm gegenüber immer so gütig, ruhig und gehorsam zeigte, um ihm ein gutes Beispiel zu geben.

Einen Priester, wie ich ihn in meinem Fall benötigt hätte, fand ich nicht... Ich mußte fast bis zu meinem Tode warten, um ihn zu finden!

Daher kämpfte und litt ich ganz allein. Ich biß die Zähne zusammen, und alles fiel mir doppelt schwer. Ich versuchte krampfhaft zu lächeln, während mir zum Weinen zumute war.

Zum Weinen blieb mir die Nacht...

Die Kusine und der Onkel

Im Sommer 1916 kam meine Kusine Giuseppina zu uns, um sich von einer gefährlichen Adenitis und Mastoiditis zu erholen. Sie war die Tochter (hoffen wir es wenigstens) jenes Onkels, von dem ich Ihnen bereits erzählt habe; ich meine den Bruder meiner Mutter, dessentwegen ich ins Kolleg gesteckt wurde.

Ich hatte meine Kusine nie gesehen, weil sie immer in einem Kolleg gewesen war, um sie der verderblichen Nähe ihrer Mutter und der Tante zu entziehen. Nun war sie zwanzig, und ich neunzehn. Ich hatte sie gern, schon bevor sie zu uns zog.

Mama hatte mir eröffnet, sie könne mir diesen Sommer kein neues Kleid und keinen Hut kaufen, da sie an Peppina denken müsse. Wir waren nicht so arm, daß uns die Erneuerung von zwei Kleidungsstükken in Bedrängnis gebracht hätte; aber da Mama süße Worte gebrauchte, um mich das schlucken zu lassen, was sie für eine bittere Pille hielt, wäre ich bereit gewesen, auch nackt zu gehen, nur um sie weiter so reden zu hören... Natürlich war ich einverstanden. Im übrigen war ich in meinem Zustand der Loslösung von allen weltlichen Dingen und in meiner Sehnsucht nach dem Tod mehr denn je weit entfernt von jeder Koketterie.

Und dann!... Der Gedanke, eine Kusine gleichen Alters bei mir zu haben, die wie ich im Kolleg erzogen worden war und noch dazu von Schwestern desselben Ordens... Ach, wie viele Dinge, die mich begeisterten. Ich nahm mir vor, sie zu lieben wie eine Schwester. Und ich liebte sie dann in der Tat so.

Sie kam mit ihrem Vater zu uns nach Viareggio. Der Onkel hielt sich ein paar Tage auf, dann kehrte er nach Bergamo in das Krankenhaus zurück, wo er ständiger Patient und Bibliothekar war. Peppina blieb bei uns, und wir gewannen einander sehr lieb.

Zu ihrer Ehre muß ich sagen, daß sie mir nie Anlaß zu Ärgernis gewesen ist, obwohl sie die Tochter einer nicht sehr glücklich Veranlagten war und bis zu ihrem achten Lebensjahr in jener Umgebung gelebt hatte. Sie war ein bißchen leichtfertig. Aber mit zwanzig Jahren sind wir das mehr oder weniger alle.

Wir machten schöne Spaziergänge mit meinem Papa, gingen baden usw. Bei uns waren auch noch zwei kleine Vettern von vierzehn und acht Jahren aus dem Veneto. Sie waren gekommen, um hier zu baden, da das Adriatische Meer damals sehr bewegt war.

Ich hatte mich schon lange nicht mehr so wohlgefühlt wie in diesem Sommer. Unter anderem, weil meine Kusine, die noch sehr fromm war, oft in die St.-Andreas-Kirche, unsere Sommerpfarrei, ging, und ich sie begleiten konnte. Meine Mama wagte nicht, sich der Nichte zu widersetzen, deren Zuneigung sie gewinnen wollte.

Hier möchte ich etwas erzählen, das vielleicht nicht direkt zu meiner Geschichte gehört. Aber ich glaube, daß es doch nicht ganz abwegig ist.

Ich liebte unser Häuschen in der Via Umberto I°, das ich das erste Mal mit sieben Jahren betreten hatte. Ich habe mich dort immer sehr wohlgefühlt, doch diesen Sommer hatte ich ein seltsames Gefühl. Was ich damit meine? Nun, ich kann Ihnen eigentlich nicht einmal genau sagen, was ich empfand.

Ich fühlte mich *nie* allein. Aber ich will mich genauer ausdrücken. Auch wenn ich allein zu Hause war, was manchmal passierte, kam es mir immer vor, als ob jemand um mich herum sei. Unsichtbar, aber gegenwärtig. Ängstlich wie ich bin, wenn ich etwas nicht begreife, fürchtete ich mich. Als ich es Mama erzählte, reagierte sie wie gewöhnlich, lachte mich aus und wies mich zurecht. Aber weder ihr Hohn noch ihre Zurechtweisung halfen mir, mutiger zu sein, oder verhinderten, daß ich jene mysteriöse Präsenz weiterhin spürte.

Eines Nachts, am 17. August 1916, waren wir wie zwei große Babies in unseren Betten eingeschlafen, nachdem wir viel mit unseren Vettern gelacht hatten. Plötzlich wurden wir durch die Erschütterungen eines schweren Fußschemels, der auf dem Fensterbrett lag, aus dem Schlaf gerissen. Mein Hund, der bei uns zwei Mädchen schlief, knurrte. Ich drehte das Licht an, da ich befürchtete, es könnte sich um ein Erdbeben handeln, aber die Lampe wackelte nicht. Also machte ich das Licht wieder aus, und wir versanken rasch wieder in unseren jugendlichen Schlaf.

Nach ungefähr einer halben Stunde hörten wir drei starke Schläge wie von einer offenen Hand gegen eine Tür, gegen die Tür unseres Zimmers. In kalten Schweiß gebadet rief ich, noch bevor ich das Licht anzündete: «Großmutter, bist du es?» Ich weiß nicht, warum ich dreizehn Jahre nach ihrem Tod beim Aufwachen an sie dachte.

Das ganze Haus war in Aufruhr. Papa kam herbeigelaufen, dann die Vettern und Mama. Papa und die Vettern fragten nur, wer diesen Lärm gemacht habe. Ja, wenn wir das wenigstens gewußt hätten! Mama aber schimpfte uns aus. Ich glaube, sie ist heute noch davon überzeugt, daß wir Mädchen uns einen Scherz erlaubt hatten... Dabei muß man wissen, daß wir derart zitterten, daß wir den Rest der Nacht zusammen in einem Bett verbrachten, um uns gegenseitig Mut zu machen.

Mitte September reisten die Vettern ab. Zurück blieben wir zwei Mädchen mit meinen Eltern.

Während wir damit beschäftigt waren, die Koffer zu packen, um nach Florenz zurückzukehren, traf ein Telegramm ein, in dem man uns mitteilte, daß der Onkel im Sterben lag. Es war der 30. September. Meine Mutter reiste mit meiner Kusine nach Bergamo. Ich blieb bei Papa.

In diesen Tagen, als ich allein mit Papa war, spürte ich die unsichtbare Gegenwart körperloser Wesen mehr denn je. Ich hatte eine höllische Angst..., aber ich verhielt mich still, damit Papa sich nicht gutmütig über mich lustig machte. Eines Nachts suchte ich Zuflucht bei ihm.

Es war mir, als ob eine Hand an der Hauswand reibe. Ein Geräusch, wie wenn ein Maurer ein Haus verputzt.

Schließlich kehrten Mama und Peppina zurück. Der Onkel hatte die Lungenentzündung gut überstanden.

Wir reisten nach Florenz ab und zogen in eine neue Wohnung, da die andere durch ein Erdbeben beschädigt worden war. Das neue Haus war düster. Es befand sich in der Via Pippo Spano und war vorn und hinten von anderen Häusern umgeben. Jedoch sah ich auch von hier aus die Madonna über dem Tor des Jesuitenklosters und lebte also in der Nähe dieser Kirche. So verging der Winter.

Ich verstand mich gut mit meiner Kusine. Aber schon bald begannen zwischen Mutter und ihr die Auseinandersetzungen. Meine Mama, die mich tausender Leichtfertigkeiten beschuldigte, bemerkte, daß die Nichte leichtfertiger war als die eigene Tochter, und wollte bei ihr dieselbe Strenge walten lassen wie bei mir. Aber Peppina war nicht Maria... Daher erreichte Mama das Gegenteil. Peppina fand Mittel und Wege, soviel als möglich außer Haus zu sein. Sie verstand sich ausgezeichnet auf weibliche Handarbeit und nahm eine Stelle als Handarbeitslehrerin im Istituto S. Caterina an. Sonntags half sie in den Sonntagsschulen. Auf diese Weise verdiente sie sich etwas, das sie beiseite legte, und war gleichzeitig außer Mamas Reichweite. Ich verlor so für viele Stunden des Tages ihre Gesellschaft.

Unterdessen ging der Krieg weiter, und man bekam die Einschränkungen zu spüren. Papa, Mama und Peppina halfen sich mit Eiern und Kondensmilch, Suppeneinlagen und in Schweinefett gebratenen Pfannkuchen. Ich habe einen auf eine gewisse Weise kräftigen Magen. Das heißt, er kann auch heute noch einen Teller rohes Gemüse verdauen, aber keine Tasse Milch, keine gebratenen Sachen, keine Eier. Wenn ich ein Ei trinke, kann ich zehn Tage lang keines mehr anrühren. Ich begann also Hunger zu leiden. Bis 1919 trank ich keinen schwarzen Kaffee, und so hatte ich nicht einmal dieses bißchen Zucker, das mich hätte stärken können. Meine seelischen Schmerzen zusammen mit dem Hunger schwächten mich immer mehr.

Im Juni 1917 traf ganz unerwartet der Onkel, Giuseppinas Papa, ein. Er hatte im Krankenhaus gekündigt, und in solchen peinlichen Augenblicken kam er zu uns. Mama wurde furchtbar wütend, aber die Sache war nicht mehr rückgängig zu machen. Wenn ich den Onkel auch nicht in bester Erinnerung hatte, so nahm ich ihn doch freundlich auf. Hauptsache, ich hatte jemanden, den ich lieben konnte, und wenn es der Teufel gewesen wäre... Anfangs ging alles gut.

Im Juli fuhren wir nach Viareggio. Da bemerkte ich, daß ich keine Bäder mehr nehmen konnte. Wenn ich ins kalte Wasser stieg, wurde mir furchtbar übel, obwohl ich doch noch im Jahr zuvor unzählige Bäder genommen hatte!... Das Herz gab immer mehr nach. Mama schalt mich, weil ich nicht badete. Ich sagte, daß mir die Bäder nicht gut täten. Sie erwiderte wie immer, dies seien Hirngespinste. Amen!

Im übrigen spürte ich die eigenartigen, unsichtbaren Präsenzen noch mehr als im Jahr zuvor. Zum Glück nahmen sie in diesem Sommer auch die anderen wahr. Ich faßte also Mut und sagte, daß ich nicht mehr in diesem Haus bleiben wolle. Mama war etwas erschrocken, wenn sie es sich auch nicht anmerken lassen wollte, und beschloß aus verschiedenen Gründen, das Haus zu vermieten. Während wir auf Badegäste warteten, die für August/September einziehen wollten, erfuhren wir von den Nachbarn, daß die Familie, der wir das Haus in den letzten beiden Jahren im Winter, um es nicht leerstehen zu lassen, vermietet hatten — es handelte sich um einen Botanikprofessor, seine Frau und zwei etwa zwanzigjährige Kinder — dort Spiritismus betrieben hatten.

Ich will keine Schlüsse daraus ziehen. Ich sage nur, daß ich damals zum ersten Mal die gewaltige Unvereinbarkeit zwischen mir und dem Spiritismus und meine Empfindlichkeit für gewisse Phänomene bemerkte. Was für eine Angst, mein Gott!

Am 10. August kehrten wir nach Florenz zurück.

Peppina, die sich durch ihren Vater gestärkt fühlte, war jetzt etwas frecher. Nun, Sie wissen ja, daß gleiche Charaktere sich nie vertragen. Ein Anmaßender braucht einen Nachgiebigen, ein Stolzer einen Demütigen usw., um miteinander auskommen zu können. Aber Mama, ihr Bruder und seine Tochter hatten den gleichen Charakter. Daher gab es dauernd Streit. Eine Hölle!...

Inzwischen war Caporetto[28] gefallen, und da es immer mehr an Krankenschwestern fehlte, hatte Delcroix[29] Vorträge gehalten, um uns Frauen aufzufordern, uns für den Dienst in den Kriegslazaretten zu melden. Die Krankenschwestern der ersten Kriegsjahre waren erschöpft oder krank, während die Zahl der Verwundeten unglaublich gestiegen war.

---

28. Ort der Niederlage Italiens in der Schlacht, die während des Ersten Weltkriegs vom 24. Oktober bis zum 9. November 1917 dort stattfand.
29. Carlo Delcroix (1896-1977), Kriegsinvalide aus dem Ersten Weltkrieg, Schriftsteller und eindrucksvoller Redner, später auch Politiker.

Es war immer schon mein Traum gewesen, in einem Krankenhaus zu arbeiten. So konnte ich mich nützlich erweisen, außer Haus sein und — welch eine Hoffnung! — mir eine Krankheit zuziehen, die mich in die andere Welt beförderte. Wenn ich auch nicht mehr von den sinnlichen Versuchungen gequält wurde, so marterte mich doch die große Sehnsucht nach dem Tod; denn das Benehmen meiner Mutter war nicht derart, daß mir diese Sehnsucht vergehen konnte. Im Gegenteil, ich war immer der Sündenbock, wenn sie Auseinandersetzungen mit ihrem Bruder und ihrer Nichte gehabt hatte. Aber auch der liebe Onkel, bizarr und gottlos wie immer, stand meiner Mutter in nichts nach und quälte mich auf seine Weise. So hatte ich zwei gegen mich!... Peppina nicht. Sie war immer gleich zu mir.

Dank der Redegewandtheit von Carlo Delcroix, der noch die frischen Narben im erblindeten Gesicht trug, und auch um bei den anderen Leuten keinen schlechten Eindruck zu machen, erlaubte Mama, daß ich Samariter-Schwester wurde. Und so betrat ich am 15. November zum ersten Mal ein Lazarett.

Am ersten Tag, das heißt am ersten Morgen, fühlte ich mich in meiner Schüchternheit von so vielen Augen beobachtet, daß ich mich beim Sprechen andauernd verhaspelte und eine kleine Katastrophe anrichtete... Ich stieß an ein Nachttischchen, und alles flog auf den Boden: Tassen, Gläser, Flaschen usw. Zum Glück hatte der Verwundete kurz zuvor seine Uhr und das Thermometer an sich genommen... Das war meine Taufe: ein wenig geräuschvoll, wenn man will, und ein wenig kostspielig. Auch mein Schwesternkreuz wurde naß. Schon bald aber war ich eine geschickte und tüchtige Krankenschwester.

Wie sie mich gern hatten, die armen Jungen! Es waren einfache Soldaten, denn ich hatte die Vorsteherin gebeten, mich nicht in ein Offizierslazarett zu schicken. Ich wollte den Leidenden helfen und nicht kokettieren oder einen Mann finden. Ich hatte ganz andere Dinge im Kopf!... Daher wollte ich unter die einfachen Soldaten gehen, die nur in ihrer Tapferkeit und ihrer Geduld groß waren.

Auch die Schwestern, die Töchter des heiligen Vinzenz mit ihren charakteristischen großen «Hauben», mochten mich gern, wie auch die anderen Krankenschwestern und die Ärzte. Die ganzen achtzehn Monate im Lazarett gab es weder eine Zurechtweisung noch eine Unhöflichkeit. Ich tat meine Pflicht und wurde daher geliebt und geachtet.

Die schönsten Stunden des Tages verbrachte ich zwischen den Krankensälen. Ich ging alle Tage, auch sonntags, ins Lazarett und verrichtete meinen Dienst von 13 bis 20 Uhr. Manchmal dauerte es auch länger, wenn Schwerkranke oder Sterbende zu pflegen waren. Nach zwei Monaten kam ich auf die Isolierstation zu den Schwindsüchtigen und den wegen anderer Krankheiten Isolierten. So betreute ich nun die zweite Abteilung und die Isolierstation mit ihren ungefähr zweihundert Betten.

Da sich das Lazarett auf der Piazza S. Marco, im Gebäude für Höhere Studien, befand, kam ich immer an der Markus-Kirche und am Museum vorbei. Auf dem Hinweg stärkte ich mir zu Füßen des Nazareners das Herz für alles Elend, dem ich wieder begegnen würde. Auf dem Rückweg am Abend betrat ich oft kurz vor Schließzeit das Museum, um mich vor den Engelsbildern des seligen Giovanni da Fiesole[30] in den Himmel zu versenken, nachdem ich soviele Stunden im Fegefeuer des Lazaretts verbracht hatte.

Die Berührung mit soviel Elend tat mir gut. Sie erweichte mir mehr und mehr das Herz, das sich aufgrund eines Übermaßes an Schmerz verhärtet hatte. Es war, als ob Schuppen, ähnlich denen der Schildkröten, von meiner Seele fielen, so daß diese nun frei war, Güte auszuströmen. Außerdem sollte ich viele dieser mir Anvertrauten Gott näher bringen, und das verpflichtete mich auf sanfte Weise, mich selbst immer mehr Gott zu nähern.

Wir hatten einen sehr frommen Militärkaplan, einen Passionisten[31], der durch seine Geduld, seine Güte und sein vorzügliches Taktgefühl wahre Bekehrungen bewirkte. Meine großen Jungen hörten ihm zu und kamen ihren Frömmigkeitsübungen nach.

Jeden Nachmittag gegen 3 Uhr fand in der Kapelle — sie befand sich fast unter dem Dach und war klein, aber schön — eine eucharistische Segensandacht statt. Die Verwundeten, die sich bewegen konnten, gingen hin. Eine Prozession von Krücken, die über die Gänge tappten, von Stöcken, Armen in der Schlinge, verbundenen Köpfen... Sie stiegen das Treppchen hinauf, und die Erstangekommenen betraten die kleine Kirche, bis diese voll war. Die anderen drängten sich draußen auf dem Treppenabsatz und die Treppe hinunter und sangen. Was für schöne Chöre männlicher Stimmen!... Es war ergreifend, sie so gläubig, fast mit Begeisterung singen zu hören, diese Wiedererstandenen, die im wilden Getümmel gekämpft und getötet hatten. Nun

30. Bekannter unter dem Namen Beato Angelico (ca. 1400-1455).
31. Es könnte sich um Padre Gregorio dell'Addolorata, mit bürgerlichem Namen Antonio Ceccarini, handeln (1877-1931).

waren sie, geschwächt durch die Leiden, wieder zu großen Kindern geworden, die es verstanden, gut, einfach und vertrauensvoll zu sein, wie damals, als sie noch als Kinder mit ihren Mamas zur Kirche gingen. Ich höre sie immer noch, diese Lieder... «Noi vogliamo Dio», «Deh, l'audace lingua frena», «Andrò a vederla un di» und viele andere...

Jesus hat sich auch der Verwundeten bedient, um zu meinem Herzen zu sprechen. Ich weinte, wenn ich diese Lieder hörte... Aber es war schon ein anderes Weinen. Es war ein Weinen der Anrufung, der Läuterung, ein Weinen, das eine Treppe darstellte, die erste Stufe einer Treppe, die zu Gott führte.

Am Vorabend der Festtage und am Samstag gingen sie zur Beichte, und am Tag danach sagten sie mir, daß sie die heilige Kommunion empfangen hätten, und fragten mich, ob ich es auch täte. Arme Jungen! Wieviel Gutes durfte ich durch sie erfahren! Sie merkten oft, daß ich melancholisch war, und setzten alles daran, mich zu erfreuen.

Aber auch ich schenkte ihnen alle Schätze meines weiblichen Herzens. Ich überwand Ekel, Ungeduld und Müdigkeit, weil ich sie gern mochte und sie mich liebten. Und mit Genugtuung sage ich mir: «Ich habe auch dort meine Pflicht getan. Mein Gewissen wirft mir nichts vor, und ich kann mir dessen sicher sein, denn die Briefe jener großen Kinder, die älter als ich waren, bezeugen es noch heute.

Vieles könnte ich über meine Jungen erzählen, aber das würde zu weit führen, zu weit... Ich wollte Ihnen nur sagen, daß ich auch dort drinnen in jeder Weise rechtschaffen gehandelt habe. Oh, es ist ein schöner Trost, sagen zu können, daß man gut gehandelt hat! Bisweilen denke ich, daß meine lieben verstorbenen Jungen im Himmel für ihr junges Schwesterlein vom Lazarett beten und daß sie mich dort oben erwarten. Ja, ich denke sogar, daß sie in meiner Todesstunde bei mir sein werden, wie ich in ihrer Todesstunde in ihrer Nähe war.

Aber kehren wir zu meinem Onkel und meiner Kusine zurück.

Am 23. Dezember stand ich sehr früh auf, um auf den Großmarkt zu gehen. Um etwas zu bekommen, mußte man damals Schlange stehen, und das war meine und Mamas Sache. An diesem Morgen war ich gegangen, weil Mama erkältet war.

Als ich zurückkehrte, war eine Tragödie passiert. Meine Mama weinte, meine Kusine war davongelaufen, und mein Onkel war drauf und dran, ebenfalls wegzugehen.

Wie immer, wenn es Mama wirklich schlecht geht, hängte sie sich an mich und erzählte mir, daß zwischen ihr, dem Onkel und Peppina ein großer Streit ausgebrochen war. Mama behauptete, daß die anderen im Unrecht seien. Der Onkel gab Mama die Schuld. Wahrscheinlich hatten beide Teile recht und unrecht.

Mama hatte recht, wenn sie etwas mehr Strenge für die Nichte forderte, denn diese trieb es zu weit mit ihrer Koketterie. Aber sie hätte das mit etwas mehr Liebenswürdigkeit vorbringen sollen. Dagegen wendete sie dieselbe Methode an wie bei mir, und das vertrugen die beiden nicht.

Sie für ihren Teil ließen es jedoch an Dankbarkeit und Korrektheit fehlen. Schließlich hatte diese Schwester und Tante dem Bruder stets geholfen und für den Unterhalt der Nichte im Kolleg gesorgt. In Wirklichkeit war es natürlich Papa, der alles bezahlte, aber trotzdem... Nun wohnten die Nichte und der Bruder seit Monaten bei uns, und das brachte Ausgaben für Pflege, Bekleidung und Lebensmittel. Ich meine, Mama hätte eine wenig Respekt verdient. Außerdem hätten sie meinen Vater achten müssen, der auch zu ihnen immer gut gewesen war. Nichts von alledem.

Mama war sehr niedergeschlagen, und ich versuchte Frieden zu stiften. Mein Onkel erklärte mir, daß er «seine Tochter nicht von einer Peinigerin mit kroatischen Foltermethoden quälen lassen könne». Das waren seine Worte.

Zu Mittag, während wir drei sehr traurig eine Suppe schlürften, machte sich mein Onkel aus dem Staub. Er ließ die Tür offenstehen und auf dem Tisch einen Zettel für mich, auf dem er mir «befahl, ihre Sachen an eine Adresse zu bringen, die er mir später mitteilen würde».

1917 hatten wir ein recht trauriges Weihnachten. Mama war bettlägrig, hatte Fieber und litt an einer Leberkolik, die wohl auf die Auseinandersetzung zurückzuführen war. Papa war sehr bedrückt, und ich betrübt.

Mama sollte nie vergessen, daß weder ich noch mein Vater ihr *jemals* einen Kummer bereitet haben, der sie bettlägrig gemacht hat...

Zum Glück kam Mario in jenen Tagen für zwei Wochen auf Urlaub nach Florenz und erledigte viele Dinge. Er begleitete mich zum Onkel, um die Sachen der beiden abzugeben... Er ging mit mir auf die Gemeinde, um die Trennung der Lebensmittelausweise zu regeln. Er änderte die ganze Einrichtung der Wohnung, da Mama sagte, daß sie diese Veränderung brauche, um die Erinnerung an die beiden abzuschwächen. Und schließlich wurde Mario auch noch Mamas Pfleger und Tröster. Er nannte sie «seine liebe Mammy».

Auch um mich sorgte er sich. Als erstes wollte er, daß ich ihn jeden Morgen in die Kirche begleitete und mit ihm die heilige Kommunion empfing. Ich weiß nicht, ob er während der Zeit, als er die Akademie besuchte, auch so fromm war. Aber ich glaube doch, denn seine Briefe zeugten davon. Der Schüler hatte seine Lehrerin überholt, könnte man in unserem Fall sagen.

Er hatte dank seiner Zuneigung instinktiv erkannt, daß ich Gott brauchte, um weniger hart zu leiden, und er brachte mich zu Gott zurück. In seiner jugendlichen Kraft, ertüchtigt durch das körperliche Training, war er imstande, schwere Gegenstände, wie Möbel, mühelos zu heben. Ebenso hob er mich ohne Mühe auf einen Altar, in die Nähe eines Tabernakels. Er hielt mir keine Predigten, die ich zu dieser Zeit auch gar nicht ertragen hätte. Er handelte einfach. Er hatte begriffen, daß ich sehr unglücklich war... Auch er hatte ein nicht sehr glückliches Leben gehabt, und er *verstand*. Er verstand, daß ich sterben wollte, weil ich des Leidens müde war, und griff nach der Medizin der Medizinen: er warf mich in die Arme Gottes.

Ja, wenn ich zu Gott zurückgekehrt bin, so verdanke ich dies der Güte des Herrn, aber zu einem großen Teil auch meinem Mario. Ich glaube, daß er auch sehr deutlich mit Mama gesprochen und ihr gesagt hat, daß ich daran sei, an Schwermut zugrundezugehen, und etwas Freude brauchte.

Meine Mama hörte damals noch auf ihn und hatte ihn gern. Sie hatte immer eine Schwäche für *das männliche Geschlecht*. Sie kann sich auch heute noch nicht damit abfinden, einen Knaben verloren zu haben, der nur ein paar Stunden gelebt hat. Und außerdem war Mario ein großer Rettungsring für sie!... *Sie* glaubte zumindest, er sei es. Sie sah, daß ich mich nicht mit Männern abgab, außer mit Mario. So hielt sie ihn in meiner Nähe, *um alle anderen Bewerber fernzuhalten*. Und an solchen hat es nie gefehlt, das kann ich wohl sagen.

Aber Mario wuchs heran und war kein Knabe mehr. Er war nun bereits über zwanzig und würde bald die Marineakademie als Seekadett verlassen. Und er begann mich mit anderen Augen zu betrachten und machte auch kein Geheimnis daraus. Er sagte es offen und ehrlich, und sein Papa, seine Großmutter und seine Onkel zeigten sich einverstanden. Wie oft sagte er zu Mama, wenn er sie umarmte: «Nicht wahr, Mammy, wenn ich Offizier bin, gehört das Fräulein mir, und Sie werden meine Mama und Herr Giuseppe mein Papa sein. Dann werde ich zwei Papas und eine Mammy haben. Und mein liebes Fräulein, für das ich studiert habe und das geworden bin, was ich bin, wird mein sein!» — Auch mir gab er zu verstehen, daß seine geschwisterliche Freundschaft sich in etwas Tieferes verwandelt hatte.

Aber ich wollte nichts davon wissen. Und dies aus zwei Gründen. Erstens fühlte ich mich bereits nicht mehr in der Lage, einen Mann mit Leib und Seele zu lieben.

Sie werden mich fragen: «Wie? Nach all diesen Kämpfen gegen die aufbegehrenden Sinne wollten Sie jetzt, da sie in aller Ehrenhaftigkeit die Bedürfnisse der Natur hätten stillen können, stillen konnten, nichts mehr davon wissen?» Es sieht wie ein Widerspruch aus, nicht wahr? Aber es ist keiner.

Die Tatsache, daß man mich grausamerweise meiner Freiheit zu lieben beraubt hatte, und zwar mittels gewisser... Erklärungen, die die Reinheit meines jungfräulichen Herzens trübten, hatte mich sehr verwirrt. Ich ahnte nichts von gewissen physiologischen und instinktgebundenen Gesetzen, und es war, wie wenn man einen Stein in einen klaren Teich wirft und dieser den Grund aufwühlt und den Schlamm hochwirbelt.

Aber ich war von Natur nicht eine, die nur von ihren Sinnen beherrscht wird. Leidenschaftlich ja, das war ich und *das bin ich.* Ich klammerte mich und *ich klammere mich noch immer* an etwas, wenn ich es liebe. Dies ist ein wahres Bedürfnis meines Ichs, noch verschärft durch die Lieblosigkeit, die mich umgab. In meiner Jugend liebte ich den Menschen. Von meinem fünfundzwanzigsten Lebensjahr an liebte ich immer mehr den Schöpfer. Aber ohne eine große Liebe, meinen Lebenszweck, kann ich nicht existieren. Ich bin also eine Leidenschaftliche, vielleicht sollte ich sagen: eine leidenschaftliche Liebhaberin, aber keine sinnliche.

Es ist ein großer Unterschied — obwohl es zunächst nicht so scheinen mag — zwischen Personen, die von Natur aus lasterhaft sind, und solchen, die durch Menschen oder den immer auf der Lauer liegenden Teufel in einen Sturm der Sinne geraten. Wenn auf dem Sommerhimmel sich Gewitterwolken bilden, voller Blitze und Hagel, so ist es unvermeidbar, daß ein Gewitter ausbricht. Aber nicht immer muß es ein Gewitter sein, das Verwüstungen anrichtet. Wenn ein Krankheitserreger einen Menschen angreift, richtet er nicht immer den gleichen Schaden an. Wenn die Person anfällig für diese Krankheit ist, gedeiht die Mikrobe und es kann sogar zum Tode führen. Ist die Person aber immun gegen diese Mikrobe, so gelingt es dieser nicht, sich auszubreiten, und sie wird vom gesunden Blut des Befallenen vernichtet.

Auf meinem Himmel waren Gewitterwolken aufgezogen, die höllische Winde zusammengetrieben hatten, und in mein Blut waren unheilvolle Bazillen eingeimpft worden. Der Hagel war niedergegangen und hatte ein für allemal die Blüte meiner jugendlichen Hoffnungen zerstört. Doch hatte der Blitz nicht meine Lebenskraft vernichtet, und so konnte mein Baum, wenn auch nicht die Blütenpracht, so doch wenigstens das nützliche Laubwerk hervorbringen. Mein Blut, das nicht von Natur aus unzüchtig war, konnte unter Mühen und Leiden, das stimmt, aber siegreich die eingeimpften Keime der Sinnlichkeit überwinden.

Nachdem dieses Fieber überstanden war — und das geschah, als mir Gott jene Antwort gab, die mir Kraft und Lebensregel bedeutete —, bin ich wieder die Maria von einst geworden, also das über die Verlockungen der Natur erhabene Geschöpf. Und ich war es noch mehr als vorher, denn ich hatte mich nunmehr vom Leben gelöst. Für immer war meine Fähigkeit, als Frau zu lieben, erloschen. Und da ich mich sehr nach dem Tod sehnte, fühlte ich in mir nicht einmal mehr den heiligen Wunsch nach Kindern durch eine fruchtbare Ehe; einen Wunsch, den Gott nicht verdammt, da Er ihn ja selbst in das Herz der Stammeseltern gelegt hat.

Ich fühlte mich also nicht mehr fähig, als Frau einen Mann zu lieben. Ich fühlte diese Unfähigkeit, und es tat mir leid, denn ich hatte natürlich ein *mütterliches* Herz... Wenn ich daran dachte, daß ich nie Kinder haben würde, bereitete mir das Kummer... Noch heute ist das meine größte Sehnsucht, nach der Sehnsucht nach dem Himmel... Ich dachte an meine Einsamkeit im Alter, wenn ich es erleben würde... Aber ich fühlte mich nicht danach, «ein Fleisch zu werden» mit dem Mann, der mein Ehegatte sein würde.

Daher gab ich Mario zu verstehen, mich in Frieden zu lassen, und ich erklärte ihm auch, daß ich mich nicht mehr so gesund wie früher fühlte und keinen jungen, gesunden Mann an eine Kränkliche binden wolle. Er sollte nicht mehr davon sprechen und mir weiterhin seine gute Freundschaft halten, die mir ein großer Trost war. Ich gab ihm auch zu verstehen, daß er bei Mama dasselbe Schicksal wie alle anderen erleiden würde, wenn sie erführe, daß er sich ernsthaft um meine Hand bewerbe. *Sie würde ihn vor die Tür setzen, und zwar für immer.*

Aber weder Mario noch sein Vater, seine Großmutter oder seine Onkel wollten glauben, daß Mama Mario so behandeln würde, nachdem sie ihm so geschmeichelt hatte. Er war doch reich und ziemlich hübsch, hatte eine herrliche Karriere vor sich! Welche Hindernisse konnte ihm Mama da in den Weg legen? Wollte ich Mama etwa unterstellen, daß sie so egoistisch wäre, ihre eigene Tochter zu opfern, um für immer ein kostenloses Dienstmädchen zu haben?...

Das konnten sie nicht glauben...

Ja, wer hätte das geglaubt? *Viele meiner familiären Nöte sind nur für Augenzeugen glaubhaft*, Pater. Ich weiß nicht, ob Sie mir blind glauben, was ich Ihnen erzähle... Es widerspricht so sehr all dem, was man sich normalerweise unter Mutterliebe vorstellt..., daß man Mühe hat, es zu glauben. *Aber es ist die Wahrheit. Alles ist wahr an dieser meiner Geschichte.* Ich kann jeden Moment sterben wegen meiner Herz- und Lungenleiden, aber ich bin mir sicher, mich vor Gott *wegen keiner Lüge in meiner Erzählung verantworten zu müssen*, selbst wenn ich ohne Beichte sterben sollte.

Ich gab mir also alle Mühe, Mario zur Vernunft zu bringen. Aber ein verliebter Mann ist nicht vernünftig, vor allem wenn er die ganze Verwandtschaft hinter sich hat. Ich konnte nur erreichen, daß er sich ein weiteres Jahr geduldete, bis er zum Offizier ernannt würde.

Mit Mama sprach ich nicht darüber, sonst wäre der arme Mario ja gleich verdammt worden. Ich sprach mit meinem Papa und mit dem seinen und schrieb Marios Verwandten in Rom. Und *alle* redeten mir zu, Mario zu heiraten und mich nicht mehr länger dem mütterlichen Egoismus aufzuopfern. Das Leben gehe weiter.

Wir schrieben uns wie gewöhnlich als gute geschwisterliche Freunde. Mario, der intuitiv erfaßt hatte, daß mich das häufige Empfangen der heiligen Kommunion nicht nur moralisch, sondern auch körperlich stärkte, fand immer Mittel und Wege, um mich zum Kommunizieren anzuhalten. Einmal bat er mich um eine Kommunion für seine Prüfung, ein anderes Mal für einen erkrankten Kollegen, für seine Großmutter oder seinen Onkel... Armer Junge! Er ist es gewesen, der mein Verlangen nach dem himmlischen Brot wiedererweckt hat! So begann ich also vom Frühjahr 1918 an, fast jeden Morgen in die Kirche zu gehen. Natürlich verstieß ich damit gegen die mütterlichen Anordnungen.

Außerdem hatte Mario gemerkt, daß ich als gute Italienerin, die ich immer gewesen bin, gleich nach Caporetto Gott ein Gelübde abgelegt hatte: für den Sieg. Zur ständigen Erinnerung daran trug ich um die Taille meinen großen Rosenkranz aus der Kollegszeit, der mir Schmerzen bereitete. Eines Tages zerbrach der Rosenkranz und fiel geradezu vor Marios Füße. Das ärgerte mich, denn wenn ich Buße tue, «so salbe ich mein Haupt und wasche mein Gesicht, damit ich vor den

Menschen nicht auffalle, sondern nur vor meinem Vater, der im verborgenen sieht».[32]

Auch jetzt bemerkt niemand, daß ich Tag und Nacht einen Knotenstrick trage, der ein wahrer Bußgürtel ist und den ich weder bei Fieber noch bei großen Schmerzen ablege. Ich entferne ihn nur, wenn der Arzt kommt, damit er ihn bei der Untersuchung nicht sieht. Es bleiben natürlich Zeichen am Körper zurück, und der Arzt hat sich schon oft gefragt, woher diese stammen!

Kurz und gut, an jenem Tag fiel der Rosenkranz auf den Boden. Mario hob ihn auf und reichte ihn mir kommentarlos. Meine Verwirrung sagte ihm schon genug.

Wie Sie sehen, war ich trotz meiner Abstürze nicht unbedingt eine Glaubenslose.

Mario hatte also bemerkt, daß ich dem Herrn irgendein Versprechen gemacht haben mußte, damit Er das Vaterland rette. Und er nützte das oft aus, um mich zu Gott, zum häufigen Kommunizieren zu drängen.

Die letzte Waffe, die der Dämon *damals* gegen mich anwandte, war diese: Da er mich in anderer Weise nicht mehr richtig verwirren konnte, weder durch die Sinnlichkeit noch durch die Verführung zum Selbstmord, und da er fürchtete, ich könnte mich ganz Gott zuwenden, flößte er mir Beschämung ein, mich an Gott zu wenden, wenn ich ihn beleidigt hatte. Das sind seine üblichen altbekannten Waffen, die er schon im Paradies eingesetzt hat. Aber mein Mario wurde auch damit fertig.

Ich wandte mich also immer mehr Gott zu. Ich litt noch sehr unter dem Verhalten meiner Mutter. Darunter werde ich solange leiden, bis eine von uns beiden gestorben ist. Doch jetzt litt ich mit mehr Ergebenheit.

Damals nahm ich die Madonna von meinem Nachttischchen und ersetzte sie durch ein Herz-Jesu-Bild. Es steht noch immer dort und hat mich nie verlassen. Es begleitete mich nach Kalabrien, nach Cremona, an alle Orte, wo ich mich für kürzere oder längere Zeit aufhielt.

Mario und meine Verwundeten haben mich wieder Gott nähergebracht. Die Betrachtung des Schmerzes und des Todes sind immer eine große geistliche Medizin! Die Nähe eines guten christlichen Herzens, eine rechtschaffene, christliche Freundschaft sind immer Ansporn zum Guten.

32. Matthäus 6,16-18.

Im Sommer 1918 hatten Mama und ich die «spanische» Grippe. Ich lebte ja unter den daran Erkrankten, und daher erwischte es mich besonders stark. Mein Herz gab noch mehr nach. Seither habe ich auch das tägliche Fieber. Wir behandelten uns selbst, ohne ärztlichen Beistand; denn die Ärzte waren fast alle selbst krank, und die wenigen einsatzfähigen waren überbeschäftigt und unerreichbar. Wir behandelten uns, wie ich es im Krankenhaus gesehen hatte, und überwanden die Krankheit. Mama wurde kräftiger als vorher. Ich hingegen wurde nicht mehr richtig gesund, vielleicht wegen der bereits existierenden Herzschwäche, vielleicht wegen der verschiedenen Infektionen, die ich mir im Lazarett zugezogen hatte. Aber ich hätte ja nichts dagegen gehabt, zu sterben. Wenn ich stürbe, wären alle Probleme gelöst, auch die Angelegenheit mit Mario.

Am 4. November endete der Krieg. Als die Nachricht eintraf, stürzte ich sofort in die San-Marco-Kirche und kniete zu Füßen des Nazareners nieder, um Ihm zu danken... Ich bat Ihn, Er möge mein Leben hinnehmen, aber keine anderen Kriege mehr zulassen.

Damals begriff ich noch nicht gut, was ich da aufopfern wollte, und mein Angebot war verunreinigt durch mein sehr menschliches Verlangen, nicht mehr zu leben, um nicht mehr leiden zu müssen. Aber von da an habe ich mein Angebot immer wieder erneuert, aus diesen und auch aus anderen Gründen, die ich Ihnen zu gegebener Zeit darlegen werde, und ich wußte sehr wohl, was ich tat.

In vielen Dingen hat Jesus mich erhört, aber in dieser einen Sache nicht. Seit 1918 haben viele andere Kriege Söhne Italiens getötet; und vielleicht werde ich sterben, während der schrecklichste aller Kriege im Gange ist.

Das Jahr 1919

Wenige Tage nach Kriegsende wurde das Lazarett San-Marco geschlossen, und ich wurde zusammen mit meinen Verwundeten, die ich nicht verlassen wollte, in ein anderes Lazarett verlegt.

Dieses befand sich im Gebäude des Gymnasiums G. Giusti in der Via Carducci. Ich weiß noch, daß ich diese Straße ein gutes Stück entlangging, an der Basilica della Ss. Annunziata vorbeikam, unter dem Bogen hindurchging, der das Ospedale degli Innocenti mit den anderen Häusern verbindet, dem etruskisch ägyptischen Museum vorbei, usw.

Die eine Hälfte des Lazaretts, die sich im neuen Gebäudeteil befand, war schön, die andere, die in einem alten Klausurkloster untergebracht war, häßlich und trist; dort gab es nur kleine, enge Fensterchen, düstere Kreuzgänge und Höfe, auf den Türbögen eingravierte Mahnungen, Sanduhren, Eulen, Totenschädel und unendlich viele Treppen, die mein geschwächtes Herz auf eine harte Probe stellten.

Anfang Januar, nach einer zweiten «spanischen» Grippe, war ich völlig am Ende. Ich ließ mich zuerst von einem Arzt untersuchen und daraufhin vom Primarius unseres Lazaretts. Beim ersten erfand ich eine hübsche Lüge. Ich erzählte ihm, ich sei ein Waisenkind und wolle über meinen Gesundheitszustand Bescheid wissen, um einem jungen Mann, der mich heiraten wolle, darüber Auskunft geben zu können. Er solle mir die ganze Wahrheit sagen. Dem Primarius konnte ich diese Geschichte nicht erzählen, denn er wußte, daß ich Papa und Mama hatte. Aber dieser hervorragende Mann, der selbst Vater und nicht sehr glücklich in seiner Familie war, ahnte viele Dinge und war sehr väterlich zu mir. Nachdem er mich sorgfältig untersucht hatte, sagte er mir, was er über meinen Zustand dachte, und das stimmte genau mit dem überein, was der andere Arzt gesagt hatte. Es geschah das «Wunder», daß zwei Ärzte, ohne voneinander zu wissen, dieselbe Diagnose stellten!

Der Primarius wollte dann mit meiner Mama sprechen. Vergessen Sie nicht, daß ich allein zu den Untersuchungen gegangen war, weil es so einfach nicht weitergehen konnte und Mama meinen Zustand nicht wahrhaben wollte. Wenn ich davon sprach, nahm sie mich nicht ernst. Was der Professor zu ihr gesagt hat, weiß ich nicht. Ich weiß nur, daß sie sehr niedergeschlagen nach Hause zurückkehrte und eine Zeitlang recht lieb zu mir war.

Aber die verordnete Behandlung brachte keine Besserung. Das Herz wurde immer schwächer. Es quälte mich auch Schlaflosigkeit, die vielleicht von dem heftigen Pochen des Herzens kam, das nachts im Liegen noch zunahm. Aber ich hatte keine Todesangst. Im Gegenteil...

Ich hätte nur meine Schwestern und die Kolleggefährtinnen wiedersehen wollen. Ich hatte das Gefühl, daß alle meine Unruhe sich in himmlischen Frieden auflösen würde, wenn ich für einige Zeit ins Kolleg gegangen wäre, wie es verschiedene meiner Ex-Gefährtinnen taten. Das spürte ich auch in den schlimmsten Augenblicken, und ich wünschte mir immer, in diesem Nest des Friedens Zuflucht und Frieden zu finden. Ich habe aber nicht einmal versucht, mit Mama darüber zu sprechen, die ja sogar gegen meinen Briefwechsel mit den Schwestern war. Jetzt, da ich den Tod nahen fühlte, wünschte ich das Wiedersehen mit den Schwestern noch mehr. Im übrigen sagte ich mir: Wenn ich erst einmal dort bin und die Schwestern mich als Lehrerin einstellen, könnte ich vielleicht sogar ins Kloster eintreten.

Jetzt *schaute* ich wieder viel zu Gott auf und wünschte mir, mich in einem Kloster vor allen weltlichen Dingen in Sicherheit zu bringen.

Ich erkannte den Willen Gottes noch nicht klar. Ich nahm schon wahr, daß Er mich anzog, ja, richtig anzog; aber ich glaubte fälschlicherweise, daß Er mich in einem Kloster wollte.

Das war nur mein eigener Wunsch. Das Kloster, wie auch der Tod, hätten mich von *allen* Familienstreitigkeiten befreit. Da ich von all dem Erlittenen erschöpft war, wünschte ich mir nur das eine: auf dem einen oder anderen Weg aus der Welt herauszukommen, um nicht mehr leiden zu müssen. Ich sollte jedoch in dieser Welt bleiben und noch unendlich mehr leiden.

Ich mußte meinen Dienst als Krankenschwester aufgeben, weil ich es einfach nicht mehr schaffte. Die Trennung von meinen Jungen, die alle an unheilbaren Krankheiten litten, fiel mir sehr schwer.

Im Mai kam meine Kusine Klothilde aus Kalabrien mit ihrem achtjährigen Sohn nach Florenz. Sie hatte kurz zuvor auf tragische Weise einen kleinen Sohn verloren. Der andere, der nun ihr einziges Kind war, litt an Mastoiditis, so schien es wenigstens. Man hatte ihr empfohlen, nach Florenz zu fahren, um ein Gutachten der Ärzte des Kinderkrankenhauses Mayer einzuholen.

Ich kannte den Primarius sehr gut und bemühte mich, ihr behilflich zu sein. Zum Glück war die befürchtete Mastoiditis nichts anderes als eine entzündete Drüse unter der Zunge. Ein kleiner Schnitt von drei Zentimetern, zwanzig Tage Krankenhausaufenthalt, und alles war vorbei. Ich verbrachte diese zwanzig Tage zusammen mit dem kleinen Operierten und seiner Mama im Krankenhaus Mayer. Meine Kusine hatte mich sehr gern und verstand mich gut, denn sie war eine Verwandte und kannte den Charakter meiner Mutter... Wenn ich auch nichts sagte, so begriff sie doch *viele* Dinge. Sie wollte auch unbedingt mit dem Professor sprechen, bei dem ich in Behandlung war. Dieser sagte ihr, daß es das Beste wäre, um einen Erfolg der Behandlung zu gewährleisten, «mich aus der familiären Umgebung zu entfernen. Diese sei die Hauptursache meiner Leiden und eine ständige Quelle von Erregungen, die meinen Zustand nur verschlechterten.» Daraufhin sprach meine Kusine Klothilde sofort mutig mit Mama.

Meine Kusine Klothilde nimmt kein Blatt vor den Mund und hat vor niemandem Angst. Sie ist eine echte Piemontesin. Manche behaupten, sie sei kein lieber Mensch. Mag sein. Sie hat viel durchgemacht, und das hat an ihren Nerven gezehrt. Mir gegenüber war sie jedenfalls immer gütig und mütterlich. Und ich habe schließlich zwei Jahre lang mit ihr zusammengelebt!

Meine Kusine forderte Mama also auf, mich ihr anzuvertrauen. Wir sollten zuerst nach ihrer Geburtsstadt Turin fahren, und anschließend wollte sie mich nach Monza zu meinen Schwestern bringen. Mama gab nach. Sie tat es zwar ungern und schimpfte über meine Kusine, aber sie gab nach. Sie schrieb der Oberschwester, und nachdem sie die Antwort erhalten hatte, *daß man mich erwarte*, reisten wir nach Turin ab.

Das waren wunderschöne Tage. Klothilde führte mich nicht nur durch die Stadt, sondern auch nach Racconigi, Stupinigi, Moncalieri, Superga usw. Das Zusammensein mit ihr und ihrem Kind und die Fürsorge, die sie mir angedeihen ließ, brachten mir sofort Besserung. Eine Besserung, die mehr seelischer als körperlicher Art war, die aber bewirkte, daß ich nicht mehr so erschöpft aussah.

Nach einiger Zeit fuhren wir nach Monza. In Turin hatte ich einen sehr lieben Brief meiner Oberschwester erhalten. Es hatte sie Mühe gekostet, diesen Brief zu schreiben, denn sie war an einem schweren Herzleiden erkrankt, doch er war voll Herzlichkeit. Sie teilte mir mit, daß sie und die Schwestern mich mit Sehnsucht erwarteten...

Ich war glücklich! Glücklich, nach so vielen Jahren! Ich würde mein Kolleg und meine Schwestern wiedersehen, ein oder zwei Monate bei ihnen verbringen oder ganz bei ihnen bleiben, in dieser ruhigen, geordneten, frommen Umgebung. Ich würde meine Gefährtinnen wiedersehen, die zum Teil schon verheiratet waren und Kinder hatten, zum Teil aber noch ledig wie ich! Ich hatte sie alle benachrichtigt...

Aber war es mir beschieden, jemals wirklich glücklich zu sein? Nicht umsonst heiße ich «Maria». Ein Name, der eine Vorherbestimmung ist, der an den Schmerz erinnert. Auch ich sollte, der Etymologie meines Namens entsprechend, «Myrrhe des Meeres und bitteres Meer» sein. Überall sollte ich dem Schmerz begegnen, auch in den rechtschaffensten Dingen und an den heiligsten Orten, wo man vermutet hätte, ein wenig Freude zu finden...

Wir kamen am 10. Juni in Monza an, und ich begab mich sofort ins Kolleg. Was für ein Herzklopfen, welch eine Aufregung, als ich am großen Eingangstor läutete! Welch eine Flut der Erinnerungen, als ich die Schwelle überschritt, den Ehrenhof und dann den Empfangsraum betrat! Rührung überkam mich, als ich die Schritte einer herannahenden Schwester hörte, begleitet vom leichten Klappern des Rosenkranzes! Auch jetzt noch, wenn mein Fenster offen ist und Schwestern vorbeigehen oder Sie kommen, nehme ich sofort das Geräusch des Rosenkranzes wahr und denke an meine Schwestern...

Als erste kam die Vizeoberin. Sie grüßte mich, ehrlich gesagt, ein wenig kühl. Aber sie war nie sehr herzlich gewesen, und so achtete ich nicht weiter darauf. Dann kam meine arme Oberin, keuchend und durch ihr Herzleiden aufgebläht. Sie war sehr lieb, wie immer.

Die Vizeoberin machte mich darauf aufmerksam, daß es im Kolleg keine Übernachtungsmöglichkeit gebe und daß ich bei anderen Schwestern, die zur Kathedrale gehörten, schlafen müsse. Monza hat einen Erzpriester in Bischofswürde und ein Kapitel wie eine Kurie.

Meine Kusine bemerkte, es wäre wohl besser, wenn ich im Kolleg, wo man mich kannte, bliebe. Wir hatten ja ausdrücklich viele Tage vorher schriftlich angefragt, um zu erfahren, ob man mich beherbergen könne, natürlich gegen Bezahlung. Ich akzeptierte alle Bedingungen, nur um bei meinen Schwestern zu sein, verabschiedete mich von Klothilde und Memmino und wartete im Kolleg.

An diesem Tag sah ich keine weitere Schwester. Nach ungefähr einer halben Stunde führte mich eine Beauftragte in das kleine Kloster, wo ich die Nacht verbringen sollte. Die Schwestern dort empfingen mich sehr liebevoll. Sie bedauerten, mir kein modernes Zimmer zur Verfügung stellen zu können. Was machte mir das aus? In der Tat wurde ich in ein weiträumiges Zimmer geführt, dessen Mobiliar gewiß noch Radetzky und die Cinque Giornate des Jahres 1848 gesehen hatte... Das Bett war so hoch, daß ich einen Stuhl zu Hilfe nehmen mußte, um hinaufsteigen und mich niederlegen zu können. Ich bat meinen Schutzengel, mich nachts nicht hinunterfallen zu lassen...

Die Hauptsache, ich war in Monza bei meinen Schwestern, alles andere war in Anbetracht dieser Freude unbedeutend.

Ich nahm kein Nachtmahl zu mir, denn ich aß damals sehr wenig. Ich trank eine Tasse Kaffee, die mir der Arzt zur Unterstützung meines Herzens verordnet hatte, ging zu Bett und schlief, bis die Glocken des nahen Domes zum Ave Maria läuteten.

Ich stieg von meinem Katafalk herunter, zog mich rasch an und ging zur Messe. Ich kommunizierte nicht, da ich keinen Beichtvater fand, nahm mir aber vor, es am nächsten Morgen im Kolleg nachzuholen. Im Laufe des Tages wollte ich meinen Aufenthalt besser organisieren... Zum Frühstück trank ich noch eine Tasse Kaffee und eilte dann zum Kolleg. In Monza kannte ich mich gut aus, daher war es nicht notwendig, daß mich jemand begleitete.

Ich schellte, trat ein und wurde in den Saal geführt. Und da wartete und wartete ich... Aber niemand erschien. Es wurde neun, halb zehn... Da tauchte endlich die Vizeoberin auf. Sie schaute ernst drein und fragte mich fast ein wenig schroff, ob ich gut geschlafen und gefrühstückt hätte. Dann begann sie sofort eine lange Rede auf der Basis von: «Du kennst ja die Hausordnung, Präzedenzfälle dulden wir nicht usw.» Die Schlußfolgerung war: «Hier kannst du nicht bleiben.»

Ich erlaubte mir zu bemerken, daß man vorher angefragt hatte und daß die Hausordnung sehr wohl vorsah, Ex-Zöglinge für einige Zeit als zahlende Pensionsgäste im Kolleg aufzunehmen; daß ich damit keinen Präzedenzfall schaffen, sondern alten Gepflogenheiten folgen würde, die seit über einem halben Jahrhundert gang und gäbe waren. Ich hätte weder eine ansteckende Krankheit (die Unterlagen meiner Diagnose und der verordneten Medizinen hatte ich bei mir), noch hätte ich Anlaß zu Gerede oder Ärgernis gegeben. Außerdem sei ich ganz allein, da meine Kusine nach Bologna abgereist sei, und man solle mich wenigstens dort behalten, bis sie zurückkehre. Wenigstens bis dann.

Nichts zu machen. Die Schwester blieb unerbittlich. Sie gab mir zu verstehen, daß ich mit meinen zweiundzwanzig Jahren kein Kind mehr sei und allein reisen könne. Ich flehte sie an, mich wenigstens so lange dort zu behalten, bis ich meine Ex-Kameradinnen begrüßt hätte, die im Laufe der Woche kommen würden. Nichts zu machen. Ich flehte von neuem, mich wenigstens bei den in Monza lebenden Kameradinnen anrufen zu lassen, die mich sicher mit Freuden für ein paar Tage aufnehmen würden. Sie hatten mich schon so oft eingeladen! Nichts zu machen. Ich mußte abreisen.

Vor soviel unerklärlicher Unerbittlichkeit, soviel abweisender Härte, fügte ich mich. Ich weinte. Wieder ein Traum, den ich viele Jahre gehegt hatte und der sich nun, als ich glaubte, daß er sich verwirklichen würde, in nichts auflöste.

Die Vizeoberin fragte mich, ob ich in die Kirche gehen wolle... Welch eine Frage! Welch eine dumme Frage, hätte ich gesagt, wenn ich nicht den Menschen, der sie mir stellte, geachtet hätte.

Sie führte mich in unsere schöne Kapelle. Das Heiligste Herz Jesu auf dem Hauptaltar streckte mir die Arme entgegen. Es war niemand da außer Ihm und der Schwester, die an der Orgel für ein Hochamt übte...

Ich flüchtete an den Altar und weinte, weinte, weinte, bis die Vizeoberin zurückkam, um mir zu sagen, daß meine Kusine zurückgekehrt sei. Klothilde, die eine erfahrene Frau war, konnte in den Gesichtern lesen. Sie besaß ein großes Hotel, und in solchen Betrieben wird man zu Meistern in der Kunst, aus den Gesichtern der Menschen den Charakter abzulesen. Sie hatte dem süßlichen Gerede der Vizeoberin am Abend zuvor nicht getraut und war daher noch einen Tag in Monza geblieben.

Kaum hatte sie mich erblickt, sagte sie energisch, wie es ihre Art war: «Meine Liebe, du mußt dich damit abfinden. Die Schwestern wollen dich nicht. Es tut mir leid für dich, aber was willst du machen?»

«Aber bitte, gnädige Frau! Wir möchten sie schon, aber Sie müssen verstehen...»

«Ich habe begriffen, daß Sie sie nicht wollen. Es wäre aber korrekter gewesen, dies sofort schriftlich mitzuteilen oder es wenigstens gestern abend offen zu sagen. Wenn ich weggefahren wäre im Glauben, daß alles in bester Ordnung sei, hätten Sie Maria allein in den Zug gesetzt, und dies in Zeiten ständiger Streiks und bei ihrem Herzleiden.» Zu mir sagte sie: «Komm, gehen wir. Wo man nicht gern gesehen wird, bleibt man auch nicht.»

Die Vizeoberin begriff, daß sie nicht richtig gehandelt hatte, und drängte darauf, daß ich wenigstens bis zum Abend bliebe, um die Schwestern zu begrüßen. *Stellen Sie sich vor, ich hatte diese noch nicht gesehen.* Inzwischen wolle sie meine Kameradinnen in Monza verständigen. Sie sagte das, *tat es aber nicht, aus Angst, diese könnten mich in Monza zurückhalten.*

Klothilde gab nach. So blieb ich bis 17 Uhr. Aber ich glaube, daß ein gefährlicher Verbrecher oder ein Pestkranker nicht anders als ich behandelt worden wäre. Ich mußte den ganzen Tag im unteren Teil des Gartens verbringen. Das Mittagessen wurde mir in einem abgelegenen Zimmer serviert.

Ich aß nicht, ich konnte gar nicht essen. Der Kummer hatte mir den Magen zugeschnürt. Ich nahm nur ein Brötchen als Andenken mit, das ich bis vor einigen Jahren aufbewahrt habe. Dann ist es wurmstichig geworden, und ich habe es weggeworfen. In dem Werk «Die Verlobten» trägt Padre Cristoforo *das Brot der Vergebung* in seiner Mönchstasche. Ich habe über zwanzig Jahre lang *das Brot der Verstoßung* bei mir getragen.

Meine Schwestern aßen an diesem Tage nicht, um mir Gesellschaft zu leisten. *Sie billigten die Handlungsweise der Vizeoberin nicht; dieser übermächtigen Vizeoberin*, die schaltete und waltete, wie es ihr paßte, seit die Oberin durch ihre Krankheit behindert war. Aber sie konnten nichts machen.

Die Oberin kam, keuchend wie ein Blasebalg, um sich zu entschuldigen. Sie weinte... Arme Frau! Sie war am Ende... Mit ihr hat es nie Unstimmigkeiten gegeben, aber ich müßte lügen, würde ich sagen, daß ich wegen der Vizeoberin nicht «starke Bitterkeit» empfunden habe. Nun ist sie tot, und der Tod setzt allem ein Ende. Ich hoffe, daß Gott ihr auch diese Härte gegen mich verziehen hat; aber man kann gewiß nicht behaupten, sie sei sehr liebevoll zu mir gewesen. Das werden auch Sie zugeben.

Wie wäre mir mein Weg zu Gott erleichtert worden, wenn ich im Kolleg hätte bleiben können! Aber es macht nichts. Ich kann mit Freude sagen, daß ich das, was ich geworden bin, allein *mir* zuschreiben kann, und keinen anderen Faktoren, wie etwa der Umgebung oder dem Zusammenleben mit den Bräuten Christi. Jesus selbst hat sich ans Werk gemacht, *Er allein* hat meine Seele geformt. *Und ich habe sein Wirken in mir unterstützt und vorangetrieben.*

Ich preise Mario und meine Verwundeten, daß sie mir den ersten Anstoß gegeben haben. Alle anderen Lobpreisungen gebühren Gott allein. Ein wenig Lob darf ich auch meiner Seele zollen, die, nachdem sie sich erst einmal auf den Weg gemacht hatte, immer rascher vorangeschritten ist.

«Deine Tröstungen, o Herr, haben meine Seele mit Freude erfüllt, ebenso zahlreich wie die Schmerzen, die mein Herz durchbohrt haben» (Ps 93,19)

Ich kehrte so traurig und entmutigt nach Hause zurück, daß ich in der Folge erkrankte.

Ich konnte wirklich sagen: «Der Sperling findet ein Haus, die Schwalbe ihr Nest, ich aber finde keinen Ort, um in Frieden meine Qualen zu ertragen.»[33] Und nachdem ich, mißtrauisch gegen alle und alles, in meiner Bestürzung gesagt hatte: «...alle Menschen sind falsch»[34], wandte ich meinen verletzten Flug Gott zu.

Ich muß eingestehen, daß dieser Flug eher ein mit den Flügeln Erde-Aufwerfen war, ein hüpfendes Sich-Fortbewegen, aber schließlich und endlich ein Sich-auf-Gott-Zubewegen. Hatte ich mich zwei Jahre zuvor aus dem zähen Schlamm erhoben, ließ ich mich ein Jahr zuvor zum Altar schleppen, da ich mich schämte, von mir aus öfter diesen Ort aufzusuchen... — Es gibt doch keinen schlimmeren Augenblick als den, in dem das Gewissen wieder erwacht! Sei es der Dämon, sei es was auch immer, wir sind in solchen Fällen geneigt, die Schuld zu übertreiben, sie als unwägbar einzuschätzen, uns aus Scham von Gott zu entfernen, anstatt uns Ihm zu Füßen zu werfen und einfach zu sagen: «Herr, rette mich, denn ich habe gesündigt! Herr, reinige mich, denn ich bin vom Aussatz befallen! Herr, erinnere dich meiner in deinem Reich!» — War ich also bis dahin so wenig und so schlecht dem Ruf gefolgt, so fand ich nach diesem schmerzlichen Schlag die Kraft, mich von selbst zu bewegen, wie ein müdes Pferd unter der Peitsche, die es antreibt.

«Der Gottlose lasse von seinem Weg, der Boshafte von seinen Gedanken! Er kehre um zum Herrn, daß Er sich seiner erbarme, zu unserem Gott, denn viel Verzeihung gewährt Er!»[35]

«Das Verirrte werde ich suchen, das Versprengte heimführen, das Verletzte verbinden, das Kranke stärken, das Fette und Kräftige behüten; ich werde sie weiden, wie es recht ist.»[36]

Scheinen sie nicht für mich geschrieben, diese Worte, für mich und für all die armen Seelen, die erkrankt sind, wie die meine es war?

Humpelnd schleppte ich mich zum Herrn, und Er gewährte mir reichliches Erbarmen. Er verband meine Verletzungen, schenkte mir

---

33. Psalm 84 (Vulgata 83),4.
34. Psalm 116 B (Vulgata 115),2.
35. Jesaja 55,7.
36. Ezechiel 34,16.

neue Kräfte und nahm mich auf seinen Schoß, wo ich in Wärme und Geborgenheit ausruhen konnte, denn ich war eine einzige Wunde. Nur Er liebte mich, und ich sollte wieder heil werden, um Ihm zu dienen und zu folgen, Ihn nachzuahmen und zu lieben im großen, vollen Licht. Ich sollte Ihn lieben mit einer freien, vollkommenen Liebe, ohne wieder in Zerstreuung, Gleichgültigkeit und allzu Menschliches zu verfallen.

Nunmehr konnten mich Mama und wer auch immer mit Füßen treten. Ich würde noch leiden, das ist natürlich. Aber jegliches Leid würde mich immer mehr mit Gott verbinden, anstatt mich wie früher von Ihm zu entfernen, als ob Er an meinem Schmerz schuld wäre; denn nun wußte ich, daß nur Er mich liebte, daß nur Er mein Glück wollte, daß mir von Ihm nur Gutes kam und das Böse nur von den Menschen verursacht wurde.

Jeder Schmerz ist ein Hammerschlag gewesen, der die Nägel, die mich mit dem Kreuz Christi verbanden, immer tiefer hineingetrieben hat. Doch ich würde dieses Kreuz gegen keine königliche Liegestatt eintauschen; denn das Kreuz ist das bräutliche Gemach, wo sich die Seele mit Christus vereint, *so wie der Schmerz das hochzeitliche Kleid Christi ist*, wie Ruysbroeck sagt.

Wie Ihnen aufgefallen sein wird, waren viele Brücken, die mich mit den Menschen verbanden, zerbrochen und viele Äste, die sich anderen zur Umarmung entgegenstreckten, abgeschnitten worden. Gott wirkte dahin, mich zu isolieren, um mich ganz für sich zu haben. Nur eine Brücke blieb noch, die Freundschaft mit Mario, die meinem Herzen sehr teuer war.

Mario hielt hartnäckig an seinen Vorsätzen fest, und ich versuchte, ihn davon abzubringen. Aber je mehr ich mich bemühte, ihm klarzumachen, daß ich nicht mehr fähig sei, wie die meisten Menschen zu lieben, um so mehr antwortete er eigensinnig, daß es ihm nichts ausmachen würde, wenn ich ihn nicht wie einen Ehemann lieben könne. Es würde ihm genügen, mich von ihm lieben zu lassen. Langsam, langsam würde dann auch meine Liebe sprießen.

Verfolgte mich die Erinnerung an Roberto? Kein Problem! Auch er würde sich an ihn erinnern. Unserem ersten Kind würden wir seinen Namen geben. War ich traurig? Nicht schlimm. Er würde dafür sorgen, mich so glücklich zu machen, daß ich jedenfalls heiter werden würde. War ich leidend? Auch das spielte keine Rolle. Seine Liebe würde mich heilen. Er würde mich mit Zärtlichkeiten überhäufen, denn eigentlich sei ich ja gerade deshalb krank, weil ich zu einsam war. Und da hatte er recht.

Im Oktober machte ich einen wahren Belagerungszustand durch. Ich blieb bei meiner negativen Einstellung, obwohl mich soviel Liebesbezeigung zu erschüttern und in mich einzudringen begann. Der Oberst schloß sich seinem Sohn an, um mich zum Nachgeben zu bewegen. Eines Tages sagte er mir, daß Mario beruhigt abreisen müsse, um seine bevorstehenden letzten Prüfungen in Ruhe ablegen zu können. Es sei an der Zeit, mit den absurden «Vetos» meiner Mutter Schluß zu machen. Es sei nicht richtig, daß ich mich Hirngespinsten aufopfere. Er hielt mir, wenn auch sehr sanft, vor, daß ich bezüglich der mütterlichen Unnachgiebigkeit übertrieb; daß ich mich dadurch erschrecken ließ, wie das Pferd durch den Schatten.

Ich sagte immer wieder: «Wartet! Später.» Ich hatte Angst. Zu gut erinnerte ich mich der Szene vom 5. Januar 1914 und ich wollte nicht, daß sie sich wiederhole. Aber Mario schenkte mir kein Gehör. Mit der den Verliebten eigenen Eile sprach er eines Morgens, am 3. November 1919, mit Mama. Er nutzte einen Augenblick, in dem er mit ihr allein war, und stellte einen regelrechten Heiratsantrag.

Großer Gott! Mario wurde nicht zerfleischt, weil er viel kräftiger als Mama war, aber es fehlte nicht viel. Wie ich vorausgesehen hatte, wurde er aufgefordert, unsere Wohnung nicht mehr zu betreten.

Nachmittags stieß der Oberst zu mir, als ich gerade den Hund ausführte. Ich war sehr traurig, weil mich Mama wieder mit Vorwürfen überhäuft hatte und ich dachte, daß auch diese Freundschaft nun zerbrochen sei. Der Oberst war sehr verdrossen und sagte deutlich seine Meinung. Es tat mir leid, ihn so erregt zu sehen. Aber so überzeugte er sich wenigstens, daß ich nicht übertrieben hatte.

Er sagte, daß er mich in jedem Fall als die Verlobte seines Sohnes betrachte. Es sei denn, ich wolle dessen Hand ausschlagen. Dann aber würde er mich als einen ebenso unaufrichtigen Menschen ansehen wie meine Mutter; denn ich hätte Mario immer in dem Glauben gelassen, daß ich am Ende die Seine würde, während ich mich, genau wie meine Mutter, nur über ihn lustig machen wolle, und ihm nun seinen Studienabschluß verdürbe.

Das entsprach nicht der Wahrheit. Ich hatte Mario und seinem Vater stets meine Gedanken offengelegt. Aber Kummer und Gram können manchmal dazu führen, Unwahres zu behaupten. Und der Oberst war auch sehr betrübt.

Er bat mich, nicht auf meinem *Nein* zu beharren. Er sagte mir, daß ich ihm eines Tages für seine Hartnäckigkeit dankbar sein, weil ich mit Mario glücklich werden würde. Er sagte, meine so treue Freundschaft sei die beste Vorbereitung auf eine treue Liebe, die vielleicht des Taumels der Leidenschaft entbehren, dafür aber den Vorteil einer großen Beständigkeit haben würde.

«Die auf Freundschaft gegründete Liebe dauert am längsten, mein Kind. Die Gewohnheit nützt sie nicht ab, das Alter löscht sie nicht aus. Sie hält allen Prüfungen, allen Wechselfällen des Lebens stand. Weder das Alter noch das Vergehen der körperlichen Reize oder die an ihre Stelle tretenden charakterlichen Mängel des reiferen Alters können ihr etwas anhaben. Eine wahre Freundschaft erfährt keine Beeinträchtigung, und die Freundschaft Marios ist aufrichtig. Sie dauert nicht nur schon seit Jahren, sondern hat sich immer mehr gefestigt und die schönsten Beweise erbracht, daß sie eine Quelle des Guten ist.»

Sein Sohn sei nur so tüchtig geworden, weil ich das Ziel all seiner Arbeit, seines Studiums, seiner Bemühungen, sich zu bessern, gewesen sei. Was wollte ich für einen größeren Beweis als diesen? Wo hätte ich je wieder einen Mann gefunden, der mich *wegen meiner Seele* liebte, die sich seit frühester Jugend an die seine gebunden hatte, in einer so reinen und beständigen Beziehung treuer Freundschaft?

Auch ich armes Gänschen, das glauben würde, ihn nicht zu lieben, liebte Mario aufrichtig, und der Gedanke, ihn zu verlieren, würde mich doch sehr bedrücken. Ich sei nur verklemmt, verblendet durch die Angst vor Mama, und hätte unzählige Bedenken, angefangen bei der Sorge, dem Andenken an den toten Roberto Abbruch zu tun, bis hin zu der Überzeugung, zu krank zu sein, um einen Mann glücklich zu machen. Was Roberto betreffe, solle ich beruhigt sein, meinte Marios Vater. Es wäre ja noch schöner, wenn alle, die ihren Geliebten verlören, sich zu einem lebenslänglichen Opferleben verurteilten! Über meine Gesundheit aber habe er sich, bevor er Mario seine volle Einwilligung gab, bei dem Professor informiert, der mich behandelte. Dieser habe ihm *versichert, daß meine Krankheit aus einem nervösen Erschöpfungszustand infolge all dessen, was ich erlitten hätte und erlitt, herrühre*. Wenn ich erst einmal glücklich in *meinem* eigenen Daheim, bei einem Mann, der mich wirklich liebte, wäre, würde ich auch vollkommen gesund werden.

Er war sehr beredt, der Oberst, der immer so wenig sprach! Zu guter Letzt schlug er mir vor, mich auch mit anderen Personen meines Vertrauens zu beraten, bevor ich ein endgültiges Nein aussprechen sollte.

Das tat ich denn auch. Schließlich spürte ich, daß die Freundschaft von einst sich in eine tiefere Zuneigung verwandelt hatte. Der Sonne gelingt es, auch Gletscher zu erwärmen, wenn sie dauernd scheint, und Mario erwärmte nun schon seit Jahren mein verzagtes Herz mit all der erlesenen Findigkeit eines wahrhaft Liebenden.

Bevor ich nachgab, wandte ich mich an drei Personen: einen Jesuitenpater, der sowohl mich als auch Mario sehr gut kannte; eine gemeinsame Freundin, eine tiefreligiöse Frau, die auf dem laufenden war, was die Vorstellungen meiner Mutter und deren nachteilige Folgen für mich betraf; und schließlich einen Senator, Juristen im Ruhestand, ein erster Präsident des Obersten Gerichtshofes, Ehemann, Vater, Großvater und vorbildlicher Bürger. Letzterer war nicht nur rechtschaffen und ausgeglichen, sondern besaß auch ein offenes Herz für die Liebe, ein Mensch, wie ich seinesgleichen nie mehr begegnet bin. Er mochte mich sehr gern. Oft zog er es vor, mit mir auszugehen anstatt mit seinen Enkelinnen, die er für zu *modern*, beziehungsweise zu leichtfertig hielt. Dieser Senator kannte auch Mario, da er ihm bei uns begegnet war.

Nun, der Priester, die ältere, fromme Frau und der gute Jurist und Senator ermutigten mich *alle drei, diese Liebe anzunehmen*, ohne mich von den mütterlichen «Exkommunikationen» erschrecken zu lassen. Und alle drei brachten dafür Argumente vor, gegen die nichts einzuwenden war.

Einige Tage zögerte ich noch. Ich betete viel und dachte viel darüber nach, was ich tun sollte. Dann entschied ich mich und nahm an.

Der Oberst nannte mich seine «Tochter». Er versprach mir, er werde Mama ins Gebet nehmen wegen ihrer egoistischen Ideen. «Ich habe so viele Schlachten gewonnen in meiner langen Karriere als Soldat, der an drei Kriegen teilgenommen hat. Du wirst sehen, ich werde auch diese gewinnen. Ihr beide müßt euch immer mehr gern haben. Schreibt euch nun endlich als Verlobte. Mario kann seine Briefe an meine Adresse oder an Frau Paula, deine Nachbarin, senden. Im Frühjahr wird er Offizier, und dann ziehen wir ins Feld und werden siegen.»

Mario war glücklich. Ich hatte ein wenig Angst, aber ich müßte lügen, wenn ich behauptete, daß ich nicht glücklich gewesen wäre. Ich stellte mir vor, daß ich nun bald ein *eigenes* Heim haben würde, wo ich leben und in Frieden wieder aufblühen könnte, ohne andauernd der mütterlichen Herrschsucht ausgesetzt zu sein. Und dann würde ich Kinder haben!... Oh! Der stärkste Beweggrund für meine Entscheidung waren die Kinder gewesen. Der Gedanke, *eigene* Kinder zu haben, denen ich all die Liebe schenken könnte, die mir versagt geblieben war, um sie glücklich, glücklich, glücklich zu machen!...

Wir schrieben uns wöchentlich. Marios Briefe schäumten über vor Liebesbezeigungen. Meine waren kühler gehalten. Irgendwie lebte in mir noch die Gewohnheit des freundschaftlichen Umgangs fort. Aber ich spürte, wie mein unterkühltes Herz sich von Tag zu Tag zu erwärmen begann.

Mama, die überzeugt war, *den Jungen zum Kuschen gebracht zu haben*, beharrte nun nicht mehr auf ihrem Verbot, was unsere Korrespondenz betraf. Aber diese wohlbedachten, offiziellen Briefe waren nur die tiefen Begleitnoten zur helltönenden Liebeshymne, die Mario in seinen leidenschaftlichen privaten Briefen sang, welche nunmehr meine Seele wie ein Lebensbalsam labten.

Ich betete viel, daß alles gut gehe, daß der gute Gott das Herz meiner Mutter berühre... Ja, ich betete viel. Ich betete wie fast alle Sterblichen, die Gott bitten, *ihren Willen zu erfüllen* und ihnen das zu geben, was sie sich wünschten. Wir verlangten wahrhaftig keine unredlichen Dinge. Aber zuweilen befindet Gott es für richtig, uns auch die redlichen nicht zu geben. Glücklich sind jene, die in einem solchen Fall sagen können: «Dein Wille geschehe!» Noch glücklicher jene, die, bevor sie Gott um etwas bitten, immer sagen: «Herr, gib Du. Ich verlange nichts. Nur dein Wille geschehe!» Ich vermochte noch nicht soviel. Ich sollte noch von Leid, von *viel Leid* durchtränkt werden, ehe ich es erreichte, meine menschliche Persönlichkeit in Gott zu annullieren und von Ihm nichts anderes mehr als seine Liebe zu verlangen und daß Er sich meiner bediene, wie es Ihm am besten schien. Erst wenn ich soweit wäre, würde ich den vollkommenen Frieden finden. Denn wie die heilige Katharina von Siena sagt: «Wer sich dem Willen Gottes fügt, findet den Frieden.»

So ging der Winter vorüber. Mein Gesundheitszustand besserte sich ein wenig, da ich mich fest darum bemühte, um Mario, der mich so gern hatte, glücklich zu machen.

Am 24. Januar 1920 kam Mario auf Urlaub. Er machte nur wenige Besuche und hielt sich sehr zurück, um nicht weitere mütterliche Zornausbrüche zu entfesseln. Aber er fand Gelegenheit, auf neutralem Boden, in der Wohnung unserer gemeinsamen Freundin, mit mir zu sprechen, und diesmal nicht als Freund, sondern als Verlobter. Ein einziges Gespräch und ein Kuß. Ein ehrliches, liebes Gespräch und ein keuscher, sehr keuscher Kuß. Das war unsere Wegzehrung für die nun bevorstehenden Schlachten.

Mario kehrte zu seinen Studien zurück, zu seinen Abschlußprüfungen. Und ich — ging ahnungslos einem Unglück entgegen, das zur Ursache weiterer unglücklicher Ereignisse wurde. Gerade begann es mir ganz gut zu gehen. Ich litt noch viel unter Herzklopfen, aber ich hatte zugenommen und fühlte mich gekräftigt.

Am 17. März ging ich mit Mama aus, um einer sehr alten Freundin, die mich gern hatte und mir zu meinem dreiundzwanzigsten Geburtstag am 14. März ein Geschenk gemacht hatte, einen Dankesbesuch abzustatten. Auf dem Heimweg hängte Mama sich bei mir ein, da sie ziemlich schlecht sah und bei den kleinsten Unebenheiten stolperte und fiel. Wir waren schon in der Nähe unseres Hauses, als mir ein kleiner Bengel, der Sohn eines Kommunisten und unserer Modistin, plötzlich einen Schlag ins Kreuz versetzte. Mit der eisernen Stange eines Bettes näherte er sich mir von hinten und schlug zu, indem er aus vollem Munde schrie: «Nieder mit den Herren und den Militärs!»

Der Schlag erzeugte ein solches Geräusch, daß Mama glaubte, jemand habe einen Stein geworfen, und dieser sei auf dem Gehsteig aufgeprallt. Dagegen war es das Eisen gewesen, das auf meine Wirbelsäule geschlagen worden war. Sie müssen bedenken, daß ich wegen meiner Herzbeschwerden kein Mieder tragen konnte und mir daher auch dieser Schutz fehlte. Ich spürte einen so starken Schmerz, daß ich in die Knie ging und zu Boden sank. Die Beine trugen mich nicht mehr. Mit großer Mühe konnte ich mich dann etwas später erheben und nach Hause schleppen.

Als man mich entkleidet hatte, stellte man eine arge Quetschung in der Nierengegend fest. Von der Wirbelsäule gegen die Leber zu führte ein roter Streifen, fast wie eine Abschürfung. Man legte mir Packungen auf, die den Schmerz linderten. Vielleicht, ja ganz gewiß war es nicht gut, daß ich nicht sofort einen Arzt verlangte. Aber wer dachte schon an eine so gefährliche Verletzung. Ich war nie sehr zimperlich, was Schmerzen betrifft. Wie mein Vater, nahm ich physischen Schmerz mit einer vielleicht etwas zu stoischen Ruhe hin.

So vergingen der Freitag und der Samstag. Außer den örtlichen, vom Schlag herrührenden Schmerzen, die sich bei jeder Berührung bemerkbar machten, hatte ich auch andere eigenartige Beschwerden, wie Schwindel, Gefunkel vor den Augen, starke Übelkeit und eine große, große Müdigkeit. Trotzdem stand ich um 9 Uhr morgens auf und ging erst abends wieder zu Bett.

Am Sonntagmorgen ging ich zur Messe und kommunizierte. Das bereitete mir große Mühe, denn das Knien war äußerst schmerzvoll. Mama kochte mir meine Lieblingsgerichte, weil ich nichts hinunterbrachte. Alles widerte mich an. Zu Mittag aß ich ein Viertel gebratene Taube, sonst nichts.

Eines Nachmittags sollten wir mit jener befreundeten Frau ausgehen, die mich betreffs Mario beraten hatte. Mama und ich wollten mit ihr und einer anderen Frau eine Ausstellung besuchen. Ich hatte gebeten, zu Hause bleiben zu dürfen, und Mama drängte eigentlich nicht, daß ich mitging. Sie wollte sogar zusammen mit mir zu Hause bleiben. Aber die anderen beiden waren hartnäckig: es seien nur ein paar Schritte und die würden mir gut tun... Also gingen wir. Ich schleppte mich mühevoll dahin und machte bei allen Sitzgelegenheiten, denen wir begegneten, halt.

Zum Abendessen aß ich nichts. Ich ging sofort todmüde zu Bett und schlief ein.

Um 3 Uhr nachts wurde ich durch einen so entsetzlichen Schmerz aus dem Schlaf gerissen, wie ich ihn später nie mehr erlebt habe. Und ich leide oft unter furchtbaren Schmerzen, und das seit langer Zeit! Ich hatte den Eindruck, eine Niere oder etwas anderes habe sich in meinem Innern losgerissen und rolle in die Leistengegend hinab. Ein unbeschreiblicher Schmerz! Es zog mich zu einem Knäuel zusammen, kalter Schweiß bedeckte mich, und Brechreiz plagte mich. Ich konnte nicht sprechen, mich nicht bewegen, nicht schreien. Ich meinte zu sterben.

Mein kleiner Hund, der in einer Zimmerecke in seinem Körbchen schlief, bemerkte etwas und begann zu heulen. Er rettete mich. Mama kam herbeigelaufen, und auch Papa. Sie riefen die befreundete Frau und einen Arzt. Es handelte sich um den Hausbesitzer, der im Erdgeschoß wohnte. Durch geeignete Hilfeleistungen überstand ich die Agonie, bekam aber hohes Fieber.

Ich glaube, daß sich an der Niere ein Abszeß gebildet haben mußte, das aufgebrochen war und das ganze Blut vergiftet hatte, denn ich hatte entsprechende Anfälle. Während meines Dienstes im Lazarett hatte ich Gelegenheit, die Phasen des septischen Fiebers kennenzulernen. Gewaltige Fieberwellen, bei denen die Körpertemperatur mehrmals am Tag unter schrecklichem Schüttelfrost ihre Höchstwerte erreicht. Ich sage, *ich glaube*, denn keiner der Ärzte und der zu Rate gezogenen Personen begriff, um was es sich eigentlich handelte. Jeder hatte diesbezüglich seine eigene Meinung. Weder innere noch äußerliche Untersuchungen führten zu den erhofften Ergebnissen, die eine Diagnose ermöglicht hätten.

So verbrachte ich drei Monate im Bett, mit Fieber bis zu 40°. Ich hatte fürchterliche Schmerzen und war dreimal wegen falscher Therapien, die mein Herz angriffen, dem Tode nahe. Aber keiner begriff, was mir wirklich fehlte. Keinem kam der Verdacht, daß die Wirbelsäule die große Kranke sein könnte. Erst vierzehn Jahre später kamen sie darauf...

Und Mario? Mario, der von seinem Vater benachrichtigt worden war, war außer sich. Ich schrieb ihm während meiner endlosen Nächte mit großer Mühe, daß es mir nicht so schlecht gehe... Von mir Geschriebenes zu sehen, überzeugte ihn am ehesten, daß ich nicht schwerkrank war. Daher schrieb ich ihm und gab die Briefe dem Oberst oder unserer gemeinsamen Freundin zur Weiterbeförderung. Nachts war ich allein, denn ich wollte nie, daß jemand an meinem Bett wachte, und so hatte ich Gelegenheit, meine beruhigenden Brieflein zu schreiben.

In Wirklichkeit ging es mir aber so schlecht, daß vor allem ich, aber auch alle anderen und selbst die Ärzte fest glaubten, es gehe mit mir zu Ende.

Mißfiel mir das etwa? Nein, ganz und gar nicht. Vielleicht war es mein großer Schwächezustand, vielleicht der Gedanke, daß der Tod alles lösen würde, auch den unmittelbar bevorstehenden Kampf, um in Freiheit lieben zu dürfen; vielleicht war es eine ganz besondere Gnade oder der Wille Gottes; was immer es gewesen sein mag, ich hatte mich jedenfalls damit abgefunden. Mehr noch als abgefunden, ich war *glücklich*, daß es mit mir zu Ende ging.

Es schien mir, von einem ruhigen Fluß getragen zu werden, der mich sanft mit sich forttrug. An seiner Mündung begann die Ewigkeit. Ich kann nicht sagen, daß ich damals dachte, wie ich jetzt denke, in einem Grad, der an Vision grenzt: «Dort ist Gott, der mich erwartet.» Nein, das nicht. Aber ich stellte mir vor, daß dieser ewige Tag, der sich näherte, mir den Frieden schenken würde. Soweit war ich schon, daß ich sehr stark auf das Erbarmen Gottes hoffte. Und wenn eine Seele sehr stark auf den Herrn hofft, hat sie schon ein ganz schönes Stück auf dem Weg des Heils zurückgelegt.

Der Gedanke an das Erbarmen Gottes schenkt Vertrauen, Dankbarkeit, Ruhe, Liebe und Demut. Man sieht ein, daß man gefehlt hat, und das erhält einen in heiliger Demut. Eine notwendige Tugend, damit Gott in einer Seele wirken kann. Man ist beruhigt, denn wenn wir unsere Fehler auch einsehen, so tröstet uns doch der Gedanke, daß Er ein Gott des Erbarmens ist, uns in seiner barmherzigen Liebe verzeiht und uns freispricht, wenn wir Ihm unsere Hoffnung auf Vergebung zurufen.

Wir sind dankbar, und wie könnten wir es nicht sein bei einem so gütigen Vater, der schon bereit ist, uns zu verzeihen, bevor wir daran denken, Ihn darum zu bitten? Geradezu wie ein guter Vater, der betrübt ist über die Verfehlungen seines Sohnes. In seiner großen Liebe verzeiht er sie aber, und in Gedanken ist Er schon bei der Freude jener Stunde, da der Sohn zu Ihm sagen wird: «Vater, ich bin nicht würdig, dein Sohn genannt zu werden!» Dann wird der gute Vater ihm den Friedenskuß geben können, der Ihm jetzt schon im Herzen brennt. Wir sind zuversichtlich, denn wenn wir wissen, daß wir vor einen Guten hintreten sollen, haben wir immer Vertrauen, und hier haben wir es ja mit einem Guten im höchsten Sinne des Wortes zu tun.

Alle diese Dinge erwecken Liebe, denn Liebe zieht Liebe an und erzeugt Liebe, und welch größere Liebe könnten wir finden als die Liebe Gottes? Die Liebe ist es, die unsere Seele auf immer größere Demut, Ruhe, Dankbarkeit und Zuversicht vorbereitet. Diese Tugenden ergänzen sich gegenseitig und lassen unsere Seele nach oben streben, so wie die verschiedenen Räderwerke einer Uhr die Zeiger bewegen.

Auch jetzt noch, nach dreiundzwanzig Jahren, erinnere ich mich daran als einer Zeit der großen Schicksalsergebenheit. Heute ist meine bewußte Kreuzesliebe und die Liebe zum Gekreuzigten sehr viel größer. Und gerade weil die Liebe nun den Gipfel erreicht hat, über den man nicht hinaussteigen kann, wenn man nicht im Feuer der Liebe verbrennen will; den Gipfel, auf dem man den Schmerz als die größte Freude empfindet und die Wahrheit in ihrer ganzen Fülle erkennt; den Gipfel, wo wir, «Hostie mit der HOSTIE und Hostie für die HOSTIE», uns freiwillig auf das Kreuz legen und mit Jacopone da Todi ausrufen:

> «O Kreuz, an dich hänge, an dich hefte ich mich,
> daß ich sterbend das Leben verkoste!
> Nach dir will ich schmachten, Liebe, daß ich dein sei.
> Liebe, ich bitte dich, laß mich aus Liebe sterben!»

Aus all diesen Gründen brauche ich keine Resignation mehr. *Sie ist in der Liebe aufgegangen.*

Ich habe mich also nicht einfach mit dem Leiden und dem Tod abgefunden, sondern ich muß Gott um die Gnade bitten, daß ich bereit bin, zu leben und zu leiden; denn für mich ist der Tod Leben, der Schmerz Freude, und ich fürchte mich nur davor, von meinem Kreuz herabgenommen zu werden. Ich habe darum gebeten, und ich habe es erhalten. Auf dem Kreuz will ich bleiben, an ihm will ich sterben, mit ihm, meiner edlen Waffe, will ich in den Himmel einziehen.

Maria Valtorta ist seit Jahren gestorben. Nun gibt es nur noch die Maria vom Kreuz Das Kreuz ist mein Lehen, meine Krone, mein Reichtum, und alle Königspaläste der Welt, alle Besitztümer, Kronen und Reichtümer bedeuten mir nichts. Sie bedeuten mir so wenig, daß ich sie nicht einmal ansehe im Vergleich zu diesem heiligen Holz, diesem Reichtum an Wunden, diesem Purpur des Blutes, diesem Lehen, das aus einem Schafott besteht, dieser Dornenkrone und dieser Agonie aus Loblied und Sühne; im Vergleich zu all dem, was so großartig ist, daß ich mit eifersüchtiger Aufmerksamkeit stets meinen Blick darauf gerichtet halte und es mit noch eifersüchtigerer Besorgnis an mich drücke, damit mir mein Schatz nicht weggenommen wird.

Jesus sagt mir, während wir zusammen am Holze leiden: «Schrecke nicht zurück vor dem, was du noch zu leiden hast. Sei treu bis zum Tode, und ich werde dir die Krone des Lebens geben.» Und ich, indem ich ihm in seine liebevollen Augen schaue, seine göttlichen Lippen küsse, seine Tränen trinke, mich von seinem Blut nähre, meine Herzschläge mit den seinen in Einklang bringe, antworte Herz an Herz: «Ja, mein Herr, mein Gott, mein Erlöser, mein König, mein Meister, ja, meine Liebe! Mit Hilfe deiner Gnade werde ich treubleiben bis zum Tod. Ich danke Dir für die Freude, leiden zu dürfen.»

Es ging mir so schlecht, daß der Oberst es für richtig hielt, dem Sohn die Freude zu machen, mich noch einmal sehen zu können.

Dieser liebe Mann wird sich gedacht haben: «Wenn Maria stirbt, wird mein Sohn die letzte Freude gehabt haben, sich von ihr verabschieden zu können. Sollte sie am Leben bleiben, so wäre dies der Augenblick, ihrer Mutter das Einverständnis zu entreißen. Sie ist so gebrochen, daß sie sich nicht widersetzen wird!» Armer Kerl, er täuschte sich. Und wie er sich täuschte!

Der gute Mann sprach im Empfangssalon mit Mutter. Anschließend kam er strahlend und triumphierend zu mir. Er war sich sicher, alles gelöst zu haben. Er streichelte mich mit wahrer väterlicher Liebe und flüsterte mir zu: «Sei glücklich und schau, daß du gesund wirst. Es ist alles in Ordnung!»

Ja, ja... Kaum war er aufgebrochen, kam Mama. Sie überfiel mich nicht mit Vorwürfen, *und das war schon viel bei ihrem Charakter.* Aber sie zerstörte alles.

Zu mir sagte sie, daß sie im großen und ganzen nicht dagegen sei, daß sie aber nach einer Erkrankung wie dieser erst sehen wolle, wie die Genesung fortschreite. Erst dann könne sie ihre Zustimmung geben. Ob ich damit einverstanden wäre? Ich bejahte. Erschöpft wie ich war, genügte es mir schon, daß sie mich nicht mit einer ihrer üblichen Szenen quälte. Und im Grunde war an ihrem Vorschlag nichts auszusetzen. Also antwortete ich mit Ja.

Da sagte sie, daß sie Mario schreiben und auch mit dem Oberst alles vereinbaren würde usw. Einverstanden? Ja, einverstanden.

Ich war über soviel unerwartete Freundlichkeit gerührt, und mit den wenigen Kräften, die mir zur Verfügung standen, dankte ich im Innersten dem Herrn. Die Tränen liefen mir über die Wangen. Tränen der Schwäche, der Freude und der Dankbarkeit.

Mutter sagte: «Jetzt mußt du mir aber ganz offen sagen, wie die Dinge um euch stehen. Wie habt ihr euch geschrieben, was habt ihr vereinbart und wer hat euch zugeredet, weiterzumachen? *Ich mache niemandem Vorwürfe, aber ich will die Wahrheit hören.*»

Das war recht und billig, meinen Sie nicht? Auch ich sage mit dem Psalmisten: «Ich habe geglaubt und deshalb gesprochen, aber ich bin über die Maßen gedemütigt worden.»[37] Ich mußte die Erfahrung machen, daß zu mir *alle falsch waren*, mehr noch als die Vizeoberin, die harte Worte für mich gehabt hatte.[38]

Ich öffnete mich Mama, und mit welchem Ergebnis? Was sie dem Oberst sagte, der am nächsten Tag kam, weiß ich nicht genau. Aber aus dem wenigen, was ich in der Folge erfahren habe, schließe ich, daß sie ihm in meinem Namen zu verstehen gegeben hat, *daß ich in Frieden gelassen werden und durch sie mein Wort an Mario zurückgeben wolle.* Es wäre nur zu recht, so zu handeln, um so mehr, als mein Zustand Folgen nach sich ziehen könnte. Mario war erledigt.

Der Oberst wollte mit mir sprechen. Mama verhinderte das ganz entschieden. Sie sehen, daß ich auch heute noch... die Ehre der mütterlichen Überwachung habe, wenn jemand bei mir ist. Ich komme mir wie ein Häftling im Sprechzimmer vor, unter der Aufsicht des Gefäng-

37. Ps 116,10-11; die neueren Übersetzungen weichen des öfteren von den damaligen ab.
38. Psalm 116 B (Vulgata 115), 1-2.

niswärters... Aber nun wohne ich im Parterre, und manchmal gelingt es mir, unter vier Augen mit jemand zu sprechen. Damals wohnte ich im zweiten Stock in einer Wohnung, deren Türen immer mit Schlüssel und Kettchen verriegelt waren. Mama ließ mich nie allein und verließ auch nie das Haus. Daher konnte ich den Oberst nicht mehr sehen. Auch er war erledigt.

Die dritte von der Liquidierung Betroffene war die befreundete Frau, der wir, Mario und ich, uns anvertraut hatten. Eine wilde Szene, und alles endete damit, daß die Frau für immer vor die Tür gesetzt wurde.

Die vierte, die liquidiert wurde, war die Freundin dieser Frau, aus Furcht, sie könnte als Vermittlerin dienen. Und so fort. Außer dem Arzt sah ich *niemanden* mehr, denn Mama bedeutete allen, daß sie niemanden mehr empfange. Das führte zu vielen Gerüchten in der Nachbarschaft, nicht zuletzt zu dem, daß ich ein Kind erwartete...

Als ich nach drei Monaten aufstand — *ich wollte aufstehen*, obwohl ich noch hohes Fieber und starke Schmerzen hatte —, brachte mich Mama nach nur acht Tagen nach Montecatini. Das Haus in Viareggio hatten wir 1918 verkauft. Außerdem verkehrten in Viareggio sehr viele gemeinsame Freunde von Mario und uns… Also wurde ich nach Montecatini gebracht mit der Ausrede, daß ich eine Luftveränderung und Mama die Wasserkuren brauchte. Aber die Wahrheit war, daß sie mich nicht ewig in der Wohnung einsperren konnte und daß im Juli Mario, der nun Offizier geworden war, seinen Urlaub in Florenz verbringen würde...

In Montecatini sollte ich mich auch irgendwelchen magischen Künsten unterziehen, um die Erinnerung an Mario aus meinem Herzen zu tilgen. Mama glaubte an solche Dinge... Aber ich widersetzte mich. Ich habe eine Heidenangst vor solchen Künsten...

Wir blieben fünfzig Tage in Montecatini, bis Mama sicher war, daß Mario sich eingeschifft hatte und sein Vater in Salsomaggiore oder einem anderen Thermalbad war. Bis zum 20. September, als wir nach Reggio Calabria abreisten, durfte ich dann das Haus nicht verlassen. Noch weiter weg ging es kaum!

Mama hatte nie Einladungen von Verwandten angenommen. Aber nun paßte es ihr in den Kram, und wir fuhren ab. Florenz war nicht geeignet für ihr Spiel. Papa hätte Mario und den Oberst treffen können. Papa folgte seiner Frau zwar, solange sie anwesend war. Entfernte sie sich aber, so vergaß er, ohne es zu wollen, ihre Empfehlungen und sagte das, was sie ihm *nicht zu sagen* aufgetragen hatte. Und mich konnte sie nicht für immer einsperren. Also — alle weg. Das nährte wieder das Gerücht, daß ich ein Kind erwartete.

Menschlich gesprochen, sage ich Ihnen, wäre es vielleicht besser gewesen, ich hätte mein Kind gehabt, denn Mama hätte in Anbetracht einer solchen Tatsache ihre Vorherrschaft aufgegeben. Sie hätte in diesem Fall alles daran gesetzt, mich mit Mario zu verheiraten!...

Wir reisten also ab und ließen bei niemandem eine Adresse zurück. Nur der Hausherr, der Arzt, erhielt sie wegen der Steuererklärung. Aber Mama war der Meinung, daß man sich auf diesen Alten verlassen könne.

So hatte ich seit dem 17. März unser Haus nur einmal in der Morgendämmerung, bei unserer Abreise nach Montecatini, und einmal um 23 Uhr, als wir nach Kalabrien fuhren, verlassen. Von Montecatini waren wir um 22 Uhr zurückgekehrt. Man kann also wirklich sagen, daß ich die Menschen und Straßen von Florenz seit dem 17. März nicht mehr gesehen hatte.

In Kalabrien

Am 10. Oktober 1920 kamen wir in Reggio Calabria an. Wir hatten in Rom, Neapel und Caserta für ein paar Tage Zwischenstationen eingelegt.

In Reggio fand ich in den ausgedehnten Hotelanlagen meiner Vettern viele Dinge, die mich von dem im Herzen brennenden Schmerz ablenkten. Wir wohnten im Hotel Villa. Eine ausgedehnte Barackenanlage (die Stadt begann gerade nach dem Erdbeben von 1908 wiederzuerstehen), die über ein sehr großes Landgut verstreut war. Dort gab es Orangenhaine, Mandelbäume und andere Obstgärten, Felder mit Saubohnen, Artischocken, Fenchel, Erbsen usw. und Gärten über Gärten. Der schönste Spazierweg führte durch einen Orangenhain zu einem Gartenhäuschen. Dieses befand sich auf dem steil zum Tal abfallenden Ausläufer eines Hügels, der von wuchernden Feigenkakteen bedeckt war. Ein wundervoller Ort, von dem man die ganze Meeresenge und die Berge Kalabriens überblickte. Die Stadt lag einem zu Füßen.

Dies war mein bevorzugter Platz. Ich ging mit meinem Hund und einem Buch hin und tat so, als ob ich dort lesen wollte. Aber ich schaute nur dauernd aufs Meer, auf dem außer Handelsdampfern auch oft Kriegsschiffe vorüberfuhren, und dachte an Mario. Vielleicht war er auf einem dieser Schiffe und wußte nicht, daß auf jener Anhöhe seine Geliebte ihn mit ihrem ganzen Herzen rief.

Was hatte er wohl getan, nachdem er mir entrissen worden war? Was war ihm durch den Kopf gegangen? Ob er sich wohl dachte, daß es nur eine von Mamas Machenschaften war und ich nicht die Möglichkeit zu sprechen und zu handeln hatte, ganz wie eine von Straßenräubern Geknebelte und Gefesselte? Oder hielt er mich für verrückt, für bösartig, für eine Wortbrüchige? Diese Fragen durchbohrten mir Tag und Nacht Herz und Hirn, wie viele Holzwürmer ein Holz durchlöchern, bis sie es zum Zerbröseln bringen.

Sie werden sich vielleicht fragen: «Aber konnten Sie nicht wenigstens jetzt schreiben? In einem Hotel kann man sich viel freier bewegen als zu Hause.»

Ja, ich hätte schreiben können. Viele Dinge hätte ich tun können! Ich hätte mich auch auflehnen und sagen können: «Ich bin großjährig und tue, was ich will und was recht ist, denn ich tue nichts Unanständiges.» Aber — und daraus können Sie ersehen, ob ich eine gehorsame und achtungsvolle Tochter war, oder nicht —, aber *ich war nicht fähig, gegen meine Mutter ungehorsam zu sein, sie zu beleidigen.* Ich erfüllte auch damals meine *Pflicht.* Ich brachte auch damals mein *Opfer.* Und im übrigen war ich so gebrochen, daß ich nur kraftlos dahinvegetierte. Nur mein inneres Leben war stark ausgeprägt.

Mein Inneres war aufgewühlt von Erinnerungen, Gedanken und Sehnsüchten, die jedoch sehr verschieden von denen des unglückseligen 5. Januar 1914, der Ursache alles nachfolgenden Kummers, waren. Denn hätte meine Mama unseren berechtigten Wunsch nicht so unterdrückt, wäre ich seit langem verheiratet gewesen. Roberto, der nicht verpflichtet war, Wehrdienst zu leisten (als einziger Sohn einer verwitweten Mutter), hätte sich nicht freiwillig gemeldet und wäre nicht gestorben. Ich hätte mit ihm in Bari gelebt. Mario hätte sich nicht in mich verliebt. Ich hätte nicht alle diese seelischen Schmerzen durchmachen müssen, mein Herzleiden wäre mir erspart geblieben, wie auch die Verletzung an der Wirbelsäule... Nun litt ich sehr, aber es war ein Schmerz ohne jegliche sinnliche Begierde, ein heiliger Schmerz ohne ungestüme Auflehnung.

Der erste Schmerz hatte mich von Gott und dem Gesetz Gottes entfernt und in den Staub geworfen. Der zweite große, noch viel größere Schmerz riß wieder alle Wunden auf, die die Zeit geheilt hatte. Und alles ging wieder von Mutter aus, die mir wie schon vor Jahren mein Glück zerstörte, weil es ihr so paßte. Doch dieser Schmerz brachte mich wieder ganz zu Gott zurück, vereinte mich mit Ihm.

Auf dieser Welt blieb mir keine andere Liebe, die geeignet gewesen wäre, meine Seele zu sättigen. Papa wurde immer mehr ein von Mama beherrschtes Kind. Mama war mir zur Feindin geworden. Mario hatte ich nicht mehr. Die Schwestern hatten mich verstoßen. Andere liebe Freunde waren vor die Tür gesetzt worden. Ich hatte niemanden mehr.

Nur Gott blieb mir, um mir Vater, Mutter, Bräutigam, Freund und Lehrer zu sein. Ich weinte zu seinen Füßen, ich sprach mit Ihm, ich ließ mich von Ihm trösten. Ich bat Ihn demütig, mich bei der Hand zu nehmen und den Weg zu führen, den Er für mich ausgewählt hatte; denn ich war verwirrt und wußte von mir aus nicht den für mich bestimmten Weg zu finden.

In kurzer Zeit hatte sich Mama in Kalabrien durch ihr autoritäres Wesen die Abneigung aller zugezogen: des Dienstpersonals, der Gäste und der eigenen Verwandten. Ihre Vettern — denn es handelte sich um Vettern ersten Grades meiner Mutter — hatten ihr mehrmals klipp und klar gesagt, daß dies keine Umgangsformen seien, weder mit dem Ehemann noch mit der Tochter, noch mit den Bediensteten. Aber was soll's, meine Mutter *hat sich nie von jemandem etwas sagen lassen.* Wer sich erlaubte, etwas an ihr auszusetzen, wurde zu ihrem erbitterten Feind. Es hatte also schon Streitereien gegeben, obwohl wir erst seit kaum zwei Monaten da waren...

Ende November kam es zu einem heftigeren Streit als gewöhnlich. Und daraufhin verlangte mein anderer Vetter, daß ich mit ihm in dem anderen Hotel wohnte.

Man muß wissen, daß viele dieser Streitigkeiten durch die Tatsache ausgelöst wurden, daß meine Vettern und Kusinen Giuseppe, Amelide, Emma und Normanna Mamas Ansichten und Handlungsweisen mir gegenüber nicht billigten.

Und so beschlossen die anderen Cousins, Battista und Klothilde, mich zu sich zu nehmen. Je weniger Stunden ich mit Mama zusammen wäre, um so weniger Gelegenheit hätte sie, ihre absolute Herrschaft auszuüben. Es bestand also Hoffnung, daß es so weniger Grund zu Streitigkeiten geben würde.

Ich stieg also morgens um 8 Uhr zu dem am Meer gelegenen Hotel hinunter und kehrte abends um 20 Uhr in das Hotel «Villa» zurück. So war ich, abgesehen von den Nachtstunden, immer außer Haus.

Es tat mir leid für Papa. Doch der hatte in Reggio viel Zerstreuung gefunden und war zufriedener als gewöhnlich. Es tat mir auch leid, daß ich keine Gelegenheit mehr hatte, zu den Spaziergängen in den Anlagen und nicht mehr zu dem Gartenhäuschen zu gehen, von wo ich soviel Himmel und Meer sehen konnte und zwischen blühenden Pflanzen und Vögeln allein war. Schließlich vermißte ich auch die Gesellschaft der lebhaften kleinen Vettern im Alter zwischen drei und sechs Jahren, drei Wildfänge, die ich sehr liebgewonnen hatte. Aber man kann nicht alles haben.

Mit Klothilde, die mich nach Monza begleitet hatte, verstand ich mich ausgezeichnet. Eigentlich verstand ich mich mit allen gut, weil ich mich sehr gut anpassen kann. Da ich mit Mama auskommen mußte, fiel mir das Zusammenleben andernorts nie schwer. Es waren zwanzig glückliche Monate.

Ich gab mich mit Memmo ab — einem lieben zehnjährigen Knaben, dem einzigen noch lebenden Sohn — und half ihm beim Lernen... Es war mir, als kehrte ich ins Jahr 1913 zurück, als ich Mario beim Studium geholfen hatte. Wir machten schöne Spaziergänge zu Fuß oder benützten die Kutsche. Ich leistete Klothilde Gesellschaft, die sehr geschickt im Sticken und Klöppeln war, half ihr bei der Arbeit oder las. Klothilde hatte eine wunderbare Büchersammlung. Sie war eine sehr gebildete Frau und verstand es daher auch, unter den Büchern die besten auszuwählen, was Stil und Handlung betraf.

Ich habe Ihnen schon gesagt, daß Gott sich aller Mittel bediente, um mich in seinem Gesetz zu unterweisen und zu sich zu führen. Wie ein besonderes Geschenk war es, daß Er mich schon von Kind auf vor einer gewissen Neugier bewahrt hatte, welche die Gespräche der Großen hätten hervorrufen können — ich habe zu Beginn meiner Erzählung darauf hingewiesen; und auch später, im Lazarett, schenkte Er mir eine solche Ausgeglichenheit, daß ich in meinen Verwundeten *niemals den Mann, sondern arme, kranke Kinder sah*. Sowohl durch die Menschen als durch die Ereignisse führte Er mich wieder zurück zu dem schönen Glauben meiner frühen Kindheit, nach den stürmischen Zeiten, die ich vom sechzehnten bis zum zwanzigsten Lebensjahr durchgemacht hatte. Und nun bediente Er sich der Bücher, besonders *eines* Buches, um mich an sich zu ziehen.

Ich habe schon erwähnt, daß ich nie einen Priester fand, den ich als Seelenführer hätte in Betracht ziehen können. Beichtväter schon, aber keine Seelenführer. Als ich aus dem Kolleg ausschied, mußte ich daher allein meinen Weg finden. Es gab keine Exerzitien mehr, keine Predigten, gar nichts. Doch wenn es auch schien, als ob Jesus abwesend wäre, so war Er doch da und bot mir Gelegenheit, meinen Seelenzustand zu bessern.

In dieser traurigen Periode des Winters 1920/1921, als alle mir lieb und teuer gewordenen Bindungen zerbrachen, suchte ich immer mehr die Gegenwart Gottes. Wohl noch ein wenig scheu, weil ich nicht wußte, wie weit man sich auf dem Weg der Liebe und des Vertrauens vorwagen könne. Doch da gab mir mein Meister einen kräftigen Ruck durch dieses Buch. Stoßen Sie sich nicht daran, Pater, es war ein Buch, das auf dem Index stand: «Der Heilige», von Fogazzaro.[39]

Meine Kusine hatte die erzbischöfliche Erlaubnis, alles zu lesen. Ich hatte damals noch keine. Nun habe ich sie seit Jahren, mache aber sehr wenig Gebrauch davon. Ich hätte dieses Buch also damals nicht lesen dürfen, da ich wußte, daß es auf dem Index stand. Aber in meiner noch nicht sehr gefestigten Religiosität hatte ich keine großen Skrupel, und ich las es zusammen mit allen anderen aus der Reihe.

Die anderen Bücher gefielen mir mehr oder weniger. Sie gefielen mir wie schöne Erzählungen, die man, um sich die Zeit zu vertreiben, liest und dann wieder vergißt. «Der Heilige» aber ließ ein unauslöschliches Zeichen in meinem Herzen zurück, ein *gutes* Zeichen.

Ich möchte nicht darauf eingehen, *warum* das Buch auf den Index gesetzt worden war. Diese Dinge gehen mich nichts an. Die verantwortlichen Stellen, die dies verfügt haben, werden ihre guten Gründe gehabt haben. Auch jetzt noch frage ich mich, welche diese Gründe gewesen sein könnten, und ich habe auch viele Priester darüber befragt. Doch eine Erklärung, die mich zufriedengestellt hätte, habe ich nicht erhalten. Mir für mein Teil hat diese Lektüre sehr gut getan, und ich habe auch von anderen dasselbe gehört.

Sie warf mich mit vollen Segeln in den Strom, besser noch in den Ozean der Barmherzigkeit Gottes. Ich fand Trost in der Hoffnung auf die übernatürlichen Werte der Sühnereue, die uns wie eine neue Taufe wieder schneeweiß und Gott willkommen macht.

---

39. Auf dem Index (der verbotenen Bücher), den Papst Paul VI. im Jahr 1966 abgeschafft hat. Der Roman «Der Heilige» (Il Santo) war 1905 erschienen und im Jahr darauf auf den Index gesetzt worden. Sein Autor, Antonio Fogazzaro (1842-1911), ein namhafter Schriftsteller, war für schuldig befunden worden, in seinen Werken modernistisches Gedankengut zu verbreiten, das von der kirchlichen Hierarchie nicht geduldet und von Papst Pius X. im Jahr 1907 mit der Enzyklika «Pascendi» verurteilt wurde. Fogazzaro hatte sich anschließend dem Urteil der Kirche unterworfen.

Das Miterleben des Fortschritts, der geistigen Siege und der Erhebung Francos[40] im Reich des Geistes gaben mir die Kraft und den Mut, kühner in der Liebe zu werden.

Bisher lähmte mich die Erinnerung an mein Versagen. Ich war wie ein Kind, das sich bewußt ist, eine große Dummheit begangen zu haben, und das, obwohl es um die Vergebung weiß, durch die Erinnerung an sein Lausbubenstück noch eingeschüchtert ist. Seit über einem Jahr schon hoffte ich stark auf den Herrn und sein Erbarmen. Aber noch wagte ich es nicht, Ihm zu sagen: «Ich liebe Dich. Ich weihe mich Dir. Ich gebe mich Dir ganz hin.» Ich hatte Ihn so betrübt, meinen Gott!... Fogazzaro überzeugte mich davon, daß keine Schuld so groß ist, daß sie nicht vergeben werden kann; daß keine Erinnerung an eine vergangene Schuld uns daran hindern sollte, im Guten voranzuschreiten. *Wir dürfen den guten Gott nicht beleidigen, indem wir Ihn für so wenig väterlich halten, daß Er mehr Richter als Erlöser wäre.*

Später habe ich diese heilige Lehre auch in den Schriften des seligen Claude de la Colombière[41] und vor allem in denen von Schwester Benigna Consolata Ferrero wiedergefunden. Diese Schriften sind ja nichts anderes als Eingebungen Jesu. Aber für mehr als zwei Jahre war es Fogazzaro, der mich mit seinem «Der Heilige» in das große Meer der göttlichen Barmherzigkeit trieb. Ich denke zuweilen, daß Gott diesem Schriftsteller den himmlischen Frieden geschenkt haben wird für all das Gute, das sein Buch meiner und anderen ebenso verletzten und gottesfürchtigen Seelen gebracht hat.

Im April 1921 mußte Mama über die Rückkehr nach Florenz nachdenken. Es war ein neues Gesetz erlassen worden, demzufolge es verboten war, unbewohnte Wohnungen zu besitzen. Daher hieß es, entweder nach Florenz zurückzukehren oder die Möbel nach Reggio zu bringen und den Wohnsitz hierher zu verlegen.

Ich hatte nichts dagegen, mich in Kalabrien niederzulassen. Im Gegenteil, ich wünschte es. Mit Mario war es ja sowieso vorbei; und allein der Gedanke, nach Florenz zurückzukehren, wo mich alles an

---

40. Nicht Franco, sondern Piero Maironi, Benedetto genannt, heißt die Hauptfigur des 1905 veröffentlichten Romans «Der Heilige» von Antonio Fogazzaro. Maria Valtorta verwechselt hier den Namen mit Franco Maironi, der Hauptfigur in Forgazzaros 1896 erschienenem Hauptwerke «Piccolo mondo antico».
41. Claude de la Colombière (1641-1682), französischer Jesuit, 1929 selig- und 1992 von Papst Johannes Paul II. heiliggesprochen, war Seelenführer der hl. Margaretha Maria Alacoque; Benigna Consolata Ferrero (1885-1916), heiligmäßige Ordensfrau der Heimsuchungsschwestern in Como.

Roberto, Mario und meine vielen vergangenen Schmerzen erinnerte, erfüllte mich mit Schrecken. In Reggio würde es mir leichter fallen, die weitverflochtenen Erinnerungen zu überwinden. Ein so trauriges Geflecht, daß man manchmal den Verstand verlieren möchte, um sich nicht mehr zu erinnern. Außerdem liebten und verteidigten mich meine Verwandten in Reggio. In Florenz würde ich wieder in meine Einsamkeit zurückfallen, in meine Armut an Freundschaft und Zuneigung.

Mama für ihren Teil wollte auch in Reggio bleiben. Das einzige Mal im Leben, daß Mama und ich dasselbe wünschten, wenn auch aus verschiedenen Gründen. Für Mama bedeutete eine Rückkehr nach Florenz auch die Gefahr, dem Oberst und seinem Sohn zu begegnen. Und davor sollte vor allem ich bewahrt bleiben. Man weiß ja nie! Ich hätte mich mit den beiden einigen können, und was dann... Sie konnte mich ja nicht dauernd wie eine Gefangene daheim einsperren. Außerdem erwartete sie widerwärtige Begegnungen mit anderen Leuten. Denn es gibt nichts Unangenehmeres, als jemandem zu begegnen, gegen den man schlecht gehandelt hat und den man zu vermeiden sucht. Schon der Anblick eines solchen Menschen weckt in uns das schlechte Gewissen.

Doch Papa, der in Florenz soviele Freunde vom Militär hatte, *wollte einfach nicht nachgeben*. Auch hier trat zum ersten Mal die verblüffende Tatsache ein, daß sein Wille sich durchsetzte. In der Laune eines wirklich dickköpfigen Kindes sagte er, daß er allein abreisen würde, falls wir nicht nach Florenz mitkommen wollten, denn in Reggio würde er nicht für immer bleiben. Warum? Wer weiß? Es ging ihm gut in Reggio, er unterhielt sich gut und hatte keine Ausgaben, und er hätte auch weiterhin keine Ausgaben gehabt; denn in den Hotels gibt es immer zu wenige Personen, die nach dem Dienstpersonal, den Kellnern, Dienstmädchen, Köchen usw. sehen, und so hatten uns die Vettern gebeten, zu bleiben und ihnen bei der Überwachung behilflich zu sein. Papa hätte also auch einen finanziellen Vorteil gehabt. Aber er gab nicht nach.

Ich flehte Papa an, mir zuliebe nicht nach Florenz zurückgehen. Ich sagte ihm, ich könne nicht dorthin zurückkehren, weil ich dort zu sehr leiden würde. Dritte einmalige und ungewöhnliche Tatsache: Papa, der mich immer zufriedenstellte, der mich stets in seiner Nähe haben wollte, antwortete: «Bleib' du doch hier. Ich und Mama reisen ab.» Nichts konnte ihn davon abbringen.

Mama saß wie auf Kohlen... Dann entschied sie. Da ihr Klothilde gesagt hatte, daß sie mich sehr gern bei sich behalten würde, sollte ich dort unten bleiben, während meine Eltern nach Florenz fuhren. Auch um zu verhindern, daß ich Mario begegnen könnte, beschloß sie, mich von der Stadt fernzuhalten... Wie weit eine fixe Idee doch führen kann!

Nachdem sie mich unter einer Lawine von «wehe» begraben hatte: wehe, du schreibst dem Oberst, wehe, du schreibst Marios Großmutter, dreimal wehe, du schreibst ihm selbst, wehe, du knüpfst mit irgendeinem der Hotelgäste eine Verbindung an, wehe, wehe, wehe..., reiste sie ab.

Sie wäre gewiß nicht abgereist, wenn sie gewußt hätte, daß ich von Mario eine Ansichtskarte erhalten hatte. Die Karte war an meine florentinische Anschrift adressiert gewesen und vom Hausbesitzer an meine hiesige Anschrift weitergeschickt worden. Mario schrieb nur diese wenigen Worte: «Solange ich lebe und darüber hinaus...» Das war das schönste Geschenk zu meinem 25. Geburtstag.[42] Ich weinte den ganzen Tag vor Rührung, denn nun wußte ich, daß Mario mich noch liebte. Klothilde drängte mich: «Antworte ihm doch, du Dummkopf. Nimm dein Leben in die Hand.» Aber ich hatte nicht den Mut dazu, da ich überzeugt war, so nur eine dritte Katastrophe heraufzubeschwören.

Kurz und gut, Papa und Mama reisten am 21. Mai ab. Ich blieb bei Battista, Klothilde und Memmo.

Trotz aller Pflege, die mir meine Vettern nun schon seit acht Monaten angedeihen ließen, besserte sich mein Gesundheitszustand überhaupt nicht. Der Kummer setzte sein Zerstörungswerk unerbittlich fort, wie ein bösartiger Tumor. Ich kam immer mehr herunter, wurde immer blasser und fühlte mich immer schwächer. Als die große Hitze einsetzte, verschlechterte sich mein Zustand endgültig. Ich lebte nur mehr von einigen Tassen kaltem Kaffee und Früchten. Etwas anderes brachte ich nicht herunter.

Schlafen konnte ich überhaupt nicht. Morgens sah ich infolge der Schlaflosigkeit wie ein armes menschliches Wrack aus. Der große Schlafmangel lastete auf meinem Herzen, aber ich konnte dennoch keinen Schlaf finden. Ich stand sehr frühzeitig auf und ging in den Garten, um die frische, duftende Luft des sommerlichen Tagesan-

42. Um genau zu sein: Maria hatte am 14. März 1921 den 24. Geburtstag gefeiert. Da sie aber zuvor 1922 geschrieben und dies dann in 1921 verbessert hat, wird sie die zweite Verbesserung wohl vergessen haben.

bruchs tief einzuatmen. Anschließend fuhren Memmino und ich mit der Kutsche ans Meer.

Meine Vettern hatten eine weiträumige Kabine, fast ein Chalet, sehr bequem und gut eingerichtet. Eine schöne Veranda zeichnete sie aus, von der man über die saphirblauen Wellen des kalabrischen Meeres blicken konnte, jenes intensive, fast unwirklich erscheinende Blau, das den südlichen Meeren eigen ist. Während Memmino mit den kleinen Vettern und anderen Freunden seines Alters badete, blieb ich auf der Veranda, halbausgestreckt auf einem Liegestuhl. Ich las nicht und arbeitete nicht. Ich ruhte dort mit fast geschlossenen Augen, losgelöst von allen und allem, ein Herz und eine Seele mit dem fernen Mario. Manchmal war ich so erschöpft, daß ich Memmo bat, Bademantel und Polster auf die Matte zu werfen, die den Boden der Kabine bedeckte. Dann legte ich mich dort in den Schatten wie ein armer kranker Hund, und meine traurigen Gedanken vereinigten sich mit dem Schwappen der Wellen gegen den Strand und die Pfähle, die die Kabine stützten.

Das Fieber, das ich nie ganz losgeworden war, das aber im Winter auf wenige Zehntel zurückgegangen war, kehrte nun zurück: 37,8°-38°. Der Schmerz im Rückgrat und in der rechten Bauchgegend wurde wieder stärker. Das Herz spielte mehr denn je verrückt, und ich hatte auch ein hartnäckiges Halsweh und Husten.

Klothilde war bestürzt. Sie fragte mich, ob ich die Meinen benachrichtigt hätte. Nein, ich hatte ihnen nichts geschrieben. Wozu auch? Sie fragte mich, ob sie es für mich tun solle. Ich verneinte. Wenn ich stürbe, umso besser. Ich entschuldigte mich für die Last, die ich ihr bereitete, und bat sie, mich um der Liebe willen, die sie wie eine Mutter für mich hegte, in Frieden bei sich sterben zu lassen. Klothilde gab nach.

Während jedoch mein körperlicher Niedergang fortschritt, erwachte mein psychisches Leben um so mehr. Je mehr alles Körperliche dem Verfall preisgegeben schien, um so markanter manifestierte sich die Sensibilität der psychischen Kräfte.

Ich habe Ihnen seinerzeit erzählt, daß ich seit 1910 anfällig für seltsame Vorahnungen war, die für mich eine richtige Qual bedeuteten. Im Schlaf hatte ich Visionen zukünftiger Lebensabschnitte, ich erhielt aus diesem geheimnisvollen Reich Mitteilungen und Ratschläge für das Leben. Auch jener Traum im Jahre 1916 gehörte zu diesen Offenbarungen, die mich aber immer nur im Schlaf erreichten. Ich hatte ein sehr empfindsames Temperament, das, würde ich sagen, die geringsten Stromstöße anderer Sendestationen wahrnahm. Deshalb spürte ich genau, ob ein bestimmter Mensch gut oder böse war. Meine sogenannten «Antipathien und Sympathien» wurden und werden stets durch die nachfolgenden Ereignisse bestätigt. Und ich irre mich nur selten. Der erste Eindruck, den ich erhalte, ist meist der richtige. In meinem ganzen Leben habe ich mich da höchstens ein- oder zweimal getäuscht. Die Sachverständigen sagen, daß dies mit einer Reihe von Dingen zusammenhänge, die uns zu Empfangsantennen machen. Mag sein, das will ich nicht bestreiten. Ich möchte nur hinzufügen, daß ich auf diese Scharfsichtigkeit, auf diese Empfindsamkeit, auf dieses Empfangsantenne-Sein gern verzichtet hätte!...

Nun, zu Beginn des Sommers 1921, war es nicht nötig, daß ich schlief, um auf seltsame Dinge aufmerksam zu werden. Ich hatte das Gefühl, daß von meinen Fingern lange, sehr lange Fäden in den Raum schossen, und daß diese sich mit ähnlichen Fäden, die von Mario ausgingen, verbanden. Aber ich fühlte nicht nur, daß unsere Seelen zu einer Einheit verschmolzen waren, die kein Hindernis, keine menschliche Bosheit mehr beeinträchtigen konnte; ich spürte auch, daß die Entfernung sich immer mehr verkürzte, und daß sich — als ob ich ein Tau an Bord eines Schiffes einholte — die Fäden in mir sammelten, nachdem sie ausgefahren waren, meinen Mario zu suchen, und ihn hinter sich herzogen.

Ich habe menschliche Vergleiche benutzt, um ein geistiges Empfinden zu veranschaulichen. Aber ich hatte tatsächlich diesen Eindruck der von mir ausgehenden Fäden, die dann, nachdem sie ihn gefunden hatten, wieder zu mir zurückkehrten und ihn mir brachten. Waren es vielleicht die Kräfte der Seele, die strahlenförmig in den Äther ausströmten, um seine Seele zu suchen und ihm mitzuteilen, daß ich vor Sehnsucht nach ihm starb? Wer weiß. Das sind Geheimnisse, die wir, solange wir leben, nie genau ergründen können.

Sie müssen wissen, daß *ich auf Marios Ansichtskarte nicht geantwortet hatte*.

Gegen Ende Juli — ich könnte Ihnen das genaue Datum sagen, aber es fällt mir schwer, die Truhe zu öffnen, in der alle Briefe Marios, die seiner Verwandten und meiner Mama, die sich auf ihn beziehen, enthalten sind. Diese Briefe habe ich immer aufbewahrt, und sie sind der unbestreitbare Beweis, daß sich alles so abgespielt hat, wie ich es Ihnen beschreibe — gegen Ende Juli also erhielt ich einen Brief von Marios Tante, die gerade daran war, in ein Klausur-Kloster einzutreten. Diese Tante schrieb mir, um mich zu grüßen und mir viele liebe und herzliche Dinge zu sagen, auch im Namen ihrer Mama, dieser alten Großmutter, die mich schon als ihre Nichte betrachtet hatte. Sie schrieb mir auch folgendes: «Bete, und du wirst sehen, daß Jesus dich zufriedenstellen wird und du die Freude kennenlernen wirst.» Die gute Gabriella spielte auf eine Sache an, aber ich, die ich das übrige, das sich anbahnte, den Rest nicht wußte, meinte, daß sie von einer ganz anderen, ganz und gar geistigen Freude sprach.

Sie werden mich fragen: «Wie brachte diese Tante in Erfahrung, wo Sie sich aufhielten?» Ganz einfach. Mario war zu Ostern auf Urlaub in Florenz gewesen und hatte dem Hausherrn um den Bart geschmust. Dieser hatte dann wie eine Zikade, der man den Bauch streicht, gesungen und ihm gesagt, wo wir uns aufhielten und daß Mama und Papa sehr bald nach Florenz zurückkehren, während ich allein in Reggio bleiben würde. All das, was Mama geheimhalten wollte, hatte der Hausbesitzer Mario mitgeteilt. Ob aus Unvorsichtigkeit, aus altersbedingter Vergeßlichkeit oder mit Absicht, da er Mamas Handeln für ungerecht hielt, weiß ich nicht. Ich habe auch nie versucht, es zu erforschen. Sicher ist, daß Mario unterrichtet wurde, wo ich war und daß ich bald allein dort zurückbleiben würde.

Ich antwortete Tante Gabriella, dankte ihr für ihr Gedenken und bat sie, Großmutter zu grüßen und in ihrem Kloster für mich zu beten. Ich dachte, damit sei die Sache abgeschlossen.

Am 5. August, während wir zu Tisch saßen — es war um 2 Uhr nachmittags, denn in den Hotels pflegen die Besitzer entweder vor oder nach den Gästen zu speisen, und meine Vettern aßen immer nach den anderen —, am 5. August also kam der Kellner, um meinem Vetter mitzuteilen, daß ein Marineoffizier ihn zu sprechen wünsche.

Nichts Außergewöhnliches, nicht wahr, daß in einer Stadt am Meer, in der Nähe eines Flottenstützpunktes, Marineoffiziere eintrafen? Immer wieder kamen solche in unser Hotel. Trotzdem spürte ich, daß *er* es war. Ich sprang auf, ließ den Kaffee, der meine einzige Nahrung war, stehen, und lief davon. Ja, Pater, *ich lief davon.* Ich schreibe es Ihnen ganz deutlich hin, damit Sie es gut lesen können. Ich floh in mein Zimmer und schloß mich ein. Warum? Weil mich die Freude zu ersticken drohte. Ich hatte Angst, mich in Gegenwart der anderen nicht beherrschen zu können; denn sowohl in der Freude wie im Schmerz übte ich immer große Zurückhaltung, da ich nicht meine innersten Gefühle zur Schau stellen wollte.

Ich weinte und lachte gleichzeitig, pries Gott, fühlte mich im selben Augenblick sterben und wiedererstehen, während das Herz wie verrückt in meiner Brust schlug. Ich war mir *sicher, ganz sicher*, daß

Mario gekommen war. Dieser Offizier konnte nur er sein. Ich war glücklich, überglücklich, daß er gekommen war. Nun wußte ich, daß er mich so sehr liebte, daß er das verlogene Zeug, das man ihm erzählt hatte, nicht glaubte.

Ach, warum kann das Leben in gewissen Stunden nicht stehenbleiben? Ich wünschte mir keine Stunde noch größeren Glücks. Nein, ich wollte in dieser, nur in dieser Stunde stehenbleiben...

Mein Vetter kam die Treppe herauf, um mir durch die verschlossene Tür zu sagen, daß es wirklich Mario war und daß ich herunterkommen solle. Mir verschlug es den Atem, und ich antwortete, ich würde kommen, sobald ich meiner Freude Herr wäre. Der Schmerz ist ein schwerer Schlag, der einen zerschmettern kann, wenn er einen unverhofft trifft. Aber die Freude kann eine ähnliche Wirkung haben. Ich verstehe sehr gut, daß man in einer Stunde der Freude, wenn diese einen wie der Blitz trifft, sterben kann.

Schließlich ging ich mit zitternden Beinen die Treppe hinunter. Er wartete unten in einem kleinen Salon... Ich weiß bis heute nicht, ob ich aufschrie oder schwieg, ob ich ihm entgegenlief oder er mir. Ich weiß es nicht. Als ich wieder zu mir kam, befand ich mich in seinen Armen. Einige Tage später sagte Memmo mir dann: «Wir haben gedacht, du würdest sterben!»

Mario war gekommen, um unsere Angelegenheit zu klären. Er hatte sich den Vettern aufrichtig vorgestellt und sie gefragt, ob ihnen bekannt sei, ob ich ihn noch liebe. Wenn ja, würde er sich bei mir ankündigen lassen. Wenn ich hingegen, wie meine Mama behauptete, nicht mehr an ihn dächte und nichts mehr von ihm wissen wolle, würde er sofort abreisen, ohne mich zu begrüßen. Er sagte, er könne nicht begreifen, daß ich von mir aus so gesprochen und gehandelt hätte, wie Mama gesagt hatte. Und so wolle er von rechtschaffenen und gewissenhaften Personen, die mich wirklich gern hätten, die tatsächliche Wahrheit erfahren. Nachdem er diese gehört hatte, ließ er mich rufen.

Er blieb nur wenige Stunden... Traumstunden, deren Sonnenlicht in mir verschlossen blieb, deren Süße nur durch die Süße der übernatürlichen Freuden übertroffen wurde.

Er gab mir den Brief, den er am 14. März geschrieben und dann nicht abgesandt hatte, aus Furcht, er könne Mama in die Hände fallen. Ich besitze ihn noch, diesen Brief. Er versicherte mich seiner unverminderten Liebe und der Zuneigung all seiner Verwandten. Er sagte mir, er müsse sich nun als Attaché eines internationalen Kommandos zur Überwachung der türkischen Meeresstraßen nach Konstantinopel begeben. Er reise aber glücklich ab.

Ich solle unterdessen Mama schreiben. Auf eine Entfernung von 990 km könne mich Mama nicht zerfleischen. Die Vettern würden mir überdies beistehen. Wir würden gewinnen, meinte er. Zu Weihnachten oder spätestens Neujahr würde er zur offiziellen Verlobung kommen, und in einem Jahr — so lange sollte er in Konstantinopel bleiben — würden wir heiraten. Wenn Mama damit einverstanden wäre, gut; wenn nicht, sei das nicht notwendig. Schließlich sei ich schon fünfundzwanzig Jahre alt, und er habe bereits seine Karriere begonnen. Er besitze ein nicht unbeträchtliches Kapital von 300 000 Liren, dazu eine Villa in Rom und eine in Moncalvo Monferrato. Es gab also ganz und gar keinen Anlaß zu Besorgnis. Wenn Mama sich um die Ausstattung kümmern wolle, gut, wenn nicht, so würde das seine Großmutter tun, die überglücklich sei, mir ihr Herz, ihre Arme und ihre Brieftasche öffnen zu können.

In diesen Stunden blieben wir immer beisammen. Solange die Sonne brannte, im Hotel, nachher in der Kutsche, unter der Aufsicht des getreuen Kutschers der Vettern. Schließlich bis 24 Uhr wieder im Hotel. Um Mitternacht begleiteten Klothilde, Memmo und ich Mario zum Bahnhof...

Mir verblieb der Auftrag, Mama zu schreiben. Und damit beging ich einen Fehler.

Klothilde riet mir: «Schreibe ihr einfach, du habest dich verlobt und wirst innerhalb eines Jahres heiraten, und Schluß damit. Deine Mutter ist ein unvernünftiges Wesen, daher brauchst du gar nicht zu versuchen, sie in Güte zu überzeugen. Sie muß vor vollendete Tatsachen gestellt werden. Danach werden Battista und ich ihr alles übrige mitteilen.» Ich hätte auf sie hören sollen. Aber ich war eine zu rücksichtsvolle Tochter. Ich verzichtete auf die Dreistigkeit, die einzige Waffe, um einen präpotenten Menschen fertigzumachen, und zog die Liebenswürdigkeit vor. Ergebnis: Verwünschungen, Verfluchungen und endloses Gejammer. Diese Briefe habe ich alle aufbewahrt, und wenn Sie möchten, kann ich sie Ihnen zu lesen geben.

Aber damit nicht genug. Ohne meinen flehentlichen Schrei zu hören, mit dem ich ihr *zu verstehen geben wollte, daß ich ein Recht auf Liebe hätte*, wie sie es gehabt hatte, begab sie sich zum Oberst und nahm auch meinen armen Papa mit. Der hatte nur die Aufgabe, wenn Mama an einem bestimmten Faden zog, wie eine Marionette ja und nein zu sagen. Es muß dort einen so heftigen Streit gegeben haben, daß der Oberst es an einem gewissen Punkt für angebracht hielt, abzubrechen und meine Mama und ihren allzu willensschwachen Mann vor die Tür zu setzen.

Es folgten weitere Bannflüche, Exkommunikationen und Gejammer gegen mich, «die ich diesen Affront verursacht hatte», usw. Aber ich war weit weg und hatte die Unterstützung meiner Vettern. Ich fühlte mich mutig wie ein Löwe und hielt durch.

Mittlerweile blühte ich wunderbarerweise auf. Ich hatte es Mario versprochen. Wie eine durch Hitze und Wassermangel ermattete Pflanze, die ein wohltuender Regen berieselt, erstarkte ich von Tag zu Tag. Die Hoffnung belebte mich, die Freude nährte mich. Ich konnte wieder essen. Und wenn ich auch noch nicht schlafen konnte, so waren es doch nicht mehr diese bedrückenden Nächte. Die Liebe kräftigte mich, *unsere* so treue und reine Liebe...

Den ganzen August, September und Oktober über dauerte der Papierkrieg mit Mama. Allen ihren Argumenten setzte ich meine Gegenargumente entgegen. Sie wolle mir keine Mitgift geben? Das sei nicht nötig. Sie wolle mir keine Ausstattung vorbereiten? Auch das sei nicht nötig. Diese ganze Geschichte sei ein Wahnsinn und würde mir den Tod bringen? Dann würde ich wenigstens in einer Stunde der Freude sterben: vorläufig würde ich gesünder. Mario sei kein ernstzunehmender Mann? Er habe mir die schönsten Beweise seiner Ernsthaftigkeit gegeben. Mario sei arglistig und sei überraschend zu mir gekommen, um mich zu verführen? Ganz und gar nicht. Bevor er zu mir gekommen war, habe er mit meinen Vettern gesprochen. Und so weiter.

Mario hatte seinerseits an Mama geschrieben, aber sie hatte nicht geantwortet. Sie hatte vielmehr in einem Anfall von Wut den Brief und mit ihm die Adresse zerrissen.

Als sie einsah, daß weder ich noch er von unserem Vorhaben abzubringen waren, kehrte Mama zu ihrer bevorzugten Methode zurück.

Im Buch eines Juristen habe ich einmal gelesen, daß Übeltäter immer wieder nach derselben Methode ihre Verbrechen begehen. Jeder hat seine eigene Methode, und die Polizei erkennt einen Verbrecher an gewissen immer wiederkehrenden Einzelheiten. Es müssen nicht unbedingt Verbrecher sein, die materiell morden, rauben, betrügen usw. Man kann auch ein moralischer Übeltäter sein, denn wer ein Herz tötet, wer eine Freude, den Frieden oder den guten Ruf raubt, wer Vertrauen verrät, ist nicht weniger böse als einer, der ein Leben tötet, eine Summe Geldes raubt oder das Vaterland verrät. Wie viele unbestrafte Delikte gibt es, die nur Gott sieht, aber deswegen sind es dennoch Übeltaten! Und wer sie ausführt, folgt immer seiner eigenen Methode.

Mama wandte ihre Methode an, und ich dumme Gans fiel darauf herein, und Mario leistete mir dabei Gesellschaft. Ende Oktober, nachdem sie einen sehr deutlichen Brief von Klothilde erhalten hatte, täuschte Mama vor, die Waffen zu strecken, und bat mich um Marios Adresse.

Klothilde sagte: «Gib sie ihr nicht.» Aber wie konnte ich sie ihr verweigern? Wäre es nicht schön und richtig gewesen, wenn die beiden, die ich zwar in verschiedener Weise, aber ebenso sehr liebte, sich vertrügen? Den Krieg fortzusetzen, bedeutete, auf den mütterlichen Segen zu meiner Hochzeit zu verzichten. Konnte ich das wollen? Deshalb schickte ich ihr die Adresse.

Von Florenz nach Istambul brauchte die Post ungefähr eine Woche, von Istambul nach Reggio ebensolange. Nun, wenn man die Datierungen vergleicht, ergibt sich eindeutig, *daß Mama an Mario schrieb,* er ihr geantwortet und gleichzeitig einen Brief an mich geschrieben hat, eine einzige Liebeserklärung, die er mit den Worten schloß: «Mario ist dein, immer dein, ständig dein, ewig dein.»

Mama schrieb wiederum..., und Mario schrieb *nie wieder.* Was hat sie ihm geschrieben? Nur sie, er und Gott wissen es.

Einmal, vor ungefähr acht Jahren, als ich nach einer Krise mit Delirium noch sehr benommen war, hörte ich Mama zu einer anwesenden Dame sagen: «Ach, Signora Ida, was habe ich nur angestellt, als ich diesen Brief schrieb!» Glauben Sie nicht, daß ich falsch verstanden habe. Signora Ida, die ich tags darauf fragte, hat mir diesen Satz Mamas bestätigt.

Mario schrieb mir nicht mehr, *nie mehr, nie mehr.* Ich nahm dasselbe Phänomen war, das mir Marios Ankunft angekündigt hatte, jedoch in umgekehrter Weise: gegen Ende Oktober *spürte* ich, wie sich die geheimnisvollen Fäden immer mehr zurückzogen und dann abrissen. Ich teilte es Klothilde mit, die mir lebhaft widersprach. Mario würde wieder schreiben, er sei doch so liebevoll gewesen. Warum solchen Flausen Bedeutung beimessen? Als er aber nach seinem Brief vom 6. November, den ich am 13. November erhielt, nicht mehr schrieb, war Klothilde verblüfft.

Mama verriet sich selbst, denn von da an sprach sie nicht mehr von Mario... Auf Anraten Klothildes schrieb ich Mario weiterhin, als ob nichts gewesen wäre. Aber meine armen Briefe erhielten keine Antwort mehr.

Das ging so bis zum Morgen des 24. Dezember. Am Abend sollte ein großes Essen stattfinden, und Klothilde und ich waren dabei, Blumen, Gläser usw. vorzubereiten.

Da traf ein Marineoffizier ein. Er war auf der Durchreise nach Rom, wo er heiraten wollte. Er fragte, ob er trotz der ungewöhnlichen Stunde (es war halb elf) eine Suppe und ein Ei haben könne, vielleicht nur das, denn er komme aus Taranto und habe auf der langen öden Strecke von Metaponto nichts zu sich nehmen können.

Während er auf die Suppe wartete, fragte ihn meine Kusine, woher er komme. Sie war begierig, etwas über Mario zu erfahren, dessen Schweigen sie beeindruckte, wie ihr auch meine Behauptung keine Ruhe ließ, daß «durch Mamas Schuld alles zu Ende sei». Sie fragte alle Marineoffiziere, die eintrafen.

Er antwortete, er komme aus der Türkei, genauer gesagt, vom Schwarzen Meer. Damals war das gesamte Schwarze Meer unter der Kontrolle der alliierten Truppen.

«Ach ja? Aber in Konstantinopel sind Sie nie gewesen?»

«Doch, erst kürzlich, denn unsere Torpedoboote sind immer unterwegs und legen oft in Istanbul an.»

«Kennen Sie den Kapitänleutnant Mario Ottavi?»

«Wen? Ottavino? Aber sicher! Er ist ein bißchen älter als ich, und wir kennen uns von der Akademie her.»

«Was macht er denn jetzt? Geht es ihm gut? Ist er auch in Istanbul?»

«Ja, er ist eigentlich immer in Istanbul, da er zum Admiralsschiff gehört. Kennen Sie ihn?»

«Ja, er ist hier unser Gast gewesen.» Mehr sagte Klothilde nicht: nur *Gast*, um ihm Gelegenheit zu geben, frei zu sprechen.

Ich hielt mich in einem Nebenzimmer auf und konnte alles hören, aber der Offizier konnte mich nicht sehen und meinte, er sei mit dem Kellner und der Eigentümerin allein.

Klothilde ließ nicht locker: «Wie geht es ihm jetzt? Früher schrieb er uns, aber nun ist es schon lange her, daß er nichts mehr von sich hören läßt...»

Der Offizier lächelte und gab gutmütig die erbetenen Erklärungen. «Was soll ich Ihnen sagen? Mario war ein ernster, vernünftiger Mensch. Ich weiß nicht..., ich glaube, er stand in Verbindung mit einem Fräulein, und dies mit ernsten Absichten... Was da passiert ist, weiß ich nicht, denn wie gesagt, ich halte mich nicht in Istanbul auf, es ist ein Kommen und Gehen. Aber andere Kollegen — Sie kennen ja das Gerede — haben mir gesagt, daß Mario sich seit zwei Monaten völlig verändert hat. Zuerst hatte er schwarze Tage, an denen er ungenießbar war, er, der doch sonst so gutmütig war... Dann — dann hat er begonnen, sich mit einer Frau zugrunde zu richten. Sie ist Russin, ein Geschenk, das uns die russische Revolution überlassen hat. Sie behauptet, eine Adelige und geflüchtet zu sein, um dem Tode zu entgehen. Aber ich glaube, sie ist eine Hochstaplerin. Sie ist sehr schön, aber auch sehr verdorben. Stellen Sie sich vor, usw.»

Ich erspare Ihnen Einzelheiten, die sich nicht niederschreiben lassen und nicht geeignet sind, daß Sie sie lesen...

Der Offizier sagte abschließend: «Armer Mario! Entweder ist er verrückt geworden, oder sie haben ihn durch etwas verrückt gemacht, das wir nicht wissen. Sie können sich denken, wie mir das leid tut, denn er war ein guter Junge...»

Pater, haben Sie einmal den Schmerz erfahren, den man empfindet, wenn auf eine ausgedehnte Brandwunde Säure rinnt? Ich schon, einmal. Das ist ein Schmerz, da stehen einem Nerven und Haare zu Berge. An jenem Morgen habe ich einen solchen Schmerz verspürt, aber die Säure ergoß sich diesmal auf die verbrannte Seele...

Da haben Sie das Werk meiner Mama. Ich geopfert, er ruiniert.

Am Abend überkam mich ein hohes Fieber. Alle Gäste beglückwünschten mich wegen meiner «wunderbaren Farbe». Das glaube ich gern! Sie schwärmten von den «strahlenden Augen, mit denen ich sie ansah». Und ob sie strahlten! Sie glänzten vor Fieber. Und die Gäste fragten, ob das von der Nachricht über die bevorstehende Ankunft des Verlobten herrühre... Manchmal kann man gegen seinesgleichen grausam sein, ohne es zu wollen. Diese achtbaren Leute mit ihren Komplimenten, Fragen und Anspielungen waren grausam, aber sie wußten es nicht, und daher waren sie unschuldig. Sie benahmen sich wie Kinder, die schwatzen, ohne zu wissen...

Ich wollte *sofort* Mario und seiner Großmutter schreiben. Klothilde und ihr Mann sagten mir jedoch: «Warte. Das wird ein Augenblick der Verwirrung sein. Warte.» Ich wartete. *Aber dann schrieb ich ihm nicht mehr.*

Ich weinte, betete, verzieh. Ich verzieh ihm, weil ich die Tragödie, die er durchmachte, begriff. Ich verzieh Mama, denn ich wußte, daß sie die Urheberin jenes Dramas war. Ich habe immer *alles Böse verziehen, das mir selbst zugefügt wurde*. Überzeugen Sie sich.

Im Januar bekam ich noch einmal die «spanische» Grippe. Es war jene letzte schreckliche Epidemie, in der auch Benedikt XV.[43] das Leben verlor. Auch meine Kusine Normanna, die vom Hotel «Villa», starb daran. Sie ließ vier Waisenkinder zurück, von denen das kleinste sieben Monate alt war. Diese Kinder verhinderten, daß ich meinen neuen, doppelten Dolchstoß allzu bitter empfand. Ich mußte mich einige Zeit um sie kümmern, und das hielt mich hoch.

Wenn ich eine Aufgabe habe, vertiefe ich mich so eifrig in sie, daß alle anderen Dinge meinem Herzen weniger wichtig sind.

Und außerdem hoffte ich..., ich hoffte... Ich konnte mich nicht damit abfinden, daß Mario, der mir so vertraut hatte und so treu gewesen war, auf einmal untreu und vertrauenslos geworden sein sollte. Ich entschuldigte ihn, denn ich dachte, daß Mama ihm weiß Gott was gesagt hatte, um ihn von mir loszureißen. Aber ich konnte mir nicht vorstellen, daß er diese Lügen geglaubt hätte. Und ich hoffte, daß er, nach einer gewissen Zeit des Zorns, die List durchschauen würde.

Ich habe bis Mai gewartet. Sechs Monate müssen genügen, um zu überlegen und sich Klarheit zu verschaffen; um die Dinge so zu sehen, wie sie wirklich sind. Und sie genügen auch, daß eine Laune sich erschöpft. Gewisse lasterhafte Liebschaften sind von kurzer Dauer.

Im letzten Brief, den ich ihm geschrieben hatte und den er zu Weihnachten erhalten haben mußte, hatte ich ihm keine Weihnachts- und Neujahrglückwünsche geschickt. Ich hatte ihm auch ans Herz gelegt, es nicht soweit kommen zu lassen, daß ich es bereuen müßte, mein Vertrauen in ihn gesetzt und ihm mein Herz geschenkt zu haben. Ich erinnere mich, daß ich, als ob sie mir von einem allwissenden Geist diktiert worden wären, diese Sätze schrieb: «Du weißt, was für Anstrengungen ich machen mußte, um diese unsere Liebe am Leben zu erhalten. Vergiß das nie! Ich sage nicht, daß du leben sollst, wie ich als Frau lebe, deine geliebte Frau. Ich besitze genug gesunden Menschenverstand, um zu wissen, daß das nicht möglich ist. Und da ich dich nicht in die Lage bringen möchte, mir unwahrhaftige Dinge zu sagen, sollst du mir auch nicht versprechen, so zu leben, wie die Geweihten in einem Kloster. Nein, das nicht. Du sollst nie unaufrichtig zu mir sein, wie auch ich nicht unaufrichtig zu dir sein werde. Alles könnte ich dir verzeihen, *alles*, vergiß das nicht, nur nicht einen Mangel an Aufrichtigkeit mir gegenüber. Das würde mir zu verstehen

43. Benedikt XV., (Giacomo Della Chiesa), 1914 zum Papst gewählt, starb im Januar 1922.

geben, daß du mich noch nicht vollkommen kennst und liebst. Denn wenn du mich gründlich kenntest, müßtest du auch wissen, daß meine Liebe zu dir so vollständig und vollkommen ist, daß sie neben der bräutlichen Liebe auch die Mutterliebe, die Schwesterliebe und die Freundesliebe in sich vereint. Und du weißt, daß eine wahre Mutter alles verzeiht, eine wahre Schwester in allem Nachsicht übt, eine wahre Freundin alles versteht. Füge mir nie die Beleidigung zu, unaufrichtig zu mir zu sein und kein Vertrauen zu mir zu haben. Ich liebe dein Herz noch mehr als deinen Körper, das weißt du. In deinem Herzen darfst du keine Geheimnisse mir gegenüber haben. Versuche so zu leben, daß du dich deiner Maria immer anvertrauen kannst, ohne daß es dir schwerfällt. Du lebst in einer Stadt, die ein Sammelsurium aller verfänglichen Gefahren ist, voller Fallen besonders für einen jungen Mann. Versuche dich immer von allen Fangarmen der Versuchung zu befreien, die im Stande wären, dich zu versklaven und dich in den Abgrund, in den Schlamm zu ziehen... Du würdest dich nachher zu sehr schämen, nicht meinetwegen, sondern deinetwegen, wegen deiner Manneswürde, bleibe immer Herr über dich selbst, Mario, und nicht nur Mann. Bewahre dich frei und stark, auch inmitten aller Verlockungen der Sirenen, die auf tausend Weisen die männliche Seele versuchen. Du wirst an dich halten, nicht wahr? Deinetwegen, deiner Karriere und meinetwegen, weil du mein großes Gut, meine Hoffnung, mein Leben bist. Aber wenn du durch einen unglückseligen Zufall schon erlegen bist, oh, dann komm, komm sobald als möglich zu mir. Wir werden zusammen weinen, und ich werde dich gesund machen und dem Leben zurückgeben, so daß du wieder frei und stark sein wirst; denn das Herz der Frau, die wirklich liebt, hat alle Arzneien in sich, um euch von den Krankheiten des Fleisches zu heilen, und alle Nachsicht und Duldsamkeit, um euch die Schwächen des Geistes zu vergeben.»

Sie werden fragen: «Wie können Sie sich nach sovielen Jahren an alles erinnern, das Sie ihm geschrieben haben?»

Oh! Ich erinnere mich, ich erinnere mich! Bei dem allgemeinen Verfall meines Körpers bleibt mein Gedächtnis stark, einzigartig stark. Ich erinnere mich an alles, auch an die unbedeutendsten Dinge. Und wie sollte ich mich denn nicht erinnern, da ich mir diese Worte in Gedanken tausendmal wiederholt habe? Ich könnte Ihnen alle Briefe, die ich ihm geschrieben habe, aus dem Gedächtnis aufsagen. Sie sind in mein Gedächtnis eingeprägt wie auf einer Schallplatte, so wie seine Briefe in mein Herz eingeprägt sind. Ich habe sie hier in der Nähe meines Bettes, aber ich sehe sie nicht einmal an. Das ist nicht nötig. Sie sind alle in mein Herz geschrieben, und ich brauche nur in mein Inneres zu schauen, um sie zu lesen.

Nach sechs Monaten des Schweigens seinerseits schrieb ich seiner Großmutter über das, was vorgefallen war, und schloß den Brief so: «Meiner Würde wegen halte ich es für angebracht, dieser unglückseligen Liebe ein Ende zu setzen. Ich richte und verdamme Mario nicht. Es tut mir nur leid, daß seine schöne Jugend sich zu einem so unwürdigen Verhältnis erniedrigt hat. Aber so ist es nun einmal. Solange Mario ein Junge war, war er vollkommen; zum Mann geworden, schwimmt er mit dem Strom. Trauriger Strom, der Grund für soviele Fehler ist. Gott möge ihm verzeihen, wie ich ihm verzeihe. Lassen Sie ihn wissen, daß ich ihm sein Wort zurückgebe, das er sich ja im übrigen bereits auf so jämmerliche Weise zurückgenommen hat. Wenn er schon nicht imstande gewesen ist, treu zu sein, so werde ich es sein, für ihn und für mich. Und wenn ich mich nicht um ihn als fleischliche Kreatur kümmern kann, so werde ich mich um ihn als Seele kümmern. Ich werde für sein Wohl beten. Denn wenn ich ihm auch seine ganze Freiheit zurückgebe, so werde ich mich doch weiterhin als seine getreue Verlobte betrachten.»

Pater, ich habe Ihnen gesagt, daß ich mir damals, als mir Roberto weggenommen wurde, kein größeres Leid hatte vorstellen können. Aber 1921 litt ich sehr viel mehr. Seit jenem Morgen, dem 23. Dezember 1921, bis..., bis wann? Solange ich lebe, werde ich diesen Stachel in meinem Herzen tragen. Es ist ein so starkes Leid, daß es sogar der Freude meiner Hingabe an Gott standhält.

Wie verstehe ich den Schmerz Christi über den Verrat des ungetreuen Apostels! Nein, es gibt nichts, was den Schmerz übertrifft, den uns ein Verrat bereitet, der Verrat eines Menschen, den wir geliebt und geachtet haben. Der Tod, der uns einen geliebten Menschen wegnimmt, ist nichts im Vergleich zu dieser schlechten Tat. Sie vernichtet in uns die Achtung, die wir bisher für einen lieben Menschen empfanden. Sie schleudert das Geschenk unseres Herzens zu Boden, daß es im Schlamm zerschelle. Unser Herz wird verhöhnt und verraten. Das ist ein Schmerz, der uns das Blut aus den Fasern preßt und uns zermalmt, wie es nur ein Mühlstein tun kann. Er macht uns zunichte.

Wenn einer stirbt, können wir ihm in Gedanken ins Jenseits folgen; er verläßt uns nicht: aus anderen Reichen wacht er über uns, er folgt und beschützt uns. Befreit von den Zwängen des Fleisches, kann er sich uns nähern wie ein Schutzengel. Aber derjenige, der uns verrät, ist für uns verloren. Er selbst zieht sich zurück und trägt sein Herz mit sich fort, das für uns zum Kelch der Bitternis geworden ist. Schmähend geht er weg, und im Weggehen tritt er unser Herz mit Füßen. Dieses Herz, das unter seinen Füßen noch ein letztes Mal vergeblich nach Erbarmen schreit. Verloren, für immer verloren ist der, der unser Vertrauen, unsere Achtung und unsere Liebe durch den Verrat und das unverdiente Verlassen schlägt und quält.

Derjenige, der stirbt, hört nicht auf, uns zu lieben. Im Gegenteil, er liebt uns im anderen Leben mit größerer Vollkommenheit: unsere Liebe zu einem lieben Verstorbenen besteht weiter. Aber derjenige, der uns verrät, liebt uns nicht mehr. Er zieht sich mit seinem ganzen *Ich* zurück, und wir bleiben mit unserer Liebe zu ihm allein... Denn — es scheint unmöglich, aber es ist so —, man liebt nie so vollkommen und so stark, wie wenn man aus mitleidsvoller Liebe den liebt, der uns verraten hat. Er bleibt unauslöschbar in unserem Herzen. Wir sehen an ihm die Schuld eines Verrates, der uns zutiefst verletzt, aber wir fühlen nicht so sehr den Schmerz unserer Wunde, wir betrüben uns über die Wunde, die er sich selbst zugefügt hat, indem er seine menschliche Aufrichtigkeit mit Füßen getreten hat. Wir grämen uns ob seiner künftigen Gewissensbisse, die unvermeidbar folgen werden, sobald die Seele klar die Laune erkennt, die sie verführt hat; denn in den Stunden des Nachdenkens, die auch der oberflächlichste Mensch kennt, steht er sich selbst und seiner Vergangenheit gegenüber.

Wie gesagt, Mario hat zu seiner großen Entlastung all das, was meine Mutter ihm geschrieben haben wird. Aber wenn das auch die Schuld mindert, so löscht es sie nicht aus. Der Verrat bleibt. Und es bleibt auch die Beleidigung, die er mir zugefügt hat, indem er mir, seiner treuen und ehrbaren Verlobten, ein lasterhaftes Geschöpf vorzog, das er zufällig auf den Gehsteigen einer Weltstadt gefunden hatte. Wäre er nach einer kurzen Laune zu mir zurückgekehrt, ich hätte ihn bemitleidet. Aber so… Es ist das eine Bitternis, die mich bis ins Grab begleiten wird.

Und trotzdem hat sie meine Liebe zu ihm nicht ausgelöscht. Und ich glaube auch nicht, daß sie meiner Hingabe an Gott Abbruch tut. So wie Witwen in Klöster eintreten und Gott mit allen ihren Andachtsübungen des klösterlichen Lebens ehren können und mit ihrer Liebe, die sich zuerst für das Geschöpf entwickelt hatte und sich nun durch ihre Hingabe an den Schöpfer vervollkommnet — so kann auch ich, die ich doch noch bevor ich geheiratet hatte, ebenfalls zur Witwe geworden war, meinen Gott lieben, der nun allein über mich und in mir herrscht, und gleichzeitig eine übernatürliche Liebe für die Seele desjenigen bewahren, der mich verlassen hat und nach so viel Gutem, das ich in seine Seele gesät hatte..., so tief gefallen ist.

Meinen Sie nicht auch, daß ich so handeln kann?

Mein neuer Schmerz hat mich nicht von Gott getrennt. Im Gegenteil, die Liebe zu Ihm nahm zu. Ich erlebte keine jener schrecklichen Stunden der Auflehnung wie 1914 und danach. Ich habe gelitten, wie man mehr nicht leiden kann. O ja! Jetzt kann ich es wohl sagen, nachdem ich alle Schmerzen, außer dem Tod eines Kindes, kennengelernt habe. Ich litt, aber nicht eine meiner Tränen fiel einsam zu Boden, nachdem sie mir das Herz verbrannt hatte. Ich goß sie alle in das Herz Christi.

Zu Ostern rief der Pfarrer der Kirche Mariä Reinigung, der Pfarrkirche, zu der unser Hotel gehörte, die Gläubigen auf, sich in den Dritten Orden der Franziskaner einzuschreiben.

Ich und der heilige Franz waren alte Bekannte.

Im Frühjahr 1912 hatte mir die Oberin meines Kollegs, die meine Leidenschaft für diesen damals noch sehr wenig gefeierten Heiligen kannte, ein Buch über denselben zu lesen gegeben: «Göttlicher Liebeshauch», wenn ich mich recht an den Titel erinnere. Niemand wollte es zuerst lesen, nicht einmal die Schwestern. Die Oberin brachte es mir und sagte: «Hier, Valtortino, du bist ja eine kleine Franziskanerin, lies es und sag mir, ob es den anderen gefallen würde und man es im Speisesaal vorlesen könnte.» Es war ein neues Buch, man mußte erst die Seiten aufschneiden. Ich vertiefte mich in jene Lektüre, und wenn ich den Seraphischen vorher instinktiv geliebt hatte, so liebte ich ihn nachher als Kennerin dreimal so sehr. Ich hatte meinen Heiligen gefunden. Auch in den *dunklen* Zeiten meiner Jugend ist meine Liebe zu ihm nie schwächer geworden.

Es war mehr als natürlich, daß ich mich jetzt, da ich mit ganzer Willenskraft zu Gott zurückkehrte, mehr denn je zu seinem Herold hingezogen fühlte, zum Stigmatisierten von La Verna. Ich fühlte mich hingezogen zu dem, der, nachdem er *Fleisch* gewesen, aus Liebe zu Christus *Geist* geworden war.

Ich war nahe daran, mich in den Dritten Orden der Franziskaner einzuschreiben. Dann aber nahm ich doch Abstand davon. Warum? Es war noch ein Rest von Scham in mir. Ich traute bereits der Barmherzigkeit Gottes, und ich vertraute mich ihr an. Immer mehr fand ich in Gott jenen Trost, den ich bei allen Menschen vergeblich gesucht hatte. Aber ich war noch nicht soweit, wie ich jetzt zu glauben glaube, daß die Barmherzigkeit Gottes so unendlich ist, daß nichts Ihn daran hindern kann, seine Geschöpfe zu lieben.

Ich sagte mir: «Ja, Gott hat dir verziehen, und Er hat dich gern wie früher. Aber du, meine Seele, darfst nicht vergessen, was du gegen das göttliche Gesetz getan hast. Daher mußt du, bevor du in eine Heerschar wie die des Dritten Ordens eintrittst, dein Fegefeuer durchmachen. Ein Fegefeuer der Buße, ein Fegefeuer des Lernens, um dich zu reinigen und in der Erkenntnis deiner christlichen Pflichten zu wachsen. Viele Jahre warst du von Krankheitserregern befallen, nun mußt du in Quarantäne bleiben.»

Solange ich mir sagte, daß ich mich meiner Fehler erinnern müsse, war es gut. Ich erinnere mich ihrer auch jetzt, um immer mehr Dankbarkeit gegen Gott zu empfinden, der so barmherzig zu mir gewesen ist; und auch um immer mehr das Bedürfnis zu empfinden, meine Schuld gegen die göttliche Gerechtigkeit durch die ständige Aufopferung zu tilgen. Doch war es falsch, mit meinem Eintritt in den Dritten Orden zu zögern, indem ich mich durch einen Rest von unheiliger Scham zurückhalten ließ. Ich beurteilte Gott nach menschlichen Maßstäben und verhielt mich Ihm wie einem Menschen gegenüber, den ich beleidigt hatte. In diesen Dingen sah ich noch nicht klar.

Der gute Jesus hatte mich schon wie den Blinden von Betsaida bei der Hand genommen und mich aus der Menge herausgeführt... Anschließend hatte er mir den Speichel auf die Augen gestrichen und die Hände aufgelegt..., und ich begann zu sehen. Aber durch eine letzte Täuschung des Bösen sah ich all meine Vergangenheit fürchterlich vergrößert. So wie dem Blinden im Evangelium die Menschen wie mächtige Bäume erschienen, kamen mir meine Verfehlungen, und es waren ja unleugbar Verfehlungen, so ungeheuer groß vor, daß ich mich scheute, unter dem Siegel eines Dritten Ordens die Nachfolge Christi anzutreten. Es fehlte noch das zweite Auflegen der göttlichen Hände, damit ich alle Dinge klarer erkennen würde.

Daher sagte ich zu mir selbst: «Nimm an, du wärest eine Anwärterin. Überlege dir, ob du geeignet bist, dem Meister unter einer bestimmten Regel zu folgen, oder ob du dich damit begnügen mußt, eine einfache Gläubige zu sein.»

In göttlichen oder menschlichen Angelegenheiten habe ich immer aufmerksam erwogen, ob ich eine Sache zu Ende führen könnte. Ich ritt nie Galopp ab, wie viele es unter dem Ansporn einer plötzlichen Begeisterung tun, die wohl eine heilige Inspiration sein kann, aber nicht von Dauer ist, wenn sie nicht durch viele andere Dinge bekräftigt wird. Ich habe dem Senkrechtstarten und dem Galopp, die sich bald erschöpfen, stets den gleichbleibenden Trab, der weitführt, vorgezogen. Dem blitzschnellen Lauf eines Olympioniken habe ich z.B. immer den gemessenen Schritt unserer Bergbewohner vorgezogen. Man hat den Eindruck, daß sie sehr langsam gehen, aber sie legen auf diese Weise Entfernungen zurück, die kein Spitzensportler zurücklegen könnte, und sie überwinden alle Hindernisse mit einer, ich möchte fast sagen, feierlichen Ruhe.

Das erfordert planmäßiges Vorgehen und Ordnung in allen Dingen, und vor allem Überlegung: um Gott ähnlicher zu werden, der auch trotz seiner unermeßlichen Macht in seiner Schöpfung methodisch und geordnet vorging und seine Ordnung nur selten, um uns zu bestrafen, verletzt, indem Er die kosmischen Kräfte entfesselt oder ein Wunder wirkt, um uns von seiner Existenz zu überzeugen. Da heißt es überlegen, bevor man ans Werk geht, damit die Leute uns nachher nicht wegen unserer Anmaßung, die bei der ersten Widerwärtigkeit wie eine Seifenblase zerplatzt, auslachen.

Ich habe mir daher selbst eine Wartezeit auferlegt und einstweilen versucht, das Erdreich meiner Seele zu verbessern, um es auf die göttliche Saat vorzubereiten.

Weg mit den Steinen, also mit dem Groll gegen jene, die mir geschadet hatten. Gott kann da nicht herrschen, wo ein auch noch so kleines bißchen Haß waltet, denn Liebe und Haß können nicht unter ein und demselben Dach hausen. Also habe ich als erstes dies aus dem Herzen entfernt, indem ich den zwei Schuldigen verzieh: meiner Mutter, die der Lüge und des Egoismus, und Mario, der der Unbedachtheit und des Verrates schuldig war.

Dann kamen die luftigen Vögel, das heißt die verschiedenen Gedanken daran, die unseren Geist flatterhaft machen, indem sie den Samen fern von der Ackerfurche verstreuen, wenn sie ihn nicht gar vernichten, indem sie die göttlichen Eingebungen in ihrem nach niedriger, menschlicher Nahrung gierigen Magen verschwinden lassen.

Dann schaltete ich die Passanten aus, die mein Saatgut hätten mit Füßen treten können, das heißt die Zuneigungen, die ich nicht mitten auf dem Weg und auf dem bestellten Acker, und dort mit starker geistiger Liebe, um *ihrer Seele willen und ohne menschliche Anhänglichkeit* an das Hinfällige und nur von menschlichen Sympathien Genährte angetroffen hatte.

Als Viertes entfernte ich die Dornen, das heißt die menschlichen Sorgen über das, was mir noch hätte zustoßen können, über die Zukunft, die sich so traurig ankündigte, usw.

Das war keine kleine Arbeit... Doch auch, um ein Feld urbar zu machen, braucht es Jahre. Dafür bringt es dann aber hundertfältige Frucht, da es reich an unberührtem Erdreich und frei von allen Unvollkommenheiten ist.

Ich befreite meine Seele durch sorgfältige Arbeit von allen Steinen, Dornen und toten Gewässern. Ich bewässerte sie mit Liebe, einer Liebe aber, die keinen leidenschaftlichen Ausuferungen unterlag. Ich düngte sie durch den Schmerz und die Liebe, pflügte sie durch die Reue und machte sie locker durch das Vertrauen. So war sie bereit, als der göttliche Sämann kam, und alles erblühte in Christus. Eine Blüte, die nie mehr aufgehört hat, sondern im Gegenteil immer reicher geworden ist; denn von den ersten Aussaaten der gebotenen Tugenden sind wir zu den evangelischen Räten übergegangen, und von diesen zu den heiligen Kühnheiten der Liebe, zum Durst nach Leiden, zum Verlangen nach vollkommener Aufopferung.

Ich sage *wir*, denn durch mein Verlöbnis mit Christus war meine Seele nicht mehr allein beim Bitten, so wie Christus beim Säen nicht allein war. Wir waren zu zweit: zwei Willen, zwei Liebende, zwei Herzen, die immer neue Blüten wollten, die um erleseneren Blütenreichtum bemüht waren. Und wenn einer der beiden einen Augenblick innehielt, spornte ihn der andere an fortzufahren...

Ich habe gesagt, es kam soweit, daß wir die Bitte um die vollkommene Aufopferung als vortrefflichste Blume säten. Nein, nach dieser blühte auch die Blume aller Blumen in meinem Herzen. Die Blume, deren Same, um zu wachsen und ewig zu blühen, einen mit dem vollkommenen Opfer fruchtbar gemachten Boden braucht. Christus ist in mir geboren worden.

Nach den weit zurückliegenden Tagen der Ankündigung Christi in meinem Herzen, nach der finsteren, mit der Last meiner Menschlichkeit beladenen Zeit, war Christus wiedergeboren worden und bedeckte mit seiner Blüte die Geburtsscholle, meine arme Seele, die ihre Daseinsberechtigung einzig daher nimmt, daß sie Sockel für ihren Herrn ist.

Maria ist verschwunden. Es lebt nur Er. Maria stirbt. Er atmet ihr Leben ein, um immer schöner in ihr zu erblühen. In Kürze wird Maria nur mehr als eine Erinnerung unter den Menschen sein. Aber Er wird meine Seele in seinen schönen, himmlischen Garten tragen, und ich werde ewig weiterblühen unter den göttlichen Strahlen der Heiligen Dreifaltigkeit, von der Hand Mariens liebkost...

Rückkehr nach Florenz

In einer Tragödie von Goethe findet sich dieser Satz: «Wirksam sei die Pflicht, wo die Liebe träge ist.» Für mich war die Zeit gekommen, Goethes Rat zu folgen.

Als Mama überzeugt davon war, daß Mario für immer bezwungen sei — Gott weiß, mit welchen Waffen! —, ging sie daran, mich eindringlich nach Hause zurückzurufen.

Es versteht sich, daß ich ihr nützlich war! Ich arbeitete wie die fleißigste aller Hausangestellten und kostete, außer der Verpflegung, keinen Pfennig. *Außer der Verpflegung*, denn was Mode und sonstige Eitelkeiten betrifft, für die meine Geschlechtsgenossinnen viel Geld ausgeben, war ich nie anspruchsvoll. Und da ich sowieso aller Dinge überdrüssig war, war ich noch anspruchsloser geworden. Ich trug die Sachen, die man mir zum Anziehen gab. Auf Reinlichkeit legte ich großen Wert, ansonsten war mir alles recht. Ob es sich um Sachen handelte, die seit Jahren aus der Mode waren, ob es aus billigem Material angefertigte Stücke waren, mir war alles recht. Daher war ich, was die Ausgaben betraf, ein Idealfall.

Papa war nicht dazu zu überreden, den Wohnsitz nach Reggio Calabria zu verlegen. Daher kehrte ich nach Florenz zurück.

Ich würde eine große Lüge sagen, wenn ich behauptete, daß ich dies gern tat. Ich verließ eine Oase des Friedens, um, wenn auch nicht in den Krieg, so doch in den Kleinkrieg zurückzukehren. Das wußte ich. In Reggio hatte ich auch traurige Dinge erlebt, ja meinen größten Kummer überhaupt. Aber ich war dermaßen von Liebe umgeben, daß mir das half, den neuen Schlag zu ertragen.

Nichts ermüdet, demoralisiert und zehrt mehr, als die täglichen kleinen Sticheleien, die wir ertragen müssen, wenn wir mit gewissen Charakteren zusammenleben. Diese Sticheleien sind keine Wunden, aber sie entkräften mehr als eine wirkliche, tiefe Wunde. Sie sind wie die Stiche eines Schwarmes von Mücken, die sich immer von neuem auf unser Fleisch stürzen und stechen und beißen und saugen. Sie reizen die Haut und impfen winzig kleine Tröpfchen Gift ein. Einzeln genommen töten sie uns nicht, aber sie können Fieberkeime injizieren, und dieses Fieber kann uns töten. Ihre Bisse zerreißen die Haut nicht sichtbar, aber sie machen sie zu einer geröteten, geschwollenen Maske. Sie rauben uns die Freude am Schlaf, stören die Mittagsruhe und hindern uns am Lesen. Eine Geißel, die zwar klein in ihren Werkzeugen, aber groß in der Wirkung ist.

Dieser Geißel ging ich entgegen. Den Frieden, in dem ich gelebt hatte, das Verständnis, das mir zuteilgeworden war, die Liebe, die mich gepflegt hatte, mußte ich zurücklassen. Trotz aller Leiden, die ich Marios wegen durchgestanden hatte, sah ich seit August wieder blühend aus. Unter der heilsamen Erschütterung der Freude hatte sich meine Jugend wieder gekräftigt. Es war wie eine körperliche Auferstehung. So viel können Glück und Liebe in einem Menschen bewirken, der vorher ohne Glück und Liebe leben mußte. Als das neue Leid auftauchte, habe ich die schmerzliche Prüfung körperlich gut überstanden; sei es, weil Gott bereits meine arme Seele, der gerade der letzte schmerzliche Stoß versetzt werden sollte, an sich genommen hatte, sei es, weil sich nun alle jene harmonischen körperlichen Kräfte wieder in Bewegung gesetzt hatten, die zur täglichen Verteidigung des Organismus dienen und vorher ermattet darniedergelegen hatten.

Meine Vettern, die mir sehr zugetan und zu Recht stolz auf mein Wohlergehen waren, das ich ihren unzähligen Bemühungen verdankte, wollten mich nicht abreisen lassen. Aber ich konnte nicht länger von zu Hause fortbleiben. Ich wollte zu den Meinen zurückkehren, vor allem Papas wegen, dessen trostloses Dasein ich mir leicht vorstellen konnte; aber auch wegen Mama, die ich *trotz allem* immer geliebt habe und liebe. Eine Liebe, die keine Erwiderung finden kann, aber deshalb nicht geringer ist.

Ich weiß zu gut, daß meine Mama, die unter Verfolgungswahn leidet, überzeugt ist, daß ich sie nie geliebt hätte. Aber ich weiß mindestens ebensogut, wie sehr ich sie geliebt habe, mit einer Liebe, die selbst ihre Hartherzigkeit nicht herabmindern konnte. Eines Tages, wenn auch Mama in das Licht Gottes hinaufsteigen wird, worum ich um den Preis meiner Hingabe gebetet habe und bitte — und ich glaube, daß dies eine viel wirksamere Liebe ist als jene, die sich auf Schöntuerei und Küßchen gründet —, eines Tages also, wenn Mama durch jenes Licht die Wahrheit der Dinge begreifen wird, dann wird sie endlich verstehen, mit welcher Liebe ihre unverstandene Tochter sie geliebt hat...

Gut, es macht nichts, wenn meine Tochterliebe verkannt wird. So entbehre ich das Glück, das ich dadurch erfahren könnte, und meine Liebe ist doppelt verdienstvoll.

Am 2. August 1922 kehrte ich also nach Florenz zurück.

Die Madonna degli Angeli, die Madonna del Perdono[44] von Assisi, stand mir bei dieser Rückkehr, *die ein großes Verzeihen war,* als Patronin zur Seite. Und die Engel müssen mir geholfen haben, die erste Begegnung mit derjenigen, die mir *alles* genommen hatte, zu bestehen... Ich meine, der eifrigste unter den Engeln war derjenige, der die Mutter Christi getröstet hatte, als Er im Abendmahlssaal durch einen Kuß verraten, von Petrus verleugnet, von denen, die Wohltaten empfangen hatten, beleidigt, gequält und verhöhnt worden war... Der Engel der Betrübten unter den Betrübten, der Gethsemani-Engel, der Engel vom Kalvarienberg, der Engel, der zwischen Mutter und Sohn hin- und hereilte. Der Engel, der die Tropfen des göttlichen Blutes und die Tränen der Mutter Jesu sammelte, sang mir die Hymne der Vergebung für diejenigen, die uns gekreuzigt haben. Er wies auf die Dornenkrone hin, auf die quälenden Nägel, die Geißeln, das Kreuz, die Lanze und den Schwamm, die zu Werkzeugen des Opfers und der Verherrlichung der armen Maria werden sollten, wie sie es für das göttliche Lamm gewesen waren.

Papa war recht heruntergekommen: mager und fahl, er, der stets eine so gute Gesichtsfarbe gehabt hatte. Auch Mama sah sehr erschöpft aus, obgleich sie nie ohne die Hilfe eines Dienstmädchens gewesen war, das nach meiner Ankunft natürlich verschwand.

Meine Kusine Klothilde und Memmo, die mich nach Florenz begleitet hatten, unternahmen einen letzten Versuch, Papa zu überreden, zu Beginn des nächsten Monats mit ihnen nach Kalabrien zu fahren. Aber Papa lehnte mit der Starrköpfigkeit, die gewisse Krankheiten hinterlassen, unwiderruflich ab. So kehrten die beiden zurück..., und ich blieb.

Die beklemmende, für mich ausgesprochen unerträgliche Hitze von Florenz, die ich an die leichte, frische Luft der Meeresstraße von Messina gewöhnt war; die für mich beschwerliche Enge der glühend heißen Wohnung, die ich an das weiträumige Hotel gewöhnt war; die sich aufdrängenden, meine Seele stichelnden Erinnerungen und die..., sagen wir nur, wohlgemeinten Fragen der Lieferanten, Nachbarn usw., die mich mehr oder weniger offen nach dem Kind fragten, machten mir gleich ziemlich zu schaffen. Mein Herz begann wieder seine

44. Es ist der Tag des von Papst Honorius III. im Jahre 1216 gebilligten Porziunkula-Ablasses, um den der hl. Franziskus von Assisi gebeten hatte.

besessene Tarantella zu tanzen, nachdem es sich seit einigen Monaten beruhigt hatte, und ich magerte sehr schnell ab. Aber das war noch das wenigste.

Die ersten Tage, solange Gefahr bestand, daß Klothilde zurückkehren könnte, war Mama sehr lieb. Dann, als diese Gefahr vorüber war, zeigte sie die Krallen... eher Klauen. Sie stellte Fragen und machte Unterstellungen. Aber ich gebot ihr — mit meiner *einzigen* Kraft — so entschieden zu *schweigen*, daß sie es jahrelang nicht mehr wagte, dieses Thema zu berühren. Sie muß angenommen haben, daß ich genauestens wisse, was sie angestellt hatte. Sonst hätte sie nicht so schnell nachgegeben.

Zweite Kraftprobe. Da sie immer der Überzeugung gewesen war, Lehrerin zu sein sei die Quintessenz des Lebensglücks, wollte sie aus mir eine Lehrerin machen und schickte mich in die Berlitz-Schule, ein Fremdspracheninstitut. Ich ging hin, denn Studieren hat mir immer Spaß gemacht, und es freute mich, meine Französisch-Kenntnisse aufzufrischen. Aber: das Einkaufen auf dem Markt, die Hausarbeit, das Studium und das Zur-Schule-Eilen, die Schrecken durch die Volkserhebungen, die damals wüteten, die Erregungen infolge der Begegnungen mit dem Oberst usw. schadeten mir so, daß ich aussetzen mußte. Aus war es mit dem mütterlichen Traum, aus mir eine Lehrerin zu machen.

Also eine andere Grille. Sie schickte mich in die Zuschneide- und Modistinnenschule, in der Hoffnung, aus mir eine Zuschneidemeisterin oder Schneiderin zu machen. Ich ging hin, weil ich dachte, ich würde so in der Lage sein, mir die «Kutten» zuzuschneiden, die ich trug... Es waren wirklich Kutten ohne Grazie. Aber ich hielt nichts darauf, hübsch auszusehen.

Ja, ich würde wirklich gern den *wahren Grund* wissen, weshalb Mama die Leute überzeugen wollte, daß ich es notwendig hätte, mir als Lehrerin oder Schneiderin den Lebensunterhalt zu verdienen. Ich habe es nie genau erfahren. Aber eine verborgene Absicht steckte dahinter.

Notwendig hatte ich es nicht. Sie werden verstehen, wenn ich nach zehn Jahren Krankheit noch nicht wie ein Hiob aussehe, so ist das ein Zeichen, daß unsere Finanzen nicht so schlecht standen. Jetzt haben wir fast nichts mehr, das ist wahr, aber zehn Jahre lang hat es uns gut gereicht. Unser Einkommen war groß genug, daß es uns gut ging und sogar etwas übrigblieb.

Aber Mama *wollte jemanden überzeugen*, daß ich ein armes mittelloses Mädchen sei. Wer war dieser Jemand? Ich dachte immer, daß es Mario und seine Verwandten wären. Wer weiß, was sie in diesem unseligen Brief geschrieben hatte!... Nun mußte sie das Gesagte bekräftigen. Ich denke, sie wird geschrieben haben, daß ich sie beide im Alter erhalten müsse... Was ich nicht alles denke! Vielleicht hat sie auch geschrieben, daß ich mich mit einem anderen Steinreichen verlobt hätte... Vielleicht auch, daß ich den Kopf und die Ehrbarkeit verloren — oder daß ich eine schandbare Krankheit hätte... Es kommen mir soviele, viele Gedanken!... Ich kenne meine Mutter und weiß, daß sie, um nur eine Laune durchzusetzen, zu allem fähig ist. Da kümmert es sie nicht, ob sie den guten Ruf eines anderen aufs Spiel setzt, und auch nicht, ob die Leute die ganze Familie kritisieren und sich allerlei zusammenreimen. Nichts spielt eine Rolle. Hauptsache, sie setzt sich durch.

Kurz und gut, ich besuchte die Schule für Zuschneiderinnen und Modistinnen. Ich legte die Prüfungen ab, und obwohl ich das Zuschneiden haßte, bekam ich wie alle, die nicht ehrgeizig sind, sehr gute Noten. Aber dann machte ich Schluß damit, denn meine Gesundheit verschlechterte sich zusehends. Und es konnte ja nicht anders sein.

Manchmal geschah es, daß ich Marios Vater begegnete, und zu sehen, daß er mir den Gruß verweigerte, durchbohrte mir das Herz... Jedesmal, wenn mir dies zustieß, war ich nachher ein paar Tage krank. Und dann war da Papa. Er vergaß zu leicht, daß es nach Mamas Meinung er gewesen war, der mit dieser meiner Heirat nicht einverstanden war, und fragte mich fast jeden Tag: «Aber warum hast du Mario denn eigentlich nicht geheiratet?» Eine wahre Freude, glauben Sie mir...

Am Silvesterabend des Jahres 1923 ging ich aus, um Mäusedorn und Stechpalme zu kaufen. Es war ein kalter, nebliger Abend. Ich hatte mich in einen Schal eingemummt und sah wie eine Türkin aus, und ich hatte meinen kleinen Hund bei mir.

Ich ging auf die Piazza Cavour, die jetzt Piazza Ciano heißt. Während ich die Zweige mit den roten Kügelchen kaufte, spürte ich etwas wie eine Berührung: so, als ob mich jemand an der Schulter berührt hätte. Ich drehte mich um — und sah Mario, der den Platz überquerend sich näherte. Er trug die Uniform und war in einen Mantel gehüllt. Wie vom Blitz getroffen stand ich da.

Ich muß ganz schön dreingeschaut haben, denn der Verkäufer der Stechpalmen bot mir seinen Hocker an. Ich blieb aber aufrecht stehen und umklammerte krampfhaft den Rand des Karrens. Ich empfand nichts mehr, nicht einmal die Stiche der dornigen Zweige!...

Mario muß mich zuerst nicht erkannt haben, da ich so in meinen Schal vermummt war. Vielleicht wurde er erst durch mein Hündchen, das er ja so gut kannte, auf mich aufmerksam. Er konnte nicht blasser werden, als er schon war, doch er zog den Kopf ein, wie einer, der etwas auf dem Kerbholz hat, und ging unsicheren Schrittes weiter...

Was für ein Wrack, Pater, was für ein Wrack!... Was hatten sie aus meinem Mario gemacht, die zwei Frauen! Er war ein so kräftiger, gesunder, ehrbarer junger Mann gewesen. Was hatte meine Mutter getan, daß er meiner überdrüssig wurde, mich mißachtete, in Verzweiflung geriet und in einer Stunde der Niedergeschlagenheit in den Armen eines Vampirs gelandet war? Und was hatte dieser Vampir im Kleide einer Frau aus seiner schönen Jugendlichkeit gemacht? Ein Wrack... Gebeugt, mager, erdfahl, mit erloschenem Blick, frühzeitig gealterten Gesichtszügen, unsicherem Schritt…

Mein Mario, der noch keine 27 Jahre alt war, war ein menschliches Wrack... Ein Kranker, ein gebrochener Mann, der einst vor Gesundheit und Hoffnungen strotzte!

Sehen Sie, heute früh habe ich Ihnen gesagt: «Ich bemerke, daß ich mich sehr verändert habe, denn ich habe nicht mehr das Gefühl, daß sich alles in mir umdreht wie früher, wenn ich bestimmte Themen berühre.» Aber nun, während ich von dieser Begegnung erzähle, sehe ich meinen gealterten Mario wiederum niedergeschlagen und verbraucht mit gesenktem Kopf vorbeikommen, und ich spüre, daß es in meinem Inneren an den empfindlichsten Fasern reißt...

Ich habe mir oft Vorwürfe gemacht, daß ich nicht die Kraft gefunden hatte, ihn zu rufen und nach dem Beweggrund seines Handelns zu fragen. So hätte ich den Schlüssel zu dem Geheimnis gehabt, das mich bedrängt... Aber ich war wie gelähmt. Der Stolz der beleidigten Frau, die Liebe, die sich in meinem Herzen staute, das Mitleid, unendliches Mitleid mit seinem Unglück, alles hat zu diesem schockartigen Zustand beigetragen... Und doch wäre es so gut gewesen, ihn zu befragen, um den Stachel seiner Handlungsweise aus meinem Herzen zu reißen; denn nach menschlichem Ermessen sah alles nach Verrat aus.

Aber ich fühle, daß es keiner war. Mario war durch eine Reihe von Umständen zum Handeln getrieben worden, die seine Schuld vermindern und den Verrat zu Schwäche werden lassen. Er war damals in der Blüte seiner Jugend und, wie er mir versichert hatte, hatte er alle Verlockungen leichtfertiger Liebschaften zurückgewiesen, um mich von

Gott zu erhalten. Der Lohn für seine Keuschheit sollte ich sein. Ich, das muß ich zugeben, war mehr Seele als Frau. Ich liebte ihn mit meinem ganzen Sein, aber ohne jene Leidenschaft und Hingabe, die einen Mann fesseln. Hinzuzufügen wären auch der Einfluß meiner Mutter, der vielleicht manch *erfundene* Unvollkommenheit noch unterstrich, und meine außerordentliche Zurückhaltung, die den Glauben erweckte, daß solche wirklich existierten. Zieht man schließlich die Entrüstung und die Enttäuschung, mich nach so langem Warten zu verlieren, und die zufällige Begegnung mit dieser verlotterten Russin gerade in dieser Stunde der Verwirrung in Betracht, so sieht man, daß er von einem Strudel erfaßt worden war, in dem er untergehen mußte. Ich entschuldige ihn nicht, aber ich bedaure ihn.

Mühsam kehrte ich nach Hause zurück. Ich erzählte niemandem etwas. Seit Jahren schon vertraute ich mich keinem an. Die Tür des Vertrauens zu meiner Mutter war seit langem verschlossen und vernagelt. Aber nun hatte ich Gott, der mich tröstete.

Ich hatte nicht haltgemacht an dem Punkt, wo ich in Reggio angelangt war. Ich schritt immer weiter auf Gott zu. Bei meiner Rückkehr nach Hause habe ich klar und deutlich meine Absicht kundgetan, jeden Morgen in die Kirche zu gehen, und ich ging seither tatsächlich fast alle Morgen dorthin, vor allem im Mai, Juni, September, Oktober und Dezember, sowie zur Karnevals- und Fastenzeit. Mama brodelte, aber ich ließ sie brodeln.

Außerdem hatte ich ein Lukas-Evangelium gefunden. Papa hatte es nach Hause gebracht. In der Fastenzeit des Jahres 1922 müssen an einigen Tagen Evangelien verteilt worden sein.

Es handelte sich um eine bescheidene Ausgabe, die von einem Möbelstück zum anderen wanderte. Ich kannte vom Evangelium nur die Teile, die in der sonntäglichen Messe erklärt werden. Immer die gleichen, häufig erklärt, ohne die ganze Seele hineinzulegen, und noch häufiger ohne Aufmerksamkeit angehört. Und außerdem war ich ein Einzelgänger. Ich mußte und muß einen Gedanken allein durchkauen, um ihn wirklich *zu vernehmen*. Ich nahm also jenes bescheidene Büchlein, das Mama seit Monaten von einem Möbelstück zum anderen tanzen ließ und in dem Papa von Zeit zu Zeit las, trug es in mein Zimmer und begann zu lesen.

Es war «die Lampe, die auf den Leuchter gestellt wurde, damit sie leuchte».[45] Je mehr ich las, um so mehr fühlte ich, wie sich in mir ein

---

45. Matthäus 5,14-16; Markus 4,21; Lukas 8,16; 11,33.

neues Herz bildete. Ich habe viel geweint über diesem Büchlein... Sanfte Tränen, die mir das Herz wie in der Zeit meiner Kindheit erfrischten, als ich mich in den vom Kreuz abgenommenen Christus verliebt hatte. Welche Hoffnung, welche Hingabe, welche Sehnsucht zu lieben, wie man den göttlichen Verkünder lieben sollte!

Ich habe mich nie wieder vom Evangelium trennen können. Es ist das tägliche Brot meines Geistes. Ich brauche es nicht einmal mehr zu lesen, weil ich es auswendig kenne. Aber trotzdem lese ich es immer wieder, weil stets ein neuer Zauber von ihm ausgeht. Wenn es mir sehr schlecht geht, wenn ich vor etwas große Angst habe, lege ich mir das Büchlein mit den vier Evangelien, das ich zu Beginn des Jahres 1925 gekauft hatte, aufs Herz, und ich fürchte mich nicht mehr. Mir scheint, als wolle mir Jesus durch jene Seiten sagen: «Fürchte dich nicht», und als wolle Er zu den Dingen sagen: «Fügt dieser Frau nichts Böses zu.»

Mit Büchern über Askese kann ich nichts anfangen. Ich lese sie wie ein schönes Buch, und damit hat es sich. Aber das Evangelium! Wenn ich einen Zweifel habe oder schwermütig bin, bete ich zum Heiligen Geist, den ich sehr verehre, und öffne dann aufs Geratewohl das Evangelium. Dort finde ich immer das tröstende oder erleuchtende Wort, die Antwort auf eine quälende Frage.

Das kleine Büchlein mit dem Evangelium des heiligen Lukas hat mir das Herz langsam, langsam wie die Flamme eines behaglichen Kaminfeuers erwärmt. Seine Wärme hat sich über alle Adern und Fasern ausgebreitet, hat mich ganz durchdrungen und Christus immer mehr in mir wachsen lassen.

Ruysbroeck, einer der wenigen, den ich wie Paulus, Katharina von Siena, Franz von Assisi, die heilige Therese vom Kinde Jesu und Schwester Benigna verstehe — Ruysbroeck also sagt:

«Wenn Gott in euch kommt, dann seid ihr in Wirklichkeit schon in Ihm gewesen. Denn Er geht nie aus sich selbst heraus... Unser Gefühl, seine Gnade zu empfangen, hängt von der inneren Intensität ab, mit der wir uns auf Ihn zubewegen. Wenn wir uns in Bewegung setzen, kommt Jesus zu uns, mit oder ohne Vermittler, daß heißt mit seinen Geschenken und über sie hinaus. Auch wir stürzen uns in Ihn mit unseren Kräften oder über diese hinaus. Wenn Er uns also seine Geschenke bringt und sich uns schenkt, prägt Er uns die Ähnlichkeit mit sich selbst ein, gibt uns die Lossprechung und macht uns frei. Und im Augenblick der Befreiung taucht der Geist in die Freude der Liebe ein.»

Ich verstehe diese Worte sehr gut. Ich war zu jener Zeit gerade an diesem Punkt. Gott kam auf mich zu, beziehungsweise meine Seele gewahrte, daß Er in mein Inneres kam. Aber das geschah, weil ich langsam, langsam in Ihn eingedrungen war, angezogen durch den sanften Magnet seiner Liebe.

Zuerst hatte Er um mein Herz herum einen Freiraum geschaffen, und dann hatte Er mich angezogen. Er hatte mich berückt, wie einer, der um unsere Zuneigung wirbt, aber verfeinert durch seine göttliche Vollkommenheit, die in unfaßbarer Weise alle menschliche Werbekunst übertrifft. Und schließlich hatte Er gewartet, daß ich auf seine Einladung antwortete. Da ich Ihm mit aufrichtigem Herzen und fester Entschlossenheit gesagt hatte: «Ich will dein sein», hatte Er sich auf mich zubewegt, und ich mich auf Ihn.

Ich wollte nichts mehr von Ihm, als daß Er in mir herrsche. Ich bat Ihn nicht mehr, mir dies oder das zu geben, ich sagte nur: «Herr, tu, was Du für richtig hältst. Ich sehe nie richtig. Handle Du. Ich vertraue auf Dich!» Und Jesus war als Freund, Meister und König gekommen und hatte mir alle seine übernatürlichen Gnaden gebracht, während ich mich mit allen meinen Kräften in Ihn warf; *mit viel mehr Kräften, als ich eigentlich besaß*, in der Überzeugung, daß Er dort nachhelfen würde, wo ich unfähig war. Aber wenn Jesus auch ohne all seine Geschenke gekommen wäre, ich hätte Ihn trotzdem geliebt: *ich hätte Ihn seinetwegen geliebt, wie ich Ihn ja schon seit Jahren liebe.*

Er in seiner unendlichen Güte wollte mich in der ersten Zeit meiner Vereinigung mit Ihm mit allen Wohltaten überschütten, die einer spürbaren Liebe eigen sind. Mit der heiligen Margaretha Maria kann ich sagen: «Mein göttlicher Meister gab mir also zu verstehen, daß dies die Zeit unserer Verlobung war, und daß Er mich in dieser Zeit wie ein leidenschaftlicher Verliebter die süßen Liebkosungen seiner Liebe kosten lassen würde.»

Süße Worte, die mir seine lautlose Stimme zuflüsterte, und die mein geistiges Ohr sehr wohl vernahm. Geheimnisvolle Liebkosungen des Herzens, das sich Ihm zuwandte, wie eine Blume der Sonne, und Träume, Träume, Träume... Seit jenem Traum vom Juni 1916 war Er mir nicht mehr im Traum erschienen. Nun kehrte Er mit einer Regelmäßigkeit wieder, die mich den Schlaf wie ein zweites wunderbares Leben herbeisehnen ließ. Ich bin Jesus durch Galiläa gefolgt, habe Ihn zur Menschenmenge predigen hören, bin an seiner Seite durch die Ährenfelder gegangen; ich habe Ihm zu Füßen gekauert, den Kopf auf seinen Knien, während Er oben auf einer Treppe saß und sprach; ich habe Ihn gesehen, wie Ihn am Ölberg die Kräfte verließen und wie Er auf Golgotha starb, und Er... hat mir im schönen Paradies mit seinen Händen die Kommunion gereicht. Immer mit diesem Antlitz, diesem Blick, dieser Stimme, diesen Händen, dieser unendlich liebevollen Sanftmut und dieser erhabenen Majestät. Wie viele schöne Visionen!...

Das Feuer seiner Liebe drang immer mehr in mich ein und entzündete mich. Ich brannte danach, Ihn unendlich zu lieben und in anderen die Liebe zu Ihm zu erwecken. Ich hätte allen sagen wollen: «Liebt Gott, wenn ihr glücklich sein wollt. Liebt Ihn und laßt zu, daß Er euch liebt, wie Er es wünscht! Stellt seinem Kommen keine Hindernisse entgegen!»

Befreit und losgesprochen durch seine Liebe, wie Ruysbroeck sagt, tauchte ich in die Freude seiner Liebe ein. In diese himmlische Liebe, deren Milde, Süße und Fülle derart sind, daß nichts einen Vergleich aushält. Nachdem ich alle Bindungen, die mich an die Menschen fesselten, abgebrochen hatte, schwang sich meine Seele frei und freudvoll auf in das Reich des Übernatürlichen. Ich drang dort ein und bin nie mehr herausgekommen.

4. TEIL

«Sich der Liebe Gottes als Opfer anbieten, heißt, jeden Schmerz annehmen»
(Therese vom Kinde Jesu)

Die heilige Teresa von Avila hat in ihrem «*Weg der Vollkommenheit*» geschrieben: «Welchen Unterschied muß einer zwischen der menschlichen und der göttlichen Liebe feststellen, der die eine wie die andere erfahren hat!»

Das ist wahr. Das Morgengrauen eines nebeligen Wintertages im Vergleich zu dem eines strahlenden Sommertages, der kleine Teich mit den begrenzten Ufern im Vergleich zum offenen Meer mit seinem grenzenlosen Horizont, das Holzfeuerchen im Vergleich zu einem Schmelzofen, das zitternde Flackern eines Öllichtleins im Vergleich zum blendenden Licht der Sonne, sie alle sind in ihrer Verschiedenartigkeit weniger weit voneinander entfernt, als die menschliche Liebe, auch die leidenschaftlichste, von der göttlichen.

Ich war zweimal verliebt. Einmal mit der Leidenschaft meiner jungen Jahre, und da habe ich auch die Fieber der Sinnlichkeit kennengelernt. Das zweite Mal habe ich mehr mit der Seele geliebt, und eben deswegen hat mir diese erlesenere Liebe viel edlere und dauerhaftere Bezauberung und Erhebung geschenkt als die erste. Der rein menschlichen Liebe ist eine kurze Lebensdauer eigen, und sei sie auch noch so feurig in ihrer flüchtigen Stunde. Jene hingegen, die sowohl auf körperlicher als auch geistiger Anziehung beruht, die Liebes-Freundschaft, ist dauerhafter, und nicht einmal die Enttäuschung kann ihr etwas anhaben. In dieser Hinsicht hatte der Oberst sehr recht gehabt, als er mir prophezeite, daß ich Mario lieben würde, wie ich Roberto nicht im entferntesten geliebt hatte.

Aber jetzt, da ich Jesus inniger liebte, als es die große Menge der Gläubigen im allgemeinen tut, jetzt begriff ich den ganzen Unterschied zwischen dieser übernatürlichen Liebe und meiner, d.h. meinen menschlichen Lieben.

Mein Leben war nun bereits ganz auf diese Liebe ausgerichtet. Die Dinge um mich herum existierten noch und bereiteten mir Sorgen, Freuden und Leiden. Vor allem Leiden. Aber nun sah ich diese Dinge in einem anderen Licht, wie durch ein Glas, eine Linse, die sie mir ganz anders erscheinen ließen, so daß mir die betrüblichen Gedanken erträglicher, die Freuden nicht unentbehrlich und die Leiden liebenswerter vorkamen. Ich sah nun alles durch Gott. Er war die Linse, die mir die Dinge in einem anderen Licht erscheinen ließ, als wenn ich sie mit menschlichem Auge und Verstand beurteilt hätte. Ich war nun überzeugt, daß alles Geschehen einem Gesetz der Liebe folge; vielleicht einer eifersüchtigen, unnachgiebigen Liebe, die mir aber durch ihre Eifersucht und Unnachgiebigkeit zu verstehen gab, daß sie eine große Liebe war.

Oh, ja! Jesus kann eifersüchtig und unnachgiebig sein! Zwar von einer göttlichen Unnachgiebigkeit und einer göttlichen Eifersucht, denen man aber, wenn man einmal in vollem Bewußtsein sein Ja gegeben hat, nicht mehr entgeht. Jesus hatte mir dieses Ja im Kolleg abverlangt, und jetzt, nachdem Er mich überzeugt hatte, daß auf Erden alles Traurigkeit ist, machte Er seine Rechte geltend.

Was ich da sage, scheint im Widerspruch zu dem zu stehen, was ich am Anfang dieser meiner Erzählung sagte. Damals sagte ich, daß Gott sich nicht aufdränge, sondern nur handle, wenn die Seele bereit ist, auf sich einwirken zu lassen. Erst dann bildet sich die Lawine. So ist es, und das ist kein Widerspruch.

Als Heranwachsende hatte ich gesagt: «Herr, ich stehe Dir zur Verfügung.» Und die erste Schneeflocke hatte sich gebildet und sich sachte, sachte vergrößert durch die fortwährenden Akte der Hingabe der Seele.

Dann hatte es eine Unterbrechung gegeben. Etwas hatte die Heranbildung und die schnellere Vorwärtsbewegung der Lawine aufgehalten. Das war mein menschlicher Lebensabschnitt, die Periode der Zerstreuungen, besser gesagt, der Ablenkungen. Und Jesus hatte gewartet. Nur im schlimmsten Augenblick hatte Er mir einen Wink gegeben, um mich vor dem Untergang zu retten, um mich zurückzurufen. Er war mir im Traum erschienen, um mir seine sanfte Zurechtweisung zu erteilen, um mich zum Nachdenken zu bringen und mich in meinem Lauf, der mich ins Unglück geführt hätte, aufzuhalten.

Und dann hatte er von neuem gewartet. In seiner Geduld und Güte hatte Er mir die notwendige Zeit gegeben, um seelisch zu heilen, während Er unmerklich daran arbeitete, mich abzusondern. Oh, darin war

Er sehr aktiv! Er wollte mich — und nahm mir alles weg, auf daß nur Er mir bliebe.

Als ich dann schrie: «Ich will dein sein», hat Er ganz von mir Besitz ergriffen. Und ich hatte keinen Herzschlag, keinen Atemzug, keinen Blick, kein Wort und keinen Gedanken mehr, die nicht durch den göttlichen Filter seiner Liebe gingen, so wie auch nichts von außen in mich eindringen konnte, das nicht denselben göttlichen Filter passierte.

Das währt nun schon seit zwanzig Jahren, und mein Einfühlungsvermögen ist immer größer und der Filter immer vollkommener geworden. Das Böse, das mir durch andere zuteil werden kann, wird durch diese göttliche Vorkehrung gemildert, und das Gute, das ich tun kann, breitet sich auf den Mitmenschen immer reiner aus, da die Liebe es von allen menschlichen Unvollkommenheiten reinigt. Ich leide noch viel, denn es ist meine Bestimmung, daß ich leide. Aber das Leid, das mir durch andere zugefügt wird, wird gemildert durch die Freude, die ich von Christus empfange. Daher sage ich mir, und ich bin überzeugt von dem, was ich sage, *daß ich inzwischen begriffen habe, daß die einzigen wirklichen Schmerzen eines Herzens die sind, die von Gott kommen, um uns zu prüfen oder zu bestrafen.*

Schmerzen, die uns von Menschen zugefügt werden, verursachen uns Tränen. Das ist natürlich. Auch Jesus hat geweint. Aber auch wir erfahren im Weinen, wenn wir nur daran denken, daß dieser Schmerz, der uns von unserem Nächsten zugefügt wird, seiner Erlösung dient, eine Sühne für unseren Nächsten ist. Wenn aber Gott uns heimsucht, indem Er uns seine unsichtbare Gegenwart entzieht und uns scheinbar alleine läßt, dann leiden wir unsagbar. Ich glaube, das ist eine abgeschwächte Form jener Qual, die die armen Seelen im Fegefeuer erleiden müssen. An die Verdammten in der Hölle will ich gar nicht erst denken.

O mein Schmerz, der du von Gott kommst und tausend Gesichter hast, sei gelobt! Gelobt seist du in deiner gegenwärtigen Form: verursacht durch die Krankheit, die fortschreitende Armut, die Verständnislosigkeit meiner Mitmenschen um mein Krankenbett herum und zahllose alltägliche Dinge! Und gelobt seist du, Schmerz der vergangenen Jahre: als ich als eingebildete Kranke ausgelacht wurde, meinem Vater in seiner Todesstunde nicht beistehen konnte, in meinem Eifer für das Apostolat nicht verstanden wurde und immer die gleiche mütterliche Lieblosigkeit ertragen mußte! Gelobt seist du, Schmerz, den ich, da ich dich in deinem königlichen Gewand nicht erkannte, nicht liebte:

Schmerz meiner zwanzig Jahre und meiner zerbrochenen Liebe! Gelobt, gelobt seist du, o Schmerz, der du mich der Welt entzogen und Gott geschenkt hast! Gelobt seist du für die Weisheit, die mir durch dich zuteil wurde! Gelobt seist du für die Liebe, die du mir eingeflößt hast! Gelobt seist du für die Flügel, die du meinem *Ich* geschenkt hast, damit ich mit all meinen heiligsten Bestrebungen zum Himmel aufsteigen könne! Gelobt seist du, o Schmerz, der mich mit Jesus auf dasselbe Kreuz genagelt hat und mich an seinem Werk teilhaben läßt, das seit zwanzig Jahrhunderten fortdauert, um die Seelen in das Reich Gottes zu bringen und das Reich Gottes in die Seelen! Nie werde ich aufhören, dich zu benedeien, o Schmerz, o meine Freude, denn in dir habe ich den Frieden gefunden!

Im Frühjahr 1923 brachte ich meine erste Hingabe an Gott zu Papier. Jenes Gebet, das ich acht Jahre lang wiederholte, muß noch in einem meiner Gebetbüchlein sein. In ihm habe ich mich vor Gott für meine vergangenen Verfehlungen verdemütigt und Ihn im Namen seiner göttlichen Barmherzigkeit um Verzeihung gebeten.

Aber nachdem ich, was mich betraf, immer klarer den Willen Gottes zu erkennen begann, ahnte ich auch, daß es nicht genügte, Ihn um Verzeihung zu bitten, wie es auch nicht genügte, Ihn zu lieben. Meine Liebe mußte eine bußfertige Liebe sein... wie die der Magdalena. Der Bericht über ihr Leben hatte mich damals während jener Predigt bei den Exerzitien des Jahres 1912 tief beeindruckt.

Alles entdeckt man wieder, um was man Gott gebeten hat, habe ich am Anfang dieser Erzählung gesagt; *aber man entdeckt auch alles wieder, was Gott gesät hat*, wenn sich die Seele über sich selbst beugt und den göttlichen Samen sucht. Ich erinnere mich jetzt, daß Jesus mir an jenem weit zurückliegenden Novembertag des Jahres 1912 gesagt hatte: «Du wirst nicht der reinen, der unschuldigen Agnes ähneln, die nichts anderes als Mich sah. Du wirst eine sein, die auf anderen Wegen, nach vielen Erfahrungen zu Mir kommen und Mich durch Reue und fortwährendes verborgenes Opfer lieben wird.»

Daher habe ich Jesus bei meiner ersten Hingabe gebeten, mir «die Gnade zu gewähren, genügend Zeit zu haben, um für meine Fehler zu büßen und alle Stunden der Verzweiflung wiedergutzumachen. Ich bat Ihn, mich *soviele Jahre* im Schmerz leben zu lassen, *wie ich im Irrtum und in der unheiligen Ungeduld*, aus diesem Leben zu scheiden, gelebt hatte.»

Wie Sie sehen, habe ich noch sehr egoistisch gebetet, zwar für meine Seele, um Wiedergutmachung Ihm gegenüber, das ist wahr, aber es war noch kein vollkommenes Gebet. Später habe ich besser gebetet... Damals war ich noch am Anfang, und wenn man das Alphabet lernt, kann man sich nicht anmaßen, schon einen Brief zu schreiben. Nicht wahr?

In der Hingabe bat ich auch, daß Gott mir die Freude gewähre, Ihm Seelen zuführen zu können, *vor allem die meiner Eltern und die Marios.*

Aber auch hier, obwohl die Bitte in sich gut war, wandte ich das falsche Mittel an. Ich wußte noch nicht, daß das Gebet viel ist, *das Opfer aber alles.* Das Wort vermag viel, *aber die Stille, die ein Opfer umgibt, ist unendlich viel mehr wert.* Damals redete ich in meinem Eifer als Konvertitin viel. Aber ich weigerte mich noch, viel zu leiden. Es schien mir, daß ich schon viel tat, indem ich den Schmerz mit Ergebung und Gott dankend ertrug, ohne zu klagen. Später ging ich viel weiter...

Und doch, wie gut ist Jesus! Seiner Maria, deren Eifer noch sehr hinkend und von Menschlichkeit durchdrungen war, gewährte Gott ihre erste Eroberung. Es handelte sich um eine alte Frau von 72 Jahren.

Durch eine Verkettung von schmerzlichen Umständen hatte sie sich von Gott entfernt und Ihm die Schuld an all den Mißgeschicken gegeben, die ihr zugestoßen waren. Sie befand sich in derselben Situation wie ich einst, aber zu ihrem Schaden mit dem Unterschied, daß sie schon so lange darin verharrte und nicht einmal im hohen Alter einen Ausweg fand.

Ich konnte mich nicht rühmen, besser als sie zu sein. Der gütige Gott hatte mein Wiedererstehen auf tausenderlei Weisen beschleunigt. Und gerade deswegen wollte ich ein Anwalt des Guten für meine alte Freundin sein, gewissermaßen eine Vermittlerin. Es tat mir leid, daß dieses alte Weiblein bis zum Ende in ihrem Groll, in dieser fürchterlichen Verbitterung des *Nicht-glauben-Könnens* verharrte. Ich wollte ihrem Alter den Trost eines jugendlichen Herzens schenken. Eine zweite Jugend, liebreicher und nutzbringender als die erste. Und es gelang mir. Meine liebe Alte näherte sich wieder Gott und ist Ihm noch immer treu, denn sie lebt noch, trotz ihrer 92 Jahre...

Dieser Erfolg erfüllte mich mit einem heiligen Stolz. Zwei Seelen hatte ich Jesus schon gebracht: die meine und die jener alten Frau. Die meine..., wenn Er sie sich nicht geholt hätte, wer weiß, was dann passiert wäre!... Aber dennoch, nach seiner ersten Hilfeleistung schritt ich mit gutem Willen voran.

Nach dieser meiner ersten Eroberung machte ich immer mehr Fortschritte. Mein Wunsch, ein Werkzeug Gottes zu sein, verstärkte sich. Es zeichnete sich mir im Geiste ein ganzes Lebensprogramm der Buße ab, dessen Ausführung durch die Familiensituation sehr erschwert wurde.

Denn Mama teilte gewisse Ideen nicht. Wenn ihr schon die häufigen Kirchenbesuche und heiligen Kommunionen übertrieben scheinen, dann können Sie sich vorstellen, was für einen Eindruck die Theorien der Abtötung auf sie machen!... Ich habe immer das Gefühl, einen Knebel im Mund zu haben... Ich versuche, oder besser, ich versuchte, so wenig als möglich über geistliche Dinge zu sprechen, *auch dann, wenn* der Antrieb der Liebe so stark war, daß ich begierig war, davon zu sprechen. Nun spreche ich ohne Zurückhaltung davon, denn ich denke mir, irgendetwas wird schon in dieses Herz, das sich dem Übernatürlichen so verschließt, eindringen. Aber manchmal kommt es mir vor, als würde ich türkisch oder indisch sprechen... Sie begreift nicht, und es ist schon viel, wenn sie schweigt und mich nicht für «verrückt» erklärt.

Macht nichts. Ich fahre trotzdem fort. Für wahnsinnig gehalten zu werden wegen meiner Liebe zu Christus, erfüllt mich mit Freude. Alle, die Jesus wahrhaft lieben, sind Narren, göttliche Narren: Märtyrer, Büßer, in Klausur Lebende. Alle, die aus Liebe zu Gott auf die Freiheit, das Leben, das menschliche Ansehen und die Gesundheit verzichten, was sind sie anderes, als Verrückte? Wahnsinnige, deren Torheit dieselbe ist, die Jesus auf das Kreuz gebracht hat. «Die Torheit des Kreuzes» wie Paulus[46], der Apostel des glühenden Wortes und des kühnen Herzens sie nennt.

Mein erstes Angebot an Gott genügte mir nicht mehr. Ich empfand es als unvollkommen, es störten mich da noch einige zu menschliche Adern. Der Blick Jesu wandte sich mir immer lebhafter zu und zog mich immer mehr nach oben.

So gingen das ganze Jahr 1923 und ein guter Teil des Jahres 1924 vorüber. In der Familie die übliche Unnachgiebigkeit und Tyrannei. Aber ich flüchtete mich in Gott...

Im September 1924 mußten wir nach Viareggio übersiedeln. In Florenz forderte der Hausherr die Wohnung an unter dem lügnerischen Vorwand des Eigenbedarfs für seinen Sohn, der heiratete. *In Wahrheit*

46. 1 Korinther 1,18-25.

beabsichtigte er, die Wohnung an neue Wohnungssucher zu vermieten und die Miete zu verzehnfachen. Eine alte, immer neue Geschichte.

Papa schrieb zuerst an die Verwandten in Kalabrien, um zu sehen, ob sie uns dort ein kleines Häuschen finden könnten. Aber was 1921 leicht gewesen wäre, war jetzt schwer. Die Leute strömten nach Reggio zurück, das mit neuen Häusern und schönen Straßen aus den Trümmern wiedererstand. Kleine leere Häuschen gab es nicht. Auch im Hotel, wo sie uns vorher gerne aufgenommen hätten, hatten sie inzwischen andere Verwandte, die ihnen bei der Überwachung des Personals halfen. Vielleicht spielte auch ein bißchen Ressentiment mit wegen der Starrköpfigkeit meines Vaters, die immerhin vier Jahre gedauert hatte, und Sie werden verstehen, daß alles darauf hinauslief: «Ihr könnt nicht kommen.»

Also gingen wir nach Viareggio... Hier hatten wir Bekannte, die uns den Ankauf unseres Häuschens erleichterten. Ich war sehr zufrieden, an das von mir so geliebte Meer zu ziehen, und Florenz mit seinen vielen für mich bitteren Erinnerungen zu verlassen...

Am 21. September wurde das Häuschen gekauft, und am 23. Oktober nahmen wir es in Besitz. So begann ein neuer Lebensabschnitt, in dem ich mich immer mehr Gott näherte.

«Um in einem Akt vollkommener Liebe zu leben»
(Hl. Therese vom Kinde Jesu)[47]

Ich habe den vierten Teil meiner Geschichte mit einem Satz der Kleinen Blume begonnen. Sich der Liebe als Opfer darzubringen, heißt nämlich, Jesus zu bitten, uns auf sein Kreuz zu erhöhen und alle Schmerzen zu erleiden, die Er vor und nach der Kreuzigung erlitten hat.

Jesus fragt in dem Zwiegespräch, das zwischen Ihm und der Seele stattfindet: «Wirst du aber meinen Kelch trinken können?» Und die Seele antwortet: «Ja, ich werde es können, denn ich will wie mein Meister sein. Ich habe begriffen, daß wenn das Weizenkorn nicht stirbt, es keine Frucht bringen kann; daß man nur Seelen für Gott gewinnen kann, wenn man am Kreuz erhöht ist. Und ich habe vor

47. Hl. Therese vom Kinde Jesu (1873-1897), «Kleine Blume» genannt, Verfasserin der mehrmals zitierten «Geschichte einer Seele».

allem Deinen Durst verstanden, Deinen Durst, den kein Trank stillt, nur unsere Liebe.»

Sich der Liebe hingeben, will also heißen, sich dem Schmerz hingeben.

Ist das aber ein Schmerz, mit Christus und für Christus zu leiden? Nein, es ist tiefste, unerschöpfliche Freude. Das kann ich wohl sagen, die ich seit vielen Jahren mit allen Schmerzen gesättigt bin!

Ich gestehe Ihnen, Pater, während es mich nicht zuviel gekostet hat, über meine Vergangenheit zu sprechen, fällt es mir jetzt schwer, mit dem besseren Teil zu beginnen. Ich befürchte, das, was ich so gut empfinde, nicht entsprechend ausdrücken zu können. Und außerdem *gibt es im Leben der Seelen lichtvolle Seiten, die man nur Gott lesen lassen möchte, der sie in uns geschrieben hat.*

Nun gut. Ich werde daran denken, daß Sie ein Amtsdiener Gottes sind und daß derjenige, der im Namen Gottes spricht, es als Stellvertreter Gottes tut. Ich will daher gehorchen und fortfahren, indem ich die Versuchung überwinde, meine Geschichte hier mit einem zusammenfassenden Satz wie dem folgenden zu beenden: «Ich habe mich Gott angeboten, und Gott hat mich angenommen.»

Ich bin sehr glücklich zu wissen, daß Sie ein großer Verehrer der lieben kleinen Heiligen von Lisieux sind. So werden Sie mich besser verstehen.

In Viareggio setzte ich mein Leben in derselben Weise wie in Florenz fort. Ab und zu machte ich zeitig in der Frühe einen Sprung ans Meer oder in die Pineta: in den Stunden, wo am Meer und in der Pineta weniger Besucher anzutreffen sind. Ich bin immer eine Einzelgängerin gewesen, in der Menge habe ich mich nie wohlgefühlt. Alles Schöne schwindet vor meinen Augen, wenn ich von leerem Geplapper umgeben bin. Daher versuche ich, das heißt, versuchte ich, die Schönheit des Meeres und der Pineta zu bewundern, wenn keine Besucher da waren.

Viareggio hat mir dann noch ein anderes Geschenk gemacht: daß ich jeden Tag einkaufen gehen konnte. In Florenz besorgte dies für gewöhnlich Mama. Hier war ich es. Und das gab mir Gelegenheit, Jesus im heiligen Altarssakrament zu besuchen, ohne die mütterlichen Blitze auf mich zu ziehen.

Im Dezember empfand ich den lebhaften Wunsch, eine Ausgabe der vier Evangelien und des Lebens der hl. Therese vom Kinde Jesu zu besitzen.

Ich muß gestehen, daß ich nach meiner Rückkehr zu Gott immer den Eingebungen gefolgt bin, die mir zuteil wurden. Eine bereitwillige, heitere Treue, auch wenn mich die Eingebungen zu schwierigen Dingen anspornten.

Unter anderem war ich meinem guten Gott zu jener Zeit zutiefst für eine Gnade, die Er mir gewährt hatte, dankbar. Es handelte sich um eine materielle Gnade, aber ich hatte Ihn so vertrauensvoll darum gebeten. Als nämlich Mama auf die Suche nach einem Häuschen ging, hatte ich Jesus inständig gebeten, Er solle sie ein kleines für uns passendes Häuschen in gutem Zustand und *mit viel freiem Platz* vor den beiden Fassaden finden lassen. Und siehe, unser jetziges Häuschen hat vor der hinteren Fassade ausgedehnte Gärten, und vorne breitete sich *damals* die ausgedehnte Parkanlage der Villa Rigutti aus. Man sah die Apuanischen Alpen und all die kleinen auf den naheliegenden Hügeln verstreuten Dörfchen. Ich hätte auch gerne das Meer gesehen, aber alles kann man nicht haben, und darum hatte ich nur um ein Haus mit rundherum *viel Platz* gebeten, da sich ja mein Leben zum Großteil im Haus abspielte. Außer zu den Einkäufen, den Kirchgängen und einem flüchtigen Sprung ans Meer ging ich ja nie aus. Auf der Promenade sah man mich nicht auf und abpendeln... Sie werden gemerkt haben, daß unser Haus auch jetzt das einzige ist, das einen Ausblick aufs Grüne hat. Alle anderen Häuser, die auf dem Grundstück der Ex-Villa Rigutti errichtet wurden, sind der Straße zugewandt.

Eine Geringfügigkeit, nicht wahr? Aber immer mehr überzeugte ich mich, daß Jesus mich so gern hatte, daß Er mir auch diese Kleinigkeiten gewährte, um seine Maria zufriedenzustellen. Man kann sich vorstellen, was er erst meiner Seele alles schenkte!...

Ich schröpfte wieder einmal meinen immer mageren Geldbeutel (Mama gab mir ungefähr 5 Lire im Monat, die für alle meine eigenen Bedürfnisse wie Almosen, den Kauf von Büchern und Noten usw. reichen mußten) und wandte mich an eine Freundin, die ein fast so frommes Leben wie eine Schwester führt und immer in Verbindung mit Priestern und Klosterleuten ist, und beauftragte sie, mir «Die Geschichte einer Seele» und eine Ausgabe der vier Evangelien zu kaufen und zu senden. Am 28. Januar 1925 bekam ich ein großes Paket mit den erbetenen Büchern und einem Band, den meine liebe frühere Kameradin aus der Internatszeit beigefügt hatte. Es handelte sich um Erläuterungen zu den Evangelien für junge Mädchen. Ich glaube, sie stammten von einem Priester: Don Baudernom, wenn ich mich richtig erinnere. Ich erwähne das, weil das Buch einem engelhaften Geschöpf so sehr gefiel, daß ich es ihr schenkte, als sie ins Noviziat eintrat. Sie wurde dann eingekleidet und starb nach wenigen Jahren ihres Klosterlebens.

Ich stürzte mich sofort auf «Die Geschichte einer Seele». Es war mir, als kehrte ich ins Kolleg zurück. Im Kolleg aber hatten die Schwestern die Vorlesungen auf das *eigentliche* Leben, die Erinnerungen und die Ratschläge beschränkt. Ich hatte das ganze Werk und las weiter.

Meine Seele zerschmolz vor Liebe. Ich hatte den Harfenspieler gefunden, der die Saiten meines Geistes zum Klingen brachte. Ich wollte sie für Gott klingen lassen, aber es gelang mir noch nicht. Die heilige Therese nahm mit ihrer kleinen Hand die meine, führte sie über die Saiten und lehrte mich so das Hohelied der Liebe und der Hingabe.

Als ich den Akt der Aufopferung an die barmherzige Liebe las, weinte ich vor Freude... Ich hatte gefunden, was ich suchte. Wenn ich mir vor dem Eintritt in den Dritten Orden der Franziskaner eine Probezeit auferlegt hatte, so wartete ich nun keinen Augenblick. Seit zwei Jahren suchte ich eine Seelenführerin, die mir als Patin in meinem Aufopferungsritus für Gott beistehen sollte. Endlich hatte ich sie gefunden!...

Ich beschloß, eine gute Beichte abzulegen, inbrünstiger als gewöhnlich zu kommunizieren und dann meinen Akt der Hingabe zu sprechen.

Gelegentlich kann ich sehr impulsiv sein. Zum Beispiel, wenn ich endlich etwas finde, was ich schon lange gesucht habe. Dann denke ich nicht lange nach, wenn ich schon vorher Zeit genug dazu hatte. Man darf nicht vergessen, daß ich mir vorgenommen hatte, die heilige Magdalena nachzuahmen. Diesen Vorsatz hatte mir Jesus eingegeben. Maria Magdalena hatte nicht lange überlegt, als sie Jesus begegnet war... Wer weiß, wie lange sie ihr Lasterleben schon angeekelt und sie jemanden gesucht hatte, der ihr die Kraft gäbe, davon loszukommen. Nachdem sie den Meister gefunden hatte, begriff ihre leidenschaftliche Seele, daß Er der Gesuchte war, und mit der Impulsivität gewisser Charaktere, extrem im Guten wie im Bösen, hat sie Ihn zu ihrem König erwählt.

Eine böse Stimme, vielleicht war es ein Teufelchen, flüsterte mir zu: «Gib gut acht, was du machst! Denk darüber nach! Und wenn du dann stirbst?» Aber ich verjagte sie mit einem Achselzucken.

Mit großem Herzklopfen der Liebe kniete ich mich am Abend in meinem jetzigen Zimmer am Boden nieder und las meinen Akt der Aufopferung. Und von da an erneuere ich ihn täglich.

Von diesem Tag an sind die Schmerzen wie ein Regen über mich gekommen. Wenn es aber dem Menschen gegeben wäre, das Rad der Zeit zurückzudrehen und ich zu jenem 28. Januar 1925 zurückkehren könnte, an dem ich die Bücher erhielt, *würde ich wieder genauso handeln*. Und ich würde es mit noch größerer Freude tun, denn in diesen 18 Jahren habe ich trotz der Unzahl von Schmerzen, die mir zuteil wurden, mit meinem besseren Teil immer eine geistige Freude erfahren, die, glaube ich, ein Vorgeschmack auf jene Freuden im ewigen Jerusalem sind, «wo die Glückseligkeit unendlich ist».

Auch ich kann mit der Kleinen Blume wiederholen: «An diesem Abend hat ein neuer Lebensabschnitt begonnen, der schönste von allen und der reichste an himmlischen Gnaden. Die Liebe zog in mein Herz ein mit dem Verlangen, mich zu vergessen, um mich hinzugeben, und von da an war ich glücklich.»

Oh, wie viele Dinge, die diese liebe Heilige gesagt hat, kann auch ich wiederholen! Auch ich habe gelitten und leide, wenn ich an das Blut Christi denke, das für viele vergeblich vergossen wird. Jesu Schrei: «Mich dürstet!» hallt immer in meiner Seele wider, die den Durst ihres Gottes sieht und ihn stillen möchte. Und ich sehe auch mit grenzenlosem Erbarmen die armen, dürstenden Seelen, welche die Quelle des lebendigen Wassers, die jeden Durst löscht, nicht finden können... Und so lebe ich, indem ich jeden Augenblick sterbe, um die Seelen zu Gott und Gott den Seelen zu bringen.

Wenn ich manchmal, in der ersten Zeit meiner Hingabe, zögerte, ein Opfer zu bringen, schien es mir, den flehentlichen Blick Jesu zu sehen... Wie konnte ich diesem Blick widerstehen, der mich bat, mich seiner Sehnsucht zu erbarmen? Also überwand ich alles Zögern, alle menschlichen Hindernisse in mir und vollbrachte ein neues Opfer, damit Er wieder lächele. Das Lächeln Jesu vergalt mir alle meine Opfer. Gleichzeitig aber wuchs mein Opferdurst immer mehr, denn es verlangte mich nach seinem Lächeln.

Von der Liebe verzehrt werden! Aus Liebe aufgezehrt werden! Kann es eine süßere, mächtigere Freude geben als diese? Menschliche Worte können sie nicht beschreiben, denn sie sind immer unzureichend, das Unendliche wiederzugeben. Und die Freude, Opfer zu sein, ist unendlich!

So schritt ich also voran. Ich liebte und wurde geliebt, der einzige Zweck meines Lebens war die Liebe und mein einziger Wegweiser die Liebe. «Ich hatte keinen Führer und kein Licht außer dem, das in meinem Herzen strahlte», sagt der heilige Johannes vom Kreuz. Auch ich hatte keinen anderen Führer und kein anderes Licht als die göttlichen Augen Jesu, der nun bereits in mir lebte.

Die Augen Jesu! Oh, sagen Sie mir nicht, ich sei verrückt. Versuchen Sie mich zu verstehen. Ich fühlte nunmehr diesen offenen Blick in meinem Herzen, der für mich sah. Ich hatte das Gefühl, die Dinge und die Personen mit den Augen Christi zu betrachten, weil meine Persönlichkeit in der seinen aufgegangen war und ich durch Ihn sah, sprach und handelte.

Wie oft habe ich gespürt, daß *meine* Worte, die eines armen Menschen, sich an der Schwelle der Lippen in andere Worte verwandelten, die von einer solchen Liebe geprägt waren, daß ich sie nicht mehr die *meinen* nennen konnte. Sie kamen von Jesus! Wie oft spürte ich, daß meine Augen, die wegen irgendwelcher Widerwärtigkeiten zu Falkenaugen werden wollten, ihre instinktive Angriffslust in einem Licht der Liebe auslöschten, das nicht von mir, sondern von Jesus kam! Wie oft verwandelte sich mein Tun, das nicht genau dem Gesetz der Liebe entsprach, in einen Akt der Güte, dessen Ursprung gewiß nicht in mir zu suchen war, in meiner armen beschränkten Seele, sondern in ihm, in Jesus, der in mir war!

Und die Gelegenheiten, dieses Leben Jesu in mir zu erfahren, fehlten mir nicht... Zu Hause mußte ich meinen König andauernd bitten: «Handle Du. Zerbrich mich, wie man ein Glas zerbricht, um meine Persönlichkeit, die wegen der vielen Ungerechtigkeiten grollt, auszulöschen. Erneuere mich in Dir, damit ich handle, wie Du in diesem Augenblick handeln würdest!»

Die Kleine Blume hatte mich gelehrt, daß man Gott mit den Blütenblättern der Rose liebt: mit den kleinen Opfern, die man aus Liebe vollbringt. Ich bat Jesus aus Liebe, mir die Kraft zu geben, sie zu vollbringen, um Ihn immer so zu lieben... Und Er, der sah, daß ich nicht einen Pfennig wert war, trat an meine Stelle.

Ach, ich kann mich des Guten nicht rühmen, das ich getan habe! Jesus hat es getan: ich habe mich nur ganz seinem Wirken unterworfen. Jesus sagte mir: «Mach es so», und ich machte es so, «Sag das», und ich sagte das, «Tu auch das», und ich tat auch das. Oh, wenn die Seelen verstehen würden, wie nützlich es ihnen wäre, sich dem göttlichen Wirken zu überlassen!

Zu jener Zeit wollte ich in die Paulus-Gesellschaft[48] eintreten. Dies einzig und allein, um den Menschen zu sagen, daß man Jesus in absoluter Hingabe lieben muß, um die himmlische Glückseligkeit schon auf Erden zu finden; um von seinen Wohltaten zu sprechen und das Lied des Dankes und der Liebe anzustimmen für diesen Gott, dessen Freude es ist, uns in den Himmel zu führen! Aber viele Hindernisse stellten sich meinem Wunsch entgegen. In erster Linie der mütterliche Egoismus, das Mitleid mit Papa und meine zerrüttete Gesundheit.

Das Herzklopfen wurde mit den Jahren nicht besser und verursachte mir Beschwerden. Mit den Rückenschmerzen war es nicht anders. Trotzdem arbeitete ich zuviel, wie die Ärzte sagten. Nur um Mama zufriedenzustellen und in der (vergeblichen) Hoffnung, ihr Wohlwollen zu gewinnen, arbeitete ich wie eine Maschine. Da waren die Hausarbeit, die Einkäufe, das Kochen, das Weißen der Wände, die Taubenzucht, das Ausbessern der Matratzen, die Bedienung der Gäste, denn im Sommer hatten wir zahlende Pensionsgäste... Alles lastete auf meinen Schultern. Und dann mußte ich noch Kleider ausbessern, Pullover stricken, Wäsche waschen... Ich fertigte sogar die Sommerjacken für Papa an...

Das war doch zuviel. Der Professor in Florenz hatte mir und Mama empfohlen, ich solle mich nicht auf die faule Haut legen, *aber auf keinen Fall bis an die Grenze meiner physischen Kräfte gehen, denn dies würde dem Herzen schaden*. Aber wer dachte daran? Von Natur aus nicht ängstlich, überwand ich lachend die Beschwerden, die mir das Herz und die verletzte Wirbelsäule bereiteten. Mit Hilfe von Strophantin und Bertelli-Pflastern schlug ich mich durch. Und außerdem lächelte mir ja der Gedanke der vollkommenen Hingabe aus Liebe zu. Die heilige Therese hatte gute Arbeit geleistet, obwohl sie am Ende der Kräfte war!...

Mama fand, ich sähe gut aus, hätte sogar ein wenig zugenommen und sei immer in Bewegung. Es wäre ihr nie eingefallen, daß ich mir durch diese viele Arbeit Schaden zuziehen könnte. Sie forderte, forderte und forderte immer mehr. Wenn ich manchmal sagte, daß mich das Herz oder die Wirbelsäule stärker schmerzten, zog sie ein wahres Register von eigenen (eingebildeten) Krankheiten hervor, und ich war abgefertigt.

---

48. Säkular-Institut, das 1920 in Mailand von Kardinal Ferrari approbiert worden war und sich sozialen und religiösen Aufgaben widmete.

Stellen Sie sich vor, sie hat mich drei Jahre lang gequält, indem sie mir einredete, sie habe Blutungen wegen eines inneren Tumors. Sie wollte immer große Brennesselumschläge am Unterleib, weil sie irgendwo gelesen hatte, dies sei ein Wundermittel gegen Krebs!... Schön wär's! Dann müßte man ein Loblied auf die Brennessel schreiben! Jeden Tag bissen mich die Brennesseln beim Pflücken an Händen und Armen, dann bereitete ich sie zu — weiteres Beißen wie vorher —, und am Abend, wenn sie sich zu Bett zu gehen entschloß, machte ich diesen nicht sehr duftenden Umschlag und brachte ihn ihr hinauf. Moral der Geschichte: um Mitternacht war ich noch auf den Beinen, todmüde, und morgens stand ich im Winter um 6 Uhr und im Sommer um 5 Uhr auf. Schließlich stellte sich heraus, daß der mutmaßliche Tumor nichts anderes als eine unangenehme, aber ungefährliche Beschwerde war, an der mindestens dreiviertel der Menschheit leidet. Und sie erholte sich wirklich gut davon, als sie die Brennesselkur abstellte und sich entschloß, eine für diese Krampfadern geeignete Creme zu benützen!... Doch wie viele Tränen habe ich vergossen aus Angst, Mama zu verlieren! Und wie viele mühsame Laufereien durch die Pineta und die Felder auf der Suche nach Brennesseln!...

Das war *eine* Krankheit. Aber wenn man ihr zuhörte, so hatte sie alle Krankheiten, außer der Lepra und der Tuberkulose. Wie Sie sehen, lebt sie trotz *aller* ihrer Krankheiten mit ihren 82 Jahren[49] immer noch. Sie kann nun nicht mehr gut laufen... Aber wenn ich so laufen könnte wie sie! Ich würde mich wie eine Königin fühlen!

Auf mich wurde damals also keine Rücksicht genommen. Keine Spur von nicht bis zur *Erschöpfung* arbeiten! Ich erreichte und überschritt die *Überanstrengung*! Abends ging ich sogar krumm, zur rechten Seite geneigt. Zerschlagen!... Doch niemand kümmerte sich darum.

Es wurde daher nichts mit der Paulus-Gesellschaft. Wieder ein Opfer, das ich Jesus brachte. Aber ich setzte mich trotzdem ein. Die Gäste, die Freunde, alle, die mir zufällig begegneten, konnten an Stelle der Massen treten, die ich nicht als «Paolina» unterrichten konnte. Wenn man nur will, kann man überall Apostel sein. Und wenn man auch kein großartiges, anerkanntes Apostolat vollbringt, das im übrigen stets die Gefahr des Stolzes und der Zerstreuung in sich birgt, so kann einem doch der *Ruhm* eines bescheidenen, verborgenen Apo-

49. Sie starb am 4. Oktober 1943.

stolats zuteil werden, das nur Gott kennt und das mehr durch unser Leiden, als durch unser Wirken getragen wird.

Ja, ich muß zugeben, daß der gute Gott mich viele Seelen mit dem Netz fangen ließ, das ich im Verborgenen auswarf. Ich wartete geduldig, daß die Fischlein sich meinen Apostolatskrümeln näherten, und schnappte sie dann. Meinen Apostolatskrümeln, habe ich gesagt. Ja, denn ich mußte es derart zerkleinern, um nicht die Aufmerksamkeit meiner Mama zu erregen, die sofort ihr «Veto» eingelegt hätte. Es ist mühsam, wissen Sie, wenn man so arbeiten muß!...

Aber wenn es auch Apostolatskrümel waren, so waren es auf der anderen Seite wahre große Brotlaibe der Liebe, die ich täglich verteilte... Niemand kann einen daran hindern, zu lieben. Meinen Sie nicht auch? Und ich verschenkte meine Liebe freigiebig an meinen Nächsten, um Jesus eine *Freude zu bereiten*. Ich sagte mir immer: «Die Menschen, die ihren Mächtigen gegenüber stets freundlich sind, weil sie hoffen, daß ihnen daraus Vorteile erwachsen, kümmern sich nicht darum, dem guten Jesus gegenüber freundlich zu sein. So werde ich es für sie tun. *Jesus Freude zu bereiten*, muß meine Aufgabe sein.» Und Jesus kann man auf tausenderlei Art und Weise Freude bereiten. Das geht vom gezügelten Wort bis zum geduldigen Hinnehmen von Beleidigungen, ohne zu reagieren, vom Gebet bis zum Verzeihen, von der Hilfeleistung am Nächsten in allen seinen körperlichen und seelischen Bedürfnissen bis zur vollkommenen verborgenen Aufopferung, durch die wir unser Leben aus Liebe hingeben. Und das tat ich alles einfach aus Liebe.

Da ich mit meinem Wunsch, Mitglied der Paulus-Gesellschaft zu werden, Schiffbruch erlitten hatte, dachte ich an die Katholische Aktion.

Wenn man so voller Liebe ist, einem immer neue Liebe vom Himmel geschenkt wird und aus dem Herzen sprudelt, muß man einfach überquellen. Jeder Staudamm bricht, wenn die Kraft des Wassers ein gewisses Höchstmaß überschritten hat. Und die übermäßig angewachsene Kraft der Liebe ist unaufhaltbar. Man muß einen Abfluß für sie finden, oder sie erdrückt einen. Ich mühte mich, den Druck zu verringern, der die Wände meines Herzens fast sprengte, indem ich mich einem wahren Martyrium der Liebe hingab. Aber das Wenige, das ich tun konnte, reichte nicht.

Ruysbroeck hat sehr recht, wenn er sagt: «Die Seele, die Christus begegnet ist, erfährt den Liebreiz, und aus diesem Liebreiz erfließt uns reine Freude durch die Umarmung der göttlichen Liebe. Nehmt alle

Wonnen der Erde, macht daraus eine einzige Wonne und laßt diese einen einzigen Menschen erfahren: *All das wird nichts sein im Vergleich zur Wonne, von der ich spreche*, denn hier ist es Jesus, der sich mit seiner ganzen Reinheit in unsere Tiefe ergießt, und unsere Seele ist nicht nur erfüllt davon, sondern sie quillt über. Bei einer solchen Wonne ist der Mensch nicht mehr Herr seiner Freude. Eine solche Freude führt zu geistiger Trunkenheit. Ich nenne es geistige Trunkenheit, wenn die Wonne die Vorstellungskraft des Menschen überschreitet. *Manchmal bringt uns ein solches Übermaß an Freude zum Singen, manchmal zum Weinen. Manchmal sucht der Mensch, um die verzehrende Sehnsucht zu besänftigen, in der Bewegung, in Schreien oder dem tiefen Schweigen der brennenden stummen Seligkeiten Zuflucht.»*

Aber den Zustand der brennenden stummen Seligkeit halten wir in unserer Menschlichkeit nicht lange aus. Das Feuer nimmt in der Stille zu und verzehrt uns. Ich weiß das.

Also dachte ich an die Katholische Aktion. In meiner Pfarrei gab es noch keine Vereinigung junger Katholikinnen. Ich bat, eine solche gründen zu dürfen, und wurde abgewiesen. Man sagte, daß es schon eine Gruppe katholischer Männer und Frauen gebe und daher nicht notwendig sei, eine weitere zu bilden. Ich versuchte es immer wieder, doch vergeblich. Ich bot meine eigene Wohnung für die ersten Treffen an. Nichts zu machen. Geduld.

Es schmerzte mich, die von Gott erhaltenen Gaben der Intelligenz und der Bildung nicht einsetzen zu dürfen. Es schmerzte mich, so viele junge Mädchen, die vom rechten Weg abkamen und sich einem Neuheidentum zuwandten, das kaum einen Schein von Katholizismus aufwies, nicht zu Gott führen zu können. Auch dies opferte ich Gott auf. Und nach jedem dargebrachten Opfer fühlte ich die Liebe wachsen. Ich sagte mir immer wieder: «Ich habe den Gipfel erreicht. Höher hinauf kann man nicht mehr steigen.»

Oh! Wie täuschte ich mich! Der Aufstieg zur Vollkommenheit ist ein fortwährendes Hinaufsteigen. Ich glaube, selbst wenn wir tausend Jahre lebten und immer weiter auf dem Weg der unendlichen Liebe hinanstiegen, würden wir zum Schluß feststellen, daß wir nur ein kurzes Stück Weg zurückgelegt haben... Der Weg steigt an, und je weiter man fortschreitet, desto deutlicher sieht man, daß er immer mehr ansteigt.

Aber den großmütigen Seelen, die sich beim Hinansteigen angestrengt haben, gewährt der gute Gott von Zeit zu Zeit Flügel, um rasch einen langen Weg zurückzulegen und die Entfernung, die sie von Ihm trennt, abzukürzen. Und in der Todesstunde holt Er dann die großmütige Seele dort, wo der Tod ihr Einhalt geboten hat, und entrückt sie mit Sich hinauf... Ein süßer, letzter Flug am Herzen des Meisters, der spricht: «Komm, Gesegnete, in mein Reich!» Die Flügel sind die größten, aus Liebe vollbrachten Opfer.

«Die Kraft, die Himmel und Erde bewegt, ist der Schmerz, aber der liebende Schmerz» (D. G.M. Girard) [50]

Im Frühjahr 1927 gab mir Gott ein Paar ziemlich große Flügel. Es müssen Erzengelflügel gewesen sein! Welch eine Strecke legte ich an jenem Palmsonntag des Jahres 1927 in einer Stunde zurück!

Im Januar, genauer gesagt, am 5. Januar, war ein junger Marineoffizier zu seinem Vater, einem Generalmajor, und seiner Mutter auf Urlaub gekommen. Während der Nacht wurde er von einer anfangs unerklärlichen Krankheit befallen. Später stellte sich heraus, daß es sich um eine Blutvergiftung im letzten Stadium handelte.

Der General, ein Freund unserer Familie, kam am 6. Januar zu uns gelaufen und bat mich, hinüberzukommen, da sie schon den Kopf verloren hätten. Sie waren erst seit drei Monaten in Viareggio. Ich ging mit und blieb bis zum 9. April 1927. Dabei habe ich mich der Infektionsgefahr ausgesetzt, die alle flohen. Viele gingen zu den Meinen, um ihnen zu sagen: «Nehmen Sie das Fräulein weg von dort. Dieser junge Mann leidet an Lungenschwindsucht!» Aber wie konnten die Meinen zwei verzweifelten Freunden diesen Beistand verweigern? Und warum sollte ich, die ich so viele gepflegt hatte, diesem Kranken die Hilfe versagen? Drei Monate lang machte ich ihn dem Tod streitig, ohne Müdigkeit und Widerwillen zu zeigen. Ich war von 7 Uhr morgens bis 10 Uhr abends und darüber hinaus an seiner Seite. Und auch während der Nächte, in denen er zwischen Leben und Tod schwebte. Erschöpft kehrte ich nach Hause zurück und arbeitete auch dort noch, um Mama zu unterstützen.

Endlich besserte sich der Zustand des Jungen. Die verschiedenen Ärzte sagten, daß mehr als die Hälfte des Verdienstes mir zukomme, da ich ihm nicht nur nach Gebühr beigestanden, sondern auch die

---

50. Es könnte sich um den französischen Subdiakon Josef Maria Girard (1874-1921) handeln, der zweiundzwanzig Jahre lang leidend war; oder um den schweizerischen Pädagogen Grégoire M. Girard (1765-1850), einen klösterlichen Minoriten mit dem weltlichen Namen Giovanni Battista.

Medizinen *vernünftig* dosiert hätte. Ja, da hatte ich wirklich große Bedachtsamkeit walten lassen. Aber darüber kann ich Ihnen nichts sagen, denn ihr Mitbruder, Pater Antonio Silvestri, hat mir empfohlen, nie mehr darüber zu sprechen. Ich will ihm auch jetzt gehorchen, da er schon zu Gott heimgekehrt ist.

Sie können sich die Freude nicht vorstellen, die ich an dem Tag empfand, als ich meinen Kranken das erste Mal aufstehen lassen konnte! Die Eltern frohlockten und sagten: «Wie werden wir Ihnen das danken können?» Aber mein Dankeschön hatte ich bereits erhalten, denn ich bin diesem Kranken beigestanden mit dem Vorsatz, ihn entweder christlich sterben zu lassen, wenn er sterben sollte, oder der Dankbarkeit Gott gegenüber zu verpflichten, falls Gott ihm Heilung schenkte. Und es schien mir, daß dies gelungen sei...

Als Belohnung wollte ich nichts: Ich liebäugelte nur mit einem Rosenkranz, den der junge Mann in einem Kloster am Ölberg von Jerusalem gekauft hatte.

Unglücklicherweise verließ der behandelnde Arzt am 8. April das Zimmer mit diesem Ausspruch: «Nun werden sie diesem Fräulein wohl ein schönes Geschenk machen! Abgesehen von der außergewöhnlichen Pflege, die sie dem Erkrankten angedeihen ließ, hat sie Ihnen ein ganz schönes Sümmchen erspart. Für eine bezahlte Krankenschwester hätten 3000 Lire nicht genügt.» Der Arzt hätte es auch unterlassen können, dies zu sagen. Aber was kann ich dafür, wenn er es gesagt hat? Meinen Sie nicht auch? Ich antwortete: «Um Gottes Willen! Ich habe die Genugtuung gehabt, ein Leben zu retten. Das genügt mir. Der Herr Oberleutnant kann mir höchstens einen Rosenkranz verschaffen, wie ihn Frau Adalgisa hat. Den nehme ich gern an.»

Am nächsten Morgen begab ich mich wie gewöhnlich in das Haus des Generals, um meinem kleinen Kranken, der noch sehr schwach war, beim Aufstehen zu helfen. Nun ging ich von 9 bis 12 Uhr und von 15 bis 19 Uhr hin. Ich hatte geweihte Ölzweige gekauft und brachte auch ihnen einen. Denn obwohl sie *soviel* von Gott erhalten hatten, zeigten sie sich Gott nicht dankbar dafür. Ich hoffte, sie durch diesen geweihten Zweig an das nahe Osterfest zu erinnern...

Ich trat ein und sah als erste die Mutter. Ich grüßte sie und bot ihr meinen Olivenzweig an. Sie kehrte mir aber den Rücken, ohne meinen Gruß zu erwidern. Da ich wußte, daß sie sehr sonderbar war, maß ich ihrem Verhalten keine besondere Bedeutung bei. Ich dachte mir, sie hätte mit ihrem Mann gestritten, was sehr oft vorkam.

Dann trat ich in das Zimmer des Kranken. Er war bereits aufgestanden und saß auf einem Lehnstuhl zwischen dem Vater und dem Bruder. Alle drei waren sehr verlegen... «Schon aufgestanden? Bravo», sagte ich. Ein kleines Lächeln war die ganze Antwort, die ich bekam.

Ich ging in die Küche, um zu hören, ob die Mutter etwas brauche. Sie hatte noch immer meinen Olivenzweig in der Hand. Ich wurde mit einer Flut von Vorwürfen überschüttet. Mein armer Olivenzweig landete im Mülleimer. Ich wurde angeklagt, mich aufzudrängen, mich in jenem Haus einnisten zu wollen, den Arzt soweit gebracht zu haben, daß er Unterstellungen mache, damit ich Ansprüche erheben könne. Hätte man diese gleich am Anfang klar und deutlich vorgebracht, wären sie abgewiesen worden. Schließlich erklärte sie mir noch, daß ich zu alt sei für den jungen Mann und mir aus dem Kopf schlagen solle, ihn zu erobern (?).

Alles aus der Luft gegriffen. Ich war hingegangen, weil ich eindringlich darum gebeten worden war, ohne jede Absicht, am allerwenigsten, um jenen Jungen zu erobern. Ich gehörte nun bereits Gott an, und das *für immer.*

Ich hatte eine große Lust, dieser undankbaren, ungezogenen Person gehörig Bescheid zu sagen. Aber es schien mir, als ob Jesus gerade an diesem Tage, an dem seine Passion begonnen hatte, das Opfer meiner Eigenliebe verlangte... Ich verließ die Küche, ohne etwas zu sagen. Wenn ich den Mund aufgemacht hätte, hätte ich zuviel gesagt. Also zog ich es vor, zu schweigen... Es ist keine Feigheit, in gewissen Fällen zu schweigen, sondern *eher Heroismus.*

Ich kehrte in das Zimmer des Kranken zurück, als ob nichts vorgefallen wäre, machte das Bett und brachte alles in Ordnung. Allmählich beruhigten sich meine Gefühle. Dann sagte ich dem General, daß es meines Erachtens besser sei, nicht mehr in ihr Haus zu kommen. Er stammelte — das ist der richtige Ausdruck — irgendeine dürftige Entschuldigung, die mich in meiner Meinung über den bedauerlichen Vorfall bestärkte. Der wahre Grund für ihr absurdes Verhalten war, daß sie *fürchteten, mich in irgendeiner Weise entschädigen zu müssen.* Wie schlecht kannten sie mich, und wie schlecht kannten sie meinen Vater und meine Mutter!

Die Frau kehrte von Einkäufen zurück. Ich grüßte sie, und indem ich mein *Ich* zügelte, das sich aufbäumte, *bat ich um Entschuldigung für das, was ich nicht getan hatte.* Ich gestehe Ihnen, daß ich dabei schwitzte... Ich, die ich mich schon als Kind immer gut betragen hatte, *um nicht um Entschuldigung bitten zu müssen*, demütigte mich jetzt so, ohne etwas Böses getan zu haben, ja nach einer guten Tat!

Aber es war Palmsonntag... Wie hätte ich mich besser auf das bevorstehende Osterfest vorbereiten können? Auf Jesus, der dem Tod entgegenging? Mußte ich nicht im mystischen Gedächtnis seines Opfers, mit dem Er den Menschen von der Sünde befreien wollte, vor allem der Sünde des Stolzes, die die Stammeltern und deren Nachkommen ins Verderben gestürzt hatte, diesen Akt der Liebe vollbringen?

Ich kehrte nach Hause zurück und sagte nur, der Zustand des Kranken habe sich so sehr gebessert, daß er nun ohne mich auskommen könne. *Sonst sagte ich nichts, um nicht die* mütterlichen *Wutausbrüche zu* entfesseln, die weder den General noch seine Frau verschont hätten. Ich dachte mir, daß die beiden einiges wiedergutmachen könnten, wenn sie einmal ihre engstirnige Handlungweise bereuen würden, und daher war es besser zu schweigen. Erst zehn Tage später sagte ich etwas, weil sich die Meinen wunderten, daß diese Herrschaften nicht kamen, um sich zu bedanken, die sich ja schlechter als ein Hund benähmen, der mit dem Schwanz wedelt, wenn man ihm etwas Gutes tut. Damit war die Angelegenheit beigelegt.

Äußerlich war sie beigelegt, innerlich nicht. Mein Erlöser belohnte mich göttlich, da ich aus Liebe zu Ihm sanft und demütig gewesen war wie Er. Ich habe Ihm meine Demütigung aufgeopfert als Schweißtuch für sein Antlitz, für den Todesschweiß. Er machte mir aus diesem Schweißtuch ein Segel, um mich in das weite Meer seines Erbarmens hinauszuführen, der Sonne seines göttlichen Wesens entgegen. Es war ein wahres Liebesbad, in welchem der Rest an Menschlichem, der noch in mir sein konnte, endgültig verschwand. Von da an habe ich ganz auf das Übernatürliche ausgerichtet gelebt. Nur mit den Fußspitzen habe ich noch die Erde berührt, wie gewisse beflügelte Siegesgöttinnen, die sich zum Flug aufschwingen.

Nach diesem Opfer wurde ich von einem wahren Opferdurst gepackt. Aufopferung der Eigenliebe, teurer Gefühle, körperlicher Bußübungen, kleiner und großer materieller Opfer. Ich suchte jede Gelegenheit, um mich aufzuopfern. Und ein wahrer Strom des Friedens durchflutete mich. Wie süß war es, von diesem Strom getragen zu werden. Ich habe gesagt: durchflutete mich. Nein, *er trug mich* auf seinen Wogen des Vertrauens, des Friedens und der Liebe. Und ich, wie ein Halm auf dem Wasser, überließ mich dem Willen, der mich trug und mir von Stunde zu Stunde ins Ohr flüsterte, was ich tun sollte.

Es war, als hielte mir der göttliche Meister seinen Kelch an die Lippen und bäte mich, ihn Ihm zuliebe zu trinken. Und ich trank, obwohl der Geschmack oft sehr bitter war; immer bitterer, aber von einer Bitterkeit, die sich im Herzen in süßesten Honig verwandelte.

So verging 1927 und ein guter Teil des Jahres 1928.

Im Herbst 1928 hielt ich die Zeit für gekommen, um Aufnahme in den Dritten Orden der Franziskaner anzusuchen. Ich sah, daß alles, was mich in der Vergangenheit verwirrt hatte, endgültig überwunden und ich eine andere geworden war, verwandelt durch die Liebe.

Also begab ich mich zu den Franziskanern und legte meinen Fall dar. Man sollte mich meinen Möglichkeiten entsprechend aufnehmen: also vorerst keine Versammlungen und keine Einladungen, um die mütterliche Empfindlichkeit nicht zu reizen. Sie antworteten mir, daß sich das machen ließe, es würde nur meine Einkleidung verzögern. Geduld! Ich würde mich immer mehr auf diese Feierlichkeit vorbereiten, die für mich ein unauslöschliches Siegel sein sollte.

Im Frühjahr 1929 begab ich mich nach Cremona, um einen Buben in ein Kolleg zu bringen, der wegen seiner kopflosen Mutter Gefahr lief, ein Taugenichts zu werden. Die frühere Kameradin aus meiner Schulzeit, die mir die Bücher beschafft hatte, hatte mir auch geholfen, eine Unterkunft für dieses unglückselige Kind zu finden. Ich war vierzehn Tage Gast dieser meiner Freundin in einer Familie, die eine Kopie der Familie Martin zu sein schien, in der meine Lieblingsheilige aufgewachsen war.

Meine Kameradin, die auch Diözesan-Präsidentin der Katholischen Aktion war, sagte mir: «Warum trittst du nicht auch der Katholischen Aktion bei?»

Ja, das war leicht gesagt! Ich erzählte ihr von den Widerständen, denen ich begegnet war und daß meine Priester keine Vereinigung Junger Katholikinnen in der Pfarrei wünschten.

«Aber die gibt es doch schon.»

«Nein, die gibt es nicht.»

«Was heißt, die gibt es nicht? Sie haben doch die Spende für die Katholische Universität geschickt! Schau her: Circolo N., Signora di Lourdes, Pfarrei San-Paolino — Viareggio.»

Ich stand wie versteinert da. Ich hatte so sehr gebeten, diesen Verein gründen zu dürfen, und bekam nun, da ich kilometerweit entfernt war, zu wissen, daß er bereits existierte... Sie hatten mich nicht gewollt, das war alles. Ich beschloß, daß ich nach meiner Rückkehr um die Einschreibung bitten würde.

Während ich dieses Werk der Barmherzigkeit — denn es war ein solches — zugunsten des armen Jungen tat, verspürte ich die ersten Symptome der Herzmuskelentzündung.

Im Sommer 1928 hatte ich eine schwere Angina ohne Bettruhe überstanden. Ich hatte 40° Fieber und darüber gehabt und auf den Beinen sein müssen, da wir Gäste hatten. Ein schwerer Monat, der mich sehr mitgenommen hatte. Im äußerst strengen Winter 1928/29 hatte ich dann eine schlimme Grippe mit Husten und hohem Fieber. Kaum hatte ich mich davon erholt, erlitt ich einen Rippenbruch. Im Steueramt hatte mich die Menge gegen eine Eisenbarriere gedrückt, und ich hatte sogar Blut gespuckt. Vielleicht hatte die Rippe das Rippenfell verletzt, aber wie gewöhnlich, sorgte sich niemand darob. Ich spürte jedoch, daß das Herz schwer und groß und ernsthafter erkrankt war. Auf der Hinreise erlitt ich auf dem Cisa-Paß, zwischen Pontremoli und Borgotaro, ein leichtes Übelsein. Eigentlich mehr kurz als leicht, denn es dauerte nur einige Augenblicke, aber ich glaubte sterben zu müssen. Es endete mit einem Nasenbluten.

Am selben Abend, an dem ich den Knaben in Cremona ins Kolleg brachte, fühlte ich mich schlecht. Ich strengte mich sehr an, mir meiner Freundin gegenüber nichts anmerken zu lassen. Aber auch damals glaubte ich, sterben zu müssen. Auf meiner Rückreise, wieder zwischen Borgotaro und Potremoli, ereilte mich im Zug von neuem diese kurze, aber starke Übelkeit. Natürlich eine Herzschwäche. Sowohl die sehr dünne Luft als auch die Gemütsbewegung durch die Trennung von dem Kind, das sich um meinen Hals geschlungen und nach der Mama gerufen hatte, hatten mir zugesetzt.

Meine Freundin wollte mich sogar bei sich behalten, da sie mich so heruntergekommen und leidend sah. Mehr als eine Nacht ging es mir sehr schlecht. Meine Schmerzen im Rückgrat verursachten mir Erbrechen und Bauchkrämpfe. Aber ein unumstößliches Telegramm meiner Mutter zwang mich, auch in so schmerzvollem Zustand abzureisen. Der Wolf ändert das Haar und bleibt, wie er war. Das gilt auch für meine Mutter. Sie bleibt immer dieselbe, nichts kann sie verändern. Sie hätte doch froh sein können, daß ich bei lieben Leuten ein wenig ausruhte. Aber nein! *Ich mußte immer angekettet sein,* immer.

Diesen Sommer mühte ich mich sehr mit den Badegästen ab. Im Herbst ging ich dann ganz nach rechts gebeugt.

Der Pfarrer hatte sich geweigert, mich in die Katholische Aktion aufzunehmen. Ein anderer Priester hatte mir gesagt: «Lassen Sie die Katholische Aktion! Ist nicht der Mühe wert!» Ein dritter brachte mich zu den Katholischen Frauen, unter denen ich fehl am Platze war. Meine Aufgabe war es, die Mädchen zu unterweisen. Aber auch das wurde mir verweigert. Jahre zuvor hätte mich so etwas beunruhigt. Nun betete ich und ließ es gut sein. Mein Wille war es, Gottes Willen zu tun, und ich regte mich nicht auf, wenn etwas schiefging. Im übrigen hoffte ich, da es mir gar nicht gut ging, daß Gott meine Hingabe als Sühneopfer angenommen hätte und mich bald zu sich rufen würde.

Wie mir das zulächelte und mich in allem tröstete! Wenn die armen Menschen, die sich so um die vergänglichen Dinge sorgen, verstehen und erfahren könnten, wie wohltuend und friedbringend die Loslösung von diesem Leben und allen seinen Verlockungen ist, wie wären sie erstaunt! Sie denken, das Opfer und der Schmerz, in welcher Form sie auch begegnen, seien der großmütigen Seele ebenso schwer zu ertragen wie ihnen, diesen ängstlichen, um nicht zu sagen engherzigen Seelen. Aber da irren sie sich gewaltig.

Das Opfer ist keine Anstrengung und der Schmerz keine Qual mehr für die großmütige Seele, die in einer besonderen Atmosphäre und einem besonderen Licht lebt, welche das Opfer und den Schmerz anders erscheinen lassen, als sie die Augen der Kleinmütigen wahrnehmen. Für eine Opferseele verliert alles an menschlichem, gewinnt aber an übernatürlichem Wert. Die Gesundheit oder die Krankheit, der Erfolg oder die Niederlage bei einer bestimmten Arbeit, die Freude oder das Leid sind ihr, rein menschlich gesehen, einerlei. *Alles ist ihr willkommen, wenn sie dadurch ein übernatürliches Gut erwerben kann.* Die großmütige Seele fürchtet sich eigentlich nur vor einem: *nicht zu leiden.*

Darin besteht die Umkehrung der Werte. Für den gewöhnlichen Menschen ist die Angst vor dem Leiden, allein schon diese Angst, eine Quelle des Schreckens. Für die selbstlose Seele ist das Gefühl, *nicht genug zu leiden*, Grund zur Besorgnis, und sie verstärkt ihr Flehen, daß Gott *ihr die Freude gewähren möge, leiden zu dürfen.* All ihr Wirken auf dieser Erde ist zusammengefaßt in dem Wunsch, das zu tun, was Gott, nicht aber, was ihr gefällt. Und wenn es, um das zu erreichen, notwendig ist zu leiden, *so sei der Schmerz gesegnet!*

Daher die Unfähigkeit der edelmütigen Seele, voller Bitternis zu leiden, wie die Kleinmütigen. Der Schmerz bleibt, das ist unvermeidbar, aber nicht als Feind: *als Freund, der uns hilft, immer höher hinaufzusteigen.* Allein der Gedanke, daß dieser Schmerz, der vielen so verhaßt ist, uns Christus ähnlich und zu Fortsetzern seines Werkes macht, schenkt uns einen unstillbaren Durst nach immer neuen und tiefgehenderen Leiden. Und wenn wir bedenken, daß uns armen, schwachen menschlichen Geschöpfen die unendliche Barmherzigkeit die Ehre gewährt, Ihm ähnlich zu werden im Erlösungswerk, unser Blut mit seinem göttlichen Blute im Kelch zu vermischen, so trägt uns das in schwindelerregende Höhen der Liebe und der Dankbarkeit.

Unsere einzige Angst ist nicht, daß uns der Schmerzensbecher durch die Hand Gottes gereicht werde, sondern *daß er von unseren Lippen genommen werde*, die keinen anderen Geschmack mehr kennenlernen wollen als diesen, den zum ersten Mal der Erlöser ausgekostet hat.

Die großmütige Seele hat ihren Willen derart ausgelöscht, daß sie von sich aus weder Leiden noch Freuden sucht. *Sie hat sich hingegeben,* gebunden an Händen und Füßen, in die Hand ihres liebenswerten Opferers und bittet Ihn nur, sie nicht zu schonen. Jede neue Wunde ist in ihren Augen ein Edelstein ohnegleichen. Und wenn die Tränen fließen, weil der Schmerz unsere Lebensfasern zermalmt und das Fleisch stöhnt, so vereinigen sich andere Tränentropfen mit diesen menschlichen Tränen. Tränen der Freude über die Gnade, leiden zu dürfen, die Gott uns gewährt.

Die erste Marter des Opferlammes ist die der Liebe. Einer so ausschließlichen, mächtigen Liebe, daß sie allein schon genügt, um das Leben zu verzehren. Die zweite ist der Schmerz: ein Schmerz, der so vielgestaltig ist, daß er ohne Gottes Hilfe jegliches menschliche Geschöpf töten würde. Die dritte, die Marter aller Martern, ist die Erkenntnis, daß der Schmerz von uns genommen worden ist; denn dies läßt uns befürchten, daß Gott uns nicht mehr für würdig befindet, mit Ihm, für Ihn und für die Seelen zu leiden.

Seit Jahren lebe ich so und habe in diesem Leben meinen Frieden gefunden.

Opferseele sein heißt, büßende Seele sein, wie Magdalena, aber auch wie Agnes — denn das Leiden reinigt — und vertrauensvoll wie die kleine Therese; Opferseele sein, heißt, sich in Jesu Händen zu befinden wie ein Werkzeug, das sich nicht beklagt, daß es gebraucht wird; Opferseele sein heißt, daß man begriffen hat, wo der sichere Weg zum ewigen Leben ist.

Diese Sicherheit versüßte mir alles, auch die Tatsache, daß ich von allen zurückgewiesen wurde. Zurückgewiesen zu Hause und außer Haus, zurückgewiesen von Priestern wie von weltlichen Personen. Es schien, als hätten sich diesbezüglich alle miteinander abgesprochen. Aber Jesus blieb mir, und daher...

Ende Dezember 1929 fanden die Exerzitien für die Mitglieder der Katholischen Aktion meiner Pfarrei statt. Sie wurden von Monsignor Sanguinetti gehalten. Ich nahm freudig daran teil, nach so vielen Jahren der Entbehrung. Am Ende vertraute ich mich Monsignore Sanguinetti in einer langen Beichte an. Es wurde mir die Gnade zuteil, verstanden zu werden. Eine seltene Gnade, denn bis zu diesem Moment war sie mir immer verweigert worden, und Jesus allein war mein Seelenführer gewesen.

Monsignore Sanguinetti ließ mich lange reden, und dann *bestellte er mich zur Bildungsbeauftragten* der Jungen Katholikinnen. Da mußten sie mich wohl annehmen!

Ich verstand es, mich bei den kleinen Kursteilnehmerinnen beliebt zu machen. Die Leiterinnen liebten mich weniger, aus Angst, ich könnte sie aus jenen gebenedeiten *Ämtern* verdrängen, die ihrem kleinen Herzen, das die Dinge von einem menschlichen Standpunkt aus betrachtete, so begehrenswert erschienen. Aber die Kursteilnehmerinnen hatten mich sofort sehr lieb. Sie sahen, daß ich gerecht war. Ich verlangte Ordnung, Studium, Pünktlichkeit und Beachtung der Statuten. Aber als erste hielt natürlich ich mich an diese Ordnung, diesen Lerneifer, diese Pünktlichkeit und die Einhaltung des Statuts. Und daher folgten sie mir. Wehe, wenn unsere Schüler oder Untergebenen merken, daß wir dieselben Fehler begehen, die wir ihnen vorhalten! Dann ist es aus!

In diesem Jahr ging der Wettbewerb um die Christen-Fibel. Es war ein kleiner Triumph. Die Vorgesetzten aus der Diözese, die in dem Jahr zuvor ganz und gar unvorbereitete Kinder geprüft hatten, waren sehr verwundert. Ich freute mich für die Mädchen. Nichts spornt mehr an als der Erfolg, besonders wenn man noch eine kleine Seele hat, wie meine Kinder sie hatten.

Ich belohnte sie mit Büchern, d.h. ich belohnte die Besten, die gute Noten bekommen hatten, in der Gewißheit, daß sie im kommenden Jahr noch besser abschneiden würden. Die Schüler müssen mit fester Hand, aber mit Samthandschuhen geführt werden. Sie sollen nicht merken, daß unter dieser Sanftheit eine kräftige Hand ist, die im Bedarfsfall fühlbar wird.

Wenn man aber die uns von Gott Anvertrauten wirklich liebt, bringen sie eigentlich immer die gewünschten Leistungen, ohne daß man Druck ausüben muß. Vor allem, wenn es sich um junge Seelen handelt, die den Neid nicht kennen, der die Giftschlange der menschlichen Gesellschaft ist. Was wir nicht erreichen, erreicht Gott, und Lehrer und Schüler wachsen in Weisheit und Gnade vor seinem Angesicht.

Sommer 1930

Hier ist das Kreuz des Herrn — fliehet, feindliche Mächte[51]

Im Sommer 1930 entdeckte ich die Macht des Kreuzes. Aber zuerst muß ich Ihnen noch von meinem Karfreitag erzählen.

Den Zeitabschnitt vom Passionssonntag bis zum Dreifaltigkeitssonntag liebte ich sehr und sehnte ihn immer herbei. Nicht einmal Weihnachten hat für meine Seele dieselbe Kraft wie der genannte Zeitabschnitt. Ich war immer eine kleine Verliebte des gekreuzigten Herrn, das darf man nicht vergessen. Daher hat die Zeit des Gedächtnisses der Passion Christi für mich eine Anziehungskraft, die durch nichts übertroffen werden kann.

Nach dieser Zeit, die für mich mit dem Tag der Himmelfahrt des Herrn endet, kommen die Pfingsttage. Auch dieses Fest liebe ich sehr. Der Heilige Geist! Die Liebe! Das Licht! Das Feuer! Oh, wie liebe ich diese dritte Person der Heiligsten Dreieinigkeit! Mir kommt vor, mein Tag wäre lichtarm, wenn ich ihn nicht mit dem «Veni Sancte Spiritus» beginnen würde. Auch tagsüber, wenn mich etwas bedrängt, verwirrt oder im Unklaren läßt, wende ich mich an den Heiligen Geist wie ein Kind an den Weisen, der alles weiß. Die Novene zum Heiligen Geist ist für mich immer erfüllt von übernatürlicher Wonne und Freude, die den Höhepunkt im lebendigen Licht des Pfingstmorgens erreicht.

Die Mehrzahl der Katholiken begeht den großen Fehler, zu leicht die erste und die dritte Person der Heiligen Dreifaltigkeit zu vergessen. Wenn sie das Kreuzzeichen machen, sagen viele: «Im Namen des Vaters, des Sohnes und des Heiligen Geistes», denken aber in Wirklichkeit nur an den Sohn. Unsere wesenseigene Stumpfheit ist so groß, daß nur sehr wenige sich etwas vorstellen können, das nur Geist ist, und daher gilt ihr Interesse dem Sohn, dem einzigen, der mit einem Körper ausgestattet ist.

Die frommen Leute häufen sakramentale und geistige Kommunionen an. Aber sie denken nicht daran — und wenn sie es sagen hören, erschaudern sie fast, als handle es sich um eine Gotteslästerung —,

---

51. Aus dem Römischen Brevier.

daß man sich dem Vater im Himmel an die Brust werfen kann, ja daß dies sogar fortwährende Akte der Liebe sein können, und daß man auch die geistigen Firmungen wiederholen soll, die in uns die sieben göttlichen Gaben erneuern, deren wir immer sehr bedürfen.

Ich habe von mir aus immer versucht, diesem Mangel der meisten abzuhelfen. Seitdem ich in das Licht Christi eingetreten bin, war ich bestrebt, die mangelhafte Verehrung der ersten und der dritten Person der Heiligen Dreifaltigkeit wiedergutzumachen.

Nicht immer gelingt es uns, das «Vaterunser» mit jener Ruhe und Bedachtsamkeit zu sprechen, die ein so erhabenes Gebet verlangt, um wirklich *Gebet* zu sein. Die Gewohnheit verleitet uns oft dazu, es mechanisch zu wiederholen. Und wenn die Seele abwesend ist, was hat dann das Gebet für einen Wert? Keinen. Es bleibt ein mechanisches Gemurmel. Wenn aber die kurzen, glühenden Anrufungen wie Pfeile aus der Tiefe unserer Seele emporschießen, wie wird dann der Höchste frohlocken und mit den Segnungen seiner unendlichen Macht antworten! «Oh, mein Vater!» «Vater, ich liebe dich» «Vater, hier bin ich, dein Geschöpf!» «Vater, ich vertraue mich dir an!» Oh, ihr kurzen, feurigen Gebete, die ihr dem Schöpfer sagt, wie wir, seine Geschöpfe, uns seiner erinnern, welche Verdienste erkauft ihr uns, wie viele Gnaden erwirkt ihr uns! Wenn wir in Tränen oder in der Freude, im Feuereifer oder in unfruchtbaren Zeiten, in der Sicherheit oder in der Unruhe, in den Stunden, in denen wir nicht wissen, welchen Weg wir einschlagen sollen, wenn wir da zur Sonne, die unsere Tage erhellen möge, zum siebenfältigen Geist, einen Seufzer der Liebe erheben, oh, wie antwortet Er da! Er steigt hernieder mit seinen Schätzen des Lichtes, der Liebe, der Weisheit und der Stärke!

Ich hatte auch meine Mädchen von der Katholischen Aktion an diese so segensreiche Erhebung des Geistes zum Vater und dem Heiligen Geist gewöhnt. Aber ich zweifle sehr daran, daß sie dieser Gewohnheit treu geblieben sind.

Um zum Thema zurückzukehren, erzähle ich Ihnen nun, wie diese Zeit vom Palmsonntag bis zum Dreifaltigkeitssonntag eine *große Zeit für mich* war. *Sie ist es immer noch.* Die Karwoche hat überhaupt immer mein Gemüt bewegt, auch in den stürmischen Zeiten. Daß ein Gott für uns stirbt und auf diese Art, war für mich etwas so Erhabenes, daß ich spürte, wie alles Eis in meiner Seele schmolz. In den traurigen Zeiten meiner Jugend und auch später spürte ich, wie tiefste Ergriffenheit meine Seele mit einem Meer von Flammen überflutete.

Die Einstellung meiner Mutter hat mich immer daran gehindert, in Frieden allen Gottesdiensten der Karwoche beizuwohnen. Wenn Festtage nahten, war Mama immer unausstehlicher als gewöhnlich, und um Auseinandersetzungen zu vermeiden, die im Gegensatz zum festlichen Gepräge dieser Tage gestanden hätten, mußte ich eine sehr raffinierte Diplomatie anwenden... Es nützte nicht viel, aber doch etwas... Ich mußte mich also mit der täglichen Kommunion und flüchtigen Kirchenbesuchen zufriedengeben. Die Zeit dafür verschaffte ich mir, indem ich die Einkäufe in Eile besorgte, während mir das Herz bis in den Hals hinaufschlug. Es ist leicht, den Glauben zu praktizieren, wenn uns niemand Hindernisse in den Weg legt. Aber welches Verdienst wird jenen angerechnet werden, die den Wutausbrüchen anderer trotzen und tausend heilige Listen ersinnen müssen, um das Haus Gottes aufzusuchen?

In der Karwoche des Jahres 1930 war ich mehr denn je vom Geist der Liebe und der Sühne entflammt. Dank der Katholischen Aktion hatte ich Gelegenheit, öfter auszugehen, und dann flitzte ich in die Kirche wie ein Fischlein, das dem Netz entkommen ist. Es schien mir, als ob mich der große Kruzifixus auf dem Altare mit so flehentlichen Augen ansah wie noch nie.

Dieser Kruzifixus! Ich werde ihn nie wiedersehen. Aber im Himmel werde ich alle Tränen in Edelsteine verwandelt wiederfinden, die ich an seiner Brust und auf seinen durchbohrten Händen geweint habe, wenn ich ihn in der Kapelle des Erzbischofs vorfand, wo er niedergelegt wurde, solange auf dem Hauptaltar eine Statue aufgestellt wurde. Ich liebkoste ihn, mit meinem Taschentuch entfernte ich den Staub, der sein Gesicht, seine Hände und seine Füße beschmutzte. Ich küßte ihn und netzte ihn mit Tränen. Es schien mir unwirklich, daß ich ihn so berühren konnte! Er kam mir nicht mehr wie ein lebloses Holz vor, sondern wie ein lebendiger, pulsierender Körper. Und wie einem Lebendigen stellte ich Ihm unter Tränen tausend mitleidsvolle Fragen: «Armer Jesus! Schmerzen sie dich sehr, diese Nägel, diese Dornen, diese blutunterlaufenen Flecken? Oh, wie ich sie dir um jeden Preis abnehmen möchte!»

Das sind die göttlichen Verrücktheiten der Liebe! Manch einem mögen sie als Rührseligkeiten erscheinen. Aber das sind sie nicht. Wenn man jemanden sehr, sehr gerne hat, sagt man solche Dinge immer, und in wahrer Überzeugung. Wenn die Mutter sich über die Wiege des Kindes beugt, das weint, vergeht sie da nicht vor Sehnsucht, das Weh um jeden Preis auf sich zu nehmen, und sagt sie da nicht liebe Sätze, die nie lächerlich sind, wenn sie auch kindisch klingen? Und beugt sich die *liebende* Ehefrau nicht voll Erbarmen über den kranken Gatten, bekümmert, ihn in seinem Leiden nicht aufrichten zu können? Und ist sie nicht zärtlich wie eine Mutter, wie eine Mutter, die sich über eine Wiege beugt? Und warum sollte man Jesus nicht mit derselben Zärtlichkeit lieben, wie man einen Gatten und ein Kind liebt? *Wenigstens mit derselben Zärtlichkeit.* In Wirklichkeit sollte man Ihn mit viel, viel mehr Zärtlichkeit lieben. Warum die Liebkosungen eines Kruzifixes oder eines Herz-Jesu-Bildes als Sentimentalismus abtun? Die Kleine Heilige von Lisieux bringt uns gewiß nicht zum Lachen, wenn sie ihre Rosen entblättert und aus jedem Rosenblatt eine Liebkosung für ihren Herrn macht!

Diese über Ihm entblätterten Rosen waren das Sinnbild ihres Lebens, das sie Blatt für Blatt in ihrer Selbstaufopferung der Liebe hingab. Kein Sentimentalismus, sondern liebevolle Torheit, bestätigt durch die *Realität* der Selbstaufopferung.

Auch meine Liebkosungen des Kruzifixes, auch meine Tränen und meine Worte waren keine lächerlichen Gemütsbewegungen einer kleinen sentimentalen, hysterischen Frau. Es waren wahre, reife Bedürfnisse eines Herzens, das sich schon hinopferte, um seinem Gott ähnlich zu sein.

Oh, ich verstehe das heftige Weinen der Magdalena sehr gut, ihre, sagen wir, Fieberbrände der Liebe und des Schmerzes. Das waren keine hysterischen Gemütserregungen, nein. Das war Liebesglut. Ich gehöre zu jener glühenden und büßenden Schar der Magdalenen, und um Christus vom Kreuz herunterzunehmen, wäre ich bereit, nicht nur metaphorisch, sondern wirklich an seiner Stelle ans Kreuz genagelt zu werden.

Glauben Sie, daß mir mein Leiden genügt? Nein. Ich leide viel! So viel, daß meine Natur es ohne eine besondere Gnade Gottes nicht ertragen könnte und das Herz vor Schmerzen zerspringen würde. *Und doch genügt es mir nicht.* Mir, der Maria vom Kreuz, der Christus-Seele, *genügt es nicht.* Selbst wenn Gott meine Leiden vermehrt, werden sie mir nicht genügen. Niemals, denn die Schmerzen meines Erlösers sind unermeßlich gewesen, und auch die meinen sollten unermeßlich sein...

Ich weiß nicht, ob jemals einer der Priester meine Zwiegespräche mit dem Kruzifixus bemerkt hat. Ich glaube, nicht... Denn ich errichtete hinter den beiden Türen eine Barrikade aus Sesseln und war immer mit gespitzten Ohren auf der Hut. Ich wollte nicht entdeckt werden. «Wenn ihr betet, schließt die Tür und betet im Verborgenen. Euer Vater, der im Verborgenen sieht, wird es euch vergelten.»[52] Schlimm war es, wenn der Gekreuzigte auf dem Altar stand... Da rannen mir die Tränen über die Wangen. Zum Glück kam ich immer zu einer Zeit, in der die Kirche menschenleer war... Daher sah mich nur mein alter Pfarrer ab und zu. Aber vor ihm schämte ich mich nicht sehr. Er wußte schon genug von mir.

Kommen wir zum Karfreitag.

Es war das einzige Mal, daß ich an der Andacht der «Drei Todes-Notstunden» teilnahm — und es fehlte nicht viel, daß ich es mit dem Leben bezahlte. Wir gingen zusammen hin, Papa, Mama und ich. Ein in der Familiengeschichte nie dagewesenes Ereignis. Mama war diesem meinen Wunsch nachgekommen, und ein liebes Fräulein hatte uns begleitet.

Um 11 Uhr hatte ich zu Füßen des Altares sehr viel geweint, indem ich meinen Jesus und seine himmlische Mutter mit dem durchbohrten Herzen betrachtete. Doch ich fühlte mich nicht schlecht. Ich hatte fast nichts gegessen, denn wenn ich weine, kann ich nicht mehr essen.

Wir gingen also in die Kirche. Wir saßen fast unter der Kanzel. Nach der zweiten Lesung begann ich mich sehr elend zu fühlen. Es setzte ein Schmerz ein, den ich bis zu diesem Augenblick noch nie verspürt hatte, ein *schrecklicher* Schmerz. Den ersten Anfall von Angina pectoris erlitt ich genau am Karfreitag und in den Stunden der Agonie Jesu.

Wenn man bedenkt, daß ein Arzt der Antike, dem es gelungen war, diese Krankheit und die Schmerzen und Gefahren, die sie mit sich bringt, zu erkennen, ohne eine geeignete Behandlung finden zu können, sie so definiert hatte: «Stillstand des Lebens, in dem man den Tod erleidet», so wird man verstehen, wie schrecklich sie ist. Nur wer diese qualvolle Angst der Lähmung, der Krämpfe, des Erstickens, des Versagens des Kreislaufes erfahren hat, kann wissen, *wie das wirklich ist.* Und ich habe es das erste Mal am Karfreitag durchgemacht. Jesus im Todeskampf, Maria von Jesus im Todeskampf. Ich glaubte wirklich, sterben zu müssen. Hinausgehen konnte ich nicht, denn die Kirche war überfüllt. Außerdem kann man in solchen Augenblicken gar nicht gehen!... Ich mußte mich in der Kirche fast ausziehen, denn alles, was beengt, verstärkt den Schmerz.

---

52. Matthäus 6,5-6.

Aber ich hatte keine Angst. Ich spürte, daß Jesus mich auf das Kreuz erhöhte... Ich hatte in den letzten fünf Jahren so sehr darum gebetet, mich als Opferlamm anzunehmen... Nun war die glückliche Stunde des göttlichen Einverständnisses gekommen. Und in einem so bedeutungsvollen Augenblick.

Sie könnten sagen: «Ja, aber Sie hatten sich auch im Jahr davor schlecht gefühlt.» Oh, das war etwas ganz anderes! Das war wie der Beginn eines Schlaganfalls, verursacht durch Kreislaufschwäche. Ein starker Andrang von Blut zum Hals und zum Kopf, ein starker Schwindel, sonst nichts. Diesmal war es lähmender Schmerz, eiskalter Schweiß, ein wirklicher Todeskampf. Es war das Geschenk des sterbenden Herrn Jesus für die kleine Opferseele.

Nachdem ich die Krise überstanden hatte, kam ich wieder zu mir. Außer einer großen Müdigkeit empfand ich nichts. Aber nach einem tiefen Schlaf spürte ich auch die Müdigkeit nicht mehr.

Der Sommer kam. Dieses Jahr kehrte die Familie, die jeden Sommer kam und mit der uns eine freundschaftliche Beziehung verband, nicht zu uns zurück. Wir standen mit einem anderen Bekannten in Verhandlung, der jedoch im letzten Moment nicht kommen konnte. So hatten wir niemanden.

Ende Juni fragte dann eine uns bekannte Dame an, ob wir einen alleinstehenden Herrn, einen Doktor, der ein sehr ruhiges Quartier suche, aufnehmen würden. Er wünschte sich ein gehobeneres Milieu, wo man gut essen und in Frieden schlafen könne, und wollte zwei bis drei Monate bleiben. Doch bat er auch um Erlaubnis, einen jungen Mann, anscheinend seinen Schützling, mitbringen zu dürfen, der öfters sein Gast sein und täglich für ein paar Stunden in einem Zimmer Konsultationen abhalten würde.

Konsultationen: ein Wort, das vieles bedeuten kann. Es gibt ärztliche und rechtliche Konsultationen, es gibt aber auch Beratungen auf dem Gebiet der Landwirtschaft, über den Anbau... von Zwiebeln z.B. Dazu genügt es, Doktor der Agrarwissenschaften zu sein.

Wir nahmen an, da das Angebot sehr günstig und mit wenig Mühe verbunden war. Es war nur eine Person zu bedienen, denn der Konsulent wohnte anderswo. Das war meinen Kräften angemessen.

Am 1. Juli kam der Konsulent. Ein diskreter junger Mann, moralisch in Ordnung. Er nahm von dem Zimmer Besitz, in dem ich jetzt bin und das damals noch das Wohnzimmer war, und wollte, daß ich ein kleines Bild des Gekreuzigten, vor dem ich gewöhnlich betete, nicht entfernte. Er sagte mir, er sei sehr gläubig und wünsche, in seinem Beratungszimmer dieses heilige Bild zu haben. Ausgezeichnet. Er fiel mir nicht zur Last. Er kam und ging, ruhig, respektvoll und leise.

Am 4. Juli kam der Doktor an, eine sehr vornehme Person. Wir erkannten auch bald, daß er sehr kultiviert und reich war. Er war mit allem zufrieden und mietete sich sofort für drei Monate ein. Am ersten Tag wollte er auswärts essen, um uns Zeit zu lassen, die Eier einzukaufen, von denen er viel Gebrauch machte, und den Fisch zu bestellen, da eine seiner Mahlzeiten wegen seiner Urikämie aus Fisch bestehen sollte. Er sah das Klavier und fragte mich, ob er es benützen dürfe. Er spielte und sang sehr schön. Ich sagte ihm, er solle sich nur bedienen.

Ab dem nächsten Tag aß er dann im Hause. Nach der Mittagsmahlzeit war der Doktor in sein Zimmer hinaufgegangen, d.h. in den kleinen Saal mit dem Klavier, um zu ruhen. Ich hatte mich in die Küche begeben, um das Geschirr zu spülen. Mama war bei mir, und Papa schlief in seinem Zimmer. Alles schwieg in dieser heißen Mittagsstunde.

Auf einmal überkam mich eine *ungewöhnliche* Übelkeit. Kein körperliches Leiden, nein. Ich litt nicht an etwas Körperlichem, denn ich spürte keinerlei Schmerz. Und trotzdem war mit meinem körperlichen Wohlbefinden etwas nicht in Ordnung. Ich kann es nicht erklären.

Ich ging in den Hof hinaus. Die Luft in der Wohnung kam mir plötzlich unerträglich vor. Ja, vielleicht ist das die richtige Beschreibung meiner Empfindung: ich spürte eine verdorbene Luft. Aber im Hof war es nicht anders. Ja, es kam mir so vor, als ob unsichtbare Hände mir die Brust zusammendrückten, mir die Nasenlöcher zustopften. Mama spürte nichts.

Ich hatte Mühe, in die Wohnung zurückzukehren. *Mühe*, weil *irgendetwas* mich zurückhielt. Ich wollte in den ersten Stock hinaufgehen, um die Herztropfen zu holen, die ich in solchen Fällen einnahm. Ich stieg die Treppe hinauf. Bis zum ersten Treppenabsatz ging alles gut. Aber als ich die zweite Rampe hinaufsteigen wollte, spürte ich eine *Kraft*, die mich zurückdrängte, wie um mich am Aufstieg zu hindern. Ich hatte wirklich das Gefühl, als würden zwei große, starke Hände sich gegen meine Brust stemmen, um mich mit aller Kraft zurückzudrängen. Ich kämpfte dagegen an und es gelang mir, indem ich mich am Geländer festhielt, hinaufzukommen. Als ich den ersten Stock erreicht hatte und vor der geschlossenen Tür des kleinen Salons stand, wurde das bedrückende Gefühl unerträglich. Was ging damals in mir vor? Ich weiß es nicht. Als ich in unser Schlafzimmer eintrat, *begriff ich*, als ob ich es mit meinen Augen sehen würde, daß man in jenem kleinen Salon, aus dem kein Geräusch drang, Spiritismus betrieb.

Ich glaube, daß ich zu den mutigen Menschen gehöre. Außer Erdbeben und Volksaufständen kann mir nichts Angst einjagen. Weder ansteckende Krankheiten, noch Schmerzen oder Tiere. Den Katzen gegenüber halte ich eine respektvolle Distanz, nicht weil ich sie nicht leiden kann, sondern weil sie mir in die Augen springen. Was sie in meinen Augen sehen, weiß ich nicht. Doch habe ich festgestellt, daß die Katzen mich anspringen, sobald sie können, und daher halte ich sie mir vom Leib. Ich fliehe auch vor den Schlangen, weil sie mich anekeln. Alle anderen Geschöpfe liebe ich, die Mäuse miteingeschlossen, derenthalben meine Geschlechtsgenossinnen viele Schreie ausstoßen. Ich fürchte weder Blitze noch Winde. Vor dem Spiritismus aber habe ich eine Heidenangst, wie ich vor allem Angst habe, was geheimnisvoll und rätselhaft ist.

Im Kolleg sagten die Schwestern öfter: «Stellt euch vor, wie schön es wäre, wenn jetzt ein Engel, die Jungfrau Maria oder Jesus erschiene!» Sofort erwiderte ich: «Nein, um Gottes Willen! Ich würde aus dem Fenster springen!» Warum? Aus Angst vor Gott? Nein. Aus Angst vor dem Bösen Geist, der sich hinter jener Erscheinung verbergen könnte, um uns zu täuschen. Wenn man sagen würde: «Du kannst gesund werden, wenn du dich von einem Magnetiseur oder von einem, der Zauberei oder Geheimwissenschaften betreibt, behandeln läßt», würde ich diese Art der Heilung sofort ablehnen, wie ich es bereits getan habe, aus Angst, daß ein winziges Stückchen Dämon an mir hängen bleiben könnte.

Als ich 1921 mit Mama wegen Mario im Streit lag, war meine Mutter zu einem Okkultisten gegangen. Ich weiß nicht, was sie anstellten... Er schickte mir einen Talisman, und ich hütete mich, diesen zu tragen. Aber schon allein der Erhalt des Talismans, und daß sie zu diesem Halb-Teufel gegangen war, (für mich sind gewisse Leute sehr mit dem Teufel verwandt), brachte mir das, was es mir brachte. Meine Mama glaubt an gewisse Dinge, und vor dem Teufel, an den sie mehr oder weniger glaubt, hat sie keine Angst...

Also, um zum Thema zurückzukehren, ich begriff, daß man Spiritismus betrieb. Warum hatte ich das begriffen? Nun, ich begriff es und basta. Als ich ins Erdgeschoß zurückgekehrt war, teilte ich es Mama mit, und mit seltener Kühnheit sagte ich ihr, daß entweder jener Herr das Haus verlassen müsse oder ich gehen würde. Wir waren noch im

Gespräch, als der Konsulent die Treppe herunterkam. Er machte einen sehr verärgerten Eindruck, grüßte und ging weg. «Also war er mit dem Doktor zusammen oben» sagte ich. «Na, ausgezeichnet!»

Am nächsten Morgen fand ich an der Haustür befestigt eine schöne Papierhand, auf der geschrieben stand: «Mustafa — Chiromant — Okkultist usw.» Barmherziger Himmel! War er Konsulent in diesen Wissenschaften? Ich geriet außer mir. Ich war derartig aufgebracht, daß ich alles meiner Mutter mitteilte. Sie gab dem Doktor zu verstehen, daß er als Badegast ruhig bleiben könne, wenn er sich aber mit gewissen Dingen beschäftigen wolle, so müsse er sofort ausziehen. Unser Haus sei nicht der geeignete Ort dafür. Es gab einen lebhaften Wortwechsel. Daraufhin beugte sich der Doktor Mamas Willen und versprach, seinem Schützling zu sagen, daß er anderswohin gehen solle. Er, der Doktor, würde bleiben.

Es vergingen zwei oder drei Tage. Der Chiromant kam immer noch. Vielleicht holte er Geld von seinem Gönner? Aber sie schlossen sich nicht mehr unter vier Augen ein, und der Chiromant hatte sein Kabinett geräumt.

Am vierten Tag hatte ich wieder dieses «Gefühl». Aber diesmal bekämpfte ich es, wie es sich gehört. Ich bewaffnete mich mit einem Kruzifix und sagte: «Nun ist es an der Zeit, Herr, mir die Macht dieses Zeichens zu zeigen. Im Namen des Vaters, des Sohnes und des Heiligen Geistes bitte ich Dich, zu verhindern, daß der böse Geist in meinem Haus wirken kann.» Ich schloß mit dem Gebet des heiligen Edmund: «Jesus Christus, König der Juden».

Ich verspürte die Atemnot nicht mehr, und nach einer Weile sah ich das Medium (nennen wir ihn beim richtigen Namen) die Treppe herunterkommen. Er wirkte sehr *verwirrt.* Er kam ins Speisezimmer und redete und redete, um uns zu überzeugen, daß er ein braver religiöser, gläubiger Junge sei, und daß der Spiritismus nicht gegen Gott sei; denn wer den Spiritismus praktiziere, glaube an das Jenseits und gebe den körperlosen Seelen Gelegenheit, zu uns zu kommen, um uns die himmlischen Stimmen zu bringen usw. Ich verhielt mich still.

Da sagte das Medium zu mir, *gerade zu mir*: «Wissen Sie, ich bin kein Besessener. Stellen Sie sich vor, ich trage das Lumen Christi bei mir (was er damit meinte, weiß ich nicht), und *Sie tun nicht gut daran, mich nicht zu mögen.* Ich bin gern hierher gekommen, denn ich wollte Ihnen Gutes tun (?). Aber Sie jagen mich fort...

«Ich jage niemanden fort», antwortete ich. «Wenn es wahr ist, daß sie ein Freund Jesu sind, dürfen Sie sich bei mir nicht unbehaglich fühlen.»

«Ja, aber ich fühle mich so. Sie gehen immer in die Kirche!»

«Ja, gerade deshalb müßten Sie sich hier wohl fühlen. Wer mit Christus ist, fürchtet Christus nicht!»

«Ich sage Ihnen aber, daß mich das stört.»

«Dann kommen Sie nicht mehr, und damit hat es sich.»

Das Gespräch endete so.

Kurz danach erschien der Doktor mit gerunzelter Stirn und finsterer Miene. Er stellte sich vor mich hin und musterte mich gründlich. Ich betrachtete ihn fragend.

Am Abend, es war Sonntag, sagte der Doktor während des Abendessens: «Ich muß von hier fortziehen, denn das Fräulein mag uns nicht. Wissen Sie, daß Mustafa heute beinahe durch Sie gestorben wäre?»

«Durch mich? Wie sollte ich so etwas tun, wo ich nicht einmal wußte, daß er hier war?»

«Ja, Sie waren es. Er war in Trance, und plötzlich befiel ihn ein Starrkrampf. Als er wieder zu sich kam, sagte er, daß der Geist Gabriel (?) verängstigt die Flucht ergriffen und ihn leblos zurückgelassen habe. Erst nach einer halben Stunde sei er zurückgekehrt, und da ist Mustafa wieder zu sich gekommen.»

Ausgezeichnet, dachte ich. Wenn ihr nicht davon ablassen wollt, werde ich der Sache ein Ende machen. Und ich betete wieder mit dem Kreuz in den Händen.

Zwei Tage später begab sich Mustafa mit seinen mehr oder weniger gabrielischen Geistern nach Rimini. Der Doktor blieb, weil er sagte, *er müsse bleiben*. Und bis zur Nacht des 17. August ging alles gut.

Aber in jener Nacht, zwischen 1 und 2 Uhr, als ich wie ein Baby schlief, wurde ich plötzlich durch das bekannte Gefühl geweckt, daß Hände meinen Brustkorb zusammendrückten und die Luft verpestet war. Mir war sehr übel, und ich sagte zu Mama, die im selben Zimmer schlief: «Der Doktor macht etwas.»

Ich litt und kämpfte so sehr, daß ich am Morgen, während ich beim Einkaufen war, einen Herzanfall erlitt und meinte, sterben zu müssen. Als ich nach Hause zurückkam, hatte ich ein derart abgespanntes Gesicht, daß der Doktor, der abgesehen von seinem Spiritismus ein guter Mann war, Erbarmen mit mir hatte. Ich lehnte sein Mitleid ab und sagte zu ihm: «Was haben Sie heute nacht getrieben?» Er senkte den Kopf und gestand, er habe den berühmten Gabriel beschworen.

Ziehen Sie Ihren Schluß daraus, Pater. Ich sage Ihnen nur, ich bin überzeugt, daß die Macht des Namens Jesus und des Kreuzes das dämonische Werk verhindert hat; ich sage Ihnen, daß der Spiritismus etwas Dämonisches ist (er hat mir viele Leiden verursacht, und wäre er von Gott gekommen, wie diese beiden behaupteten, hätte er mich nicht gequält); ich sage Ihnen, daß der Dämon nicht wollte, daß ich im Hause war, und versuchte, mich hinauszudrängen, nicht meinetwegen, sondern wegen Dem, der in mir war; ich sage Ihnen, ich bin überzeugt, daß es sicher einen Grund für diese Ereignisse gibt, den Gott allein kennt; ich kann Ihnen auch sagen, daß sie nicht ohne Folgen blieben, denn nach drei Monaten besann sich der Doktor in vielen Dingen eines Besseren, bis er schließlich wünschte, sich wieder mit Gott zu vereinigen, und alles andere aufgab; ich sage Ihnen schließlich, daß ich fest überzeugt bin, daß vieles von dem, was ich nachher leiden mußte, ein Racheakt des Dämons war, den ich durch die Anrufung des Namens Jesus niedergeschlagen hatte.

Mein Leiden war bis zu diesem Augenblick klar in seinen Symptomen. Und wenn es auch ein schweres Leiden war, so brachte es doch nicht diese Lähmungserscheinungen am ganzen Körper mit sich, die nachher aufgetreten sind. Diese Schmerzen sind denen ähnlich, die einer verspüren muß, dessen Nervenstränge von einer grausamen Hand gewunden werden. Von diesem Augenblick an veränderten sich die Symptome, sie vermischten sich mit jenen neuen geheimnisvollen Leiden, die keiner je hat begreifen können. Zu diesen gesellte sich eine Flut von Versuchungen, die mich in die Knie gezwungen haben... Nie hatte ich soviel gelitten, nie war ich soweit gekommen! Die finstersten Stunden meiner Jugend waren rosig im Vergleich zu denen, die ich in diesen neun Jahren des Leidens durchgemacht habe. Heute sind es neun Jahre, daß ich bettlägrig bin. Erst seit einem Monat fühle ich mich frei von der dämonischen Bedrängung. Ich habe nie mit jemandem darüber gesprochen, denn heutzutage glaubt man nicht mehr an den Dämon, der mir aber soviele Leiden verursacht hat!

Im Sommer 1930 habe ich den Dämon besiegt, aber er hat sich über die Maßen dafür gerächt... Doch davon werde ich zu gegebener Zeit sprechen...

Und was soll ich jetzt sagen? Ich sage nur das, was man am Karfreitag zur Kreuzverehrung sagt: «O Baum, an Schmuck und Glanz so groß, der Königspurpur dich umfloß... Heil dir... Kreuz, einzige Hoffnung, sei gegrüßt!...»

«Ich will, daß du ein Opferlamm der göttlichen Gerechtigkeit seist, nicht nur Trost meiner Liebe» (J.C. zu Schwester Benigna)[53]

«Mein brennendes Verlangen, Seelen zu retten, drängt mich, Opferseelen zu suchen, die ich an meinem Werk der Liebe teilhaben lasse», hatte Jesus zu Schwester Benigna Consolata Ferrero gesagt.

Nun kannte ich damals diese Schwester noch nicht. Aber das Bedürfnis, mich der Gerechtigkeit hinzugeben, wie ich mich der Liebe hingegeben hatte, drängte mich im Herzen. Durch einen reinen Zufall lernte ich diese kleine Sekretärin Jesu kennen.

Seit einiger Zeit fragten mich verschiedene Leute, Geweihte und Nichtgeweihte, ob ich meine Gedanken aus den schriftlichen Aufzeichnungen dieser Schwester genommen hätte, weil sie denen so sehr glichen. Ich wußte nicht einmal von der Existenz Schwester Benignas! Es erwachte in mir der Wunsch, sie kennenzulernen. Und Jesus, liebenswürdig wie immer, ließ mich den Weg finden. Es fiel mir eine Mitgliedskarte der Katholischen Aktion von ihr in die Hände. So hatte ich einen Anhaltspunkt und schrieb an die Heimsuchungs-Schwestern in Como, um alle Werke der Dienerin Gottes zu bekommen.

Gestern abend habe ich abgebrochen, da ich zu schmerzgeplagt war, um fortfahren zu können. Und es war gut so, denn während der Nacht fiel mir ein, daß ich einige Dinge ausgelassen habe.

Das erste ist, daß ich schon lange die Gelübde der Jungfräulichkeit, der Armut und des Gehorsams abgelegt hatte. Damals hatte ich meinen Ring von der rechten Hand, an der ich ihn zum Andenken an Roberto seit 1915 trug, auf die linke Hand gewechselt, zum Zeichen meiner mystischen Vereinigung mit Jesus.

Für diese Entscheidungen mußte ich viele Strafpredigten einstekken; vor allem von seiten des Priesters, der mit meinen Absichten nicht einverstanden war. Dazu hätte ich viel zu sagen, und ich sage es gleich, um nicht mehr daran zu denken. Vielleicht wird Ihnen meine Aufrichtigkeit sehr mißfallen, aber was soll ich tun?

---

53. Benigna Consolata Ferrero, Heimsuchungs-Schwester, Dienerin Gottes, (1885-1916), öfters zitiert.

In meinem Leben bin ich zweifellos heiligen Priestern begegnet, wahren Priestern, voll Liebe, heiligen Eifers und fruchtbaren Apostolats. Menschen, die ihre Mission mit Überzeugung ausübten und sich körperlich und seelisch in der Sorge um die Seelen aufzehrten. Sie alle waren bemüht, diese Seelen zu Gott zu führen, sie zu begeistern und zur Liebe und Selbstlosigkeit anzuspornen. Ich habe unter ihnen keinen wahren Seelenführer gefunden. Hervorragende Beichtväter, das schon, aber keinen Seelenführer. Doch das hing von mir ab, nicht von ihnen. Sie werden gemerkt haben, was es mich kostet, mich zu öffnen — und wenn es mir jetzt noch immer so schwerfällt, gegenüber einer Person, die ich für den Seelenführer halte, den ich mir ja immer gewünscht habe, dann können Sie sich vorstellen, wie verschlossen ich erst war, wenn ich mir von einem Priester nicht sagen konnte: «Vertraue diesem Priester die Geheimnisse deines Herzens an.» Aber neben den heiligmäßigen Priestern bin ich auch vielen nicht heiligmäßigen begegnet.

Ich will Ihnen meine Auffassung erklären. Wenn ich bei einem Priester wenig Eifer bemerke, den Seelen beizustehen, wenn er mehr um menschliche Belange bekümmert ist: Haus, Einkommen, Stundengeben, Besuche usw.; wenn es ihm an Geduld mangelt, sich mit den armen Seelen abzugeben, die sicherlich auch lästig fallen können, das gebe ich zu, mit ihren Zweifeln, Bedenken und ihrer Engherzigkeit, die aber gerade deswegen der Stärkung im Glauben bedürfen, so regen sich bei mir Bedenken. Ein Priester, der, anstatt das *wahre* Sich-Aufschwingen der Herzen zu unterstützen, diese zurückhält, aber nicht aus Bedachtsamkeit — das wäre ja richtig —, sondern aus Lauheit des Herzens; der den Eindruck erweckt, daß es immer zuviel sei, was man für den Herrn tut, und daß Übertreibung nicht angebracht sei, ein solcher Priester ist für mich nicht heilig. Ich will hier andere menschliche Schwächen außer acht lassen, die mich zwar Tränen kosten und zur Sühne durch besondere Bußübungen drängen, über die ich aber hinweggehe aus Mitleid mit der menschlichen Schwäche, die immer vorhanden ist, auch im Kleide des Talars...

Nun, von diesen lauen Priestern sehe ich viele! Die heiligen sind dünn gesät, wie seltene Blumen auf einer weiten Wiese; zu dünn gesät in Anbetracht der Massen, die einer neuen Evangelisierung bedürfen.

Ich bewundere das Werk der Missionare, die in heidnische Länder gehen, um den Götzenanbetern Christus zu bringen... Aber die Neger Europas, die neuen Heiden der alten Welt, die als erste das Licht Christi erhalten und es wieder verloren haben unter einer Flut von Vergnügungen und Lastern, im Wettlauf um Reichtum und Macht, wer wird diese wieder bekehren? Wer wird sie retten und durch das Feuer des Apostolats zu Gott zurückbringen? Diese armen Neger Europas, für die die Taufe nur noch eine leere Formel ist, für die die Worte des Glaubens wertlos, die kirchlichen Gottesdienste unnütze Zeremonien und die Sakramente der lächerliche Ausdruck der Engstirnigkeit gewisser Weiblein sind; diese armen Neger Europas, die sich Gottes nur erinnern, um Ihn zu lästern, die wie Tiere leben und nur darauf aus sind, sich den Bauch vollzustopfen, ihren Gelüsten zu frönen und ihren Geldbeutel zu füllen, die noch schlimmer als Tiere sterben und ohne eine letzte Rückkehr zu Gott ins Jenseits stürzen, wer wird sie neu evangelisieren? Wer, der sein *ganzes* Leben als Predigt hingibt, nicht im Sinne von Jahren, sondern von Werken, wird sie zum Ursprung aller Dinge zurückbringen, zu einem geistigen Leben, das weit über dem *materiellen* Leben steht, welches der Götze der Moderne ist? Wer wird sie zurückbringen zu einem geistigen Leben, dem «dauerhaften Leben», von dem Katharina sang?

Oh, habt Erbarmen mit diesen armen europäischen Massen, diesen Herden, die zu wenige wahre Hirten haben und von den anderen schlecht geführt werden, die sich mehr um zahllose materielle Nichtigkeiten, als um die Herde kümmern! Ihr Missionare, sprecht wieder zu diesen Negern Europas, die viel ärmer sind als die afrikanischen Zulus, welche immerhin an etwas glauben: an die Schlange, an die Sonne oder den Stein, während die armen Götzenanbeter Europas keinen Glauben haben. Sie sind eigentlich nicht einmal Götzenanbeter, denn der Götzendienst setzt den Glauben an ein Idol voraus. Sie aber glauben an gar nichts mehr, nicht einmal an das Vergnügen, das sie anekelt und nicht sättigt.

Kehrt zurück, kehrt zurück, Missionare, re-christianisiert dieses arme Europa, das an dem körperlichen und geistigen Kräfteverfall seiner Gottlosigkeit zugrunde geht. Laßt vor den Augen der entmutigten und verrohten Europäer das Wort des menschgewordenen Wortes erstrahlen, «durch das alles erschaffen wurde»[54], die Macht des Schöpfers, das Licht eines Glaubens, der uns unseres himmlischen Ursprunges und unseres himmlischen Zieles versichert. Gebietet mit dem Kreuz der ungestümen Talfahrt dieser Menschheit Einhalt, die verzweifelt, mordet und verflucht. Richtet den gekreuzigten Christus auf gegen die Werke des menschlichen Hochmuts, der den von Gott

54. Johannes 1,3 und 10; Kolosser 1,15-17; Hebräer 1,1-2.

gegebenen Geist dafür benützt, einen in jeder Hinsicht mörderischen Fortschritt zu ersinnen.

Diese unsere sogenannte «zivilisierte» Welt muß durch die Kutte, das Zingulum, das Kreuz und das Opfer gerettet werden. Nur darin liegt die Rettung. Alles andere wird Ursache noch größeren Verfalls sein.

Aber jetzt bin ich vom Thema abgekommen... Entschuldigen Sie mich. Ich kehre zum Ausgangspunkt zurück.

Also, ich sagte, daß mir der Priester empfahl, nichts zu tun, nicht zu übertreiben... Was heißt übertreiben! Sind alle die Übertreiber gewesen, die Gott zuliebe das Joch der drei Gelübde auf sich, auf *ihre Seele* genommen haben? Dann müßte man die ganze Geschichte der zwanzig christlichen Jahrhunderte neuschreiben, viele Seiten der Verkündigung streichen und in den Statistiken der Irrenhäuser die Anzahl der unter «religiöser Wahn» geführten Kranken drastisch erhöhen!

Ich wechselte meinen Beichtvater und kehrte zu meinem alten, nun bereits verstorbenen Pfarrer zurück. Ich hätte einen Ordensgeistlichen bevorzugt, denn ich hatte beobachtet, daß aus den Ordensgemeinschaften sehr eifrige Priester hervorgingen. Aber die Kirchen von San-Andrea und San-Antonio waren für mich nicht günstig gelegen, die ich ja meine Beichten und Kommunionen heimlich absolvieren mußte... Der alte Pfarrer verstand mich, Gott möge ihn dafür segnen, und erlaubte mir, meine Gelübde abzulegen. Er behinderte mich auch nie auf meinem Weg zur Vollkommenheit, solange er der Pfarrei San-Paolino angehörte.[55]

Ich mußte mir wieder Standpauken von Mama anhören. Nachdem sie diejenigen vertrieben hatte, die jung und kräftig waren und mich hätten glücklich machen können, durch die sie mich aber als Dienstmädchen verloren hätte, machte sie sich auf die Suche nach einem möglichst reichen, alten Mann, der bereit gewesen wäre, mich in ihrer Nähe zu belassen. «Ein Haus mit zwei Stockwerken», sagte sie, «eines für dich und das andere für uns.» Ja, das wäre *für sie* in der Tat ein Schlaraffenland gewesen! Aber nicht für mich.

Ich verkaufe mich nicht, Pater, und *ich erniedrige mich nicht*, Bindungen einzugehen, die sich in meinen Augen kaum von den lasterhaften unterscheiden. Ich begreife die Heiligkeit der Ehe, wenn sie

---

55. Pfarrer der Kirche San-Paolino in Viareggio war von 1896 bis 1933 Monsignore Giuseppe Guidi. Die Geistlichen, die sich um die anderen beiden Pfarreien, San-Andrea und San-Antonio, kümmern, sind Serviten und Minoriten.

vollzogen wird zur Fortpflanzung des Menschengeschlechts, so wie Gott es will. Aber eine Ehe, die infolge des Alters der Ehepartner oder eines der Partner keine Hoffnung auf Nachkommenschaft zuläßt, kommt mir vor wie eine Schacherei mit der Fleischlichkeit, wie ein Laster unter dem Schleier der Tugend. Daher lehnte ich den alten Mann ab, der 42 Jahre älter als ich war. Ich wiederhole: zweiundvierzig Jahre.

Daraufhin versuchte Mutter mir mit Hilfe einer Bekannten einen jungen, reichen Advokaten zu fischen. Er sah gut aus und war lieb, aber — er war unglücklich. Er trug an sich eine jener körperlichen Mißbildungen, aufgrund deren die Kirche eine Ehe auflösen kann, wenn eine Seite dies vor der Eheschließung verschwiegen hat.

Nach der Erfahrung mit Mario wollte ich von Eheschließung absolut nichts hören. Ich hatte auf *alles* verzichtet, erstens um Marios Rettung zu erlangen, zweitens um ihm treu zu sein, drittens aus Enttäuschung in bezug auf die männliche Standhaftigkeit und viertens, weil ich das Herz einer Frau und nicht das eines Kalbes hatte, das man stückweise den Amseln und den Nachtigallen gibt!... Außerdem hatte ich mich Gott geweiht. Aber selbst wenn ich noch an eine Heirat gedacht hätte, hätte ich mich da mit einem Unglücklichen vereinigen können, der keine Kinder zeugen konnte?

Ich wurde von einer vertrauenswürdigen Frau auf dieses Leid des jungen Advokaten aufmerksam gemacht. Eine Mißbildung, die später durch eine unglückliche, unfruchtbare Ehe bestätigt worden ist. Ich sträubte mich daher gegen diese geplante Ehe. Ich sagte Ihnen schon, daß ich nicht so sehr an den Mann, sondern an die Kinder dachte, die ich bekommen könnte: Kindersegen war das einzige, das mir eine Ehe begehrenswert machte, seit dem Verlust Robertos. Überlegen Sie, ob ich dem mütterlichen Wunsch hätte nachkommen können, indem ich eine Verbindung einging, die den Gesetzen der Kirche, meiner Denkart, dem gesunden Menschenverstand und außerdem der Moral widersprach.

Als ich meinen Ring von der rechten auf die linke Hand wechselte, glaubte Mama, ich täte das, weil ich mich schämte, mit meinen über 30 Jahren noch ledig zu sein, und überhäufte mich mit: «Wenn du auf mich gehört hättest und den oder jenen geheiratet hättest!...» Ich ließ sie reden und blieb stur.

Andere Belehrungen erhielt ich von allen möglichen Leuten. Aber ich habe mich nie darum gekümmert, was die Leute von mir sagten.

Handelte es sich um schwere Unterstellungen, verursachten sie mir im ersten Augenblick Schmerz, und damit hatte es sich!

Ich habe Ihnen auch noch nichts von meiner Gewohnheit erzählt, meine Meditationen schriftlich festzuhalten. Dies hat mir sehr zum geistlichen Nutzen gereicht. Das Zu-Papier-Bringen von Gedanken zwingt den Geist, sich noch mehr in den meditierten Gegenstand zu vertiefen. Außerdem hat man den Vorteil, das Geschriebene wiederlesen zu können in Zeiten geistiger Dürre, in denen man zu geistlicher Erhebung unfähig ist. Ist die Meditation immer nützlich, so ist die aufgezeichnete Meditation meiner Meinung nach doppelt nützlich. Sie verzehnfacht unsere beschaulichen Fähigkeiten und vermehrt unser inneres Licht.

Auch dies brachte mir mütterliche Vorwürfe ein. «Was hätte ich es nötig, mich einzuschließen, um zu beten, und dabei Strom zu verbrauchen? Sei nicht der schon genug, den ich für die Katholische Aktion verbrauchte, usw.? Was seien das für Überspanntheiten? Bildete ich mir vielleicht ein, Thomas von Aquin zu sein?» usw. Ich ließ sie reden und hielt an meinen Gewohnheiten fest. Ich zeichnete meine Meditationen und die Lektionen für den Wettbewerb meiner Mädchen auf, denn die ganze intellektuelle Arbeit lastete auf meinen Schultern.

Ich vertrat auch die fehlende kirchliche Assistentin. Monsignore Lazzareschi, der damalige Diözesan-Assistent, hatte mich dazu ermächtigt. Die geistliche Betrachtung machte ich immer über einen Abschnitt des Evangeliums. Aus eigener Erfahrung kannte ich die geistige Kraft, die uns das Evangelium geben kann: wie lebendiges Brot und Wein nährt und kräftigt es unsere Seele. Es schenkt uns die Fähigkeit, im Guten rasch voranzuschreiten. Davon würde ich gern jedermann überzeugen...

Die Mehrheit der *strenggläubigen* Katholiken zerbricht sich den Kopf über Askese-Büchern, *die sie nicht versteht*, und vernachlässigt das höchste und einfachste Buch, das Evangelium, obwohl dieses selbst den Ungebildetsten verständlich ist. Sie lesen und lesen und stopfen sich den Kopf mit schwierigen Worten voll. Sie rühmen sich, als ob sie Kirchenlehrer wären. Sie empfinden oberflächliche Glücksschauder und erleben — ein schillerndes, wenn auch nur flüchtiges Feuerwerk, in dem sie sich selbstgefällig bewundern und als «mystische, seraphische, heilige Seelen» ausgeben... Und dann, kaum haben sie das Buch zugeklappt, ist alles vorbei. Es bleibt nur der Stolz, weil sie sich für Auserwählte halten, schon mit einem himmlischen Glorienschein versehen...

Aber das Evangelium! Das so klare, tiefgründige, vielseitige und erhabene Evangelium, das ein an alle Kinder Gottes gerichtetes Wort ist, das Wort des Sohnes Gottes an seine kleineren Brüder und Schwestern! Das Evangelium, das nicht mit Hilfe der menschlichen Wissenschaft begriffen werden kann, sondern mit Hilfe der übernatürlichen Wissenschaft, die ein Analphabet vollkommen, aber ein Gelehrter nur in geringem Maß besitzen kann. Was ist doch das Evangelium für eine Hilfe für den Gläubigen, der in Gott bleiben und Gott immer näherkommen will!

Auch hier gab es Kämpfe und Hindernisse. Nicht von seiten der Priester. Diese ermutigten mich vielmehr, fortzufahren. Aber die diözesanen und pfarramtlichen Leiterinnen griffen mich an. Sie waren «die großen Mystikerinnen», die die gigantischen Wälzer der Theologie brauchten! Von mir aus!

Das Schlimme war nur, daß sie die Worte *eines* kleinen Buches vergaßen, in dem geschrieben steht: «Der Mensch lebt nicht vom Brot allein, sondern von jedem Wort aus dem Munde Gottes»; in dem auch steht: «Wehe euch, Gesetzeslehrern! Ihr habt den Schlüssel der Erkenntnis an euch genommen, ihr selbst seid nicht hineingegangen, und die, welche hinein wollten, habt ihr abgehalten»; in dem steht: «Der Gottgesandte redet Gottes Worte, da Gott ihm in unermeßlicher Fülle Geist schenkt»; in dem steht: «Wer mein Wort hört und dem glaubt, der mich gesandt hat, der hat das ewige Leben»; in dem steht: «Wer aus sich selbst redet, sucht die eigene Ehre; wer aber die Ehre dessen sucht, der ihn gesandt hat, der ist glaubwürdig, und kein Falsch ist an ihm.»

Sie vergaßen diese Worte, die in dem Büchlein geschrieben stehen, das sie nicht lesen wollten, da sie so sehr in ihre riesigen Wälzer vertieft waren!... Wenn sie diese Worte des *Wortes* bedacht hätten, hätten sie mich nicht daran gehindert, meinen Töchtern dieses wahre Brot des Lebens zu geben, noch hätten sie meine Töchter daran gehindert, sich davon zu nähren. Das Brot ist das einfachste, älteste, notwendigste Nahrungsmittel für den Menschen, und das Wort Gottes, das uns durch sein menschgewordenes Wort mitgeteilt worden ist, ist das Grundnahrungsmittel für die nach geistiger Nahrung hungernden Seelen. Warum also wollte man verhindern, daß meine kleinen Töchter das lebenspendende Wort hörten, das, wenn es durch den Glauben gestärkt wird, Quelle ewigen Lebens ist?

Um mich zu behindern, brachte man den Einwand vor, daß ich, da ich doch kein Priester war, das Evangelium nicht begreifen und auslegen könne. Aber sie bedachten nicht, daß der Geist Gottes weht, wo er will, und daß der Wille Gottes senden kann, wen er will, um das *«Salz zu ersetzen, das schal geworden ist»*, damit seine Geschöpfe nicht ohne sein Wort bleiben. Ich, das menschliche Geschöpf Maria Valtorta, war die letzte von allen; aber wenn ich durch den Willen Gottes zu den noch Unwissenderen sprach, war ich etwas, denn Gott gewährte mir *den Geist in ungemessener Fülle*, da Er meine rechtschaffene Absicht erkannte, den jungen Herzen sein Wort zu verkünden und Ihm junge Herzen zuzuführen. Ich sprach wahrhaft weder *meiner menschlichen Ehre halber, noch um mehr Macht zu gewinnen. Ich sprach nur, um Gott die Ehre zu geben*, um seine Herde zu mehren und in seiner Herde die Kenntnis zu vertiefen.

Ich war nicht auf Ämter und Würden aus, die nur jene verführen, die für ihren kleinen menschlichen Ruhm leben. Wie Johannes in der Wüste, war ich nur eine *Stimme,* eine Stimme, die im Namen Gottes rief, damit die Seelen zum wahren Leben erwachten. Und ich wollte nur eine *Stimme* sein, beziehungsweise etwas ganz Geistiges, das sich ohne Ambitionen oder menschliche Hintergedanken entwickelt, erhebt und verbraucht; das wie der Rauch aus einem Weihrauchfaß aufsteigt, um sich selig zu verzehren und zum Wohlgeruch des Lobes für den Ewigen zu werden. Aber die «Gelehrten» der Diözese und der Vereinigung, jene, die geschwollen vom Stolz über *Amt und Würde* lebten — ach, süß sind diese für ihr Herz —, sie hatten Angst, daß ich mit meinem Apostolat darauf aus wäre, ihnen ihre Autorität, ihren Schatz, streitig zu machen, den Schatz, über *den ihr Herz so wachte...*

Mein Herz wachte über die kleine Herde, die mir Gott anvertraut hatte und die ich, solange sie bei mir war, auf gesunde Weiden führte, ohne daß eines meiner Schäflein verloren ging. Und noch jetzt, da der Hirte krank ist, verliert sie sich nicht, *denn für meine Schafe habe ich mein Leben angeboten. Nicht eines von denen, die mir Gott anvertraut hatte, ist verdorben, außer der Tochter des Verderbens;* denn jeder Lehrer, muß auch die Bitterkeit des Meisters erfahren, der einen Jünger ins Verderben gehen sah... Aber auch diese Seele hoffe ich noch zu retten, denn ich habe noch soviel zu leiden, ich muß noch so oft sterben, bevor ich ewig in Gott wiedererstehe.

Gewiß, diese «Gelehrten», die die von Gott sprechende Stimme aus rein menschlicher Angst knebeln wollten, hätten mich nicht am Reden gehindert, wenn sie sich der Worte des menschgewordenen Wortes[56] erinnert hätten... Aber so wie mir das Geschimpfe von Mama nunmehr weder Knebel noch Ketten anlegte, so ängstigten mich auch die Vetos der «Leiter» nicht. Mir genügte die Zustimmung des Gewissens und die der Priester.

Alles übrige kümmerte mich nicht, obwohl mir dieses «Übrige» in einem schändlichen Kleinkrieg in Form von Verleumdungen, Grobheiten und Kleinlichkeiten aller Art verabreicht wurde. Aber ich danke Gott dafür. Dies bewirkte, daß *keine menschliche Süße sich in die übernatürliche Süße des Apostolats mischte, das ich ja einzig Gott zuliebe ausübte*. Es handelt sich um eine geistige Süße, der Geist frohlockt, während der Apostel geschmäht und gequält wird, da er in dieser Verfolgung das *Zeichen* erkennt, das ihn heiligt... Der Kampf und die Verfolgung sind das Siegel, das immer denjenigen auszeichnet, der auf dem richtigen Weg ist, denn die Welt haßt über alles denjenigen, der Gutes wirkt. In der Tat bedeutet ja dieses Wirken für die weniger Guten einen stillen, aber schmerzlichen Vorwurf... Und wer tadelt, wird immer gehaßt.

Und nun, da ich diese Lücke in meiner Erzählung gefüllt habe, setze ich dieses arme Kapitel fort, das sich von Anfang an in tausend Rinnsale verloren hat...

Ich schrieb also an die Heimsuchungs-Schwestern von Como, um die Aufzeichnungen von Schwester Benigna zu erhalten. Wenn ich mich recht erinnere, erreichten sie mich in der Fastenzeit. Es war bereits Frühling.

Als ich diese Schriften las, erkannte ich, daß ich wirklich ebensolche Gedanken gehabt hatte. Ich wußte, daß diese Sätze von Jesus diktiert worden waren, und dies rührte mich zu Tränen. Hatte ich armes Geschöpf demnach in meiner Liebe eine Ausdrucksweise und Gedanken finden können, die jenen meines Erlösers ähnlich waren? War Er so sehr in mir, wirkte Er so in mir, daß Er mich dieselben Dinge sagen ließ, die Er seiner Benigna gesagt hatte, um den Seelen ein neues Mittel zur Heiligung und einen neuen Beweis seiner Liebe zu geben?

Auch jetzt noch, wenn ich, ohne darüber nachzudenken, einen Brief schreibe oder spreche, indem ich *meine* Gedanken ausdrücke, und im nachhinein diese Gedanken fast gleichlautend im Vademecum der Heimsuchungs-Schwester wiederfinde, zittere ich vor Freude. Manchmal vermeide ich es monatelang, in diesen Schriften zu lesen, um nicht ungewollt beeinflußt zu werden — aber dann kapituliere ich,

---

56. Alle Zitate und Bezüge auf das Evangelium in: Matthäus 3,13; 4,4; 5,13; 6,21; 23,13; Markus 1,3; 9,48; Lukas 3,2-4; 4,4; 11,52; 12,34; 14,34-35; Johannes 3,8 und 34; 5,24; 7,18; 17,12.

denn auch viele Monate später bemerke ich immer die lebhafte Ähnlichkeit mit diesen Gedanken.

Daraus ziehe ich eine Folgerung. Wenn drei Seelen, die in verschiedenen Ländern und unter verschiedenen Bedingungen gelebt haben, wie die kleine Therese, Benigna und ich, die gleiche Ausdrucksweise haben, so ist dies ein Zeichen, daß Gott einem Herzen immer dieselben Ansichten und Empfindungen mitteilt, wenn Er ganz davon Besitz ergreift. Da es sich um Funken seiner Liebe handelt, die aus einer einzigen Quelle kommen, aber in drei verschiedene Kanäle gelangen — von denen der meine der unzureichendste ist —, erhalten sie dasselbe Licht. Da es Noten desselben Liebesliedes sind, haben sie denselben Klang, auch wenn eines der drei Instrumente, das meine, von einem Geschöpf gespielt wird, das noch sehr weit von der Vollkommenheit entfernt ist.

Früher hatte ich in der Kleinen Blume *eine* Freundin. Nun habe ich *zwei*, denn auch Benigna ist für mich zu einer himmlischen Freundin geworden. Zwischen diesen zwei großen Opferseelen schreite ich sicher voran auf meinem Weg, der ein Kreuzweg ist. Sie ermutigen mich, sie lächeln mir zu und weisen mir ein Licht, das immer näher kommt... In ihm verbirgt sich mein Jesus.

Nach vollbrachtem Opfer, wenn Jesus seiner kleinen Hostie das Antlitz zeigen wird, das ich jetzt zwischen den schimmernden Vorhängen, die es verhüllen, kaum erkennen kann, werde ich in einem Freudenausbruch sterben...

Nach meiner Art vertraute ich mich dem Herrn an, damit Er mir sage, wann der geeignete Augenblick für meine vollkommenere Hingabe gekommen sei.

Ich leugne nicht, daß meine Überlegungen in dieser Sache widersprüchlicher Natur waren. Meine Seele war geneigt, den Schritt zu tun, denn ich spürte durch heilige Eingebung seit langer Zeit, daß auch die göttliche Gerechtigkeit der Opferseelen bedurfte, um entwaffnet zu werden. Diese unglückliche Welt häuft immer noch Schuld auf Schuld, Beleidigung auf Beleidigung. Wenn man darüber nachdenkt, wundert man sich, daß nicht ein *totales* Strafgericht über dieses verdorbene, törichte Menschengeschlecht hereinbricht. Daraus folgt die Notwendigkeit von Opfern, um Gott zu besänftigen. Das begriff ich schon seit Jahren, und *ich begreife es immer mehr.* Wenn auch mein besserer Teil sehnlichst danach verlangte, sich der Gerechtigkeit des Vaters aufzuopfern aus Mitleid mit seinen unglücklichen, so hochmütigen und lästerlichen Brüdern und Schwestern, so zauderte meine

Menschlichkeit. Ich erinnerte mich an das, was die heilige Therese vom Kinde Jesu sagte: «...Wenn du dich der Göttlichen Gerechtigkeit aufopferst, wird dich Angst überkommen...»

Tatsächlich hatte mir die barmherzige Liebe bis zu diesem Augenblick Barmherzigkeit erwiesen und mich in Anbetracht meiner Schwäche liebevoll behandelt. Sie hat mir den Schmerz nicht erspart, aber während der letzten fünf Jahre — denn so lange währte meine Hingabe an die Liebe schon — gab sie ihn mir immer zusammen mit übernatürlichen Hilfen, die sehr dazu beitrugen, ihn erträglich zu machen. Es ist auch wahr, daß selbst die Liebe, wenn sie gewisse Gipfel erreicht, an und für sich ein Schmerz ist. Nicht umsonst heißt es im Akt der Aufopferung: «... verzehre mich jeden Augenblick und laß die Wogen deiner unendlichen Zärtlichkeit meine Seele überfluten, damit ich zur Märtyrerin deiner Liebe werde, o mein Gott!» Und dieses Martyrium der Liebe litt ich seit Jahren mit Momenten solcher Glut, daß ich glaube nicht zu irren, wenn ich sage, daß sie *eine* der Hauptursachen meiner Herzerweiterung und meiner inneren Leiden waren. Wie ein zu sehr versiegeltes Gefäß, das man auf den Siedepunkt erhitzt, sein Volumen dem physischen Gesetz entsprechend vergrößert und, wenn das nicht genügt, den Druck zu mindern, explodiert, so geschah es auch mit meinem Herzen. Die glühenden Herzschläge der Liebe — die wohl viel mehr die Herzwände zermürben als jede natürliche Myokardie — haben es in seinem Inneren zum Explodieren gebracht; dort, wo die Nervenbündel nach Aussage der Ärzte *alle zerrissen sind.*

Die Ärzte haben nie begreifen können, wie das einem Menschen zustoßen konnte, der ein geregeltes, gesundes Leben führte... Wenn sie aber nach oben geschaut hätten, ihren Blick auf die übernatürlichen Regionen gerichtet hätten, dann hätten sie den Ursprung dieser meiner sonderbaren Erkrankung erkannt, die sich von allen anderen Herzerkrankungen unterschied. Die Ärzte gaben ihr tausend Namen, denn sie hatte die Merkmale aller Herzkrankheiten, wenngleich ihr immer einige Hauptmerkmale fehlten.

Wenn Sie wüßten, wie schwer es mir fällt, von diesen so intimen Dingen zu sprechen, diesen wahren hochzeitlichen Zärtlichkeiten zwischen der Seele und Christus im geheimen, heiligsten Gemach!... Aber fahren wir fort! Bisher habe ich Ihnen von allem Schlechten erzählt, das die arme Maria getan hat. Jetzt muß ich Ihnen alles Gute erzählen, das Jesus in Maria gewirkt hat.

Konfrontiert mit dem Gedanken dieser zweiten Hingabe, zögerte mein niederer Teil. Ich hatte das Gefühl, daß mich die ganze Strenge Gottes treffen würde, denn ich hatte bereits gemerkt, daß der gute Gott mit mir machte, was Er wollte, ohne mich zu schonen, wenn es für das Wohl der Seelen notwendig war.

Ach, was habe ich da gesagt! Wenn gewisse Menschen das lesen würden, würden sie sagen, ich hätte gelästert... «Gott soll einen Menschen nötig haben? Die spinnt wohl!», würden sie zumindest sagen. Aber es ist so. Der alles vermag, ist so sehr gütiger Vater, daß Er sich seinen kleinen Kindern zuneigt und sie um den Gefallen bittet, Ihm zu helfen... Auch die Väter auf Erden machen es so, wenngleich ihnen daraus mehr Schwierigkeiten als Hilfe erwachsen... Sie sagen aber zu ihrem Kind: «Hilf mir, dies oder das zu tragen, zu halten...» Wie erfüllt es den Kleinen mit Stolz, *seinem Vater geholfen zu haben, der ohne seine Hilfe nichts hätte tun können!...*

Der gute Gott macht es ebenso. Er ruft uns und sagt: «Höre, mein Kind, ich brauche deine Unterstützung für diesen Sünder; hilf mir, daß die Predigt dieses meines Priesters Früchte bringe; unterstütze mich, daß dieser Verzweifelte wieder Hoffnung schöpfe; komm, laß uns diesen mit dem Tode ringenden Menschen dem Dämon entreißen.» Oh! Welch süße Genugtuung, welch heiliger Stolz erfüllt uns, wenn wir bedenken, dem göttlichen Vater geholfen zu haben, der uns vom Himmel her «danke» sagt...

Ich bin an dem Punkt, daß ich mich nur wohlfühle, wenn Gott mich ohne Unterlaß beansprucht für Seelen, die ich erst im Paradies kennen werde. Und mein Brunnen füllt sich nur dank eines ständig zunehmenden Schmerzes. Je mehr ich leide, um so mehr bin ich erfüllt und um so mehr kann der gute Gott schöpfen, um die dürstenden und ermatteten Seelen zu begießen. So erschöpft sich mein Leben, denn diese Quelle übernatürlichen Wassers im Dienste Gottes und des Nächsten nährt sich aus meinem Erdenleben. Tropfen für Tropfen... Aber was kann ein Tautropfen schöneres begehren, als eine Stunde in den blendenden Strahlen der Sonne zu leuchten und den Durst einer Blume zu stillen, um dann zur Sonne selbst aufzusteigen, angezogen durch ihre Glut?

Ich armer kleiner Tau lasse mich von Dem auf die durstigen Seelen verteilen, der dem Regen, den Gezeiten, den Winden und den Sternen gebietet. Ich leuchte durch seine Strahlen und sterbe dann... Das heißt, nein: *dann steige ich zu Ihm auf*, zu meiner Sonne, die aus den Tiefen der Himmel ihr armes verliebtes Tröpfchen von der Erde zurückholt.

Dieses Tröpfchen, das begierig darauf ist, in einem letzten Flug die Distanz, welche die beiden voneinander trennt, zu überwinden, um als letzte Mühe ihres Lebens eine mystische Brücke zwischen Erde und Himmel zu schlagen und ihre Sonne zu bitten, daß auf dieser Brücke, die ja die Frucht des äußersten Opfers ist, unzählige Scharen von Seelen in das schöne Paradies schreiten mögen.

Ich legte daher alles wieder in die Hände Gottes und betete: «Du, der Du den Winden und den Wellen gebietest, laß auch mich wissen, wann die Stunde gekommen ist...»

Mittlerweile bereitete ich mich durch ein immer mehr von Reinheit und Abtötung gekennzeichnetes Leben darauf vor. Die Akte der Buße haben auf mich schon immer eine große Anziehungskraft ausgeübt. Neben dem, was ich für andere büßen mußte — und Sie können mir glauben, daß es mir daran nicht mangelte: es genügten meine Mutter und die Leiterinnen, um mir auf meinem Tisch immer das Brot der Buße bereitzuhalten —, vollbrachte ich noch spontane Bußübungen.

Ich weiß, daß gewisse Seelenführer diese nicht billigen. Sie sagen, es wäre verdienstvoller, unsere täglichen Sorgen und Leiden mit Freuden oder, wenn wir noch nicht soweit sind, in Demut anzunehmen. Das ist wahr. Das reicht eigentlich vollkommen. Wenn Gott aber mehr *will*, muß man Ihm auch mehr geben, denn Gott ist anspruchsvoll, das habe ich schon gesagt. Von mir wollte Er *dieses Mehr.* Und ich gab es Ihm.

Im September fanden in der Vereinigung die Wahlen statt. Ich war verständigt worden, daß ich auf kirchlichen Wunsch Präsidentin werden sollte, und war darüber in keiner Weise begeistert. Ich zog es vor, einfach die «Stimme» zu bleiben, die von Gott sprach, der Gesang des Vogels, der dem Schöpfer Lob singt. Doch ich fügte mich und dachte, daß eine Präsidentschaft meinen kleinen Töchtern zuträglich sein könne, die von Leiterinnen geführt wurden, welche nur in ihrem Stolz vollkommen waren.

Aber, immer die alte Geschichte! Die Miniaturwahlen der Vereinigung glichen den großen Wahlen der Nationen...

Man täuschte die einfachen Leute, es wurde ein Name festgelegt, anstatt die Wahlfreiheit zu respektieren usw. Ich erfuhr später alles, was sich hinter den Kulissen abgespielt hatte und nicht sehr ehrenhaft für die war, die es getan hatten. Für mich war es jedenfalls sehr gut, weil ich, wie gesagt, gar keine Lust hatte, diese Präsidentschaft zu übernehmen.

Die damalige Diözesan-Präsidentin war eine der erbittertsten Gegnerinnen der bescheidenen «Stimme», die nur die Worte des göttlichen Wortes wiederholen wollte. Sie war auch eine der neidischsten, denn sie dachte törichterweise, daß ich Diözesan-Leiterin werden wollte. Sie hatte sich mit den zwei Leiterinnen der Vereinigung verbunden, die am begierigsten darauf waren, «Präsidentinnen» zu werden. Sie verstehen: *Präsidentinnen einer Vereinigung!* Sagt Ihnen das etwas? Da ist es nicht mehr weit zum «Volksführer»! Das Ende vom Liede: die Präsidentschaft erhielt eine der beiden Akolyten, die Vizepräsidentschaft die andere. Mir wurde die Gnade erwiesen, — nur weil *mich die Priester in dieser Mission wollten*, weiterhin die «Stimme» sein zu dürfen. Nachher berichteten mir die Mädchen der Katholischen Aktion *alle* Künste, die in der betrügerischen Absicht, mich hinauszuwerfen oder hinauszuekeln, angewandt worden waren. Betrüben konnten sie mich schon, denn es hat mich immer geschmerzt, die menschliche Niedrigkeit zu erleben; aber um mich so sehr zu vergraulen, daß ich ginge, dazu hätte es schon anderer Dinge bedurft!

Ich arbeitete nicht für mich, ich arbeitete aus Liebe zu Demjenigen, der mich zu dieser kleinen Herde gesandt hatte. Und wenn einer weiß, für wen er arbeitet, erfährt er schon durch diese Erkenntnis seine Belohnung, seinen irdischen Lohn. Der vollkommene Lohn erwartet ihn dann im Himmelreich; denn wenn Jesus denen das Reich verheißen hat, die in seinem Namen den Hungernden zu essen und den Dürstenden zu trinken geben, die Nackten bekleiden und die Kranken und Gefangenen besuchen, was wird der himmlische König dann erst denen bereiten, die den hungernden Seelen das Brot seines Wortes brechen; die die Gefangenen befreien — sie nicht nur besuchen, sondern *befreien* —, indem sie den Schlüssel in ihre Hände legen, der alle Gitter der Sünden öffnet; die die nackten Seelen mit dem Licht der Erkenntnis Gottes wiederbekleiden und ihnen, wenn sie am Herzen erkrankt sind, die hervorragende Medizin des Gesetzes Gottes verabreichen, die schließlich sich selbst als Trank hingeben, indem sie sich für die armen Brüder und Schwestern aufopfern? Oh, wie süß wird für die der Willkommensgruß ertönen, die sich für Ihn abgemüht haben: «Kommt, ihr Gesegneten, nehmt das Reich in Besitz!»

Wie sehne ich mich danach, diese Worte zu hören! Aber wie würde ich im Gedanken an den Tod zittern, wenn ich heuchlerisch gehandelt hätte und daran denken müßte, daß schon bald die Wahrheit über mich aufgedeckt würde; wenn ich befürchten müßte, die dröhnende Stimme Christi könnte den erschütternden Ausspruch wiederholen: «Wehe euch, ihr Heuchler, die ihr, gleich übertünchten Gräbern, nach außen in den Augen der Menschen gerecht erscheint, innerlich aber voll Tücke seid!»[57]

Meine Mama, Halbheidin, die sie ist, und nicht nur sie allein, sagte mir: «Hör doch endlich auf mit denen, die verdienen dich nicht!» Aber ich arbeitete ja nicht, um einen irdischen Lohn zu erhalten, und auch nicht, um ihre Gunst zu erlangen. Mein Ziel war der Himmel, und ich arbeitete für den Himmel.

Ich setzte also meine Bildungsarbeit fort, ja ich erweiterte sie sogar, indem ich den Pfarrer überredete, mich Vorträge halten zu lassen für jedermann, der kommen wollte. Vorträge ohne Eintrittskarten natürlich, denn wenn es den Leuten an die Geldtasche geht, ei, ei, das schmerzt! Vor allem wenn es um Geld für gute Werke geht. Würde es sich um einen Stoff, einen Lippenstift, eine Süßigkeit oder eine Unterhaltung handeln... das täte weniger weh! Aber etwas für das Wohl der Seele ausgeben? O je!

Ich überlegte: «In die Kirche und zu den Predigten gehen immer nur die, die schon mehr oder weniger auf dem Weg Gottes sind. Jene aber, die diesen Weg nicht kennen und mehr als alle anderen einer Führung bedürfen, kommen nie in die Kirche. Warum sich nicht an diese wenden, und zwar in Form einer Veranstaltung, die den seltenen Vorteil hat, kostenlos dargeboten zu werden, um in ihnen einen Funken des göttlichen Lichtes aufleuchten zu lassen?» Die alte Berufung zur «Paulinerin» war noch immer wach in meinem Herzen. Und so begann ich.

Sie müssen wissen, daß ich sehr schüchtern war und *bin*, wenn es auch nicht so aussieht. Im Kolleg schrieb ich die akademischen Aufsätze, aber eine andere las sie vor. Im Lazarett sprach ich nur mit den Verwundeten, die mir wie Kinder vorkamen. Wenn die mehr oder weniger bedeutenden Besucher kamen, lief ich davon, um mich in der Isolierstation zu verbergen: dorthin kam niemand. Im Hotel unserer Vettern war ich immer mit Memmo zusammen und versuchte, soweit als möglich den Unterhaltungen auszuweichen. Die Schüchternheit ist für mich immer eine peinliche Sache, ein wahres Leiden gewesen.

Aber für Jesus wurde ich so selbstsicher, daß ich sogar in der Öffentlichkeit redete. Ich sprach von meinem Tisch aus, indem ich auf das Kruzifix blickte, das sich jetzt am Kopfende meines Bettes befin-

---

57. Matthäus 23,27-28; 25,31-46.

det, oder auf das Heiligste Herz, das ich vor mir hatte. Ich sprach zu Ihm, ich sah nur Ihn — die Leute waren für mich verschwunden...

Das erste Thema, das ich behandelte, war: «Die Katholische Aktion, ihre Ziele, ihre Erfolge». Ich sprach zu fünf Personen. Nun ja!... Die Mitglieder und die Leiterinnen waren, außer zweien, alle abwesend.

Das zweite Thema lautete: «Nordische Weihnachten und christliche Weihnachten». Es kamen zwölf Personen und ungefähr 10 Vereinsmitglieder mit einem Priester.

Das dritte Mal behandelte ich das Thema: «Zwischen Rosen und Lilien im kaiserlichen Rom». Diesmal waren dreiundzwanzig Personen, dreiunddreißig Vereinsmitglieder und ein Priester anwesend. Dieser entdeckte ein Spielchen der Präsidentin, welche am Eingang des Lokals Personen zurückwies, die eintreten wollten... Sie bekam einen schönen Rüffel, die unverbesserliche Präsidentin!...

Der vierte Vortrag trug den Titel: «Frauengestalten im Licht der Kirche: Katharina von Siena, Stefana Quinzani, Bartolomea Capitanio». Es erschienen vierzig Personen, zwei Priester, ein Professor aus Pisa, die Mitglieder der Vereinigung fast vollzählig und viele von anderen städtischen Vereinigungen.

Der fünfte Vortrag: «Im Zentenarium des Konzils von Ephesus». Der Saal war komplett voll, sogar die Tribüne.

Ich sage das nicht, um mich zu rühmen. Ich sage es nur, um zu bedeuten, daß das Verlangen, von Gott zu hören, lebendig ist, auch unter den Nicht-Praktizierenden. Denn mein Publikum rekrutierte sich hauptsächlich aus diesen. Gott dankend, sage ich Ihnen, daß ich viele von denen, die seit Jahren nicht mehr in die Kirche gingen, später in diese zurückkehren sah.

Aber welchen Kleinkrieg mußte ich durchstehen! Und wieviel Arbeit war zu bewältigen! Ich mußte die Einladungen schreiben, die Ankündigungen an den Kirchentoren anbringen, den Saal vorbereiten. Alles lastete auf mir. Und den Vortrag mußte ich natürlich auch vorbereiten. Aber für Jesus macht man dies und mehr.

Im Jahr 1930/1931 war ein Wettbewerb über die christliche Moral ausgeschrieben. Ein wunderbares Thema! Wieviel gab es darüber zu sagen! Wie gut war es zu wissen, was Moral ist, im besonderen christliche Moral! Ich setzte mich eingehend damit auseinander. Die Prüfungen wurden ein wahrer Erfolg. Die Verantwortlichen der

Katholischen Aktion unserer Diözese wußten nicht, wen sie für die Diözesanprüfung auswählen sollten, denn es gab in allen Sektionen viele Einser. Sie mußten die zur Diözesanprüfung Zugelassenen auslosen.

Ich belohnte die Besten mit einer Reise nach Pisa, um die dortigen Denkmäler zu besichtigen. Im Lauf des Jahres hatte ich durch tausend kleine Opfer den Geldbetrag für diesen Ausflug mit meinen kleinen Töchtern zur Seite gelegt. Es wurde ein wunderbarer Tag, an den sie sich noch heute erinnern; und die Begeisterung wurde dadurch gesteigert, daß ich vorher nicht davon gesprochen hatte und es sich daher um eine große Überraschung handelte. Die Kinder müssen die Pflicht um der Pflicht willen tun, und dann müssen die Verantwortlichen dafür sorgen, sie zu belohnen. Meinen Sie nicht auch?

Während ich so arbeitete, wuchs eine eigenartige Unruhe in meinem Herzen. Zu Beginn des Jahres 1931 spürte ich etwas, das mich auf eine bevorstehende Gefahr aufmerksam machen wollte. Was für eine Gefahr? Und wen betreffend? Nicht im besonderen mich oder meine Familie. Eine allgemeine Gefahr, davon war ich überzeugt. Und mit dieser Überzeugung wuchs in mir das Verlangen, mich dafür einzusetzen, diese Gefahr zu bannen. Aber wie kann man eine Gefahr aufhalten, die aus Umständen erwächst, die unsere Kräfte übersteigen? Nur mit der Hilfe Gottes. Und da ich fühlte, daß es sich um eine *große, eine sehr große* Gefahr handelte, spürte ich auch die Notwendigkeit, Gott große, sehr große Opfer anzubieten. Das Gebet allein genügte nicht. Es bedurfte des Opfers.

Ich hatte immer in der Katholischen Aktion eine große Neigung zu den sogenannten «Kreuzzügen» bemerkt. Ein Kreuzzug für die Reinheit, ein Kreuzzug für die Nächstenliebe, ein Kreuzzug für die Demut alles wunderbare Dinge, wenngleich es, um wirklich einen Erfolg zu erzielen, nicht genügt, sie für einige Monate auszuschreiben. «Man wird nicht ganz plötzlich heilig», sagt der heilige Bernhard. Man erwirbt eine Tugend nicht im Handumdrehen, sage ich. Man muß sich lange Zeit beharrlich darum bemühen, bevor man zu einer anderen übergeht. Wenn nicht, erntet man einen Mißerfolg, wie der Sonntags-Bauer, der aufs Geratewohl sät, ein wenig von allem; der frühreifende Gewächse mit später reifenden, wuchernde Pflanzen mit zarten Pflänzchen mischt, mit dem Ergebnis, daß die einen ersticken oder die bereits herangewachsenen ausgerissen werden müssen. Auch im Guten muß eine Ordnung eingehalten werden, jede Unordnung ist schon für sich ein Übel.

Doch mir ist immer aufgefallen, daß unter den unzähligen Kreuzzügen der Katholischen Aktion einer fehlte: der für die Aufopferung. Warum spricht man zu den Seelen nie von der Macht, von der Schönheit des Opfers? Wir Christen haben einen Gott, der sich selbst aufgeopfert und gesagt hat: «Kein Jünger steht über dem Meister. Wenn ihr das tut, was ich vor euch getan habe, werdet ihr meine Freunde sein.»[58] Warum haben wir Christen also eine solche Höllenangst vor dem Schmerz? Warum verlangen wir, daß nur Christus der Geopferte sei und uns das Opfer erlassen bleibe?

Betrachten Sie mal neunzig Prozent der Katholiken, Pater. Ich spreche von den *praktizierenden Katholiken*. Sie halten sich an die Religion, was den Besuch der Messe, den Empfang der Sakramente, das Beten des Rosenkranzes, die Enthaltsamkeit und das Fasten (das schon viel weniger) anbelangt und damit — Schluß. Das in die Tat umgesetzte Gebet der Gebete fehlt. Man hört auf beim: «Dein Reich komme», und beginnt wieder mit: «Unser tägliches Brot gib uns heute (mit dem nicht ausgesprochenen Hintergedanken: und gib uns viel Dazugehöriges), vergib uns unsere Sünden und *führe uns nicht in Versuchung.*» Den Willen des Vaters spricht man nur ungern aus. Man weiß ja nie! Gewisse Bitten! Und wenn dem Vater dann etwas einfiele, das mühsam für uns sein könnte? Und die Schuld der anderen? Nein, nein, dafür sollen sie selbst zahlen! Das fehlte uns noch! Und ebenso, was das Wohlergehen angeht: Was heißt nur Brot? Viel, viel Aufstrich, viel, viel Wohlstand, beste Gesundheit, günstige Geschäfte, eine volle Geldbörse. Ja, das ist recht. Ist es vielleicht nicht so? Es ist so, leider.

Dem Christen, der von einem Gott, der am Kreuz gestorben ist, erlöst wurde, widerstrebt jede Art von Schmerz. Er erkennt nicht die Schönheit und die Macht des Schmerzes, das Über-sich-Hinauswachsen durch den Schmerz. Was mich betrifft, habe ich festgestellt, daß ich oft nichts erreiche, wenn ich einen Monat lang wie eine Maschine bis zur Erschöpfung bete. *Wenn ich aber eine Stunde leide und mein Leiden für einen bestimmten Zweck aufopfere, erhalte ich alles.* Das Opfer ist die Rettung für die Welt und für die Seelen. Die Seelen und die Welt werden immer durch die Opfer der Großmütigen gerettet.

Diese Gedanken bedrängten mich derart, daß mir klar wurde, nun sei die Stunde der ernsthaften Aufopferung an die göttliche Gerechtigkeit gekommen. Da ich mir aber meiner Nichtigkeit bewußt war,

---

58. Lukas 6,40; Johannes 15,14.

wollte ich die Unterstützung vieler, vieler anderer. Ein wahrer Reichtum von Opfern war notwendig, um das aufzuhalten, was sich schon am Horizont abzeichnete.

Ich schrieb daher an meine Freundin von der Katholischen Aktion von Cremona, um ihr mitzuteilen, was ich empfand, und schloß mit den Worten: «Du, die du so einflußreich und in Kontakt mit wirklich mächtigen Katholiken bist, mache dich zur Überbringerin dieses meines Wunsches, der mir von Gott kommt. Unsere Presse soll andere weniger wichtige Dinge fortlassen und von der Schönheit des Opfers und den Früchten, die es bringen kann, schreiben. Ich hege Vertrauen in unsere Jugend, die immer bereit ist, sich zum Guten aufzuschwingen und sich für diese machtvolle Waffe begeistern wird, von der Jesus als erster Gebrauch gemacht hat, um uns ein Beispiel zu geben. Eine Blüte verborgener Opfer möge die durch bösartige Keime verderbte Welt läutern, wie das Blut der Märtyrer die Schmach des Heidentums vom Boden Roms abgewaschen und die Stadt Cäsars zur Stadt Gottes gemacht hat.»

Sie antwortete mir mit einem schönen Brief. Stilistisch schön und sehr diplomatisch. O ja, sehr diplomatisch war dieses Schreiben gehalten! Ein Meisterwerk! Aber unter dem Samt der Diplomatie brandmarkte sie die Idee doch als verrückt. Und meinte damit natürlich mich! «Ich bewundere deine Gesinnung, aber ich gebe dir zu bedenken, daß die Klugheit die Tugend der Heiligen ist. Und dein Vorschlag berücksichtigt das nicht. Daher werde ich mich hüten, ihn dem Zentralrat zu unterbreiten. Du kannst tun, wie du willst, wenn du glaubst, soviel wagen zu können, aber ich finde, du übertreibst, weil, usw., usw., usw.»

Gesinnung? Handlungsweise, hätte sie sagen sollen. Denn ich machte nicht nur Vorschläge, *ich handelte*. Ich antwortete ihr folgendermaßen: «Wenn die Klugheit die Tugend der Heiligen ist, ist die heilige Kühnheit die Tugend der Märtyrer. Und letztere tragen eine doppelte Krone, denn sie sind Heilige und Märtyrer. Wenn die ersten Jahrhunderte der Kirchengeschichte nicht reich an diesen unklugen, aber kühnen Heiligen gewesen wären, würde die Kirche sich heute noch in den Katakomben befinden. Übrigens sehe ich keine Unklugheit darin, vom Opfer zu sprechen. Man spricht ja auch von der Kreuzigung Christi! Und sollten wir nicht die Heerschar der Laien in der Kirche anregen, Christus nachzuahmen? Warum erlaubt man dann die Lektüre gewisser Bücher über Asketik oder Heiligenlegenden, die unseren Mitgliedern mit kurzlebigen Begeisterungsausbrüchen die

Köpfchen verdrehen? Glaubst du nicht, daß es schlimmer ist, ihnen so schwierige Bücher zum Lesen zu geben, die für Nicht-Theologen verwirrend sind und dazu führen, daß sie falsche Vorstellungen, wenn nicht gar mystische Wahnvorstellungen entwickeln? Gib acht, Gina. *Du sagst, daß nichts die Intensivierung von Opfern rechtfertige, da alles ruhig ist und die Kirche triumphiert wie nie zuvor* (man schrieb das Jahr 1931: zwei Jahre nach den Lateranverträgen). *Gib acht, daß du dich nicht bald schmerzlich eines anderen besinnen mußt!*»

Dies schrieb ich Anfang Mai 1931. Am 31. Mai erfolgte die Auflösung der Jugendvereine der Katholischen Aktion. Der erste Schritt in Richtung der gegenwärtigen Tragödie, denn wenn Sie es genau betrachten, begann damit die Trübung des wahren Lichtes im Geiste derer, die uns leiteten. Arme Unglückliche...

Einen Tag vorher, es war ein Sonntag, hatte ich aus Anlaß des 17. Zentenariums des Konzils von Ephesus[59] über die Heilige Jungfrau gesprochen, und hatte damit geschlossen, Maria um ihren Schutz für die vielen Menschen, die dem Machtmißbrauch und den Egoismen der Staatenlenker ausgesetzt sind, anzurufen...

Oh! Aber jetzt erzähle ich Ihnen einige hübsche Geschichten. Geschichten, die uns handgreiflich vor Augen führen, daß sich die Jünger in der Stunde der Gefahr immer ebenso verhalten wie vor zwanzig Jahrhunderten.

Ich war an jenem Morgen zu Hause und polierte kräftig die Möbel, obwohl es meinem Herzen immer schlechter ging.

Da hörte ich läuten und machte auf. Herein stürzten alle Leiterinnen. Sie glichen einem Haufen aufgeschreckter, gackernder Hühner. «Sie verhaften uns!», «Die Verfolgung!», «Die Polizei!», «Sie bringen uns um!», «Du guter Gott!», «Erbarmen!», «Ich haue ab!», «Ich lege mich ins Bett!» Ich verstand überhaupt nichts und sagte: «Ruhe! Es soll eine allein sprechen, sonst verstehe ich gar nichts!»

Nun erzählten sie mir, daß man die Präsidentin (die bleich wie eine Cholerakranke war) gerufen hatte, weil die Sicherheitskräfte ins Vereinslokal gekommen waren. Seit früh morgens waren die Vereine aufgelöst, und man mußte alles aushändigen. Ich sollte hingehen und mich darum kümmern.

---

59. In jenem Jahr feierte man das 15. (und nicht das 17.) Zentenarium des Konzils von Ephesus, bei dem durch die Verurteilung des Nestorius die unteilbare Einheit der menschlichen und der göttlichen Natur Christi verkündet worden war, weshalb Maria Mutter Gottes genannt werden darf.

Aha, in diesem Augenblick war *ich es also, die alles tun sollte!* Die «Präsidentin», jene, die den Judas gespielt hatte, um «Präsidentin» zu werden, die mir das ganze Jahr über jede Art von Hindernissen in den Weg gelegt hatte, die mich verhöhnt, verleumdet und wie einen Wurm zertreten hatte, sagte jetzt ganz aufgeregt: «Ich galt da drinnen überhaupt nichts. Es war immer sie, die geredet und alles organisiert hat. Wenn eine in Frage kommt, der Polizei Rede und Antwort zu stehen (das heißt: wenn eine eingesperrt werden soll), so ist sie es. Und jetzt lege ich mich ins Bett. Ich habe eine Kolik.»

«Schon gut», antwortete ich. «Sie können auch zum Mond fahren. Ich werde ins Vereinslokal gehen. Ich habe keine Angst.» Und da ein bißchen Latein in gewissen Fällen ganz gut ist, nagelte ich sie mit einem bißchen von dem «Latinorum», das Renzo Tramaglino[60] so auf die Nerven gegangen war, fest.

Von der ganzen Gruppe der dreizehn Leiterinnen blieben ich und drei andere zurück. Wie auf dem Ölberg!

Die Polizisten im Vereinslokal waren äußerst höflich. Sie sagten, sie wollten nichts mitnehmen, ich solle aber bis zum Abend schriftliche Unterlagen und die Fahne auf das Präsidium bringen. Meine Vorträge waren nicht nötig. Sie waren von Personen gehört worden, die sie für ungefährlich hielten. Ach! Arme Präsidentin, die mich zum Sündenbock machen wollte und jetzt selbst aufs Korn genommen wurde!

Gegen Abend begab ich mich mit zwei getreuen Mitgliedern zum Polizeipräsidium. Eine trug die große Schachtel mit der Fahne, die andere das Schriftmaterial. Ich nichts. Der General. — trägt nur seinen Kopf!

Ein Polizist kam uns entgegen, während viele andere, Polizisten und *Nicht*-Polizisten, uns wie seltene Tiere betrachteten. Er wollte, daß ich ihm alles übergebe.

«Bitte», sagte ich, «ich händige alles nur dem Delegierten aus, vorbehaltlich einer ordnungsgemäßen Empfangsbestätigung.» In gewissen Fällen, vor allem, wenn die Köpfe erhitzt sind, ist Ordnung sehr wichtig... Man weiß ja nie!

«Aber der Delegierte ist beschäftigt.»

«Ich warte.»

«Kommen Sie mit herauf.»

Wir gingen hinauf, zuerst der Polizist, dann ich und am Schluß meine zwei Knappen. Wir mußten lange warten. Als der Polizist des

60. Renzo Tramaglino, der Hauptheld in Alessandro Manzonis Roman «Die Verlobten».

Wartens müde geworden war und sah, daß ich nicht locker ließ, klopfte er an die Tür des Polizeipräsidenten.

«Wer ist da?»

«Es ist die Dame von Lourdes. Sie will eine Fahne abgeben, verlangt aber eine Empfangsbestätigung.»

Die Frau von Lourdes![61] Ich verneigte mich vor mir selber! Meine Begleiterinnen schauten mich mit großen, runden Augen an.

«Herein.»

Ich ging hinein.

«Sie sind die Frau von Lourdes?»

«Genau.» Ich hatte plötzlich Lust, mit Ferravilla[62] zu sagen: «Das bin ich!»

«Geben sie alles her.»

Meine Begleiterinnen legten alles auf den Schreibtisch. Der Delegierte hatte zu schreiben begonnen. «Ich bestätige hiermit, eine Fahne und sechs Faszikel schriftlicher Unterlagen von — sagen Sie mir ihren Namen...»

Und ich unbeirrbar: «Maria.»

«... schriftliche Unterlagen von Maria von Lourdes erhalten zu haben. Gezeichnet von usw., usw.»

Ich ging selig und triumphierend hinaus. Verstehen Sie: ich war dort als armes Weiblein mit Namen Maria Valtorta hineingegangen und kam als Maria von Lourdes heraus...

Meine Begleiterinnen lachten. Ich lachte eigentlich nicht. Abgesehen von dem Titel, der mehr als ehrenvoll war und den ich fast wie eine Liebkosung Marias für die Dienerin ihres Sohnes empfand, wenngleich er mir von einem mit der Materie nicht Vertrauten verliehen worden war, war ich sehr betrübt. Weniger oberflächlich als viele, erkannte ich das *wahre Gesicht* dieses unerwarteten Angriffs auf die «sanfte Herde Christi»[63] und erzitterte. Wobei ich nicht an mich selbst, sondern an alle anderen dachte. Wehe, wenn man da einen falschen Schritt tat! Und an diesem Tag machte man, sehr hoch oben, den ersten...

---

61. Die Namensverwechslung ist darauf zurückzuführen, daß die Sektion der Katholischen Aktion «Unserer lieben Frau von Lourdes» geweiht war, wie auf Seite 261 zu lesen ist.
62. Edoardo Ferravilla, ein Mailänder Komiker (1846-1915).
63. Die Katholische Aktion war 1865 gegründet worden. Ihre Jugend-Sektion war in einem Konflikt mit dem Faschistischen Regime zeitweise aufgelöst worden.

Ich beschloß, keine Zeit zu verlieren. Ich hatte vorgehabt, den Akt meiner Hingabe an die Göttliche Gerechtigkeit am 8. September vorzunehmen, um als Patronin für dieses Schmerzensgelübde die Heilige Jungfrau zu haben. Aber nun konnte ich nicht mehr länger zögern. Ich hatte das Zeichen erhalten und bat Gott, Er selbst möge mir die Formulierung eingeben.

Einige Tage später, es war der erste Freitag des Monats Juni, erlebte ich während der Messe inmitten meiner kleinen Mitglieder der Katholischen Aktion eine wahre Ölbergstunde... Ich sah im Geiste *alles*, was in Zukunft kommen sollte: Krieg, Hungersnot, Tote, Verheerungen und unendliche Verzweiflung. Wie sehr habe ich damals gelitten! Ich, die ich nie in der Öffentlichkeit weine, weinte so sehr, daß ich fast nicht mehr sehen konnte. Nach der Messe mußten sie mir beim Hinausgehen helfen, da die Tränen meinen Blick trübten... Die Gefährtinnen, die mir teuersten, fragten mich, was ich hätte... Ich erzählte es ihnen, wenngleich ich gewisse Einzelheiten unter dem Schleier schamhafter Zurückhaltung verbarg.

Einige Tage später quoll aus meinem Herzen der Akt der Hingabe hervor, wie ich ihn am 1. Juli geschrieben und gesprochen habe: am Fest des Kostbaren Blutes. Welch schöneren Tag konnte ich wählen, um mich mit dem Opferlamm zu vereinen, das sein ganzes Blut vergossen hatte, um die Gerechtigkeit des Vaters zu besänftigen? Und welch schöneren Namen konnte ich von diesem Augenblick an für mich wählen, als «Maria vom Kreuz»?

Diejenige, die ein Ahnungsloser Maria von Lourdes genannt hatte, konnte sich auch Maria vom Kreuz nennen. Das Kreuz war meine Liebe, und ich *wollte* es für meinen Altar. Das Kreuz war von früher Kindheit an mein Begleiter, und nun, einem übernatürlichen Antrieb folgend, begehrte ich das große Kreuz, um daran aufgeopfert zu werden. Das war also der Name, der zu mir paßte und der in den Augen Gottes mein Name bleiben wird, solange ich lebe, und darüber hinaus...

«Ich muß noch eine Taufe empfangen, und wie drängt es mich, bis sie nicht vollzogen ist!» (Lukas 12,50)

Kaum hatte ich meine Hingabe an das Martyrium der Liebe vollzogen, gesellte sich ein verschärftes Martyrium des Fleisches dazu, im Geiste verstärkt durch eine Härte, die über meinem Haupt zu schweben schien.

Ich werde versuchen, mich verständlich auszudrücken. Nicht, daß ich mich von Gott verlassen fühlte. Nein. Seine Liebe war immer über mir. Aber wenn Jesus mich liebkoste, lag die Hand des Vaters schwer auf meinem Herzen. Damals begann eine Zeit verdichteter Bußübungen. Alles sinnlich Wahrnehmbare der übernatürlichen Liebe schwand, ich spiele auf die schönen Träume an, die mich seit Jahren erfreuten; auf jene Gewißheit, daß die Liebe Gottes uns das ersparen würde, was wir jetzt durchmachen müssen. Ganz plötzlich, mit aller ihrer Gewalt und Finsternis, ist die Gethsemani-Stunde über mich gekommen... Und sie hat, könnte ich sagen, zehn lange Jahre gedauert, denn erst ab 1941 hat sich ihre Härte gemildert.

Sie dürfen nicht glauben, daß ich Herzenskälte erfahren hätte. Nein, niemals. Wie ich auch nie ohne die Tröstung der Liebe Christi verblieben bin. Aber ich habe sehr stark gelitten, vor allem seelisch, infolge der sehr genauen Wahrnehmung all dessen, was in der Welt vorging... Ich habe alle meine Tränen dafür vergossen. Ich habe soviel geweint und den Ewigen beschworen, diese furchtbare Geißel abzuwenden. Ich habe mich durch harte Bußübungen kasteit, um die göttliche Gerechtigkeit zu besänftigen, zu besänftigen, zu besänftigen, so daß ich, als das Unheil hereinbrach und alle mehr oder weniger den Kopf verloren, keine Träne mehr vergossen habe. Ich hatte mich schon vorher zermartert, da ich die Entwicklung der schrecklichen Tragödie sah... Körperliche Leiden, eines schlimmer als das andere, brachen über mich herein, und noch ist die Kette nicht abgerissen... Alle Schmerzen habe ich an meinem Körper erfahren, der zu einem Ausbund aller Gebrechen geworden ist! Und was noch schlimmer ist: Diese Leiden haben meinen geistigen Teil nicht unberührt gelassen, sondern ihn verwirrt durch eine Entfesselung von Empfindungen, die schon für sich ein Martyrium sind... Aber darüber werde ich zu gegebener Zeit sprechen. Die Gerechtigkeit Gottes hat mich gewiß in keiner Weise geschont. Sie werden sehen.

Einerseits häuften sich die Herzkrisen. Zu diesen gesellten sich Gleichgewichtsstörungen, so daß mir schon allein das Gehen wirklich Mühe bereitete. Wenn ich mich in der Nähe einer Mauer befand, ging ich noch ziemlich sicher, denn dann konnte ich mich immer wieder auf diese stützen, wie ich mich auch an Traufrinnen usw. festhielt. Aber auf freien Plätzen wankte ich und mußte die Augen schließen und stehenbleiben, um wieder das Gleichgewicht zu erlangen. Ein relatives Gleichgewicht, denn ich ging nach rechts gebeugt.

Ich war nun schon seit einem Jahr in Behandlung. Anfangs wurde der nervöse Erschöpfungszustand behandelt. Was heißt Erschöpfungszustand, da ich doch meine Nächte friedlich durchschlief, ein eisernes Gedächtnis und eine bewährte geistige Widerstandskraft hatte, ohne geringste Anzeichen intellektueller Ermüdungserscheinungen? Wer weiß. Nachdem man mich mit Glyzerinphosphaten vollgestopft und festgestellt hatte, daß es mir schlechter ging, setzte man diese wieder ab. Nun hieß es, ich hätte einen zu hohen Blutdruck, und man verordnete mir Jodide und Jodate, um das Blut zu verdünnen. Da ging es mir schlechter denn je. Also weg mit all dem und her mit Beruhigungsmitteln für das Herz. Ich durfte keinen Kaffee, keinen Wein und kein Fleisch mehr zu mir nehmen. Mein Zustand verschlechterte sich weiter. Krisen waren an der Tagesordnung, und sie wurden immer stärker.

Außer mir, die ich sie durchmachte und wußte, daß es jedesmal wie ein Todeskampf war, war niemand besorgt darüber. Zu Hause und außer Haus wollten alle von mir unterstützt und bedient werden. Wenn sie mir wenigstens dankbar gewesen wären! Aber zu Hause gab es die übliche egoistische, despotische Behandlung, und außer Haus war es die Mißgunst, die in gewissen, sogenannten religiösen Kreisen bedauerlicherweise so verbreitet ist.

Sie werden es nicht für möglich halten, was sie mir aus purem Neid über meinen Erfolg antaten! Nicht nur die Präsidentin, die sich einen Sommer lang aus Furcht wie eine Schildkröte in ihrem Panzer verkrochen hatte und nun, da sich die Dinge durch eine Regelung vom 4. September wieder eingerenkt hatten[64], zur gewohnten Anmaßung und Präpotenz zurückkehrte... Auch einige meiner Freundinnen in der Frauen-Gruppe. Freundinnen, die mich schon als Kind gekannt und gern gehabt hatten, die mich angespornt hatten, etwas zu tun, und die jetzt, da ich etwas tat und mehr als sie taten, den Geifer ihrer neidischen Mißgunst über mich ergossen. Das bereitete mir Schmerz, denn jede Freundschaft, die auseinanderbricht, verursacht mir Schmerz. So wie es mich auch schmerzt, feststellen zu müssen, daß jemand, den ich für gut hielt, sich als böse entpuppt.

Aber ich setzte trotzdem meine Arbeit fort. Trotz allem nahm ich meine Vorträge wieder auf, neben der Arbeit für die Sektion der Katholischen Aktion. Als erstes Thema wählte ich die heilige Elisabeth von Ungarn. Ich begab mich durch den furchtbaren Schmerz in

64. Im September 1931 wurde die Tätigkeit der Katholischen Aktion neu geregelt und wieder erlaubt.

der Wirbelsäule gebeugt zu diesem Vortrag. Das zweitemal sprach ich über meinen seraphischen heiligen Franziskus von Assisi.

An diesem Tage habe ich meinen Schutzengel gesehen.

Meiner starken Schmerzen wegen mußte ich gestern abend meinen Bericht unterbrechen. Heute früh habe ich, bevor ich meine Erzählung wiederaufnahm, noch einmal durchgelesen, was ich in diesem Kapitel schrieb, und da ist mir aufgefallen, daß ich mich sehr schlecht ausgedrückt habe, was zu Mißverständnissen führen könnte.

Ich schrieb: «Ich bin nie ohne die Tröstung der Liebe Christi verblieben.» Das könnte zur irrigen Auffassung führen, daß mir weiterhin die Liebkosungen Christi zuteil wurden. Und dies steht im Widerspruch zu dem, was ich einige Zeilen vorher sagte: «Alles sinnlich Wahrnehmbare der übernatürlichen Liebe schwand.»

So ist es. Hoffen wir, daß es mir gelingt, mich verständlich auszudrücken. Ich hatte keine Träume, keine Liebkosungen, keine lautlosen, aber der Seele so deutlich vernehmbaren Worte mehr. Nichts mehr. Es war, als ob Jesus mit seiner Liebe weit, sehr sehr weit weggegangen wäre. *Aber ich fühlte, daß Er mehr denn je in mir war.* Er war nur stumm. Er liebte mich, und mehr als früher, aber Er machte sich in keiner Weise bemerkbar. Die Stunde der Dunkelheit war über mich gekommen. Ich hatte sie ja gewollt, niemand hatte mich gezwungen, sie zu erleiden. Ich, ich allein hatte sie mir auferlegt, indem ich sie vom Vater erbeten hatte.

Jetzt mußte ich sie durchstehen mit all dem so Schmerzhaften, das damit verbunden war.

Als *seine Stunde* über Ihn kam, war Jesus ganz allein, ohne den Beistand des Vaters. Er war der Mensch, einzig der Mensch, der seine Strafe abbüßte. Der Vater hatte sich in seinem Groll in die Tiefe seiner Himmel zurückgezogen, und das Opferlamm mußte alleine leiden. Ich glaube, daß Ihn nicht so sehr alles Böse, das Er, der Unschuldige, auf sich nahm — die Sünden vom ersten bis zum letzten Adam, daß Ihn nicht so sehr die bevorstehenden Qualen, das Wissen um die Vergeblichkeit seines Opfers für viele und der Schmerz, von denen verraten und verleugnet zu werden, die Er am meisten geliebt und denen Er so viel Gutes getan hatte; daß Ihn nicht so sehr all dieses hat Blut schwitzen lassen, sondern vielmehr die unermeßliche Pein, *alleine* leiden zu müssen.

Das ist furchtbar, in jedem Leid. Wenn der Schmerz vom Herzen eines mitleidsvollen Cyrenäers geteilt wird, verliert er seine zermalmende Last. Wenn wir ihn aber alleine tragen müssen, bedrückt er uns so, daß wir daran zu ersticken drohen... Wenn das schon bei einem menschlichen Schmerz der Fall ist, um wieviel mehr ist es dann erst wahr, wenn es sich um Schmerzen auf einer höheren Ebene handelt. Und Jesus erlitt Schmerzen für eine sehr edle Sache. Er war der Held, der sich für eine göttliche Sache hinopferte. Er war der Heilige, der seine Liebe für alle ausgoß. Er war der Märtyrer, der für alle zahlte. Und es fehlte Ihm der Zuspruch des Vaters.

Wenn wir es genau betrachten, hat Jesus in jenen furchtbaren Stunden, die mit dem Abendmahl begannen, nie seine erhabene Majestät im Leiden verloren, obwohl Er die Nähe des Verräters dulden mußte, obwohl Er um die Vergeblichkeit seines letzten Aufrufs, des Versuchs, diesen von der Durchführung des Verbrechens abzuhalten, wußte. «Wer das Stück Brot ißt, das Ich ihm reiche, hat seine Ferse gegen Mich erhoben... In Wahrheit sage ich euch: einer von euch wird mich verraten», sagte Er und mußte Sich Selbst demjenigen im mystischen Brot reichen, der Ihn bereits verkauft hatte. Das dürfen wir nicht vergessen.

«Sage mir, wie du dich im Leiden verhältst, und ich sage dir, was du für ein Mensch bist», sagt ein altes Sprichwort. Jesus litt mit einer solchen Selbstbeherrschung und Würde, daß sich darin seine *wahre* Natur offenbarte. Nie eine Klage, nie ein Versuch, sich zu verteidigen. Immer erhabenes Schweigen. Nur um den Vater zu verherrlichen, um die Wahrheit zu bezeugen und seine Sendung zu bekennen, sagte Er vor dem Synedrium, zu Herodes und zu Pilatus wenige Worte.

Aber nach der Rede beim Letzten Abendmahl, die ich nie lesen oder auswendig wiederholen kann, ohne zu weinen, nach dem Gebet, das der Rede folgt, für mich die schönste Seite, die vom Augenblick der Verkündigung an bis auf den heutigen Tag geschrieben wurde und es auch bleiben wird, wenn nicht Jesus selbst uns eine noch erhabenere bieten sollte; nach dieser Rede und diesem Gebet voll der göttlichen Ruhe, hören wir die erschütternden Rufe des Gemarterten von Getsemani: «Meine Seele ist zu Tode betrübt... Vater, wenn es möglich ist, laß diesen Kelch an mir vorübergehen!» Und der Vater antwortet nicht... Wir hören den herzzerreißenden Schrei des Sterbenden auf dem Kalvarienberg: «Mein Gott, mein Gott, warum hast Du mich verlassen?» Er fühlt sich so sehr vom Vater allein gelassen, der Unschuldige, der stirbt, daß Er Ihn nicht einmal mehr Vater nennt!... In diesem Unterschied, der wenigen auffällt und der noch mehr Bedeutung erhält durch die Stunde, in der diese Worte gesprochen werden — denn wenn einer stirbt, ruft er im Todeskampf immer Vater und Mutter zu

Hilfe —, erkenne ich die *ganze* Tragweite der Verlassenheit Christi in seinem Leiden... Und nicht einmal in einem solchen Moment antwortet der Vater... Der Unschuldige mußte den Tod mit all seinen physischen, seelischen und geistigen Schmerzen und Ängsten für die Schuldigen auskosten.[65]

Mit mir machte Jesus es ebenso. Ich hatte mich als Sühneopfer angeboten. Und als Sühneopfer mußte ich leben. Er wollte und konnte nicht zu mir sprechen. Er wollte und konnte mich nicht fühlen lassen, daß Er da war und mir *nur* durch seine Gegenwart beistand. Aber dieses scheinbare Desinteresse, dieses Schweigen in der Stunde, in der der Sturm in tausenderlei Weise mein Schifflein rüttelte, verminderte meine Liebe zu Jesus nicht. Und darin lag *mein Trost*.

Ich liebte Ihn mit dem unerschütterlichsten Vertrauen. Ich sagte zu Ihm: «Du sprichst nicht, Du machst Dich nicht bemerkbar in mir, aber ich weiß, daß Du trotzdem da bist, daß Du mich hörst und siehst. Ich werde Dich doppelt soviel lieben. Ich werde für Dich und für mich sprechen, um die Pausen Deines Schweigens zu füllen. Ich werde handeln, während Du regungslos bleibst. Ich habe Dich nie so sehr geliebt wie jetzt, da ich nichts von Dir erhalte, nichts für mein menschliches und nichts für mein übernatürliches Empfindungsvermögen. Ich weiß, daß ich das, was Du mir jetzt Stunde für Stunde vorenthältst, alles im Himmel finden werde. Du wirst es auf die göttliche Bank einzahlen und um das hundertfache erhöhen; denn Du, meine Liebe, bist ein Bankier von einer Freigebigkeit ohnegleichen.» Weiter sagte ich zu Ihm: «Armer Jesus, vielleicht bist Du müde. Du klopfst an die Türen so vieler Herzen, um eingelassen zu werden und in Deiner Müdigkeit als göttlicher Pilger auszuruhen; denn Du besitzest nichts, wohin Du dein Haupt legen könntest, da Du unter den Menschen verweilen möchtest, die Du durch dein Leiden zurückgekauft hast. Und niemand will Dich aufnehmen. Sie haben die Wohnstatt ihres Herzens bereits voll von irdischen Sorgen... Du bist der Unbekannte, und man begreift anscheinend sofort, daß Du keine menschlichen Reichtümer, keine weltlichen Ehren bringst. Und daher schlagen sie Dir die Tür vor der Nase zu, sofern sie Dir nicht mit Bluthunden und Knüppeln entgegenkommen, um Dich zu verjagen. Und Du bist müde... Du hast Zuflucht gefunden in einem armen Herzen, das bereit ist, Dich aufzunehmen, und Du bist eingeschlafen mit Deinem Kummer im Herzen. Schlaf,

65. Zu den Leiden des Herrn, siehe: Matthäus 26,17-75; 27,1-56; Markus 14,12-72; 15,1-41; Lukas 22,7-71; 23,1- 49; Johannes 13,138; 17,1-26; 18,1-40; 19,1-37.

Jesus. Der Schlaf läßt uns den Schmerz vergessen. Schlaf und ruh Dich aus. Bleib Du als Hausherr in der armen Wohnung meines Herzens, während ich für Dich herumgehe, um Herzen für Dich zu suchen, um zu erzählen, wer Du bist... Tu, was Dir beliebt, meine Liebe. Ich werde so wenig Lärm als möglich machen, um Dich nicht zu wecken. Nicht einmal ein Stöhnen soll mir entschlüpfen, wenn mich etwas verletzt... Ich werde mich damit begnügen, Dir dienen zu können, indem ich für Dich arbeite; Dich lieben zu können, ohne daß Du es mir verwehrst; Dich betrachten zu können, o göttliche Schönheit, während Du in meinem Herzen schläfst.» Ich habe nie so übermenschlich geliebt wie in der Zeit, da Er meine Liebe nicht spürbar erwiderte...

Indessen lastete die Hand des Vaters schwerer auf mir.

Der Schlaf Jesu, sein vom Schlaf verhüllter Blick, erlaubte dem Dämon, den ich ein Jahr vorher besiegt hatte, sich mir sofort zu nähern, um mich in tausenderlei Weise zu peinigen. Wie ich Ihnen schon gesagt habe, brach eine Krankheit über mich herein, die bisher keiner der 29, ich sage neunundzwanzig, Äskulape, die im Laufe dieser zwölf Jahre gekommen sind, um zu klopfen, zu drücken, zu spritzen und abzuhören, zu diagnostizieren vermocht hat. Die Folge waren heftige Mißgunst und bissige Verleumdungen. Von Seiten der Familienangehörigen erfuhr ich Egoismus, Teilnahmslosigkeit und Vernachlässigung, da die Ärzte sie davon überzeugten, daß ich *nicht* krank, sondern von einer fixen Idee besessen sei. Ja, meine Krankheit sei eine Wahnidee... Das wurde mir bei jeder Gelegenheit zu verstehen gegeben... Andere meinten, daß meine Arbeit für den lieben Gott, die ich trotz meiner schweren Erkrankung weiterhin fortsetzte, der beste Beweis dafür sei, daß ich nur eine Scheinmystikerin, eine Hysterische, kurz: eine Verrückte, war. Auch das wurde mir gesagt.

Und es gab einen Priester, der mich und meine Ausgeglichenheit gut kannte und mich daher am ehesten hätte verteidigen können, der wörtlich sagte: «Ihr Leiden ist weniger eine Krankheit, als eine hysterische Störung. Wissen Sie, die Frauen!... Ihr seid immer anfällig für Hysterie. In euch ist alles auf die Impulse gewisser Organe zurückzuführen. Da müßten die Ärzte ansetzen.»

«Nein, wissen Sie», erwiderte ich, «die Ärzte haben übereinstimmend festgestellt, daß da nichts zu finden ist. Gar nichts.»

«Dann (und hier ein Lächeln, stechender als ein Feigenkaktus), dann muß es sich eben um mystische Störungen handeln...»

Ich gestehe Ihnen, das Blut stieg mir in den Kopf, und ich mußte mich schon sehr anstrengen, um nur zu antworten: «Ich bin nicht genug Weib, um von gewissen Organen beherrscht zu werden, und auch zu wenig heilig, um mystischer Beeinflussungen würdig zu sein. Ich bin nur eine arme kranke Frau.»

Wie grausam die Menschen doch sein können! Grausam und schändlich! Warum die heiligsten Schleier der Seele lüften wollen? Warum eine Seele verlachen, an der Gott arbeitet?

Schließlich rächte sich der Dämon. Er wollte meinen Geist verwirren, indem er ihn *alles* sehen ließ, was auf der Welt geschehen würde, die Kriege, die Verheerungen, den Hunger, die Bombardierung der Zivilbevölkerung... Aber es gelang ihm nicht. Als letzten seiner Racheakte brachte er ein Leiden zum Ausbruch, das Auswirkungen auf mein ganzes Sein hat... Ich habe schon davon gesprochen und werde noch darauf zurückkommen.

Aber nichts hat meinem Vertrauen, meinem Glauben, meinem Willen etwas anhaben können. Nichts, das versichere ich Ihnen.

Kehren wir zum 4. Januar 1932 zurück, dem Tag, an dem ich meinen Engel sah.

Es war ein Sonntag. Ich hatte den Tag mit der heiligen Messe und der Kommunion begonnen. Nachdem ich die Wohnung in Ordnung gebracht hatte, begab ich mich sofort zur Versammlung der Vereinigung. Zuerst Glaubenslehre, dann ein Wettbewerb. Um 12 Uhr kehrte ich nach Hause zurück.

Als ich das Haus betrat, empfing mich eine unheimlich verbrauchte Luft. Mama, die zu ihrem Glück ein eisernes Herz hat, dem selbst Kohlendioxyd nichts anhaben kann, hatte vier Kohlenbecken aufgestellt, starkes Feuer in den Öfen angefacht und die Fenster fest geschlossen, da sie fror. Die Luft in der Wohnung war geradezu bläulich.

«Aber hier erstickt man ja», rief ich. Ich vertrug das Kohlendioxyd wegen meines kranken Herzens nicht einmal in kleinsten Mengen und wollte die Fenster aufmachen.

«Laß zu», brüllte Mama. «Alle Krankheiten bekommst du zu Hause, außer Haus geht es dir immer wunderbar!» Eine Erzlüge! Ich hatte mich schon in den Geschäften, in der Pineta, auf der Straße, in der Kirche, auf dem Markt, bei den Schwestern, im Steueramt und bei Freunden elend gefühlt... Aber wann ist Mama jemals wie eine Mama zu mir gewesen?

Ich erwiderte nichts und atmete die verpestete Luft ein. Das Herz drückte immer mehr und pochte immer heftiger.

Während wir den Kaffee zu uns nahmen, kam ein armes Geschöpf zu Besuch. Arm, weil sie mit dreißig Jahren an Schwindsucht starb. Wir plauderten ein bißchen, während ich alles abspülte. Nachdem uns diese Kranke verlassen hatte, wurde es Mama übel. Und da ihr schwindlig wurde, begann natürlich ein Theater mit «Ah!» und «Oh!». Ich rief die Nachbarin, denn Mama wollte nicht allein bleiben, während ich ein wenig Kaffee wärmen und Duftsalze holen ging.

Ich lief da- und dorthin, die Treppen hinauf und hinunter, und schließlich wurde auch mir übel. Ich setzte mich in einem kleinen Zimmer hin und — erlitt eine kleine Ohnmacht. Niemand hörte den dumpfen Aufschlag meines Körpers, der zu Boden stürzte. Niemand war besorgt, daß ich nicht wiederkam. Niemand hörte das Klirren des Glases, das beim Hinfallen zerbrach. Mama, die sich von ihrem leichten Schwindelanfall erholt hatte, schwatzte mit der Nachbarin...

Nach fast einer halben Stunde kam ich zu mir. Ich lag auf dem Boden und hatte den Mund voller Blut, da ich mir beim Hinfallen mit den Zähnen sieben Schnitte in die Zunge gemacht hatte. Außerdem hatte ich von dem Sturz und dem zerbrochenen Glas Abschürfungen an den Handrücken. Meine Knie waren aufgeschlagen. Und mein Herz erst!... Mühevoll stand ich auf und stieg langsam, langsam die Treppe hinunter...

«Ach, da bist du ja endlich! Gib Elia (der Nachbarin) eine Tasse Kaffee, die Arme hat noch keinen getrunken. Und dann mach dich auf den Weg, es ist spät; es sind schon welche dagewesen, um dich an den Vortrag zu erinnern.»

Da zeigte ich meine Verletzungen und erzählte das Übrige. Nur daß ich im Hinfallen den Schutzengel an meiner Seite gesehen hatte, sagte ich nicht. Wie schön er war! Er hatte ein leuchtendes Angesicht und trug ein Gewand, das aus Lilienblütenblättern angefertigt schien, überstreut mit Silberpulver und Diamanten! Welch ein Lächeln! Ich möchte alle Tage so leiden, wie an diesem Tage, nur um ihn wiederzusehen! Er muß mich im Hinfallen gelenkt haben, sonst wäre ich auf Weinflaschen gefallen, die mir den Hals aufgeschnitten hätten.

So hatte mir also eine Laune meiner Mutter den Anblick meines Engels beschert. Sie hatte mir aber auch eine Erschöpfung des Herzens verursacht.

Tags darauf erfuhren wir, daß auch jene arme Kranke, die uns kurz besucht hatte, gleich nach dem Verlassen unserer Wohnung einen

Ohnmachtsanfall erlitten hatte. Erst da beugte sich Mama der offensichtlichen Tatsache, daß die Luft mit Gas gesättigt war. Sie gab aber vor allem auch deswegen nach, weil ihr selber übel geworden war.

Ungeachtet dessen, was vorgefallen war, hielt ich dennoch meinen Vortrag. Gott stand mir bei, und ich habe nie so gut gesprochen wie an diesem Tag.

Nach der Konferenz beglückwünschte man mich und fragte, warum ich, die ich immer von einer königlichen Pünktlichkeit sei, mit soviel Verspätung erschienen war. Da zog ich die Handschuhe aus, zeigte meine verletzte Zunge und erzählte, was vorgefallen war. Alle waren erstaunt und machten mir wohlwollende Vorwürfe ob meiner Unvorsichtigkeit.

Aber was heißt es schon, vorsichtig zu sein, wenn uns die Vorsicht das Antlitz Gottes und seiner Engel verbirgt?

«Das sind die, die aus der großen Drangsal kommen und die ihre Kleider im Blut des Lammes gewaschen haben» (Apokalypse 6,14).[66]

66. Es handelt sich um 7,14 (nicht 6) der Apokalypse.

5. TEIL

«Wenn ich von der Erde erhöht sein werde, werde ich alles an mich ziehen»[67]

Trotz der Verschlimmerung meiner Krankheit machte ich weiter, in dem Glauben, daß sowieso bald alles zu Ende ginge. O menschliche Ungeduld, wie bist du töricht im Vergleich zur göttlichen Gelassenheit des Ewigen!

Den dritten Vortrag hielt ich wie auch im vergangenen Jahr über das Thema «Kampf gegen die Tuberkulose». Das heißt, nein: den dritten hielt ich über Schwester Benigna Consolata Ferrero und den vierten zum Tag des Kampfes gegen die Tuberkulose im Rahmen des Tages der Katholischen Universität, deren Gedenktage in kurzen Abständen aufeinander folgten. Dann kamen die Prüfungen für den Wettbewerb, die ausgezeichnete Ergebnisse brachten.

Die Mitglieder hatten mich sehr gern. Ich war, mehr als eine Lehrerin, eine «Mama» für sie. Sie hatten keine Geheimnisse vor mir.

Und wenn sie auch eines gehabt hätten, es hätte ihnen nichts genützt. Durch ein besonderes Geschenk Gottes wurde mir jegliche Veränderung in ihnen bewußt. Und dann rief ich das Mädchen zu mir und sagte: «Was beunruhigt dich?» Sie fühlte sich durchschaut, meinte, ich wüßte durch übernatürliche Kraft *alles*, und erzählte mir ihre Sorgen. Aber *ich wußte nicht alles*. Ich begriff nur im allgemeinen, ob eine betrübt, beunruhigt oder versucht war. Nur das. Ihr Vertrauen gab mir jedoch Gelegenheit, ihren Seelen beizustehen, sie zu führen und zu trösten.

Gepriesen sei Gott, der zugelassen hat, daß Mitmenschen mich mit allen Schmerzen tränkten. So kann ich die Leiden anderer verstehen, sie bedauern und ermutigen.

Die Herzen verstehen, welch eine schwere Kunst! Das lernt man an keiner irdischen Schule. Nur das Licht, das aus übermenschlichen

67. Johannes 12,32.

Quellen kommt und das, um geistige Früchte zu bringen, durch viel Versenkung in Werk und Wort Gottes unterstützt wird, nur dies und Herzensgüte können diese Wissenschaft lehren, die ein so großer Trostspender ist.

In einer schweren Stunde *verstanden zu werden*, bedeutet oft, *gerettet zu werden*. Gerettet vor bösen Überraschungen und gefährlichen Verirrungen, gerettet schließlich vor Verzweiflungen, die einem das Herz brechen, wenn sie es auch nicht umbringen. In jedem Alter braucht man Verständnis, aber besonders in jenem heiklen Alter, das vom Ende der Kindheit bis zur Schwelle der Reife geht. Da erliegen die Herzen leichter den Verlockungen, den Trugbildern, dem Aufruhr des Herzens. Wie zarte Bäumchen, die der ersten Blüte entgegengehen, können sie leicht von brutaler Hand entwurzelt, von einem zu starken Hieb zerschlagen oder von zu glühender Hitze verbrannt werden. Sie können zugrunde gehen durch Aufstauung zu vieler toter Gewässer, entblättert werden von einem zu stürmischen Wind. Die Herzen müssen in ihrer ersten Blütezeit gestärkt werden. Sie müssen auf das, was sie schädigen könnte, hingewiesen werden. Sie müssen, wenn sie zu schwach sind, gestützt werden, damit sie nicht schief wachsen. Sie müssen beschnitten werden, wenn sie übermäßiges Laubwerk (und Gefühle) entwickeln, die sie, noch bevor sich eine Frucht bilden kann, erschöpfen. Ihr Wachstum muß angeregt werden, wenn sie zu teilnahmslos sind. Sie müssen gesäubert werden, wenn sie von Parasiten befallen sind. Und sie müssen vor allem geliebt, geliebt und nochmals geliebt werden.

Ein Herz, das sich geliebt fühlt, spricht. Und durch die Aussprache gibt es demjenigen, der es liebt und der erfahrener ist, Gelegenheit, es zu leiten. Es bedürfte immer eines Vater- oder eines Mutterherzens für diejenigen, die jünger sind als wir, aber manchmal bedarf es dessen auch für diejenigen, die älter sind, denn die Seelen kennen kein Alter. Sie sind wie Gott ewig und bedürfen auf *allen* Altersstufen der Zärtlichkeit, des Rates und des Trostes.

In Wirklichkeit gibt es sehr wenige Herzen, die zu lieben verstehen und liebend begreifen. Äußerst selten sind dann jene, die sich im Alter daran erinnern, daß auch sie einmal jung gewesen sind. «Zu unseren Zeiten war das nicht üblich. Zu unseren Zeiten machte dies oder das keiner.» Dies ist der verächtliche Satz, den die Alten den Jungen gegenüber immer im Mund haben. Das sind alles Lügen! Ich will nicht auf die *großen* Verfehlungen eingehen, die es auch immer gegeben hat: Beweis dafür sind die Waisenhäuser der Unschuldigen, die

Findelhäuser, usw., die es schon im Mittelalter gab, wie auch die Geschichten der Francesca da Rimini, der Geliebten der Könige, aller... Nymphen der Dichter und Herrscher bezeugen, um nur Dinge zu nennen, die selbst den Hühnern bekannt sind. Aber beschränken wir uns auf weniger gravierende Dinge: vor Papa und Mama verborgene Liebschaften, geheime Freundschaften und verwirrende Bücher, die Eitelkeit des Haarfärbens und der Frisur, usw. Was gibt es da nicht alles! Ich glaube, daß diese Dinge seit Eva auf allen Kontinenten, in allen Breitengraden des Globus zu finden sind.

Warum also, wie so viele Savonarolas es tun, gegen die heutigen Generationen donnern, wenn gestern auch die lieben Mamas und vorgestern die lieben Großmütter, die lieben Papas bzw. Großväter, damals kühne Jünglinge, kennengelernt und mit ihnen mittels drahtlosem Telefon korrespondiert haben: durch das Zuwerfen von Blicken, durch entzündete oder ausgelöschte Streichhölzer oder durch Brieflein, die mit Hilfe jenes feinen Fadens vom Fenster herabgelassen wurden, der vor 40 Jahren in den kaum erleuchteten Straßen die heimliche Postzulieferung besorgte? Warum den Fastenprediger spielen wegen der Dauerwelle oder des Lippenstiftes, wenn sie *zu ihren* Zeiten eine ganz andere Architektur auf dem Kopf trugen und sich dick einpuderten, wie zum Braten hergerichtete Fischlein? Damals war die Blässe der Geliebten in Mode; heute bevorzugt man Mulattinnen und Indianerinnen. Nun die Farbe hat sich geändert, aber die Schminke bleibt, heute wie damals. Anstatt zu donnern und zu predigen und feierliche Lügen zu verbreiten, sollten wir sie doch zum Nachdenken bringen, diese Töchter. Sonst erreichen wir nur, daß sie größere List anwenden und statt des geschmuggelten Brieflein geradewegs den jungen Schmuggler empfangen, mit allen ernsthaften Folgen, die das haben kann. Oder sie bemalen sich außer Haus, wer weiß wo. Seien wir doch eher Freundinnen unserer Kinder, als mütterliche Autoritäten. Seien wir eher Schwestern, als Lehrerinnen unserer jüngsten Mitglieder, und öffnen wir unser Herz, damit sie ihr Herz öffnen. Es ist so schön zu wissen, daß die Mama und die Lehrerin Verständnis haben! Es ist so wunderbar zu sehen, daß unsere leiblichen oder geistigen Kinder Vertrauen in uns haben und uns nichts verheimlichen; daß sie in ihren Träumen unser Herz suchen, um ihren Traum, der ihnen Herzklopfen verursacht, hineinzulegen; daß sie auch im Schmerz unser Herz suchen, um sich auszuweinen! Wieviel mehr erreicht man auf diese Weise mit dem Verständnis, das zu führen vermag, ohne zu verletzen!

Immer noch — und es sind bereits elf Jahre, daß ich an mein Bett gefesselt bin — immer noch kommen sie zu mir, meine Töchterlein, im Glück und im Schmerz, um mir über ihr Herzklopfen als Verliebte, ihr Entzücken als Bräute, ihre Seligkeit als Mütter zu erzählen. Kaum daß sie ausgehen können, bringen sie mir die Blüten ihrer leiblichen Liebe. Und sie wollen, daß ich ihre Schätze küsse, sie lehren sie meinen Namen, als ob ich eine Großmutter wäre, die sie lieben. Immer noch kommen sie oder schreiben mir, wenn sie eine Krankheit trifft, ihnen ein Unglück zustößt, ein Todesfall sie eines lieben Angehörigen beraubt. Sie weinen sich gern bei mir aus, da ich sie immer verstehe!... Danach gehen sie ruhiger, heiterer weg oder fühlen sich unbeschwerter und zuversichtlicher, wenn sie in der Ferne leben... Ich verbleibe mit ihrem Schmerz und mit meiner Müdigkeit als Kranke... Aber die Seele singt, denn sie weiß, daß ein Herz weniger betrübt ist als vorher!

Ich gestehe Ihnen, daß ich sie manchmal alle zum Teufel schicken möchte. Ich bin körperlich so müde, erschöpft und voller Schmerzen!... Aber dann denke ich daran, daß auch Jesus oft müde war und trotzdem niemanden wegschickte. Auf dem Kreuz, in seiner Agonie, tröstete er sogar noch den Schächer und gab ihm, seiner Mutter, dem Apostel und den getreuen Frauen Hoffnung...

Außer der Präsidentin hielten die Leiterinnen alle zu mir. Die Präsidentin hatte immer mit Unterstützung der Diözesan-Präsidentin versucht, mich zu den Katholischen Frauen zu versetzen, weil ich schon über dreißig war. Aber da gab es einen Protest der Mitglieder: entweder sollte ich bleiben, oder auch die Präsidentin sollte gehen, denn sie war 33 Jahre alt. Und so blieb ich. Es bedurfte der Heldenhaftigkeit zu bleiben! Denn ich fühlte mich immer elender und war daher auch empfindlicher gegenüber Ungerechtigkeiten, die mir zugefügt wurden.

Als mir noch die geistigen Worte Jesu zuteil wurden, hatte Er mir, als ich Ihn einmal flehentlich gebeten hatte, mich durch seine Liebe zu zerbrechen, um mir den Himmel zu öffnen, geantwortet, ich müsse mein Ich zerbrechen und jegliche Eigenliebe, jegliche im Herzen eingeschlossene menschliche Liebe mit dem Hammer der vollkommenen Liebe vernichten. Dann erst würde ich für den Himmel bereit sein.

Nun konnte ich sagen, diesen Punkt erreicht zu haben. Meine Eigenliebe wurde von allen mit Füßen getreten, im besonderen auch von mir, die ich mich Gott und dem Nächsten zuliebe der Weintraube im Bottich gleich gemacht hatte, die der Winzer mit seinen Füßen zertritt und keltert. Kein Trost kam vom Himmel und keiner von seiten der Menschen. Nur Spott, Hohn, Vorwürfe, Verrat und Mühen, die niemand beachtete oder nur erwähnte, um einen weiteren Grund zu haben, mich zu verhöhnen. Ob ich betete oder nicht betete, ob ich sprach oder schwieg, ob ich mich still verhielt oder in Bewegung war, nach Meinung der Mehrheit war ich immer im Unrecht. Nur die Seelen, die ich zu Gott geführt hatte, blieben mir dankbar und treu, was mich an das erinnert, was man im Evangelium über den Glauben und die Dankbarkeit jener, die Heiden gewesen waren, lesen kann...

So kam der Sommer. Es war nun schon sehr beschwerlich für mich, alleine zu gehen... Ich werde mich immer an den 2. August 1932 erinnern. Wie mühsam war es, in die Antonius-Kirche zu gehen, um den Assisi-Ablaß zu gewinnen! Eingehängt bei Martas[68] Mama, kehrte ich nach Hause zurück. Sie hatte bereits einen kleinen Schlaganfall erlitten, ich war durch mein Herzleiden zerschlagen. Wir bildeten ein wunderbares Paar. Wir schwankten... Man muß uns für zwei Betrunkene gehalten haben. Kaum war ich zu Hause, wurde mir schlecht. Aber nun wurde mir schon fast jeden Tag übel.

Der Verein wurde wieder eröffnet. Ich widmete mich wieder meiner Aufgabe als «Stimme». Nur die Gottesliebe konnte mir die Kraft geben, weiterzumachen.

Martas Mutter gab mir «Das Leben» der Galgani[69], ihrer Mitbürgerin, das große «Leben», das der Passionisten-Pater Germano von San-Stanislaus aufgezeichnet hat. Sie wollte, daß ich einen Vortrag über Gemma hielt. Ich versprach es ihr. Ich gestehe, daß mich die Galgani nicht angezogen hatte. Nach dem wenigen, das ich von ihr wußte, schien sie mir eine Schwärmerin zu sein, die wohl besser einige Jahrhunderte früher zur Welt gekommen wäre. Ich sagte immer: «Heutzutage ist die Heiligkeit anders geartet! Das gehört ins Mittelalter.»

Aber die Lektüre dieser Lebensgeschichte belehrte mich eines Besseren. Maria vom Kreuz konnte Gemma von Jesus verstehen und das kleine Veilchen Jesu, das Veilchen, das sich vor Sehnsucht nach der Ewigen Sonne verzehrte, konnte seinen zarten Duft und sein von Buße verhülltes Köpfchen mit dem mystischen Duft und der Sternenkrone der Passionsblume Christi vereinen.

---

68. Isolina Alberigi, verwitwete Diciotti (1871-1932), Mutter der Marta Diciotti, die später Lebensgefährtin der kranken Maria Valtorta geworden ist.
69. Gemma Galgani (1878-1903), stigmatisierte Mystikerin aus Lucca, heiliggesprochen im Jahr 1940. Martas Mutter stammte aus Lucca und hatte sie persönlich gekannt.

Aber zuerst mußte ich über Jeanne d'Arc, die Jungfrau von Orleans, sprechen. Da sie die Patronin der weiblichen Jugend war, war es recht und billig, daß ich von ihr sprach. Meine Gefährtinnen wünschten das. Daher setzte ich sie an die Spitze der von mir zu haltenden Vorträge.

In jenem Jahr hatte ich mir vorgenommen, über folgende Themen zu sprechen: Gemma, die Jungfrau von Orleans, die Seligen und Ehrwürdigen des Hauses Savoyen und hin und wieder einen guten Autor vorzustellen, von dem ich unter den Anwesenden drei Bücher verlosen würde. Gekauft wurden diese natürlich von mir, zum Herstellerpreis, dank der gütigen Vermittlung eines sehr lieben Fräuleins, einer Ex-Atheistin, die sich durch meine Worte zum Katholizismus bekehrt hatte. Ich sagte Atheistin, nein, es war eher eine Anti-Katholikin.

Aber über Jeanne d'Arc zu sprechen machte mir Angst. Warum? Weil ich spürte, daß mir etwas Schlimmes zustoßen würde, wenn ich von ihr spräche. Deshalb hatte ich diesen Vortrag schon seit drei Jahren immer wieder verschoben. Woher kam diese Idee? Es war eine der vielen Eingebungen, die meine Seele aus anderen Welten erhielt. Ich wollte diese Vorahnung herausfordern und machte mich an die Vorbereitung des Vortrags. Das nächste Mal wollte ich dann über Gemma sprechen.

Am 21. November starb innerhalb von drei Stunden Martas Mama. Sie kam nicht mehr dazu, mich über Gemma sprechen zu hören... Sie kam in den Himmel, diese wahrhaft rechtschaffene Frau, um dort den Lobgesang des Seraphs von Lucca zu hören, den der schönen Engel. Ihr Tod war ein sehr großer Schmerz für mich. Martas Mama hatte mich wie eine wahrhafte Freundin gern. Es war eine mütterliche, geschwisterliche, heilige Freundschaft.

Marta liebe ich so, weil sie Tochter dieser Mutter ist... Aus diesem Grund noch mehr als wegen ihrer eigenen Gaben, weil ich in ihr meine Liebe zu einer heiligen Seele, die zu Gott zurückgekehrt ist, fortführe, die mich aber gewiß nicht vergessen hat.

Ich mache einen Einschub, um auf Ihren Brief zu antworten, der mich aus mehreren Gründen verwundert hat.

Ich werde es Ihnen morgen mündlich sagen. Vorläufig möchte ich Sie fragen: «Warum, warum diese Überraschung? Ach, verwöhnen Sie mich nicht, Pater, denn danach fiele es mir zu schwer, zu sterben.» Aber Spaß beiseite. Danke und nochmals danke. Meine Hand sagt danke und mein Mund dasselbe. Die Seele wird Ihnen den besten Dank durch das Gebet sagen. Dies für das Geschenk.

Noch ein weiteres Dankeschön dafür, daß Sie mich in meiner seelischen und geistigen Verfassung so gut verstehen. Und während Sie in ihrer barmherzigen Mission bestrebt sind, uns Kranke zu trösten, werde ich versuchen, Ihre Fragen zu beantworten, um Ihnen zu zeigen, wie sehr ich Ihnen für Ihr geduldiges und gütiges Studium meiner Seele dankbar bin.

Die Prediger sind notwendig, und zwar sollten sie möglichst in einer guten stimmlichen Verfassung sein, denn sonst kann man die Verkündigung des Evangeliums vergessen! Aber die Prediger müssen von den Büßern unterstützt werden. Ein Radio gibt keinen Laut von sich, wenn es nicht durch die Elektrizität in Betrieb gesetzt wird. Die Büßenden, die Opferseelen sind der Stecker, der den Strom Gottes in die Seele seines Verkünders und die der Zuhörer fließen läßt. Das ist kein schöner Vergleich, aber er drückt etwas Wahres aus.

Insbesondere denke ich, daß ein Amtsdiener Gottes, der sich Stunde für Stunde in der Ausübung seines Amtes unermüdlich, ohne Ungeduld, ohne Widerwillen, ohne Angst und ohne zu sehr auf sein körperliches Wohlergehen zu achten, der getreulich allen Anforderungen seines priesterlichen Wirkens nachkommt, jedoch mit heiterer Absicht, mit brennender Liebe sowohl den großen Sünder als auch die reine Seele ans Herz zu drücken weiß, selbst verzehrt, da er in allen Gott sieht; ich denke, daß ein solcher Priester schon eine Opferseele ist. Gott selbst nimmt sich seiner an und legt ihm Stunde für Stunde das Opfer auf, und das genügt.

Wir aber, die... Taugenichtse, die nur zu leiden und zu beten fähig sind, wir tragen den *ganzen* Rest bei, um jeden Tag eine gewisse Menge an Opfern, die auf das himmlische Konto einzuzahlen sind, darzubringen, die dann mit reichem Zinsenertrag den Arbeitern im Weinberg Christi zugute kommen. Wir sind die Marien, und ihr priesterlichen Seelen seid die Marthen Jesu. Dieser hat zwar gesagt, daß der bessere Teil jener sei, den die anbetende Maria gewählt hat, aber er war auch Martha *sehr dankbar*, der arbeitsamen, praktischen Hausfrau, die sich um das Wohl seiner Menschheit kümmerte.[70]

Im übrigen ist der Priester, der jeden Morgen, um das Opfer zu zelebrieren, die Stufen des Altares hinansteigt, sowohl Martha als auch Maria, *denn er betet an und handelt*.

Was meine Lektüren, welche auch immer es waren, betrifft, brachten sie mir immer gute Erleuchtungen; ich meine, daß — abgesehen

70. Lukas 10,38-42.

von dem guten Geist, in dem ich alles lese und der mir auch das weniger Gute in gutem Licht erscheinen läßt — Jesus selbst verhinderte, daß etwas Böses in mich eindrang. Auf welche Art und Weise? Oh, ganz einfach! Er füllte mich bis zum Rande mit Sich selbst, und das war alles.

Wenn Sie, Pater, ein Glas bis zum Rande füllen und dann versuchen, langsam, langsam noch etwas zuzufügen, wird es an einem gewissen Punkt überlaufen. Ist das vielleicht nicht wahr? Jesus hat den Kelch meines Herzens bis zum Rande gefüllt. Nichts anderes kann mehr hinzukommen. Es kann sich einen Augenblick obenauf halten, dann fließt es ab. Oftmals gleitet es gereinigt ab durch den Kontakt, den es mit meinem Jesus erfahren hat. Kein Verdienst meinerseits. Ich bin so sehr von Jesus bezaubert, daß ich «Jesus» geschrieben sehe, auch wo «Dämon» geschrieben steht; daß ich Jesus sprechen höre, auch wo Luzifer spricht; daß ich in allen, allen, allen Dingen Jesus sehe.

Die Liebe zu Mario, den ich seit Jahren für tot halte — ich werde Ihnen später erzählen, warum — diese Liebe ist frei von jedem Verlangen und jeder schmerzlichen Erinnerung. Ich liebe *seine Seele*, die ich durch meinen Schmerz wiedererkauft zu haben glaube. Und ein schöneres Geschenk konnte ich diesem Geschöpf, das ich geliebt habe, nicht machen. Meinen Sie nicht auch?

Und nun zur Erklärung des Satzes, der Sie so beeindruckt hat: «Ich bin zu der Erkenntnis gelangt, daß die einzigen, wahrhaften Schmerzen eines Herzens jene sind, die uns Gott zu unserer Prüfung und unserer Züchtigung schickt.»

«Wie erkennen Sie, daß ein Schmerz direkt von Gott kommt?»

Antwort: *Durch das, was die Seele dabei empfindet.* Denn wenn ein Schmerz direkt von Gott kommt, unterscheidet er sich immer von den Schmerzen, die irgendeinen anderen Ursprung haben.

Vor allem wird der Schmerz, der von Gott kommt, und sei er noch so bitter und beißend, *immer von einem Gefühl des Friedens begleitet.* Das ist das Zeichen, das nie fehlt. Auch wenn es manchmal nicht den Anschein hat, ist es so. Kaum blickt die Seele tief in sich hinein, wenn auch nur für einen Augenblick, sieht sie, daß ihrem Dulden ein großer Friede inne ist. Friede heißt nicht, sich mit etwas abfinden. Nein, Friede bedeutet *viel mehr.* Er bedeutet Seligkeit. Ein Schmerz, der von Gott kommt, ist immer begleitet von einer übergeistigen Seligkeit.

Da haben Sie eines der Worte, die sich spontan auf unseren unsicheren Lippen bilden, um das Unbeschreibliche auszudrücken. Übergeistig will für mich, die ich dieses Wort erfunden habe, heißen: Seligkeit im *geistlichen* Teil unseres Geistes. Das ist kein Wortspiel, sondern eine Tatsache. Ich will einen Vergleich anstellen. Die Kirche ist ein zur Gottesverehrung errichtetes Bauwerk.

In der Kirche gibt es Kapellen, in den Kapellen Altäre, auf den Altären den Tabernakel, im Tabernakel das Ziborium mit dem eucharistischen Jesus. Wenn ich in die Kirche eintrete, berühre ich den eucharistischen Jesus nicht. Wenn ich aber zum Altar hinansteige, den Tabernakel öffne und das Ziborium abdecke, kann ich sagen, daß ich Jesus berühre.

Im Körper ist die Seele, und in der Seele der Geist. Es gibt den Frieden der Seele, einen Frieden, den wir in jedem mit Hingabe ertragenen Schmerz wiederfinden, und den Frieden, der über den Geist herrscht: also den *Überfrieden*. Und diesen verspüren wir immer, wenn der Schmerz von Gott kommt, um unseren Geist auf eine höhere Ebene zu erheben, von den Schatten zu reinigen und gegen die Schwächen zu stärken, die ihn noch niederdrücken.

«Worin besteht der Prüfungs-Schmerz?»

Antwort: Er besteht in einem Wachsen der Liebe unsererseits, während Gott die seine zurückzuziehen scheint und uns alleine läßt. Wir bitten, und Er gibt kein Anzeichen, unsere Bitte zu hören, im Gegenteil, Er demütigt uns oft und nimmt uns gerade das weg, was uns am teuersten ist und was wir bereits verdient zu haben vermeinten. Das hört sich so einfach an, wenn man es aber erleidet, ist es sehr schmerzhaft. Ich habe Ihnen schon in dem Heft, das ich Ihnen heute gab, beschrieben, was es heißt, alleine zu leiden, ohne daß Gott uns zulächelt und auf unser Klagen antwortet...

Den Bestrafungs-Schmerz, versteht man sogleich, da uns das Gewissen sagt, daß wir ihn verdient haben. Oh! ich spüre ihn sofort! Schon bevor er eintrifft, sagt mir das Gewissen: «Du hast gefehlt. Wenn Gott dich nun straft, füge dich bereitwillig seiner zuschlagenden Geißel und danke ihm, denn du hast es verdient, und es ist besser, sofort, als erst im Jenseits zu büßen.»

Aber ich wiederhole: Ob es sich nun um einen Prüfungs-Schmerz oder einen Bestrafungs-Schmerz handelt, *der Friede bleibt*. Sie werden nie gehört haben, daß ein Heiliger, was immer für schreckliche Prüfungen er erlitten haben mag — ich spreche von geistigen Prüfungen —, die Hoffnung verlor. Wo Hoffnung ist, ist Friede, wo Friede ist, ist Gott.

«Wie erkennt man einen Bestrafungs-Schmerz?»

Antwort: Die Stimme des Gewissens signalisiert uns, wie ich schon sagte, daß wir nicht gut gehandelt haben, und während wir einen solchen Schmerz erleiden, fühlen wir unsere Seele immer klarer und gelöster werden, und verstehen daher, daß diese durch das Leiden verursachte Beklemmung der Sühne und Reinigung diente.

«Sie sagen, die größte Pein bestehte darin, sich von Gott verlassen zu fühlen. Das ist wahr; aber diese Abwesenheit Gottes kann auch durch eine schuldhafte Trägheit von seiten des Menschen hervorgerufen werden. Finden Sie in sich Licht genug, sagen zu können, daß die Leere bisweilen von Gott allein verursacht wird, wenn auch für Absichten seiner Barmherzigkeit?»

Antwort: Wenn eine Seele in schuldhaftem Müßiggang dahintreibt, *nimmt sie gar nicht wahr, ob Gott anwesend ist, oder nicht*. Sie ist eine stumpfe, willenlose Seele, die ohne zu überlegen und etwas wahrzunehmen dahinvegetiert. Die Sünde oder auch nur die Lauheit stumpfen sie bis zu dem Grad ab, daß die Fähigkeit wahrzunehmen, das Bedürfnis zu erkennen, das Verlangen, sich selbst mit der übernatürlichen Speise zu nähren, in ihr erloschen sind. Und *so* straft Gott, weil es gerecht ist, daß Er straft. Und es ist auch *barmherzig*, daß Er straft, denn bisweilen wird die Seele durch diesen Schlag aufgerüttelt und kommt wieder zur Besinnung.

Aber mit diesen Seelen befasse ich mich hier nicht. Ich spreche von jenen mehr oder weniger wachen Seelen, die ihren Fähigkeiten entsprechend versuchen, für den guten Gott zu wirken. Vielleicht könnten sie, unter Aufbietung all ihrer Kräfte mehr tun, aber wirklich müßig sind sie nicht. Es sind also Seelen, in denen Gott nicht durch ihre Schuld abwesend ist, sondern nach seinem Willen. Und zu dieser mächtigen Waffe greift er, wie ich schon sagte, entweder um die Seele an die exaktere Erfüllung ihrer Kindespflichten zu erinnern, oder um sie durch eine schmerzvolle Prüfung zu bessern und für immer höhere Flüge zu ertüchtigen. Und die Seele, die die *Gerechtigkeit* dieses Schmerzes, den ihr Gott auferlegt, *spürt*, hat im Schmerz ihre Freude und ihren Frieden.

Der Schmerz hingegen, der von den Menschen, oder schlimmer noch, vom Bösen kommt, ist immer ungerecht und verwirrt uns mehr oder weniger. Es ist aber ein Schmerz, der nicht den Gipfel unserer Leidensfähigkeit erreicht, das heißt, er durchbohrt den Geist nicht in seinem höchsten und lebendigsten Teil. Er wird uns zum Schreien, zum Weinen und auch zum Fluchen bringen, manchmal in den Wahnsinn, manchmal in den Tod treiben. Dann aber werden wir durch körperliche Krankheiten sterben, durch geistige Zerrüttung verrückt werden, infolge seelischer Verwirrung fluchen, aus allgemeiner Schwäche schreien und schluchzen.

Während der Schmerz, der von Gott kommt und den Geist durchbohrt, uns in keinen Jähzorn ausbrechen läßt: er erhebt uns in einen Frieden, in eine Ernsthaftigkeit, in eine höhere *Liebe*. Wir leiden sehr, aufs äußerste. Es ist ein unstillbarer Hunger, der von Stunde zu Stunde anwächst und den nichts befriedigen kann. Alle Speisen könnten wir unserem Geist da anbieten, um zu versuchen, die Sehnsucht zu stillen, die ihn verzehrt. Aber weder Werke der Barmherzigkeit noch Sakramente, noch Gebete oder geistliche Lesungen sind geeignet, sein Begehren zu erfüllen. *Wir wollen Gott, Ihn allein*. Er aber hält sich verborgen, zieht sich immer mehr in seine Höhen zurück, während wir mit sehnsuchtsvoll erhobenen Armen vor Liebe vergehen und Ihn anrufen... Wie viele Worte benötigen wir, um das auszudrücken, was wir mit jedem Herzschlag empfinden!

«Wie verhalten Sie sich in diesen finsteren Stunden Gott und ihrem Nächsten gegenüber?»

Antwort: Je mehr sich Gott zurückzieht, *um so mehr liebe ich Ihn mit meinem ganzen Sein*, im Geiste der Demut, der Geduld und der Unterwerfung. Ich anerkenne, daß ich es verdiene, und mache unablässig Glaubensbekenntnisse, denn ich weiß, daß Er mir, auch wenn ich es nicht spüre, nahe ist, und ich sage es Ihm. Ich drücke meine Hoffnung aus, denn ich hoffe, daß Er in seiner Güte die Prüfung abkürzen und ich durch diese Prüfung ein höheres Gut erwerben möge. Ich vollbringe Akte der Liebe. Um Ihn zu bewegen, zurückzukehren, sage ich Ihm, daß ich Ihn um jeden Preis liebe und Ihn auch lieben würde, wenn er sich nicht mehr um mich kümmerte. Ich bekunde meine Reue, denn ich gebe zu, gefehlt und die Strafe verdient zu haben. Was meinen Nächsten betrifft, so opfere ich den Schmerz der Prüfung Gott auf, damit andere Seelen, die Gott nicht oder schlecht suchen, dahin gelangen, Ihn leidenschaftlich zu suchen. So wird meine Stunde der Finsternis zur Stunde des Lichtes.

«Fühlen Sie sich beunruhigt und gedrängt, ihre Unruhe nach außenhin kundzutun?»

Antwort: Nein. Ich beunruhige mich — da ich nicht nur aus einer Seele, sondern auch aus einem Körper bestehe — über die Dinge, die dem Körper zustoßen könnten. Was aber diese Leiden angeht, beunruhige ich mich *nie*. Ich habe gesagt und wiederhole, daß der Schmerz, der von Gott kommt, sehr stark ist. Er ist der einzige wahrhaft *reine*

Schmerz, einfach und vollkommen wie Gott, *aber immer mit Frieden verbunden.* Wo Friede herrscht, gibt es keine Unruhe. Ich dränge Gott nicht eigensinnig, sich mir zu zeigen. Ich flehe Ihn an, mir wieder zu gewähren, sein Antlitz zu schauen, das die Freude unseres Geistes ist. Dann aber warte ich geduldig auf den seligen Augenblick.

Sehen Sie: Heute zum Beispiel mangelt es mir an der spürbaren Vereinigung mit Gott. In den vergangenen Tagen gab es ein fortwährendes Sprühen zwischen den beiden Polen, Gott und der Seele. Etwas Unsagbares. Heute sprüht nur meine Seele Gott Funken entgegen. Und daher bin ich betrübt. Aber verstehen Sie mich richtig: betrübt wie eine Mutter oder eine Tochter, die den Sohn oder den Vater abreisen sehen. Man möchte weinen, man möchte die Zeit der Trennung abkürzen. Man weiß, daß der Sohn oder der Vater nicht für immer weggegangen sind, sondern für eine begrenzte Zeit und zu unserem Wohle, um unsere Interessen wahrzunehmen. Man ist melancholisch, aber noch mehr als vorher von Liebe erfüllt, denn man weiß, daß sein Fern-Sein ein erneuter Beweis seiner Liebe für uns ist.

Heute liebe ich allein... Und deswegen also bin ich betrübt, aber nicht beunruhigt. Eine heilige Gewißheit sagt mir, daß Gott zurückkommen wird, wann ich es am wenigsten erwarte; und daß Er um so eher zurückkehren wird, je liebevoller und geduldiger ich sein werde. Und welch ein Strom der Freude wird sich dann in meine Seele ergießen!

«Was Gott betrifft, verhalten Sie sich da in allem weiterhin so, als ob Er anwesend wäre?»

Antwort: Ganz gewiß! Ich strenge mich sogar noch mehr an, denn sein Verschwinden dient mir als Zügel und bringt mich in die Mitte der Straße zurück, wenn ich vom Wege abgewichen bin, um an Blumen am Wegrain zu schnuppern; oder es treibt mich zum Trab an, wenn ich auf dem Weg in Erwägung irgendwelcher Lappalien stehengeblieben bin. Ich bin sicher, wenn ich geradewegs und schleunig voranschreite, nur mit dem Ziel vor Augen, das ich Stunde für Stunde erreichen soll, wird sich Gott eher wieder zeigen.

«Haben Sie in diesen Augenblicken Glaubenszweifel?»

Antwort: Das fehlte gerade noch! Eine gute Tochter und eine liebevolle Gattin müssen den Vater und den Gatten immer respektieren und sie nicht mit Gejammer und dummen Fragen belästigen, wenn ihnen vorkommt, daß sie der Vater, beziehungsweise der Gatte nicht mehr so liebt wie früher. Man sollte nie mißtrauisch oder egoistisch sein in der Liebe, denn Mißtrauen und Egoismus töten die Liebe. Und wie sollte ich meinem göttlichen Vater und Bräutigam gegenüber einer guten Tochter oder einer guten Ehefrau nachstehen? Warum die Gewißheit verlieren, warum Glaubenszweifel hegen, nur weil es der Herr für richtig befindet, sich zurückzuziehen? Wenn Er es müde ist, mit mir zu sprechen und bei mir zu weilen, und es vorzieht, andere, erlesenere Seelen aufzusuchen, so muß ich Ihm diese Freiheit lassen, ohne eine Schmollmiene aufzusetzen oder wie ein eigensinniges Kind oder eine neurotische Gattin zu bocken. Mein Herr muß sagen können: «Ich kehre zu Maria zurück, denn sie quält mich nicht. Dort fühle ich mich wohl, denn ich kann tun, was mich dünkt.»

«Machen Sie diese Erfahrungen des Verlassen-Seins häufig, und sind sie von kurzer oder langer Dauer?»

Antwort: Häufig scheinen sie mir nicht zu sein. Aber ich kann es Ihnen nicht mit mathematischer Genauigkeit sagen, denn die Freude über die Wiederkehr ist derart, daß sie alle Erinnerung an die Zeit des Verlassen-Seins auslöscht. Daher kommt es mir jedesmal vor, ich sei das erstemal verlassen worden, so beißend ist der Schmerz, und jedesmal scheint es mir, als habe ich die Verzückung bei der Rückkehr Gottes in mich nie zuvor erfahren, so groß ist die Freude. Ob sie von kurzer oder langer Dauer sind, ist schwer zu sagen. Jede Minute scheint ein Jahrhundert der Trennung... Aber ich glaube, daß sie von verschieden langer Dauer sind. Manchmal dauern sie wenige Stunden, manchmal mehrere Tage. Aber dann hören sie mit einem Schlag auf, und ich gehe von der Betrübnis zu einer Freude über, die immer größer ist, als ich sie vorher empfunden habe; zu einer immer engeren Vereinigung, zu einer immer klareren Schau, bis es mir scheint, als würde ich alles wirklich sinnenfällig sehen, nicht nur geistig.

«Glauben Sie, daß diese Erfahrungen des Verlassen-Seins einer bestimmten Absicht entspringen, zum Beispiel der, eine erbetene Gnade zu erhalten?»

Antwort: Ich glaube, daß sie *immer einer gewissen Absicht entspringen. Gott will sie* für seine kleine Hostie, der Er sein Antlitz entzieht, um ihr im Himmel einen längeren Kuß zu schenken, wenn alles hier unten für mich zu Ende sein wird und ich im Licht der Heiligen Dreieinigkeit, die ich auf Erden immer geliebt und gepriesen habe, versinken werde. *Meine Absicht ist es, durch sie* irgendeine erbetene Gnade zu erhalten. *Wenn ich nicht leide, erhalte ich nichts*. Das Gebet allein genügt nicht. Und welches Leiden wäre größer als dieses? Was bedeutet die Pein eines kranken Körpers im Vergleich zu einer einzigen Stunde dieser Trennung, der Gottverlassenheit? Ich selber sage zu Gott: «Laß mich leiden, aber gewähre mir dies oder jenes.» Nicht für mich, das versteht sich. Ich habe den vollkommenen Verzicht auf jeglichen Wunsch meinerseits erklärt. Ich bitte nur um das ewige Leben. Den Rest überlasse ich dem Herrn. Aber für die anderen bin ich eine beharrliche Bittstellerin. *Und besonders wenn ich um Licht für eine verblendete Seele bitte, kommt dies Dunkel über mich.* Aber ich freue mich, von Ihm gemartert zu werden!

«Folgt den Zeiten der Verlassenheit eine klarere Erkenntnis der göttlichen Dinge?»

Antwort: Immer. Wie einer, der im Finstern war, das Licht heller findet, als ein anderer, der immer im Licht geblieben ist, so geht es auch mir nach dem Entzug meiner Sonne. Wenn Er wieder zurückkommt, um meinen Geist zu erleuchten, fühle ich mich eingehüllt in ein Meer von Licht: so strahlend, daß mich ein himmlischer Schwindel erfaßt. Es ist, als ob eine barmherzige Hand die Tür meines Gefängnisses öffnen würde, und ich durch diese Öffnung ein Bündel Strahlen eindringen sähe. Ich sage, ein *Bündel*, denn wenn das ganze Licht Gottes über mich hereinbräche, würde ich sterben... Im Licht dieser Strahlen erkenne ich viele Dinge, die mir vorher nicht klar waren, und ich schreite sicher voran, als ob der Meister mich an der Hand hielte und mich liebevoll unterrichtete.

So, nun habe ich die Fragen beantwortet. Sehr schlecht, denn damit Sie mich gut verstehen, müßte ich Sie eine Stunde lang in mein Herz einschließen können. Dann würden Sie erkennen, wie dieses mein armes Herz *nur* für den Vater, den Sohn und den Heiligen Geist lebt und *stirbt*. Und so sei es immer, in alle Ewigkeit.

Nun fahren wir fort, während Jesus ruht. So müde, so niedergeschlagen ist der Erlöser, wenn Er die menschliche Blindheit sieht, die nicht geheilt werden will; den geistigen Verfall, der sich immer mehr verschärft!

Sie deuteten es mir heute früh an... Es muß eine große Pein für die Priester sein, die dahinsiechenden, durch die Mikroben der Gleichgültigkeit zerstörten Seelen, den Skeptizismus, die frevelhafte Genußsucht, die Auflehnung mitanzusehen…

Aber wenn es schon für all jene eine Pein ist, die noch mit Gott sind, was wird es dann erst für Jesus sein? Ach, wir verursachen unserem Erlöser wahrhaft eine neue Passion durch dieses Verschmähen seiner Liebe, durch die Vernachlässigung seines Andenkens!...

Das Antlitz Jesu sieht sehr traurig aus... Es ist wahrhaft das Antlitz eines bis zum Tode Betrübten, der vor dem Zusammenbruch seiner zuversichtlichsten Hoffnungen steht. Gewisse schmerzliche Feststellungen verursachen immer größere Müdigkeit als eine anstrengende Arbeit, die von Erfolg gekrönt ist. Und Jesus schläft mit seinem göttlichen Antlitz voll der Trauer über den eingebogenen Arm gebeugt. Er hat heute morgen kein Wort für mich gehabt. Aber ich habe Ihn nicht einmal darum gebeten. Ich habe Ihm die Armut meines Wortes zu Füßen gelegt als erste Blume, um Ihn ein wenig zu trösten, und opfere und leide um seinet- und der Seelen willen, die durch soviel Stofflichkeit belastet sind...

Heute früh haben Sie mich gefragt, ob ich keine Offenbarung über die derzeitige Situation erhalten habe. Mir scheint, daß ich Ihnen gesagt habe — aber ich bin mir nicht sicher —, daß diese Vorankündigungen, die ich erleide, verschiedene Phasen haben.

Die erste, unklarere, ist ein Traum, in dem ich die Dinge in *besonderen*, sagen wir *symbolischen Bildern* sehe. Zum Beispiel: Wenn ich einen ins Wasser fallen sehe, und das Wasser ihn verschluckt, bis er tot ist, können Sie gewiß sein, daß dieser in kurzer Zeit sterben wird. Ich habe Ihnen aufs Geratewohl ein Beispiel genannt aus den vielen, die ich Ihnen geben könnte.

Zweite Art: Ich träume die Dinge, wie sie in Wirklichkeit geschehen. Aber beim Erwachen vernehme ich nicht jene besondere Stimme, die mir sagt: «Gib acht. Es ist eine Ankündigung», und daher vergesse ich auch den Traum, außer ich erinnere mich daran, wenn das Ereignis eintrifft, so wie ich es geträumt habe.

Dritte Art: Ich träume einen *ganz klaren* Traum, und wenn ich erwache, werde ich deutlich darauf aufmerksam gemacht: «Erinnere dich an das.»

Vierte Art: Ohne jeglichen Traum, in wachem Zustand, *erfahre ich*, ich kann Ihnen nicht sagen, wie, daß etwas Schmerzvolles, Schlimmes geschehen wird. Zum Beispiel: Ich nehme wahr, wenn mich jemand verrät oder mir oder anderen zu schaden sucht.

Nun, seit 1931 habe ich besonders die vierte Art der Offenbarungen gehabt. Daher *wußte* ich, daß sehr bald schreckliche Dinge über die arme Menschheit hereinbrechen und ihr sehr schaden würden. Außerdem erfuhr ich in gewissen Fällen auch sehr lebhaft die dritte und die erste Art der Vorankündigungen.

Ich erinnere mich, in symbolischen Bildern die Besetzungen Belgiens, Hollands und Norwegens und den Eintritt Rußlands in den Krieg gesehen zu haben. Ich erlebte sie in Form von Geschwadern schwarzer Flugzeuge, *alle* schwarz und monströs, die von einem Punkt abflogen:

Berlin oder Moskau, wie die Stäbe eines Fächers, und mit den Spitzen der Stäbe den bestimmten Ort erreichen. So wie in dieser Zeichnung:

Entschuldigen Sie das Gekritzel, im Zeichnen bin ich ein Esel, aber das Bild, so schlecht es auch ist, hilft, meinen Gedanken auszudrücken.

Im November 1941 erfuhr ich dann, daß die Feinde innerhalb eines Monats in Bengasi sein würden. *Drei Tage später begann die englische Offensive, und innerhalb eines Monats waren sie in Bengasi.*

Im März 1942 sagte mir dieselbe Stimme (im Traum): *«Die Verteidigungslinie verläuft nicht mehr in Palermo, sondern weiter oben, denn Libyen ist verloren.»* Leider!...

Was unsere Zukunft als Stadtbewohner betrifft, habe ich schon zwei oder drei Mitteilungen erhalten, aber nicht sehr klare. Ich könnte jedoch sagen, daß sie mich schon besorgt machen. Wenn ich auch keinen genauen Punkt gesehen habe, glaube ich, daß es einen solchen geben wird.

Dies ist vorerst alles. Bevor jedoch die großen Bombardierungen der Zivilbevölkerung begannen (im Herbst), sah ich sie im Traum und erzählte dies Marta.

Als der Krieg in Äthiopien noch nicht ausgebrochen war, und zwar genau in der Nacht vom 23. auf den 24. Mai 1935, sah ich in staunenswerter Klarheit den Einmarsch unserer Truppen, eigentlich der Karabinieri und der «Zaptiè» auf Lastkraftwagen, in Addis Abeba, dessen Strohhäuser brannten. Ich erzählte es in der Familie (wo man mich wie gewöhnlich für verrückt erklärte) und zwei Freunden, die mich am Nachmittag des 24. Mai besuchten. Diese beiden leben noch und erinnern sich daran. Ein Jahr später, am 9. Mai 1936, drangen unsere Truppen, und zwar Karabinieri und «Zaptiè», siegreich auf Lastkraftwagen in das eroberte, brennende Addis Abeba ein. Aufgrund dieses so klaren Traums, begleitet *von jenem gewissen Zeichen*, zweifelte ich während der neun Monate des äthiopischen Krieges nie am Ausgang desselben. *Ich wußte, daß wir siegen würden, und zwar schon sehr bald.*

So war es auch beim spanischen Krieg, von dem ich alle Schandtaten und allen Heroismus sehen konnte. Über diesen ziehe ich es vor, mündlich mit Ihnen zu sprechen.

Ich habe Ihnen all dies gesagt, um Ihnen zu verstehen zu geben, um was es sich handelt.

Die erste Vorankündigung bezog sich auf den Terror der Mitglieder und der schuldhaften Leiterinnen... Sie müssen mich auch deswegen gehaßt haben. Stellen Sie sich vor, ich ging die Sache folgendermaßen an: «Mädchen, benehmt euch gut, habt ihr verstanden? Benehmt euch mir gegenüber anständig, denn ihr müßt wissen, daß mir alle eure Winkelzüge, um mir zu schaden, bekannt sind. Auch in diesen Tagen heckt ihr etwas aus. Aber es wird euch nicht gelingen und nur eure Seele beflecken...»

Ich wiederhole aber, daß ich auf diese Gnade, wenn man das so nennen kann, gerne verzichten würde.

Und nun fahre ich mit meiner Erzählung fort.

Ich setzte den Vortrag über Jeanne d'Arc auf den 18. Dezember 1932 an.

Morgens in der Kirche fühlte ich mich ein wenig übel. Aber dann, mit Hilfe geeigneter Medikamente, ging es besser. Ja ich war froh, denn für gewöhnlich hatte ich nach einem Herzanfall einige Stunden Ruhe. Wie sich ein Sommerhimmel nach dem Gewitter von den Wolken befreit, so ging es auch mir nach meinem Gewitter. Mein Herz litt dann weniger unter Herzjagen und Krämpfen.

Um 10 Uhr begab ich mich zum Sitz der Vereinigung, wo ich ein großes Durcheinander vorfand, weil die Nachricht eingetroffen war, daß der alte Pfarrer zum Monsignore am Dom von Lucca ernannt worden war und daher die Pfarrei verlassen würde. Eine Nachricht, die mir keinen besonderen Schmerz bereitete, weil sie zu erwarten gewesen war und es sich um den gerechten Lohn für die lange Pfarrertätigkeit dieses ausgezeichneten Priesters handelte.

Zu Mittag kehrte ich nach Hause zurück und aß wie gewöhnlich: wenig, aber mit Appetit.

Um 15 Uhr begab ich mich ins Institut San-Dorothea, wo ich den Vortrag halten sollte. Um 15.30 Uhr begann ich zu sprechen.

Ich hatte nur wenige Worte gesagt, als ich einen so plötzlichen und schweren Herzanfall erlitt, daß ich glaubte, sterben zu müssen. Beim ersten Krampf hielt ich lächelnd inne, wie um zu warten, daß einige Damen, die zu spät gekommen waren, Platz nehmen könnten. Ich hoffte, es würde bei dieser starken Beklemmung bleiben, die mich bereits mit kaltem Schweiß bedeckt hatte. Ich lächelte..., aber mein Gesichtsausdruck veränderte sich gleich derartig, daß die Oberin zu mir kam und mich fragte, ob mir schlecht sei. «Nicht so schlimm», antwortete ich. «Es geht schon vorüber.»

Ich wartete einige Minuten, blieb tapfer stehen, während ich mich sterbensübel fühlte. Wie Jeanne d'Arc sagte ich: «Herrgott, Du sollst als erster bedient werden!» Aber der Herrgott wollte durch die Agonie seiner armen Magd bedient werden.

Der Anfall wurde ärger und ärger, und ich mußte nachgeben und mich hinsetzen. Ich war ein Kadaver, der atmete. Es dauerte zwei Stunden... Wissen Sie, was es heißt, zwei Stunden so zu leiden?... Man kam mir zu Hilfe und trug mich an die Luft hinaus... Ich betrachtete die Madonna, deren Statue lebendig zu werden schien..., und betrachtete und küßte mein Kruzifix...

Ich wollte keinen Arzt. Er hätte mich ins Krankenhaus bringen lassen... In einem solchen Zustand wird man sofort ins Krankenhaus eingewiesen, und dahin wollte ich nicht, da ich an Papa und Mama dachte. Ich flehte Gott an, mich nicht so sterben zu lassen, um ihnen den Schrecken zu ersparen.

Was mich selbst betraf... Ach, wie gern hätte ich diese Welt verlassen! Ich hatte auch an diesem Morgen kommuniziert, es war die Weihnachtsnovene... Wie schön wäre es gewesen, Weihnachten im Himmel zu feiern! Aber welch enormer Egoismus wäre das gewesen, sage ich jetzt. Es wäre nichts Schönes gewesen, sondern *Egoismus*. An Weihnachten in den Himmel zu gehen, ohne meine Passion zu erleiden! Zuerst brauchte es noch das Kreuz, eine lange, lange Agonie auf dem Kreuz!... Und dann würde die Herrlichkeit des Paradieses kommen.

Um 17.45 Uhr begann es mir endlich soweit besser zu gehen, daß ich, von zwei lieben Menschen gestützt, nach Hause zurückkehren konnte.

«Wie lange das gedauert hat! Du kommst immer später. Es ist fast 6 Uhr, und wir haben noch nichts zu uns genommen.» Das war die mütterliche Begrüßung. Mama unterhielt sich gerade mit einer sehr alten Dame, die fast jeden Tag kam, um den Nachmittag mit uns zu verbringen. Es war eine feste Regel, daß um 17 Uhr Tee, Kaffee oder Schokolade angeboten wurden. Und natürlich mußte ich mich darum kümmern. Daher der Tadel wegen meines Zuspätkommens.

Sie können sich vorstellen, welche Anstrengung es mich kostete, am Herd zu stehen, die Schokolade zu rühren, sie in die Tassen zu gießen und auf dem Tablett ins Zimmer zu tragen. Ich war am Ende meiner Kräfte. Ich setzte mich hin, ohne ein Wort zu sagen. *Ich konnte einfach nicht mehr.*

Die Dame fragte: «Waren viele Leute da?»

«Sehr viele.» Tatsächlich war der Saal gedrängt voll gewesen.

«Hat der Vortrag gefallen? Lesen Sie ihn mir vor?»

«Er hat gefallen. Aber jetzt bin ich sehr müde. Morgen lese ich ihn Ihnen vor.»

«Aber was hast du denn, du siehst ja wie eine Mumie aus? Bist du nervös?» fragte Mama.

«Ich habe mich übel gefühlt, sehr übel. Schau nur, wie ich aussehe.»

«Tatsächlich», sagte die alte Freundin, «ich habe sofort gemerkt, daß sie etwas schlecht aussah, aber ich habe nichts gesagt, um Sie nicht aufzuregen...» Sie war so lieb, das arme Großmütterchen!...

Was hätten Sie getan, wenn sie meine Mama gewesen wären? Ich bin gewiß, Sie hätten mich an diesem Abend gepflegt und wären *lieb zu mir gewesen.* Aber nein. Mama betäubte mich mit Vorwürfen über meine Winkelzüge (mein Schweigen, in der Absicht, ihr die Dinge nach und nach zu erzählen, um sie nicht zu erschrecken, hielt sie für Winkelzüge), sie quälte mich, indem sie dem Verein die Schuld an all meinem Übelsein gab und mich immer wieder eine Dumme hieß, daß ich dorthin ging, usw. Aber sie hütete sich sehr wohl, mir meine Hausarbeit abzunehmen.

Nachdem ich *ihnen* das Nachtmahl bereitet — ich aß schon damals abends nichts — und abgespült hatte, ging ich endlich zu Bett. In der Nacht befielen mich hohes Fieber, Erstickungsanfälle, Krämpfe und eine unermeßliche Schwermut...

Ich fühlte, «daß meine Stimmen mich nicht betrogen hatten», wie die Jungfrau von Orleans sagt, und «daß meine Mission gottgewollt war». Zwei Jahre lang hatte ich den Vortrag über Jeanne d'Arc verschoben, da mir meine innere Stimme sagte, daß *mir an jenem Tag etwas nicht Wiedergutzumachendes zustoßen würde.* Jeanne d'Arc war ihrer Aufgabe nachgekommen, die Ankünderin meiner Gefangenschaft, meiner Marter zu sein.

Keine Schlachten und keine Siege mehr, nur Gefangenschaft und Schmerz. Keine Standarte Christi mehr, die ich über die Menge schwenkte, sondern nur das Kreuz, um daraufzusteigen. Keine Flamme des öffentlichen Apostolats mehr, sondern ein Haufen von Leiden, die mich seit elf Jahren aufzehren, aber nie vernichten. Nun war ich vollkommen die *Maria vom Kreuz.* Die heilige Kriegerin, die in Reims den ängstlichen Dauphin gekrönt hatte, krönte nun mich mit der Dornenkrone.

Wenn uns *unsere geliebte Arbeit* im Weinberg des Herrn weggenommen wird, leiden wir zutiefst. Ich hatte diese meine Freiheit, für den Herrn zu arbeiten, mit allen Mitteln verteidigt. Und nun wurde sie mir von Ihm selbst weggenommen... *Im nachhinein* versteht man, welche Ehre, welches Vertrauen und welche Liebe Gottes das für uns bedeutet. Aber zuerst leidet man sehr. Das ist eine jener Getsemani-Stunden, die wir in *unserer* Passion durchzustehen haben! Wie schwer fällt es uns, unter Tränen zu sagen: «Dein Wille geschehe!»

In der Nacht meiner körperlichen, seelischen und geistigen Qualen, an Mamas Seite, die selig schlief und vor der ich nicht einmal weinen konnte, nahm ich meine Zuflucht zu Christus. Und Er sagte, wie Er schon zu Katharina von Siena gesagt hatte: «Dich verlangte, die Fehler der anderen zu ertragen und dafür Sühne zu leisten, du bemerktest aber nicht, daß du nach Liebe, Licht und Erkenntnis der Wahrheit verlangtest. *Wie ich dir aber schon sagte, nehmen Pein und Schmerz um so mehr zu, je größer die Liebe wird.* Und welch größere Liebe konnte mir zuteilwerden, als die eines Gottes, der mir sein eigenes Bett, seinen eigenen Thron, seinen eigenen Altar, das Kreuz, gab?

Dieser Gedanke senkte sich nach den ersten Stunden der Angst wie ein Balsam in meine Seele und machte sie willig, das Opfer zu vollbringen. «Nicht jeder, der mir sagt: 'Herr, Herr', wird in das Himmelreich eingehen, aber derjenige, der den Willen meines Vaters tut.» Und mit einer geringfügigen Abänderung konnten auch für mich die Worte gelten, die dem Apostel Petrus gesagt wurden: «Als du jünger warst, hast du dich selbst gegürtet und bist gegangen, wohin du wolltest. Wenn du aber alt sein wirst, wirst du deine Hände ausstrecken, und ein anderer wird dich gürten und dich führen, wohin du nicht willst.»[71] Unterwiesen und gekräftigt durch meinen Meister, streckte ich die Hände aus, um das Kreuz zu nehmen, das der Vater mir auferlegte, und, plötzlich durch die Krankheit gealtert, wurde ich unfähig, viele Dinge zu tun, und war den anderen Menschen in bezug auf meine körperlichen, seelischen und geistigen Bedürfnisse ausgeliefert.

Oh, wenn man darüber nachdächte, wie uns die Krankheit wehrlos in die Hände aller ausliefert, uns arme Kranke, die wir immer auf die Güte anderer angewiesen sind!... Da sind die körperlichen Bedürfnisse, mit allem Demütigenden, das sie mit sich bringen. Die seeli-

---

71. Matthäus 7,21; Johannes 21,18.

schen Bedürfnisse, mit allen Begleiterscheinungen wie Einsamkeit und Schwermut, wo nur sehr wenige abzuhelfen wissen. Die geistlichen Bedürfnisse, mit all der Sehnsucht nach den Gottesdiensten, denen wir nicht mehr beiwohnen können, nach den Sakramenten, mit deren Verabreichung so sehr gegeizt wird, nach geistlicher Führung, die uns zu fehlen beginnt, und viele, viele andere Dinge. Und die Prüfungen häufen sich, und die Krankheit verursacht neue Versuchungen und neue Schwächen... Wieviel wäre über das Kranksein zu sagen! Aber ich werde nach und nach darüber sprechen. Ich will nicht vorgreifen.

Am Morgen versuchte ich zur gewohnten Stunde aufzustehen. Unmöglich! Ich blieb bis 9 Uhr im Bett und wäre gern noch länger dort geblieben, doch Mama beorderte mich unwiderruflich, die Milch zu holen, da die Milchfrau sie nicht gebracht hatte. Mit größter Mühe stand ich auf. Das Herz war in einem erschreckenden Zustand. Mir schwindelte, und die Beine zitterten. Ich fühlte mich ganz zerschlagen, als ob man mich gegeißelt hätte. Keuchend und mit einem heftigen Herzschlag in allen Adern ging ich ins Erdgeschoß hinunter. Bei jeder Stufe, die ich hinunterstieg, schien es mir, wie wenn das überschwere Herz sich senkte, als ob es sich losreißen wollte.

Ich ging aus dem Haus und stützte mich an den Mauern. Zum Glück war das Milchgeschäft nur vier Häuser weit entfernt, und man brauchte die Straße nicht zu überqueren. Ich war kreidebleich und hatte bläuliche Lippen, so daß die Milchfrau mich fragte, ob ich mich schlecht fühlte, und mir nach Hause zurückzukehren half. Dort empfing mich sofort eine — gute Seele, die sagte: «Wollen Sie jetzt endlich damit aufhören? Nun werden Sie sich nicht mehr in alles einmischen, nicht wahr? Sehen Sie nicht, daß Sie am Ende sind?» Ja, davon war ich mehr als überzeugt! Heute würde ich schweigen, aber damals war ich nicht still, sondern erwiderte: «Ich tue, was mir beliebt.» Und ich sagte es in einem alles andere als engelhaften Ton.

Nachdem ich mit Hilfe der Milchfrau zu Hause angekommen war, ruhte ich mich ein wenig aus..., aber es war noch einiges zu besorgen. Mama ließ mir keinen Frieden. Ich nahm meinen Hund mit, denn ich dachte, er würde mich wenigstens bewachen, wenn ich unterwegs hinfiele. Ich machte ein paar Schritte bis zur Kreuzung mit der Via Leonardo da Vinci, dann verließen mich die Kräfte. Ich konnte mich nicht mehr auf den Beinen halten. Also ging ich einen Augenblick in das Papierwarengeschäft, das sich damals dort befand. «Ist Ihnen schlecht? Sie sehen so verändert aus!» Immer die gleiche Frage! Alle sahen, daß ich leichenblaß war, nur Mama nicht. Nach ein paar Minuten fühlte ich mich etwas besser. Ich verließ das Geschäft und setzte taumelnd meinen Weg in Richtung Piazza Piave fort. Nach einigen Schritten wieder dieser furchtbare Schmerz, wie tags zuvor. Eine Frau und ein Mann erwischten mich gerade noch, bevor ich zu Boden fiel. Sie brachten mich nach Hause.

Glauben Sie, Mama hätte wenigstens jetzt begriffen, wie ernst es um mich stand? Nicht im Traum! Sobald ich sprechen konnte, sagte ich: «Ich will den Arzt. Ich fühle mich sterbenselend.» Der behandelnde Arzt — es war damals Armellini — wohnte uns gegenüber. Gewöhnlich ging ich immer zu ihm in die Ordination. Aber an diesem Tag wäre es mir lieber gewesen, wenn er zu mir gekommen wäre. Mama sagte: «Geh nur. Es sind nur ein paar Schritte, und die kannst du tun, damit wir nicht für einen Hausbesuch das doppelte zahlen müssen.»

Verflixtes Geld! Ja, Papini hat recht, wenn er es Teufelsdreck nennt! Wegen fünf Lire, einer Differenz von fünf Liren, mußte ich noch einmal außer Haus gehen und mich mitten auf der Straße schlecht fühlen. Eine Frau begleitete mich zum Doktor, und nach der Visite sorgte der Arzt dafür, daß mich seine Hausgehilfin heimbegleitete.

Mein Zustand war besorgniserregend. Und der Arzt sagte es ganz offen, nicht nur mir, sondern auch Mama. Sie hatte mich ja nicht zum Arzt begleitet, aber er selbst kam zu ihr, um es ihr mitzuteilen. Vielleicht hoffte er, daß man mich nun schonen würde. Nicht daran zu denken! Ich hatte weiterhin im Haus zu tun, obgleich ich wie ein Blasebalg keuchte, immer wieder hinfiel und andauernd Todesängste ausstand. Außer Haus gehen, nein, das war unmöglich. *Aber im Haus machte ich alles wie früher.* Wenn man jetzt darüber redet, sagt meine Mutter genau das Gegenteil. Aber es gibt *viele*, die bezeugen können, daß ich, und nicht sie, die Wahrheit sage.

Maria-Gonzaga-Mütter[72], wie die Priorin der Kleinen Therese war, gibt es viele, sehr viele! Aber die war wenigstens nicht ihre Mama! Auch meine ist eine Mutter *und nicht eine Mama…*

Meinen armen Vater bedrückte es sehr, mich so zu sehen... Ich glaube, er hat damals zu sterben begonnen; denn jedesmal, wenn er sah, daß es mir schlecht ging, und nun gab das Herz fast jeden Tag einmal nach, verlor er vollkommen den Kopf. Armer Papa, wie viele

72. Maria Gonzaga war die strenge Priorin der hl. Therese von Lisieux.

Tränen vergoß er für seine mit ihren 35 Jahren so gebrochene Maria! Er war der einzige, der mich liebhatte. Jesus im Himmel und Papa auf Erden.

Damals kamen wenige Leute in unser Haus, denn sie wollten mit Mama nichts zu tun haben, und ich war allein und traurig. Es kam diese alte Frau, aber sie war sehr schüchtern, und um meine überempfindliche Mama nicht zu reizen, verteidigte sie mich in keiner Weise.

Am Weihnachtsabend wollte ich in die Kirche gehen, zur Mitternachtsmette. Ich wollte mich einfach nicht damit abfinden, nicht mehr einer Messe beiwohnen, nicht mehr meinen Jesus empfangen zu können, besonders jetzt, da ich Ihn mehr denn je brauchte!

Im dichtesten Nebel gingen wir zu den Dorotheerinnen. Wir waren eine Gruppe von sechs Frauen. Ich hatte das Herzmittel und einen Kognak in der Tasche und setzte mich in der kleinen Kirche ganz hinten hin. Es ging mir sehr schlecht, denn die paar Schritte in der Kälte hatten meine Herzschmerzen wieder verstärkt. Zur Kommunion erhob ich mich und ging taumelnd vor zum Altar, indem ich mich an den Bänken festhielt. Als ich zu meinem Platz zurückkehrte, befiel mich ein noch stärkeres Herzklopfen. Ich nahm das Herzmittel und den Kognak zu mir, um nicht ohnmächtig zu werden. Kaum hatten sich meine Beschwerden etwas gelegt, beschloß ich, sofort nach Hause zurückzukehren. Ich machte keine andere Danksagung als die meines unendlichen Leidens! In die Futterkrippe, in der mein Jesus wimmerte, legte ich all die Myrrhe, von der ich mich nährte...

Dies war die letzte Messe, der ich beiwohnte. Die letzte! Ich habe sehr darunter gelitten. Später habe ich dann begriffen, daß ich nun nicht mehr der Messe beiwohnen sollte, sondern *sie* fortwährend durch meine Schmerzen und mein Opfer *feiern sollte*. Mein Blut sollte sich für immer mit dem des Gottmenschen im Kelch mischen, und ich selbst sollte diesen Kelch emporheben, um ihn dem Ewigen aufzuopfern. Ich selbst sollte mich verzehren, die kleine Hostie zusammen mit der Großen Hostie. Und als ich das begriffen hatte, betrübte es mich nicht mehr, durch die Krankheit in Abgeschiedenheit leben zu müssen, wie eine jener lebendig Begrabenen, die es im Mittelalter gab und die jahrzehntelang in einer Zelle lebten, um für jene zu leiden und zu beten, die genießen und nicht beten.

Es blieb das quälende Verlangen nach der heiligen Nahrung... Ich mußte auf Sie warten, Pater. Sie und Pater Giosue[73] haben sich dieses Hungers meiner Seele erbarmt. Vorher geschah es, daß ich 100, ich sage hundert Tage, warten mußte, ohne daß mir die Eucharistie gebracht wurde. Ich habe dies im Geiste der Armut ertragen, aber es war so schmerzlich! Bedenken Sie: Alles, was der Böse oder der Dämon in mir bewirkt haben, um meinen Geist zu verwirren, habe ich *allein* durchstehen müssen, ohne die Unterstützung durch eine häufigere Kommunion, die das Herz mehr als alles andere zu stärken vermag. Ich, die ich begehrte, die Kommunion mehrmals am Tag zu empfangen, mußte ohne sie auskommen! Nie mehr sollte ich die heilige Partikel sehen, in der mein Gott, mein König, mein Bräutigam gegenwärtig ist, ich, der es gelungen war, Ihn mit einem Kuß zu streifen, bevor ich beim Empfangen der Kommunion den Mund öffnete.

Welche Reliquie kann jener der konsekrierten Hostie gleichkommen? Hier haben wir es mit keinem Stückchen Knochen oder Gewand, mit keinem Haar, Zahn oder Tropfen Blut zu tun. Hier haben wir den lebendigen, wahrhaften Jesus, vollkommen, wie er im Schoß Mariens war, wie er im Haus von Nazareth lebte, wie er durch Palästina zog, wie er am Kreuz hing, wie er im Himmel ist. Wenn ich dies bedenke, möchte ich ein Ziborium, eine Monstranz sein, die Ihn in der Gestalt des Brotes enthält, um Ihn berühren zu können, Ihn in mir zu haben, Ihm eine wertvolle Wiege aus glänzendem Gold und Edelsteinen zu sein. Dann aber denke ich, daß Er, mein lieber Jesus, unser Herz als Ziborium vorzieht, vor allem wenn dieses Herz durch die Reinheit schön, durch die Liebe geläutert und durch das Opfer kostbar ist. Also bemühe ich mich, mein Herz so werden zu lassen, und lebe für jene Stunde der Freude, da Jesus in mein Haus kommt, um sich mit mir zu vereinigen durch seinen Leib, sein Blut, seine Seele und seine Gottheit. Und in der Erwartung bete ich Ihn in allen Ziborien an, wo er sich befindet, in allen Kelchen, in denen sein unschuldiges Blut zum Himmel erhoben wird, in allen Tabernakeln, wo Er seine Kinder erwartet...

O mystische Erwartungen, o verborgene Anbetungen, o heilige Aufopferungen, um den Aufenthalt meines Königs vorzubereiten. Wer ist imstande, dies mit jener Sorgfalt zu beschreiben, der es bedürfte? Wer kann die Früchte der Freude, des Friedens und des Wohlbefindens, die sein Kommen mit sich bringt, in Worte fassen? Und es handelt sich nicht nur um geistiges, sondern auch um körperliches Wohlbefinden. Viele Male, wenn ich mich sterbenselend fühlte und sofort die Eucharistie empfing, lebte ich wieder auf, sobald die Vereinigung

73. P. Giosue Bagatti, Franziskaner, von 1939 bis zu seinem Tod am 21. April 1981 Kaplan im Krankenhaus von Viareggio.

Jesu mit mir vollzogen war. Und ich kann sagen, daß ich mich immer besser fühle, wenn ich die Kommunion empfangen habe. Auch heute morgen, als Sie gekommen waren, fühlte ich mich sehr schlecht. Nachher ging es mir besser. Als Sie mir daher am Freitag sagten, Sie fühlten sich nach der Meßzelebration besser, wunderte mich das keineswegs. Es ist die natürliche Auswirkung der Vereinigung mit Jesus, dem Arzt der Ärzte, dem Heiler im wahrsten Sinne des Wortes.

Aber kehren wir zu meiner Erzählung zurück.

Tags darauf war Weihnachten. Als gute Franziskanerin pflegte ich alle Jahre den Vögeln in der Pineta viel Futter zu bringen, damit auch sie den Schöpfer am heiligen Tag der Geburt Christi lobten. Ich wollte auch dieses Jahr hingehen.

Zwischen mir und der ganzen Schöpfung herrschte immer ein gutes Einvernehmen. Ich kann jene Gläubigen nicht verstehen, die an den einen und dreieinigen Gott glauben, aber die von Ihm geschaffenen Dinge nicht lieben, und noch weniger verstehe ich gewisse Heilige. Es gibt unter ihnen große Asketen, die aber aufgrund ihrer Strenge blind sind für alles, was um uns herum blühend, singend, lebend und strahlend Tag und Nacht die Macht des Schöpfers preist. Vor den Augen Gottes mag auch dieser extreme Verzicht verdienstvoll sein, aber ich könnte sie wirklich nicht nachahmen.

Es würde mir vorkommen, als wäre ich dem Schöpfer gegenüber undankbar, der mir gewährt hat, die klaren Nächte zu betrachten, in denen der Himmel ein immenses dunkel-samtenes Zeltdach zu sein scheint, ganz mit Sternen bestickt, die geheimnisvolle Worte des Schöpfungsgedichtes ins Firmament schreiben; undankbar für den jungfräulichen Mond, der sogar den schlichten Kieselstein eines Feldwegs in ein weißes Kleid hüllt; undankbar für das immer neue Wunder des Lichtes, das jeden Morgen zurückkehrt, um den Menschen nach der finsteren Nacht zu trösten; undankbar für die Morgenröten, die die Wolken mit leichten, zarten Pastellfarben säumen und die Wälder und Felder in einen unermeßlichen Tresor voll strahlender Edelsteine verwandeln, die auf den von der Sonne geküßten Blättern, auf Blumenkronen und Stengeln ruhen; undankbar für all die duftende Seide der tausend und abertausend Blüten der Schöpfung, deren Kleid schöner als das Salomons ist; undankbar für alle Früchte der Erde, von den wogenden Kornfeldern bis hin zu den saftigen Trauben, den samtigen Pfirsichen und den rotbackigen Äpfeln; undankbar für alle Gewässer, die mit lachenden Stimmen in den Bächlein singen, in den Gebirgsströmen murmeln, in den Flüssen seufzen und an Stränden und Felsenriffen Gott ein mächtiges, unermüdliches Hosanna singen; undankbar für die tausendstimmigen Winde und die tausend Düfte, die sie im schnellen Lauf mitgerissen haben; undankbar für die zahlreiche Familie der Gefiederten, die umherfliegen, pfeifen, zwitschern, singen, lieben und das Reich des Blätterwaldes mit Leben füllen; undankbar für alle Tiere, die dem Menschen ihre Arbeitskraft und ihre Liebe anbieten, um ihm zu helfen und ihn zu erfreuen; undankbar auch für jene, die wild im Urwald leben und doch bezeugen, wie groß die Macht, die sie erschaffen hat, ist.

Wieviel habe ich meditiert und gebetet vor dem bescheidenen Gänseblümchen mit seinem goldenen Herzen inmitten des weißen Strahlenkranzes; vor dem heranwachsenden Halm, der sich zur Ähre wandelt und dann zu unserem Brot wird; vor dem Nest voller Eierchen zwischen Federn und aus den Scheunen geraubtem Wollwerk, den Eierchen, die wie kleine Steinchen aussehen, und in denen schon Leben ist, die morgen ein kleines, lauwarmes Körperchen sein werden, das begierig nach Nahrung verlangt und uns bald durch sein Fliegen und Singen beglücken wird... Wieviel habe ich meditiert vor den unbegrenzten Horizonten des Meeres und den unendlichen Horizonten der Himmel, diesen zwei schönsten Altären, wo die Engel dienen, Wind und Wasser Orgel spielen, und die Sterne die Kerzen sind... O lebendige Worte unseres «Kredos» an das Dasein Gottes; Worte, die keine List des Dämons und kein Stolz des Menschen auslöschen kann; ewige Worte, die ihr das erste Erwachen Adams gesehen habt und über den Schlaf des letzten Menschen wachen werdet; getreue, preisende Worte, wie seid ihr mir immer Licht gewesen, wie habt ihr mir immer von meinem König erzählt, «durch den alles geschaffen wurde»!

Nun sehe ich euch nicht mehr mit meinen Augen. Nie wieder werde ich euch sehen, o ihr schönen Dinge, die mein Gott gemacht hat. Um für seinen Schmerz Wiedergutmachung zu leisten, dafür, daß Ihn die gotteslästerliche Soldateska gebunden und verspottet hat, habe ich es auf mich genommen, euch nie wiederzusehen. Es ist schlimmer als blind zu sein, denn eine Blinde *sieht* wenigstens noch durch den Geruch- und den Tastsinn. Ich werde euch nie wiedererleben, Düfte des Waldes und des Heues, Rauschen des Laubes und der Getreidefelder, Geräusche des Wassers und Liebkosungen der Sterne. Nie mehr werde ich euch sehen, ihr blühenden Bäume im Frühling, ihr Wälder im Purpurkleid des Herbstes, ihr Tennen, die ihr euch unter dem Geflatter der Tauben mit goldenen Kolben schmückt, und ihr friedlichen Herden, die ihr einem wogenden Meer aus Wolle gleicht, schaumweich, wie der Kamm der Welle. Nie mehr werde ich dich goldene Brut sehen, die eine Bruthenne sorgsam unter den Flügeln sammelt. Nie mehr. Oftmals packt mich ein so lebhaftes Verlangen, dich wiederzusehen, o unendlicher Raum des Himmels und des Meeres, daß mir die Tränen in die Augen steigen. O Sehnsucht nach dem von Gott geschaffenen Unbegrenzten, die sich erst beruhigen wird, wenn ich mich mit dem Unendlichen selbst vereinigen werde!

Aber ich habe euch so oft betrachtet, ihr Werke Gottes, daß ich euch immer noch sehe... Und ich habe Dich, o Gott, der Du diese Dinge geschaffen hast, so sehr geliebt und liebe Dich immer noch so sehr, daß ich auch dieses eine unter meinen verschiedenen Martyrien gern hinnehme...

Von Papa gestützt, ging ich in die Pineta. Aber ich mußte mein Geschenk für die Vögelchen des Herrn gleich dort ausstreuen, wo die Pineta anfing. Ich konnte nicht weitergehen.

Bis zum 4. Januar ging ich nicht mehr aus. An diesem Tag wollte Mama jedoch einige Besuche machen und, verwöhnt, wie sie nun einmal war, beanspruchte sie meine Hilfe als Gesellschaftsdame. Schon allein das Ankleiden strengte mich sehr an... Auf der Straße machte ich zwei Schritte und mußte stehenbleiben, weitere zwei Schritte und wieder stehenbleiben... Die Leute sahen mich an... Schließlich mußte sich auch meine Mutter der offensichtlichen Tatsache beugen, daß das arme Eselchen nicht mehr gehen konnte... Und seit dem 4. Januar 1933 bin ich nie mehr ausgegangen.

Eigentlich war mir strenge Ruhe verordnet worden, auch zu Hause... Aber Ruhe kannte ich nicht. Ich stand um 7 Uhr auf und arbeitete den ganzen Morgen. Nach dem Essen oder, besser gesagt, nachdem ich die anderen essen gesehen hatte, legte ich mich bis gegen 17 Uhr hin. Dann stand ich auf, um das Nachtmahl für die anderen zu bereiten. Montags kamen die Mädchen vom Wettbewerb, und ich gab ihnen Unterricht. Und so richtete ich mich zugrunde. Immer wieder war ich wegen meiner Herzanfälle dem Tode nahe, dann erholte ich mich wieder. Aber ich wurde immer kränker.

Bis Ostern sah ich keinen Priester mehr. Aus Anlaß dieses Festes und vielleicht auch, weil sie Gewissensbisse packten, da sie mich so gequält und es verhindert hatte, daß die Barelli[74] und andere vom Zentralrat zu mir kamen, obwohl ich darum gebeten hatte, brachte mir die

74. Armida Barelli (1882-1952) gründete 1918 die weibliche Sektion der Katholischen Aktion. Im Jahre 1960 ist der Seligsprechungsprozeß eingeleitet worden.

Präsidentin den Fastenprediger von San-Paolino. Ich weiß seinen Namen nicht. Ich weiß nur, daß er in Montelupo Pfarrer war. Er war sehr lieb zu mir und empfahl mir, viel zu dem Engel zu beten, der Jesus im Todeskampf getröstet hat.

Das war es, was ich brauchte, denn ich gestehe Ihnen, daß ich Angst hatte, wenn mich meine Agonien heimsuchten. Ja, der Tod, den ich schon oft sehr nahe gefühlt hatte, kam mit seiner ganzen Strenge über mich, und mit meinem niederen Teil empfand ich einen Schauder vor ihm. Das darf nicht verwundern. Ich hatte nicht nur gebeten, Opfer der Liebe zu sein, was mir einen Tod in sehr angenehmer Liebessehnsucht beschieden hätte; ich hatte gebeten, mich auch der Gerechtigkeit aufzuopfern. Und wie Jesus, das erste Opfer der ewigen Gerechtigkeit, werde ich einen schmerzvollen Tod haben. So wie schon meine unzähligen Agonien stets schmerzvoll gewesen sind.

Von da an betete ich immer zum Engel der Todesangst Jesu, und als ich erfuhr, man glaube, es könne sich um den Erzengel Gabriel gehandelt haben, betete ich mit noch größerem Eifer zu ihm. Ich bin am Festtag des Erzengels Gabriel getauft worden und glaube, er ist bei meiner Geburt ein wenig für die Kirche Pate gestanden. Er wird es auch bei meiner Geburt für den Himmel tun.

Im Mai fuhren meine kleinen Töchter als Prämie für ihre Prüfungen nach Montenero. Dort beteten sie in meinem Auftrag: das heißt, für meine Aufopferung.

Ich habe nie etwas anderes für mich verlangt, als verzehrt zu werden und das ewige Leben zu erhalten. Ich habe nie um anderes gebeten und dafür beten lassen. Das wäre inkonsequent gewesen. Man verlangt Geschenktes nicht zurück, wenn man ein ernsthafter Mensch ist. Und mit dem guten Gott muß man es ebenso halten. Wenn man Ihm zuerst ein Versprechen gibt und sich dann bei der ersten Forderung verängstigt zurückzieht, gleicht man denen, «die, nachdem sie die Hand an den Pflug gelegt haben, sich umwenden und sich so als für das Reich Gottes unbrauchbar erweisen». Und ich möchte für dieses Reich brauchbar sein.

Ich habe auf alles im Leben verzichtet: auf Gesundheit, Glück, Reichtum, erlaubte Freuden der Freundschaft, Spaziergänge und Naturerlebnisse. Aber ich habe darauf verzichtet, um im anderen Leben *alles* zu bekommen. Dies ist keine törichte Einbildung meinerseits, denn mein Meister (der nach zweieinhalb Tagen wiedererwacht...) sagt mir die zwanzig Jahrhunderte alten und immer neuen Worte: «In Wahrheit sage ich dir: Niemand hat Haus, Vater, Mutter,

Geschwister und Felder aus Liebe zu mir und zum Evangelium verlassen, der nicht in dieser Zeit, trotz Verfolgungen das Hundertfache und in der künftigen Welt das ewige Leben erhält.»

Ich habe alles verlassen. Ich habe den größten Schatz des Menschen hingegeben: die Gesundheit und das Leben, denn ich bin dem Tod nahe. Ich habe Vater und Mutter verlassen, denn durch die Krankheit wurde ich daran gehindert, meinem Vater in seiner Todesstunde beizustehen, und meiner Mutter kann ich nicht mehr dienen; und ich spüre immer mehr, wie ich ihr lästig falle..., weswegen sie mich verlassen hat. Ich habe auf meine kleinen geistigen Töchter verzichtet, um deren Erblühen ich mich mit soviel Liebe bemüht hatte. Ich habe sogar auf mein Haus verzichtet, denn ich lebe ja nur zwischen den vier Wänden meines Zimmers, das einer Zelle gleicht, aus der ich nicht mehr lebendig herauskommen werde. Ich besitze nicht einmal mehr *meine* eigenen Sachen, meine lieben Bücher, mein Klavier... Auf alles habe ich aus Liebe zu Gott verzichtet, und ich habe das Hundertfache von seiner Liebe erhalten, die nunmehr Stimme, *Liebkosung*, *Gegenwart* ist. Ich habe Verfolgungen erlitten, denn die Welt verfolgt immer, wenn sie sich einmischt, selbst wenn die Krankheit uns zu lebendig Begrabenen macht. Von der Welt sind auch unsere eigenen Verwandten, denen wir lästig fallen und die es uns auch sagen; es gibt dort die Freunde, die uns als Verrückte auslachen; es gibt die Ärzte, die uns in tausenderlei Weise quälen; es gibt Außenstehende, die von nichts wissen, aber ihren Teil an unbarmherziger Kritik dazugeben wollen... Ich bin daher sicher, daß ich eines Tages das ewige Leben erhalten werde. Denn Gott lügt nicht, Christus kann nicht geirrt haben, als Er diese Dinge sagte, und die Heiligste Dreifaltigkeit kann ihr Wort nicht brechen.

Wenn ich mich des Gesprächs des Schriftgelehrten mit dem Meister entsinne: «Welches ist das erste Gebot?» «Liebe deinen Gott mit deinem ganzen Herzen, deiner ganzen Seele und deinem Gemüt und mit allen deinen Kräften, und liebe deinen Nächsten wie dich selbst»; «Meister, du hast richtig gesagt... Gott und seinen Nächsten so zu lieben, ist wertvoller als alle Brand- und Schlachtopfer», dann spüre ich, wie mich ein grenzenloses Vertrauen erfüllt. Ja, ich habe Gott geliebt *mit allen* meinen Kräften, mehr noch: über meine Kräfte, denn ich *habe Ihn geliebt, bis ich daran starb.* Ich habe meinen Nächsten *mehr als mich selbst geliebt, denn ich bete und leide* für ihn und überlasse die Sorge um meine ewige Zukunft der Güte Gottes, ohne für mich egoistische Schätze anzuhäufen. Daher höre ich die liebe göttliche Stimme zu mir sagen: «Du bist nicht fern vom Reich Gottes.»[75]

Komm, komm, o Reich des Friedens, nach so vielen Leiden und gib mir dann alles zurück, was ich hingegeben habe... Gib mir Sterne und Blumen wieder, das Singen der Vögel und der Wasser, den Glanz der Sonne, gib mir alles wieder, denn alles ist in Gott, und wenn ich eins sein werde mit diesem Alles, dann werde ich alles wiederhaben und in Ewigkeit. Komm, komm, göttliche Schönheit, auf welche ich meinen Blick richte, um immer besser zu leiden. Die Schleier, die mir seine Vollkommenheit noch verbergen, mögen sich heben, o süße Liebe, und nach dem Kreuz komme die Freude, mit Dir zu sein.

Vielleicht werden Sie sagen: «Aber die sagt immer die gleichen Dinge!» Das kann wohl sein. «Als Bruder Maseo von Bruder Jacopo da Fallerone gefragt wurde, warum er in seinem Jubellied nie den Vers ändere, *antwortete dieser ganz glücklich, daß wenn man in einer Sache alles Gut findet*, es nicht nötig sei, den *Vers zu ändern*», so liest man in den Fioretti des heiligen Franziskus. Auch ich ändere den Vers in meinem Liebeslied nicht.

Und so vergingen die Monate... Ich glaubte, es würden Monate sein... Es waren Jahre.

Da passierte etwas Unerwartetes. Bis Dezember war ich ausgegangen, und niemand hatte sich um mich gekümmert. Ich zog nicht die Aufmerksamkeit auf mich, denn ich war schlecht und mit alten Sachen gekleidet und sprach wenig, ich war ein graues Nichts, das nicht auffiel. Nicht einmal mein Sprechen in der Öffentlichkeit hatte mir Freundschaften eingebracht. Ich hatte nur Seelen zu Gott geführt. Zu mir armer Stimme, die von Gott sprach, war niemand gekommen. Übrigens hatte ich es mir ja auch gar nicht gewünscht, denn ich arbeitete für Ihn allein. Als ich dann ans Haus gefesselt war, kamen mich eine Reihe unbekannter Leute besuchen. Und das ist bis heute so geblieben, es werden eher immer mehr, was mich große Anstrengung, Geduld und viele Worte kostet...

Kürzlich hätte ich deswegen beinahe zu weinen begonnen. Ich brauche Stille und Ruhe und werde immer gestört. Ich bin oft nahe daran, ohnmächtig zu werden, weil ich so vielen zuhören und auf so Vieles antworten soll... Aber... Geduld!... Ein junges Fräulein, eine alte Dame der Aristokratie und andere mehr... Wer schickte sie? Von den

75. Für alle Zitate aus den Evangelien: Matthäus 19,29; 22,34-40; Markus 10,28-30; 12,28-34; Lukas 9,61-62; 10,25-28; 18,28-30.

Bekannten keiner. Meine Zuhörerinnen waren sie nicht gewesen. Sie kamen, sagten sie, weil sie mich kennenlernen wollten. Und so hat dieses kleine Apostolat begonnen, das noch andauert und das mich soviele Worte und Schreiben kostet.

Mitte Juli kam der neue Pfarrer.[76] Vom scheidenden Pfarrer hatte ich die Thronerhebung des Heiligsten Herzens vornehmen lassen. Ich hatte es nötig, wie in einer Kirche zu leben, da ich nicht mehr zur Kirche gehen konnte. Ich ließ sofort den neuen Pfarrer benachrichtigen, der am 28. Juli kam und mir die Kommunion brachte. Seit Ostern hatte ich sie nicht mehr empfangen.

Am Fest des heiligen Laurentius war es mir sehr schlecht gegangen. Eine falsche Behandlung hatte meine Krankheit verschlimmert. Von diesem Tag an war es mit mir rasant abwärts gegangen. Trotz des guten Willens, etwas zu tun, konnte ich mich nur mehr dahinschleppen und erschöpfte so meine äußersten Reserven.

Trotzdem hatte ich noch Gelegenheit, vom Kelch der menschlichen Bosheit zu trinken, und zwar durch das unwürdige Verhalten der immer noch feindlich gesinnten Präsidentin... Gott sei Dank, daß ich überzeugte Franziskanerin war! Mein seraphischer Vater sang mir die Hymne des Verzeihens, Gott zu Liebe. «Selig jene, die aus Liebe zu Dir verzeihen und Schmerzen und Qualen erleiden.»[77]

Ich hatte um den Schmerz gebeten. Und der Schmerz kam von allen Seiten. Ich schien eine Zisterne zu sein, in der sich die Wasser vieler Kanäle sammelten. Da war der Kanal der Krankheit, jener der Verleumdung, jener der Gleichgültigkeit und jener des Neides. «Schreibe, Bruder Leone, du Lämmlein Gottes: mehr als alle Werke und Geschenke, mit denen der Heilige Geist die Seele schmückt, bedeutet es, Schmerzen und Drangsal aus Liebe zu Christus zu ertragen. *Darin besteht die vollkommene Freude.*»[78] Ich war und bin mit dem Geist in der vollkommenen Freude, da Jesus, der mich wie seine Freundin behandelt, mir die Freude schenkt, Ihm zuliebe Kreuze und Schmerzen aller Art zu erleiden.

Im Dezember war ich dann, infolge einer noch verfehlteren Behandlung mit Bromiden in viel zu hohen Dosen, so sehr heruntergekommen, daß ich zitterte wie ein Paralytiker. Ich konnte nicht einmal mehr schreiben und litt, obwohl ich doch immer einen so klaren Ver-

---

76. Msgr. Mario Rocchiccioli, der von 1933 bis 1949 Pfarrer von San-Paolino war.
77. Aus dem *Cantico delle Creature* des heiligen Franziskus.
78. Aus den Fioretti des heiligen Franziskus.

stand gehabt hatte, unter erschreckenden Gedächtnisschwächen. Aus den Analysen ging hervor, daß ich 70% der Phosphate verloren hatte... Also hieß es durch andere, immer barbarischere Behandlungen Abhilfe zu schaffen. Also her mit Cardiazolo in hohen Dosen, wie für die Verrückten.

Indessen war ein junger Freund Arzt geworden, der mir am 10. August während einer schrecklichen Krise beigestanden hatte. Auch er wollte mich untersuchen, und setzte dann alle Medikamente ab, da er sie für *mörderisch* hielt. Doch er reiste ab, ich blieb zurück, und der behandelnde Arzt bestand darauf. Also weitermachen. Die Krisen kamen manchmal auch zweimal am Tag. Eine ständige Agonie.

Ich lag nunmehr viel im Bett, stand nur auf, um die Hausarbeit zu tun, die mir nicht erlassen wurde, solange ich mich aufrecht halten konnte. Dies geschah am 1. April 1934. Ein schöner Aprilscherz, nicht wahr?

Aber ich muß Ihnen, da Sie mein Seelenführer sind, etwas sagen, das ich noch niemandem gesagt habe. Die Behandlungen waren eine Eselei und hätten auch bei jedem anderen eine Verschlechterung hervorgerufen. Aber ich hatte noch etwas anderes, das mich, den Ärzten zur Ratlosigkeit, sterben und wieder leben ließ — das war die göttliche Liebe.

Um genauere Daten angeben zu können, blättere ich in einem Tagebuch, das ich damals führte, und da finde ich feurige Sätze, die mich zur Glut jener Tage zurückführen. Ich erlebte eine Periode so heftiger Liebesaufwallungen, daß es mir vorkam, außer mir selbst, außerhalb meines so lädierten armen Wesens zu leben. Ein Seraph hatte sich meiner bemächtigt und entzündete mich mit seinen Liebesgluten. Es war, als müßte ich ersticken, so sehr erweiterte sich das Herz in der Glut. Ich sang mit von mir erfundenen Worten in spontanen Rhythmen, um meiner Qual Ausdruck zu geben. Ich hatte auch für den Gesang von Bruder Sonne und für viele Gedichte der heiligen Therese Melodien erfunden und wiederholte geistliche Lieder. Ich mußte meinem Herzen Luft machen, um nicht zu zerspringen...

Am Abend des 10. Februar schrieb ich *meine Liebeshymne*.

«O mein Geliebter, wie dürstet meine Seele nach Dir, wie sucht sie dich überall mit liebender Sehnsucht!

Ach! Wo bist Du? Ach! Wer kann mich aufrichten in der bangen Suche nach meinem Guten?

Ich möchte von der Liebe reden, die mich bewegt und mich bedrückt, ich möchte andere Herzen finden, in die ich die Fülle der

Süße gießen kann, die mein Herz schwellen läßt. Aber, o weh! Die Welt ist taub und unempfänglich für das große Wort der Liebe!

Eines der größten Kreuze der Liebenden ist dieses: Herz, Sinn und Wort nur vom Geliebten erfüllt zu haben, aber Gleichgültigkeit und erstickende Stumpfheit um sich her zu spüren. Allein mit dem Einzigen, immer in Sehnsucht nach Dir, Geliebter, leben diese Seelen inmitten der Menschen, aber dennoch in einer Wüste, denn die Menschen können sie nicht begreifen.

Und so wenden sie sich an Dich, den Fernen und den in der anbetenden Seele Gegenwärtigen, an Dich, denn Du nur kannst sie verstehen und in ihrem großen Hunger sättigen.

Ach! Sättige Du diesen unstillbaren Hunger, Du allein kannst es. Ergieße dich, fließe über in die, die Dir zugewandt sind wie begierige Münder, wie Becher, die darauf warten, gefüllt zu werden.

Tauche sie ein in die Welle deiner Liebe, entzünde sie in der Glut Deines Feuers, mache sie zunichte in dem Aufstrahlen deiner Macht.

Sie begehren nur, von Dir gleichsam auf einem geistigen Scheiterhaufen in einem erhabenen Martyrium hingeopfert zu werden.

Komm, Geliebter, komm, säume nicht mehr, denn meine Seele dürstet nach Dir!

Meine Seele bittet dich um Liebe, einen immer neuen Liebesbrand; sie leidet um dich, diese meine Seele, sie fühlt ihre Pein wachsen mit dem Wachsen ihrer Liebe.

Und wenn sie dich in Augenblicken auch um Erbarmen anfleht, da die Flamme, die ihr Herz durchdringt, zu glühend ist, wenn sie dich auch um eine Ruhepause bittet, weil die Liebe sie allzu gewaltig ergreift, so ruft sie Dir dennoch zu: Komm, komm zu der, die dich anbetet!

Wie aber wird erst die Liebe im Himmel sein, die schon auf Erden so süß ist?

Wie aber wird erst die Begegnung mit Dir sein für die Seele, die schon bei deinem flüchtigen Vorübergehen in der Ferne dahinschmilzt?

Wie aber wird erst das Erkennen Deiner Ewigen Liebe sein, die vollkommene Liebe, die ewige Umarmung mit Dir, wenn schon meine armselige geschöpfliche Liebe so groß, so mächtig, so süß und so tief ist?

Mein Geliebter sei mein, und Ihm will ich angehören!

O ihr Menschen, versucht mich nicht von Ihm loszureißen, drängt euch nicht zwischen mich und meinen Geliebten. Wenn *Er mich auch verlassen und mir sein Antlitz verbergen sollte, so würde ich dennoch nicht aufhören, Ihn zu erwarten und zu lieben.*

Wie die Blume der Sonne zugewandt, so will ich geduldig das Ende der Prüfung abwarten, aber noch süßer wird der Augenblick der Rückkehr sein, wenn Er mir wieder sein göttliches Lächeln zuwendet.

Nichts auf Erden kann mich von Ihm abbringen, denn Er ist Milde, Güte, Licht, Wärme, Stärkung und Seligkeit, Er, der süße Christus, der mir das Herz geraubt hat.

Durch Ihn und in Ihm wird jede Qual süß, in Ihm beruhigt sich alle Angst, aus Ihm holt sich jede Schwäche Kraft.

Er ist der Geliebte! Er ist meine Liebe!»

Wie Sie sehen, wiederhole ich nach neun Jahren dieselben Dinge. *Es sind immer dieselben, und sie können sich nicht ändern.* Ich müßte verrückt oder die Beute des Teufels werden, um mich zu ändern. Aber ich hoffe, daß Jesus dies niemals zulassen wird. Ich vertraue auf Ihn.

Die Glut wuchs immer mehr. Wenn ich mein Tagebuch nach so vielen Jahren durchblättere, finde ich, daß der Gesang der Freude im Schmerz immer mächtiger wird.

Es kamen die Fastenzeit, die Passionswoche, die Karwoche. Zu Maria, die nie mehr zu Jesus, dem Gekreuzigten, gehen konnte, kam Jesus, der Gekreuzigte.

Ein Bildhauer brachte ein großes schwarzes Marmorkreuz mit einem wunderbaren Christus aus Carrara-Marmor. Es war ein echtes Kunstwerk von mächtiger Ausdruckskraft. Er wollte es verkaufen, denn er brauchte Geld für eine Augenbehandlung, da er blind zu werden drohte. In der Hoffnung, einen Käufer zu finden, hatte er sich an uns gewandt, damit wir sein Werk befreundeten Leuten zeigten, unter anderen der Gräfin Melzi d'Eril.

Ich ließ den Christus am Kreuz auf den Diwan, Martas jetziges Bett, legen. Damals war das Zimmer noch das Wohnzimmer. Dort blieb es die ganze Fastenzeit bis zum Tag nach Ostern, wenn ich nicht irre. Ich ging immer wieder zu ihm unter dem Vorwand, mich in das ruhige Zimmer zurückzuziehen, wo kein Kohlengeruch hindrang. In Wirklichkeit begab ich mich dorthin, um Ihm meine Liebe zu bezeigen. Wie viele Küsse auf den kalten Marmor, der meinen Gott darstellte! Ich kniete neben dem Diwan nieder, sprach stundenlang zu Ihm und hörte die Stimme, die mir antwortete, die aus der Tiefe der Himmel kam und in meinem Herze ertönte.

Wenn ich sehr reich gewesen wäre, hätte ich dieses Werk gekauft. Sie waren so naturgetreu, dieses vom Schmerz zerfurchte und vom

Tode gezeichnete Antlitz, diese erschlafften Glieder und dieser nach dem letzten Schrei vom schweren Atem geweitete Brustkorb! Seine linke Hand umschloß den Nagel, als ob sie sich im Endkrampf so zusammengezogen hätte, die rechte Hand hingegen, mit den ausgestreckten Daumen, Zeige- und Mittelfinger, schien noch zu segnen.

Beim Betrachten meines sterbenden Gottes wuchs meine Liebe..., sie wuchs so sehr, daß sie mir einen physischen Schmerz bereitete, der am Karfreitag seinen Höhepunkt erreichte. Ach, es war, als ob es mir den Brustkorb zerrisse, so stark war die Liebe! Es war, als ob mich im Innern etwas verletzte, als ob eine Lanze in meiner Brust herumwühlte. Es muß aber wirklich etwas zerrissen sein, denn auch die gelehrten Äskulape zerbrachen sich den Kopf über eine Verletzung, die sie im Mediastinum oder zwischen diesem und dem Herzen vermuteten und die sie sich nicht erklären konnten.

Ich glaube, daß nur die Hand Desjenigen, der mich verletzt hatte, die Wunde selbst so behandelte, daß sie mich nicht zum Tode führte. Das glaube ich, weil ich diesen Schmerz, der jeden für das menschliche Geschöpf ertragbaren übersteigt, immer wieder spüre, besonders in den Stunden der höchsten Vereinigung mit meinem Herrn. Ich glaube es, weil kein menschliches Heilmittel imstande ist, ihn zu besänftigen. Ich glaube es, weil er nie fehlt, wenn ich im Gebet die Kraft erreiche, dem Himmel eine Gnade zu entreißen. Ich glaube es auch, weil er ganz plötzlich verschwindet, wenn ich die Gnade erhalten habe, um dann in den Stunden intensiver Liebe und intensiven Gebets verstärkt zurückzukehren... Wäre es ein menschlicher Schmerz, so wäre es zum Verrücktwerden!...

Ein paar Tage, bevor ich diese äußerst süßen und zugleich äußerst schmerzhaften Krampfzustände erfuhr, hatte ich ein Gebet verfaßt, das ich immer nach dem des Heiligen Franziskus sprach: «Mein Herr Jesus Christus, ich bitte dich, mir zwei Dinge zu gewähren, bevor ich sterbe: erstens, daß ich in meiner Seele und in meinem Körper soweit als möglich jenen Schmerz verspüre, den Du, lieber Jesus, in der Stunde deines bittersten Leidens erfahren hast; zweitens, daß ich in meinem Herzen soweit als möglich jene unbegreifliche Liebe empfinde, von der Du, der Gottessohn, so sehr entbrannt warst, daß Du gern ein solch großes Leiden für uns Sünder auf dich genommen hast.»

Mein Gebet zum seraphischen Vater lautete folgendermaßen: «O heiliger Vater Franziskus, um der Liebe willen, mit der dich Christus liebte und du Ihn liebtest, gewähre mir das Leid und die Liebe, die du für dich selbst erbeten hast. Ich bitte dich nicht um die Glorie der Wundmale Christi, deren ich nicht würdig bin, sondern um die innere Teilnahme an den Leiden und der Liebe Jesu und deiner selbst, damit ich euch nachfolgen und aus Liebe zu Gott und den Seelen sterben kann.»

Der gute Gott gewährte mir, worum ich Ihn gebeten hatte; die innere Wunde, die Leid und Liebe war und die meinen Tod herbeiführen sollte, nachdem ich aus großer Liebe zu Gott und den Seelen ein Meer von Schmerzen durchgestanden hatte.

Ach! Ich kann es wohl sagenl Mein Herr hat mir nie etwas versagt, worum ich Ihn gebeten habe. Da Er sich meiner Kleinheit erbarmte, da Er Mitleid hatte mit meinem Leben, das des Trostes der Freundlichkeit von seiten der Verwandten entbehrte, da Er einverstanden war mit meinem guten Willen, der *alles* war, was ich Ihm geben konnte, hat Er mich mit Zärtlichkeiten, mit Geschenken, kostbaren Aufmerksamkeiten überhäuft, die nur ein liebevoller Vater oder ein sehr lieber Bräutigam schenken können. Er hat mir sehr viel mehr gegeben, als ich selbst erbat. Er hat sich immer aufmerksam mir zugeneigt, um nicht nur meine Bitten, sondern auch die unausgesprochenen Wünsche zu vernehmen, und hat sie mir erfüllt.

Ich liebte die Blumen und konnte mir keine kaufen. Nun, mein kleiner Hof war wie ein großer, mit Blumen gefüllter Korb, die ich unterwegs gefunden hatte: Zwiebeln von Schwertlilien, Veilchen, Geranien, deren Ableger irgendjemand weggeworfen hatte, und die sofort Wurzel faßten und reichlich blühten. Ich hatte einen Ableger der Passionsblume, einer meiner Lieblingsblumen, gefunden, und daraus ist eine üppige Pflanze geworden. Außerdem waren da Rosen, Maiglöckchen, Freesien, Veilchen, Geranien aller Art, Pelargonien, weiße und violette Lilien, Nelken... Ich hatte von allem etwas und in allen Monaten des Jahres. Wer zu uns kam, staunte. Meine vierzig und mehr Blumentöpfe standen in voller Blüte. Die Pflanzen füllten sich immer mit Blumenkrönchen, wie in einem ewigen Frühling. Jetzt, da ich bettlägrig bin, sind sie alle eingegangen...

Ich liebte die Tauben und hatte Exemplare der herrlichsten Rassen, die mich mit mehr als menschlicher Zärtlichkeit liebten. Nun sind fast alle tot oder verwildert.

Ich wünschte mir Vögelchen, und Jesus ließ sie mir immer zukommen und zwar in einer Art und Weise, daß Mama nichts dagegen haben konnte.

Eines Tages starb mein Hund, und das war schmerzlich für mich. Krank, wie ich bin, wünsche ich mir eine getreue Gesellschaft in den langen Nächten und Stunden des Tages, die ich allein verbringen muß. Und es hatte sich jemand gefunden, der mir einen Hund schenkte.

Und so fort, und so fort. Was die kleinen materiellen Freuden und die großen geistigen Dinge betrifft, immer legt Jesus seine Geschenke in die Hand seiner kleinen Dienerin. Gnaden für viele, die mich um mein Gebet bitten und geistige Gnadengeschenke für mich. Und Tröstungen ohne Ende. Vielleicht tut Er das, weil nur Er weiß, was ich leide. Er und ich, wir wissen es genau. Alle anderen ahnen sehr wenig von dieser Wirklichkeit.

Da Er mir immer *alles* gab, worum ich Ihn bat, gab Er mir auch die innere Wunde, die man nicht sieht, die aber schmerzt wie eine feurige, mit einem Haken versehene Lanze, die das Fleisch an der empfindlichsten Stelle zerreißt und verbrennt.

Hatte ich am Karfreitag des Jahres 1930 meine erste Stunde der Agonie mit Christus erfahren, so wurde ich 1934 am Karfreitag von der Liebe durchbohrt, als ich meinen Jesus am Kreuz betrachtete. Als ich aufstehen konnte, schrieb ich diese Seite, die ich oft wiederhole, vor allem in den Zeiten erhöhter Leiden und während der Fastenzeit:

«Er ist der Schmerzensmann, der Auserwählte meines Herzens. Um Gott ähnlich zu werden, muß auch ich leiden.

Kommt also zu mir, o geliebte Dornen, o süße Nägel, sucht mich heim, denn die Braut will sich mit den Juwelen ihres Königs schmükken.

Siehst du, wie sein Blick ermattet und sein Mund ausgetrocknet ist, während Er auf dem Kreuze für die schuldige Menschheit betet.

Hörst du die Stimme, mein Herz, wie sie unter Seufzern Worte der Liebe murmelt?

Er stirbt für uns und verzeiht. Er verspricht das Paradies, und da Er sein liebes Antlitz neigt, sagt Er: "Mich dürstet!" und erwartet unser Mitleid.

"Welche Hilfe kann ich deinen gesegneten Lippen, deinem leidenden Herzen erweisen, um die höchste Not zu lindern? Mit welchem Balsam deiner Brust Erleichterung verschaffen, o Erlöser?"

Mit deiner treuen Liebe und deinem hochherzigen Leiden.

Ach, kommt zu mir, süße Dornen und geliebte Nägel! Bekränzt mich, durchbohrt mich, nagelt mich an das harte Holz. Auf meiner Brust und meinem Herzen ruhe das Haupt meines Königs.

Mit meiner Zuneigung und meiner Liebe will ich seine Tränen trocknen, seinen Fieberdurst stillen, seiner Agonie Trost schenken.

Gebenedeit sei der Schmerz, der mich Dir gleichmacht! Gebenedeit sei das Kreuz, das mich bis zum Himmel erhebt! Gebenedeit sei die Liebe, die meinem Leiden Flügel verleiht!

Gebenedeit sei der Tag, an dem dein Blick mich berückt hat! Und noch gebenedeiter der Augenblick, da Du mich Dir geweiht hast!

Denn seraphisch ist die Qual, die mich, o Erlöser, zu deinem Ruhme mit dem Kreuz und dem Schmerz vereint.

Ach, kommt zu mir, süße Dornen, liebe Nägel, schmückt mich, meißelt die Züge meines Königs in mich ein.

Komm, komm, hartes, blutbedecktes Holz des Kreuzes; dich allein will ich hinieden als meine Stütze suchen.

Im Glanz des Himmels droben erwartet mich der Erlöser, nicht mehr entkräftet und seufzend, sondern ewig und strahlend.

Mit dem Kreuz geschmückt, das Haupt von seinen Dornen umschlossen, von seiner Liebe verzehrt, werde ich mich eines Tages zu Ihm aufschwingen. Und unter dem Jubelgesang der Engel und ihrem Glanz wird Er die Qualen und Schmerzen in ebensoviele Edelsteine verwandeln.

Gebenedeit sei der Schmerz, gebenedeit sei das Kreuz, gebenedeit sei die Liebe, die sich im Himmel erfüllen wird!»

So zu schreiben, nur zu schreiben, wäre nichts Verdienstvolles. Es wäre vielmehr nur ein eitles Wortspiel. Aber ich bekräftige jene Worte durch meinen Schmerz, den ich viel mehr als mich selbst liebe. Und das verleiht diesem in einem Augenblick der tiefen Vereinigung mit meinem gekreuzigten König geschriebenen Schrei Gültigkeit.

Die Leiden haben an Zahl und Schwere zugenommen, aber ich habe mein Lied nicht geändert und sage immer noch: «Gebenedeit seien der Schmerz, das Kreuz und die Liebe.» Und ich bitte immer noch inständig: «Kommt zu mir, Dornen, Nägel und Geißeln, denn das, was die Welt flieht, ist meine Ruhe; denn je mehr die Umklammerung des Leidens wächst, um so mehr wachsen der Friede und die Seligkeit, und für jede Fiber, die zerreißt, und jede Kraft, die sich verzehrt, spüre ich, daß sich meinem neuen *Ich* eine Zelle hinzufügt, die im Himmel leben wird; denn der Himmel gehört denjenigen, die dem Fleisch abgestorben sind, bevor das Fleisch uns abstirbt.»

Ich leide mit Christus, und mit Ihm werde ich verherrlicht werden. Sein Leben und sein Leiden mögen sich in mir darstellen, die ich nichts anderes begehre, als ans Kreuz genagelt zu bleiben; an dieses

Kreuz, das Torheit ist für die Kinder des Verderbens, aber eine göttliche Kraft für jene, die den Weg des Heils eingeschlagen haben, wie der Apostel des eindringlichen Wortes und des glühenden Herzens sagt.[79]

Zwei Tage nach dieser Ekstase und nach diesem Sehnsuchtsschrei, der mir die Brust zerriß, wurde ich ans Kreuz genagelt. Christus stieg in der Herrlichkeit seiner Auferstehung davon herab, und ich stieg hinauf für meine liebsten Freunde: Jesus und die Seelen.

Ich hatte mich aufzustehen gezwungen, um Papa das Herz nicht schwer zu machen, gerade an diesem Tag im Bett zu bleiben. Aber ich konnte mich nicht auf den Beinen halten. Ich hörte aus einem nahen Radio den Segen, den der Papst nach der Heiligsprechung Don Boscos erteilte. Mit dieser Wegzehrung ging ich zu Bett. Wir hatten nun bereits das Wohnzimmer als Schlafzimmer eingerichtet, und ich zog dort ein — und bin immer noch dort.

Eine jahrelange Novene. Wie viele werde ich hier noch verbringen müssen? Ich meine, es geht bald zu Ende. Aber wie kann man sich solchen Hoffnungen hingeben, wenn man bereits viele Male enttäuscht wurde?

Gut, es geschehe einmal mehr dein Wille!

79. Paulus 1 Korinther 1,17-25.

6. TEIL

«Wer sein Leben liebt, verliert es,
und wer sein Leben in dieser Welt haßt,
der wird es zu ewigem Leben bewahren...
Und was soll ich sagen? Vater, rette mich aus dieser Stunde?
Aber deshalb bin ich in diese Stunde gekommen»
(Johannes 12,25-27)

Wenn einer vollkommen krank und hilflos wird, hat er eigenartige Reaktionen. Die ersten erfuhr ich im April 1934; die zweiten und heftigeren im August desselben Jahres.

Der Übergang von der Beweglichkeit, so beschränkt sie auch gewesen sein mag, zur Unbeweglichkeit, ist für einen aktiven Menschen immer schmerzlich. Und ich war sehr aktiv. Von anderen abhängig sein und sich bedienen lassen zu müssen, während man vorher immer selbständig war und die anderen bedient hat, ist demütigend. Nicht immer erinnern sich diejenigen, die einen bedienen, daran, wie wir sie bedient haben, solange wir konnten. Und noch weniger erinnern sie sich daran, wieviel anspruchsvoller sie waren. Die ersten Tage ist es eine arge Pein. Aber auch auf diesem Gebiet sind die Reaktionen und ihre Dauer verschieden, je nach unserem geistigen Training.

Bei denjenigen, die alle Brücken zu Gott abgebrochen und sich ganz dem Kult der Sinne und des Geldes hingegeben haben, führt die chronische Erkrankung zu einer gewaltigen Auflehnung, die auch auf einen Selbstmord hinauslaufen kann. Da Gott auch gegen unseren Willen alles vermag, werden diese Geschöpfe manchmal durch ihren eigenen Schmerz gerettet und zu Gott zurückgeführt. Im allgemeinen ereignen sich die geistigen Auferstehungen in Seelen, die sich nicht vollkommen von Gott abgewandt hatten, sondern nur von der Religion «des Bequemeren und Angenehmeren» betört waren. Es handelt sich eher um verführte als um tote Seelen. Durch den Schicksalsschlag des Leids wird ihnen bewußt, daß sie ihr Wohlergehen auf das *Nichts* gegründet hatten, und sie erheben die Augen auf der Suche nach

Hilfe... Das genügt Gott, um sich ihnen zu nähern und zu sagen: «Hier bin Ich, armes, leidendes Geschöpf. Die Hilfe bin Ich.»

Diese Seelen, in denen der Schmerz zu einer zurückrufenden Stimme wird, werden oft von einer anderen Seele *gerettet, die für sie leidet.* Die beiden Personen kennen sich manchmal nicht, manchmal kennen sich nicht einmal die Seelen... Erst im Himmel wird die Begegnung stattfinden... Wie werden wir dann verwundert sein, unseren Retter in dem am allerwenigsten vermuteten Menschen zu erkennen, den wir einmal gedankenlos gestreift haben oder von dessen Existenz wir nicht einmal wußten! Und wie schön wird es für die demütigen Erlöser-Seelen sein, sich inmitten derjenigen zu befinden, die sie durch ihr Gebet und ihr Leiden erlöst haben und die ihnen nun einen herzlichen Empfang bereiten!

Eines der Dogmen unserer Religion, die mich am meisten faszinieren, ist das der Gemeinschaft der Heiligen. Wenn ich bedenke, daß die Freude, die ich genieße, mir aus den himmlischen Strömen zukommt, und daß jede ihrer Wogen gebildet ist aus den Verdiensten des Heiligsten unter den Menschenkindern, meines Jesus, aus den Gnaden der Mutter aller Gnaden und aus der Summe der guten Werke und der Liebe des ganzen grenzenlosen Heeres der Märtyrer, der Jungfrauen, der Büßer und der Bekenner, wenn ich dies bedenke, fühle ich mich hingerissen zu einem Ausbruch dankbarer Seligkeit und spüre, daß ich, solange ich diese lebensspendende Eingießung verdiene, nicht zugrundegehen kann. Ich bin ein armes Geschöpf, aber ähnlich einer Rüstung, die meine Schwäche stützen soll, wirken die Schätze der Heiligen um mich herum und in mir und geben mir die Fähigkeit, *das Leben des Glaubens zu leben.* Wenn ich bedenke, daß mein Nichts, das, um den Meister und seine Auserwählten nachzuahmen, nur freudig zu leiden vermag, ein Tropfen in dem riesigen Fluß dieser Verdienste sein darf, den von menschlicher Lohe verbrannten Seelen meine Frische, den von Schuld Beschmutzten meine Reinigung, den vom Leben Verletzten mein Öl der Liebe, den vom Schicksal Geschlagenen meine Nahrung, den Traurigen mein Lied und den Verstorbenen meine Tränen bringen darf, wenn ich das alles bedenke, versinke ich in eine tiefe Demut, die anbetet und segnet! Wenn ich bedenke, daß ich, nur weil in mir das geistige Blut der Kirche strömt, ich, ein Nichts, ein Elend, eine Schwäche, ein kindisches Wesen, daß ich also eine Kraft und ein Licht sein kann, ein Mittel, um den Seelen Gott zu schenken und mit Gott alle Gnaden, und um Gott die Seelen zu schenken und mit den Seelen das, was seinen Durst stillt!

In den Lauen verursacht die Krankheit Nervosität und Gejammer. Es handelt sich um jene Kranken, die, wenn sie auch nur eine und nicht einmal sehr schmerzhafte Krankheit haben, sich andauernd beklagen und behaupten, die Unglücklichsten von allen zu sein. Sie schimpfen auf Gott, der ihnen die Gesundheit genommen hat. Auch wenn sie 80 Jahre und mehr zählen, sagen sie immer noch: «Es ist nicht gerecht, daß ich jetzt, wo ich dem Tode nahe bin, leiden soll.» Ihrer Meinung nach ist es hingegen gerecht, daß andere von frühester Kindheit auf leiden, denn sie sagen, wer immer leidend war, ist daran gewöhnt... Sie schimpfen über ihre Mitmenschen, die sich nie genug um sie kümmern. Eine halbgeschlossene Tür ist ein Attentat auf ihre kostbare Gesundheit, ein nicht sofort gereichtes Glas Wasser ein sicherer Beweis von Mißgunst, ein kleiner Stoß bedeutet für diese zerbrechlichen Personen ein Verbrechen. Sagt man ihnen ein Wort der Aufmunterung, so ist das für sie ein unverzeihlicher Beweis, daß man nicht an ihre Krankheit glaubt. Wenn wir lächeln, so ist das Spott, wenn wir weinen, haben wir kein Erbarmen mit ihrer Schwermut, wenn wir sprechen, verschlimmern wir ihren Zustand, wenn wir schweigen, beleidigen wir sie durch unsere Gleichgültigkeit. Sie schimpfen mit den Familienangehörigen, mit dem Pflegepersonal, mit den Ärzten; und noch mehr regen sie sich über die Priester auf, die sie zu Geduld ermahnen. Sie schimpfen über die Haustiere, die Hitze und die Kälte. Sie klagen über die Fliegen, über das Taschentuch, das ihnen zu Boden fällt, über den Kaffee, der zu wenig oder zu heiß ist, über die Zeitung, die man nicht faltet, wie es sich gehört... Sie schimpfen und schimpfen, wie wenn sie ein Elektromotor antreiben würde. Und durch ihren Groll gegen alle versauern sie sich ihr Leben mehr, als es die Krankheit selbst vermag. Bei solchen Menschen besteht am wenigsten Hoffnung. Weniger noch als bei einem, der vor dem Schicksalsschlag Atheist war...

Die von heiligem Eifer Erfüllten nehmen die Erkrankung ergeben hin. Sie hätten sie nie herbeigesehnt, wenn es nach ihrer Entscheidung gegangen wäre, aber da Gott sie geschickt hat, sagen sie mit tränengebadetem Antlitz: «Nun gut... Herr, Geduld! Wenn Du mir dieses Kreuz erspart hättest, wäre es besser gewesen, aber da Du es mir geschickt hast, will ich es annehmen.» Und sie nehmen es an. Sie nehmen es an. Aber sie umarmen es nicht und tragen es nicht. Sie stehen da mit der Last auf den Schultern..., und damit hat es sich. Jesus muß ihnen ab und zu die Last abnehmen, um sie weiterlaufen zu lassen...

Für diejenigen, die Gott lieben, ist die Krankheit eine Freude. Der Schrecken und die Erschütterung hören nach kurzer Zeit auf und *kehren nie mehr zurück.* Das Fleisch leidet. Aber nur dieses allein leidet. Der ganze Rest ist Freude. Inbrünstig flehend, wie es nicht einmal die Gesunden tun, um gesund zu bleiben, haben sie um den Schmerz gebeten. Aus der Ferne haben sie Gott gesehen, der ihnen mit dem Kreuz auf den Schultern entgegenkommt, und frohlockend gehen sie Ihm entgegen, küssen seine Hände, die ihnen das Kreuz reichen, und küssen das Kreuz als das ihnen Teuerste. Sie unterwerfen sich nicht untätig der Last des Kreuzes, sondern nehmen es, nachdem sie es ans Herz gedrückt haben, auf die Schultern und schreiten singend voran... Gott geht ihnen voraus, und sie treten in die Fußstapfen des Meisters, ohne darauf zu achten, ob der Weg steil, dornenreich oder steinig wird. Sie bekümmern sich nicht, wenn stacheliges Gestrüpp ihnen das Fleisch aufreißt, Steine die Füße abschürfen, die Sonne die hämmernden Wundschmerzen verschlimmert, das Wasser die Kleider aufweicht, der Wind sie schaudern macht, die Nacht das Vorwärtskommen noch mehr erschwert... Sie wissen, daß am Ende die Sonne aufgehen wird! Sie wissen, daß sich der steile Pfad am Ende in das glatte, gläserne Feuermeer verwandeln wird, das in die Stadt des Lammes führt, auf welch glänzendem Meer sie in alle Ewigkeit den Hymnus des Mose und den des Lammes singen werden.[80] Sie wissen all dies und überlassen das Kreuz nicht dem mitleidsvollen Cyrenäer, der es ihnen abnehmen möchte. Sie sagen: «Nein, Jesus, heilige Liebe. Du hast es einmal für mich getragen. Nun ist es an mir, es für die Brüder und Schwestern zu tragen. Wenn dein Kreuz mir dort, wo es aufliegt, eine Wunde geschlagen hat und das Blut von der verwundeten Schulter tropft, siehe, o Jesus, das Wunder meines armen Blutes auf dem harten Holz: Es läßt ein Blume des Guten daraus erblühen!» Ja, das Kreuz blüht, wenn man es liebt. Ja, das Kreuz wird dem zum Flügel, der es hochherzig trägt, zu einem geschwinden Flügel, wie der eines Engels...

Bei mir dauerte die Verwirrung nur kurze Zeit. Ich ergab mich sofort meinem Schicksal. Ich habe mich schlecht ausgedrückt. Ich muß sagen: Nach der Erschütterung des ersten Augenblicks, die ich schon erfahren hatte, als die Krankheit mich ans Haus fesselte, und die sich nun wiederholte, da sie mich ans Bett nagelte, küßte ich singend

80. Deuteronomium 31,30; 32,1-44; Apokalypse 4,1-8; 15,1-4.

mein Kreuz, und danach habe ich es nie, keinen Augenblick lang, niedergelegt, sondern immer singend getragen.

Wenn der Schmerz seine Umklammerung lockert, wenn ich weiß, daß man für meine Heilung betet, zittere ich und fürchte, daß mir mein Schatz genommen wird. Das wäre das einzige, was meine unbegrenzte Zuversicht, mein unendliches Vertrauen in Gott ins Wanken bringen könnte. Ich wäre dann zu glauben versucht, Gott befinde mich für *zu unwürdig*, um mich weiter am Erlösungswerk seines Sohnes teilnehmen zu lassen... Und ich, die ich meine *Nichtigkeit* anerkenne, aber auch um die unendliche Barmherzigkeit meines Gottes weiß, die uns in den Rang von Miterlösern erhebt, uns arme menschliche Geschöpfe, ich würde dann in Mutlosigkeit verfallen und sehr weinen. *Aber ich vertraue meinem Gott!*

Sehen Sie, Pater: Heute lacht der Dämon höhnisch um mich herum. Am Montag sagte ich Ihnen, ich weiß nicht, ob Sie sich noch daran erinnern: «Heute spüre ich eine unerklärbare Schwermut. Eigentlich habe ich keinen Grund zu weinen. Doch *gewiß* geschieht etwas Schmerzliches, das ich bald erfahren werde.» Eine meiner üblichen Vorahnungen. Gestern abend wurde mein Arzt[81] zu einer Kontrolluntersuchung nach Rom beordert. Wenn er tauglich ist, bedeutet dies seine Abreise nach weiß Gott wohin.

Sie wissen, wieviel Hilfe ich brauche und welche Krankheiten ich habe, für die eine bestimmte Pflege notwendig ist, der man sich nur schwer fügt und bei der man sich aus Scham sträubt, in andere Hände überzuwechseln. Sie kennen auch die seelischen Motive, aus denen heraus es besser wäre, jemand, der die Verhältnisse *gut* kennt, zu mir ins Haus kommen zu lassen, damit er sich nicht zu gehässigen Bemerkungen über die Lebensweise meiner Mama hinreißen läßt... Dies ist einer meiner Nägel. Sie kennen auch die finanziellen Verhältnisse und wissen, daß es verheerend wäre, sich an andere Ärzte wenden zu müssen. Es gibt soviele Gründe, die dafür sprechen, daß mir der behandelnde Arzt erhalten bleibt.

Für mich als Mensch bitte ich nur um das. In meiner Arbeit hatte ich zu den Gebetsmeinungen für den Frieden, die Rettung der Soldaten usw. auch diese Meinung für mich selbst hinzugefügt.

---

81. Lamberto Lapi, neun Jahre lang Maria Valtortas behandelnder Arzt, auf den sie einen betrübten Nachruf verfaßte, als sie die Nachricht von seinem Tod an der Front erhielt. Er starb am 26. Oktober 1943 in Korsika.

Aber der Teufel lacht höhnisch: «Siehst du, wie dich dein Jesus erhört? Er hat dir alles genommen, und nun nimmt Er dir auch noch den Arzt weg. Und Er nimmt ihn dir gerade jetzt, du Törin, wo du dich in Sicherheit wiegtest; gerade jetzt, wo dein abgezehrter Körper, in dem du deine Kraft aufgebraucht hast, auf den Altar gehoben wird. Da hast du es! Der Krieg geht weiter, der Friede ist eine Illusion, die Einsamkeit um dich herum wächst, du bist dabei, den Arzt zu verlieren... Arme Törin, wie du dich getäuscht hast!...»

Aber ich lasse ihn reden, umklammere das Kreuz und rufe: «Herr, stärke meinen Glauben! Rüste ihn derart, daß er alle Hindernisse überwindet. Jesus, ich vertraue auf Dich! Bleib bei mir, Jesus.» Wenn Jesus für seine arme Dienerin *Jesus*, d.h. der Retter, bleibt, dann kann mir nichts schaden. Ich allein vermag nichts. Ich bin ein schmächtiges Veilchen, das nur den guten Willen hat, sich am Fuß des Kreuzes in Wohlgeruch zu verströmen. Gerade weil ich von meiner Nichtigkeit überzeugt bin, habe ich mich in meinem Akt der Hingabe weder Tochter noch Dienerin nennen wollen, sondern Werkzeug und Sklavin.

Die kleine heilige Therese nennt sich «das kleine Kind der Kirche, das in seiner vertrauensvollen Unschuld am Throne steht und Blumen streut und das Lied der Liebe singt». Ich bin noch weniger: ich bin die Blume, das scheue Blümchen mit dem Büßer-Köpfchen und dem goldenen Herzen, das Veilchen, das unter den Riesen des Waldes aus der feuchten Scholle herauskommt und das vom fallenden Laub bedeckt wird. Das Veilchen ist mehr Duft als Blume, und man findet es nur, wenn man es sucht, so bescheiden und scheu ist es. Ich werde das Veilchen sein, das von dem «kleinen Kind der Kirche» gepflückt und mit ihrem Lied in eins auf die Stufen zum Throne Gottes gestreut wird, um dort zu sterben.

Hat mich nicht die kleine Heilige selbst das Lied der sterbenden Rose gelehrt?

> «Ich sehne mich danach, meine Blütenblätter abzuzupfen,
> denn man läuft ohne Bedauern auf Rosenblättern,
> und diese Kleinigkeiten sind eine Zierde von lieber Hand...
> Jesus, Dir zuliebe habe ich vor den Augen aller
> mein Leben verströmt;
> als Rose für immer verwundet, muß ich sterben.
> Für Dich muß ich sterben. Wie sehne ich mich danach!
> Blättchen für Blättchen abzupfend, möchte ich Dir sagen,
> wie ich Dich von ganzem Herzen liebe.

So will ich unter deinen Kindesschritten leben,
und siehe, ich streue dir meine Blütenblätter vor deine letzten wehen Schritte auf den Kalvarienberg.»

Diese freie Übersetzung wird nicht perfekt sein, aber ich habe sie spontan angefertigt.

Maria, das Veilchen Christi, wird jedoch nicht auf den Stufen des Thrones sterben. Der König, das Lamm Gottes, wird herabsteigen, um das demütige Blümchen zu pflücken, das gebeten hat, aus diesem Leben gerissen zu werden, um zu sterben und seinen Duft vor Ihm zu verströmen. Und die Berührung der heiligen Finger wird dem kleinen Blütenkelch, der trotz seiner Zerbrechlichkeit allen Unwettern standgehalten hat und trotz seiner Bescheidenheit so kühn war, ewiges Leben schenken.

Ach! Daß man dem Herrn nie genug vertraut! Er ist immer bereit, uns in seiner Liebe mit einem Lächeln das *zehnfache* von dem zu schenken, was wir erbitten...

Ich bin das Werkzeug in der Hand Gottes. Kein Werkzeug beklagt sich, wenn der Arbeiter oder Künstler es benützt, bis es verbraucht ist, oder es in eine Ecke wirft und dort verstauben läßt... So muß ich auch sein. Hobel, Hammer, Säge und Schraubenzieher in den Händen des Sohnes des Schmiedes, der die Seelen als göttlicher Künstler formt und bildet. Ob Harfe oder Laute, Cembalo oder Trompete, ich muß bereit sein, zu klingen oder zu schweigen, je nach dem Wunsch des göttlichen Künstlers, der in seiner barmherzigen Liebe Symphonien aus uns herausholt. Und wenn ein zu lautes Siegeslied meine klingende Seele zerspringen läßt, so spielt das keine Rolle... Der Meister wird dann eine andere Seele, eine wohlklingendere als meine, verwenden, um die aufgebrachten Geschöpfe zu bändigen und sie zu Lämmern der Herde Christi zu machen.

Eines der ersten Ereignisse in Verbindung mit meiner endgültigen Kreuzigung ans Bett war der Wechsel des behandelnden Arztes. Jener, der mich vier Jahre lang so hart behandelt hatte, war mit der Familie in Rom, um an der Schlußfeier zum Jubeljahr des Todes unseres Erlösers teilzunehmen. Ja, denn Jesus schloß mich nach drei Jahren öffentlichen Lebens Anfang 1933 ein und erhöhte mich auf das Kreuz, gerade als das Heilige Jahr anläßlich der 20.-Jahrhundert-Feier seiner Passion zu Ende ging.

Es kam also ein anderer Arzt, denn ohne Arzt ging es ja nicht... Und dieses Ereignis rief eine endlose Reihe von Tratschereien aller Art hervor. Unter anderem das Geschwätz des entthronten Arztes, der den Verdacht ansteckender Krankheiten hervorgerufen hatte, die ich jetzt vielleicht habe, aber damals noch auf keinen Fall hatte; dies belegten ja die verschiedenen Analysen. Und zu diesen ansteckenden Krankheiten kamen noch andere, geistige... Es ist eine Unsitte der Ärzte, ihr Unvermögen bei der Feststellung und Heilung einer Krankheit dadurch zu verbergen, daß sie die Leiden des Kranken für Einbildung ausgeben. Ich wurde also von meinen guten Mitmenschen nach Gebühr gequält.

Ich glaube nicht zu irren, wenn ich annehme, daß alles, was sich vom 1. April an ereignete, durch meine besondere Lage als Opfer der göttlichen Gerechtigkeit verursacht wurde. Von 1931 an vermehrten sich die Verfolgungen von seiten des Dämons und meiner Mitmenschen, die dem Dämon dienlich waren, um das zu erfüllen, was in den Plänen Gottes vorgesehen war: meine Läuterung.

Heutzutage glaubt man nicht mehr an diese dämonische Macht, die da wirkt und ihre Feinde quält oder sich jener, die wenig wachsam sind, bemächtigt und von Luzifer als seine Agenten benützt werden. Ich glaube daran. Wie könnte man sich sonst gewisse besondere Versuchungen in Geschöpfen erklären, die einzig bestrebt sind, im Lichte Gottes zu wirken; wie gewisse grundlose Bosheiten, wahre Quälereien, verstehen, die gerade die Besten zu ertragen haben? Ja, es gibt Seelen, die durch ihren natürlichen Hang oder infolge ihrer Charakterlosigkeit zu Werkzeugen des Dämons werden, der sich ihrer bedient, um jene zu quälen, die ihm am meisten mißfallen. Ebenso gibt es Seelen, die durch ihre besondere Mission Luzifer beunruhigen und sich so seine Racheakte zuziehen. Der, der sich nicht besonders um die «weder Warmen noch Kalten» kümmert, wie ja auch Gott die Lauen von sich weist, hegt einen besonderen Groll gegen jene, die vor barmherziger Liebe glühen und wahrhafte Gottesträger sind; denn «wo die Liebe ist, da ist Gott».[82] Und auf diese stürzt er sich mit *allen* seinen Waffen.

Zwischen mir und dem Dämon bestand im übrigen ein alter Groll. Ich verzieh ihm nicht, was er mir (besonders) von 1914 bis 1918 an Leiden zugefügt hatte, und er verzieh mir nicht, daß ich ihn 1930 in die Flucht geschlagen hatte. Daher Kampf auf Leben und Tod. Solange Gott bei mir war und mich mit den Flügeln seiner Liebe schützte, hatte mir der Dämon wenig anhaben können. Aber seitdem

82. 1 Johannes 4,16; Apokalypse 3,15-16.

ich nur noch eine Hostie auf dem Altartisch des Göttlichen Richters und daher mir selbst überlassen war, hatte sich Luzifer ans Werk gemacht.

Ich sagte: mir selbst überlassen. Aber glauben Sie nicht, daß es sich um ein aus dem Groll herrührendes Verlassensein handelte. Nein, es war die Stunde der Prüfung, von der ich am Anfang dieses Heftes sprach. Die Stunde, in der sich der Vater zurückzieht, da es sich um unser Gethsemani handelt, und in den Gethsemani-Stunden müssen die Christen allein sein... Wäre der Vater da, wäre die Agonie keine Agonie.

Durch die Abwesenheit des Vaters hatte der Dämon, der mich dann neun Jahre lang quälte, freie Bahn. Ach! Wenn ich mich nicht für die Rettung der Verzweifelten geopfert hätte, für die Befreiung jener, die den Weg des Verderbens eingeschlagen haben, um das Reich Gottes in die Herzen zu bringen und die Herzen zum Reich, wenn ich diese Mission der Buße nicht selbst verlangt hätte, müßte ich sagen, daß es grausam war, was da alles über mich kam. Aber ich *weiß, was ich gegeben habe und warum ich es gegeben habe*, und daher finde ich, daß das, was als ungerechte Strenge des Vaters aufgefaßt werden könnte, eigentlich der schönste Beweis seiner Liebe ist. Wer weiß, wie es den Ewigen geschmerzt hat, mich der Gewalt des Bösen zu überlassen! Aber das war notwendig, um meinen Wunsch und das Werk Gottes zu erfüllen. Gott brauchte auch das für so viele arme Geschöpfe, die unglücklicher waren als ich, da sie der Gnade erstorben waren.

Ich weiß nicht, ob es mir gelingt, meine Gedanken begreiflich darzustellen. Ich habe gelitten. Möge man nach meinem Tod nur sagen, daß die körperlichen Schmerzen *nichts gewesen sind* im Vergleich zu den seelischen, die ich erlitt. Ich sage *seelischen*, denn der Geist wurde nicht beeinträchtigt. Erschüttert und geohrfeigt, ja, aber nicht beeinträchtigt.

«Damit ich mich bei dem Übermaß der Offenbarungen nicht überhebe, erlaubte Gott einem Engel Satans, mich mit Fäusten zu schlagen. Daraufhin bat ich Ihn, Er möge mich von diesem befreien. Aber Gott antwortete: "Es genügt dir meine Gnade."»[83]

Der Geist ist Eigentum des Ewigen. Er ist das Haus, in dem der Eigentümer und König wohnt, wo die heilige Dreifaltigkeit sich vereint, denn wo der *Sohn* ist, dort ist auch der *Vater*, der aus *Liebe* den

83. 2 Korinther 12,7-9.

Sohn sandte. Und dieses Haus gehört Ihnen, bis wir Sie aus bösem Willen und durch die Sünde daraus vertreiben.

Mein Geist war und ist Eigentum des Einen und Dreieinigen Gottes. Und wenn ich in meinem Elend mit jedem Herzschlag sage: «Herr, ich bin nicht würdig, Dich zu empfangen und Dich zu beherbergen», so schließe ich deswegen Gott nicht die Tür meines Herzens zu, sondern ich mache diese weit auf und vertraue auf die barmherzige Liebe des Herrn...

Da der Geist Eigentum meines Herrn ist, konnte der Dämon nichts gegen ihn unternehmen, außer wie ein wütender Löwe darum herumzulaufen und sich zu rächen, indem er, ich drücke es einmal so aus: in den geistigen Verputz, d.h. die Psyche, biß. Wie viele Leiden hat er mir verursacht! Aber jedesmal, wenn ich kämpfte, sagte mein Jesus: «Nur Mut! Durch deinen Schmerz ist mir eine Seele einen Schritt näher gekommen. Und ich bin dir dankbar!»

Was sagen Sie dazu, Pater? Genügte dieses Wort nicht, um aus mir einen unbezähmbaren Löwen zu machen, der sich nicht ergibt, sich gegen jeden Überfall behauptet und, während er das Böse niederschlägt, seinem Herrn die Beute darbietet, die er dem Feind entrissen hat? Es genügte. Und immer mehr verlangte es mich danach, zu kämpfen.

Im Mai begann das, was ich den Turm zu Babel nenne.

Der neue Arzt, der mich so gut behandelt und eine spürbare Besserung meines Zustandes herbeigeführt hatte, wurde von einer Person umgarnt, einem der Instrumente des Dämons, die ihm einredete, daß ich nicht herzkrank sei, sondern an einer Form der Tuberkulose leide. Der abgesetzte Arzt, der sich, als er erfuhr, daß in seiner Abwesenheit ein anderer gerufen worden war, von selbst zurückgezogen hatte, steckte dahinter. Ich glaube, er hat die Gelegenheit beim Schopf gepackt, da er meinte, ich sei dem Tode nahe, er aber nichts damit zu tun haben wollte... Er hatte dieses Gerücht in Umlauf gesetzt, das etwas übertrieben dem neuen Arzt zugespielt worden war und Glauben fand. Eigentlich sollte ein Arzt nur sich selbst vertrauen. Aber was soll's...

Dieser Arzt war nicht aus Viareggio. Er pendelte zwischen Florenz und Viareggio. Am 5. Mai, nach einer sehr gründlichen Untersuchung, der üblichen wöchentlichen Visite, änderte er die Behandlung... Ich hatte schon mindestens ein dutzendmal die Behandlung gewechselt. Weg mit dem Trinitrin, weg mit Vireton und weg mit dem herzstärkenden Mittel. Er wollte mir Kalziuminjektionen geben, da es Lungentuberkulose sein sollte... Tuberkulose? Seit wann das? Aus keiner Analyse ging das hervor, in mir war nichts, was zu dieser Vermutung hätte führen können. Ich wiederhole: Vielleicht leide ich jetzt daran. Aber vor neun Jahren wirklich nicht. Ich lehnte die Kalziuminjektionen ab. *Ich wollte keine Injektionen...* Und nun habe ich bereits über 13000, ich wiederhole dreizehntausend, bekommen... Also mußte ich Kalk, Lebertran, Cholesterin, Phosphate und Vitamine schlucken... Mein Magen wurde ein Ausguß... Es waren soviele Dinge einzunehmen und alle in Abständen von mindestens einer Stunde und fern von den Mahlzeiten, daß ich den Doktor in der Art von Fra Ginepro fragte: «Sagen sie mir, wann soll ich denn dann essen?» Denn ich sollte viel essen, ruhen und sollte eine halbe Stunde am Tag an der Sonne verbringen.

Ergebnis: ein verdorbener Magen, Unterernährung, da ich nun wegen all dem Mischmasch, den ich herunterwürgen mußte, weniger als früher aß, stärkere Herzkrisen denn je, Erhöhung der Temperatur und schließlich und endlich einen schönen Sonnenbrand und Arterienverkalkung, die sogar zu einer Jugend-Sklerose mit der Bildung eines Aneurysmas führte.

Aber bevor ich den Rest erzähle, eine Bemerkung. Jede andere Person wäre bei der Verkündung dieser Diagnose erschrocken. Ich nahm sie glücklich an. Tuberkulose zu haben und in dem Stadium, das der Arzt diagnostiziert hatte, bedeutete, daß es mit mir bald zu Ende gehen würde. Und was wollte ich denn, als mein Opfer zu vollziehen? O menschliche Torheit! Diese meine Eile war Feigheit und Egoismus, nichts anderes. Feigheit: denn ich wollte viel leiden, aber nur für kurze Zeit. Egoismus: denn mein Leiden sollte bald aufhören.

Die Sehnsucht nach dem Himmel genügt nicht, um diese Eile zu rechtfertigen, besonders wenn man sich der Göttlichen Liebe und der Göttlichen Gerechtigkeit aufgeopfert hat. Der Erlöser hat die Endphase seines Martyriums nicht um einen Augenblick beschleunigt. Es wäre auch für Ihn angenehmer gewesen, sofort nach dem Verräter-Kuß durch einen Schwertstreich zu sterben. Es wären Ihm soviele Qualen erspart geblieben, und die Erinnerung an diesen Kuß wäre sofort mit dem Blut ausgelöscht worden; an diesen Kuß, der Christi Abscheu erregt haben muß, wie das kalte Hinstreifen der Schlange auf der lebendigen Haut. Aber Jesus beschleunigt nichts. Er durchsteht alle diese qualvollen Stunden, die sich aus so schmerzlichen Minuten zusammensetzten, daß jede Minute wie eine Stunde war. Er erträgt sie alle mit ihren immer wiederkehrenden Schmähungen, Faust- und

Stockschlägen, Beschimpfungen, dem Gang durch die vom Haß berauschte Menge, die Ihn da und dorthin zerrt, grausam und gewissenlos; mit der Erniedrigung, daß man Ihm die Kleider vom Leibe reißt und Ihn wie einen Verrückten und einen Spottkönig kleidet; mit der erbarmungslosen Geißelung, der grausamen Dornenkrönung, der übermenschlichen Anstrengung des ansteigenden Kreuzwegs unter der Last des Kreuzes und in diesem Zustand, bis hinauf zum Gipfel von Golgotha; mit der grausamen Kreuzigung, dem entsetzlichen Todeskampf...

Eine kleine Opferseele, deren Schmerzen ein Nichts sind im Vergleich zu jenen des Meisters, darf es nicht eiliger haben als Er. Jeder Augenblick jener qualvollen Stunden war Unterpfand für die Rettung von unzähligen Scharen von Seelen. Und daher hätte Jesus, wenn Er es gekonnt hätte, seine Qualen verlängert, damit nicht ein einziger seiner verirrten Brüder nach seinem Tode untergehe. Eine kleine Opferseele muß sich freuen zu sehen, daß ihre Agonie verlängert wird und jede neue Stunde für einen neuen Zweck aufopfern, der einen einzigen Nenner hat: eine weitere Seele zu retten.

Mein guter Meister unterrichtete mich in diesem Sinne, denn wenn auch der Vater sich in meiner Gethsemani-Stunde zurückgezogen hatte, so hatte ich in meiner Agonie nicht den Engel Jesu, sondern Jesus selbst. *Ich habe Ihn.* Mein guter Meister lehrte mich, daß ich jeden Tag segnen müsse, den ich länger auf dem Kreuz zubrächte, denn jeder auf dem Kreuz durchlittene Tag konnte einer Seele nützen. Er sagte mir mit seiner tonlosen, aber dem Geist so vernehmbaren Stimme: «Sieh zu, alle deine Schmerzen zu nutzen. Erinnere dich, daß du nicht für dich hier bist, sondern für die Seelen. Und die Seelen rettet man nur durch das Leiden. Schenke mir Seelen, Maria.» Und ich antwortete Ihm: «Gib mir Agonien, Jesus.» Und das Übereinkommen wurde geschlossen.

Eine Seele für jede neue Agonie, und diese sollte tatsächlich gerettet werden. Eine getröstete Seele für jeden Leidenstag ohne Agonie.

Von da an habe ich die Agonien und die schmerzvollen Tage herbeigesehnt. Ich habe sie herbeigesehnt mit einem maßlosen Verlangen, indem ich mir überlegte, wie ich die Leiden auf tausenderlei Weise verschärfen könnte. Es gibt eine meiner kleinen Töchter, die sich noch erinnert, wie sie sich über mein Lächeln beunruhigte, wenn eine dieser schrecklichen Krisen, die mich bis an die Schwelle der Ewigkeit brachten, über mich kam. Ich lächelte, denn ich dachte daran, daß eine weitere Seele gerettet würde.

Eine Einbildung meinerseits? Nein, Gottvertrauen. Wenn es wahr ist, daß auch ein unbedeutender, in Liebe vollbrachter Akt einen großen Wert in den Augen Gottes erlangt, was für einen Wert wird dann erst das Erleiden des Todes aus Liebe haben? Jesus sagt uns durch sein göttliches Wort, was für eine vollkommene Liebe dies ist: «Niemand hat eine größere Liebe als derjenige, der sein Leben hingibt für seine Freunde.»[84]

Ich gab mein Leben hin für meine Freunde, und dazu gehörte eine unzählige Schar von Seelen, unter denen sich Verwandte, Freunde, Bekannte, Unbekannte, *Feinde*, Götzenanbeter und Verstorbene befanden und *befinden*... Und an die Spitze dieses ganzen Heeres von *Freunden*, die, da ich sie der Gnade zurückerkaufte, meine Kinder wurden, stellte ich meinen göttlichen Freund: Jesus, den Bruder, den Meister, den Bräutigam, den König.

Man kann keine größere Liebe haben als Dich, meine unvergleichliche Freude, als die, für Dich das Leben hinzugeben, damit Du in den Herzen triumphierst und Dein Reich komme! Nein, man kann keine größere Liebe haben! Und wenn in meiner Liebe menschliche Schwächen sind, die sie beflecken oder ihren Wert mindern, so bitte ich Dich, Du unerschütterliche Barmherzigkeit, dennoch Mitleid mit mir zu haben. Schau nicht auf meine armselige Wirklichkeit, o Erbarmungsreicher. Ziehe nur meinen idealen Wunsch in Betracht, in deinen Augen vollkommen zu sein, nicht um einen Preis zu erhalten, sondern um ein Lächeln auf dein von den Freveln dieser Stunde entstelltes Antlitz zu bringen.

Manch einer, der meine Heiterkeit im Leiden sah, äußerte sich mir gegenüber so wie Petrus Jesus gegenüber. Aber ich hatte dieselbe Antwort bereit, die der Meister dem eifrigen Apostel gab: «Weg von mir Satan, denn du bist mir zum Ärgernis.»[85] Ich gebrauchte diesen Ausspruch nicht direkt, denn das wäre wenig feinfühlig gewesen. Aber wenn ich ihn auch in viele andere Worte einflocht, so gab ich doch zu verstehen, daß ich in den Dingen des geistigen Lebens die *volle* Unabhängigkeit bewahren wollte, auch wenn ich in allen anderen Dingen schlimmer als ein Kind abhängig war, auch wenn Mama trotz meiner Krankheit weiterhin mit eiserner Hand herrschte. In diesem Bereich hatte nur Gott das Recht zu herrschen, und niemand anderer.

84. Johannes 15,13.
85. Matthäus 16,21-23; Markus 8,31-33.

Darin lag im Grunde auch eine große Gerechtigkeit. Der einzige, der mich das ganze Leben lang geliebt hatte, war Gott. Die anderen hatten es entweder nicht gekonnt oder nicht gewollt. Nur Er hatte die Arme ausgebreitet und mich an sein Herz gedrückt, ohne auf meine Unarten, mein Schmollen und meine Unfreundlichkeiten zu achten; nur Er hatte mich getröstet, mir die Tränen abgetrocknet und das Herz beruhigt; nur Er war mir Vater, Mutter, Bruder, Bräutigam und Freund gewesen. Nun, nachdem Er mir *soviel* gegeben hatte, verlangte Er *nur eines* von mir, das einzige, was ich Ihm geben konnte; denn infolge meiner familiären Unterjochung besaß ich nichts und verfügte über nichts, außer über mein Leben. Dieses Leben, das mir von Ihm kam und das Er mir bisher bewahrt hatte. Und ich gab es Ihm, mein einziges Kleinod. Ich warf mein einziges Hab in das Netz, das Er mir entgegenhielt...

Es gibt so viele Seelen zu erwerben... Einmal mehr kam es mir zu Bewußtsein, wie weit wir nach zwanzig Jahrhunderten Christentum noch davon entfernt sind, die Essenz des Christentums, das eine Religion der Selbstlosigkeit, der Kühnheit und der Liebe ist, zu begreifen... Die Mehrheit jedoch erniedrigt es zu einer bequemen Agentur, wo alle Reisepässe für das Paradies unter Entrichtung einer kleinen Gebühr beglaubigt werden müssen; oder sie halten es für ein enormes Warenhaus, wo der Eigentümer, der gute Gott, immer bereit ist, seinen Kunden das zu geben, was ihnen am meisten zusagt. Eine Art Schlaraffenland!... Und was für ein Murren, wenn man nicht gleich das findet, was man verlangt!...

So kam der Sommer. Und mit dem Sommer und der verfehlten Behandlung kam der Blutandrang. Es war der 1. August. Um 3 Uhr nachmittags lag ich geradezu in den letzten Zügen. Auch hier mengte sich der Dämon nach Gebühr ein, um mich zur Verzweiflung zu bringen.

Mein Vater beauftragte sofort jemanden, den Arzt zu verständigen, der sich damals zu Bädern in Viareggio aufhielt. Aber die Beauftragte, dieselbe, die den Arzt von meiner mutmaßlichen Tuberkulose überzeugt hatte, zog es vor, sich vorerst um ihren Kochtopf zu kümmern, anstatt sich meiner zu erbarmen und zum Arzt zu laufen. Moral: er kam, nachdem die Krise bereits zwei Stunden angedauert hatte und das Blut in den Venen zu gerinnen begann.

Ich erhielt das erstemal gleich fünf verschiedene Injektionen. Man sprach schon davon, mir subkutane Einspritzungen zu geben, aber dann konnte das doch vermieden werden. Fast hätte ich den Assisi-

Ablaß im Himmel gewonnen! Innerhalb von 24 Stunden hatte ich fünf Anfälle von Angina pectoris.

Am Morgen des 2. August, um 4 Uhr, spendete mir mein Pfarrer, der absolut überzeugt war, daß ich sterben würde, die Sterbesakramente. Und er blieb viele Stunden bei mir und nahm auch an einer ärztlichen Beratung teil, bei der man, welch wertvolle Entdeckung, mich nicht mehr an Herz, Lunge und Kreislauf erkrankt befand, sondern an der Leber. Der Leber? Wer hatte denn je bemerkt, eine Leber zu besitzen? Nun ja! *Ich mußte* ein Leberleiden haben. Nach neun Jahren warte ich noch immer darauf! Also Kuren mit Thermalwassern usw.

Nachdem die zwei Entdecker meiner Leber weggegangen waren, wünschte ich eine erneute Untersuchung. Aber der behandelnde Arzt sollte nicht dabei sein. Es kam Professor Bianchi, ein Lungenfacharzt. Er schloß die Leber und auch jegliche Art von Tuberkulose aus, im besonderen die Lungentuberkulose. Er fand nur, daß man mir durch all den verabreichten Kalk die Arterien verkalkt hatte. Daher Entkalkungskur gegen die verfrühte Sklerose und von neuem Trinitrin und herzberuhigende Mittel für das höchstangegriffene Herz; Stille, Ruhe, abgedunkeltes Zimmer usw. So ging der Sommer vorüber, die Fenster immer offen, die Läden immer geschlossen. In Erinnerung ist mir der Sonnenstrahl geblieben, der auf die Wand des Treppenhauses fiel... Wenn ich an diesen Strahl denke, habe ich jene Tage vor Augen. Siebzehn Tage lang war ich mehr tot als lebendig. Dann löste sich die Embolie, und es ging mir ein wenig besser. Nun brauchte ich eine Krankenwache.

Meine Mama überließ mich sofort anderen Händen. Wenn ich eine Tochter in dieser Verfassung gehabt hätte, mit einem Herzen, das von einer Minute zur anderen zum Stillstand kommen konnte, hätte ich sie nicht einen Augenblick verlassen. Sie verließ mich schon in der ersten Nacht, in der ich von einer Schwester bewacht wurde. Arme Frau! Sie gab ihr Bestes. Aber da sie vielleicht an Kranke gewöhnt war, die in der Mehrzahl fortwährend aßen und tranken, störte sie mich fortwährend mit ihrer Frage, ob ich etwas trinken wollte... Die folgenden Nächte kamen dann abwechselnd befreundete Frauen und Fräulein. Aber ich ließ sie sich ins andere Bett legen. Es genügte mir, sie im Zimmer zu haben... Sie schliefen, ich verbrachte die Stunden, indem ich mit Gott sprach und das Verstreichen der Zeit am ungestümen Rhythmus des Herzschlags nachvollzog. Tagsüber stand mir eine sehr liebe Schwester bei.

Der Arzt hielt hartnäckig daran fest, daß es sich hier um Tuberkulose oder Hysterie handle. Es folgten Analysen auf Analysen..., aber die Tuberkulose wollte einfach nicht in Erscheinung treten, um ihm einen Gefallen zu tun. So folgten Untersuchungen auf Untersuchungen, um die Hysterie festzustellen. Aber auch diese wollte sich nicht zeigen, um ihn glücklich zu machen. Und ich litt fürchterlich.

Wieder ein Konsilium mit einem Chirurgen. «Es handelt sich um eine Blinddarmentzündung! Es muß sofort operiert werden!»

Himmel! Auch im Jahr 1920 hatte man dasselbe gesagt, und nach 14 Jahren hatte sich die Blinddarmentzündung noch immer nicht gezeigt. Ich warte immer noch darauf. Und ich lebe von rohem Salat, Erbsen und ähnlichen Köstlichkeiten für einen nach Meinung der Ärzte fast durchlöcherten Verdauungsapparat!...

Erneutes Konsilium: «Es handelt sich um eine genitale Insuffizienz.» Dreimal: Himmel! Darunter habe ich nie gelitten. Ganz im Gegenteil. Wenn schon, dann litt ich unter einer Neigung zur Überfunktion! Aber es mußte dieser Herd sein. Es gab keine Ruhe. Die Ärzte machen es sich immer leicht, wenn sie Frauen behandeln! Wissen sie mit einem Leiden nichts anzufangen, so nennen sie es: Hysterie, und wir sind abgefertigt! Also eine Hormonbehandlung. Ergebnis: keine Veränderung im Zustand meines Herzens, aber eine Eierstockentzündung, die dann auf einen Tumor hinauslief, der mir viel Schmerzen und Unannehmlichkeiten, *nicht nur körperlicher Art*, bereitet.

Nachdem man sah, daß man keinen Volltreffer erzielt hatte, wechselte man wieder. Es kam wieder der Lungenfacharzt, der — o menschliche Inkonsequenz —, nachdem er vom behandelnden Arzt nach Gebühr bearbeitet worden war, die *ganze* frühere Diagnose zurückzog. Während er mir vorher wegen des Blutdruckes frisches Obst und Fruchtsäfte verordnet hatte, verordnete er mir nun kräftige Ernährung; während er mir vorher unter Androhung des Todes absolute Ruhe verordnet hatte, verordnete er mir nun, aufzustehen und mich in die Pineta zu begeben, während er mir vorher mit allen möglichen Nitriten die Arterien entkalkt hatte, verordnete er nun eine intensive Kalkkur, da sich eine beiderseitige Lungentuberkulose abzeichne (Himmel!). Diese würde mich, wenn es nicht gelänge, sie durch kräftige Ernährung, Luft, Bewegung und Kalk zum Stillstand zu bringen, innerhalb von drei Monaten (Himmel, Himmel!) unter fürchterlichem Bluthusten ins Jenseits befördern (Himmel, Himmel, Himmel!).

Das war am 4. September 1934. Heute haben wir den 8. April 1943. Ich habe immer weniger gegessen, keine frische Luft geatmet außer der, die zum Fenster hereinkommt, keine Bewegung gemacht, keinen Kalk genommen und bin noch immer da — und warte...

Ich sollte mich bewegen, aber *keiner* der drei beratenden Ärzte übernahm es, mich mit dem Krankenwagen zu einer Radiographie ins Krankenhaus zu bringen... Sie wußten, daß ich durch Bewegung, selbst wenn ich mich nicht übernähme, das Leben riskierte.

Kurz und gut, der eine wollte unbedingt, daß ich Alkohol jeglicher Art zu mir nähme, der andere verbot mir sogar gewässerten Weißwein; der eine verabreichte mir Koffein in hohen Dosen, der andere verbot mir den Kaffee, der eine empfahl kräftige Ernährung und verursachte dadurch Krise um Krise, der andere setzte mich auf Wasser und Fruchtsaft... Zum Verrücktwerden!

Schließlich kam ein uns befreundeter Arzt. «Aber wer hat denn dieses ganze Zeug verordnet?» rief er aus, *als er die Apotheke sah*, die ich auf dem Nachtkästchen stehen hatte. «Die sind ja verrückt! Am liebsten möchte ich alles aus dem Fenster werfen.» Er untersuchte mich und stellte fest: Tuberkulose, absolut ausgeschlossen. Eine schwere Herzmuskelentzündung, das ja, und inzwischen auch eine Eierstockentzündung. Also absolute Bettruhe, wenig, aber gehaltvolle Kost, herzstärkende Injektionen und basta. «Und nun werde ich mich darum kümmern, den für sie geeigneten Arzt zu finden.» Und er fand ihn.

Es ist der jetzige[86], der mich seit achteinhalb Jahren behandelt und der, wenn auch kein Adler, der alle Leiden heilt, doch wenigstens ein guter Psychologe ist, der die *Ursachen der Übel* erkennt. Und das bedeutet schon sehr viel für einen Kranken und besonders für bestimmte Kranke!

Was meine Heilung anbelangt... Er sagt oft und seit Jahren: «In diesem Fall vermögen wir nichts. *Wir befinden uns hier Kräften gegenüber, die der Medizin überlegen sind.* Diese verhindern die geringste Besserung im Befinden der Kranken, so wie sie auch den Tod derselben verhindern; denn nach menschlichem Ermessen müßte sie schon seit Jahren tot sein, sowohl wegen der Schwere der Krankheiten, die Sie zerfressen, als auch wegen der törichten Behandlungsweise in der Anfangszeit. Ich bin kein überzeugter Gläubiger, aber ich kapituliere vor der Offensichtlichkeit des Wunders. Denn hier, im

86. Zu Dr. Lamberto Lapi siehe Seite 353.

Fortdauern dieses Lebens, sehe ich ein Wunder: ein Wunder, das noch größer ist als das einer Heilung. Ich tue nichts, ich verfolge nur die Entwicklung der Krankheit, so gut ich kann, denn ich fühle, selbst wenn ich das Unmögliche täte, würde ich mich einem Willen gegenüberfinden, der alle meine Anstrengungen zunichte machte.»

Gott sei Dank, daß er es begriffen hat! Aber auch die anderen, ich will sagen: die vorübergehenden Berater, sind zu diesem Schluß gekommen. «Wenn Sie gläubig sind, fahren Sie nach Lourdes oder nach Loreto. Dort wirkt die Hand Gottes, und nur Er kann die Heilung herbeiführen.»

Oftmals ist mir vorgeschlagen worden, nach Lourdes oder nach Loreto zu fahren. Auch mein Pfarrer machte mir in der ersten Zeit den Vorschlag, mich unentgeltlich dorthin zu begleiten. Obwohl ich dafür sehr dankbar war, habe ich verzichtet. Erstens wäre das, wie ich schon ausgeführt habe, ein großer Widerspruch, *man verlangt nicht zurück, was man geschenkt hat.* Zweitens verzichte ich auf die Gnade der Gesundheit, die mir geschenkt werden könnte, zu Gunsten eines anderen kranken Geschöpfes, das sich mit der Krankheit nicht abfinden kann.

Allemale, wenn eine Krankenwallfahrt oder eine feierliche Novene, wie die zur Madonna von Lourdes, zum heiligen Josef, zum heiligen Antonius usw., stattfinden, sage ich zum Herrn: «Wenn ich fahren würde, wenn ich Dich bitten würde, würdest Du, unendliche Güte, mich sogar heilen. Aber ich bitte Dich, ich flehe Dich an, gewähre einem anderen die Gesundheit oder wenigstens die Linderung der Schmerzen, die Du mir schenken würdest. Sie mögen einem anderen zugute kommen, und er möge Dich dafür loben. Es gibt so viele kranke Familienväter und -mütter, deren Kinder sie dringend brauchen! Heile einen oder eine von diesen! Es gibt soviele Kranke, die an ihrer Krankheit verzweifeln. Heile einen von ihnen! Wenn nur ein Mensch mehr Dich liebt und lobpreist, bin ich zufrieden, zufriedener, als wenn Du mich heilen oder meine Schmerzen lindern würdest.»

Bedenken Sie, wie schön es für mich sein wird, denjenigen im Paradies zu begegnen, die durch meinen Verzicht geheilt wurden! Geheilt vom körperlichen Leid oder der Verzweiflung! Jetzt weiß ich nicht, wer sie sind. Aber im Himmel werde ich es wissen. Der Herr selbst wird sie mir zeigen, wenn er mich ans Herz drücken und sagen wird: «Komm, Gesegnete, denn ich war krank, und du hast mich gesund gemacht.»

Diejenigen, die auf ihre Heilung verzichteten, damit ein anderer geheilt werde, werden sicher auch diese Seligkeit erfahren! Nicht einmal ein in Seinem Namen gereichtes Glas Wasser wird vergebens sein und ohne Belohnung bleiben... Was für eine Belohnung wird man dann erst erhalten, wenn man in Seinem Namen die Gesundheit für einen kranken Bruder hingegeben hat?

Ach, ich bin so glücklich, wenn ich soviel leide!... Meine Sendung ist es *zu leiden*. Jedesmal, wenn sich das Mitleid der Ärzte ein neues Heilmittel ausdenkt, und jedesmal, wenn das Mitleid der Gläubigen Gebete für meine Heilung emporschickt, zeigen sich eine ernste Verschlechterung meines Zustands und heftigere Schmerzen.

Im harmonischen Aufbau des Universums hat alles seinen Daseinsgrund und seine Aufgabe. Die Sterne, die ihre Kreise ziehen, schenken uns Licht und strömen Sternenkräfte aus, die die Entwicklung der kleinsten Dinge beeinflussen und die Gezeiten der Meere regeln. Die Wasser gehorchen den ewigen Gesetzen, die ihnen gebieten, als Regen und Schnee aus den Wolken niederzufallen, um die Erde zu bewässern, die Gletscher zu bilden und die Flüsse zu speisen, welche wiederum in die Seen und Meere einmünden und diese zu riesigen Speicherbecken machen, aus denen die Sonne die Dämpfe aufsteigen läßt, damit daraus neue regenspendende Wolken entstehen. Die Fische, die dümmsten Fische, dienen der Reinigung der Gewässer, nicht nur der menschlichen Ernährung. Die Vögel dienen zur Vertilgung der Insekten und zur Aussaat der kleinen Blumensamen. Die Bäume kleiden sich, den Wachstumsgesetzen folgend, im Frühjahr mit Laub, um den Vogelnestern eine Wohnung und dem Menschen Schatten zu bieten, oder sie bedecken sich mit Früchten, um den Hunger des Menschen und der Vögel des guten Gottes zu stillen. Die Samen nehmen es hin, in der schwarzen Erde begraben zu werden, wo nichts anderes als Würmer sich herumschlängeln, um dann zu gegebener Zeit als Pflänzlein hervorzusprießen, die Brot und Nahrung aller Art schenken. Die Schafe bedecken sich im Herbst mit dichterer Wolle, um den Vögeln im Frühjahr Wollflocken für ihre Nester und den Menschen warme Kleidung zu schenken. Die Bienen und die Schmetterlinge dienen der Verbreitung der Pollen, ohne die das Blühen der Pflanzen unnütz wäre. Die Winde haben ihre Daseinsberechtigung, da sie die Wärme regulieren, den Himmel fegen, die Meere reinigen und bei den Pflanzen den Heiratsvermittler spielen. Sogar die Brombeersträucher haben ihre Mission. Sie bieten den hängenden Nestern voll zarter Geschöpfe

Schutz vor dem Menschen und der Schlange und halten die Wollflokken fest, die die Vöglein suchen und die Schafherden schenken.

Alles, alles hat seinen «Sinn» in der Schöpfung, und alles seine Mission, die ihm vom Schöpfer zugedacht ist. Ich habe die meine: zu leiden, zu sühnen und zu lieben. Leiden für den, der nicht zu leiden versteht; sühnen für den, der nicht zu sühnen versteht; lieben für den, der nicht zu lieben versteht. An mich denke ich nicht. Ich sage zum guten Gott: «Ich vertraue mich Dir an!» Das ist alles, was ich Ihm sage.

Ich denke nicht im geringsten daran, Buch zu führen, als ob ich ein Handelstreibender wäre, um alles aufzuzeichnen, was ich Gutes tun kann, und dann in der Stunde des Gerichtes dem Ewigen meine Abrechnung vorzulegen. Nicht im Traum! Ich hasse Berechnungen!... Wenn ich in den Himmel komme und man mich fragen wird: «Und du, was hast du im Hinblick auf diese Stunde Gutes getan?», werde ich antworten: «Aber, das wirst Du doch wissen, Herr. Ich weiß nur, daß ich Dich geliebt habe und meinen Nächsten um Deinetwillen.» Vor einem so absoluten Nichtvorhandensein menschlicher Rechnungsführung wird der gute Gott auf den Gegenposten nur eine schöne *Null* setzen können und mich weitergehen lassen... Das sagt auch die heilige Therese: «Für die Kleinen wird es kein Gericht geben.» Ich bin noch weniger als klein: Ich bin eine Unfähige, die nur eines kann: *lieben*.

Ich begehre weder den Tod noch das Leben. Ob ich jetzt sterbe oder erst in zehn Jahren, ist mir einerlei. Nicht einmal der Gedanke, daß der Tod mir das wahre Leben eröffnen wird, läßt mich Gott bitten, Er möge sich beeilen, mich ganz hinzunehmen. Eines nur will ich: «Seinen Willen tun» — anderes interessiert mich nicht...

Sollte ich verarmen, so wird der gute Herr, der die Vöglein des Himmels ernährt, auch mich sattmachen. Sollten mich alle verlassen, wird Er, der gute Samariter, mir einen Beistand besorgen. Sollte ich kein Zuhause, keine Kleider, gar nichts mehr haben, so wird Er, der weiß, was es heißt, keinen Stein zu besitzen, um sein Haupt darauf zu legen, mir ein Haus von Bethanien finden, wo eine Barmherzige mir das geben wird, was unserem Menschsein nottut. Sollte ich blind, taub, stumm oder von Wunden bedeckt sein, so wird Er, der Rocco einen Hund schickte, um dessen Wunden zu heilen, und Benedikt einen Raben, um ihn zu nähren, mir ein Tier verschaffen, das, besser als ein Mensch, keinen Ekel vor meinen Wunden empfinden und mir ein Stück Brot bringen wird. Sollte mir auch das fehlen, so wird es mir genügen, daß mir die Fähigkeit erhalten bleibt, Ihn zu lieben, Ihn, meinen Gott, zu lieben bis zum letzten Atemzug. Etwas anderes verlange ich nicht.

Man muß von seinem Nächsten so behandelt worden sein, wie *ich* es wurde, um zu verstehen, daß auf Erden *alles Eitelkeit und Lüge ist und nur Gott nicht lügt und nicht enttäuscht*. Wenn man davon überzeugt ist, gelangt man notgedrungen zu *jenem*, das heißt dazu, jenen Einzigen zu lieben, der uns *nie Schaden zugefügt* hat: Gott.

Wenn man Gott liebt, ergießt sich die Wärme aus unserem Inneren nach außen, und auf diese Weise liebt man den Nächsten. Man liebt ihn nicht seiner guten Eigenschaften wegen, sondern man liebt ihn als den, der er *ist*: ein Geschöpf Gottes, von Christus erlöst, in dem der Heilige Geist wohnt. Wir können ihn nur lieben, wenn wir Gott in uns haben — denn wer die Liebe hat, hat Gott —, sind wir auch seiner Barmherzigkeit teilhaftig. Und diese deckt die Schändlichkeiten der anderen zu und bekleidet die Körper, auch wenn sie durch moralische Krankheiten entstellt sind, mit einem übernatürlichen Gewand.

Wenn daher Jesus das Verlöbnis meiner Seele mit Ihm noch lange Zeit aufrechterhalten will, was werde ich dann im schönen Paradies sagen? Ich werde nur sagen: «Hier ist deine Dienerin, o mein Herr, verfahre mit ihr nach deinem Belieben.»

An dieser Stelle bin ich durch das Mittagessen unterbrochen worden.

Während ich die Brotkrümchen für meine Tauben bereitete, vernahm ich schon zum zweitenmal an diesem Morgen eine Stimme, die mir zuflüsterte: «Gib acht, wenn du schreibst, so sind dies Unterlagen, die bleiben und in denen man herumstöbern wird, um dein Leben zu rekonstruieren. Überlege daher, was du schreibst, um dich nicht herabzusetzen oder zu erhöhen.» Auch heute früh, in den ersten Stunden des Tages, während ich mit meiner Toilette beschäftigt war, wurde dieselbe Stimme in mir laut.

Es passiert mir oft, daß die Inspirationen, die Ratschläge, die Stimmen mir gerade dann im Herzen erklingen, wenn ich mit Dingen beschäftigt bin, die weit vom Geistigen entfernt sind. Wenn ich bete, vernehme ich schwerlich etwas, wenn ich aber schreibe, lese, arbeite, esse, mit meinen kleinen Tieren scherze oder mit irgendjemand spreche, dann leuchtet ein Wort in meiner Seele auf... Vielleicht hängt das damit zusammen, daß mein tiefstes *Ich* stets fest an einem Ort ist, was immer ich tue, und nichts es von seinem Leben trennen kann, das Gott ist. Ich weiß nicht. Ich glaube, daß es so ist.

Das erstemal habe ich dieser Einflüsterung kein Gehör geschenkt. Das zweitemal habe ich darüber nachgedacht und bin zu dieser Schlußfolgerung gekommen: «Wer immer in mir spricht, wisse, daß ich, nachdem ich mich geprüft habe, überzeugt bin, nur lebendige und wahre Gedanken niedergeschrieben zu haben, die in mir sind; daß ich alles Gute und Schlechte so erzählt habe, wie es sich zugetragen hat. Gleicherweise werde ich bis zum Ende fortfahren. Wenn ich mich in meiner Erzählung herabsetze, spielt das keine Rolle. Wenn ich in der Meinung anderer erhöht werde, bedeutet dies nichts für mich. Es wäre nur zur größeren Ehre Gottes, der es versteht, aus dem Nichts eine Begnadung hervorzubringen. Was die Überlegung betrifft, daß später einmal die Nachkommenden in meinen Schriften herumstöbern könnten, um meine ideale Gestalt zu rekonstruieren, so sage ich dir, daß mich das nicht stört. Wenn das geschehen sollte, werde ich kein menschliches Geschöpf mehr, sondern ein geistiges Wesen sein. Und als geistiges Wesen, ich hoffe, im Reich Gottes, kann ich nicht mehr vom Stolz heimgesucht werden. Im Himmel gedeiht diese häßliche Pflanze nicht. Daher begeistert mich diese Perspektive weder, noch deprimiert sie mich. Wenn du, der du sprichst, mein Gott bist, so siehst du, daß ich in allem die Wahrheit sage, auch in diesem letzten Gedanken. Wenn du der Feind bist, dann spare dir die Worte: keines deiner lobenden Worte wird mir zu Kopf steigen. Ich habe zu sehr meine vergangenen Schwächen und mein jetziges Nichts vor Augen.» Und in aller Ruhe habe ich dann zu essen begonnen.

Ich habe Ihnen auch das erzählen wollen, weil ich es für richtig hielt. Und nun fahre ich fort.

Am 19. November träumte ich, daß mein Papa sterben würde... Damals ging es ihm sehr gut, aber ich träumte, er würde sterben... Ich erwachte mit starkem Herzklopfen. Ich sagte es Mama und dem Fräulein, das diese Nacht in meinem Zimmer geschlafen hatte. Letztere tröstete mich, so gut sie konnte. Mama verlachte mich wie gewöhnlich.

Sie machte eine *unmögliche* Periode durch. Sie hatte geglaubt, meine Erkrankung würde von kurzer Dauer sein, und ich könnte dann wieder aufstehen. Aber diesmal hatte ich einen wahren Dauerschaden davongetragen. Ich hatte es in den vorangegangenen Jahren so oft gesagt: «Ich kann nicht mehr! Ich bemühe mich und bemühe mich, aber ich bin erschöpft. Und wenn ich überhaupt nicht mehr weiter kann, wenn ich einmal hinfalle, dann steht das arme Eselchen nie mehr auf.» Auch da wurde mir nicht geglaubt... Das Monopol der

Beschwerden gehörte meiner Mutter... Ich und Papa, wir hatten kein Recht, krank zu sein. Das war ihre Meinung. Aber Gott lehrte sie das Gegenteil. Papa brach innerhalb von drei Tagen zusammen, und ich bin für mein ganzes Leben ans Bett gefesselt. Die einzige Gesunde ist sie. Als sie also sah, daß ich nicht gesund wurde und sie mich jetzt bedienen mußte, nachdem sie bisher *über alle Maßen* von mir bedient worden war, wurde sie wütend.

Armer Papa! Wie viele Grobheiten, wie viele Vernachlässigungen! Er mußte sich die letzten Monate seines Lebens mit Gesottenem, Aufschnitten, Kaffee und Milch abfinden, er, der an gut zubereitete Mahlzeiten gewöhnt war — und vor allem die Kuchen schätzte, die ich immer für ihn gebacken hatte. Er war so naschhaft wie ein großes Kind.

Armer Papa! Wie viele Zurechtweisungen, weil er, wenn mich die Krisen befielen, immer um mich herum war und mich vergötterte, als wäre ich noch sein dreijähriges Mariechen, das zu ihm sagte: «Ich werde niemand anderen als dich heiraten und dir eine Perücke schenken!» Meine Mutter hätte gewünscht, daß er mich tadelte, so wie sie es machte, da ich durch meine plötzlichen Krisen alle störte. Aber Papa tadelte mich nicht. Er küßte mich, bemühte sich um mich und nannte mich «seine Schöne, seinen Liebling», wie damals, als ich klein war und nur ihn hatte, der mich liebte... Und er weinte über mich...

Wenn ich in den Tagen meiner Kindheit erkrankte, war Mutter noch ein bißchen mehr wie eine «Mama» zu mir gewesen. Aber nun, seit ich unheilbar krank bin, hat sich dieses Wunder nie mehr ereignet. Ich bin nur eine Belastung!... Armer Papa! Und arme Maria! Wieviel Gleichgültigkeit! Wie viele Grobheiten, wieviel Geschimpfe, wie viele Vernachlässigungen! Mein Papa regte sich auf, wenn sie die Blumen goß oder die Wäsche zusammenlegte, statt an mein Bett zu eilen, um mir beizustehen, wenn ich infolge einer Krise zwischen Leben und Tod schwebte. Am Abend begab sie sich in den ersten Stock, um schlafen zu gehen. Oft, ohne mir einen Kuß zu geben und gute Nacht zu sagen!... Ich hätte nachts sterben können — sie wäre nicht dagewesen.

Am 18. Dezember holte sich Mama eine Lungenentzündung, weil sie, eigensinnig, wie sie war, Sommerkleidung hatte tragen wollen. O Gott! Drei Freundinnen, zwei Schwestern, ein Arzt und eine Halbtagskraft genügten ihr nicht... Ich blieb oft ganze Tage allein, weil sie alle beschäftigt hielt.

Am Abend des 25. Dezember erlitt Papa, der einige Tage zuvor eine leichte Harnblutung gehabt hatte, einen leichten Schlaganfall. Er war gerade mit einer Schüssel Wasser in mein Zimmer gekommen... Ich sah ihn taumeln, sein Mund verzog sich, und die Lippen färbten sich blau. Einen Herzschlag riskierend, faßte ich ihn am Arm und führte ihn zu einem Sessel in meiner Nähe. Er erholte sich dann, und als der Arzt kam und auch die Person, die mir nachts (schlafend) Hilfe leistete, konnte Vater alleine in sein Zimmer hinaufgehen. Aber stellen Sie sich vor, was ich in dieser Situation durchgestanden habe. Ich war machtlos, *allein* — denn von 17 bis 22 Uhr waren wir die ganze Zeit allein gewesen — und mit Papa in diesem Zustand. Der Arzt kümmerte sich dann um ihn. Er ließ ihm Blutegel ansetzen...

Mama ergriff die Gelegenheit, um mit einem wütenden Briefchen gegen mich und mit einer Flut von Worten gegen ihn zu wettern. Sie beschuldigte uns, wir hätten während ihrer Krankheit ausgelassen gelebt. Ausgelassen! Wir hatten von Brühe und gekochtem Kaninchen gelebt... Am Weihnachtstag hatte ich auf meiner kleinen Kochstelle ein wenig Hirn in Butter gebacken. Das war unsere Ausgelassenheit!... Nein, es war nicht die Ausgelassenheit, die Papa umbrachte! Es war der unterdrückte Ärger, es waren die Beleidigungen, die er schlucken mußte... Im Jahre 1910 war er daran erkrankt... nun ging er daran zugrunde. Ich sah manchmal seine Kehladern ganz dick anschwellen von der Anstrengung, die es ihn kostete, sich zu beherrschen...

Aufgrund der Sorgen und des unregelmäßigen Essens — am 26. war ich bis 18 Uhr ohne Essen — verschlechterte sich mein Zustand abermals.

Am 28. wollte Mama entgegen der Anordnung des Arztes aufstehen, um die Ansetzung der Blutegel *zu beaufsichtigen*. Es waren zwei geistliche Krankenschwestern da, aber sie traute ihnen nicht... Sie ging halbangezogen ins Erdgeschoß hinunter, um dem ganzen Haus ein Spektakel zu bieten, und kritisierte alles und alle. Zu mir kam sie herein, um mich zurechtzuweisen und ohne zu bemerken, daß ich mich eben von einem Herzkrampf zu erholen begann. Dann legte sie sich wieder zu Bett und erlitt einen Rückfall. Kein Wunder! Drei Stunden lang war sie im Nachthemd herumgegangen, und das am 28. Dezember!...

In den ersten Januartagen konnte Papa wieder aufstehen. Damit er zu essen bekam, wie es sich gehörte, und die andere oben sich keine weiteren Dummheiten einfallen ließ, beging ich für mehrere Tage den Leichtsinn, von 17 bis 20 Uhr das Bett zu verlassen. Das war die Zeit, in der ich sicher war, daß mich niemand überraschen würde. Ich brachte alles in Ordnung, bereitete das Essen für den folgenden Tag und kehrte dann leichenblaß ins Bett zurück. Am 26. Januar nahm Mama wieder die Zügel in die Hand. Es wurde Zeit...

Am 2. Februar 1935, nach einer schweren Benommenheit und einer schrecklichen Herzkrise, stellte sich die Halblähmung ein. Und nun wurde die Theorie des behandelnden Arztes von den übrigen konsultierten Ärzten anerkannt: nicht nur das Herz war angegriffen, sondern auch die Wirbelsäule, besser gesagt, das Rückenmark war verletzt. Ob es sich um einen Tumor oder die Bildung von Flüssigkeit, die von dem Stockhieb herrührte, handelte, weiß man nicht. Die Verletzung besteht jedenfalls.

Nach dem Konsilium schrieb ich folgendes (ich schreibe aus dem Tagebuch ab): «Meine Seele jubiliert. Unbegreiflicher Jubel, unbegreifliche Freude für den, der die brennende Sehnsucht meines Herzens nicht kennt!... Du, mein Gut, weißt, warum ich glücklich bin!... Ich habe also nicht *eine*, sondern *drei Krankheiten*! Ich küsse diese meine Dreieinigkeit des Schmerzes, in der ich den Willen der ewigen Dreieinigkeit widergespiegelt sehe. Und ich bete Gott an, der mich mit drei ähnlichen Geschenken schmückt, und rufe mit dem heiligen Franziskus aus: «Herr, ich bin eines so großen Schatzes nicht würdig!» Ich drücke mir diese drei Nägel ans Herz, deine drei Nägel, o mein König, o mein Christus, o mein Alles. Und da die Liebe wächst, je mehr man sich verstanden und belohnt fühlt, bitte ich dich mit der Kühnheit der Verliebten: «Warum nur drei Wunden? Warum nicht fünf, wie Du?» Und ich warte vertrauensvoll, weil ich fühle, daß Du mich beehren wirst mit *allen* Deinen Kleinodien des Schmerzes...»

Die drei Krankheiten waren: die Herzmuskelentzündung, der Tumor am Eierstock und die Rückgratverletzung. Aber ich merkte, daß der Arzt mir etwas verheimlichte. Und so versuchte ich ihn immer wieder zum Reden bringen.

Am Morgen des 3. Januar bemerkte ich, wie der Doktor Mama ein verstohlenes Zeichen machte. Sie begaben sich in die Diele und schlossen sich ein. «Gut», sagte ich, «jetzt komme ich auch.» Ich ging barfuß bis zur Glastür, indem ich mich an die Möbel klammerte, stützte mich dort auf die Nähmaschine, sah durch das Glas und lauschte dem Gespräch. «Der Professor läßt Sie wissen, daß es sich um eine Form fortschreitender Lähmung handelt. Sie schreitet sehr langsam fort, ist aber äußerst gefährlich und unerbittlich. Durch einen Schrecken, eine Aufregung oder sonst etwas kann sie sich rascher entwickeln, das Zwerchfell und die Nervenzentren angreifen und augenblicklich den Tod herbeiführen. Wenn keine beschleunigenden Faktoren auftreten, kann es Jahre dauern, während denen die Organe langsam absterben...»

Ich kehrte ins Bett zurück..., denn mein Herz flatterte und meine Beine gaben nach. Nicht vor Angst, sondern vor Müdigkeit. Aber nunmehr wußte ich genug. Ich habe immer *die Wahrheit wissen und sagen wollen.*

Die teilweise Lähmung, die im Unterleib begonnen hatte, hat allmählich auf viele andere Organe übergegriffen, und von Zeit zu Zeit kündigen sich weitere Lähmungserscheinungen an. Aufsteigend treffen sie den Kopf, absteigend den Brustkorb. Es ist qualvoll, denn je nachdem, welches Nervenzentrum betroffen ist, können Blindheit, Taubheit, Sprechstörungen, Schluckbeschwerden, Atembeschwerden, Verdauungs- und Nierenstörungen oder Behinderung beim Schreiben auftreten. Eine Unzahl von Beschwerden.

In dieser Zeit traf ich mit Jesus die feierliche Vereinbarung, durch jede Krise eine Seele loszukaufen. Zuerst hatte ich das nur so allgemein gesagt. Und wie freute ich mich, wenn ich viele Krisen an einem Tag hatte. Damals hatte ich nur die Schmerzen am Herzen und an der Wirbelsäule, sowie ein heißes Ziehen, als ob an der Stelle, wo sich der Tumor bildete, ein Feuer brennen würde. Zu Ostern verursachte mir meine unverbesserliche Mama eine schreckliche Krise, so daß ich für viele Tage an den Armen und am Hals gelähmt war. Ich litt seelisch, wie es schlimmer nicht hätte sein können. Und ich wurde nicht geliebt... Nur mein Papa liebte mich. Mama fütterte mich so unwillig, daß ich lieber vor Hunger gestorben wäre. Ich lag ausgestreckt auf einem Tisch, da die Wirbel sehr entzündet waren, und befand mich in einer seltsamen Art von deliriumähnlichem Dämmerzustand... Ich mußte widerwärtige Behandlungen über mich ergehen lassen...

Und der Teufel blies aufs Feuer... *Ich fühlte*, daß der Krieg ausbrechen würde... *Ich wußte*, daß Papa sterben würde...

Zu jener Zeit ließ Jesus meine Eltern einen großen Preis gewinnen, um der Not seiner kleinen Gekreuzigten abzuhelfen. Mama sagte Papa nichts davon, obwohl dieser sich Sorgen machte, weil er fürchtete, daß ich noch lange Pflege brauchte. Sie ließ mich auch schwören, daß auch ich Papa nichts sagte. Mein armer Papa ist gestorben, ohne etwas davon erfahren zu haben. Wenn ich meine geistigen Kräfte voll im Griff gehabt hätte, hätte ich es ihm gesagt, wie es sich gehörte, und ihm ans Herz gelegt, nicht davon zu reden. Aber was nützte es, Papa gewisse Dinge ans Herz zu legen! Schon nach wenigen Stunden vergaß er meine Bitte, und ich hatte die Bescherung... Um ihm und mir viele Grobheiten und Beschimpfungen zu ersparen, schwieg ich. Es gab schon genug davon! Und ihretwegen soviel Jammer!...

Gleich nach Ostern wollte ich dem Leidensapostolat[87] beitreten. Der Pfarrer stimmte meinem Wunsch zu und sagte, alles sei geregelt. Gewiß, das Leiden war da. Aber acht Jahre lang habe ich keinen Gebetszettel oder irgendein Abzeichen erhalten, dieser Gruppe, dieser Vereinigung anzugehören.

Inzwischen nahm der Schmerz in der Bauchgegend zu, und es folgten weitere Untersuchungen, welche die Existenz des Tumors bestätigten. Aber die Ärzte unternahmen nichts, denn im entscheidenden Augenblick hatten sie alle Bedenken wegen des schlechten Zustands meines Herzens.

In dieser Zeit begann ich den Ursprung gewisser Verirrungen vieler meiner Geschlechtsgenossinnen zu verstehen. Bis dahin hatten sie in mir das gleiche Mitleid wie der Anblick eines Verbrechers erregt. Mitleid mit ihrem Elend. Ja, ich hielt sie für Verbrecherinnen, da sie sich durch ihr Laster selbst umbrachten.

Jahre zuvor hatte mir ein Arzt, als er von gewissen Unglücklichen sprach, die ich als unmoralisch bezeichnete, gesagt: «Das sind *Kranke*. Und als solche müssen wir sie ansehen und behandeln, um sie zu heilen. Keine körperlich gesunde Frau entwürdigt sich derart. Es handelt sich um Kranke.» Mehr hatte er mir nicht gesagt, und ich dumme Gans hatte nicht recht verstanden, auf was er anspielte. Ich war so immun gegen gewisse Dinge!

Auch in den furchtbaren Augenblicken meiner jungen Jahre hatte es mich *verlangt*, das Böse zu tun; und zwar aus einer Rebellion des Fleisches heraus, das um sein Recht zu lieben gebracht worden war. Aber ich wußte nicht genau, was das *Böse*, das ich tun wollte, war, was dieses in mir erwachende animalische Verlangen war.

Erst dieser Tumor ließ mich gewisse Dinge begreifen und für die im Laster lebenden Unglücklichen beten.

Ich hatte mir einen Leidenskalender zusammengestellt. Jeden Tag opferte ich meine Schmerzen für eine bestimmte Gruppe von Personen auf, um Wiedergutmachung für besondere Dinge zu leisten. Am

87. Von dem französischen Jesuiten Xavier Gautrelet gegründetes Gebetsapostolat für das Kommen des Reiches des Heiligsten Herzens Jesu durch Aufopferungen zur Rettung der Seelen.

Montag sühnte ich für die Übertretung der Gebote Gottes und der Kirche, für die Gerechtigkeit, und um einen gottgefälligen Tod für die Sterbenden zu erbitten. Dienstags für den Mißbrauch und die Geringschätzung des Wortes Gottes, für die Abweisung der Gnade Gottes und für die armen Seelen im Fegefeuer. Und so fort. Samstags, an dem ich mich für die sakrilegischen Beichten und Fleisches-Sünden aufopferte, fügte ich nun das Anliegen der Sühne für die verlorenen Frauen hinzu.

Nun *verstand* ich, wie leicht es ist, eine verlorene Frau zu werden. Wie viele Seiten des Evangeliums über die Barmherzigkeit hat mir mein Tumor erhellt; eine Barmherzigkeit, die nicht nur eines Gottes würdig ist, sondern eines erhabenen Gelehrten, die Barmherzigkeit Christi gegenüber den sündigen Frauen, von denen im Evangelium die Rede ist! Unter Tränen der Dankbarkeit und der Demut habe ich erkannt, daß nur die Güte Gottes mich bewahrt hatte, so zu werden wie viele andere Geschöpfe, in die der Biß der Erbsünde tiefere Wunden geschlagen hatte, die dann noch von schrecklichen, zum Wahnsinn führenden Krankheiten befallen wurden, und denen der Halt durch eine *wirkliche* Kenntnis unserer Religion fehlte... Ich habe erkannt, daß ich, wenn ich mir selbst überlassen gewesen wäre, der Begierde nicht mehr als sie widerstanden hatte, die durch die Krankheit noch verschärft wird und uns an den Rand des Wahnsinns bringen kann.

Vielleicht wirkten in mir auch sehr die dämonischen Einflüsterungen. Ach, sie haben mich auf jede Weise gequält! Nur ich weiß, wie sehr sie mich gequält haben! Und das jahrelang!

Es war eigenartig. Die Seele blieb immer die gleiche: vereint mit Gott, im Frieden, voll des Verlangens nach dem Opfer. Das Gebet war meine Freude, die Sakramente begehrte ich mehr als die Luft. Das Fleisch aber war in Aufruhr. Ich habe den Eindruck, daß ich durch einen Willen, von dem ich nicht weiß, wem ich ihn zuschreiben soll, ob dem Allerhöchsten oder dem Allerniedrigsten, gespalten war. Über den Geist herrschte Gott, in das Körperliche verbiß sich Luzifer, der mich aufhetzte, verwirrte — und manchmal in den Schlamm stürzte. Dann vereinigten sich das Fleisch und der Geist wieder, und ich empfand die Beklemmung, schwach gewesen zu sein...

Ich habe die Hölle durchgemacht. Ich ärgerte mich über mich selbst, die ich schwach war, und über die Ärzte, die das Übel, das mir den Geist verwirrte, nicht beseitigten. Hätte es mir nur körperlichen Schmerz verursacht, wäre es mir gleich gewesen. Ich regte mich über die Priester auf, die meiner Qual, die ich ihnen nicht verbarg, so gelassen gegenüberstanden. Ich habe mich nicht über Gott aufgeregt, da ich begriff, daß Er da keine Schuld hatte.

Es war die schreckliche Stunde der Versuchung. Eine Opferseele der Göttlichen Gerechtigkeit muß auch das durchstehen, um die Seelen vieler Sünder zu retten... Nachdem ich die Bedrängnis durch den Dämon erlitten hatte, klammerte ich mich an meinen Gott, küßte meinen Jesus und empfahl mich Ihm. Ich sage es noch einmal: ich habe unmenschlich gelitten. Manchmal frage ich mich noch, wie dies in einer Seele geschehen konnte, die sich ganz Gott geschenkt hatte. Ich denke, daß Gott mich in der Demut erhalten wollte, damit ich mich nicht rühmte und für vollkommen hielte. Oh, es besteht keine Gefahr mehr, daß ich mich dafür halte! Ich brauche nur an die Qualen dieser Jahre zu denken, um mit dem heiligen Paulus[88] zu bekennen, daß wenn mein inneres *Ich* sich auch an dem Gesetz des Herrn erfreute, mich in meinen Gliedern ein anderes Gesetz bedrückte, das im Widerspruch zum Gesetz des Geistes stand und mich zum Sklaven der Sünde machte. Der Engel Satans hat mich gebührlich geschlagen, zweifeln Sie nicht daran...

Wieviel habe ich gelitten! Sehen Sie: Ich bin nun körperlich wirklich eine Gemarterte. Aber alle diese Krampfzustände, durch die auch ein Atemzug zur Qual werden kann, sind nichts im Vergleich zu jenem Leiden, von dem ich überzeugt bin, daß es eine dämonische Rache gewesen ist. Und nun, um Gottes willen, kein Wort mehr davon!

Von da an betete ich also für die verlorenen Frauen! Dies verschärfte natürlich immer mehr die Wut Satans.

«Das aber ist das ewige Leben, daß sie Dich, den allein wahren Gott erkennen und den Du gesandt hast, Jesus Christus» (Joh 17,3)

Im April 1935 hatte ich einen Traum, den ich fast als eine Erscheinung bezeichnen möchte.

Während ich schlummerte, sah ich Martas Mama.[89] Bedenken Sie, daß es die ersten Nachmittagsstunden waren. Ich war also kaum so tief eingeschlafen, daß ich hätte träumen können. Sie war wie immer gekleidet, hatte ihren Schleier auf dem Kopf und schien zum Ausgehen fertig. Ihr Gesicht war weißer als weiß. Es strömte Licht von ihm

---

88. Römer 7,14-25; 2 Korinther 12,7.
89. Schon auf Seite 313 in Fußnote 68 erwähnt.

aus, so, als ob im Inneren eine Lampe wäre, deren Licht durchschimmerte. Kein Strahlen, nein, ein ruhiges Licht, das Frieden verbreitete. Sie schien mir unmittelbar zu Füßen meines Bettes zu stehen.

«Oh, Signora Isolina!» rief ich aus. «Sind Sie mich besuchen gekommen?»

«Ach ja. Ich habe mich immer deiner erinnert, weißt du?»

«Sind Sie glücklich?» Ich wußte, daß sie bereits verstorben war, und durch das Strahlen ihres Gesichtes begriff ich, daß sie im Paradies war.

«Ich bin glücklich, denn dort, wo ich bin, ist man glücklich. Aber mein Fegefeuer ist noch nicht beendet, nicht einmal im Schoße Gottes endet es...»

«Und warum? Wie kann das sein?»

«Gott hat mir den Lohn für mein Leben gegeben. Du weißt, wie opferreich und rechtschaffen es gewesen ist... Aber ich habe auch in der Freude des Himmels einen Stachel im Herzen. Meine Marta, allein auf der Welt, und in einem Milieu, *wie ich sehe*, das in den Augen der Welt nicht schlecht, aber Gottes nicht würdig ist. Was ich an Glauben gesät habe, ist am Absterben. Vorerst nur das. Aber wenn der Glaube erst einmal abgestorben ist... Das ist mein Fegefeuer, das ist es immer gewesen, und es dauert noch an, auch im Himmel. *Ich wünschte mir, Marta wäre bei dir.* Dann gäbe es für mich kein Fegefeuer mehr, weil ich beruhigt wäre in bezug auf mein Kind und seine Seele... Ich habe dich immer gern gehabt, Maria. Hab auch du mich lieb. Ich vertraue dir Marta an.»

Während sie so sprach, wurde sie immer strahlender und löste sich schließlich im Lichtgrunde auf...

Sehen Sie, deshalb ist Marta[90] hier, statt in den Büros wie früher. Mama, die eine Hilfe brauchte, stimmte meinem Wunsch zu. Nur,

---

90. Die am 2. Dezember 1910 in Lucca geborene Marta Diciotti hatte mit 4 Jahren ihren Vater und mit 22 Jahren ihre Mutter durch den Tod verloren. Sie kam am 24. Mai 1935 in das Haus der Valtorta in Viareggio und wurde die treue Hilfe und Vertraute der kranken Maria sowie Zeugin ihrer Mission als mystischer Schriftstellerin. Sie stand ihr in den Nöten des täglichen Lebens, besonders beim Näherrükken der Front des 2. Weltkrieges bei, vor allem aber in den letzten schmerzlichen Lebensjahren, bis zum Tode Marias am 12. Oktober 1961. Marta blieb weiterhin in dem Hause wohnen, das nach Veröffentlichung der Valtorta-Schriften von zahlreichen Besuchern aufgesucht wurde. 1975 erlaubte sie Professor Albo Centoni, ihre mündlichen Zeugnisse über Maria Valtorta aufzuzeichnen, die dieser 1987 in dem Band «Una vita con Maria Valtorta» herausgab. Am 19. Oktober 1996 mußte sie, im Alter von 86 Jahren, infolge eines Sturzes und Oberschenkelhalsbruches dieses Haus verlassen.

daß ich, was Martas Aufnahme betraf, einen übernatürlichen Beweggrund hatte, und meine Mutter einen menschlichen und höchst egoistischen.

Die Mission, die Martas Mama mir in bezug auf ihr Kind aufgetragen hat, habe ich erfüllt und habe mir keinen Vorwurf zu machen. Ich habe dieses arme Waisenkind *mit dem Herzen einer Mama und einer Schwester aus den Händen ihrer Mama* aufgenommen und ihr aufrichtige Zuneigung entgegenbracht, und ich halte dies auch weiter so. Das beschränkt sich nicht auf alberne, süße Worte, sondern ist Lebenshilfe, Fürsorge und Tröstung in vielen kleinen Dingen. Wäre sie mein eigenes Kind, ich könnte nicht mehr für sie tun. Und vor allem habe ich mich um ihre Seele bemüht, die ich sehr liebe.

Als sie zu mir kam, war ihre Frömmigkeit sehr gering. Ich hielt ihr keine Predigten, die ja in einem irritierten Herzen nur noch mehr Irritation hervorrufen, sondern war bloß sehr lieb zu ihr und ließ sie nach und nach von sich aus in mein ganz dem Herrn geschenktes *Ich* eindringen. Ich betete bloß, und sie sah mich beim Beten — ja, ich habe mich beim Beten sehen lassen, um ihr das Bild ihrer Mutter ins Gedächtnis zu rufen, die sehr viel gebetet hatte, und um ihr ohne Worte zu sagen, daß die Guten immer beten und durch das Gebet in all ihren Schmerzen und einsamen Stunden Stärkung erfahren. Und so habe ich sie, ohne daß sie es merkte, wieder zu einem lebendigen Glauben zurückgeführt und hoffe, daß sie diesen nie wieder verlieren wird, auch wenn ich einmal nicht mehr auf dieser Erde sein werde. Ihre Mutter wird nun ganz glücklich sein im schönen Paradies, wo sie mich gewiß erwartet, um mit mir über unsere Marta zu wachen.

Es tut mir nur leid, daß Marta auf diese Weise zwischen die Räder meiner Mutter geraten ist. Ich hatte eigentlich gehofft, daß sie zwar geizig, aber nicht so böse, undankbar und gehässig wäre, wie sie es zu der armen Marta ist. Ich kann Ihnen sagen, wenn Marta noch Verfehlungen gegen das 4. Gebot abzubüßen gehabt hätte, dann hat sie diese bereits abgebüßt!...

Aber vielleicht hat auch das einen höheren Sinn, eines Tages werden wir es wissen. Vorläufig bezeugt sie, was ich mit meiner Mutter durchzustehen habe... Marta könnte viele Dinge erzählen, aus denen klar meine und meiner Mutter Handlungsweisen hervorgehen, und da würde ich nicht schlecht abschneiden. Ich muß dies sagen, um ohne falsche Bescheidenheit der Wahrheit treu zu bleiben...

Heute nacht, vom 10. auf den 11. April, habe ich über das in dem letzten Heft Geschriebene nachgedacht und bemerkt, daß ich mich an einem bestimmten Punkt schlecht ausgedrückt habe. Ich sagte dort, ich hätte mich über mich selbst und über die Ärzte wegen der Auswirkungen der Erkrankung des Eierstockes aufgeregt.

Sich aufregen bedeutet, die Ruhe, das Vertrauen, den Frieden verlieren, bedeutet, sich auflehnen. Nein. Nichts von alledem. Ich *machte mir Vorwürfe*. Das war es, was ich tat. *Ich machte mir selbst Vorwürfe und bestrafte mich bitter*, weil ich nicht imstande war, gewisse Empfindungen zu unterdrücken, und *ich machte den Ärzten heftige Vorwürfe*, weil sie allen meinen inständigen Bitten gegenüber so untätig blieben und mich nicht von dieser Neubildung befreiten, die in mir so komplexe Reaktionen hervorrief und mich so verwirrte.

Und das hielt jahrelang so an. Dann verstand ich schließlich, daß auch dies eine Prüfung war, die einen Sinn hatte..., und habe mich nicht mehr aufgeregt. Und das Schönste war, daß die Versuchungen sofort nachließen. Es ist klar, daß der Teufel in seiner Beschämung, entdeckt worden zu sein, in die Hölle gefahren ist. Wo soll man ihn sonst hinschicken, nicht wahr? Nun, nachdem ich Ihnen in meinem Brief vom Februar ausführlich über meinen Zustand berichtet hatte, hat er es nicht mehr gewagt, auch nur die Spitze eines Hörnchens oder des Schwänzchens sehen zu lassen. Vielleicht frißt ihn die Wut auf... Um so besser!

Und nun muß ich von etwas äußerst Schmerzvollem sprechen. Aber es ist ja Passionssonntag... Daher kann ich von einer meiner bittersten Passionsstunden reden. Der leidende Jesus und die schmerzensreiche Mutter Maria werden mir helfen und gewisse Tränen trocknen, die mich schon in der Kehle würgen und gleich aus den Augen kollern werden.

Ich gestehe Ihnen, daß es mir gar nicht danach ist, davon zu sprechen, denn es ist allzu qualvoll. Aber wenn ich nicht darüber spreche, würden in meiner Krone viele Dornen fehlen und gerade die schmerzhaftesten, denn es waren Qualen für den Körper, den Geist und das Herz. Qualen, die wie gewöhnlich nicht verstanden, nicht mitgefühlt und nicht geglaubt wurden. Qualen, die nach acht Jahren sehr lebhaft fortdauern, wenn sie auch jetzt nicht mehr die Gipfel der ersten Stunden erreichen und eher eine Wehmut sind, die mir das Herz schwer macht und Tränen in die Augen preßt. Eine Wehmut voll der Trauer, aber so schwer, daß ich mich oft wie ein armes Vöglein fühle, das aus dem Nest gefallen ist und auf dem Boden schmachtet.

7. TEIL

«Ich werde ihm Gott sein, und er wird mir Sohn sein»[91]

Der Tod meines Vaters

Marta kam am 24. Mai 1935 zu uns. Gleich danach begann der Zustand meines Vaters sich endgültig zu verschlechtern.

Er sagte nichts, mein armer Papa. Er ertrug seinen Schmerz mit stoischer Ruhe. Er sagte nichts, weil er mich nicht betrüben wollte, und um nicht das Geschimpfe seiner Frau hören zu müssen; denn meine Mama hat diese Eigenheit: wenn es einem schlecht geht, ist sie nicht etwa liebevoller zu ihm, sondern gröber denn je... Und er sagte auch nichts, weil er es wohl derart leid war, der Willkür einer Verrückten ausgesetzt zu sein — man muß sie so nennen, um nicht zu sagen: einer Boshaften, denn der Wahnsinn ist eine Krankheit, die Bosheit aber etwas Schlechtes — er war es also so sehr leid, sagte ich, daß er den Tod als eine große Befreiung ansah.

Er hatte als *Gerechter* gelebt. Nichts beunruhigte seine Seele, wenn er an den Tod dachte. Er hatte in seinem Leben so vielen Gutes getan, vor allem seiner Frau, aber auch den Verwandten, den Freunden und Fremden. Er hatte die ihm anvertrauten Jugendlichen *mit Güte* erzogen. Er hatte immer seine Pflichten als Sohn, Ehemann, Vater, Soldat und Staatsbürger, als Mensch unter den Menschen erfüllt. Er hatte es stets mit Geduld, Freundlichkeit und Liebe getan, indem er die Beleidigungen verzieh, Böses mit Gutem vergalt, den Widerwillen gegen jene überwand, die ihn verkannten und andauernd verletzten... Wieviel aufrichtige, beständige, langmütige Liebe hatte er meiner Mutter geschenkt! Und wie hatte sie es ihm so gar nicht gedankt!...

---

91. 2 Samuel (Vulgata: 2 Könige) 7,14; 1 Chronik (oder Paralipomena) 17,13; 22,10; 28,6; Psalm 2,7; Apostelgeschichte: 13,33; Hebräer 1,5.

Ach, ich darf nicht daran denken, ich darf nicht daran denken, o mein Gott! Lösche gewisse Erinnerungen aus meinem Gedächtnis, sonst kommt mein ganzes Blut in Wallung!... Laß mich dich auf deinem Kreuz betrachten, von wo aus Du deinen Peinigern verzeihst, gewähre mir, daß ich deine Mutter betrachte, die zu Füßen desselben Kreuzes *zweimal* verzeiht: für dich und für sich selbst; ein uneingeschränktes Verzeihen, denn nichts kostet uns so viel, als jemandem zu verzeihen, der unsere Liebsten mit Schmerzen überhäuft... Liebkose mich, Jesus, um diese Wunde zu heilen, die, kaum daß ein Gedanke sie streift, übermenschlich zu schmerzen beginnt.

O mein Papa, armer Papa, der du nur mich hattest, die dich liebte, und der du mich in deinen letzten Tagen und in deiner Todesstunde nicht an deiner Seite haben konntest!

Mama merkte nichts von dem so raschen Verfall meines Vaters, ein Verfall, den alle *sahen*, nicht nur ich mit meinem bangen Tochterherzen... Nun sagt Mama: «Es war wie ein Blitzschlag! In drei Tagen ist er dahingestorben, und es ging ihm doch so gut.» Nein. Es war kein Blitz aus heiterem Himmel. Es war, wie wenn der Wasserstand monatelang langsam ansteigt, bis die Fülle des Wassers die Dämme überflutet. Wenn sie auch meinem Traum vom 19. November keinen Glauben hatte schenken wollen, so hätte sie die ersten Anzeichen der Krankheit ernst nehmen müssen, die sich wenige Tage später einstellten: eine Harnblutung und die Entdeckung von Blasensteinen...

Sie kam damals zu mir gelaufen, denn wenn etwas Aufregendes, Ärgerliches oder Beängstigendes passiert, dann kommt sie — die gewöhnlich nur zur Bewachung meiner Besucher bei mir erscheint — sofort dahergelaufen. Und ich mit meiner Spitalserfahrung sagte ihr: «Das ist eine ernste Sache. Im allgemeinen führen diese Blasensteine, besonders bei Männern, innerhalb eines Jahres zum Tod; vor allem wenn das Leiden schon so fortgeschritten ist, daß Blutungen auftreten. Papa braucht jedenfalls *viel* Pflege und Schonung. Er darf sich nicht aufregen, und man muß ihm Strapazen und eine Kost vermeiden, die seinem Zustand abträglich sind. Außerdem muß er von einem Arzt behandelt werden.» Alles in den Wind gesprochen!...

Dann erlitt er noch eine leichte Embolie, wahrscheinlich durch ein Blutgerinnsel, das in die Blutbahn geraten war. Nicht einmal das brachte sie zum Nachdenken. Ihrer Meinung nach war alles vorüber... Tatsächlich schien es Papa im Januar, Februar, März und April besser zu gehen. Aber ich beharrte auf meiner Diagnose und wurde weiterhin für *verrückt* erklärt. Sie glaubte mir nicht einmal, als sich Papas Aussehen im Mai verschlechterte und er einen schleifenden Gang bekam, während seine Wangen und Lippen sich gelblich färbten. Sie ließ ihm nicht die notwendige Pflege angedeihen. Eine Außenstehende bemerkte, daß Papa Blut verlor und sagte es Marta. Marta sagte es mir, und ich teilte es Mama mit. Dies geschah Ende Mai.

Gerade in diesen Tagen hatte ich einen an meinen Vater adressierten Brief abgefangen, der ihn sehr betrübt hätte. Wäre er meiner Mutter in die Hände gefallen, hätte sie Papa zu einem *vollständigen Märtyrer* gemacht. Ich bin sehr glücklich, dies getan und *alles in Ordnung* gebracht zu haben. Diesen Brief bewahre ich noch immer auf... Wenn Mama den Brief sähe, würde sie nicht sagen: «Du hast gut daran getan, Papa diesen Kummer zu ersparen», sondern mich mit Beschimpfungen und Anklagen überschütten. Das ist mir gleichgültig. Ich habe meinem Papa den letzten Schmerz erspart.

So kam der Juni heran. Ich erlitt damals die ersten Anfälle von chronischer Bauchfellentzündung mit ersten Anzeichen von Darmverschlingung. Unter anderem war ich sehr aufgebracht wegen der zahlreichen, ergebnislos verlaufenden inneren Untersuchungen, die ich über mich ergehen lassen mußte. Ich war außer mir. Ich werde nie vergessen, wie ich eines Tages selbst Papa zurückwies, der mich beruhigen wollte... Ich habe heute noch seinen schmerzvoll überraschten Blick vor Augen und hätte ihm diesen gerne erspart...

Ach, ja! Auch das soll mich daran erinnern, wie uns Jesus vergleichsweise ansehen muß, wenn wir Ihn zurückweisen und der Lieblosigkeit bezichtigen... Es ist ein Blick maßloser Pein, der Traurigkeit, Erstaunen, Resignation und großes Mitleid ausdrückt... Und er läßt mich erkennen, wie sehr uns der Vater im Himmel liebt, der auf unsere Ausrutscher infolge einer augenblicklichen geistigen Verwirrung nicht mit gekränkter Zurückhaltung reagiert..., sondern uns vielmehr bedauert und wie immer liebt — uns arme Geschöpfe, die wir uns von so vielen Dingen verwirren lassen!

Mein Papa hegte keinen Groll gegen mich, und kaum war meine Gereiztheit verflogen, war er lieb zu mir wie ehedem. Ich war seine Maria, die auch ihre Fehler hatte, aber die ihn mit allen ihren Kräften liebte, die nur ihn liebte.

Ist nicht meine Einstellung Gott gegenüber ebenso? *Ich bin seine Maria, die nicht ohne Fehler ist, Ihn aber mit allen ihren* Kräften liebt und nur Ihn liebt. Ach, dieser Gedanke und diese Erinnerung an meinen Papa hier auf Erden stärken mich in der Hoffnung, daß mein Vater im Himmel mich nicht zu streng richten wird. Unser Vater kann in seiner Großherzigkeit nicht seinem Diener Giuseppe nachstehen, der die Gründe für die Unbeherrschtheit seiner Tochter *begriff* und ihr mit *doppelter Liebe zu verzeihen verstand: mit seiner Liebe als Vater und als Gerechter*... Nun ist Papa im Himmel und sieht, daß seine Maria nicht aufgehört hat, ihn zu lieben, und sich mit ihrer ganzen Liebe nach ihm sehnt...

So sehr verstand mich mein Vater, daß er gegen Mitte Juni zu mir kam, um mir zu sagen: «Maria, dieses Mal geht es mit mir zu Ende!» Welch eine Qual! Mir war, als würde es mir das Herz zerreißen.

Ich hatte mit einem solchen Glauben, einer solchen Inbrunst gebetet, daß ich wirklich überzeugt war, Gott würde mich erhören... Manchmal geschieht es auch jetzt noch, daß ich unter Tränen, die ich bei gewissen Erinnerungen nicht zurückhalten kann, sage: «Aber warum hat Gott mir meinen Papa nicht gelassen? Wenn mir schon ein Elternteil genommen werden mußte, warum hat Er dann nicht meine Mama zu sich genommen? So hätte mein Papa seine letzten Jahre in Frieden leben können, *denn zwischen mir und ihm gab es nie Spannungen*. Unter tausenderlei Opfern füllte ich seine allzu schmale Geldbörse... Ich bezahlte seine Geldstrafen, ohne daß Mama es bemerkte, ich nähte ihm die zerrissenen Sachen und reinigte sie, wenn er sich beschmutzte, um zu verhindern, daß er von Mama unfreundlich zurechtgewiesen würde, ich befriedigte seine kindliche Naschhaftigkeit... Armer Papa, dem nicht einmal mehr die Freude gegönnt war, mit mir auszugehen, jene schönen Spaziergänge zu unternehmen, die einst unsere helle Freude waren; denn Mama hatte mich an der Kandare, und außerdem wurde ich immer kränker...»

Das sage ich mir in den Stunden großer Sehnsucht nach Liebkosungen... Und ich rufe ihn, ich rufe ihn... Ich glaube, daß mein Rufen in die Himmel dringt...

Jetzt aber, da in Italien alles zugrunde geht, sage ich mir: «Es ist gut, daß Papa gestorben ist. So ist ihm dieser Schmerz erspart geblieben, ihm, der durch und durch Soldat und voll der Liebe zu seinem Vaterland war!» Ich sage es unter Tränen, aber ich sage es. Und dann sage ich: «Ich danke Dir, lieber Gott, daß Du ihm, deinem getreuen Diener, diese Bitternis erspart hast!»

Die Tage vergingen. Der 15., der 16. und so weiter..., und er wurde immer kränker. Er schleppte sich noch so recht und schlecht dahin, ging bis San-Paolino..., ging bis zur Pineta und wieder zurück. Er muß furchtbare Schmerzen gehabt haben. Ich weiß, was für Schmerzen

Blasensteine, eine Blasenentzündung und Harnblutungen verursachen... Es ist einem zumute, als wäre man voll von Schwefelsäure.

Ich litt, ihn so leiden zu sehen, und auch unter meinen eigenen immer unerträglicheren Schmerzen. Seit Monaten verabreichte man mir Morphium. Dies brachte mir insofern eine Besserung, als es die infolge der tetanischen Krämpfe zusammengeschrumpften Nerven streckte. Der Schmerz ließ aber nicht im geringsten nach, im Gegenteil, das Empfindungsvermögen nahm zu. Ich weiß nicht, ob es mir gelingt, mich verständlich auszudrücken. Ich will sagen, daß die immer in mir betäubten Sinneskräfte durch die Droge in einen überempfindlichen Zustand versetzt wurden. Ich sah nur Ungeheuer, empfand eine große Übelkeit und erlebte Rauschzustände, wie es eben nach dem Genuß von Drogen der Fall ist und eine krankhafte Überempfindlichkeit der Sinne.

Es gibt Leute, die behaupten, daß Opium, Morphium und Ähnliches süße Visionen hervorrufen, Tobsuchtsanfälle beseitigen und übermäßige Erregung dämpfen! Was für Lügner! Das müssen lasterhafte Menschen sein, die an diesem Paradies der Ungeheuer und der chinesischen Gesichter Gefallen finden!... Ich habe durch das Morphium nur unangenehme Dinge erfahren, bis ich mich schließlich nach einem zwei Jahre langen Kampf mit dem Arzt, der es mir verabreichte, durchgesetzt hatte und es abgesetzt wurde. In diesem Fall bin ich mutiger als der Subdiakon Girard[92] gewesen! Nach zwei Jahren andauernder Injektionen, auch doppelter Dosen vom Morphium, habe ich mir diese selbst untersagt und *keinerlei Verlangen* danach verspürt. Die Schmerzen blieben, wie schon gesagt, sowieso die gleichen, das Herz war schwächer, und der Geist durch bösartige Sinnlichkeit erregt worden. Wer sagt, daß man Morphium nicht absetzen kann, wenn man daran gewöhnt ist? Was für Lügen! *Es genügt, sich von ihm losreißen zu wollen.* Wenn man es in den Apotheken nicht mehr bekäme, würde man auch leben, nicht wahr? In allem kommt es auf den *Willen* an.

Am 26. Juni verließen Papa abends die Kräfte. Ich war halb vom Schlaf benommen und vermochte nicht einmal, mich herauszureißen, um mich von Papa zu verabschieden. Oh, ich bin überzeugt, daß der Teufel da seine Hand im Spiel hatte, um mir mein künftiges Kreuz zu erschweren!

---

92. Giuseppe Maria Girard (1874-1921), französischer Subdiakon, der eine 22jährige Krankheit heiligmäßig ertragen hat.

Ich habe meinen Papa nicht mehr gesehen. Er legte sich Mittwoch abends ins Bett, und bis Freitag morgen blieb sein Zustand unverändert. Ab 9 Uhr war er nicht mehr bei klarem Verstand. Er stand auf und begann die Treppen herunterzusteigen. Er wollte in mein Zimmer kommen und sich in das andere Bett legen... Er war verwirrt, doch sein Unterbewußtsein führte ihn noch immer zu seiner Maria, der einzigen, die ihn liebte. Von meinem Bett aus gebot ich ihm zu seinem Wohle, sofort in sein Bett zurückzukehren... Es wäre besser gewesen, ich hätte in herkommen lassen! Er wäre in meiner Nähe gestorben, und ich hätte den Trost gehabt, ihm beigestanden zu haben. So kehrte er nach oben zurück, ohne daß wir uns noch einmal sahen... Für mich ist Papa immer auf halber Treppe und im Begriff, zu mir zu kommen... Er wird mir in meiner Todesstunde von dort entgegenkommen.

Sein Zustand verschlechterte sich sofort, nachdem er aufgestanden war. Der Arzt schwindelte ein wenig, um mir Ampullen mit Digalin, Spartein u.a. zu entwenden. Aber ich blickte ihm dabei ins Gesicht und begriff. Ich versuchte mit allen Mitteln zu erfahren, wie es Papa ging. Ich bat den Arzt, mir die Wahrheit zu sagen, aber sie wurde mir verschwiegen. Ich bat darum, mich zu Papa hinaufzutragen, auch das wurde mir abgeschlagen. Ich betete, bis mir schlecht wurde, um dem Himmel die Gnade abzuringen, mir meinen Papa zu erhalten, doch sie wurde mir nicht gewährt.

Der Samstag kam. Während der Nacht hatte Papa phantasiert. Armer Papa! Blutvergiftung infolge der Blasensteine hatte sich am Freitag abend herausgestellt. In der Nacht war er aufgestanden und zum Balkon gegangen. Er schwitzte und wußte nicht, was er tat. Mama hieß ihn in ihrer üblichen Art, ins Bett zurückzukehren: indem sie ihm Vorwürfe machte und ihn zurechtwies. Bis zuletzt!... Sie selbst erzählte es mir am nächsten Morgen: «Ich habe ihn anständig zurechtgewiesen, so daß er es nicht mehr gewagt hat, sich zu rühren, und ich schlafen konnte.» Daß sie ihn anständig zurechtgewiesen hat, kann ich mir gut vorstellen. Seit 41 Jahren tat sie das, armer Papa!

Der Arzt kam um 8 Uhr und verheimlichte nicht einmal mir, daß es ernst um Papa stand. «Er liegt im Sterben», sagte ich, «sagen Sie es mir, *und sagen Sie es Mama*, denn die begreift nichts.» Der Arzt sagte es Mama. Und nun gab es die üblichen neurotischen Szenen, die in gewissen Augenblicken nicht wegzudenken sind.

Ich verlor nicht den Kopf. Ich hatte es Mama bereits vorher gesagt, denn da ich Vater nach der großen Unruhe nun im Zimmer über mir nicht mehr hörte, wußte ich, daß das Koma nahte. Ich war ja nicht umsonst Krankenschwester gewesen. Aber mir hatte man nicht geglaubt.

Wieder verlangte ich, daß man mich zu Papa hinauftrüge. Aber der Arzt wollte mir und meinem Papa diesen Trost nicht schenken. Wir wären so glücklich gewesen! Also schickte ich jemand zum Telegraphenamt, um Freunde und Verwandte zu benachrichtigen, und ließ auch den Pfarrer rufen. Aber der Pfarrer war krank und kam nicht. An seiner Statt kam nachmittags ein Priester, der sich als Militärkaplan ausgab. Er gefiel mir nicht sonderlich. Zu Mittag hatte ich aufzustehen versucht, und es war mir gelungen, mich bis zur Treppe zu schleppen, weiter kam ich nicht...

Eine liebe kleine Schwester vom Barbantini-Orden nahm die Tochterstelle am Sterbebett meines Vaters ein. Sie war sehr gütig und lieb. Solange ich lebe und auch darüber hinaus, wird sie einen Platz in meinem Herzen haben. Dieses gute Geschöpf hat mir versichert, daß Papa den Priester gut aufgenommen und die Beichte abgelegt hat. Andererseits bekam er weder die letzte Wegzehrung noch die Letzte Ölung. Ich weiß nicht, warum.

Die Katastrophe nahte.

Da die Schwester während der Nacht nicht da war, führte uns eine Bekannte einen jungen Mann zu, der bei Kranken Nachtwachen hielt. Mama ging schlafen. Sie ging schlafen, verstehen Sie? Bei meinem sterbenden Vater blieb eine nicht zur Familie gehörende Person. Und er verstand doch alles. Er war bis zuletzt bei klarem Bewußtsein.

Ich betete, betete und betete. Aber manchmal scheint auch das glühendste Gebet das Himmelsgewölbe nicht durchdringen zu können, um zu Gott aufzusteigen. Meines gelangte nicht zu Ihm, obwohl mein eigenes Herz es emportrug...

Seitdem ich erkrankt war, hatten wir auch zwei Fräulein, die abwechselnd bei uns schliefen. An diesem Abend waren alle beide gekommen, da *sie wußten*, daß Papa im Sterben lag.

Am 30. Juni, um 2 Uhr, stieß Papa einen lauten Schrei aus: «Mama!», der alle im Haus zusammenfahren ließ. Das war das Ende. Er fühlte es herankommen und rief seine Frau; er nannte sie immer «Mama». Aber sie war nicht da.

Ach, mein Gott, mein Gott, der Du mir heute einen wahren Passionstag beschieden hast, Du solltest mich in meinen Wünschen, meinen Nöten erhören, schon allein in Anbetracht dessen, was es mich kostet, in Deinem Namen meiner Mutter zu verzeihen, die meinen Papa allein hat sterben lassen!...

Ich erlitt eine Herzkrise, die mich wirklich an die Schwelle des Jenseits brachte. Warum bin ich nicht zusammen mit Papa gestorben? Warum? Der Arzt eilte herbei und hielt mich mit Hilfe von Spritzen am Leben. Dafür bin ich ihm nicht dankbar. Ebenso bin ich ihm nicht dankbar dafür, daß er mich Papa weder lebend noch tot sehen ließ. Er entschuldigte sich damit, daß dies meinen Tod hätte bedeuten können. Ich halte ihm immer vor, daß er wortbrüchig geworden sei, da er mir versprochen hatte, es zu tun. Und ich habe ihm bis zu dem Augenblick geglaubt, als nach zwei Tagen der Sarg versiegelt wurde.

Den ganzen 30. Juni schwebte ich zwischen Leben und Tod. Ich traf *alle* Vorbereitungen für das Begräbnis. Mama erging sich in albernen Szenen verspäteter Liebe. Aber was in mir geschah, weiß ich nicht. Sicher war ich dem Wahnsinn nahe, und in diesem Zustand verblieb ich sechs Monate lang. Mein Pfarrer sagt das immer.

Nun war ich allein. *Allein*, verstehen Sie? Auf Erden hatte ich niemanden mehr. Im Himmel Gott und Papa. Aber der Himmel schien mir so taub und so fern! Mein Glaube, der sich so vertrauensvoll zum Himmel erhoben und um das Leben meines Vaters gebetet hatte, war mit gebrochenen Flügeln zu Boden gestürzt. Er hatte sie sich gebrochen, als er gegen eine bronzene Wand gestoßen war, die mein Gebet nicht zu durchdringen vermocht hatte.

Ich machte furchtbare Tage durch. Zeitweise war ich bei klarem Verstand, ausgeglichen und imstande, Vorbereitungen zu treffen, die Grabinschrift zu diktieren usw. Zeitweise gebärdete ich mich wie eine Verrückte. Es schien, als hätte ich zwei Köpfe und einen einzigen Körper. Und ich weiß nicht, welcher eigentlich der *meine* war.

Mein Papa! Wenn ich ihn gesehen hätte, hätte ich die Sache vielleicht besser begriffen. Aber so... Wehe, wenn sich in Papas Zimmer etwas rührte!

Ich lebte, ohne zu essen. Zwei oder drei Pflaumen und eine Ampulle Serum waren meine tägliche Nahrung. Und sie reichten leider, um mich am Leben zu erhalten.

Man erzählte mir, daß Papa nach seinem Tode seine ganze männliche Schönheit von einst wiedererlangt habe; denn mein Papa war ein schöner Mann gewesen. Man sagte mir auch, daß sich selbst nach 48 Stunden noch keine Zeichen des Verfalls gezeigt hätten. Das glaube ich. Er war ein Gerechter. Und wer als Gerechter lebt, gewinnt im Tode eine besondere, majestätische Schönheit und Immunität.

Aber ich habe ihn nicht gesehen! Das ist ein Schwert, das mir das Herz durchbohrt. Ich habe so vielen Sterbenden beigestanden, aber meinem Vater nicht. Beide befanden wir uns in demselben Haus, und ich habe mich nicht von ihm verabschieden können. Genug! Genug! Wenn ich fortfahre, steigt mir das wieder in den Kopf.

O Gott, Du hast mir alles genommen! Du wolltest unumschränkter Herrscher sein und hast Dir auf meinem durchbohrten Herzen einen Thron errichtet. Du hast mein armes, mit so vielen, zu vielen Wunden geschmücktes Herz vor deinen Füßen ausgebreitet... Armes Herz, das auf dieser Erde keinen Frieden findet... Wie viele Opfer kostest du mich, o meine Liebe für meinen Gott! Aber keines ist dem gleichwertig, daß ich meinen Vater so verlieren mußte...

Es sind seither fast acht Jahre vergangen, aber mein Schmerz ist der gleiche geblieben — und ich kann es nicht hören, wenn jemand Papa ruft, und ich kann kein Kind in den Armen des Vaters sehen, ohne daß mir die Sehnsucht nach meinem Vater das Herz zermalmt...

Wie gut verstehe ich die Kleine Therese, wenn sie von ihrem Vater spricht! Auch für mich war Papa alles: er war der «König».

Ein gerechter und liebevoller König, der *alles* wußte, der *immer* tröstete... Und ich war für ihn die kleine Königin, ja eine Kaiserin, und eine ziemlich despotische; denn von ihm versuchte ich all das zu erhalten, was mir die anderen verweigerten. Er verkörperte für mich alle Vollkommenheiten: die der Schönheit, der Güte, der Intelligenz, der Liebe...

Auch als im Jahre 1910 die Krankheit seinen Verstand beeinträchtigt hatte, war er für mich noch immer *vollkommen*. Ich litt einzig darunter, daß er von vielen bedauert und von den weniger Guten ausgelacht wurde, weil er ein bißchen kindisch geworden war. Er weinte leicht und hatte Gedächtnislücken. Als er starb, hätte ich daran denken müssen, daß er nun nicht mehr gequält und ausgelacht werden würde. Aber daran denkt man nicht, wenn das Herz eine einzige Wunde ist!

Meine Mama *akzeptierte nie und akzeptiert immer noch nicht,* daß ich Papa so sehr liebte, daß mir sein Tod so nahe gegangen war. Erst vor einigen Tagen hat sie mich wieder beschuldigt, zur Verschlechterung von Papas Zustand beigetragen zu haben, da ich ihm Öl hatte geben lassen... Dies ist aber das einzige geeignete Mittel, um die Entzündung der Harnleiter zu mildern, die Ausscheidung der Steine zu fördern und die durch das Urotropin verursachte Schwellung zum Abklingen zu bringen. Aber was soll's!

Papa war tot, und meine Mutter, nun uneingeschränkte Gebieterin, gebärdete sich ganz und gar despotisch.

Papa hatte nicht viel getan. Er hatte schon längst seine Autorität eingebüßt. Aber wenn es ihm zu bunt geworden war, hatte er mit einem donnernden «Basta! Scher dich zum Teufel!» Mama zum Schweigen gebracht.

Oder mit einem noch wirksameren Ausruf, der sie ärger als ein Peitschenhieb traf: «Du bist eine Neurotikerin.» Das waren Papas einzige Waffen, wenn er die anhaltenden paranoiden Ausbrüche meiner Mutter nicht länger ertrug. Und sie übten eine gewisse Hemmwirkung aus.

Nun war er nicht mehr da, und Mama stürzte sich hemmungslos auf mich, auf Marta, auf alle... Eine wahre Verrückte! Sie allein hat in diesen acht Jahren mehr Grausamkeiten und Dummheiten begangen als ein ganzes Narrenhaus. Selbst die liebe Schwester, die meinem Vater und mir beigestanden hatte, mußte eingreifen, da meine Mutter mich dauernd beschuldigte, bei Papas Tod nichts empfunden zu haben!... Und dabei war ich vor Schmerz fast verrückt geworden!

Ich versichere Ihnen, daß sie mich und Marta sehr gequält hat. Der Arzt mußte ihr sogar Bromide geben, weil es nicht mehr auszuhalten war. Uneingeschränkte *Gebieterin* zu sein, das hatte sie um den Verstand gebracht.

Sie schrieb sofort dem Bruder, mit dem sie seit 1917 zerstritten war, und versicherte ihm, daß Papa eine Versöhnung verhindert habe... Dagegen war sie es gewesen, die nicht hatte Frieden schließen wollen. Auch als Toten beleidigte sie Vater noch, indem sie ihn als Bösewicht hinstellte! Nach 18 Jahren, kaum daß Papa gestorben war, *große Zärtlichkeiten* für den undankbaren Bruder; und sie dauern noch an, verbunden mit nicht unbeträchtlichen monatlichen Ausgaben... Sie nahm mir Wolljacken weg, die ich für Papa angefertigt hatte, die aber, da ich sie im Bett gestrickt hatte, noch ganz neu, und für den kommenden Winter bestimmt waren. Ich hätte sie auftrennen und für mich enger machen können. Doch Mama schickte sie dem *lieben* Bruder, der ihr nicht einmal dafür dankte und die Sachen schon seit Jahren nicht mehr hat. Und so fort... Ich hätte ja nichts dagegen gehabt, daß sie ihm half. Er verdiente es zwar nicht, aber was soll's... Was ich nicht verwinden kann, ist die Tatsache, daß Mama ihn hat glauben lassen, Papa habe so viele Jahre auf dem Bruch bestanden...

Eine andere grausame Dummheit: Mario tauchte wieder am Horizont auf, oder besser gesagt, Marios Schreckgespenst. Urteilen Sie, ob ich recht oder unrecht gehandelt habe.

Die beiden Fräulein, die in der Nacht bei uns schliefen, waren sehr begierig darauf, Einzelheiten über die Geschichte zwischen Mario und mir zu erfahren. Eine törichte und auch sehr taktlose Neugierde; sie wollten in persönliche Angelegenheiten eindringen, die einem beinahe heilig sind. Aber sie waren eben von dieser Neugier besessen. Die beiden waren nicht böse, aber sehr überspannt und versuchten ihre Langeweile durch *wahre* Romane zu vertreiben. Auch meine Geschichte sollte dazu dienen. Für sie war sie ein Roman, für mich ist sie eine Tragödie. Und ich würde sie am liebsten nicht mehr berühren.

Seit Sonntag habe ich nichts mehr aufgezeichnet. Ich habe so sehr darunter gelitten, von meinem Vater sprechen zu müssen, daß es mir diese ganzen letzten 60 Stunden schlecht ging. Erst heute, Mittwoch abend, fühle ich mich etwas kräftiger und nehme die Erzählung wieder auf. Hoffen wir, daß mir nicht wieder übel wird. Denn auch von Mario zu sprechen, bedeutet für mich eine Qual.

Nun, diese beiden Fräulein, die zwar auch lieb und gütig zu mir gewesen sind, mißfielen mir etwas wegen gewisser Taktlosigkeiten, gewisser Leichtfertigkeiten, in denen sie sich sehr von meiner Denk- und Handlungsweise unterschieden.

Sie alberten viel über das, was mir schlimmste seelische Leiden verursachte: über gewisse ärztliche Untersuchungen, die mich zutiefst anwiderten. Sie blödelten zu sehr über meine Beziehung als Kranke zum Arzt, indem sie mir die Gefühle zuschrieben, die sie selbst für diesen Arzt hatten, übertriebene Gefühle, die die Grenzen einer einfachen Freundschaft überschritten und zu einer zu deutlichen, offenen Bekundung von Sympathie führten. Ich mußte eine der beiden zurechtweisen, da mir aufgefallen war, daß der Arzt über eine so offenkundige Schmeichelei verärgert war. Und auch das wurde anders ausgelegt, als es gemeint war. Es wurde für Eifersucht meinerseits gehalten. Ach, ich Arme! Ich habe nie an Eifersucht gelitten, nicht einmal jemandes halber, der mir *etwas* bedeutete. Den behandelnden Arzt aber schätzte ich einzig und allein als Patientin. Ich glaube, daß ich als rechtschaffener Mensch gehandelt habe, als ich dieses junge Mädchen zur Ordnung rief, das sich etwas in den Kopf gesetzt hatte und *dies einem Mann gegenüber offen zeigte*, der schon durch ein feierliches Versprechen an eine andere Frau gebunden war.

Sie waren schließlich zu ausgelassen in Papas trauriger Todesstunde.

Ich war zeitweise außer mir, aber wenn ich wieder zu mir kam, begriff ich mit einer quälenden Deutlichkeit. Ich glaube sogar, daß ich aufgrund der so angespannten Sinne auch dann begriff, wenn es schien, daß ich nichts begriff, und daß dies dazu diente, meinen im Schmerz herumschweifenden Geist zurückzuführen zu einer exakten Beurteilung dessen, was um mich herum geschah. Wie eine Flamme durch einen Windstoß auflodert und aufleuchtet und sich um so schneller verbraucht, je stärker der Sturm bläst, so verzehrte ich mich in allen meinen Kräften, aber ich war mehr denn je scharfsinnig im Erfassen all dessen, was um mich herum vorging. Ich habe den Eindruck, daß sich vor meinen Augen eine Vision abspielte, in der ein sechster Sinn klar zu lesen vermochte, was die gewöhnlichen Sinne im Sturm meiner Erregung nicht mehr begreifen konnten.

Ich kann es nicht erklären. Ich begriff also, daß die beiden sich über meinen *wirklichen* Schmerz und Mamas mehr oder weniger befremdliches Benehmen lustig machten. Und in meiner Verehrung all dessen, was Papa betraf, litt ich sehr darunter. Ich hatte die Mädchen sogar am 30. Juni zur Ordnung rufen müssen, weil ich nicht dulden konnte, daß die beiden, während Papa oben im Sterben lag, versuchten, Marta betrunken zu machen, um dann darüber zu lachen. Ich hatte auch Mama gebeten, die beiden zur Ordnung zu rufen... Aber wenn ich Mama um etwas bitte, kann ich sicher sein, daß ich das Gegenteil erreiche!... Auch diesmal warf Mama mir vor, eine *Schwärmerin* und *Pessimistin* zu sein.

Im August kam die Flottenabteilung nach Viareggio. Obwohl der Arzt und Marta den beiden Mädchen gesagt hatten, mir gegenüber nichts davon zu erwähnen, um meinen Geist nicht noch mehr zu verwirren, beeilten sie sich, mir mitzuteilen, daß die ganze Flotte des Oberen Tyrrhenischen Meeres in Viareggio sei. Und sie ließen mir keine Ruhe mit ihren: «Wer weiß, ob nicht auch Ihr Verlobter dabei ist! Wenn er vorbeikommen und Sie ihn sehen würden!» usw. Sie wollten seinen Namen und Zunamen wissen, um nachforschen zu können. Ich antwortete, aus naheliegenden Gründen nie selbst Nachforschungen unternommen zu haben und auch nicht zu *wünschen, daß jemand anderer irgendwelche Nachforschungen unternehme.*

Ich kann vor Liebe sterben, aber ich verliere nie so sehr den Kopf, daß ich meine Selbstachtung aufgebe. Und mir scheint, das hätte ich damit getan. Ich flehe nur Gott an; die Geschöpfe liebe ich, aber ich weiß sehr wohl Zurückhaltung zu üben, erst recht Mario gegenüber. Für seine Seele gebe ich mein Leiden hin, aber um seine körperliche Liebe bettele ich nicht. Um Gottes willen!

Im übrigen bin ich seit 1932 *überzeugt*, daß er tot ist. Warum? Weil er selbst mir im Traum erschienen ist, um es mir zu sagen. Er bat mich um Verzeihung für seine Handlungsweise und sagte mir, wenn er als Mann auch geirrt habe, so sei *seine Seele mir treu geblieben, und er sei jetzt gekommen, um mich zu holen und im Jenseits mein Gemahl zu sein*. In diesem Traum hatte ich ihn gebeten, mich leben zu lassen... Und er hatte mir sehr betrübt geantwortet: «Willst du also nicht kommen? Liebst du mich nicht mehr? Verzeihst du mir nicht? Muß ich allein bleiben?» Ich erwiderte: «Noch ein bißchen, Mario, eine kurze Zeit, dann komme ich zu dir.» Und er sagte: «Ein Jahr? Genügt dir das? Ich werde jedes Jahr kommen, um dich zu rufen.» Und er kommt jedes Jahr im November, um mich zu rufen. Er hat mir so viele Dinge gesagt... Jahrelang schien es, daß er mich brauchte, um sich von einer Pein zu befreien, daß er versuchte, mir den *Grund* seines unrechten Handelns zu erklären... Welche Anklagen für meine Mama! Als sie selbst zu jener Freundin sagte: «Ach, was habe ich damals in dem Brief geschrieben!», habe ich sofort an Marios Worte gedacht und an das, was er mich lesen ließ... Nun, seit ein paar Jahren scheint er wieder frei und stark zu sein... Jetzt beschützt er mich und sagt: «Hab keine Angst. Ich bin dir immer nahe, und mit mir darfst du keine Angst haben. Ich verteidige dich gegen alles.»

Ich bin überzeugt, daß er tot ist und seine Strafe verbüßt hat. Im übrigen ist sein Name im Marineblatt, das ich immer lese, seit zehn Jahren nicht mehr aufgetaucht. Aber trotz dieser Überzeugung wollte ich nicht, daß jemand bei anderen Offizieren Nachforschungen anstellte, die man mir hätte übel auslegen können.

Aber was stellten mir diese zwei albernen Gören an? Sie hielten *jeden* Marineoffizier an, um ihn zu fragen, ob er einen gewissen Soundso kenne. Als ich einmal in einen Dämmerschlaf lag, hatten sie es gewagt, die Kommode zu öffnen, in der ich die Briefe aufbewahrte. So hatten sie Marios Namen und Zunamen herausgefunden.

Marta, die sie zufällig bei ihrer unerlaubten Tätigkeit ertappte, rief sie zur Ordnung. Aber da dies nicht half, unterrichtete sie mich davon. Ich war sehr vor den Kopf gestoßen über eine so entwürdigende Einmengung in eine persönliche Angelegenheit. Ich erzählte es Mama. Was konnte ich als Kranke schon unternehmen.

Gar nichts. Nur Mama hätte einem solchen Spiel ein Ende setzen können. Aber wieder einmal verletzte mich Mama, ohne mich zu verstehen. Sie stürzte sich auf mich und warf mir an den Kopf, ich hätte diese beiden beauftragt, Mario zu suchen. Wenn ich das getan hätte, dann hätte ich Mama doch nicht gebeten, sich dafür einzusetzen, sie von ihrem Tun abzubringen. Nicht wahr? Aber Mama ist nun einmal so. Wie ein scheuendes Pferd schreckt sie vor jedem Trugbild zurück, aber läßt die wahren Hindernisse unbeachtet...

Eine ihrer wilden Szenen brach über mich herein. Weder Marta noch die geistliche Krankenschwester waren imstande, mich zu verteidigen und Mama zur Vernunft zu bringen. Sie griff uns alle drei an!... Sie überschüttete mich mit grausamsten Beschimpfungen und häßlichen Vorwürfen, aber ich hatte mir nicht das geringste zuschulden kommen lassen. Sie nahm keine Rücksicht auf meinen allgemeinen Zustand und meine Gemütsverfassung. Sie kannte kein Erbarmen!

Nachdem sie mich in ihrer unmenschlichen Art tüchtig gegeißelt hatte, ließ sie schließlich ihre Wut noch an den zwei dummen Gänsen aus... Sie wurden fristlos entlassen. Und so endete eine Beziehung, die sich eine Zeitlang bewährt hatte und dann aufgrund von armseligem Getratsch, Neugier und Gedankenlosigkeit in Stücke gegangen war.

Aber die zwei Verstoßenen rächten sich reichlich. Und an wem? An mir, natürlich! Wann muß ich nicht für alle büßen? Wie sie sich rächten? Sie setzten gehässige Verleumdungen in Umlauf und stellten mich als lasterhafte Person, der schlimmsten und unwürdigsten Laster fähig, hin.

Der Arzt, einer der vielen, denen dies zugetragen wurde, ließ mich von der geistlichen Schwester überwachen. Aber diese berichtete ihm gewissenhaft, daß ich «nicht einmal im Delirium ehrenrührige Handlungen beging». Und der Arzt, der schon von sich aus überzeugt war, daß ich weder eine abnorme, noch eine unmoralische Person war, glaubte ihr sofort.

Aber die zwei Verstoßenen gingen nun zur Oberin der Barbantini und sagten das..., was sie sagten. Ergebnis: der Beistand der Schwester wurde mir sofort entzogen, als könnte ich sie verderben...

Hören Sie, Pater. Marta lebt seit acht Jahren bei mir und schläft in meinem Zimmer. Sie sieht mich im Schlaf, im Dämmerzustand, wenn ich wach bin usw. Marta kann also sagen, ob ich gewisse geheime Laster habe... Aber ich habe *auch diesen Kelch* der Verleumdung und des Schmerzes trinken müssen.

Vielleicht werden Sie jetzt sagen: «Was erzählt mir die denn da? Was interessieren mich diese Tratschereien?» Sie interessieren Sie vielleicht nicht, aber mich schon. Ich bin der Meinung, daß auch diese zu der Geschichte gehören. Es widerstrebt mir, darüber zu schreiben, so wie es auch widerwärtig war, dies alles zu erleben. Aber es ist notwendig, davon zu wissen, um zu sehen, aus wievielen Farben sich mein Bild zusammensetzt. Leuchtende Farben von seiten Gottes; sehr dunkle, trübe und traurige Farben von seiten meiner Mitmenschen. Und wenn ich die Verschiedenheit der Farben betrachte, sage ich einmal mehr zu meinem Herrn: «Du allein hast mich geliebt und hast mir keinen erniedrigenden Schmerz auferlegt. Du hast mir deinen königlichen Schmerz auferlegt, aber dieser ist keine Last, die zu Boden drückt. Er ist Magnet und Flügel, die zum Himmel tragen, zu Dir. Danke, mein Gott!»

Nachdem die zwei Fräulein verschwunden waren, blieben wir allein. Die anderen Bekannten hatten sich nach Papas Tod *alle* verdrückt. Durch das Benehmen meiner Mama, jetzt, da sie allein regierte, vor den Kopf gestoßen, hatten sie sich zurückgezogen. Auch solche, die viele Wohltaten von uns empfangen hatten, ließen sich nicht mehr blicken. Ein chinesisches Sprichwort sagt ganz richtig: «Tust du einem Hund etwas Gutes, wird er dir dafür dankbar sein und mit dem Schwanze wedeln; tust du einem Menschen Gutes, wird er dich hassen und mit seinem Mund beißen und anschwärzen.»

Nur Frau Soldarelli[93] ist uns treu geblieben: eine liebe Frau, die keine Kraft hat, sich durchzusetzen, die aber durch ihre Zuneigung, die um so stärker ist, je mehr sie einen leiden sieht, versucht, seelische Wunden zu heilen. Die Soldarelli ist ein besonderer Mensch. Wenn auf der Welt *lauter* solche Menschen lebten, dann wäre sie keine «Welt», sondern ein «Paradies».

Stellen Sie sich nun meine Mutter in ihrer paranoiden Herrschsucht ohne jegliche Zeugen vor!... Durch ein wahres Wunder und dank einer intensiven Behandlung mit Bromiden, die der Arzt ihr natürlich unter einem anderen Namen verabreichte, ist sie nicht im Fieber der Selbstverherrlichung übergeschnappt. Als sie dann aber merkte, daß sie Bromide bekam, riskierte der arme Arzt, das Ende des sagenhaften Orpheus zu nehmen, der von den Furien zerrissen wurde!... Es fehlte nicht viel, dann hätten wir, Marta und ich, den Verstand verloren

93. Paolina Dini, verwitwete Soldarelli, verstorben am 16. Januar 1945.

infolge der andauernden Folterungen durch meine Mutter — ja, Folterungen ist das richtige Wort — Vorwürfe, Anklagen, Launen, Grobheiten...

Es gab keine festen Zeiten mehr für die Mahlzeiten und für den Schlaf. Nichts. Ein Chaos. Alles hing von Mamas Grillen und Launen ab. Manchmal aß man um 10 Uhr, dann wieder um 15 Uhr. An einem Tag stand man morgens um 4 Uhr auf, am nächsten um 8 Uhr. Manchmal gab es drei Mahlzeiten, manchmal nur eine einzige karge, ohne Suppe, nur Brot und ein wenig Käse... Ein echtes Narrenhaus! Ja, wenn sie sich auf solche Schrullen beschränkt hätte! Aber es gab Schlimmeres. Immer wieder und völlig grundlos zog sie sich in ihr großes Schweigen zurück, wie es mein Vater zu nennen pflegte: eine großartige Laune, bei der das Haus hätte abbrennen können, ohne daß sie den Mund aufgemacht hätte. Zu Beginn und am Ende des «großen Schweigens» gab es ungerechte, heftige Szenen… Sie können sich nicht vorstellten, was für ein Leben wir führten…

Mama hat immer an Verfolgungswahn gelitten. «Dieser ist mir feindlich gesinnt», «Dieser will mich umbringen», «Ja, man versucht mir etwas anzutun, mich zu vergiften, um mich umzubringen», und so fort. Nun hatte dieser Wahn den Höhepunkt erreicht, und ich *war* (ihrer Meinung nach) *die Feindin* schlechthin.

Da sie für das Geld lebte, und nur für dieses, zitterte sie bei dem Gedanken, ich könnte das Testament meines Vaters geltend machen, in dem er mich zu seiner Erbin eingesetzt und der Ehefrau nur den gesetzlichen Anteil zugesprochen hatte. Ich erinnere mich ganz genau an dieses Testament. Es schließt so: «Meiner Tochter, deren Herz ich kenne, empfehle ich die Mutter. Und ich segne sie, wenn sie weiterhin jene liebe, respektvolle Tochter bleibt, die sie bisher gewesen ist.» Meine Mama hatte aus Angst, daß ich den Genuß meiner Rechte anstreben könnte, das Testament vernichtet oder versteckt. Ich habe es nie wieder gesehen, nur damals, als Papa es schrieb, also vor zwanzig Jahren.

Was liegt mir daran, Geld zu besitzen? Ich habe nie Launen gehabt und es immer verstanden, meine Wünsche zu bezähmen, und deshalb... Und jetzt, in diesem Zustand, was soll ich da noch begehren? Höchstens ein Buch, eine Blume... Es genügt mir, wenn mir Mama, wie es ihre Pflicht ist, das Lebensnotwendige gibt; anderes verlange ich gar nicht. Nicht einmal Medizinen, die geeignet wären, meine Leiden zu mindern, verlange ich, nicht einmal Untersuchungen, um der Ursache meines körperlichen Verfalls etwas näher zu kommen. Sie sehen ja, wenn es mir jetzt gelingen sollte, von einem Spezialisten untersucht zu werden, so hätte ich dies meinem Vetter zu verdanken.

Natürlich hält mir Mama unentwegt vor, was ich sie koste. Aber was soll ich tun? Wenn mich Gott am Leben erhält, kann ich mich doch nicht umbringen, um ihr Geld zu ersparen. Im übrigen müßte sie daran denken, daß ich jenen Preis gewonnen habe und daher das verbrauche, was wir vorher nicht besaßen und was mir die Güte Gottes gewährt hat, damit ich meiner Mutter nicht so sehr zur Last falle.

Meine Mutter kümmert sich weniger um mich als eine Oberin um eine Ordensschwester, das können Sie glauben. Ja, ich habe meine Ernährungsbedürfnisse auf ein Minimum reduziert, so daß ich sagen kann, daß ich in *strenger*, in strengster Buße lebe. Dies verschlimmert meinen Zustand und erleichtert auch sie nicht, denn das Gewissen hält Mama ihre Handlungsweise vor. Eine Anklage, die mir keine Vorteile bringt, sondern ihre Härte mir gegenüber nur steigert. Aber, was soll's... Wann bin ich schon einmal nicht streng behandelt worden? Das wird so sein, solange ich lebe.

Wenn ich einmal gestorben bin, wird Mama mich hochpreisen, Kerzen und Blumen kaufen, usw. Das ist ihre Art.

Aber kehren wir zum Testament zurück. Da mein Vater am 30. Juni gestorben war, hätte der Witwe die Differenz der Pension vom 13. bis zum 30. ausgezahlt werden müssen: ungefähr 200 Lire. Aber um diese zu erhalten, wäre es notwendig gewesen, das Testament vorzulegen.

Am 2. Dezember hatte ich zu Mama gesagt: «Ich würde dir raten, nichts zu unternehmen. Das Finanzamt hat zehn Hände, um zu nehmen, aber nicht einmal eine, um zu geben. Da ich diesen Preis gewonnen habe und er daher nicht zu Papas Vermögen gehört, ist es besser, die Aufmerksamkeit des Finanzamtes nicht auf uns zu lenken. Andernfalls kommen wir nur in Schwierigkeiten.» Mir schien, auch in ihrem Interesse gesprochen zu haben. Meinen Sie nicht?

Nun, meine Mutter fiel mit einer solchen Gewalt über mich her, daß sie mir einen Blutandrang und ein Delirium verursachte, die eine Woche andauerten. Sie sagte, sie wolle mich verstoßen und gegen mich als unwürdige Tochter, die ihre Mutter ausrauben wolle, vorgehen, usw. Im übrigen, so behauptete sie, habe Papa, wohl wissend, welche Hyäne ich sei, alles auf sie, seine Ehefrau, überschrieben und mich enterbt. Alles gehöre also Mama, und ich lebte von ihrem Almosen. Dann, nachdem sie mich verflucht hatte, ging sie fort. Und obwohl der Arzt und der Priester ihr mitteilten, daß ich zwischen Leben und Tod schwebte, kam sie für acht Tage nicht mehr zu mir.

Am 10. Dezember wurde ich von einem derartigen Delirium befallen, daß es ihnen zu viert nicht gelang, mich zu halten... Und da — überwand sie ihren Haß. Aber es mußte ihr eine Zwangsjacke angelegt werden, das versichere ich Ihnen. An jenem Tag drang das Blut, das zu lange in meinem Herzen komprimiert gewesen war, mit einer solchen Gewalt in die Lungen, daß sich ein Blutgerinsel in der rechten Lungenhälfte bildete, das sich erst nach einigen Monaten wieder auflöste.

So ist meine Mutter nach Papas Tod gewesen. Wissen Sie, wie oft ich sie habe sagen hören: «Ach, wenn ich frei wäre! Ach, wenn ihr diese Geschichte den Tod brächte! Weg mit Marta, weg mit allen! Dann könnte ich tun, was ich wollte!» Ja, ich falle ihr zur Last. Und nur durch meine Liebe zu Jesus kann ich sie lieben, obwohl sie ohne Umschweife erklärt, wie lästig ich ihr falle. Das sind moralische Perversionen, die nur der glauben kann, der sie selbst erlebt hat. Deswegen zittere ich auch bei dem Gedanken, den Arzt zu verlieren, denn der weiß schließlich schon, wie es bei uns zu Hause zugeht...

Es ist ein Elend, das kein anderes zu übertreffen vermag, Pater. Wo man sich liebt, ist alles andere erträglich, *und ein geliebter Kranker ist nie unglücklich.* Aber ich werde nicht geliebt, sondern zurückgestoßen und von meiner Mutter als «eine Last» empfunden... Schaut her und sehet zu, ob ein Schmerz meinem Schmerze gleicht...»[94]

Zu jener Zeit begann ich auf Anraten vertrauenswürdiger Personen zu schreiben, und zwar ein Buch[95], das mir neben der seelischen Genugtuung auch einen Verdienst hätte einbringen können. Aber was glauben Sie, Mama übte die herbste Kritik und legte mir die machiavellistischsten Hindernisse in den Weg, damit mir das nicht gelinge. Nun ist das Werk fast beendet, und *jetzt* möchte sie, daß ich es zu Ende schreibe, wegen des Geldes... Sie hätte mich in Frieden lassen sollen, als ich noch in der Verfassung war, es zu tun. Jetzt ist es zu spät. Es tut mir leid, denn es war ein *ehrliches Werk.* Und es besteht ein großer Bedarf an ehrlichen Büchern.

Mein Buch hätte Gutes bewirken und Wege zu Gott aufzeigen können, ohne daß man sich dessen bewußt würde. Das war meine Absicht. Aber auch das wurde mir verwehrt. So werde ich sterben, ohne etwas von mir zu hinterlassen. Keine Kinder, die ich so geliebt hätte, kein Buch als Geschöpf meines Geistes, das ich wie ein lebendiges, fleisch-

94. Jeremia, Klagelieder 1,12.
95. Es muß sich um den autobiographischen Roman mit dem Titel *Das Herz einer Frau* handeln, den Maria Valtorta der Marta Diciotti zum Vernichten anvertraut hat.

liches Kind geliebt hätte... Ach, auf dieser Erde ist mir keine Genugtuung zuteilgeworden. Keine. Nie. Alle Freuden habe ich vom Himmel erhalten und werde ich im Himmel finden.

In jener Zeit begann Mama, mir ohne Wissen des Arztes irgendein Gebräu zu verabreichen. Ich aß damals allein. Wenn Marta einkaufen ging, hörte ich Mama *jeden* Morgen etwas mit dem Hammer zerstoßen. Dann brachte sie mir die Suppe. Nachdem ich diese gegessen hatte, fühlte ich mich immer furchtbar schlecht. Ich fror, bekam starke Schweißausbrüche, fiel in Ohnmacht, erbrach und empfand Lähmungserscheinungen. Der Arzt versuchte alles, um die Ursache herauszufinden, ohne daß er dem Geheimnis auf die Spur kam.

Eines Tages wollte ich die Suppe nicht, und Marta aß sie. Daraufhin wurde ihr sehr schlecht. Ich wiederholte den Versuch und gab sie dem Hund. Ihm wurde sterbenselend. Nun schickte ich Marta auf Erkundung aus. Es verging einige Zeit, dann brachte sie mir ein Stückchen wie von einer weißen Pastille, das sie auf der Kochstelle gefunden hatte. Es hatte einen salzigen, bitteren Geschmack. Was es war, weiß ich nicht.

Ich sprach darüber mit dem Arzt und meinem Pfarrer. Ersterer sagte: «Lassen sie Mama das essen, was sie für Sie zubereitet hat.» Der andere meinte: «Essen Sie dieselben Dinge wie die anderen und zur selben Zeit. Essen sie nie etwas, das nur für Sie zubereitet worden ist.»

Das tat ich, und zwar sofort. Indem ich die Laune einer Kranken vortäuschte, verlangte ich die Suppe von Mama zu essen, und gab ihr meinen Reis. Dann machte ich dasselbe mit der Beilage.

Das hatte eine verheerende Wirkung. Mama ging es nachmittags so schlecht, daß sie zu sterben glaubte. Sie hatte auch dieselben Symptome wie Schüttelfrost, Ohnmachtsanfälle, Erbrechen usw. Es mußte eilends der Arzt gerufen werden.

Von diesem Tag an aß ich dieselben Gerichte wie die anderen. Ich hörte nicht mehr, daß jene berühmten Pillen zerstoßen wurden, und erlebte auch jene Symptome nicht mehr.

Was Mama mir da verabreicht hatte, weiß nur Gott. Ich denke, daß sie sich, da sie an Zauberei glaubt, von irgendeinem Scharlatan ein Medikament besorgt haben wird... *Andere Gedanken will ich vermeiden.*

Auch das habe ich Ihnen erzählt, denn es scheint mir zum Bild zu gehören...

Marta zerbricht sich noch immer den Kopf, was denn diese Substanz gewesen sein und von wem sie sie bekommen haben könnte. Ich versuche zu vergessen...

«Leihet aus, ohne etwas zurückzuerwarten» (Lukas 6,35)

Wenn ich über diesen evangelischen Rat nachdenke, muß ich sagen, daß ich in meinem Leben immer gegeben habe, ohne auf dieser Erde etwas zurückzuerhalten.

Ich habe den Meinen, besonders Mama, gegeben, und von meinen frühen Jahren an begriffen, daß ich auf keine Erwiderung hoffen durfte. Mein Geben in Werken und Zuneigung hat mit den Jahren immer zugenommen, und immer weniger habe ich erhalten.

Während ich schreibe, bin ich dabei..., etwas zu verdauen, und zwar nicht die karge Nahrung, die mir gewiß keine Beschwerden verursacht, sondern einen kleinen Auftritt, eine jener zahllosen Familienszenen, die den Rosenkranz meiner Tage bilden: eine Perle nach der anderen... Eine Szene, in der ich unter den Hund erniedrigt worden bin... Aber gehen wir darüber hinweg... Ich muß bis zum Gehtnichtmehr das Wort Jesu wiederholen: «Vater, vergib ihr, denn sie weiß nicht, was sie tut.» Wehe, wenn sie es wüßte! Es ist besser, wenn sie von Sinnen ist, so wird sie nicht gerichtet werden.

Gewiß, es ist eine große Plage für mich, die ich bis zuletzt von einem so seltsamen Charakter geschlagen, gepeinigt und durchbohrt werden muß, und was noch viel schmerzlicher ist, von einem Menschen, der für die Mehrzahl aller Menschen die irdische Verkörperung der Güte und Liebe darstellt: «der Mama». Hätte mir mein Papa nicht oft von meiner Geburt erzählt, und hätten Freunde der Familie mir diese Berichte nicht bestätigt, ich wäre versucht zu glauben, nicht *ihre* Tochter zu sein, sondern ein Geschöpf, das sie in einem Moment der Begeisterung adoptiert hat. Ihre Lieblosigkeit wäre dann immer noch schlimm genug, aber nie so wie in meinem Fall, da ich ihre leibliche Tochter bin.

Ich habe ohne Hoffnung auf Erwiderung Bekannten und Verwandten, Armen und Reichen Gutes getan. Viele haben auf mein Tun mit Beleidigungen oder Gleichgültigkeit reagiert. Aber das spielt keine Rolle.

Wohltaten zu erweisen, ist meinem Herzen angeboren, ein wahres Bedürfnis meiner Seele. Auch als ich noch nicht so vom göttlichen

Wirbelsturm erfaßt war, suchte ich immer aus einer natürlichen Neigung des Herzens heraus zu geben, was ich konnte, um nicht von diesem Verlangen erdrückt zu werden. Und keine Härte der Mitmenschen ist imstande gewesen, mich zu verändern. In meinem recht traurigen Leben habe ich in den guten Werken ein Gegengewicht gefunden, um nicht böse zu werden durch die fortwährenden, verletzenden Angriffe. In meinem Weinen habe ich ein Lächeln gefunden, wenn ich ein Lächeln auf das Gesicht eines Leidenden habe bringen können.

Gutes tun! Man braucht nicht reich zu sein, um es zu tun, oder arm zu sein, um es zu empfangen. Als Armer kann man einem Reichen Wohltaten erweisen, genau wie es auch sein kann, daß man als Reicher niemandem eine Wohltat zu erweisen versteht.

Der Mensch lebt nicht nur vom Brot allein, und der Hunger nach Brot ist nicht das einzige Verlangen, das uns quält. Wir verspüren Hunger nach so vielen Dingen! Oft verlangt es uns nach einer Liebkosung, einem Rat, einem guten Wort, *nach einem Schweigen, das zuhört und versteht.* Ja, man hungert auch nach Schweigen: einem gewissen Schweigen, bei dem die Lippen nichts sagen, aber die Seele zur anderen Seele spricht, die weint und erzählt... Ja, es gibt ein Schweigen, das wirksamer ist als irgendein Wort! Wir haben Hunger nach Liebe, nach Gebeten, nach materieller, seelischer und geistiger Hilfe... Ach, die Menschen sind ewig Hungernde, und es gibt nur sehr wenige, die ihren eigenen Hunger vergessen können, um den Hunger ihres Nächsten zu stillen! Sehr wenige, denn es gibt sehr wenig *Mitfühlende.*

Mein Ruysbroeck sagt in seinem Kapitel über die Gaben des Heiligen Geistes, in dem er über die Frömmigkeit schreibt: «Die Frömmigkeit erzeugt das Mitleid, das wir Jesus und den Menschen zuwenden. Das Mitleid ist aus dem Blick der Frömmigkeit geboren. Sie sucht die Unglücklichen auf, die Ausgestoßenen und die Kranken; sie schenkt das Brot, den Wein und die Gastfreundschaft. Sie tröstet die Lebenden und begräbt die Toten... Die Frömmigkeit kann mit den Flüssen des irdischen Paradieses verglichen werden, denn sie führt die Sehnsucht in vier Richtungen. Der erste Fluß führt zum Himmel. Er ist das Mitleid, das wir Jesus und den Heiligen entgegenbringen, die in seinem Namen gelitten haben. Es handelt sich um einen fröhlichen, heiteren Strom…, denn die Schmerzen, die er preist, sind vergangene Schmerzen, die durch ewige Freuden ersetzt worden sind. Der zweite Fluß fließt zum Fegefeuer. Er ist das Mitleid des Menschen mit den leidenden Seelen, die ihren Tribut an die Gerechtigkeit zahlen. Der dritte

Fluß fließt auf die Erde und breitet sich auf die Bedürfnisse der ganzen Christenheit aus. Dieser innere Akt voll der unermeßlichen Liebe schenkt und bewirkt mehr als alle äußeren Werke zusammen. Der vierte Fluß, der die Liebe im wahren Sinn des Wortes ist, ergießt sich über alle Armen. Hier gibt der Mensch seine Güter hin und muß selbst zahlen. Er spendet Almosen und rät und hilft zu ertragen.»

Wenn ich mich unparteiisch und gerecht prüfe, darf ich sagen, die Gabe der Frömmigkeit besessen und ihre Früchte in die vier von dem belgischen Mystiker beschriebenen Richtungen ausgestreut zu haben. Ich habe Mitleid empfunden mit den Schmerzen der Heiligen, angefangen bei Christus bis hin zu dem letzten in das schöne Paradies Eingegangenen. Ich habe gebetet für die Büßerseelen im Fegefeuer. Ich habe für die Erfordernisse der Christenheit gebetet und meine geheimen Aufopferungen für sie dargebracht. Ich habe mich schließlich in Liebe den Nöten meines Nächsten zugewandt. Keine Not, der ich begegnete, hat mich kalt gelassen. Dies muß ich aus Liebe zur Wahrheit bekennen. Und in diesem Tun habe ich die beste Medizin gefunden, um nicht innerlich auszudörren und zu verbittern unter den fortwährenden Hagelschauern der Mißgunst, der Enttäuschung und der Verlassenheit, denen ich ausgesetzt war.

Wenn einer mich nicht liebt, mir nicht dankbar ist, leidet mein Herz, allerdings nicht aus Egoismus oder Enttäuschung, weil es keine Erwiderung erfahren hat. Es leidet wegen des Mitmenschen, der sich zu unnötiger Bosheit herabwürdigt. Warum leide ich derart, wenn ich sehe, wie böse Mama ist? Nicht meinetwegen, die ich schon sehr bald vor aller Mißgunst sicher sein werde, *sondern wegen des Schadens*, der ihr daraus erwächst. Wenn ich daran denke, wie es ihr ergehen wird, wenn ich nicht mehr hier bin, leide ich furchtbar... Ich kann von niemandem verlangen, mit meiner Mutter zu leben. Außerdem würde niemand bei ihr bleiben, denn keiner von denen, die sie kennen, liebt sie und ist geneigt, mit ihr zu leben. Aber für mich ist dies wie ein Messer im Herzen...

So wie ich litt, wenn ich merkte, wie die Leute Papa ansahen, als er geistig nicht mehr ganz auf der Höhe war, so und noch viel mehr leide ich, wenn ich vernehme, wie die anderen über meine Mutter reden. Ich würde weiß Gott was dafür geben, um zu verbergen, daß sie fortwährend so unnötig böse ist. Und auch auf die Gefahr hin, vor meinem Tod noch den letzten Schmerzenskelch trinken zu müssen, möchte ich nach ihr sterben, um mir sicher zu sein, daß sie bis zuletzt gepflegt und geliebt wird von der einzigen, die sie lieben kann: *von mir*.

Ja, wegen meiner Mutter leide ich für mich und für sie. Aber sie glaubt es nicht. Von den Menschen, denen ich Wohltaten erwiesen habe, ist sie bestimmt der undankbarste. Aber das schwächt meine Liebe nicht. Wenn das Herz auch, von ihrer Handlungsweise bedrückt, Blut schwitzt, so gelingt es mir doch, aus diesem Schweiß einen Balsam zu machen, um sie noch mehr zu lieben und ihr in ihren tausend Bedürfnissen zu dienen. Gott wird es mir im Himmel vergelten.

Auch andere, denen ich Wohltaten erwiesen habe, sind undankbar gewesen. Aber das schmerzt weniger, denn es waren Außenstehende. Manche sagten mir nicht einmal «danke». Sie machten sich dadurch nicht schuldig, denn sie wußten nicht, daß ich ihnen eine Wohltat erwiesen hatte. Ich lache manchmal, wenn ich denke: «Dieser kann sich nicht vorstellen, daß ich armes Weiblein ihm so viel geschenkt habe!»

Im Januar 1939 habe ich einem verzweifelten Vater den Glauben und die Tochter erhalten. Es handelte sich um einen jungen Vater mit einem schwächlichen, kleinen Töchterchen von 14 Monaten. Sie war sein einziges Kind, denn aus jener nicht sehr glücklichen Verbindung konnten keine weiteren hervorgehen. Da sie von kränklichen Eltern stammte, war sie sehr zart. Ein Blümchen auf einem schwachen Stengel und mit wenig Lebenskraft. Und doch kittete sie jene nicht glückliche Verbindung, die der Groll der ganzen Verwandtschaft nicht glücklicher machte.

Diese Kleine wurde Anfang 1939 schwer krank. Die Krankheit, eine Lungeninfektion, artete in Lungenbrand aus. Das Kindchen war sterbenskrank. Ein Monat Krankheit hatte ihre geringen Kräfte aufgebraucht.

Eines Abends, nachdem es von Ärzten und Professoren bereits aufgegeben war, lag das Engelchen wirklich in den letzten Zügen. Man nahm an, daß es in der Nacht sterben werde. Der verzweifelte Vater kam zu uns, um ein wenig Watte und noch irgendetwas anderes zu holen. Es war Sonntag abend und die Apotheken, außer der in der Via Regia, waren geschlossen. Und der arme Papa wollte sich nicht zu weit von seinem sterbenden Geschöpf entfernen. Er war wirklich verzweifelt, hatte gebetet, Kerzen auf Altären angezündet und an, ich weiß nicht wie viele, Heiligtümer Spenden geschickt. Jetzt, angesichts der Vergeblichkeit seiner Gebete und seiner im Sterben liegenden Kleinen, spürte er den Glauben in seinem Herzen schwinden.

Der Moment ist schrecklich, in dem man sich sagt: «Es hat sowieso keinen Sinn zu beten!» Das muß man erfahren haben, um es zu verstehen. Ich habe es durchgemacht. Ich weiß, was es heißt, nicht mehr zu hoffen. Es ist derartig grausam, daß ich, um zu verhindern, daß Seelen dies erleiden müssen, gerne mein Leben hingäbe.

An jenem Abend, nachdem der Papa, dem ich tröstliche Worte gesagt hatte, die jedoch unter den gegebenen Umständen ziemlich wirkungslos sein mußten, fortgegangen war, wollte ich eine Seele vor dem geistigen Tod retten. Ist die Verzweiflung vielleicht nicht der Tod der Seele? Und was für ein Tod! Ich habe daher Gott angeboten, die Krankheit der Kleinen auf mich zu nehmen. Dafür sollte sie geheilt werden und der Papa nicht mehr an Gott zweifeln; denn auch das Zweifeln an Gott ist eine namenlose Qual.

Und die Kleine ist gesund geworden. «Ein Wunder, ein Wunder», sagten alle. Das Wunder bestand in der Aufopferung eines armen Geschöpfes, das die Seele dieses Vaters nicht in Verzweiflung sterben lassen wollte. Die kleine Anna-Maria ist nicht nur gesund geworden, nein, sie hat nach so langer und schwerer Krankheit nie wieder etwas an der Lunge gehabt. Und ich habe seit jener Nacht eine Brustfellentzündung.

Auch vor ein paar Tagen ist die Kleine, die nun fünf Jahre alt ist, zu mir zu Besuch gekommen. Ich habe sie geküßt und bei mir gedacht: «Du bist mehr mein Kind als das deiner Mutter, weil ich dir eine solidere Gesundheit geschenkt habe.»

Viele würden sagen: «Was für eine Törin! Hat sie nicht schon genug Leiden?» Oh, ich hatte mehr als genug davon! Aber was soll man tun, wenn es eine Verzweiflung zu verhindern gilt? Ich konnte nur mich selbst hingeben, um die Heilung zu erhalten. Und das habe ich getan und bin sehr glücklich, es getan zu haben.

Es gibt heldenhafte Geschöpfe, die sich aufopfern, um büßende Seelen aus dem Fegefeuer zu retten. Ich habe auch von anderen noch viel heldenhafteren Seelen gelesen, die in einem Überschwang der Liebe sagen: «Herr, um in der Hölle einen zu haben, der dich liebt, wäre ich bereit, mich dorthin zu begeben, wenn mir nur deine Liebe erhalten bliebe in diesen Qualen.» Das sind die Giganten geistiger Heldenhaftigkeit. Ich hingegen bin ein armes Blümchen und nicht zu soviel fähig. Und daher setze ich mich in diesem meinem Erdenleben dafür ein, die Seelen der Brüder und Schwestern zu retten. Um den Preis meines Schmerzes erkaufe ich sie für das wahre Leben. Und es ist süß, daran zu denken, daß durch meine Aufopferung andere Seelen gerettet werden...

Geheimes Opfer, das ich darbringe, ohne Hoffnung auf eine Gegengabe, wie bist du mir teuer! Wenn die Werke der Gerechten einst kundgetan werden, wie werden dann die von mir mit Wohltaten Bedachten erstaunt sein, die jetzt nicht im geringsten ahnen, daß ich die Quelle ihres Glücks gewesen bin!

Ich sterbe. Ich sterbe auch deswegen. Aber was bedeutet das schon? Ich bin voller Fehler. Was spielt das für eine Rolle? Einst war ich noch schlechter. Was macht das? Die Liebe deckt die Vielzahl der Sünden zu. Und was gibt es für eine größere Liebe meinem Nächsten gegenüber, als die, für ihn das Leben hinzugeben, um nicht nur seine Vereinigung mit Gott zu erwirken, sondern auch die Heilung von seinen seelischen Leiden und seinen körperlichen Gebrechen? Ich vertraue auf den vollkommenen Ablaß, der die Vielzahl der Sünden zudeckt und auch die meinen zudecken wird.

Diese irdische Liebe, die ich Tag für Tag übe, ohne egoistische Berechnungen anzustellen, sondern nur zu Gott aufblickend, ist nichts im Vergleich zu der Liebe, die mich in der Glückseligkeit der Betrachtung des heiligen Paradieses überfluten wird. Dann werde ich die Liebe im wahrsten Sinne des Wortes besitzen. Und wer wird reicher und glücklicher sein als ich? Die arme Maria, die nach Liebe hungernde Maria, die um Zuneigung bettelnde Maria, wird Herrin über die Reichtümer ihres Königs sein. Sie wird sich an Dir sättigen, meine göttliche Schönheit, und deine Liebe wird mir alles irdische Elend ausgleichen.

Ich mache traurige Tage durch. Ja, ich bin recht eigentlich in der Passionswoche. Gott will mich die Traurigkeit jener Tage vor seinem Leiden trinken lassen. Und ich leide so sehr, daß ich seelisch und körperlich gebrochen bin. Die Seele allein schwingt die Flügel, erhebt sich über alle menschlichen Traurigkeiten und Schändlichkeiten und vereinigt sich mit Gott. Auch wenn Gott sich nicht spürbar vernehmen läßt — es ist eine jener Schmerzensstunden, die durch die *Abwesenheit der fühlbaren Gegenwart Gottes entsteht, von der ich zuvor sprach* —, nehme ich meine ganzen Kräfte zusammen und werfe sie in meiner Einsamkeit Ihm zu.

Ich gleiche einem jener Windengewächse, die an geschwätzigen Bächen wachsen und sich, wie vom Wind herbeigeweht, am dünnen Schaft eines Schilfrohres oder dem dornenreichen einer jungen Robinie emporranken. Unter vielen Anstrengungen, indem sie ihren Trieb wie einen seidenen Faden immer höher hinaufrecken, gelingt es ihnen, das obere Ende des Schilfrohres zu erreichen; und von dort aus duften sie und liebkosen mit ihren sanften Blütenkelchen den Schaft, der sie stützt und den sie mit all ihrer Kraft umarmen. Auch ich klettere durch andauernde Akte des Glaubens und der Liebe ganz allein zu meinem Gott empor. Es macht mir nichts, wenn Er stumm ist, wenn Er hart wie ein Stein zu sein scheint. Nein, das macht mir nichts aus. Ich spreche zu Ihm und sage Ihm all das, was Er in den Stunden der Freude zu mir sagt. Ich sage Ihm: «Ich liebe dich.» Ich berühre mit meinem Mund sein Herz und küsse es. Ich lege meine Arme um seinen Körper und drücke ihn an mich.

Ach, ich weiß sehr wohl, warum ich in diesen Tagen so leide. Ich selbst habe Ihn vor acht Tagen darum gebeten! Ich weiß, warum ich leide. Ich weiß, warum Er so stumm und kalt ist. Das ist notwendig, damit ich leide, wie es ärger nicht mehr geht. Alles andere wäre kein wahres *Leiden*, wie es für uns Italiener in dieser furchtbaren Stunde notwendig ist. Seit ich begriffen hatte, daß der gegenwärtige Krieg auf uns zukam, also seit vielen Jahren, habe ich mich dafür eingesetzt, von Gott die Gnade zu erhalten, daß in dieser angsterfüllten, schrecklichen Bedrängnis nicht viele Seelen verlorengehen sollten.

Die Körper sterben leider im Krieg, das ist unvermeidlich.

Aber ich habe unaufhörlich gewirkt, gelitten und geopfert für alle Soldaten, die dazu bestimmt sind, allein auf den blutigen Schlachtfeldern zu sterben, und vergeblich um Hilfe zu rufen; für alle in einem U-Boot Eingeschlossenen, die nicht mehr auftauchen dürfen; für alle Schiffbrüchigen, die sich an einem Wrack festhalten, das ohne Steuer dahintreibt; für alle, die mit einem Flugzeug abstürzen und verbrennen; für alle, die in den Spitälern liegen und deren Fleisch infolge schrecklicher Gangräne und fürchterlicher Verstümmelungen nach und nach abstirbt; für alle, die der Hände und des Augenlichtes beraubt würden, — die zwei schrecklichsten Verstümmelungen, vor allem die erste, weil der Mensch dadurch den anderen ausgeliefert ist; für alle Gefangenen in den Konzentrationslagern; für alle Mütter, die nicht wissen, wie ihr Sohn gestorben ist; für alle Ehefrauen, die ihren Gefährten verloren haben; für alle Kinder, die keinen Papa mehr haben; für alle Zivilisten, die durch Luftangriffe Hab und Gut verlieren; für alle Unschuldigen, die von Kindheit an die Hölle dieser Stunde erleben; für alle, alle Verzweiflungen, die der Krieg mit sich bringt und die nicht mehr gutzumachen sind. Für sie alle habe ich gelitten und geopfert — das ist meine Mission —, damit die Verzweiflung nicht die Herzen erfasse und sie nicht mit ihrem Gift töte.

Nein, schon allein deshalb konnte sich mein Befinden nicht bessern oder ich gesunden. Aus diesem Grund erleide ich die Qualen und muß mehr denn je durchhalten. Besonders jetzt, *besonders in dieser Stunde*.

Ich habe Ihnen heute ja gesagt, wie der gute Jesus in mein dunkles Gefängnis — denn in dieser Zeit kommt es mir wirklich so vor, als wenn ich in einem Mauseloch wäre — wie Er also immer einen Sonnenstrahl durchdringen läßt.

Am Sonntag drang der Matrosenchor mit dem Lied: «Stern des Meeres...» in meinen Sturm und schenkte mir mit seinem Gesang Beruhigung und Frieden. Sie können sich nicht vorstellen, wieviel Zuversicht dieses Lied in mir erweckt hat. Es hat den dunklen Horizont aufgerissen, auf den ich den tränenverhangenen Blick geheftet hatte, und mir den Himmel und im Himmel Maria gezeigt, den Morgenstern, den Stern des Meeres. Sie kann durch ihr Lächeln das Schlimmste erträglicher erscheinen lassen und auf ihre Bitte hin alles von Gott erhalten. Unsere Marinesoldaten sangen mit soviel festem Glauben. Mir schien es, als hätten sich die Engel selbst diesem Chor angeschlossen, um Maria zu preisen und mir Hoffnung und Frieden einzuflößen.

Es genügt ein Nichts, um dem Herzen, das die Last einer Unzahl von Erinnerungen trägt und im Hinblick auf neue seelische Schmerzen zittert, wieder frische Kräfte zu schenken... Das Wichtigste ist, diesen kleinen Trost, den Gott uns in allen Dingen zukommen läßt, nicht zurückzuweisen. Es handelt sich um winzige Gnaden, aber es sind dennoch «Gnaden». Und wir dürfen keine Gnade zurückweisen, nicht die geringste, die Gott uns spendet. Das wäre Hochmut und Stolz, und der Stolz führt dazu, daß sich Gott von uns entfernt. Ich nehme immer alles mit Freude an. In Demut erkenne ich, daß ich armes Geschöpf auf schwachen Beinen stehe und tausend Hilfen brauche, um mich aufrichten zu können. Und zu jeder auch mikroskopisch kleinen Hilfe sage ich: «Danke, Herr.»

Im übrigen brauche ich in meiner Eigenschaft als Veilchen keine Ströme von Wasser, um mich am Leben zu erhalten. Mir genügen die unmerklichen Tautropfen. Wenn es mir nur gelingt, sie in meinem dem Himmel zugewandten Blütenkelch zu sammeln. Wäre ich nur auf die großen Gnaden aus, könnte es soweit kommen, daß ich nicht einmal die kleinen erhalte. Ich muß demütig um *alles* bitten und mir eingestehen, daß ich ein *Nichts* bin. So werde ich durch die kleinen, von Minute zu Minute gewährten und aus den tausend Kanälen des liebevollen Gotteswillens quellenden Gnaden fähig werden, auch große Gnaden für mich und meine Brüder und Schwestern zu erhalten.

Liebe, Demut und Opfer, das sind meine bevorzugten Waffen. Die Liebe, die Kühnheit verleiht. Die Demut, die den Brodem des benebelnden Stolzes verhindert. Das Opfer, das reinigt und beugt. Als wahres Veilchen liebe ich es, unter den Dornen und zwischen ihnen zu wachsen. Wachsen und blühen nicht gerade dort unter den Hecken des stacheligen Weißdorns die schönsten und wohlriechendsten Märzveilchen? Sie nähren sich sogar vom Saft der herabgefallenen, am Boden vermoderten Blätter des stechenden Dorngebüsches, das sie auch vor den sommerlichen Hagelschlägen und den eisigen Frösten des Winters schützt.

Ich liebe die Dornen sehr. Ich weiß nicht, ob Sie den dornigen Zweig, der sich mit dem Olivenzweig verflicht, am Kopfende meines Bettes bemerkt haben. Dieser blattlose Zweig mit seinen langen steifen Stacheln sagt mir viele Dinge! Er spricht mir von der Stirn Jesu, die von ähnlichen Dornen verletzt wurde. Er spricht mir von der Notwendigkeit des Schmerzes, der uns wie ein Dorn in die Seele sticht... Viele Dinge sagt mir dieser von Stacheln besetzte Zweig! Wenn ich über mich verfügen könnte, würde ich veranlassen, daß ich in Erwartung der Auferstehung so ins Grab gelegt werde: in einem weißen oder aschfarbenen Kleid, mit einem Knotenstrick um die Hüften, mit nackten Füßen, einer Dornenkrone auf dem Haupt und einem Kruzifix in den Händen. Ich war eine Büßerin, eine Franziskanerin, und ich liebte den gekreuzigten Erlöser. Was für ein besseres Gewand gäbe es also für diesen letzten Schlaf?

Aber ich werde meinen Wunsch nicht verwirklicht sehen. Nun gut, Geduld. Wie ich im Schmerz alle Sakramente erhalten habe und erhalte — denn der Schmerz ist fortwährende Taufe, fortwährende Buße und Vereinigung mit meinem König, er ist Firmung in seiner Lehre, Hochzeit mit Christus und Priesterschaft für die Brüder und Schwestern, sowie Ölung zur Reinigung der Sinne —, so werde ich im Schmerz die Dornen erhalten, die mir die anderen für die letzte Krone vorenthalten werden. Und im Himmel werden diese Dornen zu Rosen erblühen.

Viele Dinge wären über diese Zeit von 1935, Papas Todesjahr, bis 1940 noch zu sagen. Aber ich will mich kurz fassen.

Was mich betrifft, so war mein Leben ein dauerndes Leiden. Die Krankheiten und die Versuchungen, denen ich nicht immer widerstanden habe, nahmen zu. Das Fleisch ist eine Last, die dich unten annagelt, und die Seele, ein von einer grausamen Hand durchbohrter und am Boden festgenagelter Schmetterling, schlägt zu gewissen Stunden mit den Flügeln, ohne fliegen zu können.

Wenn aber der Geist nicht zustimmt, ja wenn er Abscheu vor der Schuld *empfindet* und diese dennoch die Oberhand gewinnt, weil die Sinnlichkeit der Vorfahren sich trotz aller Taufen wie eine Schlange in uns windet, kann man dann von einer wirklichen Schuld sprechen? Wie viele unwägbare Faktoren gilt es zu bedenken, wenn eine Seele fällt! Deshalb ist es so schwer zu richten und besser, sich dessen zu enthalten, wenn es irgend möglich ist.

Wie habe ich über meine Schwachheit geweint, die mir nicht immer erlaubte, den Verlockungen der Sinne zu widerstehen! Ich habe mich gezüchtigt, ich habe mir Vorwürfe gemacht, ich habe tausend Versprechungen gemacht, ich habe Gott und die Menschen angefleht, Erbarmen mit mir zu haben... Aber ich mußte die fürchterliche Stunde der Versuchungen durchstehen in all ihrer Länge und mit solchen Angriffen, daß ich nach siegreicher Überwindung völlig erschöpft war.

Von seiten der Ärzte gab es keine Hilfe, um die durch eine Krankheit bedingte Verwirrung zu mildern. Von seiten der Priester ein fast gänzliches Fehlen geistlicher Hilfe. Mit der schlichten Entschuldigung, daß «ich sie nicht brauchte», unterließ man es, mir die Kommunion zu bringen. Ich wurde in meinem Zustand nicht ernst genommen. Es war, als würde ich zu meinem Spatzen sprechen. Ein Lächeln, die Empfehlung: «Machen Sie sich keine Sorgen», und ich war abgefertigt. Und ich war doch in einen Kampf verstrickt, der Furcht erregt hätte, wenn man ihn hätte sehen können... Von seiten Gottes wurde ich in allem erhört, außer in dieser Sache...

Ach, ich habe so sehr gelitten, daß mich jetzt, da ich auf meinem Weg große Fortschritte gemacht habe, noch ein Grausen überkommt, wenn ich auf jene gefährlichen Abwege voller Abgründe und zischender Schlangen zurückblicke. Es war furchtbar, wissen Sie? Sich vereint zu fühlen mit dem Erlöser und Ihm niemals einen Schmerz zufügen zu wollen, da Er mein Alles ist, und gleichzeitig das elende Fleisch zu spüren, das gegen jedes Gesetz und jeden Wunsch von oben rebelliert! Das ist zum Verrücktwerden!

Aber nun, da es vorbei ist, wie ich wenigstens hoffe, nun verstehe ich, daß diese furchtbare Zeit nicht ohne Nutzen war.

Zuerst einmal hinderte und hindert mich diese Erfahrung daran, stolz zu werden. Wenn der immer wieder erwachende Stolz der Kinder Adams mir einzuflüstern versucht, daß ich durch das Gute, das ich getan habe, in den Augen Gottes «etwas» sei, hält mich die lebhafte Erinnerung an meine Schwächen in meiner Meinung über mich selbst nieder und gibt mir Gelegenheit anzuerkennen, daß ich nicht «etwas», sondern «Armseligkeit» bin. Eine verachtenswerte Armseligkeit, die nur die Güte Jesu, der gekommen ist, die Sünder zu retten, lieben kann. Eben deshalb stehe ich vor den Augen Gottes: weil Er ein Wunder der Barmherzigkeit vollbringen muß, um mich zu lieben und für sein Paradies würdig zu machen.

Zum zweiten dienen mir meine Schwächen, um vielen anderen schuldhaften, schwachen Geschöpfen in Liebe zu begegnen, Geschöpfen, die *ich nicht verdammen kann, weil ich wie sie bin*: schwach und schuldhaft. Wir neigen so sehr dazu, uns für vollkommen zu halten, wir armen Menschen, und wir beweihräuchern und loben uns so oft zu recht oder zu unrecht. Und so ähneln wir dem Pharisäer, der am Altar des Tempels steht und sich für vollkommen ausgibt. Ach, es ist besser, viel besser, zu erkennen, was wir sind, eher in der Unterschätzung zu übertreiben und vom Hintergrund des Tempels aus Gott unsere Reue, das Eingeständnis unserer Sünden zuzurufen. Wenn wir es auch nicht wagen, die Augen zu erheben, da uns die Erkenntnis unserer fleischlichen Natur niedergeschmettert hat, wird es der Herr sein, der von seinem Thron zu uns herabsteigt, um uns aufzurichten und an sein Herz zu drücken. Er wird unsere Tränen abwischen, unseren Schmutz abwaschen, uns ganz fest an sich drücken und in sein Haus führen. «Wer sich erniedrigt, wird erhöht werden.»

Eine dritte nützliche Folge meiner Verfehlungen war, daß sie mir eine Waffe für den Sieg schenkten. Die heilige Katharina sagt: «Wir müssen uns mit unserer Sinnlichkeit bewaffnen.» Das ist ein weises Wort, über das man nachdenken sollte.

Die Sinnlichkeit ist im Menschen immer vorhanden, wenn auch unterschwellig. Machen wir also aus dieser Bürde, die wir nicht loswerden können, ein Werkzeug, das uns zum Siege verhilft, anstatt uns zur Niederlage zu führen. Dazu braucht es viel Geduld, auch mit uns selbst, ja vor allem mit uns selbst, um mit Hilfe des Geistes, der Licht ist, die Materie, die Finsternis ist, zu erheben, daß sie flugfähig wird, diese Materie, die dazu neigt, zu Boden zu streben. Man muß es immer wieder versuchen, ohne zu ermüden. Man muß sich ertragen, ohne in Bestürzung zu geraten. Betrachten wir den Meister, der uns erträgt und nicht müde wird, uns beizustehen, jedesmal wenn wir uns verletzen.

Sich zu ertragen, will nicht heißen, nachzugeben. Ganz im Gegenteil! Es will heißen, über sich zu wachen und dem Polarstern, dem Licht Gottes, zu folgen. Wenn uns manchmal die Wolken dieses Licht verdekken und wir vom Weg abkommen, müssen wir, kaum daß es aufklart, wieder nach oben schauen und auf den richtigen Weg zurückkehren, ohne mutlos oder ungeduldig zu werden. Das machen auch die Seefahrer und die Flieger, um das ihnen anvertraute Schiff oder das Flugzeug, und damit ihr eigenes Leben, in Sicherheit zu bringen. Und sollten wir nicht dasselbe tun, um einer soviel wertvolleren Sache willen, die nicht Holz, Maschine oder hinfälliges Fleisch ist, sondern unsere Seele?

Wir haben die Sinnlichkeit überwunden und fühlen uns sicher und glücklich, sie besiegt zu haben... Kaum geben wir aber einen Augenblick nicht acht, ist sie schon wieder da, wie diese automatischen Teufelchen aus den Vexierschachteln. Also von neuem an die Arbeit. Ergreifen wir dieses Ungeheuer mit den sieben Köpfen und weg damit! Das ist eine Titanen-Arbeit wegen der Anstrengung, die sie uns kostet, und zugleich braucht es peinliche Genauigkeit, wie bei der Arbeit eines Uhrmachers. Aber wieviel Verdienst wird sie uns verschaffen.

«Wer keine Schlacht schlägt, erringt keinen Sieg», sagt wiederum die sienesische Mystikerin, in der die männliche Stimme des Paulus von Tarsus mit weiblicher Grazie widerzuhallen scheint: «So kämpfe den guten Kampf..., der Athlet, der in der Arena kämpft...»[96] Wäre die Sinnlichkeit in uns tot, um wieviel weniger Grund hätten wir, Sieger zu sein! Also sagen wir selbst in den Fesseln dieses unbezähmbaren Monsters: «Danke, Herr, für diese Prüfung. Hilf mir aber, daß ich nicht zugrunde gehe!»

Nicht allen ist es zugedacht, gekreuzigt zu werden wie der Erlöser. Aber allen ist es gewährt, «*das eigene Fleisch mit seinen Lastern und Begierden*» zu kreuzigen[97], um Christus anzugehören, der die Begierde besiegt und das Fleisch erlöst hat. Nicht alle können durch Tyrannen zu Märtyrern werden. Aber welch ärgeren Tyrannen gibt es als unser begieriges Fleisch? Deshalb bin ich sicher, daß nicht nur den Opfern aus Verfolgungen die Palme der Märtyrer zusteht, sondern auch jenen, die sich selbst kreuzigen, um in sich selbst die Sinnlichkeit abzutöten und ihren liebevollen Gehorsam zum Gesetz des Herrn zu bekennen.

---

96. 1 Korinther 9,24-27; 1 Timotheus 6,12.
97. Galater 5,24.

Daher sage ich mir, und ich sage es auch den von solchen Versuchungen Betroffenen: «Wir dürfen uns nie entmutigen lassen, wenn wir bemerken, daß wir immer wieder zum Ausgangspunkt zurückkehren. Kämpft ein Schiffbrüchiger vielleicht nicht bis zum äußersten, um das rettende Ufer zu erreichen? Wir sind Schiffbrüchige, den Winden und Sturzwellen preisgegeben. Unser Menschsein schleudert uns mitten in einen wahrhaft wütenden Ozean. Im Kampf gegen die Wellen, die Strudel, die Brandung und indem wir den Luft- und Wasserströmungen standhalten, müssen wir versuchen, den Hafen zu erreichen... Es wird uns nicht erspart bleiben, daß wir gegen verborgene Felsenriffe prallen, daß wir zwischen Welle und Welle in Abgründe stürzen und der sichere Tod unabwendbar scheint. Nur derjenige, der den Glauben nicht verliert, wird sich durchsetzen.»

Ich, von Natur aus schon schwach und durch die Krankheiten noch mehr geschwächt, will mehr denn je eine demütige Blume sein, die Duft verströmend auf den Stufen zum göttlichen Thron stirbt.

Eine Blume verzagt nicht, wenn ein böser Wind sie zum staubigen Boden beugt, wenn ein heftiger Platzregen sie mit Schlamm bespritzt, wenn eine schleimige Schnecke Spuren auf ihr hinterläßt. Sie wartet vertrauensvoll, daß der Tau sie reinigt, die Sonne sie trocknet, der Westwind sie aufrichtet und wie ein Weihrauchfaß voll Würze hin- und herschwenkt. Und wenn auch eine unvorsichtige Neugier sie dazu drängt, den Stengel zu Boden zu beugen, so richtet sie sich nachher um so steiler wieder auf, für immer von dem törichten Wunsch, die Erde zu küssen, befreit, sie, die für die Küsse der Sonne und der reinen Tautropfen gemacht ist. Nur die Blumen in den Gewächshäusern werden davor bewahrt, gewisse Lebensrealitäten kennenzulernen. Aber die kleinen Wald- und Wiesenblumen können das nicht verlangen.

Die großen, kostbaren Blumen der Gewächshäuser, die wohlbehütet vor allen irdischen Gefahren aufwachsen, sind für mich jene von Gott Auserwählten, denen der gute Gott umsonst alle Gaben gewährt, damit sie keusch, unschuldig und heilig bleiben. Ihr ganzes Leben verläuft, dank einer Reihe von Gott vorherbestimmter Ereignisse, wie zwischen den unverletzten und unverletzbaren Wänden eines mystischen Turmes, gegen den die Welt vergebens ihre angreifenden Horden wirft. Auch der Gesang der Sirenen und das Blendwerk der Verlockungen ersterben an diesen Mauern. Es handelt sich um Menschen von einer besonderen moralischen Festigkeit, deren erhabene und vollkommene Stammutter Maria ist. Sie sind und sind auch wieder nicht von dieser Erde, wo sie nur scheinbar leben, unterstützt von den

Scharen der Engel, die sie hoch über unserem Schlamm wohl behüten. Auch sie braucht es, um die Menschen von der Existenz der Engel und unserer himmlischen Herkunft zu überzeugen.

Die kleinen Blumen jedoch sind die tapferen Seelen, die Stunde für Stunde gegen die Nachstellungen des Lebens, der Gesellschaft, des Fleisches kämpfen müssen. Es sind die einsamen Seelen, auf die niemand achtet und die allein zurechtkommen müssen. Vieles lernen diese kleinen Blumen kennen, viel von dem, was die kostbaren Blumen der Gewächshäuser nie erfahren. Vieles lernen sie kennen, und sie leiden unter dem Wind, dem Frost, der Hundstagshitze, den Füßen, die sie treten, und den Herden, die an ihnen knabbern...

Aber sie können getrost sein, die kleinen, tapferen Blumen der Felder und Abhänge. Gerade sie sind die «Kinder Gottes». Er allein sät sie, Er gießt sie, erwärmt sie, bewundert sie und pflückt sie zu seiner Freude. Die Menschen merken nicht einmal, daß sie über ihre duftende Seide treten. Die Menschen sind so blind für die Wunder Gottes! Aber Gott sieht sie, diese demütigen Blumen, die Er auf den Wegen der Welt gesät hat und die erblüht sind und aus Liebe zu Ihm weiterblühen, um Ihn allein zu erfreuen. Sie kümmern sich um nichts anderes. Und für sie hat Er einen besonderen Platz im Himmel, das Beet der Demütigen. Aber wer ist das Haupt dieser Demütigen? Christus, der uns aufgefordert hat, sanft und demütig zu sein wie Er.

Sie mögen getrost sein, die kleinen Blumen. Unter den Füßen des in Palästina umherziehenden Herrn und sogar unter seinem Kreuz waren sie es, die demütigen Blumen, die ihren Duft aus Liebe zum Herrn verströmten. Von der Wiege bis zum Grab richtete Jesus seinen Blick auf sie. Sie empfingen die Liebkosungen seiner kindlichen Hände, das Lob seines göttlichen Wortes, die Tränen seines mit dem Tode ringenden Herzens auf dem Ölberg, das Blut, das von seinen am Kreuze hängenden Gliedern tropfte.

Es genügt, daß sie demütige Blumen bleiben *wollen*, und sie werden immer die Auserwählten Gottes sein. Es genügt, daß sie an der Wiege des Jesuskindes und an seinem Wege sein wollen; es genügt, daß sie seinem schmerzenden Haupt als Kissen dienen und die Tränen seiner Augen sammeln wollen; es genügt vor allem, daß sie am Fuße des Kreuzes stehen und das alle erlösende Blut sammeln wollen, um sicher zu sein, nicht zugrunde zu gehen. Sie werden dort unten stehen, um ihren Duft für Ihn zu verströmen. Dort oben werden sie noch schöner blühen und ihren Duft für Ihn verströmen.

Heute morgen haben Sie mich weinen sehen. Diese Tränen waren durch *viele* Dinge verursacht. Vor allem durch die absolute Abwesenheit Gottes.

Wenn ich mich allein fühle, erscheint alles so traurig und furchterregend, daß ich weinen muß. Das sind die Gethsemani-Stunden..., und es darf nicht verwundern, wenn sie mich sehr oft überkommen. Es gibt so wenige Christen, die bei Christus im Gethsemani-Garten bleiben wollen, um für die Sünder zu beten und zu sühnen! Das sind die verdienstvollsten und qualvollsten Stunden. Viel, viel verdienstvoller und qualvoller als *alle* anderen. Man findet keine Worte, um sie zu beschreiben. Man leidet in einem Ausmaß, daß man wie betäubt ist. Man ist nicht mehr imstande, anderes zu tun, als zu leiden und zu lieben und dem Herrn zu sagen: «Ich liebe dich!»

Erst nach der Kommunion spürte ich einen Anflug von Frieden. Einen Anflug, denn es gibt da noch die anderen Ebenen, die immer noch sehr rege und lebendig sind. Die Beunruhigungen dieser Tage haben mich zwar an der Oberfläche aufgewühlt, aber meinem Tiefinneren, wo der Friede Gottes herrscht, nichts anhaben können. Doch nun hat mich ein neuer Friedensstrom erreicht, um meine bitteren Wasser zu versüßen. Oder besser, um sie zu besänftigen.

Es handelt sich nur darum, hierzubleiben, auf dem Kreuz und im Dunkeln... Das ist die Aufgabe der Opferseelen. Dieses Ausharren in der Dunkelheit ist nicht zwecklos. Es bringt denen, die des göttlichen Strahles beraubt sind, das Licht. Beten für diejenigen, die nicht beten. Welche Mission kann uns mehr als diese Jesus und Maria ähnlich machen, deren Leben ein einziges Gebet war? Inbrünstig beten. Beten, wenn die spürbare Glut nachläßt, beten mit einem einzigen Wort, wenn wir wegen einer Erkrankung oder aus anderen Gründen nicht fähig sind, lange zu beten; beten durch einen einfachen Seufzer, einen Blick, den wir zum Himmel erheben; beten mit der Träne, die uns von der Wimper fällt; beten durch unsere Qualen...

Ich schaue auf meinen Jesus, der den Gipfel des Gebetes erreicht hat, als er aufs Marterholz erhöht wurde. Und in diesen meinen Gethsemani-Stunden, in denen ich so allein bin und die Einsamkeit mich fast erdrückt, ahme ich das betende Schweigen des Erlösers nach... Das betende Schweigen, das viel eindringlicher ist als alle mechanischen und langatmigen Gebete, die gesprochen werden, während man in Gedanken anderswo ist.

Ich betrachte Jesus am Kreuz. Er befindet sich mir gegenüber und ist hochgewachsen, weiß, schlank und blutunterlaufen von den Schlägen und dem Todeskampf. Er fühlt meinen Blick und hebt das dornengekrönte, blutige Haupt, das er zur Brust geneigt hatte. Er blickt mich an, ich blicke Ihn an. Unsere Blicke begegnen sich durch einen Tränenschleier. Er lehrt mich in diesen Stunden des Leidens und der Sühne zu beten. Und ich lerne alles, indem ich Ihn betrachte.

Ich folge seinem Blick, der über die Welt schweift. Ein Blick unendlichen Mitleids für alle menschlichen Armseligkeiten. Ich folge dem Blick, der, nachdem er das Schauspiel allen menschlichen Elends wie zu einer Garbe gebündelt hat, sich zum Himmel erhebt und diese Garbe durch den einen liebevollen Blick der Liebe des Vaters aufopfert, damit Er helfe... So müssen die Opferseelen leben. Sie müssen Liebe ausstreuen und Schmerz einsammeln, Liebe und Schmerz aufopfern, um Barmherzigkeit zu ernten. Und das stumme Gespräch der Blicke geht weiter.

«Ich habe Durst nach Seelen.»
«Ich habe Durst nach Dir!»

«Wenn diese Stunde vorüber ist, werde ich kommen. Jetzt ist es notwendig, daß du allein bleibst. Begnüge dich damit, daß ich dich anblicke und dir Meister bin.»

«Jesus, ich bin allein.»
«Auch ich bin allein. Die Seelen lieben mich nicht.»
«Jesus, die Verlorenheit will mich überwältigen.»
«Fürchte dich nicht, sie wird nicht siegen.»
«Mir scheint, ich wäre von Euch losgerissen.»

«Nein. Wenn Unser Vater sich in die Tiefe der Himmel zurückzieht, bin Ich bei dir, und die Liebe, der Heilige Geist, breitet seine Flügel über dich aus. Bedenke, Geschöpf, daß Unser Vater, ich sage Unser, da Ich dir Bruder bin, sich Gewalt antun muß, dich nicht an sein Herz zu drücken. Eines Tages wirst du den Wert deines Leidens erkennen... Blicke nach unten: dort siehst du die Menge der Elenden, die der Opferseelen bedürfen, um gerettet zu werden. Schau auf zum Himmel: dort siehst du die Strafen, die ein Akt der Liebe verhindert. Und lächle, meine Schwester, meine arme Schwester. Was du tun darfst, ist nicht einmal den Engeln gewährt. Du, die du dich aufopferst, betest an und sühnst. Die Engel beten nur an.»

«Ich habe Angst, meine Aufgabe nicht gut zu erfüllen…»

«Mein unermeßliches Verdienst wird deine Unvollkommenheiten ausgleichen. Ich verlange von dir nicht, vollkommen zu sein, kleine

Hostie. Ich verlange nur, daß du versuchst, so vollkommen wie möglich zu sein.»

«Bist Du zufrieden, Jesus?»

«Ich bin zufrieden, Maria. Deine Anstrengung trocknet meine Tränen.»

Was soll ich also sagen? «Vater, befreie mich aus dieser Stunde»? «Bin ich doch gerade für diese Stunde gekommen.»[98] Es bleibt mir also nichts anderes, als sie in ihrer ganzen Härte durchzuhalten.

Heute morgen, nachdem ich auf meine Art gebetet hatte, habe ich wie eine Stimme vernommen, die zu mir sagte: «Sei beruhigt. Deine Wünsche werden nicht unerfüllt bleiben.» Ich habe an die heilige Muttergottes gedacht, deren Schmerzen wir heute feiern. Auch ihre Wünsche haben sich verwirklicht, aber vorher mußte sie leiden... Ich vertraue auf sie, die mir Mutter und Königin ist, und meine, daß diese morgendliche Einflüsterung von ihr kam, der Mutter Jesu, unserer Mutter.

1940-1942
Crux sancta sit mihi lux

Das Jahr 1940, das seinen Anfang in einer bereits blutbefleckten Welt nahm, begann für mich sehr traurig.

So sehr ich auch genauestens vorausgesehen hatte, was nun eintraf, verursachte mir alles,was sich tatsächlich ereignete, großen Schmerz. Obwohl ich kein Genie, Diplomat oder Stratege bin, begriff ich unter anderem, was auf uns Italiener zukommen und *welche* Folgen unserem armen Italien daraus erwachsen würden.

Jahrelang hatte ich soviel für den Frieden gebetet. Ich brauche mir daher gewiß keine Vorwürfe zu machen, nicht alles nur Mögliche getan zu haben. Ich hatte mein Nichts mit den Verdiensten auserwählterer Seelen vereint, damit Europa und vor allem uns Italienern die Geißel eines neuen Krieges erspart bleibe. Ich hatte gebetet, geweint und allen erdenklichen Kummer auf mich genommen. Dafür wurde ich wie gewöhnlich für verrückt erklärt. Als es schien, daß der Krieg nunmehr unvermeidlich sei, siehe da, ein Burgfriede... Und ich verdoppelte die Gebete, damit er von Dauer sei.

98. Johannes 12,27.

Das hielt bis Anfang August 1939 an. Am 12. August, ich erinnere mich genau an dieses Datum, es war das Fest der heiligen Klara, verkündete mir eine Vorahnung, daß die verhängnisvolle Stunde gekommen war.

Damals war eine meiner kleinen Töchter von der Katholischen Aktion in Polen, um dort für sich und ihre Mutter den Lebensunterhalt zu verdienen. Ich hatte sie sehr gern und liebe sie auch jetzt noch, obwohl sie mir vor einem Jahr einen großen Schmerz bereitet hat. Ich kannte ihr überschwengliches Herz und ihren überspannten Geist besser als ihre eigene Mutter.

Ich wußte, daß sie eine leichte Beute für jedermann wäre, der es verstünde, sie zu umgarnen und ihr das vorzutäuschen, was ihr die Familie nicht gab: nämlich eine wahre, verständnisvolle Zuneigung. Obwohl ich krank und ans Bett gefesselt war, hatte ich immer über sie gewacht, und es war mir gelungen, sie einmal zu retten... Ach, ich habe auch Priester auf sie aufmerksam gemacht, die — schliefen, während es angebracht gewesen wäre, sehr auf dieses Schäflein achtzugeben, das drauf und dran war, sich zu verirren... Dann war sie nach Polen gegangen. Aber ich verlor sie nicht aus den Augen.

Am 12. August forderte mich die innere «Stimme» so eindringlich auf: «Sag ihr, sie soll sofort zurückkehren», daß ich ihr einen Brief schrieb. Es war der letzte, der die Grenze passierte, wie auch der Zug, mit dem mein Töchterchen zurückkehrte, der letzte war, der aus dem unglücklichen Polen herauskam. Als dann das Unheil, weswegen ich soviel Bedrängnis erlitten hatte, wirklich hereinbrach, weinte ich nicht mehr.

So geht es mir immer. Vorher gerate ich in Verzweiflung. Und in dem Augenblick, wenn die blinden Optimisten vor der Wirklichkeit verzweifeln, verzweifle ich nicht mehr. Diesen Augenblick habe ich schon vorher durchgemacht. Ich trete daher den Tatsachen mit großer Festigkeit entgegen. Ich spüre die ganze Traurigkeit der Zeit, aber sie verwirrt mich nicht mehr, denn ich habe alles bereits vorausgesehen und darunter gelitten. Auch die tiefe Traurigkeit dieser Tage, dieser Woche, ist darauf zurückzuführen, daß ich traurige Ereignisse der Zukunft sehe.

So hatte also das Jahr 1940 begonnen: blutbefleckt und immer neues Blut fordernd, und obendrein italienisches Blut... Viele machten sich Illusionen über unseren «Nicht-Kriegszustand». Ich nicht. Ich verdoppelte die Gebete und die Opfer, aber nun tat ich es bereits, um

Barmherzigkeit für uns bei den schrecklichen Ereignissen des Krieges zu erlangen, der mir nun unvermeidlich und beschlossene Sache schien...

Im Januar starb auch Frau Soldarellis Mann. Ich litt, daß diese Seele so zu Gott ging: unversöhnt, nach so vielen Verirrungen. Ich hatte mich sehr bemüht, eine Begegnung des Sterbenden mit einem Priester zu ermöglichen. Seine Frau, blind vor Liebe, erkannte nicht, daß es mit ihrem Mann zu Ende ging. Aber ich wußte es. Daher hatte ich einen Priester gerufen. Ich kann es nicht ertragen, daß eine Seele durch unsere Nachlässigkeit verlorengeht. Dieser Priester hatte mir versprochen, hinzugehen; aber er tat es nicht. Die ganze letzte Lebensnacht dieses Unglückseligen habe ich im Gebet verbracht... Ob es wohl etwas genützt hat? Gott allein weiß es.

Es ist schmerzlich, gewisse Trägheiten in der Sorge um diese armen Seelen festzustellen. Was hat es für einen Sinn zu predigen, wenn die ersten Lauen die Prediger selbst sind? Wie notwendig ist es doch, für die Priester zu beten!... Oft werden die Seelen kritisiert, weil sie nicht bereit sind, ihre Christenpflicht zu erfüllen. Aber sagen wir es nur, und sagen wir es schmerzerfüllt: oft liegt die Schuld bei den Dienern Gottes, die diesen armen Seelen beistehen sollten, diesen Seelen, die gewiß vom Aussatz der Sünde befallen sind, aber gerade deshalb Hilfe brauchen.

Dieser Mann ist also so gestorben. Wir wollen hoffen, daß seine Seele sich im letzten Augenblick von sich aus Gott zugewandt hat.

Ich gestehe Ihnen jedoch, daß ich darüber so abgestoßen war, daß ich, obwohl ich mich eigentlich nicht an andere Pfarreien wenden wollte, nun mit dem Gedanken spielte, mir anderswo einen Priester zu suchen, um im Empfang der Sakramente nicht so vernachlässigt zu werden. Ich sagte es auch ganz offen, denn ich meine, daß uns nichts davon abhalten darf, die Wahrheit zu sagen. In diesen Dingen ist mir *Katharina* ein großes Vorbild. Ich glaube, ich hätte den Mut, auch dem Heiligen Vater zu sagen: «So geht das nicht.» Ich glaube, wir alle können irren, aber daher müßte es jedem am Herzen liegen, auf unsere Fehler aufmerksam gemacht zu werden. Manchmal kann ein Kind, ein Unwissender, ein Untergebener richtig sehen, wo wir im Irrtum sind, und uns durch sein aufrichtiges Wort auf den rechten Weg zurückbringen. Aber mein Reden half nichts. Ich verblieb weiterhin fast ohne kirchlichen Beistand, und wenn jemand kam, dann vielleicht alle hundert Tage, und nach zahlreichen Telefonaten. Amen!

Mamas Krankheit ließ es mir dann doch geraten scheinen, intensiver nach einem seeleneifrigen Priester zu suchen. Mama erkrankte im Frühjahr 1940. Es handelte sich um Vergiftungserscheinungen im Verdauungsapparat, die auf ihre launenhafte Art, sich zu ernähren und sich mit ihren eigenen Mitteln zu kurieren zurückzuführen waren. Besserungen und Rückfälle folgten einander, verschuldet durch die immer neuen Ernährungskaprizen meiner eigensinnigen Mutter. Und das bedeutete für mich Schrecken, Sorgen, Ärgernisse und *Geschimpfe*. Oh, damit sparte sie nicht! Ich und Marta machten die Hölle durch.

Doch ich habe ein ruhiges Gewissen, denn ich weiß, daß ich meine Mutter umsorgt habe, wie sie es besser nicht hätte haben können. Ich habe es ihr an nichts fehlen lassen, weder an Medizinen noch an Verpflegung. Wie gewöhnlich, dankte sie mir nicht dafür. Vielmehr klagt sie heute darüber, wir beide hätten sie vernachlässigt. Gott sei Dank, gibt es verschiedene Zeugen, die wissen, wie sie behandelt worden ist. Der Arzt, der mich oft in Tränen aufgelöst vorfand, da ich sie zu verlieren fürchtete, hatte mir gesagt: «Aber danken Sie Gott dafür! Ich wette, daß es Ihnen besser gehen wird, wenn Ihre Mutter stirbt. Denken Sie an sich!» Aber sie war meine Mutter. Sie ist meine Mutter. Sie hat zwar nichts getan, um geliebt zu werden. Im Gegenteil, hat sie alles getan, um meine so hartnäckige Liebe abzutöten. Aber ich liebe sie immer noch, und ich werde sie immer lieben. Früher waren es Papa und ich, die sie liebten. Nun bin ich es allein.

Jetzt hatte ich nicht einmal mehr jenes Minimum an Ruhe, das ich vorher gehabt hatte. Ich aß weniger und schlechter als gewöhnlich, um mit dem Geld, das mir Mama für den Unterhalt zur Verfügung stellte, zurechtzukommen und andererseits für Mama ausgewähltes Fleisch und edle Weine, seltene Früchte und erfrischende Getränke zu kaufen. Nachts achtete ich mit gespitzten Ohren darauf, ob sie sich bewegte. Aber mehr denn je überhäufte sie mich mit Vorwürfen und schimpfte auch Marta aus. Dies alles und der Kummer zu sehen, daß es ihr nicht gut ging, waren neue Schläge für meinen bereits angegriffenen Organismus.

Mein Zustand verschlechterte sich von da an mehr als in den zurückliegenden zehn Jahren. Zu den bereits bestehenden Krankheiten kamen weitere hinzu: Nervenentzündungen mit schrecklichen Schmerzen, die so arg waren, daß ich den Arzt anflehte, mich sterben zu lassen. Es kam soweit, daß ich mir das ganze Gesicht mit einer sehr starken Jodtinktur einpinselte, um den Trigeminus zu betäuben, der mir wahnsinnige Schmerzen bereitete. Schmerzen, die ich wegen meines Herzens durch kein Analgetikum beruhigen konnte. Zu den Nervenentzündungen gesellte sich eine Hirnhautentzündung, die mich ganz steif werden ließ, als wäre ich mumifiziert. Bei der geringsten Bewegung mußte ich schreien. Die Nieren versagten ihren Dienst, und zur chronischen Blasenentzündung kamen noch eine Nierenbeckenentzündung und am Ende Nieren- und Blasenblutungen. Die Bauchfellentzündung verschlimmerte sich und führte zu einem Darmverschluß. Auch die Brustfellentzündung verschlimmerte sich rechtsseitig, wo sich schmerzhafte Verwachsungen bildeten. In dem äußerst kalten Dezember des Jahres 1940 war Marta ein paar Tage abwesend, und ich verblieb ohne Wärmflaschen und ohne jegliche Heizung. In der Folge erlitt ich einen Lungenstau, der aufgrund unzähliger Rückfälle, die ich seither hatte, immer schlimmer wurde. Welch schöne Aufzählung! Aber das ist meine Personalakte...

Im Frühjahr 1940, als Mama ärger erkrankt war, hatte ich an verschiedene Verwandte geschrieben, um ihnen den Ernst ihres Zustandes mitzuteilen. Alle antworteten mir mit guten und ermutigenden Worten. Unter anderem schrieb mir auch ein Vetter, dem ich nicht direkt geschrieben, da ich es vorgezogen hatte, mich an die Kusinen zu wenden. Unter Frauen versteht man sich besser.

Dieser Vetter ist ein viel geprüfter Mann. Im siebenten Lebensjahr hatte er seine Mutter, im vierzigsten seine Frau verloren. So war er Witwer mit vier Kindern, von denen eines 1935 im Alter von 21 Jahren starb. In Reggio Calabria hatte ich Gelegenheit gehabt, diesen Mann mit seinem guten, überschwenglichen Herzen kennenzulernen. Es schmerzte mich, daß seine Güte rein menschlich und nicht durch den Glauben geprägt war. Aber ich entschuldigte ihn, indem ich mir sagte, daß es schon viel war, wenn er — der ohne eine Mutter, die ihn das Beten gelehrt und ihm von Gott erzählt hatte, in einem für geistige Erhebungen nicht gerade günstigen Ambiente wie dem eines Hotels unter Männern aufgewachsen war, — wenn er da menschlich gut geblieben war.

Ich war daher sehr erstaunt über seinen ganz von Glauben durchdrungenen Brief. Bedenken Sie, daß er nie mehr geschrieben hatte..., seit er damals, während wir seine Gäste waren, mit Mama aneinandergeraten war. Nur anläßlich des Todes meines Vaters hatte er an Mama geschrieben. Ich weiß nicht, was. Ich weiß nur, daß sie sehr verwundert über Giuseppes Religiosität[99] war und ihm so antwortete, daß er daraufhin nie wieder schrieb.

In seiner schönen Offenheit hat er mir erst kürzlich erklärt, daß er mir damals gegen seinen Willen geschrieben habe, «angetrieben von einer unbekannten Kraft»; denn von sich aus hätte er es nie getan, weil er glaubte, ich sei mit der Zeit «meiner Mutter ähnlich und mein Herz daher kalt und egoistisch geworden». Ich antwortete und dankte ihm. Und ich muß ihn nicht enttäuscht haben, denn er schrieb mir wieder. Vom April bis Juni erhielt ich drei Briefe.

Dann folgte bis zum April 1941 nichts mehr. In diesem Monat hatte er mir einen langen Brief geschrieben, in dem er mir wiederum mitteilte, eine übermenschliche Kraft habe ihn zum Schreiben gedrängt, und gestand, ein überzeugter und bekennender Spiritualist zu sein.

Ich versichere Ihnen, daß ich im Bett emporschnellte. Spiritismus, Spiritualismus usw. sind für mich ein und dasselbe Teufelswerk. Ich glaube, daß mich nicht einmal die Bomben aus dem Haus vertreiben werden. Aber wenn ich etwas Spiritistisches zu hören oder zu sehen bekäme, würde ich wie eine Heuschrecke einen Satz machen und so, wie ich bin, mitten auf der Straße landen.

Nachdem ich meine Aufregung darüber mit Marta geteilt hatte, beschloß ich zuerst einmal, gar nicht zu antworten. Dann sagte ich mir, daß dies nicht sehr liebevoll sei. Schließlich war sein Brief von einer solchen Ehrfurcht vor Gott und einer Unterwerfung unter seinen Willen erfüllt, die man bei praktizierenden Katholiken nur selten antrifft. Unter anderem hatte er mir anstelle seiner Schwester — der ich wegen eines Neffen, der in Ostafrika kämpfte, über Pater Pio[100] geschrieben hatte — diesen Ordensbruder so sehr und mit einem so tiefen Respekt vor der Kirche gelobt, daß ich ihn nicht verurteilen konnte.

Es ist immer noch besser, zu glauben, als keinen Glauben zu haben. Dem Atheisten ziehe ich immer noch den Götzendiener vor. Vor dem Atheisten habe ich Angst. Ich denke, wenn ein Mensch aufrichtig nach der Wahrheit und dem Licht, in reiner Absicht und wahrer Sehnsucht nach diesem Gott sucht, dessen Existenz er spürt, aber von dem er nicht weiß, wo und wie Er ist, wenn ein Mensch all dies demütig und ohne Hintergedanken tut, dann, glaube ich, ist er schon auf dem Weg zu Gott. Vielleicht handelt es sich um einen Seitenweg oder einen Umweg, aber immerhin ist er dem Königsweg, der zu Gott führt, nahe.

---

99. Giuseppe Belfanti (1881-1963), ein bereits in dem Kapitel, das über den Aufenthalt in Reggio Calabria berichtet, erwähnter Vetter der Mutter Maria Valtortas.
100. Der bekannte Pater Pio von Pietrelcina (1887-1968), stigmatisierter Kapuziner, der in San Giovanni Rotondo lebte.

Und daher darf dieses Geschöpf nicht vernachlässigt werden, sondern es muß ihm von einem in der Wahrheitserkenntnis schon Fortgeschrittenen geholfen werden.

Und so entschloß ich mich, zwar ein wenig zitternd, ihm zu antworten. Ich bestritt allerdings gewisse seiner Ideen und glaube fast, in meinen Widerlegungen ein bißchen zu entschieden gewesen zu sein.

Er nahm mir das nicht übel. Im Gegenteil, seit damals schreiben wir uns regelmäßig. Manchmal haben wir uns auch wild beschimpft..., aber dann haben wir uns wieder versöhnt, da wir uns eingestanden, zwar in zwei entgegengesetzten Lagern zu kämpfen, aber doch ein einziges Ziel vor Augen zu haben: Gott.

Ich habe Ihnen darüber schon mündlich erzählt und will mich nicht länger damit aufhalten. Ich will nur sagen, daß auch dies nicht ohne Nutzen war. Ich glaube, daß ich in der langen und geduldigen Korrespondenz guten Samen zwischen die vielen wildwachsenden Pflanzen in dieses Herz gesät habe, das sich noch im fortgeschrittenen Alter auf die Suche nach Gott gemacht hatte.

Manchmal war ich in meiner Angst vor gewissen Dingen drauf und dran, alles abzubrechen, besonders dann, wenn eine zu gewagte Behauptung seinerseits, die sehr weit von meinem Denken und Glauben entfernt war, mich vor den Kopf stieß und aus der Fassung brachte. Aber ich spürte, *daß ich es nicht tun durfte*. Der gute Jesus wollte es nicht. Ich befürchtete auch, daß dies auf irgendeine Weise dem Dämon Gelegenheit geben könnte, sich mir mehr zu nähern. Aber auch hier gab mir ein Licht und eine Stimme von oben Antwort und Klarheit. Es war immer das Wort Gottes, das auf meine Ratlosigkeit antwortete: «Siehe, ich habe euch die Vollmacht gegeben, über Schlangen und Skorpione zu schreiten und über alle Gewalt des Feindes; nichts wird er euch schaden.»[101] Und die Stimme Jesu wiederholte mir in der Tiefe meines Herzens: «Fürchte dich nicht. Es kann dir nichts Schlimmes zustoßen. Vernachlässige diesen Menschen nicht. Auch er gehört mir, glaubt an mich, ist zurückgekauft durch mein Blut und seinen Glauben. Richte ihn nicht, bringe ihm nur mein Wort.» Auch der Segen von Pater Pio ermutigte mich, fortzufahren... Und schließlich war er ja mein Vetter, wenn auch fast tausend Kilometer von mir entfernt! Tapfer, nicht wahr?

Im Juni 1941 schickte mir Giuseppe eine, wie er es nannte «Botschaft», ganz für mich allein. Sehr schmeichelhaft für die demütige

101. Lukas 10,19.

Dienerin Gottes. Aber ich ärgerte mich so sehr, daß ich ihm mit einem richtigen Plädoyer gegen den Spiritismus und den Spiritualismus antwortete. Ich habe noch eine Abschrift davon. Doch dann reute es mich. Ich hatte gleichzeitig verschiedene Briefe von Personen, die mich gut kennen, erhalten und von denen ich überzeugt bin, daß sie von Gott erleuchtet sind; Briefe, in denen mit fast den gleichen Worten dieselben Dinge gesagt wurden, wie in der von meinem Vetter übermittelten «Botschaft».

Im Geiste der Gerechtigkeit sagte ich mir nun: «Wenn du diese als Antworten und Ermutigungen annimmst, die dir der gute Gott durch schätzenswerte Personen schickt, warum willst du die deines Vetters zurückweisen? Wie kannst du dir das Recht anmaßen, solche als Besessene oder zumindest als Verrückte anzusehen? Der Geist des Herrn kann wehen, wo und wie er will. Und wenn der Herr es für recht befindet, dir durch unbekannte Personen ein Wort zukommen zu lassen, das dich ermutigt, gerade in diesem Augenblick, da du in einem Meer der Niedergeschlagenheit zu versinken drohst und dich fragst, ob du wohl auf dem richtigen Weg bist, oder etwa verrückt zu werden beginnst — warum willst du dann dieses Wort geringschätzen? Es wäre nicht das erste Mal in den zwanzig Jahrhunderten des Christentums, daß Geschöpfe als ketzerisch verurteilt werden, deren Stirn nunmehr im Himmel mit dem Heiligenschein geschmückt ist. Viele haben Spott, Strenge des Gesetzes und Hinrichtung erfahren, weil sie behaupteten, “Stimmen”, die sie belehrten, zu hören. Also..., richte nicht. Bleibe demütig im Lob und vorsichtig im Handeln. Bitte den Herrn, dich darüber zu erleuchten, was du tun sollst.»

In jenen Tagen habe ich sehr viel gebetet und in Erwartung eines Zeichens andere Menschen zum Beten aufgefordert. Und dieses Zeichen habe ich durch den grenzenlosen Frieden, der über mich kam, erhalten. Da begriff ich, daß Gott meinen Briefwechsel mit meinem Vetter nicht für gefährlich hielt, und habe ihn fortgeführt.

Ich diskutiere nicht und grübele nicht, wenn Hinz und Kunz etwas sagen. Ich habe nur auf die Rückwirkung geachtet, die diese Worte auf mich hatten. Wenn ich irgendeine Art von Verwirrung empfunden hätte, hätte ich den Briefwechsel sofort abgebrochen. Aber ich nahm weder einen aufkeimenden Hochmut, noch eine Beunruhigung in meinem Glaubensleben oder eine Angst unerklärlichen Ursprungs wahr.

Was das Lob betrifft, das ich erhalten hatte, so verhielt ich mich wie vorher, ich versenkte mich eher noch mehr in Demut und Dankbarkeit und sagte: «Wenn Du diese Worte zugelassen hast, so ist das ein

Grund mehr für mich, mit größter Vollkommenheit nach meinen Möglichkeiten zu handeln, um immer in deinen Armen bleiben zu dürfen; auch ein Grund mehr, mich Dir dankbar zu erweisen und Dich zu lieben, um deine Liebe zu erwidern.» Und ich versichere Ihnen, daß ich von diesem Augenblick an noch mehr darauf geachtet habe, nie gegen den Herrn zu fehlen.

Sie sagten mir einmal, daß ich alle Dinge unter einem ganz besonderen Gesichtspunkt betrachte, der sich nicht mit den Beweggründen anderer Menschen deckt, aus denen heraus sie schreiben aber handeln. Und ich erinnere mich, Ihnen geantwortet zu haben, daß es geradezu so ist, als ob das Licht, das von meiner von Jesus erleuchteten Seele ausgeht und auf alles fällt, allem ein übernatürliches, rechtes Aussehen verliehe.

Im übrigen gehört das ja zu den Verleißungen Gottes. Sagt Er nicht, daß diejenigen, die in seinem Namen handeln, gefeit sind gegen die Hinterlist der Schlangen, der wilden Tiere und der Dämonen?[102] Ich glaube, daß eine Seele, die wahrhaft mit Christus vereint ist, ohne Schaden zu nehmen die Hölle durchschreiten könnte. Nicht ihrer Verdienste wegen, sondern durch die Macht Desjenigen, der in ihr wohnt.

Daher ließ mich auch dieses Vorkommnis in meinem Leben, das in andere Herzen Skrupel oder Aufruhr hätte bringen können, gelassen. Ja, es spornte mich sogar zu noch größerem Einsatz für das Gute an, obwohl es sich ja um Teufelszeug handelte.

Gott hat mich immer und derart geliebt, daß Er aus allem, was sich im meinem Leben um mich her zutrug, eine Lehre für meinen Weg zur Vollkommenheit machte; wie auch alles, was aus irgendeinem Grund mit meinem Geist in Berührung kam, sich von dem Bösen, das es in sich haben konnte, läuterte, und mir nur Antrieb zum Guten wurde. «Ja, ich habe dich mit ewiger Liebe geliebt, und daher erbarme ich mich deiner mit ewiger Huld.»[103] Diese Worte sagt mir mein Vater zu jeder Stunde, und ich erfahre sie in aller ihrer Wahrheit.

Da ich in Verhältnissen lebte, in denen ich ohne Glauben und mit wenig Moral hätte aufwachsen können, belehrte mich der Ewige und stand mir mein ganzes Leben lang zur Seite. Wenn ich an jene Worte denke: «Wie eine Mutter ihre Kinder liebkost, so will ich dich trösten, in meinen Armen will ich dich tragen, auf meinen Knien will ich dich wiegen»[104], sage ich immer: «Ja, Herr, das hast Du immer getan. Du

---

102. Markus 16,17-18; Lukas 10,17-19.
103. Jesaja 54,7-8.

warst und bist mir Vater, Mutter, Bräutigam, Bruder, Freund, Meister und Priester. Alles bist Du mir, o Herr, und ich habe niemand anderen gehabt, um mich nach deinem Abbild und Dir ähnlich zu bilden. Du hast meinen formlos geborenen und vom Mutterleib an verdorbenen Schlamm in Deine Hände genommen und mich nach deiner Vorstellung geformt. Ich armer Schlamm wollte mich manchmal nach meiner eigenen Vorstellung modellieren; ich dunkler Staub hatte manchmal den Wunsch, geführt zu werden..., aber Du, Du allein hast mich geleitet, so wie Du allein mich beharrlich weitergebildet hast, trotz meiner Verirrungen.»

Gott hat sich all dessen, was ich kennenlernte, sah und litt, bedient, um mich auf seinem Weg voranzubringen. Er hat sich der Trauer und der Schmerzen bedient, damit ich sein Herz suchte; der Unterweisung, damit ich Ihn anbetete, der Natur, damit ich Ihn pries; meiner Armseligkeiten, damit ich Ihn für seine Barmherzigkeit segnete; der Erkenntnis der Armseligkeiten anderer, damit ich Ihm für seine Güte dankte; anderer Religionen und Weltanschauungen, um meine Liebe, meinen Glauben, meine Hingabe an Ihn zu mehren.

Ja, auch die anderen Religionen haben dazu gedient, meine Vereinigung mit Gott und mein geistiges Wachstum zu fördern. Seitdem ich die Lehren anderer Religionen kennengelernt hatte, war ich immer der Meinung, daß in ihnen allen ein Fragment der wahren Religion, der unseren, enthalten ist. Wollte man einen menschlichen Vergleich anstellen, so könnte man sagen, daß sich von der einzig wahren Religion, jener, die Gott Mose geoffenbart und dann durch das Göttliche Wort bekräftigt hat, Fragmente losgetrennt hätten, die ein Krümchen Wahrheit in sich tragen.

Wie ein unermeßlicher Spiegel stand die Religion des Ewigen hoch im Himmel, damit alle von Menschen Geborenen sie sehen könnten. Luzifer und seine Schar haben in maßloser Wut ihre höllischen Geschosse gegen diesen wunderbaren Spiegel geschleudert. Das Zentrum, in dem der Glanz Gottes erstrahlt, trafen sie nicht, nur die Ränder. Bis dorthin konnten sie gerade noch sehen, die höllischen Horden, wenn auch mit Mühe. Die Splitter fielen auf die Erde und bildeten den Samen für andere Religionen, die unter ihren Irrtümern immer auch ein mehr oder weniger großes Fragment der Wahrheit bewahren.

Wenn ich beim Studium anderer Religionen und ihrer Sittengesetze auf diesen Reflex göttlichen Lichtes stoße, der zwischen den verzerr-

104. Jesaja 66,12-13.

ten Überlagerungen des Irrtums aufstrahlt, fühle ich mich noch mehr angespornt, den Geboten meiner eigenen Religion genau zu folgen. So drängt mich das Brahmanentum, das besonderen Wert auf die Enthaltsamkeit legt, mehr denn je in der Reinheit zu leben; der Islam mit seinem Lob Gottes, den er vom Orient bis zum Okzident in den Sternen, den Gräsern und überall, wo seine Macht durch die geschaffenen Dinge bezeugt wird, aufleuchten sieht, drängt mich, unseren Schöpfer zu loben und zu benedeien; so auch der Schintoismus, für den Gott überall gegenwärtig ist, wo sich Lebendiges vorfindet: «Wo eine Stechmücke surrt, bin Ich»; der Buddhismus, mit seiner Lehre über das Wohlwollen, in der unser Evangelium so lebhaft anklingt, dort, wo sie uns ermahnt, den Nächsten zu lieben, aufrechte Gedanken im Herzen zu hegen, wenn wir Werke vollbringen wollen, die zum ewigen Leben führen usw. — der Buddhismus, sagte ich, drängt mich, immer wohlwollender gegen meinen Nächsten zu sein: angefangen bei den Eltern bis hin zum letzten Bewohner unserer Erde.

Ich sage mir: wenn die Gläubigen anderer Religionen rein und heiligmäßig leben, nur weil ihr Prophet, der von Gott zu ihnen Gesandte, gesagt hat, daß sie so leben sollen, was müssen dann erst wir tun, die wir die wahre Religion besitzen, die wir als Gesandten den Sohn Gottes gehabt haben? Wenn Geschöpfe, die noch von einem irrigen Gesetz beherrscht werden, sich so hoch zum Guten zu erheben vermögen, was mußt dann erst du tun, meine Seele, die du das Gute selbst besitzest?

Ich habe immer Achtung vor Bildern gehabt. Aber seit ich erfahren habe, daß in Japan die Photographie des Kaisers, der von den Göttern abstammen soll, *nie* in den Zeitungen erscheint, nur weil eine Zeitung, nachdem sie einmal gelesen worden ist, zu — wenig vornehmen Verwendungszwecken herangezogen werden und daher das Bildnis des Königs beschmutzt und beleidigt werden kann — seither achte ich sorgfältig darauf, nie ein Papier zu verwenden, auf dem die Namen Jesu, Mariä oder der Heiligen geschrieben stehen.

Ich glaube, wenn eine Seele wirklich von Gott erfüllt ist, so wie ein Stoff von einer Flüssigkeit durchtränkt sein kann, dann gibt es nichts mehr, was sie verwirren oder verleiten kann. Wichtig ist nur, daß die Seele sich von Gott durchdringen läßt, der nichts anderes begehrt, als seinen Geschöpfen Kenntnis von sich zu geben.

Gestern sagten Sie mir, Sie glaubten nicht, daß ich eine schwere Verfehlung gegen die Reinheit begangen hätte. Es kann sehr gut sein, daß Sie recht haben. Aber ich habe eine Sensibilität erreicht, die von der Liebe und nicht von der Furcht herrührt und die mich schon die kleinsten Anzeichen von Unvollkommenheit wahrnehmen läßt. Das sind keine Skrupel. Nein, Skrupel sind etwas anderes. Der Skrupel findet Schuld auch dort, wo keine Schuld ist. Ich weiß, wann eine bestimmte Sache eine Sünde ist, oder nicht; aber wenn mir etwas Ungutes auch nur in Gedanken begegnet, so sagt mir das Gewissen sofort. «Paß auf! Das schmerzt Jesus.» Und wenn ich auch nur durch diesen Schönheitsfehler gefehlt habe, wenn ich ihn auch nur ersehnt habe, so schmerzt es mich und treibt mir die Tränen in die Augen. Nicht meinetwegen, sondern Jesu wegen.

Ich liebe Ihn, Pater, aber mit einer Liebe, die stärker ist als die vieler anderer Menschen. Mit einer blutvollen Liebe, nicht nur mit der Seele. Gott ist für mich nicht eine abstrakte, entfernte, unerreichbare Idee, wie für die große Mehrheit der Katholiken. Er ist für mich eine *Wirklichkeit*. Und nicht nur eine ideelle Wirklichkeit. Er ist hier, lebendig, wirklich. Ich spüre Ihn, ich spreche mit Ihm, ich trage Ihn in mir.

Als Tochter wollte ich meinen Eltern nie einen Schmerz bereiten, denn ich liebte sie über alle Maßen. Als Ehefrau hätte ich meinem Mann nie einen Schmerz bereitet, da ich ihn mit meinem ganzen Sein geliebt hätte. Sollte ich da meinem Gott gegenüber, der meine höchste Liebe ist, anders verfahren? Ihm gegenüber, der mir nie geschadet hat?

Oh, es ist nicht die Furcht vor der Strafe, die mich Tränen kostet, wenn ich an meine Fehlerhaftigkeit denke! Es ist der Gedanke, daß ich Ihn traurig gemacht habe! Daß ich Denjenigen betrübt habe, auf dessen Antlitz ich um jeden Preis ein Lächeln bringen möchte! Ich möchte alle Tränen Christi abtrocknen. Warum sollte ich also neue in diese liebevollen Augen steigen lassen?

Haben Sie begriffen, mit welch absoluter, brennender, verzehrender Liebe ich meinen Gott liebe? Bestimmt gibt es jemanden, der Ihn noch mehr liebt, daran zweifle ich nicht. Aber ich liebe Ihn nach meinem äußersten Vermögen. Mehr könnte ich nicht, selbst wenn ich vor Anstrengung mit gebrochenem Herzen und vor Liebe berstenden Venen stürbe. Maria Magdalena vergoß Tränen und Narden-Öl über die Füße des Erlösers. Ich verströme mich selbst. Ich ergieße mich ganz aus dem Gefäß des Fleisches, das ich aus Liebe zerbreche...

Heute morgen ist die göttliche Liebe gekommen, und ich brenne...

Welch ein Mysterium ewiger Güte ist dies! Auch in die Seele, die sich bedingungslos dem Vater hingeopfert hat und daher der Seligkeiten entbehrt, die andere durch das Lächeln des Ewigen erfahren, kommt Jesus, unser Herr, mit seinen außerordentlichen und grenzenlosen Tröstungen. Er weiß zu gut, daß wir armen Opferseelen unter der Strenge der göttlichen Gerechtigkeit in Betrübnis sterben würden. Er weiß es, denn Er hat es durchlitten. So kommt Er, um unsere erschöpften Kräfte zu beleben. Er kommt mit seinen Schätzen der Liebe, mit den Flammen und Lichtern dieser Liebe, und da öffnen sich unsere Augen, so wie es der in die Sonne schauende Adler vermag, und nicht einmal die Tränen können den Blick verschleiern; wir erkennen den Vater, dessen Anblick uns entzogen worden war, um uns noch strenger zu prüfen.

Wenn es auch nur für einen Augenblick ist, so genügt das doch, um uns für einen Tag und darüber hinaus zu erfreuen. Und es ist gut, daß es nur für Augenblicke gewährt wird. Länger würden wir es, schwach wie wir sind, nicht ertragen. Die Glückseligkeit würde uns vernichten. So aber stärkt sie unseren Geist und flößt uns wieder Frieden ein; denn wenn unser Geist sich in diesem Augenblick mit Gott vereinigt, strömt der Friede aus den ewigen Seen in uns, erleuchtet uns mit dem Licht Gottes und macht uns fähig zu *sehen*. Er öffnet unseren Verstand, und wir können begreifen, er weitet unser Herz und macht uns fähig zu lieben, er schenkt uns Kraft und läßt uns durchhalten, ja er gibt uns Sich selbst.

Und nun kehren wir — auf den Erdboden zurück, nachdem wir den Stimmen der Liebe nachgelaufen sind.

Ich habe also den Briefwechsel mit meinem Vetter fortgesetzt und auch diese Mühe zu den vielen anderen in die Abteilung «Apostolat» eingeordnet.

Die Krankheit hat mich ans Haus gefesselt. Aber sie behindert mich nicht in meinem kleinen Apostolat. Solange man will, kann man aus Liebe zu Gott apostolische Arbeit verrichten.

Schon die Geduld im Ertragen der Krankheit ist Apostolat. Einen zu sehen, der leidet und lächelt, dem es nicht einen Augenblick lang gut geht und der sich nicht beklagt, der den Willen Gottes tut, auch wenn das menschlich gesehen sehr hart ist — das bringt die Ungläubigen und auch die Lauen zum Nachdenken über die ewigen Wahrheiten, die von zu vielen in Frage gestellt oder geringgeschätzt werden. Wie kann man die Existenz Gottes und der Seele leugnen angesichts gewisser jahrelanger Wunder der Geduld, ohne daß die unerbittliche Intensität des Schmerzes jemals nachläßt, ohne daß die Seelen ihre Heiterkeit und ihr Vertrauen verlieren? Man braucht nur uns chronisch Kranke anzuschauen, die wir uns nicht nur mit dem Schmerz abgefunden haben, *sondern freudig im Schmerz leben.* Für die Genießer dieser Erde, die Egoisten, die Unzufriedenen, die Rebellen ist das eine Lektion...

Dann gibt es das Apostolat des Wortes. Wißbegierige, die nur aus Neugier kommen und die wir in Gottes Namen *bearbeiten* können. Freunde, die Kreuzchen haben, winzig wie der Blütenstempel des Gänseblümchens, die aber kommen, um sich bei uns auszuweinen... Wir, die großen Gekreuzigten, trösten sie und helfen ihnen zu begreifen, *daß das Kreuz ein Geschenk und keine Strafe ist.* Kranke wie wir, die aber weniger Gottvertrauen als wir haben und daher seelisch mehr als wir leiden, und denen wir soviel Beistand gewähren können, indem wir mit ihnen sprechen oder ihnen Briefe schreiben.

Eine Opferseele muß für alle der Simon von Cyrene sein: sie muß das Kreuz weitertragen, das Jesus als erster getragen hat, sie muß die Kreuze ihrer Mitmenschen auf sich nehmen, auch wenn diese winzig sind, ihnen aber riesengroß erscheinen... Die Schultern der Opferseelen müssen sich unter der liebenswerten Last des Kreuzes beugen. In uns ist die *genaue Erkenntnis* der Liebe, und das ist die Nahrung und die Triebkraft, die uns ermöglicht, diese Last standhaft und unermüdlich zu tragen.

Gut, es geschehe der Wille Gottes! Die Kreuze der Brüder und Schwestern werden uns immer bereit finden, sie auf uns zu nehmen, wenn sie diejenigen zu sehr niederdrücken, denen sie zugedacht waren. Gebet und Opfer für die Schwächeren, demütige Bitte an Gott, für die leiden zu dürfen, die nicht zu leiden verstehen. Das müssen wir tun, denn in unserer zermürbenden Existenz als chronisch Kranke sind wir Athleten des Geistes; wir haben nämlich den «Zweck» des Schmerzes begriffen, seinen göttlichen Geschmack verkostet, und sind in seine himmlische Schönheit eingedrungen.

«Laßt uns auf den Baum des Heiligen Kreuzes steigen», schreibt die heilige Katharina. «Dort werden wir Gott sehen und Ihn berühren, dort werden wir das Feuer seiner unschätzbaren Liebe finden, die Ihn nach der Schmach des Kreuzes verlangen ließ, um dem Vater Genugtuung zu leisten und unser Heil zu erlangen. Wenn wir nur wollen, können wir in uns die Worte verwirklichen, die der süße Mund der Wahrheit gesprochen hat: "Wenn ich erhöht sein werde, werde ich alle an mich ziehen." Und wenn ihr mir sagtet: "Ich kann nicht hinaufsteigen, denn es ist sehr hoch", so würde ich euch antworten, daß Er aus seinem Körper Stufen gemacht hat. Legt eure Liebe dem Sohn Gottes zu Füßen und steigt zum Herzen hinauf, das für euch offensteht und sich für euch verzehrt, und ihr werdet zum Frieden seines Mundes gelangen und zu Seelenfängern werden.»

Dies ist das Geheimnis der Vereinigung mit Christus und seinem Werk: *das Kreuz*. Das Kreuz schenkt uns Gott und die Seelen.

Vor der Annahme gewisser Leiden zaudere ich einen Augenblick... Es ist mein menschlicher Teil, der zittert...

Aber dann scheint es mir, daß Christus im Bettlerkleid mir die Hand entgegenstreckt... Und da kann ich Ihm nichts mehr abschlagen und sage: «Auch dieses Leiden, o Herr, wenn nur eine Seele mehr Dich liebt!»

Ach, für die Seele, die ganz eng mit Gott verbunden ist, gibt es keine Grenzen irgendwelcher Art. Da sie wie ein Tropfen im Ozean und ein Stern im Firmament, in Ihrem Herrn untergegangen ist, hat sie den unbegrenzten, freien Raum, in dem Gott sich bewegt, vor sich. Himmel und Erde, Lebende und Verstorbene, alle kann sie umfangen und allen kann sie helfen.

Die Vereinigung mit Gott, wenn sie, um dem Gottmenschen zu gleichen, vollkommen ist bis zum Tod am Kreuze, verleiht uns wirklich Abbildhaftigkeit und Ähnlichkeit mit Gott. Eine Seite seines Prismas ist ja die Universalität und die Unendlichkeit. Für die Seele, die sich Gott geschenkt hat, gibt es keine Begrenzungen mehr. Sie ist wie ein Halm, der sich der Welle hingegeben hat, die ihn trägt. Gott selbst ist es, der uns leitet, der uns seinem Willen entsprechend handeln und beten läßt, und wir sind nichts als ein von seinem Willen in Anspruch genommener Wille.

Süße Knechtschaft der Liebe, die du unsere menschliche Natur auslöschst und uns in die Natur Christi erhöhst. Wer könnte dich beschreiben in all deinem Glanz, all deinen Erhebungen, all deinen Glückseligkeiten? Ich verstehe die Haltung der Seraphim, die bei ihrer Anbetung Gottes das leuchtende Angesicht in den großen Flügeln verbergen. Auch meine Seele verbirgt sich anbetend vor dem Mysterium Gottes, wenn Er sich in der Herrlichkeit all seiner Schätze über seine arme Sklavin beugt. Sie nimmt die Glut und die Pracht, die von Gott ausgehen, in sich auf und schweigt in Anbetung versunken. Angesichts der Herrlichkeit des uns liebenden Gottes ist nur schweigende Anbetung angebracht...

Es klingt vielleicht nicht schön, wenn ich mich «Sklavin» nenne, denn Gott hat uns als seine freien Kinder geschaffen. Aber ich denke, es gibt nichts Schöneres, als aus Liebe auf jene menschliche Freiheit zu verzichten, auf die die Kinder Adams so bedacht sind, und zum

Schöpfer zu sagen: «Du, der Du mich geschaffen hast, sei mir nicht nur Vater und Schöpfer, sondern auch Gebieter und König, denn ich bin ein Nichts, das alleine zu nichts fähig ist.» Wenn sich der Mensch von sich aus zum Sklaven des Dämons machen kann, warum soll er sich dann nicht auch freiwillig zum Sklaven Gottes erklären können? Ich, die ich meine Schwäche, meine allzu große Schwäche kenne, die mich daran hindert, sicher auf den eigenen Beinen zu stehen, vertraue mich einem an, der stärker ist als ich: Gott, unserem Herrn. Auf diese Weise bringe ich mich auch vor dem anderen, dem ewigen Feind, in Sicherheit.

Oh, ich bereue es nicht, mich aufgeopfert zu haben! Es würde mich nicht einmal reuen, wenn der Herr mir nicht all das gegeben hätte, was Er mir und all denjenigen, die ich Ihm anempfohlen habe, an Gnadenmitteln gewährt hat. Mir schenkte Er unermeßliche Gnaden des Lichtes, des Schutzes und des geistigen Wachstums; den anderen solche, die in dem jeweiligen Augenblick ihren Bedürfnissen entsprachen. Aber alle waren sie Anlaß, Demjenigen zu danken, der sie uns geschenkt hat.

Viel hätte ich noch zu erzählen über diesen letzten Abschnitt meines Lebens. Aber es käme mir wie die Entschleierung eines Heiligtums oder eine Selbstbeweihräucherung vor. Und so schweige ich und schließe hier.

Da ich Ihnen, einem Priester, schreibe, könnte ich auch auf das, was mir noch zu sagen bleibt, verzichten; denn diese Dinge sind wohl eher für kleine Seelen geeignet, die noch nicht wissen, wie gut, geduldig und liebevoll der Herr ist. Aber ich sage sie dennoch in Anbetracht der einzigen kleinen Seele[105], die ich während dieser von Ihnen gewollten Arbeit an meiner Seite hatte. Ich habe sie in den Rang einer Zuhörerin erhoben, damit sie mich zur Ordnung rufe, falls ich in irgendeiner Sache unabsichtlich die Tatsachen verdrehen sollte. Ich bin so wenig überzeugt, «etwas» zu sein, daß ich immer fürchte, mich viel besser darzustellen, als ich eigentlich bin... Außerdem bin ich der Meinung, daß dieser Seele meine letzten Worte gut tun werden; dieser Seele, die Gott mir zur Seite gestellt hat, aus einem Grund, den Er allein kennt...

Der Gedanke, daß wir zu armselig sind, um uns Ihm zu nähern, darf uns nicht von Gott fernhalten. Und ebenso darf uns die Sorge um unsere Unfähigkeit nicht daran hindern, eine Eingebung zu verwirkli-

105. Marta Diciotti (siehe biographische Angaben auf Seite 378).

chen. Das sind teuflische Fallen, die unsere guten Impulse lähmen und uns von der Quelle aller Vollkommenheit abhalten wollen.

Ich habe mich nie bei diesen «Wenn» und diesen «Aber» aufgehalten, die unsere Flügel stutzen und die Seelen, die sich schon Gott zugewandt haben, vom rechten Weg abbringen. Ich weiß zu gut, daß ich voller Fehler bin. Aber ich weiß auch, daß Gott dies besser erkennt als ich. Und ich weiß, daß Gott in seiner Gerechtigkeit nicht mehr fordert, als wir geben können.

Ich weiß, daß wir Gott nur dann beleidigen, *wenn wir vorsätzlich Böses tun*, trotz aller Ermahnungen und Hilfen, die Er uns angedeihen läßt, um uns zum Guten zu führen. Ich weiß auch, daß die Unvollkommenheiten eine schmerzhafte Notwendigkeit sind, die uns demütig erhalten; die uns erkennen lassen, daß wir, wenn wir uns selbst überlassen bleiben und nur dem Fleische leben, dessen sich die hochmütigen Menschen so rühmen, lasterhaft sind. Ich weiß, daß die Unvollkommenheiten ein liebevoller Beweis für die Weite und Tiefe des Herzens Gottes sind, das sie versteht und verzeiht...

Ich bin froh, wenn ich gut handle, denn damit erfreue ich meinen himmlischen Vater. Aber ich verzage nicht, wenn ich in neue Unvollkommenheiten verfalle. Diese vermehren meine Demut und meine Dankbarkeit, da ich erkenne, wie barmherzig Jesus zu dem ist, der sich Ihm anvertraut. Er ist der «Erlöser», und ich stelle Ihm einen nach dem anderen meine Fehler vor Augen, damit Er sie auslösche und in mir sein Erlösungswerk fortsetze.

Nichts könnte mich von Gott entfernen, nicht einmal die schwersten Sünden, die ich der menschlichen Gerechtigkeit nicht zu bekennen wagte. Seitdem ich begriffen habe, welcher Art die unermeßliche Güte des Herrn ist, habe ich vor nichts mehr gezittert. Ich bin sogar soweit zu glauben, daß Er mich trotz meines Verlangens nach Vollkommenheit *gerade wegen meiner* Unvollkommenheit so sehr liebt. Und je mehr mir auffällt, daß ich Fehler mache, um so öfter gehe ich zu Ihm und rufe: «Jesus, erbarme Dich meiner!»

Wenn die Seelen begreifen würden, mit welcher Liebe Christus sie liebt, würde nicht eine von ihnen verlorengehen, denn nach jeder Verirrung würden sie zu Ihm laufen, um in seinem Herzen Zuflucht zu suchen. Der Fehler ist, daß die Menschen kein Vertrauen zu Gott, sondern Angst vor Ihm und seiner Strafe haben.

Eine in der Form und der Substanz fehlerhafte Liebe führt dazu, daß die Seelen Gott wie einen unerbittlichen irdischen Herrscher betrachten. Oder aber sie schauen überhaupt nicht zu Ihm auf, verstecken sich und fliehen Ihn. Und so gehen sie verloren. Es herrscht noch zuviel Jansenismus unter den Katholiken. Warum sich Jesus aus einem übertriebenen Respekt fernhalten? Respekt ist gut, aber er ist, wenn man damit übertreibt, immer beeinträchtigend für die Liebe. Die liebevolle Hingabe der Kinder an den Vater ist viel besser als die der Untertanen an einen unnahbaren Monarchen auf seinem Thron.

Laßt uns vielmehr zu Jesus gehen. Gehen wir immer zu Ihm. Wenn wir uns von den Schatten der Sünde rein fühlen, sollten wir hingehen, da Er sich mit Reinen umgibt. Wenn wir gesündigt haben, sollten wir hingehen, da Er die Himmel gerade deshalb verlassen hat, um die Sünder zu erlösen. Gehen wir zu Ihm, um Zügel für unsere Schwächen und Hilfe für unsere Besserung zu erhalten. Der Gedanke: «Morgen werde ich Jesus empfangen», ist der beste Zügel, den wir unseren Leidenschaften anlegen können, die immer bereit sind, wie ungezähmte Pferde loszustürmen. Und der Gedanke: «Heute habe ich Jesus eine Freude bereitet», ist der schönste Trost unseres Tages, ein Balsam für alles Leid, ein Trank für einen wahrhaft von Engeln bewachten Schlaf. Süßer Schlaf eines Geschöpfes, das sich im Frieden mit sich selbst und mit Gott Ruhe gönnt. Süßer Schlaf, der den Körper erquickt und die Seele beflügelt, damit sie sich auch im Schlaf bis zu Gott zu erhebt!

Unser Leben darf nicht aus Heuchelei gewebt sein, die sündigt und dann zur Beichte geht, um wieder zu sündigen. Liebe soll unser Leben prägen, uns zum Guten drängen und vom Bösen abhalten, damit wir würdig sind, den Kuß Christi zu empfangen. Wenn wir gut gewesen sind, können wir Jesus lächelnd entgegengehen; wenn wir böse gewesen sind, sollten wir in reuevollem Schmerz zu Ihm gehen. Er will unsere Tränen trocknen. Wenn Er uns aufgerichtet hat, wird sich unsere Mutlosigkeit in Stärke verwandeln. Wenn wir unseren Schmerz aber allein mit uns herumtragen, wird er zur Schwäche, die unsere Flügel beschneidet. Das Vertrauen zu Gott hilft uns über alle unsere menschliche Fehlerhaftigkeit hinweg. Nicht nur über unsere Fehler im Sinne von Sünde; auch über die Mangelhaftigkeit unserer geistigen Fähigkeiten, die in uns immer unvollkommen sind. Wenn wir uns auf Gott stützen, wird alles in uns besser.

Seit Jahren merke ich, daß es Gott ist, der in mir wirkt. Seit Jahren, das heißt, seitdem ich mein menschliches *Ich* ausgelöscht und mich ganz Gott anvertraut habe, indem ich mich selbst vergessen und nur auf Ihn ausgerichtet habe. Auch meine so lebhaften Wahrnehmungen dessen, was in einem anderen Herzen vorgeht, kommen nicht von *mir.*

Ich wäre tauber als ein Maulwurf für alle Tonwellen, die von den Seelen meiner Mitmenschen ausgehen. Aber eine übernatürliche Kraft befähigt mich, die Nöte der Menschen intuitiv zu erfassen. Manchmal bin ich selbst verwundert, wenn ich so spreche, als folgte ich der Einflüsterung eines Dritten, und entdecke, daß ich den Finger genau auf die Wunde gelegt habe. Dann komme ich zu dem Schluß: «Es ist wahrhaftig Gott, der an unserer Stelle handelt, wenn wir uns Ihm vollkommen hingeben.»

Gleichermaßen sage ich meinen kleinen Schwester-Seelen, deren größter Irrtum darin besteht, Gott mit menschlichen Maßen messen zu wollen, daß man Gott zwar unendlich vertrauen soll, aber nicht verlangen kann, daß Er alles allein macht. Das wäre Dummheit. Es ist an uns, am Werk Gottes mitzuarbeiten, indem wir unseren ganzen guten Willen dreinsetzen; und zwar den festen Willen, den Eingebungen und dem Wirken Gottes zu entsprechen. Wenn wir Widerstand leisten, wenn wir einzig nach unserem Kopf handeln oder überhaupt nichts tun wollen, kommt nichts Gutes dabei heraus.

Wir müssen Gott mit unserem guten Willen unterstützen, wie Er uns seinerseits unterstützt. Aus diesem Austausch ergibt sich die geistige Vervollkommnung. Alles von uns aus machen zu wollen, wäre Hochmut. Und der Hochmut zerstört. Daher würde unsere Arbeit keine Früchte hervorbringen. Eine trostlose Leere, wenn nicht ein Baum mit vergifteten Früchten, wäre das Ergebnis. Verzagen wir nicht, wenn wir Purzelbäume machen. Diese Niedergeschlagenheit wäre ebenfalls Hochmut. In der Schule des Geistes sind wir ewige Kinder, und Kinder fallen oft hin. Aber sie tun sich nicht sehr weh. Weh tun sich die Erwachsenen, die harte Knochen haben und nicht sehr gelenkig sind. Und haben wir uns einmal unglücklicherweise sehr wehgetan, so ist das ein Grund mehr, in den Armen Gottes Zuflucht zu suchen. Er wird uns von all unseren «Wehwehs» heilen. Wenn wir sie aus Stolz oder unnötiger, alberner Scham in uns verschließen, führt dies dazu, daß aus einer anfänglichen Abschürfung ein Wundstarrkrampf oder ein Gangrän wird.

Ich möchte allen kleinen Seelen sagen: «Vertraut auf Gott, Brüder und Schwestern, denn Er ist der einzige, der vor keinem Ekel empfindet. Der Mensch zieht sich zurück, kritisiert und verachtet die Schuldigen. Gott schließt sie in sein Herz. Die Christen kommen auf dem Weg der Vollkommenheit nicht voran, weil sie noch nicht begreifen, wer Gott ist, welche seine Gaben und seine Freuden sind. Sie halten Gott für klein, engherzig, rachsüchtig, unnachgiebig und steif reserviert.

Aber Gott ist Liebe. Er will uns um jeden Preis. Er ist gestorben, um uns zu retten; uns, deren Sünden Er schon voraussah, bevor wir geboren wurden! Die zärtlichsten Worte fand Er für die Ehebrecherin, die Sünderin, die Samariterin, den Schächer und den Zöllner. Jesus, der die heuchlerische Güte der Pharisäer brandmarkte, fand für die Schuldbeladenen, die sich als solche bekannten, Worte einer grenzenlosen Barmherzigkeit. Und wie Er die Aussätzigen von ihrer abstoßenden Krankheit reinigte, so gab Er den beschmutzten Seelen, die zu Ihm kamen, um geläutert zu werden, die Reinheit zurück.»

Man müßte sich stets diese evangelischen Wahrheiten vor Augen halten, die von all zu vielen verschwiegen und von vielen vergessen werden, Wahrheiten, die die ganze Lehre der Barmherzigkeit und des Vertrauens ausdrücken, die Jesus uns verkündet hat, um uns in den Himmel zu führen. «Barmherzigkeit will ich, und nicht Opfer», sagt Gott.[106] Dies müßten wir uns immer wieder ins Gedächtnis rufen, um auf Ihn zu vertrauen und barmherzig zu unseren Brüdern und Schwestern zu sein.

Und hier komme ich auf das zurück, was ich schon an anderer Stelle gesagt habe. Wenn die Christen, anstatt sich den Kopf mit vielen Büchlein und Büchern vollzustopfen, das Evangelium zum täglichen Brot ihres Geistes machen würden, hätten sie nicht so große Mühe, auf dem Königsweg der Liebe und des Gottvertrauens voranzukommen. Würden sie ihre Nahrung wahrhaft aus dem Wort des menschgewordenen Wortes, aus dem Wort der Worte schöpfen, gäbe es keine quälenden Egoismen, keine ausdörrende Härte und kein unheilvolles Mißtrauen mehr. Man würde vielmehr auf dem Weg des Lichtes wandeln, man würde in Liebe leben, in Frieden ruhen und die eigene Person durch das Opfer adeln, das, wenn man liebt, leichtfällt...

Wieviel heilige Kühnheit für das tägliche Leben und für die außergewöhnlichen Stunden unseres Lebens würde uns zuteil werden, wenn wir vom Geist des Evangeliums durchdrungen wären! Wie erschiene uns alles in einem anderen Licht!

Wie kann einer wanken oder verzweifeln, der ohne Unterlaß das Wort Christi in sich ertönen hört? Wie kann der Schmerz Abscheu in einem erregen, der weiß, wie der Sohn Gottes uns zuliebe seinen Schmerz ertragen hat? Wie kann einer Angst vor Gott haben, der weiß, daß uns Gott so sehr geliebt hat, daß Er seinen einzigen Sohn für unsere Erlösung hingab; der weiß, daß Gott diesem Sohn, der uns bis

106. Matthäus 9,13; 12,7 (vgl. Hos 6,6).

zum Tod am Kreuze geliebt hat, alle richterliche Gewalt übertrug? Wie können wir noch zaudern, wenn wir mit von Rührung bewegter Seele die Abschiedsworte Jesu nach dem Abendmahl lesen?[107]

Pater, ich komme zum Ende.

Ein französischer Schriftsteller sagt, daß jedes Leben, das sich vom Alltagstrott der Masse unterscheidet, «*ein im reifen Alter verwirklichter Jugendtraum ist*». Ich kann sagen, daß ich in meinen reifen Jahren den geheimnisvollen Traum meiner frühen Jugend verwirklicht habe.

Diese Verwirklichung ging langsam, war schmerzvoll und von Verzögerungen und Finsternissen gekennzeichnet. Aber die Pflanzen, die sich am besten entfalten, vollbringen eine gründliche Arbeit unter der Erde, bevor sie sich siegreich dem Himmel entgegenrecken. Erst wenn die Planze langsam, Meter für Meter, tiefe Wurzeln geschlagen hat, wird ihre Üppigkeit offenbar. Genauso ist es mit der Entwicklung der Seele. Sie ist um so dauerhafter und fruchtbarer, je mehr die innere Arbeit nicht oberflächlich, sondern tiefgehend war. Ich kann sagen, daß ich während der äußerlichen Stillstände meines Hineinwachsens in Gott von der inneren Arbeit ganz durchdrungen wurde. Deshalb ist diese Realität meines reifen Alters im Felsen verwurzelt und fürchtet nicht, vom ersten Windstoß entwurzelt zu werden.

Wer das von mir Geschriebene liest, kann darüber mit mehr oder weniger Wohlwollen urteilen. Mir ist jedoch gleichgültig, wofür man mich hält, noch wie man meinen Stil oder sonst irgend etwas beurteilt.

In dieser Erzählung bin ich jedenfalls, wie ich leibe und lebe: *da bin ich leiblich mit meinen menschlichen Leidenschaften, da ist mein Herz mit seinen geistlichen Hoffnungen, mein Geist mit seiner anbetenden Liebe*. Ich habe kein literarisches Werk schaffen wollen. Ich habe nur meine Gedanken zu Papier gebracht, ohne mich damit aufzuhalten, sie zu feilen und literarisch zu vervollkommnen. Sie sind das Wort meines Herzens, nicht meines Verstandes.

Ein profaner Kritiker, der die Nase in diese Erzählung stecken würde, könnte anmerken, daß ich am Anfang ungestümer als am Ende war, und daraus folgern, daß ich an einem gewissen Punkt müde war, den Ton immer auf derselben Höhe zu halten... Das wäre ein großer Irrtum. Was als Überdruß erscheinen mag, ist vielmehr eine stärkere Erhebung des Geistes in Gott. Nachdem ich alle menschlichen Erinnerungen hinter mir gelassen hatte und in das weite Meer eingedrungen war, wo nur noch zwei leben: die Seele und Gott, wurde mein Herz

107. Johannes 17.

von einem übermenschlichen Frieden und einer überirdischen Majestät erfaßt, und mein Lied erhielt einen neuen Klang.

Die Nachtigall hat drei Melodien in ihrer Kehle. Die erste ist harmonisch, aber ungeduldig, wenn das Männchen im Dickicht auf der Suche nach dem Weibchen ist; die zweite ist liebevoller und offener, wenn es das Weibchen gefunden hat und ihm von Liebe spricht, die dritte ist eine feierliche, ruhige, ich würde fast sagen geistliche Melodie, wenn es aufrecht neben dem Nest steht, wo die Gefährtin mit dem Nachwuchs beschäftigt ist; wenn es über seine Wirklichkeit gewordenen Träume wacht und das Leben benedeit, das ihm diese gewährt hat.

Meine Seele macht es wie die Nachtigall. Nachdem sie den Kummer der ersten Zeit und die Leidenschaftlichkeit der folgenden Jahre besungen hat, erhob sie sich feierlich und voll himmlischen Friedens, um Gott Lob und Preis zu singen. Alles Menschliche ist verschwunden, und Wort und Gedanke bewegen sich im Göttlichen. Das Göttliche kennt keine Überspanntheiten, Nervositäten und Unruhen. Das Göttliche ist Friede. Ein Friede, den nichts zu stören vermag. Und meine Seele ist in diesen Frieden eingetaucht.

Nach vielem Schmerz habe ich dieses Ufer erreicht. Aber wenn der Schmerz Ruder und Segel war, um mich zuerst zu Dir gelangen zu lassen, o Gott, der Du Friede, Barmherzigkeit und Liebe bist, dann sei der Schmerz einmal mehr gepriesen. Und wenn ich «Nichts» durch den Schmerz in deinen Augen zu einem «Etwas» geworden bin, so sei einmal mehr gepriesen für den Schmerz, den Du mir als dein schönstes Geschenk gewährt hast.

Meine Seele lobt Dich, o Herr, und jauchzt in Dir, der Du gütig auf dieses mein «Nichts» geschaut hast und daraus ein Werkzeug des Guten für andere gemacht hast. Sei gepriesen, Herr, mein Erlöser, der Du mich von allen meinen Feinden befreit und in deine Barmherzigkeit gehüllt hast. Du hast mich mit deiner Liebe genährt, mich aufgerichtet, mir verziehen, mich belehrt, mich getröstet. Du bist mir Freund und Verwandter, Lehrer und Arzt geworden.

Du hast mir gewährt, Dich als Den zu erkennen, der Du wirklich bist, einziger wahrer Gott, und Den, den Du gesandt hast: Jesus Christus, und für diese Gnade möchte ich Dir mit jedem Herzschlag und in alle Ewigkeit Dank sagen. Das würde freilich nicht genügen, denn Dich zu kennen und zu lieben, o Gott, ist ein solches Gut, das nichts ersetzen kann.

Du hast mir erlaubt, mit vielen Geschöpfen, die Du mir anvertraut hast, über Dich zu sprechen, und auch dafür danke ich Dir, mein Gott.

Für diese Geschöpfe, für alle jene, die ich geliebt, gekannt und geführt habe und die mit mir verwandt oder nur in menschlicher Brüderlichkeit verbunden waren, habe ich gebetet und gelitten, o Gott, damit alle dorthin gelangen, wohin auch ich, auf deine Barmherzigkeit vertrauend, kommen möchte: in dein ewiges Reich. Auch jetzt, da ich im Sterben liege, bete ich für sie, und einmal mehr opfere ich Dir mein Leben auf. Bewahre sie Du, Vater, vor der Gefahr, Dich zu verlieren, der Du das einzige wahre Gut bist. Ich bitte Dich für sie, Herr, und für alle armen Seelen, die nicht mehr wissen, wo der sichere Weg, das wahre Leben und das nie erlöschende Licht ist.

O Herr, ich möchte tausend und abertausend Leben haben, um sie Dir alle aufzuopfen, heiliger Vater, als ein Bündel von Brandopfern für das Wohl der Welt.

Du siehst, Vater, daß dies ein Schrei ist, der aus der Tiefe meiner Seele wie Weihrauch emporsteigt, wie ein Pfeil bis zu Füßen deines Thrones dringt, o mein Gott. O Herr, schau nicht auf die Niedrigkeit deiner Dienerin, sondern schau auf ihre Sehnsucht, Dich zu lieben. Schau, wie sie leidet, um Same des Guten in den unfruchtbaren Herzen zu sein. Vervielfältige die Schläge meines Herzens und füge jedem Herzschlag einen Schmerz zu, und mit dem Schmerz die Kraft zu leiden. Ich bitte Dich darum, heiliger Vater, denn nur Du kannst uns elenden Geschöpfen diese Kraft schenken.

Und für alle meine verborgenen Opfer gib mir Scharen von Seelen, die ich Dir bringen kann. Laß mich und sie im Licht wandeln, in deinem Licht, und wenn für uns die Zeiten erfüllt sind, öffne uns, o Gott, die Pforten deines Reiches und deines Herzens, damit wir uns in alle Ewigkeit an Dir erfreuen können, höchster, ewiger, dreieiniger Gott.

ANHANG [108]

Meiner Autobiographie beizufügen

Im Angesicht Gottes, der mein Herz sieht und alles von mir weiß, erkläre ich, daß ich in meinem von den Barmherzigen Schwestern der Seligen Bartolomea Capitanio geleiteteten Internat Bianconi folgende Studien absolviert habe:

In den ersten beiden Jahren, das heißt vom Tag meines Eintritts, dem 4. März 1909, bis zum 10. Juli 1910, Studien für höhere Allgemeinbildung.

Im dritten Jahr, vom 10. Oktober bis März 1911, ein Versuch mit Ergänzungsstudien, um dann gemäß dem Wunsch meiner Mutter zur Lehrerausbildung überzuwechseln. Ein gescheiterter Versuch, da ich in Zeichnen und anderen Fächern eine absolute Null war. Also absolvierte ich in drei Monaten drei technische Kurse mit dem großartigen Ergebnis, in Mathematik, Geometrie, kaufmännischem Rechnen, Zeichnen und Schönschreiben durchzufallen. Im Oktober legte ich eine Nachprüfung ab und schaffte gerade noch den Realschulabschluß.

Am 10. November 1911 Rückkehr ins Internat zu Fortbildungskursen in italienischer, französischer, lateinischer, griechischer, englischer und spanischer Literatur, so wie auch der englischen, französischen und spanischen Geschichte und Kunstgeschichte. Zum Religionsunterricht gehörten außer dem Studium des Katechismus von Pius X., der uns größtenteils von einer Schwester und manchmal von Don Francesco Longoni erklärt wurde, Vorträge über die Grund-

108. Der kurze Text, den wir im Anhang wiedergeben und der zu einer späteren Zeit auf zwei einzelne Briefbogen von insgesamt 8 Seiten geschrieben wurde, scheint ein Versuch zu sein, die Natur der neuen, am Karfreitag des Jahres 1943 begonnenen schriftstellerischen Tätigkeit zu erklären. Er gehört nicht zur *Autobiographie*, die 1943 in der Passionswoche beendet wurde und in sieben Heften mit insgesamt 755 handgeschriebenen Seiten enthalten ist.

züge der Kirchengeschichte und Religionsgeschichte. Letztere wurden aber nach wenigen Lektionen eingestellt, ich weiß nicht, aus welchen Gründen.

Diese Studien dauerten vom 10. November 1911 bis zum 23. Februar 1913. An diesem Tag verließ ich das Internat, um in die Familie zurückzukehren und mit ihr nach Florenz zu ziehen. Mit großer Mühe war es mir gelungen, bis zu diesem Tag im Internat bleiben zu dürfen, denn Mama wollte mich schon im Juli 1912 herausnehmen.

Meine Mutter hatte da auch dem Drängen meines Italienischlehrers Don Cattaneo nachgegeben, der meine Begabung im Aufsatzschreiben bemerkt hatte und mich auf ein humanistisches Gymnasium schicken wollte, um mich dann Philologie studieren zu lassen. Er war überzeugt, mich in drei Jahren auf die Matura vorbereiten zu können. Mama widersetzte sich und ließ nur zu, daß ich für mich allein den literarischen Studien folgte und eine «kleine Diplomarbeit» vorbereitete. Das konnte man damals tun, wenn man die Fakultät als Hörerin besuchte. Diese «kleine Diplomarbeit» berechtigte nicht zum Unterrichten, sie bescheinigte aber ein humanistisches Abitur des Studenten.

So unterzog ich mich 15 Monate lang einem strengen Studium und hörte so viele Italienisch- und Lateinlektionen, wie ich nur konnte. Ich verfolgte auch andere Lehrprogramme, die mir der Professor empfahl. Und vor allem schrieb ich sehr viel. Ich verfaßte Aufsätze für mich, für meine Gefährtinnen, Musteraufsätze für die Schüler der unteren Klassen, akademische Arbeiten, Glückwunschschreiben, Briefe für alle Prälaten usw.

Nachdem ich *mit Bedauern* das Internat verlassen hatte, besuchte ich von 1913 bis 1915 unregelmäßig die Lectura Dantis im Palagio della Lana und noch seltener ging ich zu Vorträgen ins Lyzeum.

Die Universität habe ich *nicht* besucht. Mama hielt das für unnötig.

Nachdem 1915 der Krieg ausgebrochen war, besuchte ich keine Vorlesungen mehr. Im Jahr 1917 ging ich zu den freiwilligen Samariter-Schwestern und gab jegliches Studium auf, auch den Klavierunterricht.

Soweit alles, was meine Studien betrifft.

Was den Besuch von Gottesdiensten und Andachten betrifft, muß ich sagen — und auch da ist Gott mein Zeuge —, daß mir Mama außer der Sonntagsmesse alle Kirchenbesuche untersagte. Im Sommer durfte ich zur ersten Messe am Sonntag um 5 Uhr, im Winter um 6 Uhr, allerhöchstens 7 Uhr. Nie ein Hochamt, nie eine Vesper! Seitdem ich das Internat verlassen hatte, habe ich feierlichen Hochämtern nur während des kurzen Besuches bei meiner Gefährtin Ferrari in Cremona im Jahr 1929 beigewohnt.

Predigten? *Niemals*. Fastenpredigten? *Niemals*. Exerzitien? Seit 1912, meinen letzten Exerzitien im Internat, habe ich, außer einem einzigen Mal im Jahr 1929 hier in Viareggio, die ich ausnahmsweise durchgesetzt hatte, keine anderen mehr gemacht.

Nachdem es mir gelungen war, in die Katholische Aktion für Jugendliche einzutreten, habe ich *niemals* an einem Diözesankongress oder anderem teilgenommen. Ich mußte immer zu Hause sein. Zu Hause, zu Hause, zu Hause. Und wenn ich mich einmal eine Viertelstunde länger in den Lokalen der Vereinigung aufhielt, gab es härteste Vorwürfe. Ich mußte die Lektionen mit Hilfe der kleinen Bücher der Katholischen Aktion, der Christenfibel und der Christlichen Morallehre von Msgr. Olgiati vorbereiten. Andere menschliche Hilfen hatte ich nicht. Aber alles fiel mir leicht, denn Jesus half mir vor allem, Ihn zu lieben. Und wenn man Ihn liebt, versteht man Ihn und auch die Seelen. Daher brachte ich die Dinge und die Mädchen voran.

Da ich die Eucharistie immer geliebt habe und sie jeden Tag empfangen wollte, nützte ich die täglichen Einkäufe aus, um an den Wochentagen in die Kirche zu laufen. Die Vorbereitung und Danksagung machte ich unterwegs, damit Mama wegen der Verspätung nicht merkte, daß ich in die Kirche ging.

Aber ich wiederhole: *keine Predigten, kein spezieller Religionsunterricht*. In der Katholischen Aktion besuchte ich 1931 unregelmäßig ein Seminar von P. Cresi bei den Schwarzen Schwestern von Viareggio. Aber er sprach so kompliziert, daß ich nichts begriff. Ich sagte es ihm auch ganz ehrlich, denn keine verstand etwas, wenngleich niemand es zugeben wollte. Also sagte ich es, die ich immer eine Freundin der Aufrichtigkeit gewesen bin.

Religionsbücher habe ich keine, außer den zwei Fibeln von P. Olgiati und dem Katechismus. Die Bücher über Kirchen- und Religionsgeschichte sind mir gestohlen worden, ich weiß nicht von wem. Ich besitze «Die Apostolats-Seele» von P. Chautard, ein Buch, das uns von den Diözesanleiterinnen empfohlen worden, das ich aber nie zu lesen imstande war, weil — ich bei der Lektüre einschlief. Religiöse Bücher: die Evangelien und die Nachfolge Christi. Erstere lese ich seit Jahrzehnten, das andere bewahre ich als Andenken an meine Oberin auf. Kommentare zu den Evangelien: die wenigen Seiten von Giulio Salvadori und sonst nichts. Offenbarungen, keine. Betrachtungen, keine.

Bevor Jesus mich zu seinem Werkzeug machte, habe ich mir meine Betrachtungen selbst gemacht, wie sie das Herz mir eingab. Ohne Bücher oder Entwürfe, größtenteils über die Evangelien oder über das Leben der heiligen Therese und der Schwester B. Consolata Ferrero; oder auch über etwas, das mich beeindruckt hatte, eine Blume oder ein Stern, ein Blitz oder ein aufgefangenes Wort... Meine schlichten Meditationen von damals sind noch vorhanden!

Außerdem habe ich einige Lebensgeschichten von Heiligen: Bernadette, G. Bosco, Therese vom Kinde Jesu, Franz von Assisi, und einige Biographien von guten Personen: Mattei, Agostini, Moscati, Pius X., usw.

Seit ich Jesus als Werkzeug diene, lese ich nichts mehr. Die Liste der Bücher, die ich besitze oder früher besaß, verwahrt seit dem 20. März 1946 Pater Migliorini.

Zusammenfassend kann ich sagen: Angesichts meiner anspruchsvollen und ganz gegen Andachtsübungen eingestellten Mutter sowie meiner Studien, kann ich versichern, daß ich für das, was ich schreibe[109] und oft selbst nicht verstehe, keine menschlichen Quellen hatte.

---

109. *Für das, was ich schreibe:* bezieht sich auf das nach Abschluß der Autobiographie (im April 1943) Geschriebene. Der hier abgedruckte Anhang wurde später verfaßt, wahrscheinlich nach dem 20. März 1946. Vom 20. März 1946 datiert nämlich ein betrübter Brief, den Maria Valtorta an Pater Migliorini (dem sie die Autobiographie zugesandt hatte) schrieb, als der Ordensmann, der seit Juni 1942 ihr geistlicher Führer gewesen war, Viareggio im Auftrag seiner Ordensoberen verlassen mußte und nach Rom versetzt wurde.

CHRONOLOGIE DER ABFASSUNG DER AUTOBIOGRAPHIE

Nach den Daten oder weiteren datierbaren Umständen
innerhalb des Berichts:
Das Jahr der Abfassung ist 1943,
in dem Ostern auf den 25. April fiel

59 Heute ist der 10. März, Aschermittwoch.

129 Die liturgischen Gebete von heute, dem 18. März.

162 Seit dieser Nacht sind sechsundzwanzig Jahre und neun Monate (17./18. Juni 1916) vergangen.

162 Heute morgen, den 23. März.

276 Heute sind es neun Jahre, daß ich bettlägrig bin (seit dem 1. April 1934).

365 Heute haben wir den 8. April 1943.

365 ... der jetzige (Arzt), der mich seit achteinhalb Jahren (seit September 1934) behandelt.

379 Heute nacht, vom 10. auf den 11. April.

391 Seit Sonntag (11. April) habe ich nichts mehr aufgezeichnet. Ich habe so sehr gelitten, von meinem Vater sprechen zu müssen, daß es mir diese ganzen letzten 60 Stunden schlecht ging. Erst heute, Mittwoch abend (14. April), komme ich ein wenig zu Kräften und nehme die Erzählung wieder auf.

405 Ich bin recht eigentlich in der Passionswoche (11. bis 17. April)

416 ... die heilige Mutter Gottes, deren Schmerzen wir heute (16. April, am Freitag der Passionswoche, die dem Palmsonntag vorausgeht) feiern.

NACHWORT

Das Original der Autobiographie Maria Valtortas füllt sieben Hefte mit im ganzen 761 handgeschriebenen Seiten. Nach 42 Seiten fügt die Valtorta erstmals ein Datum in den Bericht ein: Heute ist der 10. März (1943). 42 Seiten vor Schluß setzt sie den letzten Hinweis auf das Tagesdatum ein: ... die heilige Mutter Gottes, deren Schmerzen wir heute feiern (es ist der Freitag der Passionswoche, der 16. April 1943).

Maria Valtorta schrieb also zwischen dem 10. März und dem 16. April einen zusammenhängenden Hauptteil der Autobiographie, der fast sieben Zehntel des Ganzen ausmachte. Auf das Ganze bezogen, kann man sagen, daß sie den Bericht ihres eigenen Lebens in weniger als zwei Monaten verfaßte, und zwar in einem Wurf, ohne sich noch einmal zu bedenken oder etwas zu korrigieren.

Sie hatte ihn also beendet, als sie am 23. April 1943, dem Karfreitag, das erste «Diktat» des Herrn erhielt. Damals hatte sie die getreue Marta herbeigerufen, ihr das Ereignis anvertraut und sie zu Pater Migliorini gesandt, der nicht auf sich warten ließ. Der Ordensmann, der seit einem knappen Jahr ihr geistlicher Führer war, sagte ihr, sie solle alles, was sie noch «erhalten» würde, weiterhin aufschreiben und begriff, daß er ihr weitere Hefte besorgen müsse.

Maria Valtorta schrieb dann bis zum Jahre 1947 fast jeden Tag und mit Unterbrechungen in den darauffolgenden Jahren, bis 1951. Es wurden 122 Hefte (außer den 7 der Autobiographie) mit ungefähr 15000 Manuskriptseiten.

Sie schrieb im Bett sitzend, das Heft auf den Knien, auf eine Mappe, die sie selbst verfertigt hatte, gestützt, mit einem Füllfederhalter. Sie bereitete keinerlei Textgliederung vor und wußte auch nicht, was sie jeden Tag schreiben würde; manchmal begriff sie auch den tiefen Sinn beim Schreiben bestimmter Seiten gar nicht; sie las sie auch nicht wieder, um sie zu korrigieren. Sie brauchte sich nicht zu konzentrieren oder Bücher zu konsultieren, außer der Bibel und dem Katechismus Pius' X. Sie konnte auch wegen irgend welcher Banalitäten unterbrochen werden und schrieb dann, ohne den Faden zu verlieren, weiter; auch die akuten Phasen ihres täglichen Krankheitsleidens oder das dringende Bedürfnis auszuruhen hielten sie nicht auf. Sie nahm voll und ganz Anteil an dem Geschriebenen, das ihr als einer begabten Schriftstellerin spontan aus der Feder floß.

Es konnte vorkommen, daß sie nach Niederschrift einer schönen Episode oder einer erbaulichen Lektion Marta rief, um sie ihr vorzulesen und sie die Hausarbeit unterbrechen zu lassen. Die auf der Schreibmaschine getippten Kopien Pater Migliorinis, der jedes handgeschriebene Heft in sein Kloster mitnahm und ihr nach der getreuen Übertragung wiederbrachte, soll sie dann gelesen haben.

Ihre schriftstellerische Vollzeitbeschäftigung entfremdete sie nicht den Dingen der Welt. Maria Valtorta las die Zeitung, hörte Radio, empfing einige Besuche, schrieb Briefe, verfolgte die Ereignisse und kommentierte sie scharfsinnig. Sie übernahm sogar kleine Hausarbeiten, die sie im Bett ausführen konnte, wie Gemüse putzen oder den Vogelkäfig säubern. Sie war in allen Arbeiten tüchtig und konnte mustergültig stricken, häkeln und klöppeln. Solange sie es konnte, besorgte sie auch ihre eigene Toilette.

Vor allem aber betete und litt sie, war jedoch ängstlich bemüht, es nicht zu zeigen. Bei ihren Gebeten und Ekstasen, die von den Schriften bezeugt werden, hat es keine Zeugen gegeben. Durch ein gesundes Aussehen geschützt, ließ sie die von ihr mit geistlicher Freude angenommenen Leiden nicht erkennen. Sie erschien in allem, auch im Essen, normal: Sie aß zwar sehr wenig, aber mit Appetit. Manchmal sang sie mit ihrer schönen Stimme.

Die auf ihre Autobiographie folgende literarische Explosion Maria Valtortas kann man einer mächtigen, üppigwachsenden Pflanze vergleichen. Der autobiographische Bericht vermittelt das Bild eines schon von der göttlichen Sonne befruchteten Samenkorns, das bereits seine Eigentümlichkeit in sich trug, aber von dem auslaugenden Regen in der Scholle armseliger Menschlichkeit fast verfault war, dann aber plötzlich neues Leben gewann.

Das Werk, das daraus hervorgehen sollte, ist ein Geschenk, aber zugleich eine Eroberung, denn Maria Valtorta sollte es durch ihre Vereinigung mit Christus gewinnen, durch das freiwillige und vollständige Opfer ihrer eigenen Person.

Als sie nämlich in der Fastenzeit des Jahres 1943 ihr Leben wiedererzählt, glaubt sie am Ende dieses Lebens zu stehen. Sie war in der Tat reif geworden. Nur, daß sie noch nicht am Ende, sondern an einem neuen Anfang stand. Daher ist die Autobiographie nicht nur der fesselnde Bericht eines sehr menschlichen Lebens, sondern bezeugt auch die Vorbereitung auf etwas anderes und bestätigt die erreichte Eignung, dieses zu vollbringen. In ihr sind schon Zeichen und Keime jenes «anderen» enthalten, das ans Licht kommen wollte.

Maria Valtorta sprach schon die Sprache Christi, der in ihr lebte.

Seit nunmehr 40 Jahren verbreitet sich Maria Valtortas Hauptwerk, aber erst kürzlich hat es den ihm kongenialen Titel erhalten: *Das Evangelium, wie es mir geoffenbart wurde* (deutscher Titel: *Der Gottmensch*). Es sind zehn Bände.

Es berichtet die Geburt und die Kindheit der Jungfrau Maria und ihres Sohnes Jesus, die drei Jahre des öffentlichen Lebens Jesu (der ausführlichste Teil), sein Leiden, seinen Tod, seine Auferstehung und Himmelfahrt, die Uranfänge der Kirche und die Aufnahme Mariens in den Himmel.

Es beschreibt Landschaften, Milieus, Personen und Ereignisse mit der Lebendigkeit einer Wiedervergegenwärtigung. Es skizziert Charaktere und Situationen mit durchdringendem Blick. Freuden und Tragödien werden mit dem Gefühl eines wahrhaft daran Anteilnehmenden vorgestellt. Es belehrt über historische Umstände, Riten, Gebräuche, Eigenarten des Umfeldes, sakrale und profane Kultgewohnheiten mit solchen Angaben und Präzisionen, die unvoreingenommene Experten für einwandfrei erklären. Vor allem aber stellt es durch die umfangreiche Darstellung des irdischen Lebens Christi die gesamte christliche Lehre vor und leuchtet sie aus, wie sie uns in der katholischen Kirche überliefert wird.

Maria Valtorta schrieb das Werk zwischen 1944 und 1947. Einige der letzten Episoden sind aus dem Jahre 1951.

Nicht immer ging sie in der berichteten Reihenfolge vor. Manchmal sollte sie aus geistlichen Gründen eine oder mehrere Episoden außerhalb dieser Reihenfolge schreiben, wobei ihr anschließend gesagt wurde, wo sie sie einfügen sollte. Trotz der sporadischen Diskontinuität, und vor allem trotz des Fehlens vorbereitender schriftlicher oder gedanklicher Gliederungsschemata, weist das Werk von Anfang bis Ende einen vollkommen organischen Aufbau auf.

Maria Valtorta unterbrach es zudem mit der Abfassung von Seiten zu anderen Themen, und dies von 1943 an (kaum daß sie die Autobiographie beendet hatte) durch die folgenden Jahre hindurch, bis 1950. Diese behandeln vornehmlich Themen der Askese, der Bibel und der Lehre, die in einem weiteren Werk zusammengefaßt sind: Es sind drei

Bände Vermischtes, die unter dem Titel «I Quaderni» (Die Hefte) von 1943, 1944 und 1945-50 zusammengefaßt sind, sowie ein Band «Libro di Azaria» (geistliche Lektionen über das Missale der Sonn- und Festtagsmessen) und der Band «Lezioni sull'Epistola di Paolo ai Romani» (Lektionen über den Paulusbrief an die Römer).

Als sie daran war, das Hauptwerk zuende zu bringen, wurde sie von ungemeiner Sehnsucht nach ihrem Herrn übermannt, weil sie glaubte, Ihn dann nicht mehr sehen zu dürfen. Er kam sie jedoch mit der Verheißung trösten: «Ich werde immer kommen. Für dich allein. Das wird noch wunderbarer sein, denn Ich werde ganz dir gehören... Ich werde dich weiter nach oben, in die reinen Sphären der reinen Kontemplation tragen... Von da an sollst du nur noch betrachten... In meiner Liebe werde Ich dich die Welt vergessen lassen.» Das war am 14. März 1947, ihrem 50. Geburtstag.

Schon einige Jahre zuvor, am 12. September 1944, hatte Jesus ihr einen ekstatischen Tod vorausgesagt: «Wie glücklich wirst du sein, wenn du bemerkst, für immer in meiner Welt zu sein und aus der armen Welt dorthin gekommen zu sein, ohne daß du es überhaupt verspürt hast, indem du von einer Vision zu der Wirklichkeit hinübergeglitten bist wie ein kleines Kind, das von der Mutter träumt und sich beim Erwachen an das Herz der Mutter gedrückt findet. So werde Ich es mit dir tun.»

Als ihr schließlich im Sommer 1956 der erste Band der gedruckten Erstausgabe zugesandt worden war — die Ausgabe war in vier dicken Bänden ohne ihren Namen erschienen, der zu ihren Lebzeiten nicht bekanntwerden sollte — durchblätterte Maria Valtorta diesen ganz unbeteiligt und legte ihn dann auf ihr Bett, als ob er sie gar nichts anginge. Es war das erste Anzeichen einer Loslösung, die mit der Zeit immer mehr zunahm, bis sie zu einer gänzlichen Teilnahmslosigkeit, einer sanften Apathie, einer totalen Erschlaffung wurde. Und trotzdem wichen niemals die Lebhaftigkeit ihres Blickes und der ganz normale, heitere Gesichtsausdruck.

In ihren letzten Lebensjahren tat sie gar nichts mehr und sprach nur, indem sie die letzten an sie gerichteten Worte wiederholte. (Nach dem Urteil einiger sie behandelnder Ärzte hätte sie vor Schmerzen schreien müssen.) Bei zwei oder drei besonderen Anlässen kehrte sie wie in sich selbst zurück und gab dann ihre klare, den Nagel auf den Kopf treffende, prophetische Antwort. Dies einen Augenblick lang, um dann wiederum in ihre Weltvergessenheit zu versinken.

Sie starb an dem sonnenhellen Donnerstagvormittag des 12. Oktober 1961, geradezu als ob sie der Aufforderung des Priesters gehorchen wollte, der das Gebet für die Sterbenden sprach: «Fahre hin aus dieser Welt, christliche Seele.» Sie war 64 Jahre alt und seit 27 und einem halben Jahr bettlägerig.

Am 2. Juli 1973 wurden Maria Valtortas sterbliche Überreste von dem Camposanto della Misericordia in Viareggio nach Florenz überführt und im Kreuzgang der Basilika Ss. Annunziata in einer Seitenkapelle beigesetzt.

Die Schriften der Valtorta haben nun schon die bewegte Geschichte eines halben Jahrhunderts hinter sich, in der sich vor allem Persönlichkeiten und Institutionen der katholischen Welt einen Namen machten. Genau wie Christus auch, standen die Schriften im Zeichen des Widerspruchs.

Eine erste Synthese dieser Geschichte ist in einem Buch mit dem bezeichnenden Titel «Pro und contra Maria Valtorta» gezogen worden. Es wurde von dem Verleger, einem Zeugen der valtortianischen Geschichte, verfaßt und herausgegeben.

Es enthält und analysiert, was in 40 Jahren von namhaften Autoren über das Werk der Valtorta geschrieben wurde und berichtet in der Einleitung über die Anfänge seiner Verbreitung, die einen wilden Widerstreit zu überwinden hatte, sich aber auf den Wegen der Kirche durch die Welt behauptet hat.

Am 14. März 1997, dem hundertsten Geburtstag Maria Valtortas.

Emilio Pisani
Centro Editoriale Valtortiano
I - 03036 Isola del Liri (FR)